张文彬文博文集 上册

本书编辑组　编

文物出版社

特约编辑　刘曙光
　　　　　朱晓东
封面设计　张希广
责任印制　张道奇
责任编辑　许海意

图书在版编目（CIP）数据

张文彬文博文集／本书编辑组编. —北京：文物出版社，
2012.6
ISBN 978 - 7 - 5010 - 3477 - 2

Ⅰ.①张…　Ⅱ.①国…　Ⅲ.①文物工作—中国—文集
②博物馆—工作—中国—文集　Ⅳ.①K870.4 - 53
②G269.2 - 53

中国版本图书馆 CIP 数据核字（2012）第 119186 号

张文彬文博文集

（上、下册）

本书编辑组　编

*

文 物 出 版 社 出 版 发 行

（北京市东直门内北小街 2 号楼）

http：//www. wenwu. com

E-mail：web@ wenwu. com

北京京都六环印刷厂印刷

新 华 书 店 经 销

787×1092　1/16　印张：49.75

2012 年 6 月第 1 版　2012 年 6 月第 1 次印刷

ISBN 978 - 7 - 5010 - 3477 - 2

定价（全二册）：88.00 元

张文彬同志

1958 年 5 月 20 日高考前夕

1958 年 7 月，山西太原进山中学
《红星报》编委与校领导在一起，
后排右一为张文彬同志

1959 年，在北大学习期间与胞弟
张文权合影

1977 年，在郑州大
学任教期间

任河南省委宣传部部
长时在河南农村调研

1992 年 10 月 18 日，
参加中国共产党第
14 次全国代表大会

1996 年 8 月 23 日，在青海塔尔寺维修工程竣工大会上讲话

1996 年，在马文治、樊锦诗陪同下考察敦煌莫高窟

1997 年 1 月 16 日，在全国文物局长会议上作工作报告

1997 年 11 月 7 日，
在四川巴东雷家坪考
古工地听取吉林大学
老师的汇报

1998 年 5 月，在台
北会见辜振甫先生

1998 年 2 月，在美国
纽约大都会博物馆

2000 年 2 月 22 日，与
平山郁夫夫妇在北京

2000 年 7 月，与孙家正
同志在甘肃敦煌考察

2000 年 8 月，考察西
藏时与扎什伦布寺的
僧人在一起。前排右
二为自治区党委副书
记丹增

2001 年 4 月，访问印度泰姬陵

2001 年 7 月 16 日，在北京故宫网站开通仪式上致辞

2001 年 12 月，和启功先生在一起

2002 年 8 月 8 日，考察正在建设中的湖南长沙简牍博物馆

2003 年 7 月 16 日，考察吉林集安市五盔坟五号墓

2005 年，在江苏南通纪念中国博物馆百年大会上讲话

2006 年 1 月 17 日，张文彬被北大文博学院授聘为兼职教授

2006 年 5 月 29 日，在巴黎参加第 67 次 ICOM 咨询委员会，为中国获得了 ICOM 第 22 届大会候选国的申办权

2006 年 7 月 12 日，国家文物局领导为文彬同志祝寿

2007 年 5 月，在中华炎黄文化研究会第三届会员大会上

2007 年，参加全国政协组织的大运河考察

2007 年元旦，与夫人崔柏苓
在北京家门口

在北京密云的合家欢
左侧由左至右分别为长子张
松、长媳杨宏玉，夫人崔柏苓；
右侧由左至右分别为孙子张相
瑞，女儿张樱，次媳许立新，
次子张楠

2004 年，张文彬同志在书房工作

2008 年 4 月，张文彬同志在黄河壶口瀑布

序　言

改革开放以后，国家的经济社会生活迅捷发展，城乡变化日新月异。中国文物博物馆事业迎来了难得的发展新时期，同时，也出现了许多新情况、新矛盾、新问题。对于文博界来说，机遇与挑战、发展与隐忧、兴奋与焦虑，前所未有。张文彬经历见证了这段历史，这一时期文物工作环境之复杂，工作之艰苦，从《张文彬文博文集》中，亦可察其端倪。

国家文物局局长是一个难选也难干的职务。张文彬同志先后担任河南省委常委、省委秘书长、宣传部长和河南省人大常委会副主任，他在离法定退休年龄还有两年之时，于1996年春奉调入京，担任文化部党组成员、国家文物局局长。

1998年，我到文化部工作，和文彬同志成为同事。在那一届的文化部党组中，文彬同志的年龄和党龄都是最长的，我和党组同志都很尊重他，视他为老大哥。2000年7月，我和文彬同志到甘肃考察并参加敦煌藏经洞发现暨敦煌学百年纪念活动，我们沿着河西走廊，从武威、张掖，一直到了敦煌、阳关、玉门关。在这几天的时间里，我从文彬那里学到了不少历史与文物方面的专业知识。我们不仅深入广泛地交流了对工作的看法，也像朋友和兄弟一般畅谈历史、社会和人生。在这个充实、愉快的旅程中，我对文彬同志的博学、儒雅和赤子情怀有了更多的了解，对他的尊重和亲近也增加了几分。2002年8月，文彬同志从领导岗位上退下来后，又在中国博物馆学会等重要的社团组织担任领导职务，继续活跃在文化和文博领域，我们接触不多，偶尔见面，也较淡然随意，但那份亲切，那份友情，彼此心通。

文彬同志是专家学者型的领导干部。他 1963 年毕业于北京大学历史系考古专业，在历史文化名城洛阳从事文物考古工作十余年；后来又在郑州大学创办了考古专业、担任历史系副系主任；上世纪 80 年代中期转任河南省社会科学院副院长。他在学术研究方面的训练是系统而又全面的，即便是后来做了行政领导，也保持着手不释卷，以读书为乐的习性。他的兴趣广泛，也有许多从事历史、考古研究和博物馆工作的朋友，这对他担任国家文物局局长的工作，是个很大的帮助。

文彬同志也是个受党教育多年、党性强、勤勉廉洁的领导干部。无论在地方还是在国家机关，或是社团，认真、实在、兢兢业业，是他始终如一的工作作风。他来国家文物局工作时，已经 58 岁了，但是他却以壮年一般的干劲和热情，不懈怠、不惜力，带领国家文物局党组一班人，团结广大文博工作者，开拓创新，努力拼搏，克服种种困难，开展了大量富有成效的工作。当时，国家文物局刚刚升格重建，他主持完成了国家文物局"三定"方案的落实和机关公务员制度的实施；主持了国家文物局第一届党组的全面工作；完成了局机关两次机构改革和职能调整，启动并且基本完成了《中华人民共和国文物保护法》的修订工作；围绕着贯彻落实《国务院关于加强和改善文物工作的通知》提出的任务和目标，在配合三峡工程等基本建设、文物保护抢救工程、革命文物工作、博物馆工作、民族文物工作、文物外事工作等方面，都做了大量的工作；他还十分重视机关和行业作风与道德建设，制定了《国家文物局机关工作人员守则》和《中国文物博物馆工作人员职业道德准则》等等。总之，他在国家文物局任局长的六年多，正是中国文物博物馆事业承前启后、转折发展并取得重大成就的时期，这与文彬同志的努力有很大的关系。

文博工作既是专业性很强的工作，又是与行政领导的认识水平、思想方法、工作作风关系密切的工作。文彬同志长期在党政机关担任领导职务，大局意识、协调及处理重大问题的能力较强。他坚持原则、循规蹈矩，又能解放思想、与时俱进。他担任国家文物局局长的六年间，我们国家的政治、经济和社会发展以及精神文明建设发生了许多新的变化，在一系列复杂的新形势、新任务面前，文彬同志勤于学习，勇于创新，在推动文物博物馆工作服从党和国家工作大局、服务社会和服务人民群众方面做了大量理论探索和实践工作。例如，在文物保护和利用的关系问题上，他提出了"保护文物资源就是保护生产力"的论点，明确主张在遵循文物工作基本规律的前提下，应当利用文物资源促进国民经济发展，特别是促进旅游业发展。在涉及文物保护和安全的大是大非面前，他总是苦口婆心地说服、劝戒；必要时，挺身而出，进行坚决斗争，表现出对党、对人民、对祖国文化遗产高度负责的政治品质。

熟悉文彬同志的人都能感受到他那谦虚谨慎、文质彬彬的君子之风。他最为大家所称道的，是严于律己、宽以待人的品格。无论在领导岗位上，还是退居二线之后，文彬同志对人，始终保持着与人为善、宽厚待人的长者风范；对己，则习惯于克己内敛、委曲求全。这也许是领导者必备的品格，对于在文化领域做领导工作的人来说，似乎尤其重要。人无完人，事无尽善，文彬亦然，但他却能够在主张各异、歧见纷纭的环境中，赢得理解和人缘，这与他的为人和品行密切相关。

整理文彬同志的文集，对于总结一个时期文博工作的经验，启迪今后的事业发展，很有意义。翻阅文稿，过去在一起的情景又浮现眼前，仿佛他就坐在对面的沙发上，或是说事，或是聊天，或是忧心忡忡，或是忍俊不禁……近两年，文彬同志身体一直不好，此刻，他正躺在医院的病床上。我惦念他，祈盼他早日康复。谨以这些用以为序的文字，表达我对他的敬重和祝愿。

孙家正

2012 年 6 月 19 日深夜

目　　录

《简明河南史》前言[*]

　　河南，位于黄河中下游，自古为华夏腹地，属于"豫州"。因其在古九州中独居中央位置，又有"中州"、"中原"之称。这方神奇的土地，自古中天下而立，西有巍峨的太行、伏牛、熊耳山脉，南有蜿蜒起伏的桐柏、大别山脉，大河纵横，平原广阔，深得天时地利之便，它孕育了中华民族悠久的历史和光辉灿烂的文化，成为中华民族的发祥地之一。

　　优越的地理位置和丰富的自然资源，使河南自远古起就成为黄河流域古老文化的一颗明珠。距今五六十万年前，被考古学家称之为"南召猿人"的原始人群，就已开始在河南繁衍生息，这是中国旧石器时代早期人类之一。此外，在三门峡、洛阳、安阳、许昌等地也都陆续发现了一些旧石器时代遗址，表明在漫长的旧石器时代，都有原始人群在河南劳作、生息。到距今8000年前，河南已开始进入新石器时代，以新郑裴李岗文化为代表，农业、陶器制作、农业器具等生产工具已具有一定水平。当时人们集体劳作，共同生活，尚处在母系氏族社会时期。距今6000年前后，以仰韶文化为标志，聚居在河南地区的母系氏族公社呈现繁荣阶段。到距今约5000年左右，开始进入父系氏族公社阶段，河南龙山文化就是这一时期的历史见证。发展到河南龙山文化晚期，氏族社会开始解体，已出现了贫富差别。其实，早在仰韶文化晚期父系氏族公社确立之后，便已开始了氏族部落之间的战争。传说中的"共工与蚩

　　[*] 《简明河南史》，张文彬主编，中州古籍出版社，1996年1月版。此文为其前言，收录时有删节。

尤"、"黄帝与蚩尤"、"黄帝与炎帝"三次大规模的部落战争，就是在河南、河北、陕西一带发生的。所以说，中国古老文明和传说时代，是与河南紧紧相连的。在距今4000年前，生活在河南这一地区的先民最早进入文明的门槛。新中国成立以后，大量的考古事实证明，在我国史前文化和进入文明社会的发展过程中，以河南为代表的中原文化始终起着中心作用和导向作用，因而成为华夏文明的核心。首先是夏部族在今豫西河洛地区建立了中国历史上第一个奴隶制国家——夏王朝。传说夏禹就诞生在河南。夏建都阳城（今登封告成），后迁阳翟（今禹州市），今洛阳、济源、渑池以及晋南都是夏朝活动的地区。洛阳偃师二里头文化第一、二期，一些学者认为是夏文化，二里头可能是夏的早期都城之一。距今3500年前（约公元前16世纪），商族崛起于今商丘。到商汤（甲骨文作唐，又叫做大乙）时期，联合其同盟部落和与国，发动了灭夏的战争，都于亳（今偃师）。郑州二里岗一带在商代早、中期也是一个政治经济军事中心，历史上称之为商的隞都（据最近在郑州小双桥商代遗址考古发掘，部分学者考证郑州二里岗商城为亳都，小双桥商城遗址为隞都）。但是商朝奴隶与奴隶主之间的斗争和贵族之间争夺王位的斗争连绵不断，加上自然灾害等其他原因，致使商屡次迁都。盘庚以后至纣亡二百七十多年间，商一直都于今安阳市西北郊横跨洹河南北两岸的殷墟地区。这时商朝政治比较稳定，经济也得到空前发展，成为当时世界上为数不多的文明大国之一。在殷墟发现的甲骨文，是中国，也是世界上最早最完备的文字，它记载了商的政治、经济、历史、文化、军事、农业、医药、天文、历法、宗教祭祀等活动，在世界文明史上独放异彩。西周，始都于丰镐（今西安市西南），称为宗周。为了统治东方，稳定大局，周公又在洛阳营建东都洛邑（成周），成为周控制东方的政治、军事重镇。与此同时，周朝又在黄河流域广大地区，建立了许多封国，如陈（今淮阳县）、宋（今商丘）、蔡（今上蔡县）、许（今许昌市）、卫（今安阳市附近）、虢（今三门峡市）、杞（今杞县）等诸侯国。西周晚期，郑国也东迁至新郑。东周迁都洛邑，这一时期，中原地区生产力高度发展，青铜铸造、冶铁术、建筑等手工业及农业、商业等都达到很高水平。新郑出土的莲鹤方壶，著名史学家给予了极高的评价，称其为时代精神的象征。如郭沫若所言，这一时期正处在奴隶制向封建制过渡阶段。当时的河南在农业、手工业、商业等方面都较前发达，居于领先地位，也涌现出了一批著名的工商业城市。由于经济的繁荣，成周（洛阳）也随之成为学术文化的中心，儒、道、法、名、墨诸学派的创始人和代表人物，也都纷纷聚于此，展开了百家争鸣。此后，在中国两千多年的封建社会里，东周、东汉、曹魏、西晋、北魏、隋、唐（东都洛阳）、五代、北宋、金等十余个王朝，先后在洛阳、许昌、开封等地建都或设东都、南京。由于河南长期处在京畿之地，所以在两千多年的漫长历史长河中，她一直是全国政治、军事、经济、文化、科学、教育的中心。

河南为什么在中华文明发展史中具有这么重要地位，她又有什么历史特点呢？这是人们渴望回答的一个问题。我认为其原因和历史特点是：

其一，河南之所以长期处在全国政治、经济、文化的中心，同河南地理位置具有战略意义有着密切的关系。如前所述，河南位于黄河中下游，祖国中东部，正处在当时中国版图的"九州腹地"，"天下之中"。河南作为一个行政区域的名称始于秦，作为一个大行政区划则始于唐。这样优越的地理位置、交通条件及其战略地位，使河南成为历代王朝更迭的"兵家必争之地"，所谓"逐鹿中原"、"得中原者得天下"，即在于此。中国历史上数以百计的著名战争和农民起义都发生在这里，或与这里有关。战争的频仍，虽然给我们留下了无数的历史故事，丰富了中国古代军事学理论，却也给河南经济、文化生活带来极大创伤。自北宋以后，河南由鼎盛走向中衰。北宋灭亡，战争连年不断，名都大邑受到严重破坏，全国经济中心南移，从此再也没有兴盛起来。

其二，由于战争的频繁、历代王朝的更替、民族的迁徙，这里成为民族交融汇合的熔炉。春秋战国及秦、汉时期，生活在河南及邻近地区的华夏族与来到中原地区的戎狄蛮夷逐渐杂居通婚融合，形成了汉民族。如豫南是中原与长江流域交汇处，也是文化交汇点。楚文化，起源于河南，鼎盛于南中国。楚人所创造的楚文化，是黄河流域的中原文化和长江流域文化的结晶，正是这种文化交流融合，促进了民族的融合。魏晋南北朝隋唐时期，北方的匈奴、鲜卑、羯、氐、羌等少数民族再度进入中原，与居住在这里的汉族杂居，又一次实现了民族融合，完成了少数民族封建化的过程。北宋以后，由于战争的频仍和自然灾害，原居住这里的中原汉民族也有大量人口迁徙他乡，移居我国东南、西北、东北一带。他们从中原带去了先进的生产技术和科学文化，促进了移居区域经济文化的发展。同样，移居中原的少数民族在民族融合过程中，也参与了中原地区的经济开发。如西晋末"永嘉南渡"，北宋末皇室贵族南迁临安（今杭州）等。正是在这种艰难曲折的历史发展中，实现了民族交融、和睦相处，共同创造了我们民族光辉灿烂的中华文明，推动了社会历史的前进，为人类文明史做出了自己的贡献。

其三，中华文明、文化内涵丰富，博大精深。中原文化是以河南地区的华夏文化为主体，融会了三晋、秦、楚、齐鲁、燕赵、吴越以及巴蜀等地区的文化而形成的。因此中原文化或黄河流域文化是中华文明古老文化的代表，她对周围和边远地区文化的形成和发展又产生了重大影响。中国历史上的汉、唐时代，是比较开放的，著名的丝绸之路就是以洛阳为起点。当时以洛阳为中心的河南地区，曾吸收了中亚各国先进生产技术和先进文化、艺术，丰富了河南地区人民的文化生活，开阔了视野，促进了对外文化交流。在学术文化交流上，除儒家经学之外，道学、法学、佛学，乃至玄学都可以在这里找到渊源。著名的建安文学、正始文学、唐诗、宋词及其他文学都是在这里兴盛起来后，传播四方，推向全国文坛的。

其四，河南物华天宝，人杰地灵，人文荟萃。在中国历史长河中著名的政治家、思想家、哲学家、军事家、科学家、文学家，灿若群星，如老子、孔子、庄子、申子、韩非子、范缜、程颢、程颐、吕坤、王廷相等思想家、哲学家；子产、商鞅、李斯、张良、陈平、晁错、姚崇、赵普、王安石、吕蒙正等政治家；贾谊、应场、阮籍、谢灵运、杜甫、韩愈、白居易、李贺、李商隐、苏轼、李梦阳、何景明等文学家；班彪、班固、荀悦、裴松之、范晔、薛居正、司马光等史学家；蔡邕、钟繇、吴道子等书法绘画艺术家；石申、张苍、张衡、张仲景、张子信、僧一行、李诫、张从正、朱载堉、吴其浚等科学家；陶朱公范蠡等经济学家，还有如军事家诸葛亮和民族英雄岳飞等……这些著名的历史人物载于史籍者多达千余人（其中有的虽非生于河南，但长期在河南任职），蜚声古今中外，至今广为传诵。他们对丰富人类科学文化知识，推动社会历史进步和中华民族的复兴所做出的杰出贡献，将彪炳史册，名垂千古。

其五，河南地下遗存和出土的历史文物极为丰富，地上文物古迹保存基本完好。如河南新郑裴李岗、渑池仰韶，已为世人注目。值得指出的是舞阳贾湖新石器时代文化遗址出土的骨笛和刻划符号，郑州大河村新石器时代遗址出土的房基和天文图像彩陶，濮阳西水坡遗址出土的蚌壳堆塑排列而成的龙、虎图案，更令人赞叹不已。此外偃师二里头文化遗址、郑州二里冈商代文化遗址及安阳殷墟，尤其是殷墟出土的青铜器如司母戊鼎、司母辛鼎、三连甗、偶方彝、鸮、铜镜等，表现了当时艺术家和奴隶们的聪明才智。又如西周时期三门峡虢国墓地出土的车马坑、青铜器、玉器，平顶山应国墓地出土的青铜礼器，东周时期温县出土的石圭盟书，以及淅川下寺楚墓、信阳长台关楚墓都有重要发现。其中下寺出土的王孙诰编钟，音域宽广，音律和谐，音频准确，是目前我国发现的春秋时期规模最大、数量最多的一套编钟；出土的铜禁乃我国迄今发现的用失蜡铸造的时代最早的青铜器，在我国冶铸史上具有划时代的意义。在城址方面，有登封王城岗、淮阳平粮台、郾城郝家台、辉县孟庄等龙山文化古城址，偃师尸乡沟商亳都遗址、郑州商隞都城址、淇县朝歌故城、安阳殷都等商城遗址，有西周洛邑、东周洛阳王城城址、新郑郑韩故城、上蔡蔡国故城、潢川黄国故城、洛阳隋唐故城、开封北宋都城遗址等；此外巩县铁生沟、南阳瓦房庄、郑州古荥、温县西招贤等遗址，为研究汉代冶铁技术提供了丰富资料，特别是球墨铸铁的发现，更早于世界各国两千多年。在古墓葬方面，有太昊陵，东汉、曹魏、西晋、北魏、五代及北宋皇陵，历史名人墓葬则不计其数，河南出土的碑刻墓志数量为全国之冠。历代古墓葬出土的青铜器、车马器、兵器、玉器、陶器、瓷器、竹简、货币、印章、汉画像石、画像砖等各类各种文物，以及隋唐洛阳含嘉仓和宋代汝、钧、官窑遗址出土的文物，总数以万百计。这些文物，尤其是其中的精品，从不同侧面展示了河南历史的悠久与辉煌。它们是古代劳动人民和艺术家创造的物质文明和精神文明的实物见证，是中华文明的瑰宝，为深入研究河南古代的历史文化提供了丰富的实物资料，极大地丰富和补充了文献记载的不足。在地上文物古迹中，保存有登封太室阙、少室阙、启母阙，北魏至唐五代、宋时期的龙门石窟、巩县石窟、嵩岳寺塔、白马寺、少林寺、开宝寺塔、观星台等，地上地下文物如此丰富，堪称中国历史文化的宝库。正是河南这方热土，汇合了中华民族悠久的文化，培植了勤劳质朴、坚韧不拔、艰苦奋斗、自强不息的民族精神，造就了历代杰出人物，才得以保存流传下来这么多历史文化遗址，为我们今天进行爱国主义教育提供了丰富的素材。

其六，河南的革命纪念地众多。在中国近现代史上，自 1840 年鸦片战争以后，中国开始沦为半殖民地半封建社会，河南社会历史的发展也随之发生了重大变化，经济发展缓慢，自然灾害频繁，"尸骸遍地，疮痍满目，商业凋敝，人民流离"。在中国共产党的领导下，河南人民为反对帝国主义侵略和国民党反动统治，进行了艰苦卓绝的斗争，先后在这里建立了鄂豫皖苏区和豫皖苏、晋冀豫、晋豫边、冀鲁豫、豫鄂边等革命根据地。至今仍得到完好保护的有鄂豫皖苏区政府旧址、中共中央中原局旧址和解放战争时期刘伯承、邓小平率领晋冀鲁豫野战军挺进的大别山时召开的军事会议旧址，淮海战役总前委后勤机关旧址等众多革命纪念地、纪念馆。"自古黄河出英雄"，在历次革命战争中，我省涌现出如杨靖宇、吉鸿昌、彭雪枫等一大批为了中华民族的独立和人民解放事业而前仆后继、浴血奋战直至献出宝贵生命的革命英雄人物，他们是中华民族的脊梁，是河南人民的骄傲和光荣。他们的光辉业绩将永载史册、彪炳千秋，也是我们对青少年进行革命传统教育的极好教材。

……

要认识河南的省情，就不能不了解河南的历史和发展。但迄今为止，还没有一部系统地、全面地、客观真实地叙述河南历史的专著问世。可见编著河南历史是一件极为困难的事。如前所述，河南长期处在中国原始社会、奴隶社会、封建社会的政治、经济、文化中心地带，编写河南史，就要阐述原始社会的产生、发展及进入奴隶社会和封建社会以来历代王朝兴衰更替的变革过程，它既同中国通史紧密相连不可分割，又应具有自身地区的特点，两者关系如何正确处理，是很难准确把握的。但是，这总要迈出第一步，才能有第二步。为了加强对河南省情的了解和研究，促进历史研究更好地为四化建设和振兴河南服务，我在1984年的一次科研选题讨论会上，许多同志倡议编写一部河南简史，我当时在省社会科学院工作，也属于倡议者之一。经过大家共同努力，前两年已基本完成了编写任务，但难以出版。在中州古籍出版社的大力支持下，将本书稿定名为《简明河南史》，在本书即将付梓之际，深感欣慰。它的出版问世，算是投石问路，摸索经验，以便在条件成熟时，编写更为完整准确的《河南通史》。

我们正处在一个伟大的历史转折时期，振兴中华，再造辉煌，已经成为我辈和当今青少年一代的历史责任。尽管逝去的历史已经成为过去，但我们仍可从光辉灿烂的历史文物和文化典籍中，认识历代人民群众的伟大创造性和对社会历史发展的贡献，从而激发起我们热爱祖国，热爱家乡，振兴中华，建设河南的积极、主动、创造精神，成为我们今天从事社会主义现代化建设和改革开放的力量源泉。研究过去是为了未来。学习、研究河南历史文化，就是为了弘扬中华民族优秀传统文化，振奋民族精神，提高中华民族的自尊心、自信心和自豪感，为振兴中华、建设河南建功立业。所以，本书又是开展爱国主义教育的教材。最后，我简要说明一下编写本书过程中希图达到的几点要求。为了使人们对河南历史有一个简明清晰的概念，《简明河南史》采取以历史发展时间先后为纲，从远古时代"南召猿人"起至1949年河南全境解放止。每一历史时期，河南地区的政治、经济、文化、社会以及重大历史事件、重要历史人物都尽可能简要予以叙述，以勾勒出新中国诞生前河南地区历史发展的基本脉络，使读者通过本书获得一些河南历史的基本知识，并为进一步深入研究提供一点线索。从编著者来说，力图用辩证唯物主义和历史唯物主义的基本立场、观点、方法，研究分析河南历史发展的进程，力图突出河南在中国历史发展过程中所具有的自身特点，以避免与中国通史相雷同。但毕竟由于编著水平有限，加之原参与者已有几位分别走上不同岗位，很难相聚再作进一步深入探讨，所以只好留待日后补正。由于本书编著过程中的这种主客观因素，其错误和缺点乃至遗漏，是难以避免的。敬祈各位专家和广大读者批评指正。

1996 年 1 月

在西沙群岛文物普查成果
汇报会上的讲话[*]

由国家文物局和海南省政府联合召开的"中国南海诸岛文物普查项目之一——96'西沙群岛文物普查成果汇报会"开得很好。这次会议体现了党和国家、军队对这次活动的关心和支持，特别是海南省各级党委、政府和有关部门，海军南海舰队榆林基地的驻岛官兵对我们这次考察给予了多方面的帮助和支持，使考察队能在长达一个多月的考察时间内，克服重重困难，取得了一定的科研成果，达到了预期的目的，并为今后对南沙群岛，中沙群岛以及其他的海洋考古工作打下了良好的基础。

这次由我局组织，有中国历史博物馆、海南省、广东省等科研单位参加的西沙群岛文物普查工作是近年来我国进行综合文物普查中规模最大的一次。考察队员在风云变幻的大海上经受了酷暑和风浪的考验，顽强拼搏，同舟共济，对西沙群岛中 22 个岛屿、沙洲、礁盘和 5 处沉船遗址进行了详尽的科学考察，取得了一大批珍贵的文物资料，同时还获得了一批水文、地质、海洋、气候等方面的资料，圆满完成了预定的各项工作任务。在此，我代表国家文物局向付出辛勤劳动的全体考察队员致以深深的敬意。

通过考察领导小组和考察队汇报的发言、录像、照片以及大量的实

　＊ 1996 年，经国家文物局等部门批准，海南省文体厅、文管办、博物馆和国家文物局、中国历史博物馆水下考古学研究室、广东省考古所等单位 21 人组成普查队，于 4 月 27 日至 5 月 24 日，对西沙群岛所属区进行了细致的地上和水下文物普查。6 月 24 日，西沙群岛文物普查成果汇报会在北京中国历史博物馆举行。此文为张文彬同志在汇报会上的讲话。

物资料，我们对西沙群岛范围内的文物情况有了一个大体的了解，这些文物充分说明了西沙群岛自古以来就是我国神圣领土不可分割的一部分，我国人民自很早以前就在这里栖息、生产、生活、航行，是这片辽阔海域的主人。众所周知，由于南海诸岛及周围海域内蕴藏有极为丰富的自然与文化资源，再加上特殊的战略位置和复杂的国际背景，这一地区历来是国际政治、军事、外交方面极为敏感的地区之一。我国政府刚刚公布了西沙群岛及周围海域的领海基线，这次考察所取得的丰硕成果就是对这一基线的最有力的实物证据。同时，这次考察活动还为我们的水下考古队伍提供了一个学习、实践、锻炼的机会，使他们在与其他相关学科的同志共同工作的过程中，增长了才干，丰富了学识，达到了不断增强自身实力的目的。

随着我国改革开放工作的不断深入，经济技术的不断进步，我国的国家整体实力不断得到加强，开发、利用和保护海洋文化和自然资源的工作不断扩大，通过这次成功的、大规模的西沙文物考察，我们有理由相信：中国完全可以依靠自身实力，依靠不断发展的科学技术，依靠不断壮大的海洋文物考古队伍，使海洋文物资源的保护、开发和利用迈上一个新的台阶，成为文物考古科学中一个新的领域。

1996 年 6 月 24 日

落实"三定"方案
实行公务员制度[*]

　　根据局分党组的安排，今天召开局机关落实"三定"方案、实行公务员制度动员大会。

　　今天的会议，本应在两年半以前就召开的，由于种种原因，推迟到现在。尽管晚了两年半，但同志们都对这两项工作的开展寄予很大的期望。因为这两项工作确确实实与我局机关长远建设以至全国文博事业的发展紧密相关；确确实实与我们每个同志的切身利益和成长进步紧密相关。对于与我们的事业、与个人的利益密切相关的机构改革、落实"三定"方案，实行公务员制度的工作，局分党组十分重视，近几个月来，先后专门讨论研究过几次，现在开始动起来了，几项工作同时进行，不仅工作量加大了，而且工作的艰巨性、复杂性也增加了。这就要求我们局的领导认真负责地组织好，要求我们每个同志认真负责地积极参与、支持、配合组织落实好。

　　落实"三定"方案，实行公务员制度，政策性规范性都很强。不是简单的机构撤撤并并，人员增增减减，身份说变就变。我们必须通过学习，理解其目的意义，熟悉主要内容，掌握政策规定。这样才能自觉

---

　　* 1993 年 11 月 15 日，国务院下达《关于印发〈国家公务员制度实施方案〉的通知》，开始建立和推行国家公务员制度。在此方案中，提出了"三定"方案，即定职能、定机构、定编制。具体说来，定职能，是指单位有些什么权力和职责；定机构，包括单位的性质，如行政、事业等；定编制，则规定了单位各种编制的人数、内设机构数、领导职数等。"三定"方案，是实行公务员制度的重要内容。1994 年 1 月，国务院下发了《国家文物局职能配置、内设机构和人员编制方案》。国家文物局 1996 年 8 月启动落实该方案的工作。本篇是张文彬同志在 1996 年 8 月 15 日的动员会上的讲话。

地而不是盲目地，全面地而不是片面地贯彻落实，才能真正达到机构改革，实行公务员制度的目的。

落实"三定"方案与实行公务员制度，既有联系又有区别。实行公务员制度是在落实"三定"方案的基础上进行的。落实"三定"方案工作具有时限性、阶段性，而实行公务员制度的工作，则是一个动态的不断完善的实施过程。如果说落实"三定"方案主要是针对单位的职能、机构与编制，实行公务员制度则主要是针对人员与质量。因此，我们在这次学习中，将学习《国家公务员暂行条例》①及其配套规章作为主要内容。希望大家认真学习好这个条例。

江泽民同志最近发表了《关于讲政治》、《努力建设高素质的干部队伍》等重要讲话，这些针对性很强、意义深刻的讲话，对我们落实"三定"方案，实行公务员制度是非常及时的指导。在学习中要将这些讲话作为重点内容，认真学习，深入领会，全面把握。在落实的全过程中要认真贯彻讲话精神。

下面，我讲四个问题：

一、机构改革落实"三定"方案，实行公务员制度的目的意义

机构改革是政治体制改革和社会主义政治建设的重要内容，也是深化经济体制改革和加快社会主义现代化建设步伐的重要条件。党的十四大明确提出建立社会主义市场经济体制。这次机构改革和以往机构改革不同，就是把适应社会主义市场经济发展的要求作为改革的目标。机构改革就是围绕这一目标，按照政企职责分开和精简、统一、效能的原则，要在转变职能、理顺关系、精兵简政、提高效率方面，取得明显进展。国家各级行政机关就是按照这个目标和原则来确定职能、内设机构和编制。对一个部门来说，机构改革的主要内容就是落实"三定"方案。国务院1994年1月28日批准的国办发【1994】20号文《国家文物局职能配置、内设机构和人员编制方案》，就是根据上述目标和原则，

---

① 《国家公务员暂行条例》是中华人民共和国国务院令第125号令，经1993年4月24日国务院第二次常务会议通过，1993年8月14日发布，自1993年10月1日起施行。全文共18章88条。根据自2006年1月1日起施行的《中华人民共和国公务员法》第一百零七条规定，本条例已于2006年1月1日起废止。

对我们局的职能、机构、编制作了重大的调整。这个方案四个方面变化较大：一是突出转变职能。根据"保护为主，抢救第一"的方针，加强了基本业务部门和综合协调部门的职能，下放和转移了部分具体工作。二是管理形式变化。国家文物局由文化部归口管理，改为文化部管理的、有相对独立性的国家局；由原来直接对国务院负责，变为由部长对国务院负责。三是局的规格提高，内设机构增加。由正局级升格为副部级国家局，增加了四个职能司室，形成了局、司、处三级管理。四是编制减少。行政编制由原来的 102 人，减少为 90 人，精简 12%。这些变化，既贯彻了机构改革的精神，又体现了党中央、国务院对文物事业的重视和关心，提高了文物部门的地位，加重了文物部门的责任。这个方案对加强机关建设，改善人员结构，提高人员素质，深化文物博物馆系统的改革，促进文物博物馆事业的发展将产生积极而广泛的影响。根据这些变化，局分党组在研究确定内设处室时按照有利于转变职能，提高效率，进行宏观管理的原则和文博工作的内在规律，加强了基本业务处室设置，转移了部分具体工作，合理划分职责权限，避免或减少交叉重复。要落实好这个方案，首先必须解决好人的问题。因为人是政府职能的具体承担者、履行者。就是说，政府职能的转变，最终将反映到人事管理制度上，政府职能的转变能否实现，成为衡量人事管理制度的一个重要尺度。因此，要按照李鹏总理在八届人大《政府工作报告》中提出的要求，把精简机构同改善机关人员结构，提高人员素质结合起来。要在各部门定职能、定机构、定编制之后，立即实行公务员制度。换句话说，就是在按新的机构，新的编制选配人员时，要按《国家公务员暂行条例》的规定来选配。

《国家公务员暂行条例》是经李鹏总理签署颁布并从 1993 年 10 月 1 日起施行。这是我国干部人事制度改革的一项重大成果。《条例》的颁布，标志着我国公务员制度的建立。其意义在于，第一是实行了分类管理。现行人事管理制度主要弊端是：国家干部这个概念过于笼统，缺乏科学分类；管理权限过分集中，管人与管事脱节；管理方式陈旧单一，阻碍人才成长。这种简单的、笼统的、缺乏活力的人事管理制度越来越不适应政府职能和行政管理日趋科学、精细、高效的要求。把国家行政机关的工作人员从干部队伍中分离出来，形成独具特色的公务员管理体系，依法实行科学管理，使国家公务员能够卓有成效地管理国家行政事务。第二是有利于实现对工作人员的法制化管理。依法治人是依法治事的基础。建立公务员制度就是通过建立一套人事管理法规，在各个环节依法对公务员进行管理。这样既能促使公务员严格履行所承担的义务，又能保障公务员享有合法正当的权益。第三是有利于实现政治民主化。国家公务员中的许多具体制度体现了民主、平等的原则，为符合条件的公民担任公职、管理国家行政事务，提供了平等条件，从制度上消除了滋生不正之风的土壤，为人民群众监督国家公务员行使行政权力，执行国家公务活动，防止由人民的公仆变为人民的主人，提供了法律保障。第四是实行公务员制度有利于实现行政机关的高效率。行政的高效能，不仅取决于机构的科学设置和职责权限的明确划分，而且取决于行政人员的素质。国家公务员制度的建立，有利于增强政府工作人员的稳定性，调动工作人员的积极性和创造性，同时通过强化培训等措施，不断提高公务员的素质，保证国家行政管理的高效能。

二、《条例》的主要内容和特色

《国家公务员暂行条例》共 18 章 88 条，由 4 部分内容组成：一是总则，主要讲条例的立法依据、指导原则和适用对象；二是权利和义务，明确规定公务员可以享受的权利和必须履行的义务，并设专章规定公务员申诉控告的权利；三是对公务员各个管理环节作出具体规定；四是管理与监督，包括人事部门的职责及实施本条例的保障措施等。与现有的人事制度相比，公务员制度具有五大特点：一是具有竞争择优机制。在国家行政机关"进口"上，实行了公开考试，严格考核，择优录用的办法。对公务员的晋升要经过严格考核，采取公开选择，广泛听取群众意见。对不称职人员区别情况，给予降职和辞退，做到优胜劣汰。二是具有新陈代谢机制。在健全退休制度的同时，增加出口渠道，对部分职务实行聘任制，对不同职务的公务员规定最高任职年龄，对年度考核两年不称职的，要给予辞退，公务员也可以按规定辞去公务员职务。三是具有廉政保障机制。把廉政的要求体现在公务员的权利义务、纪律、晋升、考核、奖励、回避、轮换等各个单项制度中。四是具有勤政保障机制。通过职位分类明确岗位责任，通过定期考核分出等次，并将考核结果和奖惩、升降、晋级增资挂钩，做到功过分明。五是有利于实行人事制度的法制化、科学化，形成一个健全的法规体系，使公务员管理有法可依，依法办事。

对公务员各个管理环节的具体规定有：

1. 实行职位分类制度

职位分类是将各个职位按照工作性质、难易程度、责任大小及所需资格条件、加以科学分类，区分为不同的门类和等级，制定职位标准，明确每个职位的任务、职权、责任、任职资格。建立职位分类制度为公务员的考试、任用、考核、工资待遇提供了依据，同时也为编制管理打下了基础。职位分类工作的主要内容是职能分解、职位设置和拟定职位说明书。具体怎样操作，还要组织专门学习。

2. 实行公开考试、择优录用制度

公务员录用，是指在公务员以外的人员中采取考试、考核方式，吸收担任主任科员以下非领导职务的国家公务员。考试要贯彻公开、平等、竞争、择优的原则，把报考条件、考试程序、录用方法向社会公开。根据考试成绩和考核结果，择优录用。这是提高公务员质量的第一个关口。

3. 实行考核制度

考核是选拔、任用、奖惩、培训公务员的基础，是对公务员进行检查监督的手段。考核，同时也是激发公务员的积极性，提高政府机关效率的重要措施。考核内容包括德、能、勤、绩四个方面。考核坚持民主公开、客观公正的原则。考核结果作为公务员升、降、奖、惩的主要依据。我们局机关即将进行的全员考核，就是按照《条例》中关于考核的规定进行的，通过考核对机关人员的过渡、任用、轮岗、分流提供依据。

4. 严格实行奖惩制度

对公务员的奖惩，坚持精神鼓励和物质鼓励相结合、教育和惩戒相结合的原则，做到功过分明，赏罚得当。对公务员的奖惩，必须依照法定的标准和程序进行。

5. 规范职务升降任免制度

公务员的职务升降任免制度是指公务员所任职务的升降任免原则、

条件、标准、方法、审批程序等方面的规定。

6. 实行系统配套的正规培训

接受培训是公务员的法定权利与义务，为使公务员不断提高本职工作所需的政治、业务素质和管理国家行政事务的能力，要采取初任培训、转任培训、资格培训、提高培训等形式，对所有公务员进行培训。

7. 实行公务员交流制度

交流制度是国家公务员主管机关通过一定的行政措施和行政手段推进公务员队伍进行内外流动和内部流动的制度，是公务员制度的重要组成部分，是公务员队伍自身建设的基础环节之一。交流制度对于扩大国家公务员的实践范围，增加经验，更新知识，提高素质，提高综合决策能力都有十分积极的意义，有利于提高整个行政系统的管理水平、管理能力、管理质量、管理效率，有利于加强廉政建设，防止公务员久居一位而形成的各种消极问题，导致政府形象的损害和不正之风的发生。交流有四种形式，即调任、转任、轮岗和挂职锻炼。今年在建党七十五周年前夕，江泽民同志进一步从建设高素质干部队伍的高度，强调要有计划地实行干部定期交流制度。人事部确定将公务员轮岗工作作为今年公务员制度推行工作的重点之一。《条例》规定，国家行政机关对担任领导职务和某些工作性质特殊的非领导职务的国家公务员，有计划地进行职位轮岗。最近，人事部专门就轮岗工作发了文件，我局也将以机构改革和实行公务员制度作为契机，抓好轮岗制度的落实。

8. 实行回避制度

回避制度是防止亲属关系给国家管理带来危害的一项人事管理制度，是廉政建设的一项重要措施。回避制度是以亲属回避为中心，包括任职回避、公务回避、地区回避。

9. 实行辞职、辞退制度

辞职、辞退制度是国家公务员管理的出口环节。辞职是指公务员出于本人的意愿辞去领导职务或辞去公务员职务离开行政机关；辞退是指公务员所在单位在一定条件下解除公务员在行政机关的公职关系。辞职、辞退制度的建立，保证了公务员和各行政机关依法进行互相选择的权利，既做到了敞开行政机关的出口，促进人员的合理流动，又可以加强工作纪律，保证公务员的质量和机关工作的正常进行。

10. 实行统一的退休制度

这一制度对公务员退休的方式、条件、待遇、审批手续及安置管理等作了一系列的规定。

11. 建立与公务员地位相称的工资福利制度，实行公务员职级工资制

上面列举的是公务员制度的主要内容。近三年在实行过程中，国务院、人事部又相应地颁发了一系列的规定和实施办法①，不断充实和完善这一制度，我们现在执行起来都有章可循。公务员制度作为新的机关人事管理制度，比较严格，比较规范，在革除过去人事管理中的一些弊端方面有相当的力度。我们一定要坚持它的基本原则，努力把公务员制度所内含的激励竞争机制、新陈代谢机制、权益保障机制、廉政约束机制等新的机制建立起来。新制度建立起来之后，就要严格按制度办事，坚持在新轨道上运行。总的讲，就是要把住进口、管好"楼梯口"、畅通出口。把住进口，就是机关进人一定要经过考试、考核，公开、竞争、择优，把好新进人员素质关。考试、考核要严密、公正，使真正的适合进入政府部门工作的各类人才能够脱颖而出。要管好"楼梯口"，主要是要把好考核关和任用关。考核要有一套办法：把考核搞好了，有了不同等次的考核结论，就要与任用、与待遇、与奖惩挂钩，按制度办事，该怎么办就怎么办。尤其要把考核结果作为职务晋升或降职的依

---

① 《国家公务员制度实施方案》（1993 年 11 月 15 日 国发〔1993〕78 号）、《国家公务员职位分类工作实施办法》（1994 年 1 月 11 日）、《国家公务员考核暂行规定》（1994 年 3 月 8 日）、《国家公务员录用暂行规定》（1994 年 6 月 7 日）、《人事部关于实施国家公务员考核制度有关问题的通知》（1995 年 1 月 4 日）、《国家公务员职务任免暂行规定》（1995 年 3 月 31 日）、《人事部关于国家公务员非领导职务设置实施工作若干问题的通知》（1995 年 6 月 27 日）、《国家公务员奖励暂行规定》（1995 年 7 月 3 日）、《国家公务员辞职辞退暂行规定》（1995 年 7 月 18 日）、《国家公务员申诉控告暂行规定》（1995 年 8 月 11 日）、《国家公务员出国培训暂行规定》（1995 年 9 月 21 日）、《人事部关于实施国家公务员考核制度有关问题的补充通知》（1996 年 1 月 19 日）、《国家公务员职务升降暂行规定》（1996 年 1 月 29 日）、《国家公务员任职回避和公务回避暂行办法》（1996 年 6 月 8 日）、《国家公务员培训暂行规定》（1996 年 7 月 6 日）、《国家公务员被辞退后有关问题的暂行办法》（1996 年 7 月 19 日）等。

据，作为增加工资的依据。还要畅通出口，在认真执行退休制度的同时，还要抓好辞职、辞退制度的推行。出口不畅通，进人就要受影响，人员的更新更谈不上。推行公务员制度的目的之一，就是要逐步地做到该出的出得去，该进的进得来，该流的流得动，不能是"一潭死水"。抓住了这些环节，公务员制度的一套新的机制建立起来了，就会树立起政府机关改革开放和廉政勤政的新形象。

三、落实"三定"方案，实行公务员制度工作的组织领导与实施步骤

落实"三定"方案，实行公务员制度，是机构改革由务虚进入到务实的关键性阶段。而且，这次机构改革，有两个不同于过去的显著特点：一是牵涉面宽，涉及人员多，难度大。全局 111 名在职人员中（其中干部 97 人，工人 14 人），从局领导到一般工作人员都面临退、留、升、转的问题，思想活跃，人人思考着选择。二是与公务员制度接轨，使机构改革和实行公务员制度有机结合起来。这是干部人事制度根本性变化，是一项内涵丰富的改革和复杂的系统工程，政策性强，要求标准高，因此，需要进行大量细致的组织工作和思想工作。为此，在落实"三定"方案，实行公务员制度中必须加强领导，分工负责。

（一）整个工作在局党组的统一领导下进行。由局长张文彬同志负责，分党组副书记、副局长阎振堂同志协助抓好落实工作。局分党组其他成员，除参加局分党组的具体领导外，要协助抓好新分管处室的落实工作。

（二）局组成考核小组。机关党委副书记、纪委书记陈浩然同志任组长，人事处张之铸、曹和义同志任副组长。由机关党委、纪委、人事处等部门抽人参加，对机关进行全员考核。

（三）局人事处承办落实"三定"方案，实行公务员制度的具体事务性工作。

由于我局内部管理层次由二级变为三级，因此，落实"三定"方案的重点是：根据新编制调整职能配置和设置内设机构，并对现有工作人员按《国家公务员暂行条例》的规定进行考核、过渡、重新任命和分流安排。具体实施步骤如下：

1. 制定内设机构及编制实施方案。在《国家文物局职能配置、内设机构和人员编制方案》所确定的 4 个职能司室和行政人员编制总数为 90 名的前提下，按照有利于转变职能、提高效率、进行宏观管理的原则和文博工作的内在规律，局研究确定设置各处室的名称、编制、主要职责、处级领导职数及归属司室。

2. 组织学习。召开机关工作人员大会，处级干部培训会和专题学习讨论会，组织全体人员认真学习江泽民同志近期几次重要讲话，系统学习机构改革、实行公务员制度的文件，使全体同志加深对江泽民同志《关于努力建设高素质的干部队伍》极端重要性的认识，加深对政府机构改革，实行公务员制度意义的认识。端正思想，统一认识，以积极的态度参加改革，推行公务员制度。

3. 进行人员考核。根据党组安排，由考核组组织实施。

考核目的：了解干部近三年的情况，为公务员过渡，岗位轮换，职务任免和人员分流提供依据。

考核对象：处级（含）以下所有机关工作人员，共 91 人。

考核内容：从德、能、勤、绩四方面进行，德放在首位，注重工作实际。

考核结果：分为优秀、称职、不称职三个等次。

考核方法：以个别谈话为主，听取处室领导对被考核者的看法，听取群众对被考核者的评价。对处级干部可在局机关各处室广泛听取意见，并听取主管局领导的意见和进行民意测验。

考核时间：从 9 月中旬开始到 10 月中旬结束。

4. 调整任命司室和处室工作人员，落实公务员过渡、岗位轮换、人员分流工作。

5. 组织工作交接，保证按新的"三定"方案的职能配置、内设机构和人员编制运转。这次机构改革，职能配置和内设机构变化较大，有关司室、处室之间要认真组织好工作交接，避免出现"有交无接，有接无交"的现象，防止贻误工作。

6. 建立适应这次机构改革的工作规章与制度。各司室、处室，特别是新增设的机构，要认真考虑为适应新的管理形式建立相应的工作制度。局里亦要制定规章，明确各级的职责和权限。同时按照《国家公务员暂行条例》的规定对工作人员进行职位分类，定职、定岗、定位并编制职级规范，建立健全包括考试录用、考核、奖惩、职务升降、培训等一套人事管理的规章制度。

7. 由于内设机构的变化，办公用房需要相应调整。为此，责成行政处提出调整办公室的方案。

四、几点要求

（一）在落实"三定"方案，实行公务员制度过程中，要认真学习，深刻领会，坚定不移地贯彻落实江泽民同志关于建设一支高素质的干部队伍的根本要求

国家公务员制度就是改革开放新形势下，建立高素质机关工作人员队伍的有力制度保证。在学习时要注意从四方面来领会：

首先，要紧密联系国际国内形势，特别是联系实现我国跨世纪发展的宏伟目标这个新的伟大工程，充分认识建设一支高素质干部队伍的极端重要性和现实紧迫性。在新的形势下，在纪念中国共产党建党七十五周年的时候，面对我们肩负的承前启后、继往开来的历史重任，江泽民同志专门就加强领导班子和干部队伍建设问题发表重要讲话，突出强调建设高素质的干部队伍，具有很强的现实针对性和深远的历史意义。要通过学习，进一步牢固树立邓小平同志关于办好中国的事情"关键在党"、"关键在人"的思想，深刻认识实现跨世纪发展的宏伟目标与抓好干部队伍建设的内在联系。要清醒地看到当今世界以经济和科技为基础的综合国力的较量，说到底是人才实力的竞争，首先是领导者素质的竞争。为此就必须在组织上努力培养造就一支高素质的干部队伍。这本身就是一项具有关键意义的政治任务和组织任务。

其次，要进一步明确在新的历史条件下我们的干部队伍必须具备的基本素质，认清新形势新任务对全面提高干部队伍素质提出的新要求。党的十四届四中全会对高级干部提出了应当具备马克思主义政治家素质的要求。江泽民同志在这次讲话中，又面向全党各级干部提出了必须具备的五条基本素质要求。这样，就在总结新时期干部成长经验的基础上，形成了对不同层次的干部的素质要求。为我们建设一支宏大的德才兼备的

高素质的干部队伍进一步指明了方向。各级干部都要按此要求提高自己。

再次，要抓住建设高素质干部队伍的几个重要环节，扎扎实实地做好工作。建设高素质的干部队伍要求高，任务重，需要从多方面共同努力。江泽民同志的这次讲话和近来有关干部问题的讲话反复强调了干部队伍建设的四个重要环节，即学习培训、实践锻炼、选拔任用和监督管理。干部队伍建设工作的这几个环节，彼此紧密相连，不可分割，必须在工作中紧密结合起来，才能推动整个干部队伍建设工作的全面加强。抓好这四个环节，既是组织必须做的工作，也需要每个干部积极主动参与，这样才能得到落实，工作才能不脱节。

最后，要紧密联系本部门干部队伍建设工作的实际和个人的思想来学习江泽民同志的讲话，总结经验，寻找差距，抓住薄弱环节，分析存在问题的原因，制定相应措施，扎扎实实抓落实。我们干部队伍现状，总体上说是好的，但确有同新形势新任务不相适应的方面，比较突出的还是部分干部的思想政治素质不适应事业发展的要求。我们的干部要头脑清醒，要把握住政策法规，要把握住自己的行为。比如说，有些事情个体经营人员能干的事，企事业人员能干的事，国家行政机关的人员就不能办；普通群众能干的事，共产党员就不能办；一般工作人员能干的事，领导干部就不能办；文物系统以外的人员能干的事，文物系统以内的人员就不能办。不要受金钱的诱惑或低级庸俗的精神刺激而毫无顾忌，随心所欲。不要忘记了自己是全国文物系统领导机关的工作人员，要尊重单位的声誉，要尊重自己的人格。不要让别人特别是地方的同志，只看得起我们掌握的经费，而看不起我们的人品。希望每个同志在市场经济的大潮中，过好金钱关、名位关、权利关、人情关、美色关。要经得起考验。在考验面前，能够交一份令群众满意的答卷。当前我们要通过抓好机构改革，实行公务员制度，尽快建立起竞争激励机制和新陈代谢机制，促进大家奋发努力，造就一支精干、廉洁、高效的公务员队伍，为文博事业的顺利发展，为局机关的全面建设，提供可靠的组织保障。

（二）学好文件，熟悉内容，掌握政策规定

实施"三定"方策，实行公务员制度，不是简单的机构调整和人员对号入座，其统一性、规范性、政策性很强。虽然机构改革工作在我局推迟了两年多，但也不能走过场。必须深入反复学习党中央、国务院有关机构改革的精神及《国家公务员暂行条例》和《党政领导干部选拔任用工作暂行条例》等文件，提高认识，统一思想。从领导干部到一般工作人员都要将认识和行动统一到政策法规上来。比如，现有政府机关工作人员如何过渡为国家公务员？如何确定非领导职务和人员级别？怎样进行人员分流？哪些人员要执行回避制度？为什么要进行轮岗交流等等。请大家要以极大的热情，认真的态度，通过学习讨论弄清楚这些政策规定及其包含的道理。要从事业发展的高度，从全局的范围以及自身的实际情况来认识问题和考虑问题，这样才能使政策变成个人自觉的行动。在执行中，不要争权力的大小，要看职能是否转变；不要争职位的高低，要看关系是否理顺；不要争编制的多少，要看效率是否提高。

（三）调动积极因素，做好思想政治工作

改革是一次革命，要触动一些同志的利益，这个过程很痛苦，很艰难。在实施工作整个过程中，要加强思想教育，有针对性地做好思想工作。提高大家对改革的认识，增强对改革的心理承受力。在这次机构改革中，有的同志担心丢位置，怕考试，怕考核，怕分流；有的同志跑门子，找路子，争位子；也有的同志怀疑观望，消极等待。反映出的这些思想和行为，需要大家共同做工作。我们觉得没有必要怕，也没有必要争。考试、考核是为了保证公务员的质量，只能对事业有利，分流也是为了人尽其才，各得其所，充分发挥个人的能力，于公于私都有利。对于争位子的人，群众眼睛是雪亮的，最终结果是得不偿失。还是要踏踏实实工作，老老实实做人，这样不需要跑路子也能得到合适的位子。我们提倡一心想事业，两眼盯工作，不要将注意力集中在自己的得失上。每个同志要自觉做到正确对待"退、留、升、转"的问题，不向组织伸手，不计名利地位。发挥党支部、党小组的作用，调动一切积极因素，在上下级之间、同志之间广泛开展谈心活动，交换思想，消除不稳定因素。特别是各级领导干部要起模范带头作用，既要注意自己的示范，也要主动做好所属人员的工作，不许愿、不推诿，不将矛盾上交，保证所负责的处室人员思想稳定、工作稳定，不发生异常问题。我们希望，以机构改革、实行公务员制度为契机，将大家的热情激发起来，使我们的精神状态振奋起来，将正气树起来，将我们的工作全面带动起来。

（四）加强领导，严格组织纪律

落实"三定"方案，实行公务员制度，直接涉及全体机关工作人员的切身利益和关系到机关长远建设，组织工作、思想工作都很艰巨。因此，实施工作必须在局党组的领导下进行，把这项工作摆到重要的议事日程上，抓紧、抓好。坚持走群众路线，认真听取意见，坚持党组集体领导，坚持公道正派的作风，不搞小圈子，不以个人好恶来选用干部。对于每个干部来说，落实"三定"方案，实行公务员制度的过程，在一定意义上讲，本身也是对干部进行最实际的考核过程。在这样大的变化中，每个干部特别是领导干部，既要经受权力和利益的考验，也要从思想、习惯到工作作风进行根本的转变。必须树立坚强的党性观念，严格组织纪律，不为个人谋私利，不搞不正之风。反对自由主义，不听、不传小道消息。党组成员、考核组成员要严格遵守保密纪律和人事工作纪律。领导干部对没有把握的问题要及时请示报告，不能自作主张，"先斩后奏"，各行其是。凡经集体研究决定的事项，就要坚决执行。要坚持下级服从上级、个人服从组织的原则。对不服从安排的人员，要按有关规定严肃处理。纪委要发挥检查、监督作用，保证圆满完成机构改革和各项业务工作。局里也准备向直属各单位提出要求，希望他们也以实际行动支持、配合局机关的改革和实行公务员制度的工作。

1996 年 8 月 15 日

在段文杰先生从事敦煌学术研究
五十年纪念会上的讲话[*]

敦煌研究院院长段文杰先生自 1946 年志愿献身于敦煌艺术事业，至今已整整半个世纪。五十年来，他在西北戈壁沙漠深处，在非常艰苦的条件下，历经坎坷，不畏困难，甘于寂寞，潜心研究，辛勤耕耘，将自己的青春年华与全部心力奉献给了敦煌事业，为保护、研究、弘扬敦煌石窟所展示出的中华民族文化做出了杰出的贡献，成为在国内外文博界和敦煌学界中有重大影响的德高望重的学者。今天我怀着欣喜与敬佩的心情，向段文杰先生致以衷心的祝贺！

段文杰先生是位优秀的艺术家、美术家，他的成就充分体现在敦煌壁画的临摹上，他临摹的 340 多幅各个时代、不同内容的敦煌壁画摹本，再现了原作的真实面貌，传达了作品的思想神韵，显示出他的深厚功力与精深艺术素养。段文杰先生在临摹工作上的突出成就，是由于他不是把临摹简单地当做模仿，而是当做一门学问进行研究和探索。为了使临摹作品体现原画的精神风貌，他进行了深入细致的观察比较，调查研究了解临摹对象的壁画的时代精神和流派，甚至画家的个性特色，摸清了各时代壁画制作的程序和方法，并参阅研读了大量文献与佛典经藏，临摹过程中探索了敦煌壁画造型、线描、赋彩、传神方面的特点与

* 段文杰（1917～2011），四川省蓬溪县常乐镇人。1945 年毕业于重庆国立艺专国画科。1946 年 9 月赴敦煌莫高窟，在国立敦煌艺术研究所从事保护、研究工作，历任敦煌艺术研究美术组组长、敦煌研究院院长，中国美术家协会甘肃分会副主席。敦煌研究院名誉院长。第六、七届全国政协委员。著有《敦煌彩塑艺术》、《敦煌壁画概述》、《敦煌壁画中的衣冠服饰》等。临摹敦煌壁画 384 幅，在国内外多次展出。撰写论文数十篇。出版有《段文杰敦煌艺术研究文集》、《段文杰敦煌壁画临摹集》等。

规律，掌握了中国绘画的艺术要领。所以他的作品不是简单的复制品，而是一种艺术的再创造，给人以美的享受，赋予了艺术形象以生命，达到了炉火纯青的境界。

在段文杰先生带领下，敦煌研究院的几代美术工作者，临摹了一大批敦煌壁画摹本的珍品，既为敦煌壁画留下了重要收藏价值的文物副本，又为弘扬民族优秀文化做出了重要贡献。

段文杰先生是位著名的敦煌学学者，半个世纪以来，秉持弘扬民族文化、为国家为民族事业的抱负，以"咬定青山不放松"，"千锤万击犹坚强"的意志，潜心研究敦煌艺术，矢志不渝，取得了丰硕成果。在国内外发表了数十篇有分量的论文，《敦煌石窟艺术论文集》、《段文杰敦煌艺术论文集》是他敦煌艺术理论研究的代表作。段文杰先生围绕敦煌艺术的民族传统和外来影响这个课题进行探索，对敦煌艺术作宏观的历史性研究，阐述了敦煌艺术的发生、发展兴衰的历史、演变规律及其价值；对敦煌艺术的美学意义及社会历史的深层背景作了深入探讨；对敦煌艺术的独特个性及表现技法进行了研究。此外，还对敦煌画中的衣冠服饰与题材内容进行了精深的探索。由于段文杰先生是通过临摹工作进入理论研究的，长期的临摹实践，为他开展理论研究奠定了坚实的基础，他对敦煌艺术的精到见解，是他总结临摹经验的理论成果，使他的敦煌艺术研究有别于一般美术史家，他的独到分析与充分论证，丰富和发展了佛教艺术和美术史的研究。

段文杰先生自1980年担任领导职务以来，为了敦煌文物事业，满腔热情，呕心沥血，竭尽全力，操劳奔波，带领敦煌研究院全院职工，使敦煌文物事业的保护、研究、弘扬有了长足的进步，为推动敦煌文物事业的发展做出了不可磨灭的贡献。我们高兴地看到敦煌研究院的工作有了极大发展，面貌发生了很大变化，培养了许多专业人才，充实了学术队伍；通过现代科技的保护与严格管理，使敦煌石窟成为在国内外有很大影响的全国重点文物保护单位并被列入《世界遗产名录》；拓展了敦煌石窟研究领域，在敦煌学研究方面出版了一批有价值的学术成果，举办了多次学术会议，改变了过去那种"敦煌在中国，研究在国外"的被动局面；在弘扬敦煌艺术方面，为社会主义精神文明建设、开展爱国主义教育、振奋民族精神、推动旅游事业的发展起了积极作用，同时还使敦煌成为国家与地方进行对外文化交流与友好往来的重要桥梁和纽带。我希望敦煌研究院的领导和全体同志，以常书鸿、段文杰先生等老一辈学者、专家为榜样，在他们开创的大好工作局面的基础上，继续前进，把敦煌各方面的工作做得更好，为敦煌事业的发展创造更好的业绩。

作为文物工作者，我们为拥有敦煌石窟这样优秀的民族文化遗产而感到高兴和自豪，也为有段文杰先生这样终身奉献给祖国文物事业、并做出了显著成绩的学者而感到高兴和自豪。像段文杰先生这样为文物事业做出突出贡献的老一辈专家学者，是我们文物界的宝贵财富，也是我们文物界的楷模。今天，我们在这里举行"段文杰先生从事敦煌研究五十周年纪念会"，就是庆贺和表彰段文杰先生为敦煌文物事业所做的贡献，同时也是为了弘扬段文杰先生的思想作风。我们要以他为榜样，学习他爱祖国，爱敦煌，爱艺术的崇高思想，学习他艰苦创业，无私奉献的敬业精神，学习他兢兢业业，刻苦钻研，潜心事业，奋发进取的工作态度，为国家为民族更加尽职尽责地做好各方面的文物工作。文物事业是我们国家各项事业中的一个重要组成部分。我相信，只要我们坚定地按照党的路线、方针、政策办事，利用改革开放的机遇，继续发扬老一代专家、学者的艰苦奋斗和爱国奉献的思想作风，我们的文物事业就一定会得到进一步的发展，取得更大的成就，为社会主义现代化建设做出更大的贡献。

1996 年 8 月 16 日

在塔尔寺维修竣工庆典上的讲话[*]

同志们，朋友们：

今天，我们怀着喜悦的心情，隆重庆祝塔尔寺维修工程胜利结束。在这里，我谨代表中共中央统战部、国家民委、国家计委、财政部、建设部、文化部、国务院宗教局和国家文物局，对塔尔寺维修工程的圆满竣工表示热烈的祝贺！

塔尔寺是我国藏传佛教格鲁派著名的六大寺院之一，始建于 16 世纪，是藏传佛教格鲁派创始人宗喀巴大师的诞生地。塔尔寺拥有规模宏伟、建造精美的古建筑群，还有其他难以数计的文物珍宝和文献典籍，凝聚着藏传佛教的历史，凝聚着藏民族文化的历史，凝聚着汉、藏等民族文化融合的历史，也反映了中国统一繁荣的历史。塔尔寺是中国人民的骄傲，也是全人类不可多得的文化瑰宝。早在 1961 年，塔尔寺就被国务院列为全国重点文物保护单位，充分说明党中央和国务院对塔尔寺历史、文化地位的高度重视与关怀。

由于年久失修，塔尔寺的古建筑群出现了程度不同的险情，也危及寺内珍藏的大量文物。这种情况，不仅牵动了广大僧俗群众的心，也引起了党和人民政府的高度重视。党和国家领导人江泽民、乔石、李瑞

---

* 塔尔寺位于青海省西宁市湟中县鲁沙尔镇西南隅的莲花山坳中，是我国藏传佛教格鲁派（俗称黄教）创始人宗喀巴大师的诞生地，是藏区黄教六大寺院之一，也是青海省首屈一指的名胜古迹和全国重点文物保护单位。塔尔寺始建于公元 1379 年，距今已有 600 多年的历史，占地面积 600 余亩，寺院建筑依山叠砌、蜿蜒起伏、错落有致、气势磅礴，形成了集汉藏技术于一体的宏伟建筑群。1991 年启动的塔尔寺古建筑群维修工程，主要包括班禅行宫、小金瓦殿、大金瓦殿、大经堂、弥勒佛殿、宗喀巴殿、大吉哇、四门塔等建筑的抢修加固及道路、供电、消防等环境综合治理，于 1996 年 8 月胜利竣工。

环、田纪云、吴邦国等曾先后亲临塔尔寺视察，李鹏总理和国务委员李铁映同志、国务委员兼国家民委主任司马义·艾买提同志都十分关心塔尔寺的修缮工程，党中央、国务院对青海省关于抢修塔尔寺古建筑群工程的请示，迅即作出重要决策和指示。从 1991 年至 1996 年，由中央拨专款 3700 万元，总投资 4300 万元，借鉴布达拉宫维修的成功经验，在党中央和国务院有关部门的大力支持下，在中共青海省委和省人民政府的直接领导下，在广大僧俗群众的积极配合下，由省内外藏、汉、蒙古及其他民族的能工巧匠、工程技术人员组成过硬的技术队伍，同心同德，精心设计，精心施工，日夜奋战，终于成功地排除了险情，使塔尔寺稳固如初，辉煌依旧。这是贯彻党的民族政策和宗教政策的体现，也是党的文物保护政策取得的又一丰硕成果！

同 1994 年完成的举世瞩目的布达拉宫修缮工程一样，塔尔寺的修缮工程不仅遵从了以往宗教文物建筑维修的惯例，充分尊重和满足信教群众的感情与宗教活动的需要，而且在当代文化高度发达的情况下，严格遵循有关文物保护的法规和原则，认真保护文物的原物原状，体现了新时期宗教寺庙的管理水平、文化水准和法制观念，体现了宗教与文物工作的严密结合与协调。塔尔寺维修工程的成功，保障了信奉藏传佛教的群众更好地开展宗教活动，进一步促进了民族团结，也为文物保护事业树立了一个杰出的典范，这是特别值得称道的。

塔尔寺维修工程的全面完成，无疑又为我国文物保护事业的发展谱写了璀璨夺目的一页。在此，我们还要向成功地领导了这一工程的中共青海省委、省人民政府和有关部门，向为这一工程倾注了满腔心血和无数汗水的工程技术人员和全体施工人员，向为此不倦操劳的高僧大德和广大僧俗群众表示由衷的感谢！

应当看到，塔尔寺修缮工程竣工后，今后的管理和使用工作，责任更重，意义更大。对于塔尔寺这样一处文物重地和宗教圣地，防火、防盗、防止和克服各种人为与自然力的破坏，切实保障它的安全，永远是不容丝毫懈怠的首要任务。我们期盼着，在中共青海省委和省人民政府的关怀和有关部门的领导下，在省内外僧俗群众和各界人士的关心和支持下，塔尔寺民管会及全体僧众时时把文物安全、民族团结和宗教政策的贯彻放在突出的位置，根据"有效保护、合理利用、加强管理"的原则，把塔尔寺管好、用好，使它永葆辉煌！

1996 年 8 月 23 日

就近期文物工作致李铁映
国务委员的信

铁映同志：

　　您好！

　　遵照您今年 3 月在同我谈话中的指示精神，近半年来，我们组织人力已相继完成了：（一）《中国文物博物馆事业'九五'计划及 2010 年发展远景目标纲要》，并征求了各方面专家和部分省、市文物部门的意见，十四届六中全会之后，又根据全会精神，作了修改，已在上月报文化部；（二）充实了《国务院关于新时期加强文物工作的通知（代拟稿）》，在原代拟稿的基础上，重点学习和研究了您自西安会议以来的讲话精神和（刘）奇葆同志的意见，把您的一些重要指导思想和想法，基本都写入了《通知》，秘书局同志审阅后，又征询了各有关部门意见，我们再次作了修改，我希望这个文件经您审阅指示后，能在今年年底前出台为妥。（三）关于《依法没收追缴文物的移交办法（草案）》已报国务院秘书四局征求了各方面意见，据闻有部门提出没收的文物要"拍卖"，利益可由文物、专家、海关三家分成，这也许是一些不熟悉文物政策的同志或者非领导同志的一种意见。其实，依法移交没收、追缴文物是情理中事，在起草过程中，我还专门学习了您在西安的讲话，是完全符合《文物保护法》和您讲话精神的。（四）《文物拍卖管理办法（草案）》，也已报呈国务院。此事，文物局早应按您过去强调的"文物直管专营"指示，起草行政法规执行，我曾听人大常委会一位领导同志讲，铁映同志讲的原则是对的，但文物局动作慢了。后来我在上海还听到一种说法，某同志对内贸部同志说，他早就赞成由内贸部负责文物拍卖。文物拍卖的后果由此而起，可想而知。最近在市场上拍卖了几件十分重要的文物，为红山文化时期的玉猪龙（玉器）、玉雕太阳神、傅抱石《丽人行》手卷、宋代三马（马远、马麟、马魁）的册页以及北宋佚名摹郭光恕《向猎奇图》等，有的虽确定为定向拍卖，到一定时候也就难说了。我已要求文物处调查了解，密切注视上述文物流向，严禁出口。必要时，要把照片报送公安、海关部门备案。所以我希望《文物拍卖管理办法》越早出台越好。明年《中华人民共和国拍卖法》即将实施，如果《文物拍卖管理办法》滞后，势必会造成被动，我很着急。（五）《故宫博物院管理办法（草案）》，已报文化部审批，我已向（刘）忠德同志汇报，希望早日批准，由文物局颁布实施。从以往发生的一些事和近日查实的故宫案件情况，充分说明您在故宫的讲话是完全正确的，强调加强故宫管理，制定条例，使之制度化，法规化是十分重要的。有人擅自将文物给外国人，日前已由文化部和文物局联合查处。

根据您的指示，我在11月初向全国人大常委会科教文卫委员会作了《关于〈文物保护法〉执行情况和当前工作的汇报》，又于11月27日向全国政协教科文委员会作了内容基本相同的汇报，听取了人大代表和政协委员的意见，他们比较满意，达到了沟通情况、交换意见的的目的，人大代表和政协委员都肯定了文物工作在社会主义精神文明建设中的作用，提出了许多富有建设性的意见，我们将认真研究，贯彻执行。

关于文物局班子建设问题。文化部已上报中组部、人事部。我在党校学习时，曾向张全景同志汇报，希望尽快把文物局班子批下来，也向张柏林副部长提出类似意见。近几个月来，我依靠原来班子制定了《国家文物局落实"国务院关于国家文物局职能设置，内设机构人员编制方案"的实施意见》，反复征求意见，已上报文化部。考虑到国务院"三定"方案下达已久尚未落实（可能只有文物局未落实。所以在《中国政府名录》里，只有职能，没有其他部局有的详细介绍），人心思安，人心思定，我向文化部党组汇报拟在近期内对一些司处的基本架构也搭起来，能定的先定下来，这样才有利于稳定和开展工作。

您在今年3月20日同我谈话中，曾指出要在今年年底召开文物局长会议。为此，我已做了准备工作。总的指导思想是：贯彻党的十四届六中全会精神和《国务院关于新时期加强文物工作的通知》精神，总结西安全国文物工作会议以来的情况和经验，部署 1997 年文物工作。为此，已起草了《工作报告》和《1997 年全国文物工作要点》。会议时间，可以考虑在 1997 年 1 月您认为合适的时间召开，届时，我估计班子也基本定下来了，开会安排工作较为合适。如实在定不下来，也需要召开，以推动全盘工作。

这次会，我个人认为十分必要，也十分重要。一是正逢 1997 年香港回归；二是迎接党的十五大的召开。您在会上的讲话稿，我们已讨论过一次，想以您在 10 月 16 日主持研究贯彻六中全会精神时讲的"坚持社会主义精神文明建设方针；适应社会主义市场经济体制要求；遵循本行业工作规律"三句话为总纲，起草讲话稿，现一并送上提纲，不知当否，请您审阅指示。

如何建设一支政治强、业务精、作风正的文物队伍，是搞好文博工作的关键。我在六中全会前后，曾反复做过考虑，并组织拟定了《文物局机关工作人员守则》，特别强调国家文物局机关工作人员不得收藏和买卖文物，有个别人思想不通，但我认为这是从事文物管理工作的起码职业道德。首先从机关抓起，逐步形成文物行业的职业道德准则。

回顾半年来的工作，我是尽职尽责的。因为我深深感到，您今年 3 月同我谈话的分量和给予我的信任、关怀和支持。我决心将自己的全部精力贡献给党，服务人民，奉献社会，以不辜负党的培养和您对我的期望。

顺致

崇高敬礼

1996 年 9 月 2 日

在援助修复柬埔寨吴哥古迹
新闻发布会上的讲话[*]

尊敬的柬埔寨王国驻华大使凯西索达阁下，

朋友们、同志们：

今天在这里举行中国援助修复柬埔寨吴哥古迹的新闻发布会，是为了进一步表明中国政府对援助修复柬埔寨吴哥古迹工作所给予的高度重视和表达中国文物工作者有积极参与修复吴哥古迹的决心。

众所周知，吴哥古迹是柬埔寨的历史文化遗产，也是人类古代文明的瑰宝，1992 年由联合国世界遗产组织列入世界遗产名录。吴哥古迹是柬埔寨人民在 9～13 世纪创造的伟大文明，15 世纪时遭受严重破坏并废弃，至 19 世纪中叶被重新发掘和修复，但近十多年的战乱，又使吴哥古迹遭受人为和自然的破坏。为尽快医治战争创伤、重建和平幸福的家园，柬埔寨政府在西哈努克国王的领导下，在致力于发展国民经济、改善人民生活的同时，又把拯救吴哥古迹作为重大国策。这不仅受到柬埔寨人民的欢迎，也引起了世界各国的关注和支持。

中柬两国有着长期友好交往的历史，近几十年在国际形势复杂多变的情况下，两国的关系和人民之间的友谊得到了进一步巩固和发展。作为柬埔寨的亲密邻邦、作为具有古老文明史的中国，尽管面临经济建设

---

　　* 吴哥（Angkor）古迹，又名吴哥考古园，是东南亚最大的文化遗产，指的是现在柬埔寨西北部暹粒省洞里湖北岸一带的石砌、瓦造建筑遗迹群。古迹群分布在 400 平方公里的范围内，包括高棉王国从 9 世纪到 15 世纪历代都城和寺庙，如小吴哥、吴哥通古王城、巴戎寺、塔布隆寺、茶胶寺、女王宫等遗迹。联合国教科文组织于 1992 年将吴哥古迹列为世界文化遗产。

和文物保护工作的繁重任务，但我们仍把参加拯救吴哥古迹的修复保护工作视为我们应尽的国际主义义务，充分体现了中国政府和人民对柬埔寨人民的深情厚谊。我坚信，这将在两国的文化交流和友好发展的关系史上谱写出新的篇章。

1996 年 9 月 4 日

在纪念北京鲁迅博物馆建馆
四十周年大会上的讲话*

各位嘉宾、同志们、朋友们：

在全党和全国人民认真学习贯彻十四届六中全会精神，切实加强社会主义精神文明建设的热潮中，我们在鲁迅博物馆新落成的展厅举行集会，纪念伟大的文学家、思想家、革命家鲁迅一百一十五周年诞辰和逝世六十周年，缅怀这位中国新文化的巨人，并庆贺鲁迅博物馆建馆四十周年。这是很有意义的。

鲁迅先生诞生在中国最后一个封建王朝的末期。在他诞生前的四十年间，古老的中国已经由一个闭关自守的封建社会逐渐沦为半封建、半殖民地社会，风雨如磐，万家墨面，面临着被列强豆剖瓜分的严重威胁。为了国家的独立，民族的振兴，青年鲁迅经历了由"科学救国"到"文学救国"的人生选择。他在实际斗争中切身体会到，在世界各国的激烈角逐和竞争中，振奋民族精神，提高民族的思想道德素质是十分重要的。要想"兴国"，必须"立人"，而对于一个人来说，身健心残的危害，远甚于心健身残。于是他毅然弃医从文，以文学为武器，为净化人的灵魂，提升人的品格而奋斗终生。他深刻指出："唯有民魂是值得宝贵的，唯有它发扬起来，中国才有真进步。"①

---

* 1954 年初，文化部决定在鲁迅故居东侧筹建鲁迅博物馆。1955 年 9 月，文化部召开会议审定建馆设计方案；12 月，开始施工。1956 年 10 月 19 日新馆建成及鲁迅生平展陈列正式对外开放。1996 年 10 月 19 日为其建馆四十周年。

① 《华盖集续编·学界的三魂》。

鲁迅在他逝世后的六十年中，以其博大的胆识，深邃的思想，精湛的艺术，百科全书式的知识结构，征服了广大的国内外读者。但他身上最为光彩照人之处，还是他那无与伦比的人格魅力。他对祖国、对人民深挚永恒的爱，对一切腐朽事物和邪恶势力的永不调和的憎，以及他那种终身荷戟、永不卸甲的战斗作风，解剖自己比解剖他人更不留情面的磊落襟怀，甘当"孺子牛"吃的是草、挤出的是奶和血的牺牲精神，都给人以深刻的启迪和强烈的感染。40 年代，毛泽东同志曾高度评价鲁迅先生是代表着中华民族大多数向敌人冲锋陷阵的最正确、最勇敢、最坚决、最忠实、最热忱的空前的民族英雄。学习和弘扬鲁迅精神是我们宣传文化思想战线义不容辞的责任。江泽民总书记在鲁迅一百一十周年诞辰纪念大会上，也明确指出，"鲁迅是中华民族的思想巨人和伟大的爱国者"，"他的作品、思想和人格，在唤起中国人民的觉醒和团结奋斗，增强中华民族的凝聚力，提高民族自信心方面，发挥着巨大作用"。他号召我们进一步学习和发扬鲁迅的爱国主义精神，进一步学习和发扬鲁迅坚韧的战斗精神，进一步学习和发扬鲁迅博采众长、勇于创新的精神。这就是说，鲁迅不仅是我们思想上的导师、文学上的典范，而且是现代中国人做人的楷模。鲁迅的精神就是中华民族自强不息、坚忍不拔、艰苦奋斗、无私奉献的精神。鲁迅先生的高风亮节，集中体现了本世纪中国人最可宝贵的性格，这是我们民族的自豪和光荣。

鲁迅生活和战斗的岁月，正值 19 世纪末 20 世纪初。时代赋予当时先进中国人的历史使命，是挽救亡国灭种的危机，建立一个自立于世界民族之林的新中国。以毛泽东同志为代表的中国共产党人不怕流血牺牲，前仆后继，胜利完成了这一伟大的历史重任。今天，我们又面临着一个新的历史转折，即由 20 世纪过渡到 21 世纪的伟大历史转折。今天赋予当代共产党人和全国人民的新的历史使命，是以马列主义、毛泽东思想、邓小平建设有中国特色的社会主义理论为指导，坚持党的基本路线和基本方针，加强思想道德建设，发展教育科学文化，以科学理论武装人，以正确舆论引导人，以高尚精神塑造人，以优秀作品鼓舞人，培养有理想、有道德、有文化、有纪律的公民，提高全民族思想道德素质和科学文化素质，团结动员各族人民把我国建设成为富强、民主、文明的社会主义现代化国家。党的十一届三中全会以来我国改革开放的经验说明，人总是要有一点精神的，一个失去精神支柱与道德支柱的民族是没有前途的。我们绝不能以牺牲精神文明为代价，去换取经济的一时发展。因此，推进改革的宏伟事业，完成跨世纪的历史任务，我们在继续坚持以经济建设为中心的同时，还必须大力加强精神文明建设，为改革、发展、稳定提供强有力的精神动力、智力支持、政治保证和舆论环境。前一时期，由于党中央制定了一系列战略性措施，精神文明建设取得了积极进展和明显效果，涌现出大量闪耀着时代精神光芒的先进集体和先进个人，创造了许多卓有成效的经验。但有的地区有的部门在抓物质文明和精神文明的过程中也还存在"一手硬，一手软"的情况，以致一定范围内出现了拜金主义、享乐主义的抬头，极端个人主义的蔓延。新时期以来，文艺战线的绝大多数同志坚定不移地贯彻党的"双百"方针和"二为"方向，产生了一批弘扬主旋律、风格多样化的优秀作品。但由于国内外一些错误思潮的影响，也出现了一些游戏人生、脱离现实、淡化政治、躲避崇高、刺激感官、张扬物欲的具有不良倾向的作品，甚至是政治倾向很坏的作品。在这种情况下，继承鲁迅文化传统中内在的精神血脉，高扬鲁迅作品中洋溢的华夏正气，把鲁迅的思想遗产变成我们全民族建设社会主义精神文明的宝贵财富，就显得更为必要，更加迫切。

　　同志们，朋友们，北京鲁迅博物馆是在周恩来总理的亲切关怀下筹建的。毛泽东主席临终前不久，又对鲁迅之子周海婴先生反映鲁迅著作及书信出版情况的来信作出了重要批示，决定在鲁迅博物馆内增设鲁迅研究室。四十年来，鲁迅博物馆在宣传鲁迅思想业绩方面做了不少工作，已成为向青少年进行爱国主义教育和革命传统教育的重要基地。为收集、整理鲁迅文物，深化鲁迅研究，举办鲁迅生平展品，在促进社会主义思想道德建设做出了积极贡献。除此之外，还利用流动展览形式在全国一些省市巡回展览，并在日本、印度、瑞典、法国、德国、挪威相继展出，既推动了我国社会主义思想文化建设，又有力地促进了中外文化交流，加深了中国人民和世界人民对鲁迅作品和伟大精神品格的认识。希望鲁博全体同志再接再厉，开拓进取，扎实工作，团结奋进，在深入鲁迅研究，宣传鲁迅革命精神、加强思想道德建设和教育科学文化建设的工作中做出新的贡献。

1996 年 10 月 19 日

在党的十四届六中全会《决议》
指引下开创新时期文物工作新局面

——在 1997 年全国文物局长会议上的工作报告

这次会议是在深入学习贯彻《中共中央关于加强社会主义精神文明建设若干重要问题的决议》，学习贯彻国务院即将下发的《关于新时期加强文物工作的通知》①，加强社会主义精神文明建设，进一步繁荣和发展文物事业的形势下召开的。会议的主要任务是，贯彻落实党的十四届六中全会精神和国务院《关于新时期加强文物工作的通知》，部署《中国文物博物馆事业"九五"计划及 2010 年远景目标纲要》的实施，以及 1997 年的文博工作；共同研讨在今年的工作中如何坚持社会主义精神文明建设的方针，适应建立社会主义市场经济体制的要求，遵循文博工作自身发展的规律，开创文博工作的新局面。

一、西安全国文物工作会议②一年来的工作回顾

党的十四届三中全会以后，随着我国社会主义市场经济体制的建立，文物工作进入了一个新的历史发展时期。在中央和国务院领导同志的亲切关怀下，1995 年在西安召开了全国文物工作会议，中共中央政治局委员、国务委员李铁映同志在会上作了重要讲话，这次会议确定要

---

① 即 1997 年 3 月 30 日国务院印发的《关于加强和改善文物工作的通知》。

② 1995 年 9 月 8～12 日全国文物工作会议在陕西西安召开。国务院总理李鹏发来贺信。国务委员李铁映在讲话中提出新时期文物工作的"有效保护、合理利用、加强管理"的原则，要求将文物保护纳入当地经济和社会发展计划、城乡建设规划、财政预算、体制改革、领导责任制（简称"五纳入"），要求建立以国家保护为主、动员全社会参与的新体制。会议还讨论了《国务院关于新时期加强文物工作的通知》和《文物市场管理条例》等征求意见稿。

继续坚定不移地贯彻"保护为主，抢救第一"的方针，提出了"有效保护，合理利用，加强管理"的指导思想，对新时期文物工作的开展有着十分重要的指导意义。这次会议以后，全国文物战线的同志们深入贯彻落实会议的精神，努力完成会议部署的各项工作任务，取得了显著成绩。

（一）各级党委、政府高度重视全国文物工作会议精神的贯彻落实

去年以来，各地党委、政府十分重视西安全国文物工作会议精神的贯彻落实，认真听取了文物部门的工作汇报，进一步加强了对文物工作的领导和支持。大多数省（自治区、直辖市）人民政府相继召开了文物工作会议，结合当地文物工作实际，部署贯彻落实会议精神。各地把铁映同志提出的"五纳入"作为贯彻会议精神的重点，进行了专题研究。不少省（自治区、直辖市）人民政府印发了在本地区实施"五纳入"的文件，使这项工作落到了实处。

在国务院和铁映同志的直接领导和关心下，国务院将在近期印发《关于新时期加强文物工作的通知》。《通知》是新时期文物工作重要的指导性文件。铁映同志非常关心全国文物工作会议精神的贯彻落实，先后到陕西、山西、山东、新疆等地视察，作了许多重要指示和讲话，有力地推动了文物工作的开展。在（刘）忠德、（刘）奇葆同志的陪同下，铁映同志还专门视察了北京故宫博物院的工作，对故宫博物院的安全保护和管理工作提出了具体的要求。我局正组织力量逐项落实铁映同志的重要指示。

全国人大非常关心当前的文物工作，组织部分人大常委考察了宁夏、新疆等地的文物保护情况。全国政协教科文卫体委员会也在继钱伟长副主席亲自考察三峡文物之后，又组织部分常委、委员考察了山西的文物工作。全国人大、全国政协专门委员会还分别听取了我局关于《文物保护法》实施情况的汇报，对文物保护工作提出了很好的意见和建议。

（二）全国文博工作者深入学习贯彻《决议》，进一步明确了文博工作的方向

党的十四届六中全会《决议》发表后，我局及时印发了关于学习

贯彻《决议》的通知和实施意见。局党组集中时间，结合文博工作实际，反复学习了《决议》，同时组织司局级干部、机关处级干部和全体干部职工集中进行学习，举办了局直属单位负责同志参加的研讨班。各地文博单位也在党委的统一领导下组织了认真深入的学习。通过对《决议》的学习，认识到努力实现《决议》作出的重要战略部署和提出的各项工作任务，是文博系统全体工作者的光荣历史使命，明确了新形势下加强精神文明建设的指导思想、目标任务和工作方针，提高了贯彻执行《决议》的自觉性。各级文博单位根据自己的工作实际，制定了开展精神文明建设的具体措施。

（三）"有效保护，合理利用，加强管理"，取得了丰硕成果

1996年，我局继续组织了"八五"期间文物抢救维修项目的实施，并制定了《文物事业"九五"抢救、维修、保护计划》。国务院有关部委对文物的抢救保护工作给予了很大支持。"九五"期间中央安排的文物抢救保护资金从"八五"期间的每年一亿三千万元，增加到一亿五千五百万元。整个"九五"期间中央计划安排的资金在原有基础上总计将增加八千五百万元。1996年安排文物博物馆维修保护项目390项，对一批重要的古建筑抢救维修工程项目进行了验收。我局与广东省委、省政府遵照李鹏总理的指示，制定了虎门炮台旧址的保护规划，预计将于1997年香港回归前完成。根据铁映同志的指示，制定了陕西延安革命旧址保护规划，并开始逐步实施。制定了配合三峡水库工程、黄河小浪底水库工程等国家大型基本建设项目的文物保护计划，开展了抢救性的考古调查和发掘工作。河南偃师商城东北隅城墙等遗迹的发现，为"夏商周断代工程"提供了重要资料。湖南省长沙市走马楼三国孙吴纪年简牍的发现是本世纪又一重大考古发现，具有重要历史文献价值。此外，在四川丰都烟墩堡旧石器时代遗址，孟津妯娌和成都平原新石器时代遗址，以及辽宁北票鲜卑贵族墓地、青海都兰吐谷浑墓葬群、安徽省巢湖市放王岗汉墓、四川省华蓥市宋代安丙墓、山东省青州市龙兴寺大型佛教造像窖藏等重大考古新发现均令人瞩目。《中国文物报》正在组织评选1996年的"十大考古新发现"，不久将在该报公布。每一次重大考古新发现，都会推动整个考古工作和历史学研究的新发展。今后将把

这项工作制度化、规范化。最近，在北京王府井地区发现了一处两万年前的旧石器时代晚期遗址，对于研究北京地区的古人类从洞穴走向平原的情况具有重要学术价值，已引起社会各界广泛关注。近日河南新郑也发现了一批郑国青铜器，是新郑自1923年以来的最重要的发现。馆藏文物保护得到了进一步加强。中国历史博物馆、中国革命博物馆等一级风险单位完成了技防工程，实现了一级安全防护。去年全国馆藏文物失盗案件发案率明显下降。

1996年，全国各级各类文博单位为社会提供五千多个陈列展览，观众达到一亿人次以上。《近代中国》、《红岩魂》、《敦煌艺术展》、《鲁迅生平展》等一批精品的推出，引起了社会的广泛关注，产生了强烈的轰动效应。具有世界先进水平的上海博物馆新馆正式对外开放，为探索新时期博物馆现代化建设和管理开创了一条新途径。文物宣传出版工作取得丰硕成果，《西藏档案荟萃》等大型文物图书获得中宣部设立的"五个一工程奖"和新闻出版署图书奖。去年组织的赴国外展出的《中国古代文物展》、《中国帝王陵墓展》、《辽代陈国公主墓展》、《丝绸之路文物展》等大型展览，向世界人民介绍了我国光辉灿烂的古代历史文化，展示了改革开放以来我国文物保护事业取得的巨大成就，受到各国人民和友好人士的高度赞赏；江泽民主席在出访德国期间，在德国总统陪同下观看了我们正在德举办的《中国古代文明展》，对展览给予了肯定的评价。

1996年，我局制定了《中国文物博物馆事业"九五"计划及2010年远景目标纲要》，对"九五"期间文博事业的发展作了全面规划，并提出了2010年的奋斗目标。去年还着力抓了文物法制法规建设工作，起草了《文物拍卖管理办法》、《关于依法没收、追缴文物的移交办法》、《文物事业单位财务管理办法》、《国家重点文物保护专项补助经费使用管理办法》等规章草案。开展了大遗址保护规划的调查研究。继续开展了馆藏一级文物和革命文物的鉴定确认。配合有关部门开展了文物拍卖管理和旧货市场的监管物品的管理工作。总之，过去的一年，全国文博战线的同志们认真落实全国文物工作会议精神和会议部署的各项任务，团结进取、扎实工作，取得了显著成绩，文物工作的社会影响不断扩大，社会地位日益提高，发展前景更加光明。这些成绩的取得，是同党中央、国务院的领导和亲切关怀分不开的；是同全国人大、全国政协的关怀和支持分不开的；也是同各级党委、政府重视文物工作，加强对文物工作的领导分不开的；是同中央和地方有关部门大力支持，特别是文化部党组的直接领导与支持分不开的。我谨代表国家文物局向一贯重视、支持文博工作的各级领导、各有关部门和全国文博战线广大干部职工表示衷心的感谢和慰问。

二、深入学习领会《决议》精神，明确促进社会主义精神文明建设是文博工作的根本任务

党的十四届六中全会通过的《中共中央关于加强社会主义精神文明建设若干重要问题的决议》，是我国社会主义精神文明建设的纲领性文件，具有重大的现实意义和深远的历史意义。目前，各级文博单位正在党委的统一领导下，组织广大党员和干部认真学习《决议》。在学习贯彻《决议》的过程中，要充分认识和把握以下几个方面：

（一）文博工作必须服从和服务于社会主义物质文明和精神文明建设的大局

《决议》为我国文博事业的健康发展指明了方向，提供了前所未有的历史机遇，展现了光辉灿烂的前景。文博战线的全体同志要充分认清形势，把握全局，增强大局意识、责任意识，用《决议》统一思想，提高认识，增强信心。当前，加强精神文明建设的良好氛围正在形成和发展，我们一定要珍惜机遇，抓住机遇，扎扎实实地推动六中全会精神的贯彻落实。

要使文博系统的全体同志都真正认识到，服从和服务于两个文明建设的大局，就必须切实做到文博系统的一切工作都要以是否有利于两个文明建设为出发点和归宿。同时也要清醒地认识到，文博事业只有紧紧围绕以经济建设为中心，促进物质文明和精神文明建设这个根本任务，才能求得自身的进一步发展。历史和现实反复证明，精神文明建设的萎缩往往导致文博事业的停滞不前。近年来，一些地方忽视精神文明建设，一手比较硬，一手比较软，片面地追求局部的、眼前的经济利益，削弱了文物保护工作，使祖国珍贵的历史文化遗产被破坏、被损毁，最终也影响到当地经济建设的发展和社会进步，教训是深刻的。我们也看到，不少地方的领导重视精神文明建设，文博工作的地位不断提高，文博工作发挥出的社会教育作用日益显著。不少文物博物馆单位陆续推出的一大批精品展览，吸引了大量的观众，获得了社会的好评，开始摆脱那种"门前冷落车马稀"的景象。事实告诉我们，文博工作只有深深地植根于两个文明建设的伟大事业中，真正承担起精神文明建设的光荣责任，才能赢得最广泛的社会认同，获得最广阔的发展空间。

（二）文物事业在精神文明建设中具有特殊地位和重要作用

我国极为丰富的文物古迹是进行精神文明建设的宝贵资源。我国是一个有着五千年文明历史的古国，在漫长的历史岁月中，我们的祖先以自己勤劳的双手和卓越的智慧，创造了辉煌灿烂的古代文明，留下了极为丰富的历史文物。鸦片战争以来，无数仁人志士和革命先烈，为反抗帝国主义列强的侵略，争取民族独立与解放，为新中国的繁荣与富强，前赴后继，英勇奋斗，创下了辉煌的业绩，留下了大量的革命文物。运用祖国珍贵的历史文化遗产，充分发挥文物的作用，对于正确认识中华民族的发展历史，继承和发扬民族优秀历史文化传统，振奋民族精神，增强民族凝聚力，激发全国人民开拓进取、自强不息的奋斗精神，有着重要的作用和意义。

文物在促进物质文明和精神文明建设中具有特殊的优势。众多的历史文物和革命文物，是一部物化了的中华民族的生存史、奋斗史和发展史。文物作为历史的物质遗存，具有的直观、形象、具体的特点，具有真实、直接、生动的感染力，是其他任何一种教育手段所不能替代的。同时，文物为社会主义文化建设乃至中华民族精神的延续提供了丰富的营养。任何形态的现代文明都不可能是凭空产生的，都是在汲取优秀历史文化的基础上发展起来的。没有继承就没有发展，脱离了优秀历史文化的基础，现代精神文明只能是无本之木、无源之水。文物蕴涵着极其丰富的历史和文化信息，具有巨大的历史价值和文化价值，对于今天研究和总结我国丰厚历史文化遗产的精髓，继承、借鉴和发扬源远流长的优秀历史文化传统，促进建设有中国特色的社会主义文化建设，有着不可替代的重要作用。

社会主义精神文明建设的内容极为丰富，为文物的利用开辟了广阔的天地。按照《决议》所确定的指导思想，文物利用要密切结合形势，把爱国主义教育、革命传统教育和社会主义教育始终作为主旋律，紧紧围绕江泽民同志提出的"以科学的理论武装人，以正确的舆论引导人，以高尚的精神塑造人，以优秀的作品鼓舞人"的四项主要任务，强化文博工作自身的主题。文物利用要弘扬中华民族的传统美德，诸如维护统一、热爱祖国、勤劳勇敢、威武不屈、艰苦奋斗、自强不息的精神，重视道德修养、追求人格至善的精神以及崇文重教、尊师重道的精神等等。要善于从文物所反映和体现的优秀传统文化中摄取有益的成分，充分运用文物对广大人民群众，特别是青少年进行理想、信念和高尚情操的教育，加强以为人民服务为核心的社会主义道德建设。

文物利用要力求做到形式和内容的完美统一。文博事业和文博工作能否适应新形势的需要，能否在建设精神文明的过程中取得预期的效果，关键在于文博工作要探索出适应时代要求的、符合精神文明建设需要的、富于吸引力和感染力的新路子和有效形式。要用创造性的劳动，创作更贴近社会、贴近群众、贴近青少年的生动教材，运用丰富多彩的形式，特别要注意运用现代科技手段和新颖的艺术表现手法，深化教育主题。要在文博战线上树立精品意识，实施"精品工程"，满足人民群众对文化生活的不断增长和提高的精神需求。

（三）文博工作要始终把社会效益放在首位

社会主义市场经济体制的建立与完善，为文博事业的发展注入了新的活力，提供了新的契机，也提出了新的挑战。文博工作既面临着艰巨的改革任务，又必须切实加强自身的建设。一个时期以来，一些地方和部门的领导在工作中，存在着忽视思想教育、忽视精神文明建设的现象。有的文博单位在商品经济浪潮中，片面地追求眼前的、局部的利益，脱离了本职业务，出现了诸如在烈士陵园、博物馆等爱国主义教育基地办歌舞厅、夜总会、娱乐城等怪现象；有的地方摒弃自己的文化优势，盲目投入大量的资金搞一些假古董、假文物；有的文博单位把展览场地出租搞服装展销、家具展销等商业活动；更有个别地方，居然在经济利益的驱动下，搞一些封建迷信、低级趣味的东西，造成了极为恶劣的政治影响。也有一些革命纪念馆周围的环境氛围遭到了人为的破坏，需要尽快采取措施，综合治理，恢复原貌、原状、原有氛围。还有一些单位，违背文博工作自身规律，盲目地照搬经济领域改革的一些做法，影响和削弱了本职业务工作。凡此种种，都偏离了文博工作的正确方向，必须尽快扭转和纠正。《决议》指出："任何时候都不能以牺牲精神文明为代价换取经济一时的发展。"各级文物主管部门和文博单位要根据社会主义精神文明建设的要求，端正文博工作的方向，坚持为人民服务、为社会主义服务的方向，坚持精神文明建设与物质文明建设协调发展，正确处理社会效益和经济效益的关系，始终把社会效益放在首位。在举办各类重要展览活动的过程中，要适当组织多种形式的纪念会、报告会、研讨会以及讲座，扩大社会影响，通过科学开发，切实收到"合理利用"的效果。要创造和形成有利于把社会效益放在首位的环境和条件，努力在社会效益和经济效益的结合点上寻找文博工作改革的突破点。文博单位开展的各种经营活动，要努力做到社会效益与经济效益的最佳结合，增强文博单位自身发展的活力。对于文博单位存在的实际困难，各级文物主管部门也要切实给予关心、帮助和扶持。

（四）把贯彻落实国务院《关于新时期加强文物工作的通知》作为贯彻落实《决议》的重要内容

国务院即将印发的《关于新时期加强文物工作的通知》，是改革开放以来文物工作基本经验的总结，适应社会主义市场经济体制的要求，遵循文物工作自身的规律，提出了新时期文物工作的方针政策、指导思想和工作任务。根据《决议》的要求明确指出了如何在以经济建设为中心条件下，在改革开放和社会主义市场经济条件下，进一步做好文物工作的重大方针问题，是党的十四届六中全会通过的《中共中央关于加强社会主义精神文明建设若干重要问题的决议》在文博系统的贯彻更加具体化，更具操作性，我们必须认真贯彻执行。

保护文物是关系我们国家和民族长远利益的千秋事业。文物保护事业作为全社会、全民族的公益性事业，是衡量公民思想道德修养、科学教育水平、民主法制观念的重要标准之一。文物保护事业已经成为国家主权独立、民族团结、经济繁荣、文化发达的一个显著标志，成为国家和民族整体形象的重要构成因素。加强文物保护是精神文明建设的重要内容。《通知》要求我们继续贯彻"保护为主、抢救第一"的方针和"有效保护、合理利用、加强管理"的指导思想，这是被实践证明了的正确方针和指导思想。为此，我们要以高度的责任感做到"有效保护"，以科学的态度做到"合理利用"，以严格执法做到"加强管理"。当前我国文物保护工作存在着一定的问题和困难，这些问题和困难说明，我国文物保护的现状与《决议》和《通知》提出的精神文明建设的要求还不相适应，也与我国作为一个历史悠久、文物众多的文物大国的地位不相适应。我们相信，随着《决议》和《通知》的贯彻落实，将会逐步改变这种不相适应的状况，以对国家、对民族、对历史高度负责的态度，把文物保护工作提高到一个新的水平。

《通知》提出的建立有中国特色的社会主义文物保护体制，是新时期加强文物保护工作的重大举措。新体制的核心是实现铁映同志提出的"五纳入"，这是新时期文物保护工作的重要保障。《决议》为"五纳入"的实施提供了难得的历史机遇。各级文物主管部门和文博单位要以学习贯彻《通知》为契机，积极争取各级人民政府对文物工作的领导和支持，逐项落实"五纳入"的具体内容。广大群众中蕴藏着不可低估的文物保护的动力，我们要把提高全民的文物保护意识作为文博系统促进社会主义精神文明建设的重要任务，广泛宣传《文物保护法》，普及文物和文物保护知识，激发广大人民群众保护文物的荣誉感和使命感，唤起民众自觉投身文物保护事业，形成人人爱护文物的良好社会风尚。最近北京市文物局开展的"爱北京城，捐城墙砖"活动，在社会上产生了良好反响，出现了许多动人的事迹，人民群众文物保护意识大大增强了。"文物保护，也要重在群众参与"，北京的经验，值得各地借鉴。

三、1997年主要工作的部署

这次会议向同志们印发了《文物博物馆事业"九五"计划和2010年远景目标纲要》和《国家文物局1997年工作要点》，对中长期文博工作计划提出了明确要求，对今年的工作进行了部署，我这里着重就今年主要工作的要求谈几点意见：

（一）充分发挥文物在弘扬优秀民族传统文化、促进物质文明和精神文明建设中的作用，切实抓出实效

当前，要把学习贯彻十四届六中全会《决议》和江泽民总书记重要讲话精神作为头等大事来抓。今年，我局将举办各省、自治区、直辖市文物局、文管会的领导同志参加的研讨班，组织大家集中一段时间学习《决议》和《通知》。贯彻《决议》和《通知》提出的各项工作任务，首先要领导重视，狠抓落实。各级文物主管部门和文博单位的领导班子要切实明确具体的领导责任，明确分工，加强合作，形成合力。要抓好具体规划的制定和落实。根据精神文明重在建设、重在投入的方针，把长远规划和近期任务结合起来，逐步加以实施，务求取得实效。投入要突出重点，统筹安排。要办实事，见实效。

贯彻落实《决议》和《通知》，利用文物促进精神文明建设的目标、任务、措施必须具体化。我局今年上半年要召开博物馆陈列展览工作座谈会，在全国文博系统组织实施"精品工程"。今年将由我局组织协调，由中国历史博物馆举办《中国古代科技文物展》；配合香港回归赴港举办《中国历史文物精华展》；在香港回归前夕与国家档案局、档案馆联合举办《香港的过去、现在和未来大型图片文物展》；为迎接党的十五大的召开，由我局组织协调举办《近年来重大考古发现汇报展》，与文化部、新闻出版署等部门联合举办《中国印刷术发明展》。并着手积极筹备迎接新中国成立五十周年大型文物展览。各地也要根据"五个一工程"的要求，推出自己的精品佳作。根据《爱国主义教育纲要》的要求，更进一步充实井冈山、延安、西柏坡等革命纪念馆和沈阳"九一八"事变纪念馆、北京中国抗日战争纪念馆、日军在南京大屠杀等纪念馆的陈展内容，建议各地每年都要举行纪念活动，使其真正成为爱国主义、革命传统教育和反抗帝国主义侵略的教育基地。我局将从今年开始每年举行一次全国十大展览精品的评比。要进一步优化环境氛围，为社会提供优质高效、热情周到的服务，最大限度地组织和吸引观众。根据《决议》的要求，全国文博系统要在全行业开展精神文明单

位的创建活动。文博单位是精神文明建设的窗口，首先自身要树立起文明单位的良好形象。要注重抓好文博单位的群众教育工作，加强讲解员队伍的培养和建设，鼓励和吸收大专院校的学生及社会志愿人员参加讲解与群众教育工作，为观众特别是青少年提供深入浅出的讲解。要继续加强爱国主义教育基地和重点博物馆的建设，在地方党委和政府的支持下，要在年度计划中设法安排一定的资金，用于基础设施建设和陈列展览条件的改善。我局也将在征得财政部同意的情况下，逐年增加在这方面的资金投入。要积极争取中国历史博物馆的改建、扩建列入国家项目，着手进行国家博物馆的前期准备工作。支持新建、扩建的省级博物馆的建设。

文物出版和文物宣传工作要坚持正确的舆论导向，弘扬精神文明建设的主旋律。要充分利用新闻传播媒介，形成开拓型、外向型的宣传格局。进一步加强文物出版工作，提高文物图书质量，积极推出一批优秀的图书和影视作品，广泛宣传文物博物馆工作的成绩和重大文物考古新发现。今年内我局将与中国教育电视台联合推出《走进博物馆》电视专题片，以专栏形式全面介绍全国各级各类博物馆。各省、自治区、直辖市及计划单列市的文物部门也可考虑通过影视、书刊向社会广泛介绍所辖地区的文物古迹。

（二）抓好《中国文物博物馆事业"九五"计划及 2010 年远景目标纲要》的实施

去年，我局在深入调查研究和听取各方面意见的基础上，制定了《中国文物博物馆事业"九五"计划及 2010 年远景目标纲要》。《纲要》实事求是地估计了我国文物事业的现状，提出了"九五"期间文物事业发展的指导思想和方针。《纲要》既积极进取、锐意开拓，又瞻前顾后、留有余地，明确了"九五"计划期间文博工作的基本任务和主要奋斗目标，描绘和展望了 2010 年文物事业发展的远景蓝图。《纲要》是我国"九五"期间文物事业发展的主要依据。《纲要》的实现将使我国的文物事业有一个较大的发展，为下一世纪文博事业的发展奠定坚实的基础。

今年是实施《纲要》具有关键性的一年。为了保证《纲要》的实施和"九五"奋斗目标的完成，各地文物部门要根据《纲要》，从自己的实际情况出发，制定"九五"计划和2010年远景目标纲要。已经制定的，要依据《决议》和国务院《通知》，以及我局印发的《纲要》进行必要的补充和完善。《纲要》的实施要依靠各级文物部门、各级文博单位和全国文博工作者的共同努力。这次会议以后，《纲要》将印发到基层文博单位，使广大文博工作者都能够明确自己的任务和责任，做好本职工作，为实现《纲要》贡献智慧和力量。

（三）进一步加强文物法制建设

社会主义市场经济是一定意义上的法制经济。我国市场经济体制的建立，迫切要求以法律规范和保障文物事业的发展。加强文物法制建设，健全和完善文物法规体系是新时期文物工作的重要任务。《文物保护法》公布十几年来，对我国文物保护事业的发展发挥了重大作用。随着形势的发展，特别是市场经济体制的建立，文物保护工作的社会环境发生了很大的变化，文物管理工作面临许多新的情况和新的问题，全国人大要求我们尽快修订和完善《文物保护法》。因此，《文物保护法》的修订完善，已经提到日程上来。今年上半年要做好修订完善《文物保护法》草案的准备工作，经文化部同意后报请国务院审批并提请全国人大常委会审议。今年，要尽快出台一批文博工作急需的、立法条件比较成熟的法规，研究制定《博物馆管理条例》、《考古发掘管理条例》、《文物市场管理条例》，会同有关部门制定《历史文化名城管理条例》等法规，修改和完善一批规章制度。遵照国务院领导同志的指示意见，对一些特别重要的大型古文化遗址、古墓葬群、石窟寺、古建筑群体、近现代纪念建筑等，要根据保护管理工作的不同需要，分类制定保护管理的专项法规。今年内先选择五到十处大型全国重点文物保护单位，进行制定专项法规的试点工作。

要加强文物行政执法，强化执法力度，特别是要抓住法人违法的典型案例，依法追究当事人的行政和法律责任。要通过新闻媒介坚决揭露和抨击严重破坏文物的行为和案件，对文物保护工作进行广泛的舆论监督和社会监督。文物部门的工作人员，特别是领导干部，要有责任在身、当仁不让的精神，敢于与破坏文物的行为做不懈的斗争，善于运用法律手段维护和保障文物部门的正当权益。

要继续严厉打击盗掘古墓葬、盗窃馆藏文物和走私文物的犯罪活动，配合公安、工商、海关和司法机关加大打击的力度和深度，把打击文物犯罪作为社会治安综合治理的内容，对那些罪大恶极的文物犯罪分子，要坚决予以惩处，严惩不贷。去年，遵照国务院领导同志的有关批示，我局进行了追索英国苏格兰场查扣的走私中国文物的工作。[①] 这项工作事关我国主权和我国文物保护工作的对外形象，一定要力争在今年内有所突破。

（四）继续做好文物的抢救保护工作

要继续按计划有重点地抢救维修部分全国重点文物保护单位和省级文物保护单位。集中力量继续完成"八五"期间立项和开工的重点维修工程，组织做好30余项重点工程的竣工验收。今年我局将尽早安排中央的直拨经费，从全国重点文物保护单位中选择100余处亟待抢救保护的项目进行审查立项。抓好第四批全国重点文物保护单位公布后的"四有"（保护范围、保护标志、保护档案、保护组织）工作。各地要把已公布为各级文物保护单位的"四有"工作作为今年基础工作的重点，切实加以落实。国家文物局将组织力量进行检查。同时要抓紧组织和落实国家级历史文化名城及部分省级历史文化名城的保护规划。继续与联合国教科文组织和日本政府合作开展陕西大明宫遗址的保护。积极参与柬埔寨吴哥古迹的保护工作。

过去曾一度对革命文物的保护重视不够，欠账较多。这是必须改变的一个薄弱环节。要提高对保护革命文物的现实意义和历史意义的认识，切实重视革命文物的保护，制定革命文物保护的五年规划，逐步加大革命文物保护的投入。特别要加强对陕西延安、江西瑞金和井冈山等革命旧址的抢救维修，保护革命旧址的环境特色。进一步加强革命文物的征集、整理和研究。同时，要把对我国社会主义革命和建设时期文物保护提到日程，要有紧迫感，下决心确定一批具有重大意义的纪念性建

① 1994年夏，英国警方在两个英国港口截获了7卡车共计6000多件走私文物，其中大部分为中国文物，随即通告了中国驻英使馆。在国家文物局依法严正交涉下，这批文物的绝大部分后来回到了国内。

筑列为文物保护单位，也要注重加强对这一时期文物的征集和保护。

要加强对边疆和少数民族地区的文物保护。做好这项工作，对我们这样一个多民族统一的国家有着重大意义。今年，我局将在调查研究的基础上召开一次边疆和少数民族文物保护工作座谈会，研究如何加强这方面的工作。从今年起，在整个"九五"时期对边疆和少数民族地区文物保护要加大投入的力度，在政策上也要给以倾斜和扶持。

要搞好对大遗址调查、勘探工作的指导，选择试点，制定保护规划。今年要选择二至三处大遗址保护比较好的典型，总结成功经验，逐步在全国推广。在三建委的统一领导下，督促检查三峡文物保护工作。配合有关部门做好"夏商周断代工程"的考古工作。同时要配合城市基本建设和旧城改造工程，搞好城市考古工作。继续抓好航空考古和水下考古的试点。

要提高对运用现代科技进行文物保护的紧迫性和重要性的认识，改变在这方面重视和投入不够的状况。事实上，自然力对文物的威胁每时每刻都在发生。我们要运用文物教育今人，要把文物保护好传续给子孙后代，不下大力气抓好文物的科技保护是不行的。这方面一是各级文物管理部门要加大投入；二是要加强与科技部门的合作，充分调动专家和工程技术人员的积极性，吸收他们广泛参与文物保护的科学技术研究工作；三是要加强国际合作，吸收国外的先进经验。今年我局要召开文物科技成果展览暨文物科技成果推广会，确定一批重点攻关项目，组织全国文物科技保护力量，并吸收社会力量联合攻关。要尽快扭转文博系统信息资料统计、利用等工作的落后状况，着手组织编制文物博物馆信息资料数据库，为在全国文物博物馆单位使用电脑进行数据化、信息化管理打好基础。

要加强博物馆安全防范和馆藏文物的征集、保护。要认真学习江泽民同志《责任重于泰山》一文提出的"'隐患险于明火'，'防范胜于救灾'，'责任重于泰山'"三句话，作为我们消防安全工作的指导方针，摆正消防安全与文物保护和文物业务工作的关系，要把学习江泽民同志这篇文章同学习铁映同志在故宫博物院的重要讲话结合起来，确保文物安全，万无一失。切实抓好文博单位的消防安全工作，继续做好对一级风险单位安全技术防范报警工程的设计审批和竣工验收，力争在"九五"计划的后四年中达到每年有约 10 个一级风险单位实现一级防护达标。继续抓好文物库房的建设，加强文物征集工作。我局将从今年开始，支持重点博物馆的文物征集工作，对珍贵文物的征集给予适当的经费补助。

（五）加强和改善文物市场管理

今年文物市场的管理工作，要先行抓好对文物拍卖的管理和旧货市场的监管。今年 1 月 1 日《拍卖法》已正式实施，在《文物拍卖管理办法》出台前，我局已先行制定下发了《关于加强文物拍卖标的鉴定管理通知》，作为过渡性措施，完善与《拍卖法》实施相配套的管理程序，审定、核准和监督检查文物拍卖人资格和文物拍卖标的鉴定、许可。要重申出土文物、依法没收追缴的文物、国有文物收藏单位的文物藏品、国有文物经营单位收存的一级和二级文物不得作为文物标的拍卖。对具有特别重要的历史、科学、艺术价值的文物，要在一定范围内定向拍卖，避免珍贵文物的流失。要配合工商、公安部门规范和整顿文物市场，强化旧货市场监管工作。妥善解决好执法机关依法追缴、罚没文物的移交问题。

为搞好文物商店的改革，我局今年将召开全国文物商店工作会议，重点是要深入研究深化改革，加强管理，端正经营方针，规范经营渠道，做到社会效益和经济效益的最佳结合；表彰一批多年来为博物馆提供过珍贵文物和为文物保护积累资金的文物商店。

面对当前社会上兴起的收藏热潮，要逐步开展对民间收藏文物的管理，研究探讨民间收藏文物的指导、登记、监督和自律问题。建立珍贵文物专项收购资金，开拓资金来源，用于征集民间和海外的珍贵文物或博物馆稀缺的文物。

（六）深化文物事业单位的改革

去年下半年，中央办公厅、国务院办公厅印发了《关于事业单位机构改革的意见》。根据文件精神，我局今年将把直属单位机构改革作为工作的重点，结合我局直属单位的具体情况，积极试点，改革对直属单位的管理方式，逐步建立起适应社会主义市场经济体制需要和符合文物事业单位自身发展规律、充满生机与活力的管理体制、运行机制和自我约束机制。

去年9月，国务院印发了《关于进一步完善文化经济政策的若干规定》，在加大各级财政对文物事业投入力度的同时，对拓宽文物事业资金投入渠道，逐步形成适应社会主义市场经济要求的筹资机制和多渠道投资体制，有着十分积极的作用。各级文物行政管理部门要认真研究文件的有关规定，积极主动地用好用足中央、国务院给予我们的优惠文化经济政策，开动脑筋，多方面、多渠道地吸收资金，用于文物保护事业。

今年在做好以上几项主要工作的同时，还要抓好文物的对外交流与合作工作。针对这项工作，提出三点要求：第一，要进一步加强宏观调控，按照"以我为主，对我有利，主动出击，依法办事，严格报批，统一管理"的原则，抓好文物对外交流展览与合作工作的管理；第二，要积极参与文物、博物馆国际合作交流和有关会议，介绍我国文物、博物馆工作成就，维护国家尊严，挫败西方制造"一中一台"、"两个中国"的图谋；第三，要进一步总结文物对外交流工作的经验，根据我国总体外交斗争和进一步扩大对外开放的需要，充分运用我国的文物优势，弘扬中华民族优秀的历史文化，团结广大海外华人，增进和扩大与各国人民的友谊，让中国走向世界，让世界进一步了解中国。

四、建立一支政治强、业务精、作风正的高素质的文博队伍

党的十四届六中全会通过的《决议》指出："按照政治强、业务精、作风正的要求，造就一支高素质的宣传思想文化教育队伍，是建设社会主义精神文明的迫切需要。"长期以来，全国文博队伍坚持正确的政治方向，坚定不移地贯彻执行党中央、国务院确定的文博工作的方针和指导思想，团结奋斗，积极进取，立足本职，勤奋工作，为文物事业的发展作出了重要贡献。但是，也应看到，改革开放以来，特别是市场经济的不断发展，使我们这支队伍所处的社会环境发生了很大的变化。社会精神生活方面存在的道德失范、拜金主义、享乐主义、个人主义等不良倾向，也在侵蚀着文博队伍。

最近几年在少数文博单位内出现的监守自盗、贪污受贿、玩忽职

守、以权谋私以及充当掮客倒卖牟利等现象，虽然发生在极个别的干部职工甚至是领导干部身上，却是令人痛心的，不能不引起我们足够的警惕。我们还应看到，少数文博干部缺乏全心全意为人民服务的精神，讲名利、摆阔气；缺乏艰苦奋斗的精神，贪图安逸和享乐；缺乏敬业精神和事业心、责任感；极少数文博单位，组织涣散、思想混乱、纪律松弛、制度不严，最近几年连续发生问题。这样一种状况，这样一种精神状态，是难以胜任党和人民赋予我们的神圣使命的。在新的历史时期，进一步加强文博干部队伍建设，全面提高文博干部的政治思想素质和业务素质，造就一支政治强、业务精、作风正的高素质的符合时代要求的文博队伍，已经成为一项紧迫的任务。

（一）要继续提高文博队伍的政治思想素质

首先要抓好队伍的理论学习，特别是领导干部政治理论的学习，用马列主义、毛泽东思想和邓小平建设有中国特色社会主义理论教育、武装干部职工。其次，要联系工作实际和思想实际进行学习，树立正确的世界观、人生观和价值观，树立全心全意为人民服务的精神。第三，要对广大干部职工进行政纪、法纪的教育，文博工作者要成为遵纪守法的模范。

（二）要努力提高文博队伍的业务素质

文物事业的发展需要一支具备较高业务素质的文博干部队伍。全面提高文博队伍的业务素质，首先要抓好对现有文博干部的岗位培训工作。各级文博单位都要根据开展业务工作的需要制定培训规划。今年我局准备制定颁布《文物系统干部培训规程》，逐步建立和完善文博系统干部教育培训制度。在北京、上海等地设立文博干部短期培训教学点，充分利用馆藏文物和专家培养优秀人才。我局今年还计划在抓好原定出版教材工作的同时，组织编写具有较强针对性、实用性、科学性的文博干部培训工作急需的教材。其次，继续委托北京大学等高校以"馆校结合"、"校内教授与校外专家相结合"等方式培养断层严重的专业人才，以及硕士生、博士生。选派优秀专业骨干参加国际合作的高层次培训和出国留学深造。要发挥文博界老专家的作用，加强对文物保护传统技艺的整理、挖掘。建立师承制度，制定文物鉴定、古建维修、字画装裱等专门技术考核标准，解决上述专业人员职级待遇问题。第三，要提高文博干部的管理素质和管理技能，逐步把现代科学技术和设备用于管理工作。搞好传统经验与现代科技的有机结合，通过培训使文博干部掌握电脑统计、分析等现代化办公手段，提高办公自动化水平和办事效率。总之，要在文博系统中形成尊重知识、尊重人才的良好氛围，善于发现和培养年轻的业务尖子，为年轻专业人员的成长创造必要的条件，鼓励文博单位接受高等院校培养的高层次文博人才，支持优秀人才建功立业。

（三）要切实转变文博队伍的思想作风工作作风

要下大力气抓好对干部职工队伍献身文物事业精神的教育和职业道德的教育。我们文博工作者是教育者，是人类灵魂的工程师，要懂得"教育者首先要受教育"的道理。严肃神圣的文博事业需要高素质的干部职工队伍，没有良好的思想作风和工作作风，这支高素质的队伍是难以建立起来的。因此，发扬党的优良传统，转变思想作风和工作作风，廉洁自律，扶正祛邪，弘扬正气，优质高效，对树立文博工作的良好形象，是至关重要的。最近，我局制定印发了《国家文物局机关工作人员守则》，还将制定下发《文物工作者行为准则》，各级文博单位要组织干部职工认真学习，用《守则》和《准则》严格规范自己的行为，自重、自省、自警、自励，努力把自己培养成一名具有高尚情操的文博工作者。尤其是作为一名文博工作者，应自觉做到个人不收藏、买卖文物或充当文物交易中的掮客，这是我们的职业道德中最起码的一条准则。我们要在全国各级文博单位中大力提倡立足本职、建功立业、敬业乐群、奉献社会的精神，形成讲学习、讲政治、讲团结、讲正气、讲纪律、讲奉献的浓厚风气。

去年下半年，我局开始进行落实"三定"方案，实行公务员制度的工作。遵照文化部党组和（刘）忠德同志提出的"学习、团结、务实"的方针，加强机关的思想作风建设、组织建设、业务建设和后勤建设。半年多来，在全局同志的共同努力下，国家文物局的各项工作进展顺利。全局呈现出积极、健康、团结、进取、向上的新气象。国家文物局"三定"方案的落实，体现了党中央、国务院及文化部党组对文博工作的关怀和重视，将对全国文博工作起到有力的推动作用。我们相信，在十四届六中全会《决议》精神鼓舞下，国家文物局机关的面貌一定会有一个大的改变。我们会努力做出表率，树立起与国家机关身份相称的良好形象。我也真诚地希望同志们理解、支持和帮助我们的工作，并请同志们予以批评监督。

同志们，党的十四届六中全会的召开，为社会主义精神文明建设和文物事业的发展提供了难得的历史机遇，让我们在以江泽民同志为核心的党中央领导下，把握大局，再接再厉，同心同德，开拓前进，以优异的成绩迎接香港顺利回归和党的十五大的胜利召开。

1997 年 1 月 16 日

就《国务院关于加强和改善文物工作的通知》公布答记者问[*]

记者（下简称记）：今年 3 月 30 日，国务院印发了《关于加强和改善文物工作的通知》（以下简称《通知》），请您谈一谈这个《通知》公布的背景是什么？

张文彬（下简称张）：改革开放以来，我国的文物工作取得了巨大的成就，文物事业出现了蓬勃发展的局面，文物保护工作逐步走上了法制轨道。大量濒临毁坏的文物古迹得到了妥善的抢救维修和保护；考古发掘工作取得了举世瞩目的成就；博物馆事业蓬勃发展，促进了社会主义精神文明建设。但文物保护长期存在的一些问题还没有得到很好的解决。在社会主义计划经济向社会主义市场经济转变时期，文物保护工作的社会环境发生了很大变化，文物管理工作面临着许多新的情况和新的问题。在大规模经济建设迅速发展的过程中，片面追求局部的、眼前的经济利益，造成国家文物损失的事件时有发生，法人违法案件大量增加，破坏文物的行为得不到及时的制止和处理；一些地方文物市场的流通秩序混乱，文物非法交易活跃，盗掘古墓葬、盗窃馆藏文物和走私文物等违法犯罪行为屡禁不止，给祖国珍贵的历史文化遗产造成了不可挽回的损失；一些地方文物保护工作得不到应有的重视和支持，力量薄弱，手段滞后，经费短缺，严重影响着文物事业的发展。在文物遭受人

_{* 国务院 1997 年 3 月 30 日印发了国发〔1997〕13 号文件《关于加强和改善文物工作的通知》，通知强调要努力建立与社会主义市场经济体制相适应、遵循文物工作自身规律、国家保护为主并动员全社会参与的文物保护体制，要求各部门各地方做到"五纳入"。1997 年 4 月 16 日，新华社公布了张文彬同志的记者采访，就《通知》的公布回答了记者的问题。}

为破坏的同时，自然力对文物的破坏也日益严重，文物科学技术保护面临着许多有待解决的重大课题。

党中央、国务院十分关心新形势下的文物工作。在 1992 年召开的全国文物工作会议上，党中央、国务院提出"保护为主，抢救第一"的文物工作方针。此后，党中央、国务院领导同志多次视察陕西、山西、河南、河北、山东、湖北、江西、新疆、江苏、上海等地和北京的文物工作，作了一系列重要指示。1994 年 4 月，在国务院领导同志倡导下，我局和有关部门共同组成文物保护调研组，并邀请全国人大代表、全国政协委员参加，分赴河南、陕西调研文物保护情况。国务院领导同志在听取了调研组汇报后，亲自到两省现场办公，与当地同志共同探讨解决文物保护工作中遇到的若干重要问题。在 1995 年召开的全国文物工作会议上，李铁映同志作了重要讲话，提出了"有效保护，合理利用，加强管理"的文物工作指导思想。根据国务院领导同志指示，为进一步切实加强和改善文物工作，经李鹏总理批准，于今年 3 月 30 日，国务院公布了这个《通知》。

记：请您谈谈《通知》的发布实施具有什么意义？

张：新中国成立以来，在每一个重要的历史时期，党中央、国务院都制定出加强文物保护的行之有效的政策规定，保证和推动了文物保护事业的健康发展。早在新中国成立初期，国家百废待兴，政务院在日理万机中颁发了《禁止珍贵文物图书出口暂行办法》和规定古迹、珍贵文物、图书及稀有生物保护办法等一系列文物保护法令。1961 年 3 月，国务院印发《关于进一步加强文物保护和管理工作的指示》，颁布《文物保护管理暂行条例》。1974 年 8 月，在周恩来总理的亲自关怀下，国务院印发《关于加强文物保护工作的通知》。1982 年 11 月 19 日，全国人大常委会审议通过了《中华人民共和国文物保护法》。1987 年 11 月，国务院及时公布了《关于进一步加强文物工作的通知》。十年之后，党中央、国务院根据我国实行改革开放政策，逐步建立社会主义市场经济体制新形势下文物工作的需要，及时印发了《国务院关于加强和改善文物工作的通知》。

《通知》的公布充分体现了党中央、国务院对文物工作的关心和支持，是改革开放以来文物工作的基本经验的总结。《通知》从理论和实践的结合上全面、科学、客观地估计了文物工作面临的形势，深刻分析了文物工作存在的主要矛盾和主要问题，进一步明确了文物工作的基本方针和指导思想，提出了当前和今后一个时期文物工作的主要任务，是我国建立社会主义市场经济体制时期加强和改善文物工作的纲领性文件，具有重大的指导意义。《通知》为文物的保护和利用提供了思想武器和理论依据，为文物事业的发展提供了更加有利的社会环境，必将极大地鼓舞和坚定广大文物工作者的信心和决心。

记：《通知》对当前和今后一个时期确定的加强和改善文物工作的基本方针和指导思想重点是什么？

张：《通知》科学地概括了新形势下文物工作面临的三个方面的关系，即文物保护与经济建设、文物工作的社会效益和经济效益、文物工作与社会主义市场经济的关系。妥善处理好这三个方面的关系，是当前文物工作亟待解决的重要问题。《通知》重申要坚持"保护为主，抢救第一"的文物工作的基本方针和"有效保护，合理利用，加强管理"的指导思想。应该指出，文物保护与经济建设以及人民群众的切身利益从根本上是一致的，但也存在一些局部性的矛盾。在处理文物保护与经济建设的关系上，《通知》指出，要本着既有利于文物保护，又有利于经济建设和提高人民群众生活水平的原则，妥善处理实际工作中出现的问题。坚持这个原则，对于我国现代化建设，妥善保护好祖国珍贵的文化遗产有着重大意义。在文物工作的社会效益和经济效益的关系上，《通知》要求，文物工作必须服从和服务于社会主义物质文明和精神文明建设的需要，坚持把社会效益放在首位，努力实现社会效益和经济效益的统一。在处理文物工作与社会主义市场经济的关系上，《通知》提出，要努力建立适应社会主义市场经济体制要求、遵循文物工作自身规律、国家保护为主并动员全社会参与的文物保护体制。建立这样的体制是符合我国国情的。文物保护以国家保护为主，主要是各级人民政府综合运用法律、行政、经济、科技等手段对文物实行全面保护。文物工作的基本方针、指导思想和这些重大原则的提出，对于当前和今后一个时期文物管理工作的实践有着极为重要的指导作用。

记：您刚才提到，要建立与社会主义市场经济体制相适应的文物保护体制，这个体制的核心内容是什么？

张：建立与社会主义市场经济体制相适应的文物保护体制的核心内容，是实现《通知》提出的"五个纳入"，即要把文物保护纳入当地经济和社会发展计划，纳入城乡建设规划，纳入财政预算，纳入体制改革，纳入各级领导责任制。必须明确，加强文物工作首先是各级人民政府的重要职责，各级人民政府对所辖地区文物的保护守土有责，同时有关职能部门要在政府的统一领导下，各司其职，互相配合，共同搞好文物保护，"五纳入"是国家保护的具体体现。当然，保护文物同时也是全民、全社会共同的义务，广大人民群众应该积极参与文物保护，以各种形式自觉保护祖国文物，形成人人爱护文物的良好社会风尚。

记：根据您刚才所谈，学习贯彻这个《通知》是各级人民政府的重要任务，国家文物局对学习贯彻这个《通知》有些什么打算？

张：《通知》的公布是文物系统的一件大事，贯彻《通知》是当前全国文物系统的首要任务。最近，国家文物局印发了关于学习贯彻《通知》的意见。国家文物局要求全国文物系统的干部职工要深入学习宣传《通知》，充分认清当前文物工作面临的形势，进一步统一思想认识。要求各级文物行政管理部门，要以学习贯彻《通知》为有利契机，努力向当地人民政府反映文物工作的实际情况，积极争取各级人民政府对文物工作的领导和支持。要采取有力措施，切实做好文物的保护抢救，加强文物管理的基础工作。要充分发挥文物的独特作用，实施"精品工程"，努力为社会主义物质文明和精神文明建设服务。要进一步加强文物法制建设，严厉打击破坏文物的违法犯罪活动，进一步改善文物市场的管理，建立文物流通的正常秩序。国家文物局特别要求，各级文物行政管理部门，要高度重视文物干部队伍的思想建设和业务建设，发扬全心全意为人民服务、立足本职、敬业乐群、奉献社会的精神，在以江泽民同志为核心的党中央领导下，把握大局，再接再厉，同心同德，开拓前进，为全面贯彻《通知》提出的各项工作任务，进一步做好我国的文物工作，开创文物事业更加广阔的前景而不懈努力。

在保护石刻造像、打击文物犯罪活动电话会议上的讲话

今天，公安部和国家文物局在这里召开电话会议，主要内容就是加强田野石刻文物保护工作，打击盗窃田野不可移动石刻造像的文物犯罪活动。首先，我代表国家文物局向战斗在文物保护岗位上的同志们致以亲切的问候，并借此机会向一贯给予文物工作大力支持的公、检、法、海关、铁路、工商等部门的同志们致以崇高的敬意，表示衷心的感谢！

近年来，全国馆藏文物被盗案件呈逐年下降趋势，据不完全统计，1996 年全国共发生馆藏文物被盗案件 10 起（其中 4 起未遂），丢失文物 48 件（21 件为珍贵文物），馆藏文物被盗案件比 1995 年下降 56%。

然而，值得重视的是，在馆藏文物被盗案件大幅度下降的同时，不可移动文物石刻造像被盗的案件急剧上升。

据不完全统计，1996 年全国不可移动文物石刻造像被盗 12 起，有 70 尊石刻造像被盗、被割，占失盗文物总数的 64% 以上。如福建省莆田市释迦佛塔（国保单位），2 月 6 日发现 5 尊佛像被盗，11 月 4 日又有 4 尊佛像被盗；12 月 16 日，四川省安岳县华严洞（省保单位）20 尊罗汉头像被盗，还盗走了茗山寺的 5 尊观音像和圆觉菩萨像。以上所列仅是报告我局有统计依据的数字，还有相当一部分单位被盗后未报我局，如某省一个县 1996 年 5～12 月，就发生 9 起（已破 5 起）石刻造像被盗事件，但未报告。

截至今年 5 月 10 日，全国发生文物被盗案件 26 起，与去年同期相比，案件上升 2.5 倍，石窟寺、田野石刻被盗特别突出，发案 25 起，占发案总数的 96%。作案分子盗窃的石刻造像级别高，体积大，作案

手段呈集团化、现代化。如 3 月 30 日凌晨，河南省洛阳龙门石窟（国保单位）东山擂鼓台"大万五佛像龛"院内的一尊高 1.96 米，重约 750 公斤的唐代立佛像（一级品）被犯罪分子从东山南墙挖洞盗走（此案已破）。又如，山东省济南市历城区四门塔（国保单位）东侧积香佛像曾在 1996 年 10 月被盗窃分子将颈部左右各锯一道口子，文物部门发现后，立即采取了措施，但不够落实，因而这尊积香佛像头在今年 3 月 7 日深夜仍被盗走。在 3 月 3 日~4 月 23 日不到两个月的时间里，重庆市綦江县中峰镇广佛寺、三角镇石门寺两处县保单位发生 3 次、45 尊石刻造像头被盗割事件，其中石门寺在 20 天内两次被盗割。这是我国文物保护史上罕见的。

针对田野文物被盗严重的情况，国家文物局向国务院写了紧急报告，中共中央政治局委员、国务委员李铁映同志于 5 月 19 日批示："此件（指国家文物局《关于今年以来文物被盗情况的报告》）可转发有关部委、各省政府、重点城市。抓紧破大要案，坚决贯彻中央、国务院的精神。此风必须煞住。"表明了党中央、国务院领导同志对文物被盗情况的高度重视和打击文物犯罪的严正态度。我们这次电话会，就是贯彻落实中央、国务院领导同志批示的一个重要的举措。

造成田野石刻文物被盗的原因主要有：

1. 境内外不法分子相互勾结，以田野石刻造像为主要盗窃目标

当前，在经济利益驱动下，境外走私分子，勾结国内不法分子，将窃取目标盯住石刻造像，进行盗窃、倒卖、走私文物，牟取暴利，致使大批石刻造像遭到盗窃、破坏。

2. 文物保护机构不落实，措施不力

《文物保护法》第九条规定，各级文物保护单位分别由省、自治区、直辖市人民政府和县、自治县、市人民政府划定必要的保护范围，作出标志说明，建立记录档案，并区别情况，分别设置专门机构或者专人负责管理。但是一些县保单位、省保单位甚至国保单位，并没有按照《文物保护法》的规定设置专门机构或专人管理。有的虽然名义上设置了三级管理保护网络，但人员少，经费短缺，措施不力，没有起到应有的保护作用，致使文物被盗。

3. 田野石刻造像分散，没有安全设施，管理难度大，犯罪分子容易得手

近年来，各级领导对馆藏文物安全加以重视，健全了安全保卫组织，改善了物防、技防条件，使盗窃馆藏文物难度增大，犯罪分子不易下手。而田野石刻造像分布点多、面广，大都分布在田野、山区，人防条件差，不具备物防、技防条件，管理困难。犯罪分子盗窃这些文物有充分的作案时间和条件，且不易被人发现。与盗窃馆藏文物相比，危险性小，容易得手，所以盗窃分子将田野石刻作为窃取的重要目标。

4. 有的文物管理人员安全意识淡薄，思想麻痹，责任心不强，致使文物被盗

我们的文物管理人员，绝大多数是尽职尽责的，但也确有少数文物管理人员思想麻痹，安全意识淡薄，责任心不强，以主观想象看待犯罪分子心态，致使文物被盗。有的认为石刻造像体积大，重量重，犯罪分子盗窃困难，思想上存在麻痹侥幸心理，值班不负责任，巡逻不到位。如河南洛阳龙门石窟东山擂鼓台唐代立佛像被盗案，犯罪分子在东山南墙挖一个直径约 1 米的盗洞，而负责值班的龙门派出所和龙门保卫科却丝毫没有察觉。这起案件就是由于思想麻痹巡逻不到位造成的。又如 5 月 7 日晚犯罪分子窜入河北省涉县娲皇宫，将子孙殿大门撬开，将殿内的一尊高 1.46 米的石佛像，用排子车运到汽车停放处把佛像盗走。该单位当晚有两名女同志值班，派出所还有一名男同志值班，如此大的动作，竟无一人发现，可见这些同志的麻痹思想已经达到何种地步。还有的单位在文物发生被盗以后熟视无睹，麻木不仁，不采取措施，致使文物连续发生被盗。如重庆市綦江县广佛寺、石门寺在 50 天的时间里发生 3 次、45 尊石佛像被盗割的严重事件。最后一次还是农民群众将罪犯抓获。文物部门发现被盗后是否采取措施了？自身解决不了的问题是否向当地政府请示报告了？是否请求公安部门出面进行打击了？应当认真检查一次。有的部门发生文物被盗案件后，以为只要向当地公安和上级文物主管部门报告就算完成任务，不采取防范措施。亡羊补牢，犹未为晚，连这点都做不到，这就是文物部门没有尽到应尽的责任，是一种渎职的行为。

如此猖獗的盗窃田野石刻之风，已到非刹不可的地步，如不严厉打击，就将造成我国的大批石刻造像被盗被毁，各种珍贵文物被走私出境的严重局面，这不仅会使我国历史文化遗产受到严重流失和破坏，造成无法弥补的损失，而且也将大大损害我们的国家利益和民族利益，有失我国民族尊严，败坏社会风气，进而在国际、国内将造成极为恶劣的影响。我们将上对不起祖宗，下对不起子孙后代。所以，各级领导务必树立紧迫感、责任感、使命感。为打击文物犯罪、保护祖国文物，今年2月，公安部五局向各省、自治区、直辖市公安厅（局）刑侦局（刑警总队、刑侦处、经侦处）下发了《关于加强打击文物犯罪工作的通知》。我局于去年12月和今年4月，先后向全国文物管理部门下发了《关于严厉打击盗窃露天不可移动文物犯罪活动的紧急通知》和《关于加强田野石刻文物安全的紧急通知》明传电报。

最近，国务院下发了《关于加强和改善文物工作的通知》。根据《通知》精神，针对当前文物犯罪的特点，我就保护不可移动文物，打击盗窃石刻造像文物犯罪活动谈几点意见：

（一）认真学习贯彻《文物保护法》和《国务院关于加强和改善文物工作的通知》

《文物保护法》是我国保护文物的重要法律，开展《文物保护法》的宣传工作是一项长期的任务；国务院的《通知》是改革开放的新形势下，做好"保护为主，抢救第一"的纲领性文件。认真学习贯彻《文物保护法》和国务院的《通知》，是做好文物工作的可靠保证。我们要大张旗鼓地宣传贯彻《文物保护法》和《通知》精神，坚持"保护为主，抢救第一"的文物工作方针和贯彻"有效保护，合理利用，加强管理"的原则，树立保护文物是各级政府的责任，是全社会的责任的思想，提高全民族的文物保护意识。要使广大群众充分认识到田野石刻造像也是文物的一个重要组成部分，同样受到《文物保护法》的保护，要树立保护文物人人有责，破坏文物、盗窃文物是严重犯罪的观念。宣传要做到家喻户晓，使爱惜文物、保护文物成为每个公民的行为规范和自觉行动。文物管理部门要紧密联系本地区、本单位的工作实际，更好地解决文物管理工作中遇到的各种问题，使文物保护工作开创一个新的局面。

（二）加强文物保护管理机构建设，健全文物保护管理体制

文物部门要总结教训，将当地文物保护状况和存在的问题向当地政府汇报，征得当地政府对文物工作的重视和支持，加强保护管理机构，健全管理体制，使文物保护机构和管理体制适应新形势的需要。国务院通知指出，要建立包括"五纳入"在内的文物管理工作新体制，强调文物保护要纳入各级领导的责任制。李铁映同志也多次指出，文物保护是"官职官责"，是各级政府的职责，要本着守土有责的精神保护文物安全。文物保护机构是保护文物的必要条件，《文物保护法》明确规定各级文物保护单位要区别情况，分别设置专门机构，或者专人负责管理。但目前有的文物保护单位既无保护机构，又无专人管理，有的虽然名义上有义务保护员，实际上处于无人管理的状态，甚至文物丢失很长时间后管理部门还没发现。各地要根据《文物保护法》的规定和《通知》精神，建立健全文物保护机构和文物保护管理体制。全国重点文物保护单位和重点省级文物保护单位要建立专门的文物保护机构或专人保管，其他文物保护单位和分散单个的田野石刻造像，要由文物保护机构管理并建立群众性的文物保护组织。文物保护组织和文物保护员要真正承担起保护文物的责任和义务，要层层落实，责任到人，签订责任书，严格各项规章制度，做到巡逻到位，改变目前事实上存在的许多文物实际无人保护的状态。切实建立与当前形势相适应的文物保护管理体制。

目前没有发现石刻造像丢失的地区，切不可掉以轻心，要对本辖区石刻造像进行核查，造册登记，并采取相应的保护措施。各省、地区之间的结合部，可能是管理的薄弱环节，犯罪分子容易利用管理薄弱的空当，进行盗窃犯罪，更应加强防范。

（三）加强文物案件统计管理，及时上报文物案件

关于及时上报文物案件和火灾事故问题，国家文物局4月已向各省、自治区、直辖市文物主管部门发过通知。做好文物案件统计管理工作，及时上报文物案件，有利于公安部门抓紧时机及时破案；有利于公安部向全国公安部门协查侦破文物案件；有利于索回走私出境文物。因

此，各文博单位发生案件后，除及时向当地公安部门报告外，还要及时逐级向上级文物主管部门报告。各省、自治区、直辖市文物主管部门要将辖区发生的文物案件按《通知》精神及时向国家文物局报告。对发生案件隐匿不报的，一经发现要通报批评，直至追究有关人员的责任。

（四）加强执法力度，严厉打击文物犯罪活动

要充分认识当前文物犯罪的严重性，切实加大对文物犯罪的打击力度。公安部门已把打击盗窃石刻造像犯罪活动列入"严打"的一个组成部分，要在全国开展一次严厉打击盗窃不可移动文物石刻造像犯罪活动的专项斗争。最近河南省针对去年以来全省发生多起田野石刻造像被盗案件的严峻形势，在省委、省政府领导的指示下，4月14日，省文物局、省公安厅联合召开了"河南省田野石刻造像被盗侦破工作协调会议"，在全省开展了打击盗窃田野石刻造像文物犯罪活动的专项斗争。会后，各地、市、县公安部门领导挂帅，抽调骨干力量，组成专案组。文物部门积极配合，通过一个月时间的工作，自去年以来发生的田野石刻被盗案件大部分已侦破，除一处丢失的文物未追回外，其他文物均已追回，并破获了一大批倒卖、走私文物案件。此次专项斗争全省共破获文物犯罪团伙26个，侦破各类文物案件83起，抓捕犯罪嫌疑人229名，收缴文物415件。全省自开展专项斗争以来，未发生一起石刻造像被盗案件。河南省的做法效果显著，战果累累，值得其他省借鉴。打击文物犯罪，关键是截流堵源，控制走私渠道，捣毁走私窝点，取缔非法文物交易活动，使盗窃者没有销赃市场。文物部门要及时向当地公安机关报案，提供破案线索，积极配合公安部门破案。全国要采取统一行动，互相配合，互相支持，互相协作，形成合力，不给犯罪分子以可乘之机。对严重盗窃、破坏文物的犯罪分子和盗窃走私团伙的主犯、首犯要坚决按照《刑法》的规定，从快、从严惩处。对文物犯罪案件要公开处理，并利用新闻媒体大造社会舆论，震慑犯罪分子，分化瓦解犯罪团伙，教育广大群众。坚决把不可移动文物被盗势态刹住。河南省的实践证明，只要各级领导重视，只要公安、海关、铁路、工商等部门通力合作，联手作战，文物被盗就会得到有效遏制。

（五）依靠群众，发动群众，提高群众保护文物的社会责任感

石刻造像分布点多、面广，且大部分分布在田野、山区，保护好这部分文物，仅靠文物部门是不行的，必须依靠群众，发动群众。要通过宣传，提高广大群众自觉保护文物意识，充分发挥群众保护文物的作用。如山西省榆社县，通过宣传提高了群众的文物保护意识。今年4月，该县河峪前庄农民发现盗窃文物的可疑分子，前庄、固庄及邻近村庄的500多名农民组织队伍连夜上山围堵，将犯罪分子抓获并扭送公安机关；重庆綦江县石门寺4月23再次被盗时，也是当地农民将犯罪分子抓获。这充分体现了人民群众保护文物的巨大威力。

要积极动员鼓励广大群众举报文物犯罪活动，凡是为破获文物案件提供重要线索的单位和个人应给予奖励，并依法给予保护，对打击报复举报人的行为要按党纪政纪予以严肃处理，并追究法律责任。

同志们，保护文物是历史赋予我们的神圣使命，我们的责任重大，任务艰巨，工作繁重。我们要采取"打防并举"的方针，严厉打击，加强防范，坚决把盗窃石刻造像的文物犯罪活动打下去，为保护我国的文化遗产做出我们的贡献，不辜负党中央、国务院对我们的期望。

1997年5月29日

《中华五千年文明艺术展》序*

经过将近 4 年的精心筹备，《中华五千年文明艺术展》就要在享誉世界的美国纽约古根海姆博物馆与公众见面了。这是中美两国文化交流领域的一件盛事，必将对增进两国人民的相互了解，发展两国政府和人民的友谊，起到积极的推动作用。在此，我非常高兴地代表中华人民共和国国家文物局并以我个人的名义，对展览的开幕表示热烈而诚挚的祝贺，预祝展览取得圆满成功！

《中华五千年文明艺术展》汇集了 224 件（套）中国文物珍品，其中既有史前先民们充满灵性的非凡创作，也有两百多年前清朝雍正皇帝（1723～1735 年在位）的宫廷用品，它们的时间跨度已经超越了 5000 年。这些文物珍品，分别出自中国的 15 个省、市、区的 37 个文物收藏单位。其中，出自辽宁省的红山文化的玉猪龙、出自湖南省的商代的四羊铜尊、出自陕西省的唐代秘色瓷盆，还有河南省的宋陵石刻、上海博物馆、北京故宫博物院所藏的宋、元、明、清绘画等等，都是我国久负盛名的重要国宝，其中的一些国宝，还是第一次出现在异国的领土。所以，我可以毫不夸张地说，《中华五千年文明艺术展》展品的来源之广、种类之全、数量之多、价值之高、规模之大，都创下了近年来我国对外文物展览的新纪录。能够亲眼看到这样一个真正意义上的世纪展览的人们，是完全应该为自己的好运而庆幸不已的。

按照中美两国有关专家的协商，在古根海姆博物馆举办的这个展

---

* 《中华五千年文明艺术展》于 1998 年 2 月 4 日在美国纽约古根海姆博物馆隆重开幕。该展共展出了 224 件（套）来自我国 17 个省市 50 余个重要博物馆、美术馆的古代及现代艺术藏品，以空前的规模展现了我国公元前三千年至今各个时期的艺术珍品。

览，主要侧重于从文化艺术的角度，来反映中华民族五千年灿烂辉煌的文明进程。我十分赞赏这个颇具匠心的设计，并尽力支持它的最终完成。这是因为，任何一种艺术的产生与发展，虽然无不受到自然、社会、历史条件的制约，但作为人类精神结晶和精神食粮的艺术，却往往由于它贯穿人类发展起始和终极的特性而突破各种时代的、国家的、民族的局限，汇聚起人类全部的尊严和骄傲，展示着最可宝贵的属于人本体的睿智和伟力。所以，艺术品总是最能够在极深极多的层次上，以极其丰富的角度和非常鲜明、生动的形式，反映某种文化传统及其延续与变异的过程，反映一个时代的内涵与外延，反映一个民族和社会的内在品格与精神素质。因此，艺术品也最容易冲破时空的阻隔，在不同民族成分、不同文化背景的人们之间传播知识和友谊，架起理解和信任的桥梁。虽然，在《中华五千年文明艺术展》中陈列的各种艺术珍品仅只是我国古代艺术瑰宝当中很少的一部分，但却是最具有典型性、最富于表现力的一部分；我素所尊崇的老师、北京大学教授宿白先生等，又对这些文物珍品的历史背景和艺术价值等，进行了很好的详细说明与分析。因此，我完全相信，通过对这些特色鲜明的艺术品的观赏，一定能够使人们对中华民族五千年的文明进程和她博大精深、源远流长的历史文化留下深刻而又清晰的印象，尽管这种印象又可能是不全面的。

就在写这篇序言的前不久，我观看了由美国时代华纳公司拍摄的电视片《失落的文明（Lost Civilization）》，片中描述的古代两河流域文明、古代埃及文明、古代印度文明、古代希腊—罗马文明、玛雅文明等等，都曾和古代中国文明一样，在人类社会发展史上谱写过重要篇章，放射着耀眼的光芒。但它们最终都无可挽回地走向衰亡，沦为"失落的文明"，仅仅作为一种历史的陈迹供人凭吊，唯有古老的中华民族却在种族和文化传统等诸多方面持久地保持着异乎寻常的同一性和衍展力，傲然独立于世界民族之林，犹如一棵根深叶茂的参天大树，虽然经历了5000 年的风吹雨打，但始终昂然挺立，生机旺盛。这或许会让一些人、尤其是西方人感到惊异。在这个展览中，大家可以看到我国夏、商、周时期（公元前21 ~前5 世纪）的 32 件青铜器，它们分别出自我国的河北、河南、山西、陕西、湖北、湖南、浙江、四川、云南 9 省，就出土地点的地理距离而言，大约相当于从美国的东海岸到西海岸；就其时间距离而言，相差大约 1500 年。人们不难发现，它们在造型、纹饰、风格及铸造技术等方面存在着明显的差异和变化。这些差异和变化所带来的丰富多彩，不单单是由于时间的推移和王朝的更迭造成的，同时还与地域、民族等因素的作用密切相关。这种丰富多彩，是当时中国在社会生产力和社会形态、社会意识方面不断进步的真实体现。透过这些差别和变化，我们又可发现，无论在器形、造型、刻镂、纹饰、铸造方面存在多少不同，但这一时期的青铜器作为表示使用者身份等级象征物的特性没有改变；作为祭祀宴享等礼乐活动用品的社会性本质没有改变，从而表现出明显的交融性与延续性。两者相比，这些器物的差异和变化，从来都是处于从属地位的。类似的情况，在中国的其他历史时期、其他艺术品门类中都明显存在，从而构成了中国文化发展的基本现象。这种文化交融现象，显示的是以汉族（包括其前身华夏族）为主体的正统文化的影响力和凝聚力，反映的是文化结构的稳定性和文化传统的延续性，代表的是一种文化上的多样性和统一性协调共存的本质。据我所知，这可能是中国独有的文化发展模式，它在中国的史前时期萌芽，在先秦时期定型，在秦汉以后不断巩固。历史已经表明，正是在中国这块广袤神奇的土地上，为中国各族人民发挥自己的聪明才智，提供了广阔舞台。一个民族总是要有一个精神支柱的。自尊、自爱、自信、自强和热爱祖国、维护统一、坚韧不拔、自强不息、百折不挠、顽强奋斗，就是中华民族几千年来赖以生存和发展的伟大精神力量所在。正是依靠这种精神及其产生的巨大创造力，中华民族在人类历史上很早就兴旺发展起来，始终屹立于世界民族之林，绵延不断，一脉相承，从而为人类文明做出了不可磨灭的贡献。充分认识中国文化的这一特点，将会有助于人们加深对中华文明长盛不衰的理解，也将坚定人们对中华文明在未来岁月中大放异彩的信念。《中华五千年文明艺术展》所展出的这些穿越千年历史而来，而且还将穿越漫长的未来岁月的文物珍品，将会为这种预测提供有力的支持。这个展览将会告诉人们，当今的中国，不仅拥有经济发展的巨大潜力，更有五千年文明的积淀为这种巨大潜力的充分发挥提供着最可信赖的文化保障，她在 21 世纪的腾飞，是完全符合人类社会发展规律与逻辑的必然趋势。

1997 年 5 月于北京沙滩红楼

《王冶秋文博文集》序[*]

王冶秋同志是新中国文物博物馆事业的主要开拓者和奠基人之一。他的思想风范、学者品格、敬业精神和千秋功业，在文博界至今广为传颂。

王冶秋同志是我素所崇敬的革命前辈。他 1925 年就加入了中国共产党，从事革命活动。大革命失败后，他曾回到家乡安徽霍邱搞过农民暴动，此后又奉命长期从事党的隐蔽战线工作。1948 年，新中国建立前夕，他以北平军管会文教部负责人的身份着手接受和管理北平文物工作，从此他与新中国文物事业结下了不解之缘，无私奉献，鞠躬尽瘁。新中国建立后，他协助著名学者郑振铎先生组建了文化部文物局，并出任副局长、局长，首任国家文物局局长。在长达四十余年的时间里，他为新中国文物博物馆事业及其发展，呕心沥血，勤奋工作，兢兢业业，一以贯之，做出了巨大贡献。

王冶秋同志十分重视马列主义、毛泽东思想的学习与研究，并密切联系文博工作的实际，指导文物、博物馆的实践。在他奉命筹建中国历史博物馆和中国革命博物馆的过程中，不仅从内容上坚持以马列主义、毛泽东思想为指导，正确、全面体现了我国历史发展的进程和鸦片战争

＊《王冶秋文博文集》，文物出版社，2007 年 9 月版。王冶秋（1909～1987），又名野秋。安徽霍邱人。1932 年参加左联，1941 年加入中国共产党，1947 年后任北方大学、华北大学研究员；建国后，历任文化部文物局副局长、局长，国家文物局局长、顾问；为中共十一大代表，第三至五届全国人大代表，第四、五届全国人大常委。王冶秋同志为我国文物博物馆事业的主要开拓者和奠基人之一。在任文物局局长期间，主持研究和选定了第一批全国重点文物保护单位，筹建中国历史博物馆和中国革命博物馆，创办文物出版社，注重文物博物馆研究和人才培养，为建立新中国文物保护工作完整的科学体系，奠定了坚实基础。

以来中国人民反帝反封建斗争的历史，更突出表现在中国共产党领导下全国各族人民反对帝国主义、封建主义、官僚资本主义的革命斗争历史，而且还精心策划，组织机构、人员调配、文物选择、文字说明等等，他都一一亲自审定。他深入实际，亲临河北、山东、山西、内蒙古、河南、安徽、广东、广西、陕西、湖南、江西、云南、新疆等省调查研究，对地方博物馆的性质、任务作出明确回答，发表了重要意见。在全国重大考古发现的工地上，也都留下了他的足迹，他的热情指导和支持，至今为考古工作者深切怀念。在工作之余他还撰写了《北京琉璃厂史话》、《大理访古记》、《晋南访古记》等，为我们留下了一笔文物考古的宝贵财富。

王冶秋同志十分重视人才培养工作，尊重和爱护人才。新中国成立初期，文物队伍匮乏，大规模的经济建设急需有一支文物考古队伍配合基本建设，进行文物清理发掘工作。为此，他主持了文化部、中国科学院和北京大学三家联合主办的考古人员培训班，共办了四期，被文博界称之为"黄埔四期"，这次培训班的学员，后来绝大多数成为文博事业的骨干和各省文博部门的负责人，不少同志已经成为著名的专家和学者。在"文化大革命"的十年浩劫中，他不畏权势，爱憎分明，不顾个人安危，尽其所能，保护了一批文物干部。他被"解放"以后，即提出全国各省市文物干部归队问题，表达了他对文博工作和专业干部的极大关心。为适应文博工作需要，继北大之后又有一些全国高等院校陆续举办考古专业，他多次和部分院校的师生座谈，对培养考古人才寄予了厚望。王冶秋同志处处顾全大局，以事业为重。他那光明磊落的作风和坦荡的胸怀，深深教育了一批又一批文博干部。

王冶秋同志十分重视文物、博物馆队伍的思想道德建设。新中国成立初期，王冶秋同志就把文博队伍的职业道德教育放在极其重要的位置，他多次讲到：搞文物的同志既要热爱熟谙文物，却千万不要个人收藏文物，更不能利用工作之便，化公为私、贪图不义。他身体力行，率先垂范，使之逐渐形成为文物、博物馆工作人员的道德规范。他还多次严肃批评了文物、考古学界一些人垄断资料、搞本位主义的错误行为。他的那些语重心长的话，直到今天仍值得我们深思。

王冶秋同志十分重视文物工作的法制、法规建设。从 50 年代起，王冶秋同志就着手文物工作的法制、法规建设，在他倡导和主持下，经国务院审定，先后颁发了《关于在基本建设工程中保护历史及革命文物的指示》、《关于在农业生产建设中保护文物的通知》，60 年代初，国务院颁发了《文物保护管理暂行条例》、《关于进一步加强文物保护和管理工作的指示》，并于 1961 年公布了第一批全国重点文物保护单位的名单。此后，王冶秋同志还主持制定了《古遗址、古墓葬调查、发掘暂行管理办法》和《关于博物馆和文物工作的几点意见（十一条）》，为以后文物、博物馆工作的法制建设奠定了基础，迈出了坚实的第一步。

王冶秋同志十分重视文物的对外交流展览工作，积极配合我国外交工作。弘扬民族文化，增进中国人民同各国人民的友谊，促进文化交流，是文物工作的重要任务和优势。王冶秋同志亲自主持了赴日、赴英、赴法等国的文物展览，为这些国家的人民了解中国灿烂辉煌的古代文明，增进中国人民同这些国家人民友谊做出了不可磨灭的贡献。

王冶秋同志对文物博物馆事业的巨大贡献和他工作中的优良作风，已在许多同志的回忆文章中做过很好的介绍，这些文章亲切生动、感人至深。我知道王冶秋同志的名字，还是在北京大学读书的时候，看到鲁迅先生同他的一些书信往来，对王冶秋同志为鲁迅先生搜集南阳汉画像石资料非常感兴趣。后来，又听到一些王冶秋同志的传奇经历，在心中油然产生对他的崇敬之情。1964 年，王冶秋同志到河南洛阳博物馆视察工作，特地接见我们几位大学生，详细询问了我们的学习、工作、生活情况，要求我们重视理论学习，加强文物、考古实践，还亲自约我们写关于洛阳出土文物的文章。他的和蔼可亲、循循善诱，给我以极大的感动，今日回想起来，仍有如沐春风之感。后来，我听考古学家蒋若是先生讲，我们几个人之所以能到洛阳工作，是他找到王冶秋同志，请王冶秋同志给北大历史系主任翦伯赞先生写了一封信才要来的。所以，从某种意义上说，我能到文博基层单位去实践、锻炼，应当说是同王冶秋同志有密切关系的。"文革"后期，我因遭受"批判"而被迫离开洛阳，谢辰生同志闻讯后还曾致信有关同志为之惋惜。所以，我深深地怀念王冶秋同志对我们这一辈人的关怀和教育。

王冶秋同志是忠诚的共产主义战士，我们党的优秀领导干部。其人难再，风范长存；千秋功业，永载史册。他的思想品德、高风亮节将永远激励着文物、博物馆广大干部职工为文物博物馆事业发展奋发努力、开拓前进。王冶秋同志的《文集》，既是新中国文物博物馆事业发展的忠实记录，更是我们今天文博工作的宝贵财富，对我们了解过去，总结经验，汲取教益，进而推动文博工作，会有很大帮助。所以这部《文集》的出版是很有意义的。

1997 年 6 月 11 日

就山东省文物工作致吴官正、李春亭同志的信

吴官正书记、李春亭省长：

你们好！

去年 7 月，李铁映同志亲自到山东省考察文物工作，我有幸陪同前往。所见所闻使我感到，山东省委、省政府领导同志对保护祖国珍贵文物始终给予高度重视，对山东省的文物工作也一贯给予大力支持。正因为如此，山东省作为我国文物大省之一，近年来在文物、考古发掘等方面，不断取得了引人瞩目的成绩。

然而，令人遗憾的是，山东省还不时发生一些破坏、盗窃文物和盗掘古墓等事件。去年发生的济南万竹园部分建筑被拆毁，烟台三十里铺汉墓群被破坏的事件，由于种种原因，没有得到及时遏制，新闻媒介曝光后，引起人们的广泛关注。我局不断收到一些专家和群众来信，对此提出意见。最近又有两起重大案件，需要向你们通报，恳请予以关注和批示。

一是"304 大案"。据公安机关的侦破报告称，枣庄市文物管理委员会办公室副主任刘兴元，伙同该市公安交警支队政委刘自启以收藏家协会的名义，在山东、天津、安徽、河北、河南、甘肃等 10 个省市的 55 个县（市）设点非法收购文物（包括盗掘古墓葬的文物），同时还巧立名目，将涉案文物占为己有。然后将大量文物偷运到北京，与台湾、香港、美国、英国、法国、韩国等地区和国家的走私分子进行肮脏交易，牟取暴利，使大批我国珍贵文物流失境外。

二是青州出土石佛像被盗运到美国拍卖事。据佳士得拍卖行有关人

士反映，现有大约 30 件出自青州的石佛像已在美国纽约某拍卖行等待拍卖。从寄自美国的有关拍卖宣传图册看，此事似无疑问。我请人将有关资料翻拍成照片，现随信寄去，请你们过目。

上述这些情况，不仅使我国历史文化遗产遭受严重损失，而且也在相当大的程度上损害了山东省的形象，在国际、国内造成较为严重的政治影响。

今年 3 月 30 日，国务院发布了《关于加强和改善文物工作的通知》，其核心内容，是要建立以"五纳入"为基本形式的与社会主义市场经济相适应的文物保护体制，更加强调各级政府对保护文物的责任。最近，我局又与公安部联合召开电话会议，对进一步打击文物犯罪作出部署。我希望两位领导能责成有关部门，认真贯彻国务院的通知精神，进一步加强山东省文物机构的建设，加大打击文物犯罪活动的力度，严惩一批盗窃、盗掘、破坏、走私文物的犯罪分子，使山东省的文物工作更加顺利而有效地开展起来。

再次感谢你们对文物工作的关心和支持。

　　顺致
敬礼

1997 年 6 月 17 日于北京

增强使命感　弘扬主旋律　努力开创革命文物工作新局面

——在 1997 年全国革命文物工作会议①上的工作报告

同志们：

正值全国人民隆重纪念中国人民解放军建军七十周年之际，我们在"八一"起义爆发地南昌召开全国革命文物工作会议，有着十分重要的意义。这次会议是在中共中央政治局委员、国务委员李铁映同志亲自倡议和关怀下，在文化部党组指导下召开的，是全国文物战线的同志们第一次全面商讨革命文物工作大计的盛会。我代表国家文物局，向一贯重视、支持革命文物工作的各级党委、政府和有关部门表示崇高的敬意，向辛勤耕耘在革命文物工作园地的广大干部职工致以亲切的问候。

这次会议的主要任务是，高举邓小平建设有中国特色社会主义理论的伟大旗帜，贯彻落实《中共中央关于加强社会主义精神文明建设若干重要问题的决议》和《国务院关于加强和改善文物工作的通知》，总结近十年革命文物工作经验，研究新时期革命文物工作面临的形势和任务，讨论审议《中国革命文物和革命纪念馆事业"九五"计划纲要（征求意见稿）》和《关于加强革命文物工作的意见（征求意见稿）》，部署当前和今后的革命文物工作，开创革命文物工作的新局面，以优异成绩迎接党的十五大召开。

---

① 中共中央政治局常委、国务院总理李鹏为会议发来贺信。中共中央政治局委员、国务委员李铁映在会议上发表了书面讲话。

一、革命文物工作的历史回顾

革命文物包括自 1840 年鸦片战争以来，中国近现代史上历次革命斗争的遗址、遗物和纪念性建筑物、著名人物故居等，是我国文物宝库的重要组成部分，是中华民族最可宝贵的精神财富。革命文物作为革命历史的实物见证，饱含着党和人民的真挚情感，真实、生动地记述了我国人民一百多年来，经过艰苦卓绝、不屈不挠的斗争，取得最终解放这一漫长曲折而又可歌可泣的光辉历程，对于纪念和宣传无数爱国志士、革命先烈的英雄业绩，向广大群众和青少年进行爱国主义、社会主义和革命传统教育，鼓舞全民族振兴中华的坚强斗志，具有十分重要的作用。

（一）党和政府一贯重视革命文物工作

党中央、国务院对革命文物工作历来十分重视。毛泽东、周恩来、刘少奇、朱德、陈云、邓小平等老一辈无产阶级革命家无论在革命战争年代，还是在和平建设时期，都对革命文物工作始终予以高度重视，作出过许多重要指示。党的十一届三中全会后，以邓小平同志为核心的党的第二代领导集体，坚持马克思主义、毛泽东思想，坚持实事求是的思想路线，经过拨乱反正，恢复历史的本来面目，使革命文物工作重新回到健康发展的轨道。以江泽民同志为核心的党的第三代领导集体，高举邓小平建设有中国特色社会主义理论的伟大旗帜，坚持走有中国特色社会主义道路，对新形势下的革命文物工作提出了明确的要求，进一步指明了革命文物工作在新的历史条件下的发展方向。

早在革命战争年代，我们党就开始在瑞金、延安等革命根据地着手筹建革命博物馆，开展革命文物史料的征集和展出，用于宣传革命者的奋斗业绩，向广大红色战士和人民群众进行政治思想和革命传统教育。

1949 年 9 月，中国人民政治协商会议第一届全体会议决定，在首都天安门广场建立人民英雄纪念碑。此后不久，全国各地陆续建立了一批烈士陵园、革命纪念室、纪念碑等纪念设施。1950 年 3 月，中央决定在北京成立中央革命博物馆筹备处，同时指示"各大行政区或省市如条件具备时，亦可筹设地方革命博物馆，或在原有博物馆内筹设革命文物陈列室"；同年 6 月，中央人民政府发布《征集革命文物令》，并派遣慰问团赴老区慰问人民群众，征集革命文物史料，取得了丰硕成果。

此后四十多年来，各级人民政府又相继对从鸦片战争到辛亥革命，从五四运动到解放战争时期的大批革命遗址、纪念建筑物核定公布为各级文物保护单位，建立了一系列革命博物馆、纪念馆，犹如一幅幅波澜壮阔的历史画卷，从不同侧面展现了我国人民一百多年来的革命斗争历程。

从 50 年代初到 60 年代中期，是革命文物和革命纪念馆事业奠定基础、形成规模的阶段。统计资料显示，1951 年全国革命纪念馆仅有 3 所，1957 年增加到 23 所，约占当年全国博物馆总数（72 所）的 32%，基本形成了一个独立的门类；在 1961 年国务院公布的 180 处第一批全国重点文物保护单位中，革命遗址、纪念建筑物达 33 处；到 1964 年，依托于有关革命旧址而建立的革命纪念馆总数增加到 64 所。

党的十一届三中全会后，经过拨乱反正，贯彻党中央实事求是的思想路线，革命文物工作重新出现了生机勃勃、健康发展的新局面。特别是最近几年，在改革开放和建立社会主义市场经济体制的新形势下，党中央、国务院比以往任何时候都更加强调"两手抓，两手都要硬"的方针，更加重视发挥革命文物教育人、鼓舞人的作用。邓小平同志多次强调要用中国的历史（特别是近现代史）教育青年，教育人民，使之成为"四有"公民。江泽民总书记在视察中国革命博物馆和中国人民抗日战争纪念馆时，发表了热情洋溢的讲话，并致函李铁映等同志，作出对青少年学生开展中国近代史、现代史和国情教育的重要指示。今年 5 月 26 日，江总书记专门为中国人民抗日战争纪念馆二期工程竣工题词："高举爱国主义旗帜，以史育人；弘扬中华民族精神，振兴祖国。"日前刚刚开馆的平津战役纪念馆，其建设方案和陈列内容也是经中央研究后报请江总书记亲自审定的。李鹏总理十分重视革命纪念地的保护和建设，对延安革命根据地、虎门炮台的保护以及国际友谊博物馆的建设等重点项目，或作出重要批示，或亲临现场指导。就在我们这次会议召开前夕，李鹏总理于 7 月 18 日参观贵州息烽集中营旧址革命纪念馆，对当地同志发表了重要讲话，要求做好保护、管理工作，进一步弘扬革命先烈的斗争精神。中共中央政治局委员、中央书记处书记丁关根同志在视察中国革命博物馆时，对革命博物馆的性质、任务也作了明确指示。中共中央政治局委员、国务委员李铁映同志在几次会议讲话中都高度评价了革命文物的价值和作用，反复强调加强革命文物的保护、利用和管理，曾召集中央和陕西省有关部门的同志赴延安现场办公，协调解决有关延安文物保护和城市发展中的重大问题，并对南京侵华日军南京大屠杀遇难同胞纪念馆、淮安周恩来纪念馆，以及虎门销烟池与虎门炮台旧址等的文物保护和长远发展问题，作了深入考察，发表了重要的指导性意见。这次会议前夕李铁映同志又主持召开会议作了重要指示。所有这些，都为我们做好革命文物工作指明了方向，鼓舞了斗志，必将对我们继续开创革命文物工作的新局面产生重要而深远的影响。

截至 1996 年年底，各地革命遗址、纪念建筑物中的全国重点文物保护单位达到 134 处，省级文物保护单位 934 处，县级文物保护单位7000 余处；全国文物系统管理的革命博物馆、纪念馆约 300 所，馆藏革命文物 40 多万件，每年举办陈列展览约 900 个，接待观众 4000 多万人次。这些革命纪念地和纪念馆，在全国范围内初步形成了一个革命史迹网络，比较系统地展示和反映了中国革命的历史进程，在两个文明建设中发挥了巨大的作用。

（二）以保护促弘扬，革命文物工作取得了显著成绩

在党中央国务院的关怀下，自 1992 年起，中央财政安排的文物保护直拨经费在每年原有五千万元的基础上增加到年均一亿三千万元，地方各级财政也相应大幅度地增加了文物保护专项投入。全国文物部门开展了新中国成立以来规模空前的文物维修保护工作，其中虎门销烟池与虎门炮台旧址、井冈山革命根据地、遵义会议会址以及延安、西柏坡等一大批列入全国重点文物保护单位的革命纪念地得到妥善的抢救维修，濒于危险的状况有了很大缓解；中国革命博物馆、延安革命纪念馆、中国人民抗日战争纪念馆、翠亨孙中山故居纪念馆等一批具有重大影响的革命纪念馆有效地改善了展厅、库房和安全报警等基础设施，大力加强了文物保护的基础工作。截至 1997 年上半年，我局组织的馆藏一级革命文物鉴定确认专家组，对全国 19 个省、市、自治区 279 个文博单位的馆藏一级革命文物进行了巡回鉴定，共确认国家一级文物 4035 件。

——全国各级革命博物馆、纪念馆发挥文物优势，修改基本陈列，

举办富有教育意义的巡回展览，在社会各界特别是广大青少年当中产生了巨大反响。中国革命博物馆的《近代中国》陈列，中国人民抗日战争纪念馆配合二期工程改陈的《抗日战争史》陈列，北京鲁迅博物馆的《鲁迅生平》陈列，重庆歌乐山烈士陵园的《红岩魂》展览，南京侵华日军南京大屠杀遇难同胞纪念馆的《金陵祭》展览，中国革命博物馆展出的《洗雪百年国耻　喜庆香港回归》和《国旗在我心中》大型展览等，无不以高品位的思想教育内容、高质量的展陈设计制作、全方位的宣传服务工作，感染和吸引了大批青少年学生和各界观众，引起了社会的广泛关注，产生了强烈的轰动效应和巨大的教育作用。

——各地革命博物馆、纪念馆大力贯彻落实党中央发布的《爱国主义教育实施纲要》，发挥教育基地作用，为社会主义精神文明建设作出了积极贡献。他们依托于有关革命纪念地，制定基地建设规划，与当地宣传、教育部门和共青团组织建立经常联系，配合重大历史纪念日，充分利用自身优势，采取优待参观、培训义务讲解员、送展上门、举办冬夏令营、有奖征文、知识竞赛等丰富多彩的教育形式，积极宣传党的基本路线，弘扬爱国主义和革命传统，使越来越多的青少年学生和人民群众通过纪念馆的实物课堂受到了热爱党、热爱社会主义祖国的生动教育。在我局1993至1996年连续四年评比表彰的100处全国文物系统优秀爱国主义教育基地中，革命纪念馆就有44处。此外，仅全国文物系统管理的革命旧址、纪念馆就有五六十家单位分别被中宣部列入"全国100家爱国主义教育示范基地"名单和被国家教委、文化部公布为"全国中小学爱国主义教育基地"。

总之，革命文物工作在党和政府的一贯重视和支持下，从无到有，从少到多，从小到大，取得了很大的发展，在两个文明建设中发挥出日益重要的作用。这些成绩是在党中央、国务院正确领导和亲切关怀下取得的，是文化部党组支持的结果；是各级政府、各有关部门重视革命文物工作、切实加强领导的结果；是人民群众广泛参与和积极支持的结果；也是全国革命文物工作者长期努力，不畏艰辛，团结奋斗的结果。

二、新时期革命文物工作面临的形势和任务

革命文物工作是整个文物工作中十分重要的组成部分，其工作内容、工作性质具有很强的政治性、思想性、群众性和时代性，工作中需要更加注意树立大局意识，自觉服从和服务于党和国家的中心任务。当前，要充分认识和把握以下几个问题：

（一）革命文物工作必须服从和服务于社会主义精神文明建设大局

在发展经济、加快物质文明建设步伐的同时，党中央高度重视社会主义精神文明建设，多次强调坚持两手抓，两手都要硬，绝不能以削弱乃至牺牲精神文明为代价换取经济的一时发展。党的十四届六中全会通过的《中共中央关于加强社会主义精神文明建设若干重要问题的决议》，强调社会主义精神文明建设"要继承和发扬民族优秀文化传统和党的优良传统，吸收和借鉴人类社会的一切文明成果"，并且把政府兴办的博物馆、革命纪念馆和国家公布的重点文物保护单位作为社会主义思想道德和文化建设的组成部分，确定其为公益性事业单位，由各级政府提供经费保证。《决议》是指导新时期社会主义精神文明建设的纲领性文件，为包括革命文物工作在内的我国文博事业指明了原则、任务和方向，提供了前所未有的发展机遇。

从事革命文物工作的全体同志，不仅要加强学习，认清形势，把握大局，用《决议》统一思想，而且要结合本地区、本单位的工作实际，充分认识和把握革命文物所蕴含的特殊历史价值和巨大的精神力量，以高度的历史责任感保护好革命文物，以强烈的现实使命感宣传好革命文物，把服从和服务于精神文明建设大局，为社会主义物质文明建设提供精神动力，贯穿于新时期革命文物工作的始终，使中华民族百多年斗争历史凝聚成的革命传统深入人心，代代相传，激励人们为实现建设有中国特色社会主义的宏伟大业而努力奋斗。

（二）革命文物工作在社会主义精神文明建设中具有十分重要的地位和作用

自 1840 年鸦片战争以来，我国各族人民为了反抗帝国主义的侵略和国内反动派的压迫，进行了前仆后继、艰苦卓绝的斗争，在中国共产党的领导下取得了最终胜利，开创了社会主义革命和社会主义建设的新纪元。这场斗争时间之漫长，经历之艰辛，牺牲之巨大，均为世界历史上所罕见，给我们留下了异常丰富而又感人至深的革命文物。

相比而言，革命文物与一般历史文物在基本属性和社会功能方面既有同一性，又有一定的差别。二者的共同点在于，同为传承历史信息的载体，都是中华民族优秀历史文化和优良传统的凝聚和物化，都能起到启迪后人的作用；二者的主要差别表现在：革命文物较之历史文物更加贴近时代，贴近生活，"闪烁着浓烈的时代气息和感情色彩"，更容易被当代听得到，看得见，摸得着，因而在实物教育中具备了更加生动直观、形象鲜明和感人至深的突出功效。

革命文物在爱国主义和革命传统教育中无可替代的价值和作用，要求我们要以高度的政治责任感、思想敏锐性和对党对人民无限忠诚的真情实感，切实保护好、利用好各类革命遗址、纪念建筑和馆藏革命文物，通过陈列展示，不遗余力地向广大人民群众和青少年进行中国近代史、现代史和基本国情的教育，进行"没有共产党，就没有新中国"的教育，进行"只有社会主义才能救中国"，"只有社会主义才能发展中国"的教育，进行邓小平同志倡导的"五种革命精神"的教育，为革命传统发扬光大、世代相传，为培养有理想、有道德、有文化、有纪律的一代代社会主义新人，为促进社会主义精神文明建设作出应有的贡献。

（三）正确认识革命文物工作面临的困难和问题

在肯定革命文物工作在社会主义精神文明建设中的重要作用和成绩的同时，我们还应当看到，我国革命文物和革命纪念馆事业的发展，同党的宣传思想工作的要求，同建设有中国特色社会主义现代化事业和人民群众的需要还不适应，工作中还存在着一些比较突出的困难和问题。主要表现在：

——长期以来，革命文物的保护和利用在一些地方和一些部门得不到应有的重视和支持，影响和制约了革命文物和革命纪念馆事业的发展。

——革命旧址维修保护工作长期滞后，"四有"基础工作亟待加强。一方面是革命旧址的抢救维修经费严重不足，另一方面是有限的经费投入得不到科学、合理的使用。

——革命文物保护与经济建设特别是同人民群众渴望致富的矛盾突

出，导致一些具有重要历史价值和纪念意义的革命旧址、纪念地的环境风貌受到不同程度的威胁和破坏。

——革命文物的普查、征集工作困难重重；社会主义革命和社会主义建设时期的典型文物，长期未能得到有计划有目的的征集与保护，毁坏和流失比较严重。

——由于历史原因，革命纪念馆的内容布局和地区分布多在老、少、边、穷地区，因而与经济发达地区差距明显，不少革命纪念馆地理位置偏僻，交通不便，基础设施陈旧。

——革命文物藏品鉴定、研究和陈列方面后继乏人，革命文物工作专业队伍的整体数量和政治、业务素质有待提高。

同志们，上述困难和问题虽然在一定程度上影响了革命文物工作的开展，但我们坚信，在邓小平建设有中国特色社会主义理论指引下，只要我们按照党的十四届六中全会精神和《国务院关于加强和改善文物工作的通知》的要求，加强管理，深化改革，开拓创新，就可以对业已存在的问题区别情况，逐步加以解决，使全国革命文物工作在现有基础上加快前进步伐，取得更大的成绩。

三、当前和今后一个时期革命文物工作的重点任务

当前革命文物工作的基本任务，是要紧紧围绕全党全国工作的大局，在党的十四届六中全会决议的指引下，继续抓好爱国主义、社会主义、革命传统教育，培养热爱党、热爱祖国、热爱人民的崇高品德；继续抓好国情教育，发扬团结奋进、艰苦奋斗、艰苦创业精神。在当前和今后一个时期，革命文物工作有以下六个方面的重要任务：

（一）树立精品意识，实施精品战略

革命博物馆、纪念馆（地）的陈列展览，必须始终坚持为人民服务、为社会主义服务的方向，"高举爱国主义旗帜，以史育人；弘扬中华民族精神，振兴祖国"，把向广大群众和青少年提供宝贵的精神食粮作为义不容辞的历史责任，坚持社会效益第一的原则，以主题鲜明，形式新颖，富有思想性和现实针对性的高品位的陈列展览去教育和感染观众，激发广大人民群众爱国、爱党热情。

当前革命博物馆、纪念馆和纪念地宣传教育的重点，要紧紧围绕党

中央提出的宣传工作方针和六中全会决议，一是继续抓好爱国主义革命传统教育；二是继续抓好国情教育；三是继续抓好讲政治、讲学习、讲正气教育。

我局已把实施陈列展览精品工程作为今后的一项重点工作，制订了有关实施办法。希望各地文物部门和革命纪念馆，紧紧围绕党的十四届六中全会《决议》和国务院《通知》所提出的基本任务和要求，组织开展具有重要教育意义、突出体现各自特点的革命历史纪念活动和陈列展览，为广大群众和青少年提供优质高效的服务。

（二）认真做好《中国革命文物和革命纪念馆事业"九五"计划纲要》的实施工作

去年年底至今年上半年，我局在开展调查研究和听取各方面意见的基础上，起草了《中国革命文物和革命纪念馆事业"九五"计划纲要》。这份《纲要》较为客观地分析了我国革命文物工作的基本状况，提出了"九五"期间革命文物和革命纪念馆事业发展的指导思想和奋斗目标。

从现在算起，距离"九五"期末还有三年多时间。要在这样短的时间内完成《纲要》所确定的目标和任务，工作十分艰巨。各省、市、自治区文物部门，要结合本地区的实际情况，制订相应的落实计划和措施，为实现革命文物工作"九五"计划而努力。

（三）落实"五纳入"，进一步加强革命文物的抢救保护工作

针对建立社会主义市场经济体制过程中整个文物工作面临的新情况和新问题，李铁映同志多次强调，要把文物保护纳入经济和社会发展计划，纳入城乡建设规划，纳入财政预算，纳入体制改革，纳入各级领导责任制；逐步建立适应社会主义市场经济体制要求、遵循文物工作自身规律、国家保护为主并动员全社会参与的文物保护新体制。今年3月30日，国务院印发的《关于加强和改善文物工作的通知》（下简称《通知》）进一步明确了这方面的工作要求。尽管"五纳入"的核心是强调各级政府对本辖区的文物保护守土有责，但能不能真正把"五纳入"落到实处，关键还是要看我们各级文物部门的工作能否真正到位。

第一，要落实国务院《通知》中关于各级政府对本辖区文物保护

守土有责的要求，通过扎实细致的工作，使革命文物所在地的各级政府认识到自身应担负的保护责任，切实加强领导，尤其要使当地政府的主要负责同志自觉地把文物保护工作作为自己的任期目标和政绩考核的主要内容。

第二，要调动全社会的力量，动员和依靠人民群众参与保护革命文物，加强保护革命文物重大意义的宣传，争取全社会的关心和支持。要注意建立和完善群众性保护组织，充分发挥他们的作用；对保护革命旧址过程中给当地群众生产、生活带来的实际困难和问题，要设法给予必要的政策性补偿，尽可能减轻他们的负担。此外，还可以设法与中央和地方的有关部门，以及目前健在的革命老同志或已故老同志们的亲属、子女建立密切联系，请他们对革命战争年代的党中央旧址，中央军委旧址，财政金融、邮电通讯、后勤、民政、卫生、教育等部门的旧址进行对口支援，帮助文物部门做好保护工作。譬如，新华社等单位就拨专款维修保护了瑞金的"红色中华通讯社"旧址，并将其作为本部门干部职工的教育基地，这些做法和经验很值得借鉴。

第三，加强革命文物保护的立法和执法。对大型革命旧址群要制定专项保护法规和长远保护规划，报请当地人民政府公布实施；对列入全国重点文物保护单位特别是刚刚公布不久的第四批国保单位的革命旧址、近现代重要史迹和代表性建筑，要尽快完善"四有"工作；对有可能给革命旧址及其环境风貌造成破坏和影响的建设项目，必须严格禁止兴建；对已经造成破坏和影响的，要依法追究主管部门和建设单位领导的责任，并坚决予以拆除。

第四，根据当前革命文物保护的实际情况，对革命文物的征集和维修、保护在经费上要给予一定倾斜，切实增加资金投入。我局在今后国家重点文物保护专项补助的项目、资金安排中，将适度增加对革命文物和革命纪念馆的投入。在地方的文物保护经费中，也要加大对革命文物的投入。

与此同时，必须加强对革命文物保护经费投入的总体规划和政策指导，避免不必要的盲目投入和资金浪费。为了确保国家重点文物保护专项经费中有关革命文物保护的资金得到科学、合理的使用，我局将要求各地文物行政管理部门，以省为单位，对全国重点文物保护单位中的革命旧址、纪念建筑物制定保护规划，列报项目，经我局综合平衡，确定重点。凡由我局确定的重点项目，均将作实地勘察和严格的维修保护方案评审，采取一次性大修补助的办法给予经费支持。大修后的项目5～10年内中央财政一般不再安排维修补助经费，日常维护和小修小补费用，主要由地方自行解决。

（四）继续做好革命文物征集、保护、管理基础工作

弄清文物的历史沿革和内涵价值，对其进行规范有序的管理，是做好文物保护工作，发挥其社会效益的基本条件。当前在革命文物保护基础工作中，要着重抓好以下几个方面：

第一，加强和完善革命旧址的两个"四有"工作。请各地文物部门进一步抓紧本辖区革命旧址两个"四有"工作的部署和落实，我局将对部分省区国保单位和重要省保单位革命旧址的"四有"工作情况进行抽查。

第二，继续做好馆藏革命文物的清库、登记、建档工作。我局1989年印发《关于馆藏文物清库、登记、建档工作的意见》和1993年组织开展全国一级革命文物（近现代历史文物）鉴定确认工作以来，各地文物部门和革命纪念馆对此项工作给予了应有的重视，在清仓查库、摸清家底的基础上，抓紧开展了藏品的登账、编目和鉴定、建档工作，取得了一定的成绩。但也暴露了不少管理中的问题，特别是不少单位的藏品，原始情节、流传经历等背景材料不甚清楚，导致文物价值难以确定；还有的单位文物账册、卡片、档案的填写很不规范，给研究和利用带来了困难。各级文物行政管理部门要进一步加强这方面的管理，抓紧抓好革命文物藏品的鉴定、建档工作。我局将力争"九五"末期或稍长一段时间内编制完成《全国一级革命文物藏品总目录》，各省、自治区、直辖市文物行政管理部门也要抓紧本辖区二、三级革命文物藏品的鉴定确认工作，并加强电脑化管理，切实提高管理水平。

第三，大力加强对珍贵革命文物史料的调查、征集工作，特别要针对以往征集、保护工作中的薄弱环节，增强思想重视程度和经费投入力度，加强对社会上散存的旧民主主义革命时期、新民主主义革命时期、

社会主义革命和建设时期文物，改革开放以来，社会主义现代化建设时期的文物，以及反映近代以来中国社会变革和进步的政治、军事、经济、文化、科技、教育、外交等各方面实物、文献的征集、保护、研究和宣传。

（五）搞好爱国主义教育基地建设，提高宣传服务水平

党的十四届六中全会《决议》明确提出了社会主义精神文明重在建设的原则。国务院《通知》要求："确定一批有重大影响的革命博物馆、纪念馆（地），由各级人民政府给予必要的经费支持，逐步建成基础设施完备的爱国主义教育基地。"我们要认真总结今年来各地革命纪念馆在贯彻落实《爱国主义教育实施纲要》，开展爱国主义和革命传统教育中的成绩和经验，把搞好爱国主义教育基地建设作为新时期加强革命文物工作的着力点，以改革的精神探索新形势下教育基地建设的新思路、新方法，力争做到基地教育内容、形式和效果的和谐统一，积极推进和深化与各级教育部门、群众团体的工作联系，最大限度地组织和吸引观众。被公布为教育基地的革命纪念馆（地），要对学校师生有组织的参观活动免费开放，对机关、部队、厂矿、学校等举办党团活动给予参观优惠，对残疾人和离休老干部实行免费接待。基地开放中要特别重视充实展陈内容，优化环境氛围，抓好讲解宣传，提高服务水平。我局将努力争取财政部和国家计委的同意，设立并逐步增加专项资金，用于改善教育基地的基础设施和展陈条件；编辑出版介绍全国重点革命纪念馆（地）的普及性读物；今年 10 月份还将举行全国文物系统博物馆、纪念馆优秀讲解员参加的讲解比赛，希望各地文物部门精心组织，认真选拔，赛出成绩，赛出水平。

（六）加强革命文物工作队伍建设，提高革命文物工作水平

根据党的十四届六中全会决议和国务院《通知》的精神，结合文博战线的实际，中宣部副部长、文化部部长刘忠德同志在今年年初召开的全国文物局长会议上，强调要建立一支政治强、业务精、作风正的高素质的文博队伍，得到了全体文博工作者的一致赞同。

"教育者首先要教育自己"。我们从事革命文物工作的每一个单位、每一位同志，都担负着继承、弘扬党和人民光荣传统的神圣使命，工作

的性质和责任要求我们必须加强自身队伍建设，全面提高政治思想和业务素质，立足本职，率先垂范，把革命文物保护好、利用好，更好地教育群众，鼓舞群众。

首先，要抓好队伍的理论学习，提高政治思想素质。要用马列主义、毛泽东思想和邓小平建设有中国特色的社会主义理论武装广大干部职工。要联系实际，进行党纪、政纪、法纪和职业道德教育，讲学习，讲政治，讲正气，树立正确的世界观、人生观和价值观，树立艰苦奋斗、全心全意为人民服务的精神。现阶段要突出抓好职业道德教育，对照我局印发的《中国文物博物馆工作人员职业道德准则》，规范行为，提高素养，做无愧于时代、无愧于党和人民重托的革命文物工作者。

其次，要加强队伍的业务建设。革命文物工作，从某种意义上讲是一项政治性很强的宣传思想工作。做好这项工作，要求我们除了要拥有一定的文博专业和近现代史、党史知识之外，还必须深刻认识、把握党和国家在特定历史时期的中心任务，具备较高的理论素养和政策水平。我局和省级文物行政管理部门要通过举办不定期的革命文物和革命纪念馆业务培训班，帮助一些一线工作的同志学习提高管理知识和政策理论水平，并在实践中加以锻炼，培养造就一支德才兼备、堪当重任的革命文物工作专业队伍。

最后，要转变工作作风，树立服务意识。革命纪念馆是文博战线作为精神文明建设窗口行业的排头兵，其服务对象往往涉及全社会的方方面面，具有十分广泛的群众性。我们要在社会教育活动中转变以往等客上门式的传统做法，制定服务公约，完善规章制度，事事处处为观众着想，向社会提供热情周到的服务，带头树立起社会公益性事业单位的良好形象。

最近，铁映同志又着重指出，"加强队伍建设是革命文物工作体制改革的重要内容。这支队伍由三部分人组成，一是专职人员，二是兼职人员，三是社会志愿人员"。建设一支专、兼、志的革命文物工作队伍，不仅是体制改革的必然要求，而且也是社会的要求，人民群众的要求，只有走改革的路，我们才能够克服当前革命博物馆、纪念馆门前冷落、人员经费、事业发展面临的各项困难，也才能更广泛吸引广大群众积极

增强使命感 弘扬主旋律 努力开创革命文物工作新局面

参与革命博物馆、纪念馆的建设和革命纪念地的保护工作中去，从而充分发挥革命文物工作的作用，推进社会主义精神文明的发展，为社会主义现代化建设提供强大精神动力。

同志们，在党的十四届六中全会精神指引下，全党全社会关心、重视社会主义精神文明建设，切实加强思想道德教育和文化领域工作的新局面正在逐步形成。我们相信，在以江泽民同志为核心的党中央领导下，在各级党委、政府的直接领导和积极支持下，在中央宣传部、党史研究室、文献研究室的指导和民政部、文化部、工、青、妇等有关部门的支持下，通过这次会议的广泛交流和认真探讨，以及会后的狠抓落实、勤奋工作，全国革命文物工作一定会取得更好的成绩，为党的十五大胜利召开献上一份厚礼，为两个文明建设作出更大的贡献！

1997 年 8 月 5 日

关于做好流坑村文物保护
工作的几点意见[*]

——在乐安县委、县政府座谈会上的讲话

昨天下午，我们专程参观了流坑村，看后感到很振奋。流坑村是中国古代文化积淀所形成的一个古代文明的村落，周銮书同志说它是"千古一村"，我看这是名副其实的。封建社会的统治主要是靠道统、血统来维持，这是大家都熟知的，而这一点又在流坑村的发展史上有着充分的体现。从血统来讲，也即从血缘关系来讲，这个村子整个都是董氏家族，800多户、4000多口人，整个董氏家族聚集在一起，8个门派，也就是8个房系，这种血缘纽带的关系是看得很清楚的；从道统上讲，董氏把其祖先追溯到汉代的董仲舒，这不仅是要显示自己家族的源远流长，更重要的意义在于表明董氏是以儒家学说为自己的指导思想。从某种意义上说，流坑村的过去对我们研究中国封建社会应该是个活化石，是个标本，是中国封建宗法社会的一个缩影。另外从文物的价值来讲，它的建筑别具风格，既不同于皇家建筑，在民间的建筑里面又不同于穷苦农民和一般农民的建筑，也不同于一般的商家，它总是带有一种封建儒家那种学而优则仕的感觉。从建筑形式上看，可能和徽派的民居有一点相似，这大概又与董氏先祖曾在皖南生活过有一点联系。其建筑风

---

[*] 流坑村，属江西省抚州市乐安县牛田镇，位于乐安县西南，距县城38公里。该村始建于五代南唐年间，繁荣于明清两代。以规模宏大的传统建筑、风格独特的村落布局闻名。村中现存明清传统建筑及遗址260处，其中明代建筑、遗址19处，其建筑类型之齐全、保存之完整，在国内自然村中实为罕见。由于其深厚的历史文化底蕴，该村被专家誉为中国古代文明的缩影，并有"千古第一村"的美誉。流坑村是国家级文物保护单位。此文系根据张文彬同志1997年8月7日考察流坑村后与县委、县政府座谈的讲话录音整理而成。

格、建筑艺术都应该是高超的，代表了民间建筑艺术上的高水准。此外，流坑村的历史从五代一直延续到清代，延续时间之长，历史价值、学术价值、艺术价值之高，建筑艺术之精美，保存之完整，文化内涵之丰富，恐怕是国内其他地区的古村落所不能比拟的。关于这些，在周部长的书里面、在报纸上作了很多的介绍，我就不多说了。下面，我想就流坑村的文物保护、开发利用工作谈几点意见。

第一，对流坑村的保护，乐安县委、县政府，抚州地委、行署和省里都做了大量的工作。既做了调查研究，搞了文物保护规划图、平面图，也做了一些宣传工作，特别是《光明日报》与《人民日报》华东版发表了长篇报道与文章，被许多报纸转载，这都是我们县委、县政府、地委、行署、省文化厅、文物局做的工作，应该给予充分肯定。这起步工作引起了社会上的强烈反响，引起了中央领导的高度重视，中共中央政治局委员、国务委员李铁映同志专门为流坑村的保护作了重要的批示，要求国家文物局对流坑村的保护工作给予支持。这也应该是国家文物局责无旁贷的义务和责任。

第二点，流坑村的保护、利用，一定要搞一个好的规划。规划的指导思想，应该是保持原状，加强管理，合理利用。你们现在已经有了一个平面规划图，已经有了一些设想，但还很不够。如何保护好这样一个千古一村，如何研究它一千年的历史，如何利用这个古老的村落为两个文明建设服务，还要做进一步的详细论证。当前，除宣传工作之外，最紧要的是抢救保护的问题。"保护为主，抢救第一"，这是中央提出的文物工作的方针。换句话来讲，也就是"先救命，后治病"。对千古一村来讲，也是先救命、后治病的问题，就是要请医生来诊断，"病"在何处，如何治，所以就要搞一个规划。为此国家文物局先拨给你们五万元，作为制订规划的费用。先订一个五年规划。为什么要规划先行？因为要保护这样的村落，确实不是一朝一夕的事情，恐怕需要三年五载，甚至更长的时间。首先要确定重点，确定"重中之重"，一步步来。比如说，在一年里达到什么目标，三年里面达到什么中期目标，五年要达到什么总目标，争取明年上半年把这个规划搞好，这样才可能分期、分步骤地、有计划地进行抢救和保护工作。没有一个比较详细、周密、科学的规划，我们就很难有重点地、分期分步骤地来进行保护和抢救工作，这是一个科学的事情。科学是老老实实的学问，一定要以科学、严谨、周密的态度来对待这件事。这个问题请行署更多关注一下。首先应该绘出整个村落的实测图，对于每一处重要建筑，要拍照，要作实测记录，要归位复原，还要请一些老人来回忆，还要再做一些深入实际的调查研究才行。这个村从东到西开辟七条宽巷，从南到北设置一条宽巷，街巷的布局又与水道相一致。这种如同棋盘的格局，本身就是周密规划的产物，而不是像一般的村落那样布局乱糟糟的。所以我希望能把规划尽快地搞好，它的实测图，每一处重要的建筑物，都要认真搞一下，如九德堂、树德堂等。规划里面要有一年的、三年的、五年的工作步骤和工作目标，要真正合乎实际，并具有可操作性。规划做好以后，修建经费问题怎么解决呢？对于一些重点建筑，国家文物局要给予补助，省里面也得出钱，行署也得出钱。因为乐安县是比较贫困的县，咱们是不是各自拿一点，共同把流坑村的文物保护工作做好。完全依靠国家不行，因为现在是分灶吃饭，国家文物局的经费补助如何出，出多少，我们还要和财政部进一步协商。

第三点，要对村民进行文物保护和文明卫生教育。这个工作要早一点进行。要让群众确实感到，保护流坑的古村风貌，保护流坑的文物，既是国家的责任，也是他们董家子孙后代责无旁贷的责任，要他们切实认识到保护好这个村落是自己不可推卸的义务，没有群众参与这项工作，流坑村的文物保护和开发利用都是搞不好的。另外，要对群众进行团结的教育，团结才能出生产力，团结才有力量，团结才可能把这个村落保护好。流坑村董家的八房虽是一族，但毕竟还有一些各自的利益，如果内部不团结，不安定，真闹腾起来可就不得了。将来开发利用工作搞起来之后，会有一些经济收益，这是好事情，但也许会使村里的情况复杂起来，也许慢慢地会出现争夺财产的问题，会出现争夺所有权的问题。说到底，是争夺经济利益的问题。对此，我们做领导的应该有所预见，有所防范。所以，建立一个好的党支部、好的村委会至关重要。县委、县政府要高度重视这个问题，要建立起一个强有力的党支部和村委会。两个文明一起抓，既要把经济搞上去，又要把文物保护好。再一个就是文明卫生。流坑村对外开放已为时不远，如果我们连"黎明即起，洒扫庭除"都做不到，连环境卫生都搞不好，不光是显示你这个村落、这里的村民有没有文明卫生习惯的问题，也是一个民族的文化素质、文明素质的问题，万万小视不得。所以现在就要注意进行这方面的教育，要做一些规定，争取尽快使村内的环境卫生面貌有较大的改观。

第四点，流坑村的管理要纳入法制化轨道。像这样的村落，完全可以申报全国重点文物保护单位，将来也可以申请列入《世界遗产名录》，但现在的条件是远远不够的，距离申请世界文化遗产还有相当的距离。单就申请国保单位来讲，由于我国惯例是每隔五年甚至是十年的时间才公布一批国保单位，而第四批全国重点文物保护单位已经在去年公布，所以流坑村在这两三年里恐怕还不能成为国保单位，只能首先由省里公布为省重点文物保护单位。这件事，我今年5月来江西时与黄懋衡副省长、张克迅部长都讲过，他们也都同意，说要抓紧公布流坑村为省重点文物保护单位。在公布为省重点文物保护单位之后，国家文物局将把流坑村确定为"重点省保"，给予关照。行署最好专门发一个布告，对流坑村的文物保护提出几条措施。县里面要有条例，只有依法管理，今后对一些不法行为、违纪行为才能够进行处理，否则你就没有依据。在这样的基础上，恐怕就得组织人进行文物的清理、登记、造册这些系统的工作，村民保存的族谱、房谱等，如果能动员群众交出来集中保管最好。如果现在还有困难，有一个好的党支部、村委会后，咱们再慢慢做群众的工作。我很赞成你们建一个博物馆或陈列馆的设想，今后把文物集中起来。对其他的，包括窗棂、匾额、雕刻等等恐怕都得清理、造册、登记，哪一个朝代有什么建筑、什么东西，统统都记录清楚。有了这些法律法规，就能有效地开展这些工作。我相信在江西省委、省政府，抚州地委、行署，乐安县委、县政府的直接关怀下，会把这项工作做好。国家文物局将尽可能地、多方面地给予支持。

1997 年 8 月 7 日

《中国文物精华·1997》前言[*]

在 1990 年、1992 年和 1993 年，国家文物局相继在北京和上海三次举办全国性的文物展览，并编辑出版了三册《中国文物精华》。1997年，为迎接中国共产党第十五次全国代表大会的召开，国家文物局又在北京举办《全国考古新发现精品展》。

500 余件精品陈列在中国历史博物馆的中央大厅里，其灿烂恢宏的气势令每一个参观者无不动容。刚刚经历了香港回归祖国伟大时刻的观众们，面对先民留下的这些凝聚着卓越的创造才华的遗物，胸中再次鼓荡起爱国主义的激情！

以探寻历史奥秘和社会发展规律为己任的考古学是不断发现奇迹的学科，而我国近年来大规模经济建设的开展，又为文物、考古工作者提供了大显身手的良机。由于他们的辛勤工作，许多长期埋藏在地下的珍品得以重见天日；若干过去默默无闻乃至荒僻之区，由于重要文物的出土而举世瞩目，成为饮誉全球、彪炳史册的胜地；而我们对于历史的认识，对于某些历史问题的认识，又往往随着出土文物的增多而不断得以丰富和深入。比如南京汤山镇的雷公山葫芦洞，于 1993 年和 1994 年出土了直立人化石，其体质人类学特征与北京周口店出土的、俗称"北京人"的"北京直立人（Homoerectus pekinensis）"基本相似，所以在口语中也不妨称之为"南京人"。二者南北辉映，对于研究我国境内古人类的分布及其演化模式提供了重要的科学资料。再如山西曲沃北赵村晋侯墓地，从 1992 年到 1994 年进行了五次发掘，将已探明的自西周中期

* 《中国文物精华·1997》，文物出版社，1997 年。

到春秋早期的 17 座晋侯及其夫人的墓葬清理完毕，随葬品极丰富，不少青铜器上刻有铭文，其中出现了几代晋侯的名讳，可据以探讨晋国君主的世系。所出大量玉饰有的未经扰动，还保存着原来的组合关系，使人们可以窥探久已失传的周代佩玉制度的基本面貌。同时也证实了曲沃、翼城两县交界处的天马—曲村遗址即西周、春秋时的晋国都城绛邑。1994 年 12 月至 1995 年 3 月发掘的江苏徐州狮子山楚王陵，墓主人可能是西汉景帝时的第三代楚王刘戊。陵墓在山岩中凿成，规模宏大，总长度达 117 米，距山顶深 20 余米。出土文物 1500 余件，不仅有制作精美的各类工艺品，有剑、刀、戈、戟、矛、钺、弩等各类铜、铁兵器，有各式半两钱 20 余万枚，而且仅银、铜质官印就有 205 方，封泥 80 余件，包括反映王室官制、军事建制以及楚国属县的各级官印，大大扩展了史家对西汉政权之军政组织的认识。一座陵墓中出土如此之多的印章，在中国考古学史上也是空前的。1995 年 10 月至 11 月，中日两国学者共同调查、发掘了新疆民丰县尼雅遗址，这里是相当于中原地区汉晋时期的精绝国故址，这次除清理了编号为 N2 的聚落遗址、编号为 N5 的大型佛寺遗址外，还在一处新发现的墓地中清理了八座精绝国上层人士的墓葬。由于环境的极度干燥，所以随葬品保存完好，不仅使人们看到边远的绿洲居民之生活状况的许多新奇的细节，而且色彩鲜艳、花纹繁缛且带有汉字铭文的出土织锦，为当时西域和中原的紧密联系提供了很好的说明。特别令人震惊的是，湖南长沙走马楼 22 号古井窖所出三国时代的吴国简牍，总数估计达十余万枚，超出全国各地已出土简牍数量的总和，内容涉及吴国之政治、经济、文化、军事、租税、户籍、司法、职官诸方面，为过去相对贫乏的三国史料提供了意想不到的、无与伦比的全面而精确的补充，被认为是本世纪中我国继甲骨卜辞、敦煌文书之后古文献资料的又一次重大发现。此外，近年开展的水下考古工作，进一步拓宽了我国考古学的领域，1993 年在辽宁绥中三道岗水域、1996 年在海南西沙群岛北礁水域，成功地用考古学方法从水下打捞出元代磁州窑和龙泉窑的瓷器，它们出现在这次展览中并给人们留下深刻印象，也是当然之事。

与前三届全国性文物展览相比较，此次《全国考古新发现精品展》

更加强调和突出了重大的考古新发现。展出的 500 余件文物，除少量出土时间稍早者外，绝大多数都是最近三、四年间的考古发掘品，其中有不少是近几届当选的十大考古新发现中的精品。从某种意义上说，这次展览是党的十四大以来，文物考古工作捷报频传、硕果累累、不断取得好成绩的浓缩和反映。这些成绩的取得，是和党中央、国务院对文物工作的重视与亲切关怀分不开的，是和各地党委、政府及有关部门对文物工作的支持分不开的，也是全国考古、文博工作者团结进取、扎实工作的结果。

大家知道，我国的文物工作方针和指导思想是"保护为主，抢救第一"和"有效保护，合理利用，加强管理"。这个方针和指导思想的制定既是出自对文物之不可再生特性的清醒认识，也是由于目前我国社会经济还不够发达，我们的文物保护科技水平还不够高。因此，我们主张对帝王陵寝暂不主动发掘。这几年清理的大型陵墓，大都毗邻采石场或基建工地，考古发掘正是对文物之及时的抢救。同时，其中有的还是在与盗掘、走私等犯罪活动的斗争中进行的。比如曲沃的晋侯墓地是迄今已发现的西周诸侯墓地中最大而完整的一处，是研究周代历史和文化的宝库，80 年代以前一直保存完好。1991 年这里发现盗掘，1992 年上半年，北京大学考古系与山西省考古研究所共同对已被严重破坏的 1、2 号大墓作了清理。但就在那次发掘之后不久，8 月间盗墓者又用炸药炸开墓地中的 8 号大墓，猖獗作案。面对如此严峻的局面，省、地、县各级主管部门加强了对墓地的保卫，并由国家文物局批准，于 1992 年 10 月至 1994 年 10 月进行了四次大规模的抢救性发掘，将这里的大墓全部清理完毕。其出土物不仅瑰丽华美，而且极具学术价值。比如 8 号墓中随葬的晋侯苏编钟，发掘时墓内只残存 2 件，其他 14 件已被盗掘者走私到香港，幸由上海博物馆筹资购回收藏。全套 16 件编钟上共 355 字的铭文可连成整篇，记载了晋侯苏接受周王命令进行一次战争的全过程，其中标有周王纪年和一系列历日。它在年代学上的最后判定，无疑将使正在进行的国家重大科研项目"夏商周断代工程"获得第一手可资信赖的参考数据。当读者在本书中看到它们的图像时，思及其价值与经历，心情又怎能平静呢?!

1996 年举行的党的十四届六中全会，通过了《中共中央关于加强社会主义精神文明建设若干重要问题的决议》，今年 3 月又下发了《国务院关于加强和改善文物工作的通知》。《决议》和《通知》为文物考古工作指明了方向，提出了更高的要求。文物考古工作内容丰富，潜力巨大，气象万千，任重道远，在促进社会主义物质文明和精神文明建设中具有特殊优势。我们不仅要保护好、管理好文物，还要通过认真的研究，严格区分精华与糟粕，从而给文物中蕴含的真善美以充分阐释，并通过各类展览和图书弘扬其所荷载的优秀历史文化传统，使之成为群众喜闻乐见的、接受历史唯物主义和爱国主义教育的有效途径。这既是文物精品独特价值的根本体现，也是文物工作实现其社会价值的基本途径。

1997 年 9 月

在"世纪之交中国考古学精品战略研讨会"开幕式上的讲话[*]

各位代表、同志们：

中国社会科学院考古研究所召开这次"世纪之交中国考古学精品战略研讨会"是非常及时和十分必要的。我代表国家文物局向中国社会科学院考古研究所和出席这次盛会的各位代表表示慰问和感谢。

（王）忍之同志刚才作了重要的讲话，我都赞同。在座的有我前后届的同学，也有年轻的博士、硕士们，这本身就是我国的考古事业兴旺发达、后继有人的具体体现。正是依靠我们几代考古工作者的不断努力，我们的考古事业才不断得到发展。在新世纪即将到来的时候，我们大家齐聚一堂，研讨实施中国考古精品工程的战略，为开创考古工作的新局面献计献策，是很有意义的。我想就如何开创中国考古学新局面的问题谈几点补充看法，请同志们批评。

首先，我们要重视理论研究，特别是重视对马列主义、毛泽东思想和邓小平建设有中国特色社会主义理论的学习和研究。没有正确的、科学的理论指导，就无法做好各项工作。学习理论，对我们考古工作者来说，一个核心的问题是要重视马克思主义哲学的学习和研究。陈云同志反复讲过要学习哲学，说他自己一生学哲学受益很大，"学好哲学，终

　＊　1997 年 6 月 24～26 日，中国社会科学院考古研究所主办在北京召开"世纪之交中国考古学精品战略研讨会"，与会代表本着实事求是、解放思想的原则，就中国考古学学科建设、精品战略、人才培养等一系列重要课题进行研讨，交流经验，畅谈设想，共同确定今后中国考古学的主要发展方向，勾画未来几年至 21 世纪学科发展的蓝图。本文即张文彬同志在开幕式上的讲话，曾发表于《考古》1997 年第 10 期。

身受用"。在我们具体的工作中，包括田野发掘的工作，不断地学习哲学著作，比如学习马克思的《德意志意识形态》、恩格斯的《反杜林论》、毛泽东同志的《矛盾论》、《实践论》和邓小平同志关于实践是检验真理标准的观点，就会使我们分析问题、解决问题的能力大大提高，就会对我们的考古研究有很大的帮助。在这方面，许多前辈学者已经为我们做出了榜样。学习马克思主义的哲学理论，就要按陈云同志讲的"不唯上、不唯书，只唯实"和"交换、比较、反复"的原则，一切从实际出发，实事求是地研究、分析、处理问题。只有坚持"实践，认识，再实践，再认识"这种形式，循环往复，在考古工作中不断地总结经验和教训，才能推动中国考古学的健康发展。

其次，我们要重视中国考古学理论和方法的建设。中国近代考古学的建立是在五四新文化运动的背景下开始的。20 世纪 20 年代，以田野调查发掘为基础的西方近代考古学传入中国后，先是瑞典学者安特生对仰韶文化的发现有开创之功；其后，李济、梁思永、吴金鼎、夏鼐、苏秉琦等先生都对中国考古学的发展作出了突出的贡献。最近这些年来，苏秉琦先生为探索华夏文明源流，提出考古学文化区系类型的研究理论。还有一批学者对考古地层学、考古类型学的基本概念与范畴进行了探讨。但考古学理论和方法的研究仍是有待深入探讨的一个大课题。什么是中国考古学研究的理论体系？如何完善中国考古学的理论体系？怎样建立马克思主义的中国考古学的理论体系？许多老一辈的考古学家已经注意到这个问题，中青年一代也在认真地思考并提出一些颇有创见的看法。希望大家按照马克思主义的原理，坚持理论联系实际的学风，为建设中国考古学的理论和方法体系做出新的贡献，推动中国考古学的发展。

第三，我们要有强烈的精品意识。有了正确理论的指导，就有可能出一批考古研究的精品。所谓精品，一是要有完全合乎科学规范的、高质量、高水平的考古发掘；二是要出高质量、高水平的科研成果。精品是创造性和科学性的统一，是求真、求实、求新的结果。出精品就是科学上要达到高质量，高水平，要有所发现，有所发明，有所创新，有所前进，提出前人没有提出的问题，解决前人没有解决的问题。做考古研究，就是要一丝不苟，精益求精。在这一点上，中国社会科学院考古研究所起到了模范带头作用。北大在考古教学中也提出了严格的要求。一些地方文物考古机构，也取得了佳绩。但我们又必须看到，有的地方就没有做到一丝不苟：这一方面固然是因为地方上的同志工作面宽、工作内容杂、工作量大，时间紧迫；另一方面，主观上没有牢牢树立起严谨求实、一丝不苟的意识，也是一个主要原因。比如长沙三国孙吴简牍的发现，是本世纪最重要的考古发现之一，现在知道出土简牍17万片，被评为1996年十大考古发现，这是应该的。但是从严格意义上讲，从考古发掘上说是否达到精品的标准呢？发现这62口井窖，实际上就是发现了吴国的档案库，但如此珍贵的遗迹却没有完全保存下来，我认为单单从这一点来说，就会使人们永远感到遗憾。过去我们很重要的一些考古发现，也不能说全都达到了精品的要求。这无疑会影响考古学的发展，由于考古学是历史学的一个重要组成部分，当然也会影响历史学的发展。

要出精品，还要提倡不辞辛劳、敬业奉献的精神和求真务实的作风。考古学研究是一个清苦的事业。我记得早年参加湖北楚墓的发掘，工作人员要趴在棺盖上清理遗迹，连搞石油勘探的同志见了都说你们搞考古的实在很辛苦。常年奔波在野外，一年有几个月见不到亲人；调查的时候，一天要跑几十里路。没有无私奉献精神，没有敬业乐群的精神，是无法从事这样的工作的，也是搞不出精品的。

搞好精品工程，还要大力强调团结协作的精神，处理好全局和局部的关系、整体和部分的关系。我国文物考古队伍现有5万人，地方考古研究队伍可能有3千人，专业人员也达到2千人。这一方面说明考古事业得到空前的繁荣和发展，同时也对我们提出了加强协调、形成合力的要求。从考古学研究来说，我们每个省研究的问题应该说是局部的问题。如果只注重局部而不顾全局，那就无法体现中国历史的全貌和中国考古学的辉煌成就。怎样通过各个局部再现中华民族悠久历史文化的本来面貌，弘扬民族优秀文化传统，是我们共同的任务。要完成这样的任务，没有我们大力的团结协作是不可能的：如夏商周断代工程要河南、山西、陕西等地区协作来搞。中华文明是绵延不绝、连续不断的。在这个方面，怎样表现中原文化和其他地域文化的关系、中央王朝和地方民族政权的关系，怎样表现各民族文化、各地区文化相互联系的关系，怎样体现中华文明的丰富多彩和博大精深等等，都需要很多领域的团结协作加以深入研究。

第四，我想讲一下编写、出版考古报告的问题。《国务院关于加强和改善文物工作的通知》要求，发掘结束后三年内，必须写出发掘报告，这是针对过去多年的经验教训而提出的。考古报告的整理和出版严重滞后，这是长期存在于我们文物、考古界的普遍问题。有的考古发掘很重要，但到现在几十年过去了，报告却没有下文。比如洛阳东干沟发掘就很重要，但时间拖得太长，资料乱了，报告写不出来，造成了很大的损失。光挖不整，资料破坏，这已不是个别现象。有人今天挖一处，明天挖一处，虽有客观原因，但发掘资料长期积压在个别同志手里，总是一个问题。从主观上说是否有个别人想多占有资料、等退休以后再去写报告呢？这是万万要不得的，我们要采取具体措施扭转这种情况。我认为，一个考古工地负责人要从始到终，即从遗址的调查发掘到报告的整理出版要负责到底，这对自己有利，对国家和考古事业有利。作为科学工作者要淡泊名利，干一件成功一件，要善始善终。要克服贪求名利的思想，反对垄断、霸占资料的极端个人主义行为。

在学术研究的工作中，第一位是提高学术研究的科学水平，同时也要注意贴近群众，普及考古知识。我很欣赏有一批学者在撰写考古学的科普著作，从事考古学的普及工作。这种著作常常不为专家学者所重视，但很为群众所欢迎。比如，曾侯乙墓的发掘是怎样进行的，妇好墓发掘的经过如何，怎样欣赏文物考古之美，等等，将一些考古学史上的大事、雅事、趣事生动地叙述出来，可以使广大群众了解考古学，了解考古工作者，对我们的事业产生兴趣和亲切感，使考古学真正走向群众，这是十分有意义的事情。须知，我们的考古报告只印两千本至多三千本，而且是写给专业人员看的，如果单单依靠报告，我们怎样走近群众，让社会认识我们？而失去了群众的了解和支持，我们的事业又怎能充满活力地向前发展？一个真正热爱考古事业的人，不仅应该努力使自己成为专家，而且应该努力使自己成为文物考古工作的宣传家。当然，写出高质量、高水平而又深入浅出的科普著作也是十分不易的。华罗庚、竺可桢、茅以升都写过科普作品，很受群众欢迎。大科学家都能做，我们为什么不能去做呢？最近看到四川教育出版社出版的《华夏文明探秘丛书》和辽宁师大出版社出版的《中华文物古迹旅游》（九本）就很好。这是把文物考古引向大众的一种有益尝试，我向这些作者们表示敬意和感谢！

最后我想强调一下人才培养问题。科教兴国，教育为本；考古学要发展，关键是人才。新中国成立初期，中国科学院，也就是考古研究所和北大、文化部（文物局）合作办了四期考古培训班，这就是所谓"黄埔四期"，培养了200多人，他们对考古事业的发展做出了积极的贡献。后来北大历史系开办了考古专业，再后来，全国十多个大学成立了考古专业或考古系，培养了更多的专业人才。现在21世纪即将到来，我国经济建设迅猛发展，急需考古工作配合，而且我们还有许多未开垦的处女地需要探索，许多发掘还未及时整理研究，综合研究还不够深入，理论和实践相结合、适应新世纪考古工作的人才还远远不够。对此，我们必须有清醒的认识。培养人才，一方面是通过学校，但更重要的一方面是要通过实践提高水平。对于年轻的同志，要通过多做田野工作来提高他们的研究水平。希望中国社会科学院考古研究所在人才的培养上继续起到榜样的作用，在考古事业的发展中作出更大的贡献！各地也要努力培养人才，认真地加强协作，提高水平，发扬严谨求实、实事求是的学风，为考古事业的发展努力奋斗。

1997 年 6 月 24 日

统一认识　加强管理
迎接考古工作新世纪

——在 1997 年全国考古工作汇报会上的工作报告

各位专家学者、同志们：

　　1997 年全国考古工作汇报会今天开幕了！首先，请允许我代表国家文物局向与会代表，并通过你们向艰苦奋斗、辛勤耕耘在第一线的考古工作者表示亲切的问候，向今天到会的各位考古界的前辈和专家们表示热烈的欢迎，向为召开这次会议付出辛劳的贵州省文化厅的同志们表示衷心的感谢！

　　这次汇报会的任务是，认真学习江泽民总书记在十五大的报告精神，高举邓小平理论的伟大旗帜，贯彻落实《国务院关于加强和改善文物工作的通知》，总结交流两年多来的考古工作情况，研讨当前我国考古工作面临的形势和任务，讨论并审议《考古发掘管理办法（征求意见稿）》和《考古发掘品移交管理办法（征求意见稿）》，部署今后两年和本世纪最后几年的考古工作，迎接新世纪。

一、两年来考古工作取得重大进展，科学水平显著提高

　　全国考古工作汇报会是一项多年坚持下来的很好的制度：从 1995年石家庄全国考古工作汇报会以来，广大考古工作者发扬实事求是、严谨认真、艰苦奋斗、团结协作的精神，坚持"保护为主，抢救第一"的方针，在加强对古遗址、古墓葬保护的同时，积极配合国家的经济建设，进行了大量细致的考古发掘工作，取得了一系列丰硕成果。最近在中国历史博物馆举办的《全国考古新发现精品展》中的许多文物，都是这几年我们考古工作中发现的一些精品。展出之后，在海内外产生了

强烈的反响。

（一）配合经济建设开展考古工作取得重大进展

几年来，我们始终把配合国家经济建设进行的考古工作，作为我们的中心任务，特别是在配合三峡水库、黄河小浪底水库、莲花水库、杭甬高速公路、宁沪高速公路等国家重点工程开展的考古发掘工作中，取得了很大成绩。在三峡工程淹没区文物调查、勘探、发掘工作的基础上，1995 年，由中国历史博物馆、中国文物研究所组成的三峡工程库区文物保护规划组，安排湖北、四川两省文物部门进行了三峡工程移民迁建区的文物调查工作。在此基础上，规划组于 1996 年 6 月完成并上报了《长江三峡工程淹没及迁建区文物古迹保护规划报告》，三峡工程淹没及迁建区内确定有文物点 1282 处，其中地下文物 829 处、地面文物 453 处。1996 年 10 月 9 日，国务院副总理邹家华、国务委员李铁映主持会议，研究三峡工程建设中文物保护工作有关问题，会议明确了各部门的职责和任务。整个三峡库区的文物保护工作在三建委的统一领导下来进行，国家文物局负责协调组织。为做好三峡工程文物抢救保护工作，今年湖北省、重庆市都分别召开了三峡文物保护工作会议，同参加三峡文物抢救保护工作的业务单位草签了协议，落实了具体实施项目。为配合小浪底水库工程的顺利开展，河南、山西两省文物部门及有关大专院校和科研单位，也进行了较大规模的抢救性考古发掘工作。在配合城乡建设进行的抢救性考古发掘工作中，也同样取得了巨大成绩。特别是青州龙兴寺佛教造像窖藏、广州南越国宫署遗址、杭州南宋太庙遗址的发掘以及长沙三国吴纪年简牍的发现，都引起了世人的注目。

（二）考古科研工作水平不断提高，考古学科建设得到加强

近年来，各地文物考古部门在努力完成配合基本建设考古任务的同时，努力通过课题研究促进和提高考古科研水平。江西万年仙人洞和吊桶环遗址、湖南道县玉蟾岩遗址、四川成都平原史前古城址群、河南郑州小双桥遗址、山东长清仙人台墓地、山东长清西汉济北王陵、辽宁北票喇嘛洞墓地等发掘和研究工作都获得了重大成果。夏商周断代工程课题研究中考古发掘的成果，为课题的研究提供了许多重要资料，澄清了

一些悬而未决的疑案。李铁映、宋健同志提出的夏商周考古断代研究，是世界瞩目的一项重点工程，这项工作开展以来，在中国社会科学院考古研究所、历史研究所、北京大学和有关的省份都分别建立了课题组，这些研究主要是依赖于考古发掘的成果。为配合这项工程，各地方包括中国社会科学院考古研究所在内也都进行了一些重点发掘和研究。铁映同志和宋健同志今年在北戴河听取了专家组的汇报，对夏商周断代研究工程的进展，表示满意。此外，在现代技术和科学手段应用于考古研究以及航空考古、水下考古方面也进行了许多尝试性工作。我们的工作是过去工作的继续，也为以后的考古工作奠定了良好的基础。

二、认真贯彻"保护为主，抢救第一"的方针，坚持考古发掘以配合国家经济建设为主的工作方向

在我国现阶段，经济建设是全党、全国工作的中心，随着经济的发展，基本建设项目的增多，需要进行的考古发掘工作将越来越多，对考古工作的要求也会越来越高。因此，我们要从服务于全党和全国中心工作的高度，来认识配合基本建设进行考古工作的重要性，把配合基本建设的考古工作，作为我们参与社会主义物质文明建设的一种重要途径和方式。每一个考古机构，每一名考古工作者，都要充分理解并深入贯彻"保护为主，抢救第一"的方针，牢固树立在配合国家经济建设工作中做好考古工作的思想。《国务院关于加强和改善文物工作的通知》中明确指出："考古发掘坚持以配合基本建设为主，特别要做好大型基本建设项目的考古勘探、调查、发掘工作。为科学研究而进行的考古发掘，要充分考虑保护工作的需要，加强统一管理，严格审批制度。"为贯彻《国务院关于加强和改善文物工作的通知》精神，做好配合基本建设的考古工作，要特别注意以下几个方面的问题。

（一）考古发掘必须树立"保护为主"的意识

在某种意义上说，任何形式或目的考古发掘都是对古代遗址和遗迹的一种破坏，我们强调保护意识，就是要把发掘造成的破坏降低到最小限度，从而最大限度地发挥考古发掘在遗址保护方面的积极作用。因此，在考古发掘立项和审批时，都必须首先考虑保护问题。如果发掘工作不是从保护的角度出发，没有保护的措施和条件，发掘以后不能得到有效的科学保护的话，那么我们就不能主动去进行发掘，因为这是我们现在的国情所不允许的。我们还没有那样的经济条件，还没有那样的科学技术的保护条件，那么我们宁可现在先保护下来，待我们的子孙后代去进行发掘。对此，希望各级文物主管部门和考古研究机构的负责同志要充分理解并严格把关。对于保存较好的古文化遗址和重点保护的大型遗址，各地要抓紧保护方案的制订。50年代、60年代初时王冶秋同志强调，对大遗址的保护要有保护的范围、有保护的标志、有保护的组织、有保护的档案。每一处文物保护单位是不是已经做到了"四有"，从检查情况看，现在还没有完全做到，我们要抓紧做好这个基础工作。在保护范围内进行的考古发掘必须是保护工作需要的，要严格执行国务院《通知》精神，对帝王陵寝暂不进行主动发掘，对于那些单纯为开发旅游或补充馆藏品的发掘也要严加禁止。文物考古工作者要树立保护的意识，要积极主动宣传《文物保护法》，坚决同那些破坏文物的犯罪行为做坚决的斗争，自觉地成为文物保护的坚强卫士。有些部门的考古人员错误地认为只有"考古"是自己的事情，至于那些盗窃、走私文物的犯罪行为则是别人管的事情，这样的认识是不对的。我们应该从对民族文化遗产高度负责的态度出发，不仅要搞好考古发掘研究，同时也要积极主动宣传《文物保护法》，对群众进行宣传教育，还要同违法犯罪行为作斗争。如果大家都行动起来，就会在社会上产生大的影响。如果我们采取"事不关己，高高挂起"的自由主义态度，则是完全错误的，也是与一个文物考古工作者的称号不相符的。

（二）配合基本建设的考古发掘工作要有科研意识，科学、合理地安排考古课题研究

在抢救性、保护性考古工作中，要增强科学性、计划性、主动性，即强调工作水平、强调发掘质量、强调工作程序。配合基本建设的考古调查和发掘存在着时间紧、任务重等特点，有其自身的规律性。如何认识它的规律性，如何把配合基建项目的考古发掘与学术研究有机结合起来，是提高考古工作水平的关键。多年的实践证明，在配合基建的考古发掘中是完全可以出课题、出成果的，许多考古研究的热点、难点问题，都是通过配合基建的考古发掘才取得重要突破或得以解决的。比如

山东省文物考古研究所通过配合基建，在解决鲁北地区的新石器早期文化问题研究上有了较大的突破。河北省文物研究所通过配合基建的考古发掘，也对历史上悬而未决的春秋时期的"邢国"有了较为清楚的认识。我们应清醒地认识到，配合基建的考古工作是进行学术研究的重要途径，两者的关系是互相促进、相辅相成的。但现在有的地方文物部门，特别是有的省级文物考古研究所的一些同志，却在认识上将两者对立起来，认为配合基建工作难出成果，影响科研，这是不正确的。说老实话，能像今天这样从事考古工作，应该是我们这一代考古工作者的幸运和光荣。大规模的基本建设给我们考古工作者创造了大有作为的广阔天地，是发挥我们聪明才智的机会。另一方面，在配合基建的考古工作中，有没有强烈的科研意识，不仅在很大程度上影响到考古工作的质量，而且也在一定程度上反映出发掘单位或发掘者学识水平的高低、学术视野的宽窄。所以，每一个考古发掘单位都要重视这个问题，要努力把配合基本建设的每一项考古工作都纳入学术课题中，即使不能很快解决某些学术问题，但至少要通过资料的积累，对某些学术问题产生新的认识，从而推动学术研究的进步。

（三）积极做好大型基本建设项目的考古工作，促进经济、政治、文化协调发展

国家重点工程，如长江三峡水库、黄河小浪底水库、南水北调等工程，都是直接关系到国家经济发展和人民生活水平提高的基本建设。我们考古工作者应该通过积极努力做好配合工程的考古发掘，为社会主义物质文明和精神文明建设作出贡献。在这里我想特别强调一下三峡文物抢救保护工作，三峡工程所涉及的文物抢救保护工作是有史以来最大规模的文物保护工程。面临着时间紧、任务重、面积大、地域广、文物门类多，保护方法复杂等很多困难和问题，要我们以不怕困难的精神，按照"重点保护、重点发掘"的原则，认真做好三峡库区文物保护和考古发掘工作，以完成历史赋予我们的光荣任务。三峡工程即将大江截流，众多考古工作者对此作出了巨大的贡献，借今天的机会，我对辛勤参加这项工作并为此作出贡献的同志们表示深切感谢！三峡工程大江截流之后，我们还有大量的工作要做，而且也要抓紧时间去完成。

（四）要努力做好城市考古工作，迎接文化建设高潮的到来

在大规模的城市现代化建设中，机遇与挑战并存，困难与希望同在。我们必须抓准时机，转变观念，采取多方面的综合措施，化被动为主动，做好城市考古工作。从目前的现状看，各地的发展水平不一，有些地方，如广州、成都、镇江等地做得比较好，其中一条突出的经验就是文物管理部门参与城市建设项目的审批，这就使文物考古部门可以较好地掌握城市建设发展情况，及时安排考古发掘工作。我们认为，在历史文物比较丰富的城市，特别是历史文化名城，都要推广这一成功的经验。按照《国务院关于加强和改善文物工作的通知》要求，文物部门或者是文化部门要参加到城市规划审批当中去，积极主动做好城市考古工作。城市考古工作有一个特点，就是工作周期长，发掘面积小，获得成果慢，是一项十分艰苦细致的工作，这就要求我们考古研究单位能够以长远的眼光、从宏观的角度考虑问题，设计学术课题，逐步积累资料，争取在学术上有所创新，有所突破。今年在长沙召开关于走马楼三国吴纪年简牍保护论证会时，宿白先生曾把近几年来长沙市的一些重要发现联系起来，分析秦汉时期长沙郡的位置所在，勾画出了秦汉时期长沙郡的平面图。这就是带着学术研究的眼光考虑城市考古问题，只有这样才能使我们的工作具有主动性、计划性。如果没有明确的目的，只是为清理而清理，为发掘而发掘，我们的工作质量和发掘水平是不可能提高的。

（五）树立服务的意识，注意协调好各个方面的关系，确保工作顺利开展

配合基本建设的考古工作涉及方方面面，只有妥善处理好与上级领导部门的关系，与基建单位的关系，与地方政府和基层文物部门的关系，才能取得方方面面的理解、信任、支持与配合，才能确保工作的顺利进行。这其中最重要的是向领导同志作好宣传，取得他们的支持和领导。对于我们文物部门来说，在配合基建的考古发掘中，要树立服务意识，即为经济建设服务的意识，为精神文明建设服务的意识。对于地县的基层文物管理部门，我们不仅要做好组织协调指导工作，还要从积极扶持地方队伍建设和学科建设的角度出发，切实帮助他们解决一、两个

实际问题，使那里的保护水平、科研水平跃上一个台阶。

三、加强考古管理工作，促进考古事业发展

加强管理是考古事业发展的基础和保证，实践证明，在考古事业发展过程中，哪个阶段的管理工作加强了，上去了，哪个阶段的事业发展就快，水平就高。这次提交大会讨论的《考古发掘管理办法（征求意见稿）》和《考古发掘品移交管理办法（征求意见稿）》就是为进一步加强、完善和规范考古管理工作而制订的。在这里我强调四个方面的问题：

（一）必须进一步严格执行考古发掘审批和汇报程序

自《文物保护法》公布之后，国家文物局加强了考古发掘项目审批制度，这些年的执行情况是好的。这一制度不仅规范了考古管理工作，使我们得以掌握全国考古工作的重点、布局、进度和发掘成果，也为我们制定工作规划，把握学科发展方向，完善规章制度等等方面提供了重要依据。但我们也必须指出，近年来不依法报批的现象有所抬头，在某些地区甚至相当严重。有些地方以时间紧迫、情况紧急为由事先不报，而事后又不补报，甚至有些省文物考古研究所也错误地认为，只要不向国家文物局申请经费，就不必填报《考古发掘申请书》。我们现在每年统计上来的发掘项目不过五六百项，但实际发掘数量却远大于此，说明在申报工作中漏洞很多。与申请制度相比，汇报制度更是执行不力。这里我再强调一下，年度考古发掘项目结束后，发掘单位要及时将发掘经过、收获和成果向省、自治区、直辖市文物管理部门和国家文物局报告。项目全部完成后，要提交专门的结项报告，报告中要有对加强保护工作的意见或建议。对于重要的考古发掘项目，或在发掘过程中有重要发现，更要及时报告，以便及时解决保护和发掘工作中的问题。目前，有些重要发现，未经上级主管部门同意就擅自通过传媒发布消息，是不恰当的。今后凡有重大发现，必须报经省、自治区、直辖市文物管理部门和国家文物局同意后，才能对外发布。在《考古发掘管理办法（征求意见稿）》中对项目的申请和汇报制度都有明确的规定，希望大家能认真讨论、进一步完善，争取早日出台。

（二）要继续加强考古领队资格审定、优秀田野考古奖评定和田野

考古工作质量检查等项工作

考古学是一门实事求是、严谨求实的科学，因此，考古调查、发掘和研究必须树立精品意识，实施精品工程。高质量、高水平的发掘对进行科学探索和研究是至关重要的，而考古领队则具有举足轻重的作用。领队负责制是具有中国特色的考古管理工作的重要内容，领队水平的高低直接影响发掘的质量、发掘水平的高低，同时也在一定程度上影响到中国考古事业的发展水平。《考古发掘管理办法（征求意见稿）》对领队资格的审定更加规范，对于领队人员不仅有学历、经历、能力条件规定，而且对其工作业绩也提出具体要求。将来公布实施之后，我们要重新组织登记发证，使领队制度更加完善。优秀田野考古奖的评定工作也是促进考古水平提高的好办法，各地方要认真抓好推荐和初评工作，真正发挥这一奖项的积极作用。

（三）要加强出土文物、标本、资料的管理和报告编写工作

关于考古发掘出土文物的移交，《文物保护法》早有明确规定，考古发掘出土的文物，同馆藏文物一样属于可移动的国有资产。国有资产的所有权属于国家，任何地方政府和单位都只是根据法律、法规进行使用和管理，对文物的处置权只能由国务院或者国务院授权的国家文物局，根据法律的规定进行处理。任何单位、个人都无权擅自处置。国家文物局受国务院的委托管理这方面的事务，负有管理国家历史文化遗产的重任。现在有许多重要资料，甚至文物都由个人保管，被视为自己的私有财产，这不论对学术研究，还是对文物安全都是不利的。大家要以国有资产神圣不可侵犯的高度责任感，统一思想认识，根据国家对国有资产的法规、馆藏文物及考古发掘品管理和使用的规定，制订和完善有关制度，把发掘出土文物资料的移交问题解决好。对于多年来积压资料的整理和出版，已经是一个逢会必讲的问题。我们大家要认识到这一工作的重要性、紧迫性，从加强文物保护工作的大局高度予以重视，要按《国务院关于加强和改善文物工作的通知》要求，在发掘结束后三年内，必须写出发掘报告。考古报告的整理和出版严重滞后，这是长期存在于我们文物、考古界的普遍问题，采取这样的措施是针对过去多年的经验教训而提出的。有的考古发掘很重要，但到现在几十年过去了，报

告却没有下文。许多重要的发掘，由于时间拖得太长，资料乱了，报告写不出来，造成了很大的损失。只发掘不整理资料，实质上与破坏文物无异。最近我们对1979年以来考古项目的资料整理情况进行了调查，结果不容乐观。1990年以来评选的70多项十大发现，目前报告整理完成的不到五六项。所以，我们必须采取具体措施扭转这种情况。这次会议讨论的《考古发掘管理办法（征求意见稿）》提出了一些措施，我看是很好的。另外，我们也争取在国家文物局设立专项的整理出版经费，对重点发掘报告的出版给予补助，争取在短时间内扭转当前的被动局面。另一方面，应把考古发掘报告和研究报告分开考虑，发掘报告是科学的报告，但着重是资料性的报告，当然它有科研的成果在里面。发掘报告主要是原原本本地把发掘情况客观、公正、准确、实事求是地报告给学术界，让大家来共同研究。如果因为自己要进行研究而迟迟不能完成发掘报告，实际上是变相地垄断资料，是一种对专业极端不负责任的表现，必须坚决反对，给予严肃批评教育。大的项目发掘完之后，应该由专人集中精力把报告完成，发掘结束之后到发掘报告写出，三年的时间应该是可以的，这是国务院规定的时限，必须执行。在资料整理方面，关键在年度报告，每一个年度，也就是每一阶段的成果要首先报道出来，有了一个阶段的成果，大的项目结束之后，三年之内写成报告是可以完成的。有人担心年度报告发表后会影响到最后的发掘报告成果，我说不会影响，即使是最后的成果和原来第一阶段的认识有差异也不要紧，因为科学成果是不断的实践检验过程，新的发现证实了原来不大准确的地方，这也是完全允许的。总之，希望我们每一个发掘单位对过去发掘工作资料要进行及早安排报告编写工作，这是形势与任务的要求。在发掘资料没有整理完成时，有关部门不要再给原承担发掘任务的同志安排新的考古发掘项目，应该相信其他人员也能担负起新的工作。

（四）要进一步加强涉外合作考古工作的管理

自1991年国务院批准颁布《考古涉外工作管理办法》以来，我们对涉外合作考古工作进行了一些尝试，特别是近两年，一些考古研究单位分别与美国、加拿大、法国、日本等国家进行了各种形式的合作研究。总的看，这些合作项目大部分获得了成功，为我们今后进一步开展对外合作研究工作取得了很多成功的经验，但也有个别项目出现了一些问题，其间既有我们国内单位方面的原因，也有境外机构不履行协议的因素。综合起来看，目前涉外合作考古存在的问题是：1. 我们的学者缺乏国际合作的经验，或者书生气过重，不能自觉地坚持"以我为主、对我有利、为我所用"的原则。特别表现在双方签订合作协议书时，不够细致、严谨，甚至有走过场、形式主义的现象，留下了一些对我不利的疏漏；2. 在协议书的实施中，不能严格按双方协议书操作，甚至超出国家批准的合作内容；3. 在合作结束后不抓紧资料的整理工作，也不向国家文物局汇报，造成了合作的外方机构或个人单方面抢先发表发掘报告，或为追求轰动效应，不顾事实，片面夸大发掘成果及外方单位的作用，造成我方被动；4. 我们的一些机构或学者对双方合作项目缺乏全身心的投入，对承担的任务不能及时完成，在学术方面，外方常常是有备而来，我们则是仓促应战，对一些学术问题缺乏充分研究；5. 甚至有个别单位，钱、权合作，拿了钱，得了设备，就"完事大吉"，完全背离了"合作"的意义。所有这些，对我们都是不利的。有些情况也是不允许存在下去的。我们总结以往涉外合作考古工作存在的问题，目的是为了今后更好地开展这项工作。应该看到，随着我国经济的发展和对外交往的增多，在考古学研究方面，我们与国外的合作将会越来越多，这就要求我们的工作越来越规范。我们要通过对外合作培养一批高水平的国际学者，在将来条件成熟时，我们也要组织专家到国外去进行联合考古发掘工作。因此，在今后的涉外合作中，我们既要逐渐熟悉和适应国际合作的规范，同时更要坚持"以我为主，对我有利"的原则，牢固树立主权意识、知识产权意识、文物保护意识。在设置合作项目方面，要在选题方面下工夫，在项目平衡上不搞"一刀切"，但也绝不能一哄而上。

四、丰富中国考古学体系的结构和层次，加快学科发展步伐

今天的中国考古学研究，取得了令世人瞩目的巨大成就。如何使考古学获得更为强劲的后续力，使它成为我国社会主义文化事业建设中不可或缺的重要内容，是我们每一个考古工作者所肩负的历史重任，为此，我们要努力丰富中国考古学的结构和层次，开拓考古学研究的新领

域，重点做好以下几个方面的工作，使它在深度和广度方面获得更大、更快的发展。

（一）加强考古学理论、方法的研究和探索

考古学是揭示人类文明进步的科研工作，也是开展文物保护的基础工作，必须努力提高科研工作水平，提高工作质量，以继续发挥其在文物保护事业中的先导和支柱作用。传统的、被实践证明是正确的考古学理论和方法要继续坚持，新的考古学理论和方法也要认真对待。要鼓励和支持将新的方法、新的手段、新的技术引入考古学，但同时也要注意与中国考古学的实际相结合，在这一点上，老一辈考古学家做出了许多有益的探索，为我们树立了很好的榜样。不久前去世的著名考古学家苏秉琦先生的区系类型学说，对于我们研究中华文明的起源及其发展道路、中华民族的起源、形成、发展是很有启发的。这些见解为我们学术研究的深入，开阔了视野，开辟了新路，我们应该给予高度的重视。总之，只有加强考古学理论、方法的研究和探索，才能使中国考古学研究的内涵更为丰富，考古学理论体系更加充实、更加完善、更具科学性。

（二）积极应用现代科学技术，提倡跨学科联合研究

随着社会的现代化和科学技术的飞速发展，考古学研究的各个环节都应该引入相应的自然科学知识和先进技术，但目前我们并未将这些新知识、新技术应用、推广开来，这在客观上阻碍或迟缓了考古学科前进的步伐。因此，应用现代自然科学知识和科技成果，开展跨学科联合研究，多层次多方位探索、揭示古代文明的进步过程，增加中国考古学的科技含量，使它在相关学科中获得更多的支撑和生长点，已成为影响今后考古工作水平和成果的一个关键。国家文物局准备加大这方面的工作力度，选择以下方面作为突破口：要以航空考古和地球物理勘探为考古学调查和测量方面的重点，加大这方面的投入；要积极推进计算机技术在考古学研究领域中的应用，使考古资料的整理、分析、记录、保存等工作更加快捷、准确、科学；要加强对各类出土文物标本的分析、测试和年代测定工作，加强对出土文物的科学保护工作，特别是提高发掘现场文物保护的科技水平。总之，在这一方面我们还有许多可供开拓的研究领域，希望各地能根据本地实际，选择其中有推广应用价值的一两个

项目作为突破口，以促进整个考古学研究水平的提高。

（三）鼓励和支持地区间的重点项目联合攻关，提倡相邻行政区域对同一古代文化区域的协同研究

考古学的发展，要强调协作意识，省市之间也应建立合作项目。目前我国的考古学研究似乎对与境外考古机构的合作重视有加，而缺少国内不同省市之间的合作，这是不正常的现象。前一阶段我们进行了如夏商周断代工程研究、中华文明起源研究、环渤海考古学研究、楚文化研究、苏鲁豫皖考古学研究等重点项目，但基本做法还是各干各的，并没有真正成为联合组队、共同攻关的合作研究。今后，国家文物局将在政策上、经费上向合作项目倾斜，积极地支持、协调和引导不同部门、不同机构、不同单位之间的合作。近年来，东北地区、西南地区坚持定期召开交流、协调会议，就共同关心的学术问题进行研究和探讨，国家文物局对此表示满意和赞赏。

（四）加强边疆地区的考古学研究

边疆地区的考古学研究工作难度较大，既要考虑边疆地区与中原地区的文化关系问题，又要考虑与周边其他国家或地区的文化关系，同时又涉及政治、民族、宗教、对外关系等敏感问题，因此，我们应当本着实事求是的原则，少说多做，扎扎实实地做好学科的基础研究工作，妥善处理好政治与科学研究的关系，历史与现实的关系。同时，我们也要加强对周边国家古代文物的研究工作，这也是我们做好边疆地区考古学研究的一个重要方面。这几年，东北地区在深入做好边疆地区考古研究方面做了一些有益的尝试，可望在学科研究方面获得较大的收获。

（五）要重视考古学成果的普及、宣传工作

在学科研究中，第一位的当然是提高学术研究的水平，这是毋庸置疑的。但是任何一种学科，都需要大众的理解和支持，都需要对大众的物质生活和精神生活产生影响、发挥作用，否则就失去了存在和发展的根基。考古学也不例外，也存在着一个贴近大众，在大众当中宣传、普及文物考古常识的问题。我们现在考古报告只印两千本至三千本，而且是写给我们这些专业人员看的。如果单单依靠这些报告，我们怎样走近群众，让社会认识我们？而失去了群众的了解和支持，我们的事业又怎

能充满活力地向前发展？所以，一个真正热爱考古事业的人，不仅应该努力使自己成为科学研究的专家，而且应该努力使自己成为文物考古工作的宣传家。中国古代文明源远流长，博大精深，为人类文明作出了重大贡献，把无比丰富的文物史迹所蕴含的民族智慧、民族创造、民族精神、民族文化的优良传统，用通俗的语言，生动有趣的文字，给予科学的阐释，向社会介绍新的考古成果，宣传我们的考古学家在建设有中国特色社会主义文化事业中作出的贡献，从而促进全社会都来关心、支持文物考古工作，提高全民的文物保护意识，推动我国文物事业的发展，这应是我们每一位考古工作者的社会责任。我们提倡在研究、撰写学术论文、发掘报告的同时，也能写一些科普文章和论著，现在有些同志已经做了有益的工作，还望有更多的同志参加到这项工作中来。这是关系到我们文物考古事业的群众基础和未来发展的一个问题，让人民群众正确地看待、关心我们文物事业的一个重要方面。最近，我们发了一个通知，希望各地能提供每年的重要考古发现的资料，汇编成册，这也是一种很好的宣传形式，希望大家能够支持。

五、加强队伍建设，培养跨世纪人才

我国的文物考古工作队伍，已经具有了相当大的规模和一定水平，但随着我国经济建设的迅猛发展，我们的考古工作量势必要大大增加，况且我们还有许多未开垦的处女地需要探索，许多发掘还未及时整理研究，综合研究还不够深入，所以，我们面临的队伍建设和人才培养的任务仍然十分艰巨。在迎接 21 世纪到来的历史时期，进一步加强文物考古队伍建设，培养一支政治强、业务精、作风正、理论和实践相结合、适应新世纪考古工作的科学研究队伍，已经成为决定我们事业成败的关键。

首先要重视理论学习。没有正确的、科学的理论指导，就无法做好各项工作。我们学习理论，就是要学立场、学观点、学方法。用这种立场、观点、方法来指导我们的考古工作。要大力提高专业人员的政治素质，使他们自觉地坚持马列主义的世界观和认识论，从实际出发，实事求是地研究、分析、处理问题，指导我们的学术研究，保证中国考古学的健康发展。

其次，要树立良好的职业道德，十四届六中全会决议要求把加强思想道德建设，作为提高全民族道德水准的一个重要任务来抓。职业道德是思想道德建设的核心，一个时期以来，由于教育不力，纪律松弛，加上市场经济的负面影响，拜金主义、极端个人主义和利己主义的抬头，在文物队伍里出现了不少问题，甚至有人走上犯罪的道路。盗窃文物的现象有的是我们管理不善，有的是队伍中的自身蛀虫监守自盗，所以在文物队伍中加强职业道德建设是当务之急。国家文物局今年4月颁发了《中国文物博物馆工作人员职业道德准则》，再次重申文博、考古工作者个人不得收藏买卖文物的规定，严禁利用职权在考古发掘、文物征集和收购文物当中为自己或亲朋好友收留文物，严禁将属于国家所有的文物当成礼品送给领导、其他单位或个人。《准则》是纪律性的规定，我们每一位文物战线的工作人员都要严格遵守，把老一辈的良好的职业道德，一代一代传下去，发扬光大，以保持我们这支队伍的纯洁性。

第三，要努力提高业务素质。文物考古工作毕竟是一项业务性极强的工作，它要求每一位工作人员都必须具备较高的业务素质。如何提高文物考古队伍的业务水平，我看有两条基本途径：一是通过岗位培训（大学毕业以后还有个继续教育并提高的问题），提高现有文物考古人员的业务素质，改善专业人员的知识结构，或者通过委托高等学校培训一批高层次的专业人才；二是给年轻人压担子、压任务，让他们承担或参与一些重要发掘或学术研究的组织工作，通过多做田野工作，在实践中提高他们的业务能力，培养一批跨世纪的学科带头人。此外，我们建议社会科学院、科学院以及各省、市、自治区文物考古研究所的发掘和研究工作，要积极地吸收地方文物部门的同志参加，帮助地方培养人才，提高整个文物考古系统工作人员的业务素质。在人才培养方面，我们还应该大力提倡艰苦奋斗、团结进取、一丝不苟的工作作风，发扬严谨认真、实事求是的学风，培养德才兼备的优秀人才。

我们正处在世纪之交，我们正从事着一个承前启后、继往开来、弘扬中华民族文化传统的伟大的事业，我们的工作是大有希望的。本世纪以来，特别是新中国成立以后，中国考古学取得了辉煌的成就。考古学在20世纪所取得的辉煌成就，是其他学科所不能相比的。正是中国考古学的发展推动了中国历史学的发展，使我们对中华文明历史的认识大大深化了一步，我们现在可以说，中华民族具有五千年的文明，与西亚、北非文明一样的古老，而且是源远流长，博大精深，灿烂辉煌。我们不仅要有繁荣的经济，而且要有繁荣的文化，随着经济建设高潮的到来，必然迎来一个文化建设的高潮。同时随着中国的经济、政治的发展，一个有中国特色的社会主义文化必将以崭新的姿态和辉煌走向世界。

1997 年 11 月 3 日

积极发展文物对外交流与合作
促进我国文物事业的繁荣

——在1997年全国文物外事工作会议上的讲话

这次会议的主要任务就是在邓小平理论和十五大精神的指导下，回顾总结1992年以来的文物对外交流与合作工作，进一步分析和认识文物对外交流与合作工作面临的形势，明确文物对外交流与合作工作的方针和政策，部署当前和今后一个时期文物对外交流与合作工作的主要任务，进一步推进文物对外交流与合作工作，创造更好的外部环境和外部条件，促进文物事业和建设有中国特色社会主义文化事业的繁荣。

一、1992年以来文物对外交流与合作工作的回顾

1992年党的十四大以来的五年，我国的外交工作取得了巨大的成就，我国的国际地位日益提高，在国际事务中发挥着越来越重要的作用；社会主义市场经济体制的逐步建立和改革开放的日益深入，使文物事业进入了一个新的历史发展时期，取得了显著的成绩。我国外交工作的胜利和文物事业的发展带动文物对外交流与合作工作空前活跃，有力地配合了我国的外交工作，宣传了我国文物事业取得的巨大成就和我国文物保护工作的方针、政策，弘扬了我国悠久的历史文化，促进了我国人民与世界各国人民之间的了解和友谊。文物对外交流与合作工作不断向更深的层次和更宽广的领域扩展，展现出更加美好的前景。

（一）五年来文物对外交流与合作工作取得了显著的成绩

五年来，出国文物展览的数量逐年递增，内容更加丰富多彩。1992年以来，我国分别在美国、日本、法国、英国、德国、意大利、瑞士、韩国、阿根廷、加拿大、澳大利亚、新加坡、丹麦等二十多个国家和香

港、澳门、台湾等地区举办各种专题的文物展览 150 余项，其中，大型的展览有赴日本的《楼兰文物展》，赴意大利的《中国西藏珍宝展》、《秦始皇陵兵马俑展》、《中国黄河文明展》，赴美国的《中国帝王陵墓展》，赴德国、瑞士、英国、丹麦的《中国古代文物展》。中国文物展览每到一国、每赴一地就在当地掀起一股"中国热"。外国政要、各界知名人士出席展览开幕式，人们争相前往观看，他们为璀璨的中国古代文明的伟大成就所感染，为展览的宏大气势和摄人心魄的艺术魅力所倾倒。展览显现出祖国的日益强大，民族的日益昌盛，在海外华人中引起了心灵上的强烈撞击和情感上的巨大激荡，对他们产生了巨大的感召力、凝聚力和向心力。文物出国展览在产生显著社会效益的同时，也带来了可观的经济效益。1992 年以来的文物出国展览为国家获得了 1500 万美元的收益，有力地支持了文物事业的建设和发展。

我国的文物保护事业越来越得到世界的关注，获得了国际社会友好国家政府、民间团体以及外国友好人士的广泛理解和支持。1992 年以来，接受的援助资金已达 2000 多万美元。通过联合国教科文组织利用日本政府信托基金的援助对新疆交河故城和陕西西安大明宫含元殿遗址进行的保护，日本政府援建的敦煌文物保护中心，陕西省与德国合作开展的秦始皇兵马俑和彬县大佛保护维修，与美国盖蒂保护研究所合作进行的敦煌莫高窟、云冈石窟的保护研究，由陕西与意大利政府合作进行的陕西文物保护中心建设等合作和援助项目。通过这些合作项目，新技术、新材料、先进设备和大量资金的引进，促进了我国文物科学技术保护的进步和发展，沟通了与世界文物保护科技界的信息和联系，提高了文物保护科技队伍的业务素质。

《中华人民共和国涉外考古管理办法》公布后，我国考古工作的合作考察、勘探、发掘开始起步，并取得了初步的成绩。例如，江西考古研究所与美国安德沃考古研究基金会合作进行的江西万年县仙人洞遗址的调查发掘，辽宁省文物考古研究所同日本考古学研究会对大连王山头积石墓、阜新市南梁遗址的合作考察研究，中德、中日对新疆尼雅文化遗址的考察研究，中日对南海沉船的合作调查，中国和澳大利亚合作进行的福建连江定海白礁沉船遗址的发掘等。这些合作项目对人类起源与发展、农业起源与发展、文明起源与发展等考古学的重大课题进行了深入的考察和研究，促进了考古学理论和方法的研究。水下考古、环境考古的合作开展，丰富了中国考古学的内容，扩大了我国考古工作的领域，开阔了我国考古工作的视野。

我国各级各类的博物馆已经和世界几十个国家的几百座博物馆建立了良好的业务联系。馆际人员交往日益频繁，学术交流活动十分活跃。一大批合作出版、合作拍摄的大型文物图书、文物影视作品广泛地介绍了我国优秀的历史文化成果。促进流失国外的祖国文物回归的工作也取得一定成绩，19世纪流失海外的颐和园宝云阁十扇铜窗、天坛鎏金铜编钟等的回归在海内外产生了积极的影响。在我国对外文物政策的感召下，不少著名的中国文物收藏家将收藏的文物赠送给国内博物馆，在一定程度上弥补了国内博物馆收藏的空白。

五年来，我国与一些主要的文物保护国际组织开展了进一步的合作和交流。1997年3月7日，我国加入了《国际统一私法协会关于被盗或者非法出口文物的公约》。这是一部关于在国际范围内归还和返还被盗或者非法出口文物的重要法律文件，在国际上引起广泛关注，并受到文物出口国的一致好评。这个公约的制定和实施，将有力地打击全球范围内的文物走私活动，进一步遏制我国文物非法出口的势头。我国还进一步实施《保护世界自然与文化遗产公约》，世界遗产的申报工作正在得到更有效地开展，列入《世界遗产名录》的文物保护单位的管理工作也逐步与公约的要求靠拢。我国参与了"促使非法贩运文物归还其原属国政府间委员会"的有关工作，并在一些会议上批评了少数国家纵容本国文物走私分子非法贩运别国文物的做法，受到了许多国际组织和国家的好评。我国与联合国教科文组织、国际博物馆协会、国际古迹遗址理事会、国际文化财产保护与修复研究中心、国际刑警组织、世界海关组织、国际统一私法协会等机构在文物保护方面的合作也正在得到进一步的开展，并在这些机构中有效地遏制了台湾当局制造"两个中国"、"一中一台"等分裂祖国的行径。

（二）存在的主要问题

在看到成绩的同时，也要看到存在的问题。近年来各地开展对外文物交流与合作工作的积极性很高。但也存在不少问题，如：个别单位不按程序和权限报批就私自和国外团体或个人搞合作发掘，未经批准就将未对外发表的材料与国外搞合作研究，不经批准就自行组织联合考察参观，有的单位不按批准的范围擅自扩大或变相扩大合作内容或延长合作期限，出国文物展览近年来不断发生损坏文物事件，甚至隐匿不报；文物图书的合作出版和文物影视作品的合作拍摄损害我方合法权益的现象时有发生。产生这些问题的主要原因是：

1. 文物对外交流与合作内容还不广泛，发展还不平衡。文物交流合作的内容、项目、方式不仅包括对外展览，而且应该包括科技保护合作、涉外考古合作、学术交流合作、人才互访交流等等方面。这方面的工作，还有待统一规划，逐步进行。

2. 文物对外交流与合作缺乏有效宏观调控和集中统一管理。在这个问题上，首先我们要做自我批评。虽然，文物对外交流与合作是一种双向的、对等的、互利的活动，不可能完全按照我们的意愿进行。但我们对国外对中国文物展览的需求，对国外与我国进行文物交流与合作的需求和意愿缺乏深入细致的调查研究，对我国文物保护的需要也缺乏主动的介绍和宣传，存在着一定的盲目性和被动性。

3. 文物对外交流与合作的法制建设比较薄弱，对已有的规定执行不力，有章不循，有法不依，有令不行，有禁不止，严重影响了文物对外交流与合作工作的正常秩序。目前，文物对外交流与合作活动的协议书的制定存在不少问题。有些协议书内容简单笼统，没有对合作双方的权利义务作出具体规定，达不到签订协议书的目的，形式上走过场；有的协议在形式和内容的要求上不符合法律规范，本身就不具有法律效力，一旦出现争议得不到法律的保护；还有的协议对权益的种类和意外事件防范处理规定不够，这也反映了我们对有些项目的研究和思考不够。

4. 片面追求局部的和眼前的利益。近年来，少数地方和单位在局部和眼前利益的驱动下，超越权限，不经报批就与外方开展交流活动，有些项目的谈判几近与外方达成协议才向国家文物局或省、自治区、直辖市文物行政管理部门报告，给工作造成很大被动。极少数单位和个人甚至为达到出国等目的，不顾国家利益，擅自向外方作出承诺，严重违反了外事纪律。

5. 文物主权意识和文物知识产权意识淡薄。随着文物对外交流与合作工作的不断扩展，我们遇到一些新的情况和问题，确实存在着的国际交流与合作经验不足，对国际惯例的通常做法不了解等情况。但必须看到，有些同志缺乏从政治的高度认识文物对外交流与合作工作，文物主权意识、文物知识产权意识淡薄，无原则地同意外方的不合理要求，从而严重损害了我们的合法权益。

6. 工作责任感和文物安全意识不强。最近几年，出国文物展览不断发生损坏文物的情况，有的相当严重，给国家造成不可挽回的损失。出国文物的包装简陋草率，有的连最基本的安全运输条件都不具备，极少数的文物出国随展人员甚至把随展看做是旅游观光，而忘记了肩负的任务；出国文物的保护管理没有严格要求，对文物的保管状况不甚了了，在索赔谈判中往往造成我们的被动。

文物对外交流与合作事业取得的成绩，是在党中央、国务院确定的文物工作方针和原则的指引下，在文化部党组和国家文物局的领导下，经过文物外事工作战线的同志们积极努力、勤奋工作取得的，充分肯定文物对外交流与合作工作的成绩，才能使我们更加满怀信心的面对未来。之所以存在一些问题，主要是我们对中央确定的方针和中央领导同志指示学习领会不够造成的。对这些存在的问题我们要认真地总结经验教训，只有这样才能使我们以坚定的步伐，推进文物对外交流与合作工作沿着健康的轨道发展。

二、文物对外交流与合作工作面临的形势

（一）改革开放的日益深化扩大，为文物对外交流与合作事业的发展提供了前所未有的历史机遇

党的十一届三中全会以来，经过近二十年的改革开放，我国已经逐步形成了以东部沿海地区、长江沿岸地区、周边地区和以省会城市为中心的全方位、多层次、多形式的开放格局。这样一个对外开放的格局，为各地开展文物对外交流与合作工作创造了更好的社会环境，人们思想观念的进步也为文物对外交流与合作工作的开展提供了更加深刻的思想

基础。改革开放的过程，实际也是一个坚持解放思想、实事求是、大胆探索、日益创新的过程。对外开放是我国的一项基本国策，文物事业的扩大开放，加强交流与合作，也是国家对外开放工作的重要组成部分。我国文物保护事业已经具备的实力和作为文物大国的优势地位，加强了我们在文物对外交流与合作中平等对话的主导地位。经过多年的努力，我们与许多国际组织、友好国家政府、民间友好团体建立了良好的关系。只要我们坚持原则立场，采取更加灵活、更加多样的方式和渠道，是可以酝酿和提供更多的交流与合作的机遇的。同时，现代社会信息量的不断加大，也将会使外部世界更多地了解我国文物保护事业的现状，更多地了解我们的意愿和需求，平等互利的交流与合作的机会将会越来越多。

（二）我国极其丰富的文物资源使文物对外交流与合作工作有着独特的优势

江泽民总书记今年 11 月访美期间，在美国哈佛大学的演讲中说："现实中国是历史中国的发展，中国是一个有五千年历史的国家，从历史文化了解和认识中国，是一个重要的视角。"让世界了解中国，文物对外交流与合作工作是大有可为的。我国是一个有着五千年文明历史的多民族的统一国家，各民族人民在几千年绵延不断的历史进程中共同创造了中华民族辉煌的古代文明，保存在地上地下的文物极为丰富。这是发展文物对外交流与合作事业的重要条件和巨大优势。目前，我国已公布的全国重点文物保护单位750处，省、自治区、直辖市级文物保护单位7000处以上，全国历史文化名城99座，长城、故宫、敦煌莫高窟、秦始皇陵、北京周口店猿人遗址等14处历史文物遗迹和自然景观已为联合国教科文组织列入世界遗产名录。我国文物考古不断取得重大发现，继曾侯乙墓、中山王墓、马王堆汉墓、秦始皇兵马俑发掘取得重大成果之后，近年来三星堆遗址、法门寺地宫、青州龙兴寺佛教造像窖藏、长沙走马楼三国孙吴纪年简牍等稀世文物珍品发掘出土，为世界所瞩目。我国各种类型的博物馆已发展到1800余个，特别是上海博物馆、陕西历史博物馆新馆、西藏博物馆等大型现代化博物馆的建成，标志着我国博物馆建设达到了一个新的水平。这些博物馆内容充实、布局合理，文物藏品已达一千多万件，不少文物精品著称于世。特别是由于我国历史悠久、地域广阔、民族众多，文物更具有极其多样的形式和极为丰富的内容，有着博大精深的内涵和独特的审美价值，其所显示的历史价值具有重大的现实意义。中华古代文明与世界著名的古埃及文明、古巴比伦文明、古印度文明曾经在人类文明史上交相辉映，所不同的是唯独中华古代文明绵延不断持续发展，为人类文明的进步作出了巨大的贡献，中华古代文明发展史更为世界瞩目。我们有理由感到自豪、感到自信。充分认识我国文物的优势，才能更加坚定进一步做好文物对外交流与合作工作的信心。

（三）保护人类历史文化遗产已经成为世界发展的潮流和各国人民的共识

我国的文物事业取得了巨大成就，我们有着显著的优势，但不可否认我国文物事业也面临着巨大的挑战和各种各样的困难。我国文物分布范围异常广大，绝大多数古代建筑是木质结构，古遗址也多为土质，石质文物历经千年，极易受风雨侵蚀，保护维修的难度很大。世界范围内的气候变化，地震、洪水、台风等自然灾害加剧了对文物的破坏。现代工业排放的废水、废气、有毒物质以及工业酸雨、粉尘等严重威胁着文物的安全。大量馆藏的丝织品、纸制品、漆木制品等文物的保护技术尚不过关。当前文物保护的科学技术问题，不仅仅我国尚未解决，也是世界各国面临的重大问题。面对浩繁艰巨的保护工作，我们常感力不从心。资金经费短缺、科技力量不足、设施简陋落后等问题严重地困扰着我们。

保护好祖国珍贵的历史文化遗产是民族的千秋事业，是我们这一代人责无旁贷的历史责任，我们自己的事情首先靠我们自己做好，这是毋庸置疑的。但在充分维护国家主权尊严和利益的前提下，适当地取得友好国家和人士的援助和支持，也是必要的。当今世界，经济高速发展，物质财富急剧增加，人民生活日益提高，在整个人类实现现代化的过程中，人们开始重新审视人类过去的历史以及在这一历史过程中形成的人类的历史文化遗产。珍视、保护和继承历史文化遗产已经成为世界各国人民的共识和当今世界发展的潮流。我国作为著称于世的文明古国，她

积极发展文物对外交流与合作　促进我国文物事业的繁荣

的文物保护事业理所当然地受到了全世界的关注，越来越多的人关心、支持我国的文物保护事业。保护中国文物已经成为全世界保护和拯救人类历史文化遗产事业的重要组成部分。基于这样一种共识，我国的文物保护事业是可以超越社会制度和意识形态的差异，与世界各国寻求共同利益的汇合点，不断扩大，共同发展的。

江泽民总书记在党的十五大报告中说："我国文化的发展不能离开人类文明的共同成果。"事实上，中华民族优秀历史文化在其几千年演进形成的过程中，正是在不断吸收世界各民族文化营养的基础上，兼收并蓄发展起来的。应该说，一个自尊、自信、自强、自立的民族是不会也不应该拒绝外国的先进文明成果和善意的合作及援助的。我国文物对外交流与合作工作的实践证明，在充分利用自己已有的物质技术条件和文物保护实践经验的基础上，获取一定的资金和外援，引进先进的技术和设备，培养高级技术人才，对加强文物保护工作是有益的。

三、文物对外交流与合作工作的方针和政策

（一）必须坚定不移地以邓小平理论为指导，服从和服务于国家总体外交方针和文物事业发展的需要

文物对外交流与合作工作必须牢固树立大局意识，坚持服从和服务于国家的外交方针和文物事业发展的需要。文物对外交流与合作事业是国家整体外交事业的组成部分，必须坚持邓小平外交思想，为我国始终不渝奉行的和平自主的外交路线服务。文物对外交流与合作工作的经验和教训告诫我们，不讲政治，不讲大局，就有可能在文物对外交流与合作中偏离方向。近些年来，有些国家和某些居心叵测的人企图利用文物在我国边疆地区做文章，以学术交流、联合考察、合作研究等名义歪曲历史，甚至危害我国的领土主权、祖国统一和民族团结，这必须引起我们的警惕。我们在文物外事工作中必须坚持我国外交方针、政策及一贯原则和立场。我们不把我们的观点强加于人，但要充分利用文物揭示我国作为多民族统一国家发展的历史事实，特别要注意在实际工作中，不致因我们的工作失误疏漏给那些别有用心的人以可乘之机。

作为我国文物事业重要组成部分的文物对外交流与合作工作，也必须服从和服务于文物事业发展的需要，必须坚定不移地在文物外事工作

中贯彻"保护为主，抢救第一"的方针和"有效保护，合理利用，加强管理"的原则。一切对外合作与交流的项目，都必须有利于我国文物的保护和利用，有利于文物事业的建设和发展，有利于增强文物单位自身发展的生机与活力。

文物外事工作讲政治，还要牢固地树立文物主权意识、文物知识产权意识和文物安全意识。文物主权实际上也是国家主权的一种具体体现。文物知识产权凝聚着中华民族的聪明才智和伟大创造精神，凝聚着中华民族对自身历史文化的深刻认识，它同样是一种极具价值的文化财产。如何保护和利用文物知识产权，发挥它现实的和潜在的社会效益和经济效益是市场经济条件下我们面临的一个重大课题。过去对文物安全的理解是比较狭窄的，在文物外事工作实践的过程中，我们的认识也在不断深化。外事工作中的文物安全，不仅仅是文物是否丢失和损坏的问题，在一定意义上包含着捍卫文物主权和保护文物知识产权的问题。在出国文物展览、文物科学技术合作研究、合作考古调查、勘探和发掘、文物合作出版、合作拍摄、文物信息资料交流等工作中，都有保护文物安全的问题。牢固地树立文物安全的意识，才能自觉地维护文物的主权和安全。

（二）必须坚持"以我为主，对我有利"的原则

我国的文物对外交流与合作事业是建立在平等互利基础上的，在维护主权和权益，保障文物安全的前提下，通过多种渠道、多种形式、多种载体，让世界各国人民全面系统地了解中国的历史文化，同时通过交流与合作吸取各国各民族文化有益的营养，从而丰富和发展有中国特色的社会主义文化。遵照这样的原则，我们欢迎一切热心中国文物保护事业的国家、团体和个人关心和支持我国的文物保护事业，同时分享中华民族珍贵的历史文化遗产及其研究成果。这就表明了我国的文物事业是开放的，为一切友好的国家、团体和个人提供了支持、参与中国文物保护事业的机遇。但是，我们必须坚持"以我为主，对我有利"的原则，这是建立在充分自尊以及对未来文物对外交流与合作充满信心的基础上的。"以我为主"就是在一切合作与交流中维护我方的主体地位，坚定不移地维护国家主权和合法利益；"对我有利"就是对外文物交流与合

作都要从我国文物事业建设发展的需要与可能出发，把原则性和灵活性结合起来，争取和选择最佳的合作对象和合作条件，获取最好的社会效益和经济效益。实践证明，只有坚持这个原则，才能真正取得与我合作的外方的充分尊重、理解和信任。

（三）必须遵循我国的法律法规，严格依法办事

文物对外交流与合作活动必须严格遵守有关的法律法规。在文物对外交流与合作活动中发生的一切行为都必须符合法律法规的规范，文物对外交流与合作的法律法规是文物外事工作方针原则和政策的法律化、具体化，是方针和政策的体现。这些法律法规对双方的权力和责任都作出了明确的规定，我们的主权和权益得到了具体体现，并在实施过程中得到实现，同时也对外方的行为做出了严格的规范。这些法律法规是繁荣文物对外交流与合作事业，推进和扩展文物对外交流与合作事业的必要保证。当前要特别提出，对外交流与合作活动要切实加强统一管理，严格按程序办事，严格按程序报批。在外事交往活动中，任何单位都不能超越自己的权限，任何个人都不得擅自向外方作出承诺。在文物对外交流与合作活动中根据有关法律和规定起草、签署合作协议并在实施过程中严格执行，是依法开展活动的关键之一。任何一项文物对外交流与合作活动，都必须有具体明确的协议书加以规范，否则，法律就形同空文，交流与合作就不可能得到正常的开展。主管部门的审查和批准，是协议书生效的重要一环。未经主管部门批准，文物对外交流与合作活动的协议书是无效的，由此而开展的任何项目都是违反规定的，都是有损于我国的文物保护事业。这里还应该重申一点，经主管部批准的协议书不能擅自修改，在项目实施过程中必须得到不折不扣的执行。

四、当前要着重抓好的几项工作

（一）加强文物对外交流与合作工作的宏观管理和法制建设

加强宏观管理，首先要抓好文物对外交流与合作工作的法制建设。今年7月，国家文物局印发了《文物出国（境）展览管理规定（试行）》，这个管理规定是在总结二十多年举办文物出国展览实践经验的基础上制定的，阐述了文物出国展览的目的和意义，对文物出国展览组

织者的资格认定、项目的申报程序和审批权限、展览人员的派出等，都作出了明确的规定。这个规定还附有文物出国（境）展览协议的规范性文本。印发后各方面的反应是好的，执行情况也是好的，这说明了加强制度建设是实现文物对外交流与合作工作宏观管理的最基本、最有效的手段。这次会议向同志们印发了《文物、博物馆系统捐赠管理规定》、《文物出国（境）展览随展人员守则》、《文物、博物馆系统出国留学研修人员管理规定》、《文物、博物馆系统人员出国讲学管理规定》等文件的征求意见稿，希望同志们提出意见。目的是要对文物对外交流与合作工作的各个方面陆续出台一些规定，用法规、制度规范和保障文物对外交流与合作事业的健康发展。

要加强监督和检查。特别是对那些正在实施中的文物交流与合作项目，主管部门要定期对项目实施的情况进行检查，对项目实施过程中出现的问题及时地研究解决。文物对外交流与合作项目直接关系着各方的切身利益，每一个协议的执行都要从我国文物事业的大局出发，以高度的政治责任感去维护国家的权益。同时，要讲信义和诚意，履行我们应尽的责任和义务，树立我们的良好形象。针对目前文物对外合作工作中出现的一些问题，今后各级文物部门和博物馆未经批准，不得与国外商谈冠名权、商标、专利权和珍贵文物复制权的转让、拍卖（有价、有偿转让）或变相拍卖的所谓委托代理甚至独家代理。

加强宏观管理，文物对外交流与合作工作要在调查研究的基础上，制定好短期计划和中长期规划。国家文物局准备在明年上半年对这项工作进行一次深入的调查研究，并在听取各方面意见的基础上，制定文物对外交流与合作的中长期规划，进一步明确文物对外交流与合作工作的方针、原则和主要的奋斗目标。这个规划的制定要依靠各级文物行政管理部门和有关的文物博物馆单位的共同努力，希望同志们能够献计献策，帮助我们制定好这个规划。省、自治区、直辖市文物行政管理部门也要根据自己的实际情况制定本地区的工作规划。同时要在宏观管住的情况下，充分发挥文博单位的优势，不失时机地抓住机遇，扩大与国外文博界的了解和交往。

（二）积极、稳妥、审慎地开展与外国的合作考古调查、发掘和文

物古迹的保护研究

随着我国文物事业的不断发展和改革开放的不断深入，文物对外合作将日趋活跃，这对我国文物事业的发展是有利的。我们欢迎一切友好国家、团体参与我国的文物保护事业，同时要积极、稳妥、审慎地加以把握，循序渐进地加以发展。要根据轻重缓急，有重点地加以开展。主要侧重于考古新技术、新方法的运用、文物科学技术保护的重大科研课题、先进设备的引进、高精技术人员的培养。

自1992年以来，我国的涉外考古工作，大多数合作项目是成功的，为今后的工作积累了经验，但也存在一些问题。在今后的涉外考古工作中，既要尽快熟悉和适应国际合作的规范，更要坚持"以我为主，对我有利"的原则，牢固树立文物主权意识、文物知识产权意识和文物保护意识。合作项目要在选题上下工夫。从目前的情况看，每年以安排1~2个大中型涉外考古项目为宜，在与外方进行的联合调查和考古发掘中，我方合作单位必须要有与外方实力相当的学术力量参加。对某些地区的涉外考古暂不进行。我们不仅要通过合作，培养一批具有国际水平的专家，还要逐步地走出去，参与国外的考古发掘工作。

对与国际组织、友好国家、团体合作进行的文物保护单位的保护、维修科研项目，要按协议积极地加以推进。特别要提出的是，对引进或接受援助的技术设备，要尽快学会操作和运用，目前引进设备利用率低和"闲置"的情况必须改变。要注重利用现代技术手段广泛收集各种信息资料，密切跟踪文物保护最新技术的发展，追踪当今世界在考古等领域的最新研究成果，提高对外交流与合作工作的目的性和科学决策水平。

（三）进一步做好文物出国展览工作

文物出国展览是最直接、最有效地向世界各国人民介绍我国优秀历史文化传统和改革开放以来我国文物事业建设成就的形式。二十多年来，我们在文物出国展览工作上取得了丰富的经验，进一步搞好出国展览有着良好的基础。当前，文物出国展览要抓好三个方面的工作。

第一，要对出国文物展览实施有效的宏观调控。近些年来，国内和国外要求举办中国文物展览不断升温，但也出现了一些国家和地区展览密度过大、相互撞车，文物展览质量不高、展览效果不佳的情况。因此，从总体上讲，文物出国展览要加强宣传、提高质量、扩大视野、合理布局。根据我国外交工作和进一步扩大开放的需要，根据文物事业发展的需要，确定重点项目，保证重点项目的实施。同时要扩大我国文物展览的覆盖面，尽可能地争取在第三世界国家、周边国家多举办一些文物展览。到这些国家的展览要根据不同情况，灵活对待，不能把钱看得过重，要把眼光放得更远一些，珍重我国人民与这些国家人民长期建立起来的深厚感情和友谊。

第二，文物出国展览也要树立精品意识，实施精品工程，保持我国文物出国展览的长盛不衰和轰动的社会效应。大型文物精品展览的选择要根据所赴国家人民的审美趣味和审美取向有的放矢地确定，与外方密切配合，加强宣传的力度。大型文物精品展览的外方承办单位，应该是实力雄厚、资信可靠、对我友好的。大型精品展览，每年控制在 1 ~ 2 个，并要报请国务院审批。

第三，要切实加强出国展览文物的安全。展览协议要对文物的安全保卫作出切实的规定，并在执行过程中加强监督。对展品的包装运输要精心操作，保证万无一失，尽可能采用先进的包装技术和包装材料。展品在双方交接的过程中，工作一定要仔细，以避免一旦发生事故可能产生的责任纠纷。对因意外发生文物破损时，在分清责任的基础上，要按协议进行索赔，绝不允许掺入任何其他因素，对损害国家利益的行为要追究行政责任和刑事责任。

（四）把大型博物馆和知名度较高的文物保护单位建设成我国文物事业对外开放的窗口和基地

新中国成立以来，特别是改革开放以来的 20 年，我国已建设了一批大型博物馆，我国不少的全国重点文物保护单位享誉中外。进一步扩大这些博物馆和全国重点文物保护单位的对外开放，是我国对外文物交流与合作工作的重要组成部分，也将会使我国对外文物交流与合作工作有更加广阔的发展空间。要努力配合我国外交工作的需要，出色地做好外国国家领导人和政要贵宾的接待工作，外交接待的礼仪要规范化，逐步优化环境氛围，提高接待质量，树立我国文物博物馆事业的良好形

积极发展文物对外交流与合作　促进我国文物事业的繁荣

象，扩大对外影响。要注重提高陈列展览的品位和质量，采用先进的文物展示手段，强化陈列主题。

要加强我国博物馆界与世界各国博物馆界的广泛联系，特别是一些在国外声誉很高的博物馆。加强学者专家的互访，活跃学术交流，学习国外先进的管理经验，积极开展馆藏文物科学保护的共同研究。要在维护我国权益的前提下，积极进行合作出版、合作拍摄，抓好一批优秀的大型文物图书及影视作品的合作出版制作。

（五）进一步加强与国际组织的广泛联系，积极寻求友好国家政府、友好团体和个人对我国文物保护事业的理解支持和帮助

加强与国际组织的广泛联系，是进一步确定我国在这些组织机构中的主权地位，促使我国文物保护工作逐步走向世界，树立我国文物保护工作形象的重要工作。要对国际文物博物馆组织和机构的情况进行广泛深入的了解。我们过去这方面的工作比较薄弱，使我们失去了一些机遇，要把这项工作真正提到日程上来。同时要充分发挥中国博物馆学会、中国文物科技保护协会、中国考古学会等社团组织的作用。

对我国文物保护事业中存在的困难，要实事求是地加以介绍，以更加多样的渠道、更加灵活的方式吸取外部资助。对支持和赞助我国文物保护事业的，要根据国家的有关规定给予表彰和一定的优惠政策。这次会议向代表们印发了"中国文物基金会"和"中华文物交流协会"章程修改草案，国家文物局对"中国文物基金会"和"中华文物交流协会"进行了调整和充实。对基金的管理，包括各地对外国友好团体和个人以及海外华人、台港澳同胞的赞助款一定要加强管理。要遵循自愿捐赠和尊重捐赠者意愿的原则，不允许用我们不可能履行的承诺和违背国家有关政策和法律规定的所谓优惠条件来换取捐助。对捐资赞助者的资金要有明确的交代，除了用于文物博物馆事业的建设和发展，绝不允许挪作他用。我们一定要取信于人。

近年来，海外向国内博物馆捐赠文物逐年增加，对接受捐赠的文物一定要加强保护管理。据了解，有极个别的文物、博物馆单位接受了友好人士捐赠的文物，当捐赠人回来要求再看一看时，竟然冷言相拒，甚至根本找不到了，造成极为恶劣的政治影响。我们也可以看到，有的博

物馆对捐赠的文物不但给予极为妥善的保管,而且在陈列展览时用中外文标明捐赠人的名字,以志永久的纪念。不要小看这样一个标牌,它表明了我们的致谢之情和敬意。这也说明,文物外事工作是一项细致入微的工作,一言一行都关系到我国文物工作的声誉。

（六）建立一支高素质的文物外事工作队伍

文物对外交流与合作工作的开展,需要一支高素质的队伍。从总体上看,文物系统的外事工作队伍是比较好的,长期以来,坚持正确的政治方向,积极进取、勤奋工作,为文物事业的发展作出了积极的贡献。在新的形势下,进一步加强外事工作队伍的思想建设、作风建设,提高业务素质,是当前文物外事工作的一项重要任务。

首先要抓好队伍的思想建设,加强对马列主义、毛泽东思想和邓小平理论的学习,加强对十五大精神的学习。要结合外事工作的实际,加深对文物工作方针和指导原则的领会,树立正确的世界观、人生观和价值观。要教育每一个外事工作人员讲政治、讲原则、讲大局,时时处处注意维护国家的尊严和权益。

第二,要特别注重加强外事队伍的作风建设。要高标准、严要求,要自重、自尊、自爱、自强,做一个一身正气、堂堂正正的外事工作者。要模范地执行《国家文物局机关工作人员守则》和《中国文物、博物馆工作者行为道德准则》。要注重自身人格的修养,对于一个外事工作者来说,人格的修养尤为重要。只有真诚地热爱祖国,忠诚党和人民的事业,不为任何利益所动,不为任何压力屈服,才具备真正的人格魅力和人格力量,得到别人的尊重。

第三,要努力提高外事工作者的业务素质。外事工作者要熟悉自身从事的工作,要努力成为熟悉外事工作、兼晓文博工作业务、懂得外语的复合型人才。要抓好对在职外事干部的培训工作,制订培训计划,选择和确定好培训的教材。外事工作者也要学习一些法律基础知识,例如学习《合同法》、《国际法》、《知识产权法》等的基本原理,对文物保护的国际公约和其他国际文件,也要舍得花气力去研究。

同志们,这次会议还要交流各地开展文物对外交流与合作工作的情况,请外交部、国务院台办、港澳办等单位有关方面的负责同志作报告，这都给我们提供了很好的学习机会。我希望通过这次会议，在邓小平理论和党的十五大精神指引下，在全国文物外事工作者的共同努力下，开创文物对外交流与合作事业的新局面！

1997 年 12 月 9 日

中国文物博物馆事业的现在和未来

——在香港中文大学的演讲

各位朋友、各位来宾，女士们、先生们、同学们：

今天，我非常高兴、也非常荣幸地应邀来到香港中文大学，就中国文物博物馆事业的现在与未来发表演讲，同时也就如何更好地保护中华民族丰富的历史文化遗产，与大家进行交流。

中国是享誉世界的四大文明古国之一，我们共同的祖先谱写了五千年辉煌灿烂的文明历史，为我们和我们的后人遗留下了众多的文物古迹。许许多多的文物，凝聚了华夏先人的勤劳、勇敢和聪明智慧，以物化的形式再现了中华民族悠久绵长的历史，是所有中华儿女乃至全人类的宝贵财富。保护好这部珍贵的历史文化遗产，是每一个中国人的神圣使命。包括中文大学师生在内的香港同胞一向关注我国的文物保护，所以我愿意首先向各位介绍一下我国文物事业的基本状况，然后再回答各位的提问。

从很早的历史时期起，中华民族就形成了保护、研究文物的优良传统。这种优良传统，在新中国成立之后，得到进一步的发扬光大。新中国成立之初，饱经战乱的国家千疮百孔、百废待兴，中央人民政府政务院即相继颁布了《禁止珍贵文物图书出口暂行办法》、《关于古文化遗址及古墓葬之调查发掘暂行办法》和《关于保护古建筑的指示》等法令，制止了 1840 年以来中国大量珍贵文物外流的现象，以严格的执法保护了祖国文物的安全。在国家资金十分紧张的情况下，国务院拨出巨款从香港等地收购了一批包括王献之《中秋帖》和王珣《伯远帖》在内的特别重要的文物，避免了国宝流失海外的境遇。同时，在中央和地方都设置了专门负责文物保护管理的机构，在中国科学院设置了考古研究所，在北京大学增设了考古专业并培训了大批专业人员，从此开始了中国历史上从未有过的由国家进行的大规模文物保护管理和考古发掘工作。1961年3月，为全面依法保护文物，国务院发布了《文物保护管理暂行条例》，同时公布了第一批全国重点文物保护单位180处。1982年11月，全国人民代表大会常务委员会审议通过了《中华人民共和国文物保护法》，这是中国第一部文化方面的法律，使我国的文物保护管理工作走上了法制的轨道。改革开放以来，特别是最近五年来，我国的文物保护工作取得了喜人的成绩，文物事业蓬勃发展、方兴未艾。根据《中华人民共和国文物保护法》的规定，对古文化遗址、古墓葬、古建筑、石窟寺等不可移动的文物，根据其历史、艺术、科学价值的不同，分别确定为国家级、省级和县级文物保护单位；对于各类可以移动的文物，也依照其价值的不同，区分为一级文物、二级文物和三级文物。通常，我们把一、二、三级文物称为珍贵文物，以区别于一般文物。据不完全统计，目前，我国大陆共有不可移动文物约35万处，其中，全国重点文物保护单位达到750处，省级文物保护单位达到5000余处，县（市）级文物保护单位达到5万余处。我国公布了三批国家级历史文化名城共计99处。北京故宫、周口店北京猿人遗址、八达岭长城、西藏布达拉宫、河北承德避暑山庄及周围寺庙、山东曲阜"三孔"古建筑群、丽江古城等13处文物古迹被联合国教科文组织列入《世界遗产名录》。庐山等3处被列入世界自然与文化遗产名录。截至1996年末，我国共有1800余座博物馆，其中，由文化、文物部门管理的博物馆达1210所，馆藏文物在1000万件以上，一级文物约10万余件。各地博物馆每年举办约5000余个文物展览，接待观众上亿人次。故宫博物院、上海博物馆和陕西历史博物馆等大型博物馆，在世界博物馆界享有盛誉。

　　1992年，中央提出了"保护为主，抢救第一"的文物工作方针，这是因为，我国文物不仅年代久远，而且数量巨大，但我国目前是一个经济欠发达的发展中国家，并将在相当长的一个时期内处在社会主义初级阶段。我国现代化建设的中心工作是发展经济，国家不可能拿出大量资金用于文物保护。我们只能从实际出发，按文物残损破坏的程度不同，分别轻重缓急，本着"先救命、后治病"的原则，重点保护，重点发掘，急事先办，急症先治，把有限的资金首先用于抢救那些濒临毁坏的孤品、珍品上去。这个方针无疑是正确的，是符合我国基本国情的。在这个方针的指导下，五年来的中国文物事业取得了前所未有的大发展。

首先，我国政府投入大量的人力、物力和财力，开展了新中国成立以来最大规模的文物抢救维修和保护工作。五年中，全国文物事业经费投入达 50 多亿元人民币，其中，中央财政投入约 7 亿元人民币，安排文物抢救保护项目 1000 多项，使大批濒临毁坏的文物得到了妥善的保护。西藏布达拉宫、青海塔尔寺、山西云冈石窟、山西晋祠圣母殿、河南龙门石窟、河北承德避暑山庄等文物的保护维修，受到海内外的普遍关注，引起很大反响。同时，文物科技保护工作得到了加强，河南信阳长台关出土饱水漆木器脱水定型研究、秦始皇陵一号坑出土铜车马修复技术研究、出土铁器文物脱盐缓蚀保护研究和沙砾岩石窟岩体裂隙灌浆研究等项目取得重要成果，标志着我国文物保护的科学技术在某些领域已在世界上处于领先水平，为文物抢救保护提供了重要的科学保障。进入 80 年代以后，国家文物局在全国开展了文物普查，作为这项工作重要成果的《中国文物地图集》的广东、河南、吉林、青海分册已经出版发行，其他分册也将陆续面世。

其次，在考古发掘方面，我们坚持考古发掘以配合经济建设为主的工作方向，国家文物局本着既有利于经济建设，又有利于文物的抢救保护的原则，每年审批约 500 项考古发掘项目。最近几年，为配合长江三峡水利枢纽工程、黄河小浪底水库工程、京九铁路工程、沪宁高速公路等国家大型基本建设项目，考古工作者进行了大规模的考古调查、勘探和发掘，抢救了大批珍贵文物。长江三峡工程是举世瞩目的伟大水利工程，淹没区涉及古代巴蜀文化所在的中心地区，还有奉节张飞庙、忠县哨棚子等许多具有重要历史、艺术和科学价值的文物古迹。国务院对抢救和保护好这些重要的文物十分重视，及时作出明确指示，拨出了必要的经费。国家文物局精心组织全国的考古力量，克服重重困难，在三峡

中国文物博物馆事业的现在和未来

地区进行了全面的文物调查、勘探和发掘，制定了《长江三峡工程淹没及迁建区文物古迹保护规划》，为进一步做好三峡文物保护工作奠定了坚实的基础。配合经济建设进行抢救性考古发掘，近年来取得了一系列重大考古新发现。其中，湖南长沙走马楼发现的十余万枚三国吴纪年简牍，是本世纪继殷商甲骨文、敦煌石室文书等发现以来我国古代文献资料的又一次重大发现。山东青州龙兴寺遗址发现的 200 余尊佛教造像，是迄今我国发现的数量最多的佛教造像群之一；此外，广州南越国宫署遗址、浙江杭州南宋太庙遗址、扬州唐宋城遗址等的发掘，也取得了令世人瞩目的重要发现。为科学研究而进行的考古发掘，虽然数量较少，但工作质量很高，近年来也不断取得重大进展，如中国社会科学院在河南偃师商城的发掘成果，对我们认识夏商年代和中国古代早期都城的形制，提供了重要的依据。

第三，在博物馆事业方面，五年来，我国博物馆的规模不断扩大，结构日趋科学合理，品类更加丰富，质量不断提高，已经逐渐形成独具特色的博物馆体系。总投资金额达 5.7 亿元人民币的上海博物馆新馆，以独特的建筑风格、完善的功能设备、丰富的展览内容、精致的陈列形式和全方位的对外开放，标志着我国现代化大型博物馆建设达到了新的水平。即将开放的河南博物院，占地面积 156 亩，建筑面积 7 万平方米，总建设投资 3 亿元人民币，是我国中原地区最大型的综合性博物馆。中央政府投资近亿元人民币建设的西藏博物馆，结束了雪域高原没有博物馆的历史。各行各业兴办的各种类型的博物馆，例如航空博物馆、邮票博物馆、丝绸博物馆、茶叶博物馆、煤炭博物馆、纺织博物馆、体育博物馆、钱币博物馆、海军博物馆等，从各自的角度介绍人类科学技术和文化艺术发展演进的历史，奇葩绽开，姹紫嫣红。最近几年，国家文物局在全国文物博物馆系统组织实施了"精品工程"，在中国历史博物馆等处举办的《全国考古新发现精品展》、《中国古代科技文物展》、《洗雪百年国耻喜庆香港回归》展览、《敦煌艺术展》、《鲁迅生平展》、《国际珍贵礼品展》、《纪念中国抗日战争暨世界反法西斯战争胜利 50 周年展》和中国历史博物馆的《中国通史》、上海博物馆的艺术品文物专题陈列等，满足了观众了解过去、认识历史的愿望，发挥了博物馆的教育作用，吸引了大批观众，引起了社会各界的广泛关注和巨大反响。

第四，在文物法制建设方面，国家十分重视加强文物法制建设，依法严厉打击各种文物犯罪活动，并取得了显著的成绩。我国已经初步形成了以《中华人民共和国文物保护法》为主体的文物法规体系。1991年，全国人大常委会审议修改了《中华人民共和国文物保护法》第三十条和第三十一条。1992年，国务院颁布了《中华人民共和国文物保护法实施细则》。1997年新修改的《中华人民共和国刑法》，增加了"妨碍文物罪"一节，加大了打击惩处文物犯罪分子的力度。1991～1995年，中国海关查获并依法收缴了十万八千余件非法走私和出境文物。1997年3月7日，我国还参加签署了国际统一私法协会《关于被盗或者非法出口文物的公约》，这是一部关于在国际范围内归还和返还被盗或非法出口文物的重要法律文件。签署这个公约，将进一步遏制我国文物非法出口的势头。河南省公安部门破获了开封博物馆"九一八"大案，山西省公安部门破获了侯马侯林山、郭秉霖等具有黑社会性质的文物犯罪团伙，极大地震慑了文物犯罪分子的嚣张气焰。国家文物局配合国内贸易部和工商、公安等部门依据《中华人民共和国拍卖法》和《中华人民共和国文物保护法》，加强了文物市场管理和文物拍卖标的的鉴定、许可工作，努力营造良性循环的文物流通秩序，使文物市场健康有序地发展。近年来，国家有关部门先后征购了北宋张先《十咏图》、春秋越王勾践剑、春秋青铜铭文编钟、明成化青花人物图纹盖罐等珍贵文物，填补了博物馆收藏的空白。

第五，在文物对外交流与合作方面，成绩显著，空前活跃。在最近的五年间，我国分别在20多个国家和地区举办各种专题的文物展览150余项。其中，赴美的《中国帝王陵墓展》、赴意大利的《中国西藏珍宝展》和《中国黄河文明展》、赴日本的《楼兰文物展》和《秦始皇兵马俑展》、赴德国、瑞士、英国、丹麦的《中国古代文物展》等，备受外国观众欢迎，在展出国掀起了一股"中国热"。我国的文物事业越来越得到国际社会、友好国家政府和民间团体的广泛理解和支持。1992年以来，我国接受的国外对文物事业的援助资金达2000多万美元。通过联合国有关组织利用日本政府信托基金援助，对新疆交河故城和陕西西安大明宫含元殿遗址进行了保护；由日本政府援建了敦煌文物保护中心；由陕西省与德国合作开展了对秦始皇陵兵马俑和彬县大佛的保护维修；与美国盖蒂保护研究所合作进行了敦煌莫高窟和山西云冈石窟的保护；由陕西省与意大利政府合作建立陕西文物保护中心的工作进展顺利。1993 年，《中华人民共和国涉外考古管理办法》公布后，我国与国外合作进行考古勘察、发掘工作开始起步，并取得初步成果。如中德合作进行的新疆克里雅河流域考古调查和中美联合进行江西万年仙人洞的考古发掘，中德、中日对新疆尼雅遗址的考察研究等。同时，促进流失海外珍贵文物回归祖国的工作取得了新的进展。美国国际集团将重金收购的八国联军侵华时掠夺的圆明园宝云阁 10 扇铜窗，无偿送还中国；印度军队前总参谋长将流失于日本的北京天坛明代鎏金铜编钟送还中国。这些珍贵文物的回归，在国内外产生了积极的影响。我国与联合国教科文组织、国际博物馆协会、国际古迹遗址理事会、国际文物保护与修复研究中心、国际刑警组织、世界海关组织等机构在文物保护方面的合作，也正在进一步地开展。

上述我国文物保护的辉煌成就，无疑是令人振奋的。但我在这里也要坦诚地告诉各位，目前我们也面临着一些困难和问题。概括起来说，主要是：

第一，文物博物馆事业发展与整个国民经济和社会发展比例不相适应，投入文物保护和博物馆建设的费用不足，一批重要的文物古迹由于经费不足而不能得到及时的抢救、维修，处在危险的境地，这令我们深感忧虑。

第二，文物保护与基本建设的矛盾日渐尖锐突出。在加快经济建设步伐的情况下，一些地方和部门，缺乏文物保护意识，致使文物古迹及其环境风貌遭受破坏的事件时有发生，尤其是一些具有重要价值的大型文化遗址受到了不同程度损害，这令我们甚感痛心。

第三，盗掘古墓葬、盗窃博物馆藏品和走私文物等犯罪活动严重。一些利欲熏心、数典忘祖的不法分子内外勾结，屡屡作案，致使大批珍贵文物流失海外，造成了无法弥补的损失，这令我们无比愤慨。

这些困难和问题，已经引起了中央和地方各级政府的高度重视，正在采取有效措施加以解决。例如：国家已经决定设立一项专项资金，用于历史文化名城的保护。各地政府用于文物保护和博物馆建设的资金也在不断增加。再如，针对盗窃田野石刻文物比较严重的情况，今年5月，公安部和国家文物局联合召开会议作出部署，组织力量侦破一批重大案件，严惩了一批犯罪分子。陕西、河南等省已颁布了对一些大型古代文化遗址的专项保护法规。浙江宁波的千余名群众业余文物保护员最近向全国发出倡议，增强文物保护意识，同一切破坏文物的行为作斗争。这些事例充分说明，有中央和地方各级政府的重视，有公安、工商、海关与文物部门的积极配合，有广大民众的参与和支持，我们就一定能够克服重重困难，把我国的文物事业不断推向前进。

今年9月，中国共产党第十五次全国代表大会在北京召开，宣告了中国历史上又一个经济建设与文化建设的高潮即将到来。在这个新时期，我国的文物博物馆事业将会有一个怎样的前景，这或许是人们十分关心的。所以，我愿意借此机会作一点展望。

1995年，国务委员李铁映先生代表国务院，提出了"有效保护，合理利用，加强管理"的原则，作为新时期贯彻"保护为主，抢救第一"的文物工作方针的重要任务和指导思想。"有效保护"是指要建立适应社会主义市场经济要求的、符合文物事业自身规律的，以国家保护为主并动员全社会参与的文物保护体制。其中特别强调对文物进行保护首先是政府的责任，是中央和各级地方政府的职能和责任。"合理利用"是指在充分肯定文物所拥有的科学、艺术和历史价值的基础上，发挥其文化教育作用、借鉴作用和科学研究作用，当然也包括文物作为旅游资源所拥有的经济效益。"加强管理"主要是依法加强管理，健全法律、法规，深化文物管理体制改革，加强人才培养，提高队伍素质，加强对文物市场管理和严厉打击盗掘、盗窃和走私文物的犯罪活动。今年3月，《国务院关于加强和改善文物工作的通知》发布，要求把文物保护纳入各地区经济和社会发展计划，纳入城乡建设规划，纳入财政预算，纳入体制改革，纳入各级领导责任制。"五纳入"的最终落实，将为我国文物博物馆事业的大发展提供雄厚的物质基础和组织保证。

中国文物博物馆事业的现在和未来

按照国务院的指示，国家文物局制定了《中国文物博物馆事业"九五"计划及 2010 年远景目标纲要》，具体部署了"九五"期间 2010 年时中国文物博物馆事业的任务和目标，以及完成这些任务和目标的措施。根据《纲要》的要求，在"九五"期间，也就是从 1996～2000 年，我们将继续公布一至两批全国重点文物保护单位，完成一批重点保护维修项目；在做好配合基本建设的文物保护抢救工作的同时，要全面而有重点地审批考古科研项目；要建立以国家级博物馆为龙头、省、自治区、直辖市博物馆为骨干、各地方和各行业博物馆全面发展的体系等等。至 2010 年，我国将形成一个以全国重点文物保护单位为骨干的各种史迹齐全的文物史迹网，将进一步满足广大人民群众日益增长的物质文化需求。

总之，未来的中国文物博物馆事业将有更广阔的发展前景。"古人不见今时月，今月曾经照古人"。前人留给我们的历史文化遗产，一定会得到很好的保护并传给我们的子孙后代。

在这里，我愿意再次表明国家文物局对香港特别行政区文物管理的基本态度。

一个多世纪以来，香港的文物收藏家和文物爱好者对保护祖国的历史文化遗产做出了很大贡献。根据《中华人民共和国香港特别行政区基本法》的规定，按照"一国两制，港人治港，高度自治"的方针，香港地区实行什么样的文物保护政策，制定哪些文物管理法规，要由香港特别行政区有关机构根据基本法自行制定。关于这一点，我已在今年年初通过新闻媒体作了明确表示，今天我愿再次重申这一立场。

1997 年 12 月 18 日

在邓小平理论和党的十五大精神指引下，把握方向，坚持改革，狠抓落实，开拓进取，把文物工作提高到一个新的水平

——在 1998 年全国文物局长会议上的工作报告

同志们：

这次全国文物局长会议的任务是，在邓小平理论和党的十五大精神指引下，认真贯彻落实《国务院关于加强和改善文物工作的通知》和中共中央办公厅、国务院办公厅转发的中宣部等六部委《关于加强革命文物工作的意见》提出的方针政策和各项工作任务，把握方向，坚持改革，狠抓落实，开拓进取，进一步规划文物事业在 21 世纪初的发展目标，研究、推进和深化文物工作改革开放的举措，全面部署 1998 年工作，迎接新世纪。

一、关于 1997 年的工作回顾

（一）党中央和国务院高度重视文物工作，进一步明确了新时期文物工作的方针和政策

1997 年 3 月 30 日，国务院印发了《关于加强和改善文物工作的通知》，从理论和实践的结合上全面、科学、客观地估计了文物工作面临的形势，深刻分析了文物工作存在的主要矛盾和主要问题，进一步明确了文物工作的方针和原则，提出了当前和今后一个时期文物工作的主要任务，是我国建立社会主义市场经济体制时期文物工作的纲领性文件，具有重大的指导意义。以江泽民同志为核心的党的第三代领导集体十分重视文物工作，江泽民、李鹏、乔石、李瑞环、朱镕基以及李铁映等党

中央和国务院领导同志多次视察文物工作，对文物工作提出了许多重要的指示和意见。江总书记专门为中国人民抗日战争纪念馆二期工程竣工题词："高举爱国主义旗帜，以史育人；弘扬中华民族精神，振兴祖国。"全国革命文物工作会议期间，李鹏总理专门给会议写来贺信，铁映同志发表了重要的书面讲话。中共中央办公厅、国务院办公厅转发了中宣部等六部委《关于加强革命文物工作的意见》。江总书记在党的十五大报告中对文物工作提出新的更高的要求，极大地鼓舞了全国的文物工作者。去年10月，李鹏总理、铁映同志亲自视察了故宫博物院的工作，对故宫的保护给予了极大的关注。在去年年底召开的全国文物外事工作会议期间，铁映同志在百忙中亲切接见了与会代表，发表了重要讲话。去年11月，铁映同志又亲自率领中国政府文化代表团到意大利、希腊、埃及访问考察，一路对文物工作做了许多重要的指示。一年来，党中央和国务院领导同志多次对文物工作做出批示和指示，这些批示和指示广泛涉及文物事业的各项工作，使我们加深了对新时期文物工作方针政策的理解，提高了贯彻执行的自觉性，更增强了我们的使命感和责任感。去年，地方各级党委和政府进一步加强了对文物工作的领导和支持，"五纳入"的工作逐步取得实质性的进展。

（二）文物、博物馆工作在社会主义两个文明建设中发挥了积极的作用

1997年，全国各级各类文物、博物馆单位为社会提供了各种类型的文物展览6000余个，观众达1.5亿人次以上。精品工程的实施极大地提高了各级文物、博物馆单位的精品意识。中国历史博物馆、中国革命博物馆、中国文物交流中心和国际友谊博物馆相继举办的《全国考古新发现精品展》、《中国留法勤工俭学运动展》、《洗雪百年国耻　喜庆香港回归展》、《中国古代科技文物展》、《国际珍贵礼品展》等展览吸引了大批观众。在香港举办的《中国历史文物精华展》开幕以来，受到了广大香港同胞的热烈欢迎。这些展览有力地配合了香港回归的庆祝活动和党的十五大精神的宣传，以高品位的思想教育内容、高质量的展陈设计制作，弘扬了爱国主义、革命传统和社会主义教育的主题，产生了积极的社会教育作用。去年组织的赴国外展出的《秦兵马俑展》、《紫

禁城文物展》、《成吉思汗故乡文物展》等50个出国（境）展览向世界各国人民介绍了我国光辉灿烂的历史文化，展示了改革开放以来我国文物事业取得的巨大成就。全国文物系统讲解员讲解比赛的举办，促进了新形势下博物馆宣传教育工作的开展。

根据铁映同志的指示，我局和中央电视台合作摄制的大型电视专题片《中华文明（暂名）》，在做了大量调研和前期准备工作的基础上，已开始进入脚本编撰和开机试拍阶段。与中国教育电视台联合摄制的电视系列片《走进博物馆》，将在今年年初播放第一批节目。一年来，文物、博物馆研究工作也取得了新的进展。文物图书出版工作狠抓管理，负重前进，成效显著。中国文物研究所编撰、文物出版社出版的《西藏布达拉宫（上、下）》荣获中宣部"五个一工程"奖，《吐鲁番出土文书（四）》获国家图书提名奖。全国文物系统和局各直属单位研究人员有许多重要论文、论著在各级文物刊物上发表或出版，有力地推动了文物、博物馆的学术研究工作。

（三）考古工作和文物的抢救保护取得了显著的成绩

在1997年，我局继续组织协调有关文物考古单位参加长江三峡库区、黄河小浪底工程的文物保护工作，参加了中央组织的三峡工程大江截流前的验收工作。加强了对考古工作的组织管理和检查指导，全年共审批考古项目460多项，其中配合基本建设和抢救性发掘项目371项，广州南越王官署御苑遗迹、广西邕宁顶狮山遗址、浙江绍兴印山墓葬、陕西商州市东龙山遗址、湖南湘阴古窑址等处的发掘取得重大成果，其中最有价值的被评为1997年全国十大考古新发现。组织专家对重要项目，如秦始皇兵马俑2号坑、偃师商城等的发掘工作进行了现场指导。对南京明故宫、郑州商城等重大遗迹的保护工作进行了专项调查。审批了中山舰出水后的保护方案。实施文物抢救维护工程413项，共安排中央文物保护专项补助经费1.19亿元，其中80%用于全国重点文物保护单位的维修保护，100万元以上的大型项目22个。边疆地区文物、近现代革命文物的保护维修项目明显增加，经费安排比例有显著的提高，使井冈山、瑞金、延安、蓟县独乐寺大悲阁、西藏阿里古格遗址群等一大批革命纪念地的革命文物和文物古迹得到了妥善的保护。1997年，

在邓小平理论和党的十五大精神指引下，把握方向，坚持改革，狠抓落实，开拓进取，把文物工作提高到一个新的水平

我局组织全国 18 个省、市文物行政管理部门和文物单位对西藏的文物保护工作进行了考察，开始逐步实施对西藏地区文物保护工作的对口支援。会同建设部审定了一批历史文化名城、风景名胜区和全国文物保护单位的总体规划或专业规划。向联合国教科文组织申请将我国著名文物古迹列入《世界遗产名录》的工作有了新的进展，平遥古城、丽江古城和苏州古典园林列入世界遗产名录，使我国列入世界遗产名录的古迹达到 17 处。去年，我们颁发了 1996 年度国家文物局科技进步奖，组织了 1997 年度科技进步奖的评审工作和向国家科委申报国家科技进步奖的评奖申报工作。国家文物档案数据库的建设和利用国际互联网络宣传介绍我国文物事业的工作已经开始启动。进一步加强了文物安全技术防范工作，对上海博物馆、首都博物馆安全技术防范报警工程、故宫地库二期工程的消防工程进行了验收，审批了西藏自治区博物馆、故宫地库二期工程等 11 个一级风险单位的安全技术防范报警工程方案，对部分全国重点文物保护单位的古建消防设施和基本情况进行了调查了解。在1997 年，文物被盗案件呈现出上升的趋势，特别是盗窃石刻文物的犯罪活动一度十分猖獗，为遏制这一势头的发展，我局与公安部联合召开了保护田野石刻造像打击文物犯罪电话会议，先后印发了《关于严厉打击盗窃露天不可移动文物活动的紧急通知》和《关于加强田野石刻文物安全的紧急通知》，在短期内破获了一批重大的破坏田野石刻造像的恶性案件，严惩了其中的首恶分子。

（四）进一步规范了文物流通秩序

为进一步规范文物拍卖市场，我局着重加强了对文物拍卖标的的鉴定审批工作，对超限文物采取了严格的禁拍、定向拍卖或禁止出境等措施，防止珍贵文物的流失。对文物出境鉴定标准的修改进行了准备工作。调整、登记了全国文物出境鉴定机构，培训考核了部分出境鉴定管理人员。与公安、海关、工商等部门密切配合，严厉打击文物走私犯罪活动，加强了配合海关稽查文物走私的工作，配合公安部，在山东、上海、陕西、山西、北京等地进行了涉案文物的鉴定工作。积极与有关部门配合，开展对走私到海外的珍贵文物依法进行追索工作并取得进展。依法对通过香港走私到美国西雅图海关四集装箱"中国文物"和原港英政府移交的走私文物进行鉴定，并妥善作了处理。对长达四年之久的英人文物走私案，经我多方努力，据理交涉，已迫使货主承认我方的所有权，目前正在办理交接手续，启运回国。这一历史积案的解决，沉重打击了文物走私犯罪活动。

（五）切实加强了文物法制建设和建章立制工作

随着我国改革开放的日益深入和现代化建设的发展，文物工作面临许多新情况、新问题，需要法律适时作出调整和规范。为做好《文物保护法》的修订，我局先后邀请全国人大教科文卫委员会和国务院法制局的同志进行联合调研。为借鉴外国立法和管理经验，赴法国和英国进行了考察。多次召开不同类型和层次的座谈会，研究确定《文物保护法》修订的指导思想和原则以及修订内容框架，修订草案先后征求了全国各省、自治区、直辖市文物管理部门的意见，《文物保护法（修订草案）》现已报请国务院审批。《刑法》修订和《建筑法（草案）》起草过程中，我局积极向全国人大法工委提出修改意见，使新《刑法》对文物犯罪量刑种类和量刑幅度作了重大调整，加大了打击文物犯罪的力度。《建筑法》规定，古建筑维修由文物部门另行制定管理办法，为国家文物行政管理部门实施行业管理提供了有力的法律依据。为正确处理整顿建设项目收费与加强文物保护工作的关系，我局积极反映各地文物部门的意见后，国家计委、财政部经请示国务院同意，印发了《关于建设项目涉及的考古调查与勘探费问题的通知》，重申了《中华人民共和国文物保护法》的有关规定，明确了建设项目收费与保护工作及有关费用的关系。去年5月，我国正式加入了《关于被盗或非法出口文物的公约》，对我国与其他国家加强国际合作打击文物盗窃、走私犯罪活动提供了有利的条件。1997年，我局正式印发了《中国文物博物馆事业"九五"计划及2010年远景目标纲要》、《中国革命文物和革命纪念馆事业"九五"计划纲要》，颁布了《中国文物博物馆工作人员职业道德准则》；颁发了《文物出国（境）管理办法》、《文物事业单位财务制度》；草拟了《考古发掘管理办法》、《考古发掘品移交管理办法》、《中国博物馆管理条例》、《文物拍摄管理办法》、《文物复制管理办法》、《古建筑维修保护管理办法》、《全国重点文物保护单位专项经费使用管理办法》

在邓小平理论和党的十五大精神指引下，把握方向，坚持改革，狠抓落实，开拓进取，把文物工作提高到一个新的水平

等法规。同时，进一步加强了国家文物局机关的建章立制工作，使机关的党务、政务、事务工作有章可循。根据国家"三五"普法规划①的安排，进一步加强了《文物保护法》的宣传，召开了纪念《文物保护法》颁布十五周年座谈会，各地也相继组织了《文物保护法》的宣传周、宣传月活动，收到了较好的社会效果。

1997 年，我们做了大量的工作，取得了一定的成绩，但我们也应该看到，以党中央、国务院对文物工作的要求和广大人民群众不断提高的文化精神需求来衡量，我们还有很大的差距，尚有许多工作没有做好，更有大量工作需要去做。只有实事求是地看待我们工作中的成绩和不足，才能够增强我们进一步做好工作的信心，才能按照党中央和国务院的要求，按照人民群众的希望，在新的一年朝着既定的目标开创文物工作新的局面。

二、从我国国情出发，坚定不移地贯彻文物工作的方针和原则

以邓小平理论为指导，进一步学习领会江泽民总书记在十五大报告中对社会主义初级阶段理论的深刻阐述，充分认识文物工作在社会主义初级阶段的现状，认识文物工作在建设有中国特色社会主义文化中的地位和作用，进一步明确文物工作方针和原则，对当前和今后相当长历史时期文物工作的开展有着特殊重要的意义。

（一）实事求是地认识我国社会主义初级阶段文物事业的现状

准确把握和认识社会主义初级阶段我国文物事业的现状，首先要充分认识我国社会主义初级阶段的长期性和不可逾越性。经过四十多年特别是党的十一届三中全会以来的艰苦奋斗，我国生产力发展水平和综合国力有了很大提高，但总的来说，我国人口多、底子薄、地区发展不平衡、生产力不发达的状况没有根本改变，社会主义制度还不完善，社会主义市场经济体制还不成熟，社会主义民主法制建设还不够健全，封建主义、资本主义腐朽思想和小生产习惯势力还有广泛影响。基于这样一个基本国情，我们必须保持清醒头脑，想问题，办事情，制定规定，研

---

① "三五"普法规划即中央宣传部、司法部关于在公民中开展法制宣传教育的第三个五年规划，从 1996 年开始实施，到 2000 年结束。

究方针政策，必须实事求是，从实际出发。分析我国社会主义初级阶段文物事业的现状，大体可以概括为几个特点：

第一，我国是著称于世的文明古国，有着丰厚的历史文化遗产和优秀的历史文化传统，对整个人类社会的发展与进步起过巨大的推动作用。正是由于我国具有这样一个特殊的国情，文物事业的建设和发展才成为我国两个文明建设成就的重要标志之一。通过文物的保护和利用，弘扬、继承和传续中华民族优秀的历史文化传统，为有中国特色社会主义文化建设提供有益的借鉴和丰富的营养，使中华民族在实现现代化的历史进程中，不断发扬光大本民族优秀的文化传统和道德素质，在全社会形成共同理想和精神支柱，在建设有中国特色社会主义事业中有着重要的意义。

第二，新中国成立以来，特别是我国实行改革开放以来的 20 年，文物事业取得了巨大的成就，文物工作的社会影响不断扩大，文物工作的社会地位日益提高，文物事业已经具有相当的规模和较好的基础，在有中国特色社会主义文化建设事业中发挥着越来越重要的作用，为下一世纪文物事业的发展奠定了一定的基础。

第三，我国作为仍处于社会主义初级阶段的发展中国家，文物事业的基础工作比较薄弱，文物管理工作仍然处在一个较低的水平，文物保护工作中的科技含量不高，地区间的文物保护工作发展不平衡，文物事业经费的投入不足，机构建设和队伍素质不能适应文物事业迅速发展的需要，人们的法制观念和文物保护意识还比较淡薄，缺乏良好的文物保护的社会环境和法律环境。

第四，在相当长的一段时期内，文物保护与经济建设的矛盾、文物保护与群众生产生活的矛盾依然存在，协调和解决这些矛盾的难度很大，盗掘、盗窃、走私文物等违法犯罪活动严重威胁文物的安全，工业现代化带来的负面效应和自然力对文物的破坏随着自然生态环境的变化日趋严重。文物工作机遇与挑战并存、希望与困难同在，正确处理好文物保护与经济建设的关系、文物保护与群众生产生活利益的关系、文物事业发展中社会效益和经济效益的关系，从而处理好改革、发展、稳定的关系，建立与社会主义市场经济相适应的文物保护新体制，是社会主义初级阶段文物事业建设和发展过程中面临的最艰巨、最具挑战性的问题。

第五，从总体上看，当前文物事业的发展状况仍然与我们这样一个有着五千年文明历史的文物大国的地位不相适应，与社会主义现代化建设事业的迅速发展不相适应，与广大人民群众日益增长的精神文化需求不相适应，我国文物事业的建设和发展仍然任重而道远。

（二）"保护为主，抢救第一"和"有效保护，合理利用，加强管理"是社会主义初级阶段我国文物工作必须坚持的方针和原则

党中央和国务院在几年以前就提出了"保护为主，抢救第一"和"有效保护，合理利用，加强管理"的方针和原则。通过实践经验的总结，我们更深刻地体会到这个方针和原则的提出是极富远见、极其科学的，对相当长时期社会主义初级阶段的文物工作是完全适用的。这个方针和原则不仅为社会主义初级阶段我国文物工作的现状所决定，与社会主义市场经济要求相适应，也是完全符合文物工作自身规律的。如何认识文物工作自身规律，可否从以下三点加以把握。

第一，文物工作的规律首先是由文物的根本属性所决定的。祖国文物（包括近现代文物）作为中华民族的历史文化遗产，是我们祖先创造的物质文明和精神文明的遗存，它具有不可再生、不可替代的根本属性，文物破坏了也就不复存在了，文物的任何复制都不是原有意义上的文物。历史遗存的文物总量是有限的，特定历史范畴的文物，随着时间的推移，其数量又是在不断减少的。我们对祖国地上地下极为丰富的文物的总量难以做出很确切的估计，文物的发现客观上往往存在着不可预测性，这一方面决定了文物保护工作必须要有科学的预见性，要有超前的保护意识；另一方面，要求不断提高文物工作的科学决策水平，特别是诸如对大型帝王陵墓的发掘等重大文物保护问题，不允许决策的失误，决策失误带来的后果，将是无法挽回的。当然，用马克思主义发展的观点看，在现代物质文明和精神文明发展过程中，我们又在不断地创造着新的文明，今天人类文明的结晶，也必然会成为未来人类历史文化遗产的精华。但作为文物，其不可再生的属性是确定无疑的。

第二，文物不可再生的根本属性，决定了加强文物保护是文物工作

的首要的出发点和文物事业各项工作的物质基础。文物如果不复存在，文物事业的可持续发展也就丧失了物质基础。文物的保护和利用是一个循环往复的过程，合理利用文物，充分发挥文物的作用，必须有一个前提条件，那就是对文物的有效保护，只有如此，才能使文物的保护工作具有最根本的现实意义和历史意义。

第三，文物是历史信息的物质载体，不仅有着多种多样的遗存形式，而且有着丰富的内涵，涉及政治、经济、文化、教育、科学、军事、宗教、民族等各个方面，对其内涵的认识也不是一次可以完成的，这就决定了文物工作是一项综合性的、多学科的、专业连续性很强的工作。文物保护工作又是一项系统的庞大的社会工程，涉及社会的方方面面，是接续着子孙后代的千秋事业，所以，文物工作不仅有着重大的现实意义，而且有更加深远的历史意义，我们这一代人肩负着保护祖国珍贵历史文化遗产的历史重任，这就要求每一个文物工作者要以对党和人民高度负责的精神，努力增强历史的责任感和使命感。

这次会议以后要通过对邓小平理论的深入学习，使全国的文物工作者深入了解社会主义初级阶段我国文物工作的现状，明白为什么在社会主义初级阶段文物工作必须坚持"保护为主，抢救第一"和"有效保护，合理利用，加强管理"的方针和原则，而不是别的方针和原则，从而提高全国文物工作者贯彻执行这个方针和原则的自觉性和坚定性。

（三）以党在社会主义初级阶段的基本路线为指导，进一步明确社会主义初级阶段文物工作的奋斗目标

江泽民同志在十五大报告中指出，在社会主义初级阶段"社会的主要矛盾是人民日益增长的物质文化需要与落后的社会生产之间的矛盾，这个主要矛盾贯穿我国社会主义初级阶段的整个过程和社会生活的各个方面"。因此，文物工作的根本任务和奋斗目标，就是使文物事业的建设和发展在 21 世纪中叶时与我国这样一个有着五千年悠久历史的文明大国的地位相适应，与我国经济和社会主义的发展水平相适应，与广大人民群众日益增长的精神文化需求相适应。具体说来，在 21 世纪的中叶，我国幅员辽阔的国土上分布极为广泛的地上地下文物得到妥善的保护和管理；文物科学技术水平较好地解决了面临的一系列重大的保护课

题，具有先进的、现代技术和传统技术高度结合的技术设备和技术力量；建设成了具有中国特色的博物馆体系，一批博物馆的收藏、保管、科学研究、陈列展览、宣传教育工作达到世界一流水平，享誉中外，人民群众的文物保护意识和文物法制观念大大提高，保护文物成为全体人民的良好的道德素质，文物保护事业具备了更广泛更深厚的社会基础，建立了"有法可依、有法必依、执法必严、违法必究"的法律秩序。

要实现这个目标，社会主义初级阶段的文物工作，必须坚持邓小平理论和党的基本路线的指导地位；坚持服从和服务于经济建设的中心；坚持为人民服务、为社会主义服务的方向；坚持社会效益放在首位，努力实现社会效益与经济效益的统一；坚持"保护为主，抢救第一"的方针和"有效保护，合理利用，加强管理"的原则。

三、解放思想，开拓进取，不断探索和推进文物工作的改革向纵深发展

（一）不断探索和推进文物工作的改革是时代对文物工作的要求

党的十一届三中全会以来，文物工作取得了长足的进展，为适应社会主义市场经济体制的建立，文物工作的改革进行了一些探索和尝试，但从总体上讲，文物工作的改革要进一步加快步伐。党的十五大胜利召开，把邓小平理论确定为我们党的指导思想，为文物工作的改革提供了前所未有的历史机遇。我国改革开放20年以来，政治、经济、社会生活发生了深刻的变化，这就要求我们在邓小平理论的指导下，解放思想，更新观念，特别是打破主观认识上和传统认识上的束缚，既坚持文物工作的方针和原则，又勇于探索文物工作在社会主义市场经济条件下的新的思路和新的举措。文物工作不同现实生活的生动发展有机地联系起来，不去实事求是地研究解决面临的许多重大的实际问题，就不可能获得一个较快的发展速度，就不可能获得可持续发展的生机和活力。特别是1998年，是全面贯彻落实党的十五大提出的各项工作任务的关键一年，又是党的十一届三中全会召开二十周年，我们一定要抓住这个机遇而不可丧失机遇，一定要勇于开拓进取而不可因循守旧。我希望同志们加强对文物工作理论的研究，特别是要着重解决影响和制约文物事业发展的主要矛盾，加强文物工作改革的研究和探索，在全国文物系统形

成生动活泼的改革局面。

（二）以建立国家保护为主同时动员全社会保护的新体制为重点，全面推进文物事业各项工作的改革

在社会主义初级阶段，从我国国情的实际出发，文物保护仍然主要由国家投入，这是我国社会主义公有制的经济基础决定的，但是，我国的文物十分丰富，而经济又不够发达，文物保护不可能全部由国家包揽下来。在新体制的建立过程中，各级文物行政管理部门要在当地党委和政府的领导下，积极推进"五纳入"的落实。同时，要对社会各个方面如何参与文物保护的方式方法进行探索，运用精神的包括经济方面的优惠政策调动和保持全社会参与文物保护的持之不断的热情和积极性。随着人们保护意识的不断提高，社会各个方面和人民群众参与文物保护的精神动力也不断增强。同时对参与文物保护的单位和个人，要按照他们贡献的大小和投入的多少给予必要的表彰和奖励。文物工作既要坚持把社会效益放在首位，又要尊重客观经济规律，这是不矛盾的，只要能够采取有效的方式和方法，是可以获得社会效益和经济效益的最佳结合的。

文物工作的改革，不仅要尽快适应国家各项制度的改革，同时要积极推进自身工作的改革。当前，要着力推进文物事业、企业单位的各项内部管理制度的改革，贯彻责、权、利相结合的原则，使他们能够根据自身的特点，从实际出发，逐步建立和完善能够形成良性循环的运行机制，增强自身发展的生机与活力。文物事业、企业单位的改革要把人事制度的改革作为重点，逐步实行聘用、聘任制，改变行政管理人员和专业技术人员比例不合理、优秀人才难以脱颖而出、人浮于事、奖罚不明、吃大锅饭等情况。同时要采取切实措施，妥善解决未聘人员的实际问题。

根据国家财政拨款制度的改革，文物事业单位开始实行"核定收支、定额或定向补助、超支不补、节余留用"的制度。要努力适应国家财政拨款制度的这一重大改革，同时积极发展文物"三产"，增收节支，开源节流。坚持国家重点文物保护专项经费是补助性经费的原则，各地应积极落实地方配套资金。同时加强监管，确保中央和地方资金及

在邓小平理论和党的十五大精神指引下，把握方向，坚持改革，狠抓落实，开拓进取，把文物工作提高到一个新的水平

时到位，并按规定用途专款专用，按资金使用范围合理确定各项开支标准。加强对专项经费使用的检查监督，包括财务审计、编报决算以及大型项目的竣工验收，并适当引入社会中介机构审计，行政手段与经济手段并用，提高资金使用效益，使有限的资金充分发挥作用。

要加强和旅游、园林等部门的协调合作，文物是旅游事业发展的宝贵资源，加强文物保护是旅游事业可持续发展的物质基础之一，文物保护和旅游事业的协调发展和相互促进，有利于两个文明建设，有利于综合国力的增长。各地在文物和旅游结合的问题上，要解决好文物利用过程中如何有效保护的问题，促使自身事业获得发展。

要抓住当前的有利时机，进一步完善和落实文物事业的有关经济政策，为文物事业的改革和发展提供必要的物质基础和政策保障。依靠各级党委和政府，会同计划、财政和税务等有关部门，落实国务院《关于进一步完善文化经济政策的若干规定》和"对文化事业的投入增长幅度不低于财政收入增长幅度"的政策，加强文物基础设施建设，充分发挥文化经济政策的作用。

（三）文物工作的改革要有利于文物的保护，有利于发挥文物作用，满足广大人民群众日益增长的文化需求，有利于调动广大文博职工的积极性和创造性，增强文博单位自身发展的活力

文物工作的改革涉及文物事业各项工作的方方面面，改革工作既要解放思想、开阔思路、大胆探索、积极试验，及时总结推广好的经验和做法；又要找准切入点，有序进行，循环渐进，少走弯路，重大的改革政策和改革措施要严格履行报批手续。各级文物行政管理部门的领导，要把文物工作的改革列入重要的议事日程，切实加强对改革工作的领导，对来自基层单位的改革要求，要热情支持和帮助，对群众的首创精神要积极给予引导，把握改革工作的主动权。

文物工作改革的总体要求是，一手抓繁荣发展，增强活力；一手抓法制建设，加强管理。文物工作的各项改革，不能以削弱文物的保护为代价，越是改革，越是要加强文物的保护。要通过改革，使文物工作能够更加适应社会主义文化市场的需求和发展趋势，向人民、向社会奉献更多更好的精神食粮。要通过改革，逐步摆脱文物、博物馆单位财政负

担比较重、自我发展与自我需要脱节、缺乏竞争力的状况，使文物博物馆单位获得自我发展的内在动力和必要的物质基础。总之，是否有利于文物保护，是否有利于发挥文物作用、满足广大人民群众日益增长的文化需求，是否有利于调动广大文博职工的积极性和创造性、增强文博单位自身发展的活力，是衡量文物工作改革利弊得失的客观标准，是文物工作改革的根本出发点和归宿点。

四、关于 1998 年主要工作的部署

这次会议已经向同志们印发了《国家文物局 1998 年工作要点》，关于文物工作的改革在工作报告的第三部分我已着重谈过。这里我就今年主要工作的要求谈几点意见。

（一）大力加强文物工作的法制建设，提高依法管理，依法行政的水平

今年要把《文物保护法》的修订作为文物立法工作的重点，在《文物保护法（修订草案）》报送国务院之后，配合国务院法制局和全国人大法工委做好修改过程中的协调工作，加快《文物保护法（修订草案）》在国务院、全国人大两级的审议进度，促使新的《文物保护法》早日出台。随着我国社会主义市场经济的迅速发展，迫切需要以法律、法规规范保障文物事业的发展，要加快《文物市场管理办法》、《博物馆条例》、《文物拍摄管理办法》、《文物复制管理办法》、《国家重点文物保护专项补助经费使用管理办法》以及有关涉外工作法规的制定颁布和修改完善工作。我局还将指导有关省、市文物主管部门，对一些大型的全国重点文物保护单位，分类制定专项法规。加强和有关文物保护方面的国际组织的联系，争取制定双边协议，积极研究同有关国家制定打击非法走私贩运文物活动，签署双边协议的法律问题，争取有所突破。

各级文物行政管理部门要努力提高依法行政、依法管理的能力。文物、博物馆单位要增强运用法律武器依法维护文物部门权益的能力，对破坏文物的案件，特别是法人的违法案件，要掌握运用法律规定，通过有效的诉讼工作，给予打击和制裁。要逐步建立文物工作"有法可依，有法必依，执法必严，违法必究"的法律环境和法律秩序，各级文物行

政管理部门要树立法制的观念，对那些通过行政手段难以协调解决的问题，要正确运用国家法律，行使执法权利。要进一步加强国家有关文物保护法律法规的宣传，充分利用新闻媒体抨击和揭露破坏文物的行为，发挥社会舆论的监督作用。要大力宣传普及文物和文物保护方面的知识和常识，把"人人热爱祖国文物，人人保护祖国文物"作为公民社会公德和道德素质培育的内容，在全社会逐步形成珍惜祖国文物的良好社会氛围。

（二）充分发挥文物、博物馆工作在社会主义精神文明建设中的作用

要把革命文物工作放在突出位置抓紧抓好。中共中央办公厅、国务院办公厅转发的中宣部等六部委《关于加强革命文物工作的通知》，是改革开放以来印发的第一个关于全面加强革命文物工作的重要文件，对新时期的革命文物工作有着重大的指导意义，要把这个文件的学习贯彻与去年召开的全国革命文物工作会议部署的各项工作任务结合起来。

今年下半年，我局准备在陕西延安召开部分省市革命文物工作座谈会，这次会议将总结和交流一年来开展革命文物工作的情况，对我局起草的《革命纪念馆工作试行条例》的修改草案征求意见，进一步推动全国革命文物工作的开展。要遵照铁映同志关于建立专职、兼职、志愿者三结合的革命文物工作队伍的指示，研究具体解决办法，通过试点进行积极的尝试。同时，要与有关部门会商，对逐步实行革命纪念馆（地）定期免费向学校师生开放的问题拿出具体实施办法。

今年第一季度，要完成1997年度全国文物展览"十大陈列精品"的评审表彰工作。今年还要筹办好《周恩来一百周年诞辰》、《刘少奇一百周年诞辰》、《戊戌变法一百周年》等文物展览。为1999年新中国建立五十周年庆典做好新中国五十周年文物事业辉煌成就展的陈列大纲、文物选调工作，推动陈列展览精品工程的实施。今后，各地举办较大型的文物陈列展览应向我局及时通报，以便我局能够比较好地掌握全国举办文物展览的情况，组织和协调好文物、博物馆单位特别是大中型博物馆之间的协调配合，搞好联合展览和巡回展览。要加强对文物展览的宣传工作，把大型精品展览作为社会文化生活的热点加以推出，为加

强宣传的力度和解决经费的不足，可以考虑与效益较好的企业单位联合，争取那些投入较大的展览在取得较好社会效益的同时，也能够取得相应的经济效益。要加强重点博物馆的建设，中国革命博物馆和中国历史博物馆的扩建工程，目前我局正在向有关部门积极争取，在国务院批准立项后，力争1998年动工。希望各地也积极争取地方政府的支持，搞好博物馆基础设施的改造和建设。大型博物馆在加强基础设施建设的同时，要努力提高保管、陈列、研究、教育、宣传工作的综合水平，使我国的大型博物馆能够逐步步入世界一流博物馆的行列。要积极支持有关部门、各行各业企事业单位兴办各种类型的专题博物馆，逐步丰富我国博物馆的品类。加强文物博物馆科学研究工作。过去对文物藏品和博物馆的研究取得了一定成绩，但还不能适应当前形势发展的需要。对文物藏品要继续深入研究其历史、艺术、科学价值，探索高水平的学术研究文章，办好已有的馆刊、院刊、所刊。同时要加大科技保护研究。中国文物研究所要全面规划，抓住重点，发挥优势，多出成果。要建立科研项目责任制，中央与地方、文物部门和社会科技力量协作联合攻关。博物馆如何在新形势下发挥藏品、教育、科研功能，也要积极探索。

（三）加强文物抢救维修和保护管理基础性工作

今年准备从750处全国重点文物保护单位中选择部分重点，从省、自治区、直辖市级文物保护单位中选择若干处，经过审查立项，重点维修。要在本世纪末基本解决全国重点文物保护单位的保护问题，使第一、二、三批全国重点文物保护单位基本无险情，使第四批全国重点文物保护单位紧迫的保护问题逐步解决。为加强经费预算的审批和管理，提高拨给资金的使用效益，我局将加强100万元以上大型项目的经费预审，严格规定资金使用范围，合理确定各项开支标准。

要抓好全国考古工作汇报会确定的近期内文物考古工作任务的落实。要按照"重点保护，重点发掘"的原则继续组织和协调、配合好长江三峡工程、黄河小浪底水库、南水北调工程、新疆油田开发的文物保护和考古工作。对有代表性的大型古迹、遗址群体的整体保护工作，要有针对性地解决好保护范围内群众的生产生活问题和其他矛盾比较突出问题。

积极配合夏商周断代工程，做好考古发掘和标本取样工作。夏商周断代工程自 1996 年 5 月正式启动以来，通过多学科交叉研究，已取得重要的阶段性成果。这是国家支持、有关单位和专家参与、人文社会科学与自然科学结合、科研项目与人才培养相结合的重大科研课题，我局理应积极配合，大力支持。各省、市文物局和有关部门都要做好相应工作，保证断代工程的顺利实施。

　　今年，要花大气力抓好文物保护的基础性工作，加强文物保护科学技术的研究和对重大文物保护科学技术的课题和项目的联合攻关。基础性工作主要还包括有，各级文物保护单位的"四有"（有保护范围，有保护标志，有保护档案，有保护机构）工作；文物安全保卫基础设施的建设；《中国文物地图集总册》的编写和第五批全国重点文物保护单位的申报遴选工作；考古发掘资料的整理出版；馆藏文物建档工作的科学化、规范化。国家文物数据库的工作已经开始启动。我局计划今年上半年向全国文物系统，包括向文物系统以外的文物博物馆单位颁布藏品分类标准，各地要按照颁布的标准分期分批报送数据资料，今年上半年还将在国际互联网络上开通"中国文物"站点，为在全国实现电子计算机数据化、信息化、网络化管理打下基础。

　　今年上半年，我局将与国家民委在北京召开全国少数民族文物工作会议，研究《关于加强少数民族文物保护工作的意见》，进一步明确少数民族文物保护工作的方针、政策和任务，继续加大对少数民族文物保护工作的投入和支持。

　　（四）加强文物流通秩序的管理

　　1997 年 1 月 1 日，《拍卖法》正式实施以来，文物拍卖市场的发展很快，据不完全统计，全国已有专营或兼营的拍卖文物的公司 100 余家，对文物拍卖标的依法管理的工作量日益加大，已经成为当前文物市场管理的重点。要依据《拍卖法》和我局印发的《关于进一步加强文物拍卖标的鉴定许可管理工作的通知》和后来续发的补充通知，依法审核拍卖人文物拍卖资格，依法审定文物拍卖标的的鉴定许可工作，对通知规定的严禁出境文物要坚决依法禁拍，同时要改革和完善鉴定核准程序。目前，我局正在起草制定《国家文物鉴定委员会委员聘任资格管理办法》和《文物鉴定委员（文物出境责任鉴定员）资格管理办法》，要规范各级文物鉴定机构和人员的职责范围，对文物出境鉴定人员进行考核，实行持证上岗和年检制度，博物馆和文物研究部门的文物藏品未经国家文物局同意并报请国务院批准，严禁以礼品赠送或投放市场换取资金，一经发现，要追究领导责任和当事人的法律责任。

加强对宗教寺院部门文物的管理、登记工作，会商宗教部门制定寺院文物管理办法，使寺院文物管理纳入法制轨道。同时要逐步开展对民间收藏文物的管理，对民间收藏文物的登记工作要选择几个地方进行试点。要加强民间收藏组织的管理，使他们成为文物管理部门的助手，搞好对民间收藏文物的监督和自律，运用精神和物质的表彰、奖励办法，征集收藏在民间的文物，特别是珍贵文物，对那些向博物馆捐献文物的单位、团体和个人，在充分尊重他们意愿的前提下，要加以宣传。国家将制定颁布《遗产法》，文物部门要积极参与这个法的起草制定工作。

（五）进一步加强文物安全工作，打击文物犯罪活动

要加强古建筑、博物馆消防基础设施建设，逐步完善消防供水设施。进一步推动《文物系统博物馆风险等级和安全防护级别的规定》达标工作，促进规定的落实；加强保卫队伍的建设，提高保卫人员素质，使文物安全工作从人防、物防、技防逐步有所改善。与公、检、法、海关、工商等部门密切合作，严厉打击文物犯罪活动。

针对目前分散在田野露天文物失盗、破坏严重的情况，要采取设立专人、组织群众保护和经严格审批集中保管等解决办法，防止失盗和损坏。据了解，海外珍贵艺术品走私市场对我国早期石刻造像的需求增加，刺激了国内外犯罪分子相互勾结，犯罪活动日趋猖獗。这要引起我们的足够警惕。

要继续与公安、工商、海关等部门加强联系，依法对旧货市场实施监管，严厉打击非法经营和走私文物的犯罪活动。对那些未经批准建立的黑市交易场所要坚决依法取缔。

（六）积极发展文物对外交流与合作工作，提高文物工作对外开放水平

在文物外事工作中，要把增强文物主权意识、文物知识产权意识、

文物安全意识的教育作为重点。教育工作要包括对国家法律以及国际法基础知识的学习，同时要注重抓好外事工作队伍的思想建设，高标准、严要求，教育每一个外事工作人员讲政治，讲原则，讲大局，时时处处注意维护国家的尊严和权益。

在文物的对外交流与合作工作中，要坚决贯彻"以我为主，对我有利"的原则，加强与国外合作项目的监督和检查。加强宏观管理，在调查研究的基础上制定文物对外交流与合作工作的短期计划和中长期规划。积极、稳妥、审慎地开展与外国的合作调查、发掘和文物古迹的保护。合作考古调查、发掘项目、文物古迹的合作保护项目，要根据我国文物保护工作的需要与可能，充分论证，适量安排。文物出国展览要加强宣传、提高质量、扩大视野、合理布局，抓好展览协议文本的起草、协商、签署等关键环节，坚决杜绝出国展览文物破损事件的发生，今后再发生因我方工作人员失职造成文物破损的事件，要依法追究责任。

进一步加强与国际组织的广泛联系，积极寻求友好国家政府、友好团体和个人对我国文物保护事业的支持和帮助，加强非官方机构的民间渠道的交流与合作，学者专家的互访，活跃学术交流，有计划地组织安排优秀中青年业务人员和管理人员到国外参观学习，从我国文物博物馆单位的管理实际出发，学习和引进国外先进的管理经验。

（七）加强文物宣传工作，增强全民文物保护意识，不断提高社会文明程度

有中国特色的社会主义文化，具有鲜明的时代性和民族性、群众性、科学性。继承和发扬民族优秀文化和革命文化传统，这是文物工作者义不容辞的责任。我们一定要充分发挥文物工作独特优势，办好《中国文物报》、《文物月刊》和《文物天地》等刊物，坚持正确舆论导向，办出自己的特色，交流文博工作经验，扩大社会影响。要抓好文物图书、音像制品的出版工作，切实落实十五大报告中提出的"加强管理，优化结构，提高质量"的方针。实现由规模数量型向质量效益型的转化，加强普及性精品的出书力度，抓好五十周年国庆献礼图书的策划、出版工作。文物出版社等出版单位要有计划地出版几套大型精品文物图书，今年我局与中央电视台联合摄制的大型系列电视专题片《中华文

明》将全面进入实拍制作阶段，这是一部党中央、国务院领导同志和社会各界十分关注的电视专题片，是向新中国成立五十周年献礼的重点影视工程，希望各地文物行政管理部门给以大力支持，提供方便和条件。《走进博物馆》、《全国重点文物保护单位》等电视片的拍摄，也希望各级文物、博物馆单位积极支持和协助。

（八）坚持党对文物工作的领导，加强文物部门党的思想、组织和作风建设

党的十五大提出了党的建设新的伟大工程总目标，全国文物系统的各级党组织必须围绕实现这个总的目标，全面加强党的思想、组织和作风建设，要把思想建设放在首位，用邓小平理论武装全体党员，把全国文物工作者的思想认识统一到十五大精神上来，把全国文物工作者的工作热情凝聚到贯彻十五大精神上来。

要切实把全国文物系统的各级领导班子建设成为坚决贯彻党的基本路线、全心全意为人民服务、具有领导现代化能力的领导集体，建设成为能够带领广大文物工作者坚持文物工作的基本方针和指导原则，不断深化文物工作的改革，开创文物工作新局面的团结坚强的领导集体。要按照革命化、年轻化、知识化、专业化的方针和德才兼备的原则，把群众公认的坚决执行党的路线、工作实绩突出、清正廉洁的干部及时选拔到领导岗位上来，抓紧做好培养和选拔能够跨世纪担负领导文物工作重任的年轻干部。

要结合文物工作的特点，注重对党员干部的党性教育和党性修养的培育。坚持全心全意为人民服务的宗旨。讲学习、讲政治、讲正气、讲团结、讲奉献，努力提高政治和业务素质；发扬长期以来文物干部立足本职、艰苦奋斗、甘于清贫、敬业乐群、奉献社会的优良传统，发挥责任在身、当仁不让、勇于同各种破坏文物的行为进行坚决斗争的大无畏精神。加强廉政建设，党员干部特别是党员领导干部要率先垂范，遵纪守法，坚决贯彻执行中共中央、中央纪委颁布的各项纪律规定、《通知》和国务院公布的《国家公务员暂行条例》，模范执行《中国文物博物馆人员职业道德准则》和《国家文物局机关工作人员守则》，以及其他各项规章制度，当好人民的公仆。同时，要自觉地接受监督，正确行

在邓小平理论和党的十五大精神指引下，把握方向，坚持改革，狠抓落实，开拓进取，把文物工作提高到一个新的水平

使人民赋予的权力，从自身做起，从身边做起，反腐倡廉，坚决抵制腐朽思想的侵蚀，与腐败现象进行坚决的斗争，保持文物系统党的队伍的纯洁性和先进性。

同志们，1998 年的文物工作艰巨而繁重，1998 年的文物工作充满机遇和希望，让我们高举邓小平理论伟大旗帜，在以江泽民同志为核心的党中央领导下，把握方向，狠抓落实，坚持改革，开拓进取，努力开创文物工作的新局面！

1998 年 2 月 17 日

在翦伯赞同志百年诞辰
纪念会上的发言

在北京大学百年华诞前夕，我们以崇敬的心情纪念杰出的共产主义战士、著名的马克思主义史学家翦伯赞同志一百周年诞辰，更增添了我们对北大拥有一大批卓越学者的自豪，也由衷地为我们尊敬的史学大师的革命精神、政治品格、严谨学风、学术成就得到发扬而感到高兴。

4月8日，国家文物局和北京大学联合签署了共建北京大学考古文博学院（中国文博学院）的协议。这是全国文物、考古、博物馆界的一件值得庆贺的事。我们知道，今天的北大考古学系，原是在北大历史系考古专业的基础上建立起来的。而北大历史系考古专业的设立，则是翦老担任历史系主任时对专业设置采取的重大调整措施之一。早在1952年，为适应新中国成立初期大规模基本建设保护文物的需要，北大、中央文化部和中国科学院就曾联合举办过考古训练班，任课教师主要由北大历史系的教师承担。至今人们还把这批学员称之为"黄埔"一期、二期、三期、四期。此后，就是在这样的基础上，北大历史系正式设立了考古专业。几十年来，四期"黄埔"毕业生和历史系考古专业毕业生，分布在祖国大江南北、长城内外，四面八方，无论是在田野考古工地，还是在科研、教学领域，都流淌着他们辛勤的汗水，结出了丰硕的果实，为社会主义两个文明建设作出了自己的贡献。追本溯源，这不能不归功于当时以翦伯赞同志为系主任的北大历史系的各位领导、各位学者、各位老师，为此，我谨代表国家文物局向北大历史系致以诚挚的敬意！

翦老之所以重视和创办考古专业，除了他具有远见卓识、高瞻远瞩之外，是同他贯通古今的渊博学识分不开的。1954 年，中央文化部在故宫举办了"全国基本建设工程中出土文物展览会"，这是解放初内容最丰富的一次历史文物展览。翦老在王冶秋同志陪同下，看了这次展览，并且写了《考古发现与历史研究》一文，他以史学家的敏锐眼光指出："毫无疑问，这些来自全国各地的而又是新近出土的各种各样的历史文物，对于中国历史的研究，会提供极其丰富的新的资料。也是毫无可疑的，这些新的文物，将对中国历史上的许多问题给以补充、订正，甚至要向中国的历史学家提出新的历史问题。"他还预言，"考古事业的新时代来了，我们将以最大的注意迎接新的发现。"

正如翦老的期望和预见，新中国建立以来的近 50 年考古学的发现层出不穷，令人惊叹。新石器时代大量聚落和城邑遗址的发现，对探索中国文明的起源，提供了重要的线索；追索夏文化的源头与夏文化的发现，以及商周文化遗址、墓葬的考古发掘成果，对研究奴隶制国家的形成和发展提供了重要证据；各个历史王朝时期及地方民族政权文物的大量出土等等，极大地丰富了历史研究的内容。布满全国的考古发现和出土的大量文物，再次向世人昭示中华民族文化的源远流长、博大精深。所有这一切，都向历史学家提出了新的研究课题。中国考古学的新发现，推动了中国古代历史的研究，两者的密切结合，极大地丰富了马克思主义史学研究内容，使展现在我们面前的中国古代历史的面貌为之一新。翦老为此付出了大量心血，功不可没，人们将永远牢记他的功绩。中国考古学正以其辉煌成果送走 20 世纪，更将以崭新的姿态跨入 21 世纪。

翦老和郭沫若、范文澜诸位史学大师，同为中国马克思主义史学的奠基人、开拓者。他们鲜明的马克思主义立场观点和战斗风格，给我留下了深刻印象。1959 年 6 月 23 日，翦老给历史系 58 级学生做了一次专题学术演讲，题目是"第二次国内革命战争和抗日战争时期文化战线上的斗争"。当时，正值荣天琳先生讲授《中国革命现代史》，所以翦老讲了这个题目，对我们启发和教育很大。1966 年 6 月我把这篇笔记作了整理，不久"文化大革命"爆发，这成了我是翦伯赞"孝子贤孙"的罪状之一。翦老能给我们作学术报告，这是同学们盼望已久的事，不用说同学们有多么高兴。但当时翦老有些气喘，所以演讲时携带着氧气瓶，使同学们很受感动。他详细介绍了中国社会史大论战的过程和抗日战争时期文化战线上两条路线斗争的情况。他满怀深情地告诫我们："为什么学习历史？重要的就是推动历史前进。没有历史，哪能有马列主义，哪能有共产党，哪能有今天？我们党首先要学习历史，明确历史方向，明确历史过程。"翦老以自己的亲身革命实践教育我们坚持正确的历史方向，他撰写的大量论著，宣传了党的主张，团结了许多爱国人士，为统一战线、民族团结和理论宣传、文化教育事业作出了巨大贡献，为建立中国化的马克思主义历史科学作出了巨大的努力，给我们留下了一笔宝贵的精神财富，值得我们永远学习借鉴。

1998 年 4 月 14 日

在翦伯赞同志百年诞辰纪念会上的发言

规划先行　做好三峡库区文物保护

——在三峡库区文物保护规划工作座谈会上的发言

　　三峡工程是一项举世瞩目的建设工程，三峡工程的文物保护工作关系到国家的声誉和工程的形象。江泽民总书记在三峡工程大江截流仪式上发表重要讲话时指出："长江流域是中华文明的发祥地之一，在库区留下了丰富灿烂的文化遗产。要按照'重点发掘、重点保护'的原则，认真做好库区文物保护工作。"做好三峡工程建设中的文物保护工作是每一个中华儿女的责任，也是衡量一个现代化文明工程的重要标志。因此，在某种意义上，三峡文物保护工作的成败直接关系到三峡工程的成败。国家文物局始终把三峡文物保护工作放在一个非常重要的位置，并根据国务院《研究三峡工程建设中文物保护工作有关问题的会议纪要》（国阅［1996］169 号）的精神，履行我局应尽的职责。

一、三峡文物保护规划工作的有关情况

　　1992 年 4 月，七届全国人大五次会议通过兴建长江三峡水利枢纽工程的决议后，我局和湖北、四川两省文物部门即开始组织三峡工程文物遗迹现状调查工作。根据《长江三峡工程水库淹没处理及移民安置规划大纲》和三建委的要求，从 1993 年年底起，我局组织全国文物专家和有关文物工作者，深入三峡库区开展了调查、勘测和试掘工作。1995年 3 月，根据三建委的部署，四川、湖北两省移民局（办）和三峡工程移民规划设计工程单位长江水利委员会（甲方）与由中国历史博物馆和中国文物研究所组成的三峡工程库区文物保护规划组（乙方）分别签订了规划编制合同书。经过各方的努力和多次修改、论证，乙方于1996 年 5 月底，向甲方正式提交了《长江三峡工程淹没及迁建区文物

古迹保护规划报告》(以下简称《规划报告》，包括 1 本总报告、2 本分省报告、5 本专项报告、22 本分县报告，共 30 本报告)。同年 10 月，国务院领导主持会议，专题研究了三峡工程建设中文物保护工作，并形成了会议纪要，对各部门职责和分工以及《规划报告》的审批等，作了明确的规定。会议议定的意见主要有："三峡文物保护工作是三峡工程建设整体计划中的一个子系统，受国务院三峡工程建设委员会统一领导，由该委员会全权负责。四川、湖北省和重庆市政府在国务院三峡工程建设委员会领导下，分别负责本省市三峡工程建设中的文物保护工作。国家文物局指导两省一市开展工作，负责协调在全国范围内调集有关专业人员，参加三峡文物保护工作。该局作为主管全国文物工作的行政管理部门，依据职责对三峡文物保护工作进行督促检查。关于《三峡工程淹没区文物抢救保护规划》的审核，要根据国家确定的'重点发掘、重点保护'的方针，与三峡工程建设和移民工作结合起来统筹考虑，具体由三峡办牵头，会同国家文物局、三峡移民局和四川、湖北省政府、重庆市政府，研究提出意见报国务院三峡工程建设委员会审批。对规划中的单个项目，要认真进行可行性研究，并按中央和省市审批权限分工，由省市审批或报批。"

根据国务院会议纪要精神，于 1997 年 6 月在重庆市召开了三峡工程重庆库区文物抢救保护工作协调会，调集全国 31 个大学、科研单位参加重庆库区文物抢救保护工作，并调集 5 所大学考古系（专业）参加湖北库区文物抢救保护工作，协助三建委移民局安排了 1997 年度三峡库区文物抢救保护项目。我和张柏副局长多次进峡检查考古发掘工地。去年年底今年年初，湖北省、重庆市人民政府分别发文鄂政文〔1997〕78 号《湖北省人民政府关于请予审批〈长江三峡工程水库淹没及迁建区湖北省文物古迹保护规划报告〉的请示》和渝府文〔1998〕7 号《重庆市人民政府关于长江三峡工程水库淹没区及迁建区重庆市文物古迹保护规划报告验收意见的请示》原则同意《规划报告》，并报请三建委审批。

我局一贯认为，做好三峡文物保护工作的关键是尽快审批《规划报告》。为此，我局曾分别于 1996 年 7 月、1997 年 3 月、1998 年 1 月和

1998 年 3 月多次发文敦促有关方面抓紧开展《规划报告》的论证、审核工作。许多人大代表和政协委员也曾多次提交提案和建议，呼吁尽快审批《规划报告》；三建委移民局的领导在提出此次会议的动议时，我们认为三峡文物保护规划已完成并上报两年时间了，而且湖北省、重庆市人民政府也已原则同意《规划报告》并报请审批，因此，我局坚持主张尽快召开论证会，而不是今天的座谈会。三建委移民局认为审批规划的时机尚不成熟，还需听听有关专家的意见，邀请了文物考古、水利、建筑、工程以及隋唐史、历史地理等方面的专家再次到三峡考察，并决定开座谈会。鉴于三峡文物保护工作是三峡工程建设整体计划中的一个子系统，三峡文物保护规划工作由三建委办公室和移民局负责。因此，我局同意召开此次座谈会，并将积极做好配合工作，希望各位专家能畅所欲言，我们大家共同努力把这次会议开好。

二、三峡工程库区文物保护规划组制定的《规划报告》是基本可行的

（一）《规划报告》是科学的、符合实际情况的

《规划报告》是在全国 30 余个文物考古、建筑、地学等科研机构和高等院校的 300 余名科研人员两年大规模调查、勘测及试掘的基础上，由三峡工程库区文物保护规划组汇总完成的。它不仅包含了科研人员的辛劳，也包含了库区各级地方政府的心血。他们的劳动是应得到尊重的。规划组先后 8 次召开汇报会、研讨会或论证会，广泛听取国内知名专家及提供基础资料的部分单位的意见，经过多次修改，最后完成了《规划报告》。广大专家对《规划报告》给予了很高的评价，认为它是科学的，符合实际情况的。

（二）《规划报告》体现了"重点发掘、重点保护"的精神

根据《规划报告》，在三峡库区中，受工程影响的文物点共有 1282 处，其中地下文物 829 处，地面文物 453 处。

在三峡库区 829 处地下文物中，虽规划进行四类不同等级的考古发掘的遗址、墓葬有 722 处，但规划发掘面积仅约占地下文物埋藏总面积的 7.8%，其中遗址发掘面积约占遗址总面积的 7.33%，墓葬发掘面积约占墓葬总面积的 8.43%。在三峡库区 453 处地面文物中，按照甲方要

求，乙方对白鹤梁题刻、张飞庙、石宝寨等三个专项提出了专门的保护规划报告。对其余450处地面文物分别采取搬迁保护、原地保护和留取资料等三种措施。原地保护实际上就是进行必要的加固处理后被水淹没；留取资料实际上就是进行各种必要的记录和收取部分实物标本后被水淹没。采取这两类"保护"措施的文物有199处，占地面文物总数的43.93%。在库区600公里沿线上，在百万移民的情况下，仅搬迁保护115处具有地方特色的古民居，也充分体现了"重点保护"的精神。因此，我们认为《规划报告》体现了"重点发掘、重点保护"的精神。

（三）《规划报告》中一些具体问题可作适当调整，但不影响论证审批

三峡工程是一个跨世纪工程，相关的文物抢救保护工作作为保护人类和民族文化遗产的工程同样引起国内外的广泛关注。当年，规划制作单位根据三建委领导的指示和文物保护工作的实际情况，《规划报告》中提出了建设三座博物馆的设想（分别建在宜昌、万县和重庆市），这是合情合理的，也有利于树立三峡工程的形象。至于博物馆建设的经费是否由库区移民经费来解决，我想可以根据国务院国阅〔1998〕55号文件的精神，另外筹措，报有关部门审批。

另一方面，三峡库区的文物保护和旅游发展项目应严格区分，这是需要政府协调、决策的问题，同时也是一个统筹考虑的问题，而不是文物专家能解决的问题。白鹤梁保护项目就是这类问题，不能说要建馆就是搞旅游，属于旅游项目；如何保护、用什么方式（措施）进行保护，这才是问题的关键。又如民居、祠堂、街区等的搬迁问题，要不要保护与如何利用是两个问题。对于单纯的旅游项目，《规划报告》中没有，我们也不会同意列入文物保护规划中，这类项目应由旅游部门或地方去考虑。

对移民部门提出的《规划报告》中一些"线上文物"、"跨线文物"等问题，应实事求是地加以核对后予以调整。标准就是该文物点是否受到工程的影响，如忠县石宝寨、奉节白帝城等，在水库蓄水后，库水直接冲击其底部，使其造成破坏或面临倒塌的威胁，就不能说是"线上文物"或"跨线文物"，这是一个常识问题。对于这些文物，从保护规划

方面不可能不考虑，但用什么方式更有效、更能节约财力，这是另一个问题。对此可请规划制作单位作具体说明。如果确属工程影响不到的项目，应予以调整。对于迁建区的文物点，我们也希望移民建设单位尽量避开，《规划报告》中提出来，有利于移民建设部门事先考虑，也是对这些文物负责，因而目前不能把它们从《规划报告》中删除。

对于《规划报告》中的经费列支科目、基期计价（有的同志提出规划中的地面项目是按 1995 年的价格，而不是按移民局要求的 1993 年的价格）以及计算方法等，我认为这都是一些技术问题，建议由移民部门按照三峡工程移民的有关规定加以调整，提交论证。

同志们，三峡文物保护工作的时间已非常紧迫，任务繁重，为切实做好三峡文物保护工作，我局建议尽快完成《规划报告》的审核工作。我局再次强调，三峡文物保护工作目前最关键的问题是尽快进行《规划报告》的论证、审批，落实国务院领导的指示精神。1997 年 11 月 7 日，李鹏总理在"三峡工程移民暨对口支援工作会议"开幕式的讲话中指出："要做好文物保护工作。有关部门要尽快审批文物保护规划，按照'重点发掘、重点保护'的原则，把文物保护工作做好。"邹家华副总理在讲话中指出："要进一步重视文物保护工作，要按照'重点保护、重点发掘'的方针，对一些重大古迹和文物保护项目要按照批准的规划，按程序抓紧项目保护方案的论证、报批工作。对城镇建设占地中无法避开的遗址、古墓，要重点地进行发掘，并对其中有价值的制定合理的保护方案。"1998 年 4 月，朱镕基总理主持三建委会议，指出要重视文物保护，并十分关注"规划"的审批工作。我们大家都是责任在身，不能回避矛盾，应积极地寻求解决问题的途径，不能一拖再拖。因此，我们建议三建委办公室按照国阅〔1996〕169 号文件精神，在近期尽快邀请对三峡文物有一定了解、且具有代表性和权威性的文物考古、建筑、水利等各方面专家召开论证会。论证会应形成意见，作为三建委审批的重要参考。

目前，三峡工程建设和移民的进度非常快，但三峡文物保护工作却因缺少足够的经费而严重滞后。因此，不能因为规划的审批影响三峡文物抢救保护工作，移民部门应尽快安排一定数量的经费，以使湖北省、重庆市能在规划审批前抓紧开展三峡文物抢救保护工作。一些重大的文物抢救项目不能再拖，应立即着手进行。

我们相信，在党中央、国务院的领导下，在专家们的支持下，一定能够做好三峡库区文物保护工作。

1998 年 7 月 22 日

规划先行　做好三峡库区文物保护

纪念郑振铎先生

今年是中国现代作家和著名学者郑振铎先生一百周年诞辰，逝世四十周年。

郑振铎先生，祖籍福建长乐，1898 年出生于浙江永嘉（今温州市），笔名西谛、郭源新。他学识渊博，笃实谨严，勤于耕耘，深孚众望，在文学评论、中国文学史、文献学和考古学的研究方面都有独到的成就。他不仅是杰出的现代作家和著名学者，而且还是一位富有开拓精神的事业家和社会活动家，对中国的文化学术事业做出了多方面的巨大贡献。郑振铎先生曾亲身参加过五四运动，大革命失败后，他积极投身到左翼文化运动，与鲁迅、茅盾等一起奋力抗争国民党政府对进步人士的迫害和对进步文化的摧残，在那白色恐怖年代，他和我们党的组织保持着密切联系。新中国成立前夕，他积极响应中共中央"五一"号召，参加了第一届全国政协会议。他是中国共产党的忠实朋友，他十分崇敬毛泽东、周恩来、陈毅等老一辈无产阶级革命家，并同各个方面保持着密切关系，备受党和国家领导人的信任和各界人士的尊重。由他出任文物局局长，在当时是十分合适的，他此后的工作成绩既表明我们党的知人善任，也表明他是当之无愧的。

郑振铎先生是新中国文物事业的主要奠基人和开拓者之一。1949年是中国历史伟大转折的一年，中国人民革命的伟大胜利和中华人民共和国的成立，开创了中国历史的新纪元。但是，新中国成立之初，所继承的是旧中国留下的一个经济、文化十分落后、"一穷二白"、千疮百孔的烂摊子，真是百废待兴，百业待举。在面临许多困难和严峻考验的时刻，郑振铎先生首任中央人民政府文化部文物事业管理局局长，同时兼任中国科学院考古研究所所长和文学研究所所长，组建国家文物行政管理机构和两所研究机构。正是在郑先生的精心筹划下，文物局很快建立起来，并开展了各项工作。1954年，他荣任文化部副部长，并继续主管文物、博物馆、图书馆工作直至1958年10月不幸遇难为国捐躯。他把毕生的精力完全献给了祖国文化事业。他为新中国文物事业的建立和发展，披荆斩棘、恪尽职守，鞠躬尽瘁，他的光辉名字永远铭刻在人们的心中。

郑振铎先生的贡献是多方面的，从文物事业来说，他的功绩主要在于解放思想，实事求是，艰苦创业，开拓奠基。

一、适应经济建设高潮，开展文物调查和田野考古工作

早在20年代，郑振铎先生就开始注意和重视田野考古学，1928年，他编撰了《近百年古城古墓发掘史》，后由商务印书馆出版，这是据知最早向中国学术界介绍埃及、巴比伦、亚述、希腊考古发掘情况的著述。他痛惜祖国珍贵文物的大量流失，痛惜大批文物因为没有经过有系统、有目的科学发掘而造成损失，并且声言："谁要有意于这种工作，我愿执铁锹以从之！"新中国成立初期，在他的倡议下，国家相继组织了山西、山东、河南、河北、东北、西南的文物调查。其中，赴雁北文物勘察团的成员，都是当时著名的文物考古和古建专家，他们先后调查了五台山、应县、朔县、大同等地，发掘了山阴古城，随后发表了《雁北文物勘察团报告》，这是新中国成立后文物考古的第一个科学报告，郑振铎先生为此亲自撰写了序言，给予热情的肯定。1950年，他请著名考古学家夏鼐、郭宝钧先生组织考古发掘队，对河南辉县春秋战国墓地进行了科学发掘，为此后配合大规模经济建设开展考古发掘工作作出了示范。我国国民经济建设第一个五年计划实施时，为配合洛阳城市建设，1954年，在郑先生的安排下，又由科学院考古研究所、北京大学、文物局和河南文物工作队联合组成了发掘队，请著名考古专家裴文中、苏秉琦、安志敏先生带队，进行了有计划的考古发掘，奠定了东周墓葬和汉墓类型分期的标尺和新中国田野考古工作的基础。半个世纪以来，中国考古学取得的辉煌成就，震惊了中外学术界，对中国哲学、历史学、法学、文学研究都产生了深远影响。

二、坚持正确方向，加强博物馆建设

博物馆事业在中国发展是比较晚的，直至 1905 年民族实业家张謇才有上书设博览馆的建议并以个人财力在南通创建了中国第一座博物馆——南通博物苑，此后一些资本主义国家和教会也在中国建立了几个零星博物馆。直到 1925 年，中国政府才有故宫博物院的建立。新中国成立初，郑振铎先生就指出，我们"保存古文物，绝不是供给那些官僚、地主、买办资本家和封建学者们欣赏、摩挲之资"，他明确提出，我们必须同实际生活联系起来，"打开大门"，面向工农兵，面向人民大众，全心全意为人民服务。为此，他做了大量工作。故宫博物院原藏的大量文物精品，大部分被国民党政府运往台湾。为了充实故宫博物院的藏品，郑振铎先生组织力量清查原藏文物，并广泛征集流失文物，从东北、天津征购辑佚故宫散佚绘画，他还亲自指导了故宫博物院绘画馆、陶瓷馆、雕塑馆的创建。在郑振铎先生指导下，中国历史博物馆、中国革命博物馆和北京自然博物馆先后着手筹建工作。经周总理批准，他还同王冶秋同志一起创办了新中国第一个人物性的纪念馆——上海鲁迅纪念馆。上海博物馆、上海图书馆的最初建立，也是在他的关心和推动下诞生的，从此结束了上海没有公共博物馆、图书馆的历史。

三、加强调查研究，重视法制建设

文物局成立之初，郑振铎先生就把法制建设放在重要位置，针对当时盗窃古墓的犯罪活动的严重情况，在他亲自主持下，很快制定了《古文化遗址及古墓之调查发掘暂行办法》；针对当时文物、古籍图书严重流失国（境）外的情况，制定了《禁止珍贵文物图书出口暂行办法》及《文物出口鉴定委员会暂行条例》，加强进出口文物和古籍图书的鉴定工作。这些法规均由政务院明令颁发，有效地保护了我国历史文物和珍贵图书，为以后文物法规建设奠定了基础，产生了很大影响。他在1953 年 7 月，亲自撰写了《基本建设与文物保护工作》一文，总结了新中国成立三年来文物工作的基本经验。第一个五年建设计划颁布后，经济建设高潮迅猛发展，在建设中如何正确处理基本建设与文物考古工作矛盾，这是摆在文物局面前的一个重大难题。他同王冶秋同志组织有关同志调查研究，及时解决遇到的困难和存在问题，总结处理基本建设和文物保护的实践，并及时向中央领导同志反映意见，提出建议，最后由周恩来总理确定了在基本建设中实施"重点保护，重点发掘"和"既对文物保护有利，又对经济建设有利"的"两重两利"方针。这一方针的正确实施，极大地推动了文物保护工作，又保证了经济建设的顺利进行，至今仍是指导我国文物保护工作的重要指导方针。

四、高瞻远瞩，重视人才培养及科学研究工作

新中国成立之初，文物考古人才严重匮乏，远不能适应经济文化建设的需要，为了培养新中国考古人才和文物干部，在他亲自主持下，并商得北京大学同意和支持，由中国科学院考古研究所、文物局和北京大学历史系三家联合，从1952年起连续三年举办了四届"全国考古人员训练班"，被称为考古界的"黄埔军校"。这四期学员经过系统学习培训和田野考古实践，许多人后来或成为各地文物部门的领导干部，或被评聘为研究员、研究馆员、教授，成为一代学者、专家，他们在文物考古工作中发挥了重要骨干作用。为了提高田野考古和文物保护工作水平，推动学术研究，1950年，郑振铎先生主持创刊了《文物考古资料》，这是新中国第一本文物专刊，后改名为《文物》月刊，至今已出500余期。1951年，他又主持了《中国考古学报》（1957年改名《考古学报》）的创刊，主要刊载田野考古发掘和调查报告、有关考古学理论和学术研究论文。1955年，他又主编创刊了《考古通讯》（后改名《考古》月刊）。《文物》、《考古学报》、《考古》今已成为中国最具权威的文物、考古专业的三大学术刊物，在世界学术界范围内都有极大的影响。1957年，在他和王冶秋同志筹创下又创办了国家级专业出版社——文物出版社。40多年来，文物出版社坚持高品位、高标准、高质量，为继承、弘扬祖国悠久辉煌灿烂的历史文化，为展示新中国文物考古事业的成就，出版了一系列的精品图书，丰富了中国和世界文化宝库，得到了国家的表彰和海内外广大读者的喜爱。

五、开展爱国主义教育，重视文物、考古的宣传普及工作

郑振铎先生在主持的历次文物工作会议上都反复强调，博物馆要面向群众，服务群众，对群众进行宣传普及和爱国主义教育。新中国成立

后，许多爱国民主人士向国家捐献文物、图书，郑振铎先生及时倡议举办展览会，一是请各界人士观赏，对捐献者的爱国义举表彰褒扬，二是通过展览，教育更多的人关心、爱护、支持文物保护工作。1950年年初，皖北刘肃先生捐献虢季子白盘，抗日战争时期，刘氏家族为避免日寇掠夺，将这件清道光年间在陕西出土的极为重要的历史文物，埋藏地下，坚拒外国人的重金收购，新中国成立后贡献给国家。郑振铎先生为此举办了特展，对刘先生的爱国之举大力表彰，以推动文物征集工作。郑振铎先生还主持举办了《社会发展史陈列》、《兄弟民族文物展览》、《楚文物展览》等，特别是在故宫举办的《在基本建设工程中出土文物展览》，观众达10余万人次，极大地增强了人们在基建中的文物保护意识。毛泽东同志两次到故宫看了这个展览，给予充分肯定。著名历史学家郭沫若、范文澜、翦伯赞也都先后撰写文章，予以高度赞扬。

六、加强科学研究，提高学术水平

郑振铎先生学贯中西、广博精深，实事求是，治学严谨，他不仅对中国文学史、古本戏曲有精深研究，而且对敦煌壁画与敦煌石室文献、石窟寺及故宫明清藏画、古籍文献整理等都有许多真知灼见。五十年来，中国的文物博物馆事业取得了辉煌成就，大量的考古新发现向我们提出了许多新的问题，要求我们进行深入研究，郑先生的治学精神、方法和成果，至今仍具有指导作用。

总之，郑振铎先生为了新中国文物事业和文化艺术工作，贡献出毕生的心血，当我们回顾半个世纪以来新中国文物事业巨大成就的时候，我们将永远铭记着他的不朽功勋！我是晚一辈人，未曾聆听过郑振铎先生的教诲，更没有能在他直接领导或指导下工作过。但我对他是很崇敬的，我在读中学时就知道他的名字。后来读了他写的《西谛书话》等文章和《插图本中国文学史》，更为他的渊博学识和热爱祖国文化、热爱人民的崇高精神所感动。1958年10月的一天清晨，当中央人民广播电台的播音员用极其低沉的声音宣告，由北京飞往莫斯科途中的一架飞机失事，我国文化代表团团长郑振铎、副团长蔡树藩、团员马适安（北京大学副校长）等不幸遇难，我顿时惊呆了。后来，我们几位同学还到北京八宝山革命公墓去凭吊郑先生，表达了一代青年学子的思念。40

年后，我奉命由地方调入国家文物局工作，从某种意义上说，正是继承与发展他未竟的事业，说来也是一段缘分。

在《王冶秋文博文集》出版后，经局党组研究决定，请局党史征集办公室编辑《郑振铎文博文集》，以缅怀郑振铎先生为新中国文物事业建立的光辉业绩。这两部《文集》记录了新中国文物事业最初三十年发展的历程，对总结研究新中国文物博物馆事业的基本经验具有重要意义。经过谢辰生等老同志和党史征集办公室叶淑穗等同志的共同努力，全书即将付梓，我感到极大欣慰！读了编辑组同志送给我的清样后，郑振铎先生那种热爱祖国、保护祖国文化遗产的赤子之诚跃然纸上，感人至深；那种为弘扬民族文化、振兴祖国文物事业的拳拳之心，深深激励着我，使我深受教育，获益良多，他的学识、人品、经验、基本观点，至今仍是值得我们学习借鉴的。

我们纪念郑振铎先生，学习郑振铎先生，就是要像他那样热爱党、热爱祖国、热爱人民，高举邓小平理论伟大旗帜，坚持党的基本路线，为保护历史文化遗产，弘扬民族文化，振奋民族精神做出新的贡献！

1998 年 9 月 8 日于红楼

纪念郑振铎先生

在"郑振铎—王冶秋文物保护奖"
颁奖会上的讲话

各位来宾、各位朋友、各位同志：

今天，我们欢聚一堂，为获得"郑振铎—王冶秋文物保护奖"的集体和个人代表颁发荣誉证书和奖金。首先，我代表国家文物局和郑振铎—王冶秋文物保护奖组织委员会，对获奖的集体和个人表示热烈的祝贺！对钟华培先生等香港捐资人士表示衷心的感谢！

郑振铎、王冶秋同志是新中国文物博物馆事业的主要开拓者和奠基人，他们的思想风范、学者品格、敬业精神和千秋功业，在文博界广为传颂，有着巨大的影响。

香港敏求学会钟华培等人士，一向关注我国的文物保护事业，自去年以来，他们主动捐资给国家文物局，希望对全国文物博物馆系统的先进单位和个人进行表彰。经国家文物局研究批准，特设立"郑振铎—王冶秋文物保护奖"，专门用于奖励长期在艰苦的条件下为祖国文物保护事业所做出了优异成绩的基层文博单位和工作者，激励广大文博工作者继承和发扬郑振铎、王冶秋同志热爱祖国文物博物馆事业，艰苦创业，无私奉献的思想风范和勤奋敬业精神，进一步促进我国文博事业的发展。这次获得表彰的 10 个集体和 49 名个人，是全国广大基层文博工作者中的代表，这是获奖单位和获奖者的光荣，也是全国文物工作者的荣誉。这些集体和个人的共同特点是不计名利、不辞辛劳、兢兢业业、艰苦奋斗，对祖国历史文化遗产具有深厚的感情和强烈的责任心，在平凡的岗位上，做出了不平凡的成绩。他们有的在本地区的文物普查、保护、发掘工作方面做出了优异成绩；有的经常组织文物法规宣传队，利用文物做好教育宣传工作；内蒙古托克托县博物馆的石俊贵同志刻苦钻研业务，自学成才，成绩优异，被大学聘为客座教授；河南省西峡县文管所的谢宏亮同志冒着生命危险，深入倒卖文物的犯罪分子内部，巧妙周旋，配合公安机关抓获文物盗窃、走私分子，为保护祖国珍贵文化遗产立下了功劳。总之，这些先进集体和个人，是我们广大基层文博工作者爱岗敬业精神的缩影和典型，值得全国文博工作者大力学习。同时，我也希望受到奖励的单位和个人珍惜荣誉，保持本色，脚踏实地，再接再厉，为祖国文博事业做出新的更大的贡献。

最后，我要再一次向获奖的单位和个人表示热烈的祝贺！对香港捐资人士表示诚挚的谢意！

1998 年 10 月 26 日

在局机关机构改革工作
总结会上的讲话

同志们：

　　根据国务院批准的《国家文物局职能配置、内设机构和人员编制规定》，我局机关机构改革工作在党中央、国务院和文化部党组的领导下，从今年7月2日召开的机关机构改革动员大会至今天，已历时4个月。经过各司（室）认真组织实施和机关全体工作人员的共同努力，局机关机构改革"三定"方案落实工作已基本结束。经过机构改革，局机关由原来的4个内设司室精简为3个，处级机构由原来的19个精简为12个，精减36.8%，处级领导职数由原来的30个减少为22个，精简26.7%；人员编制由原来的90名机关行政编制精简为60名，其中，局领导4名，退居二线领导2名，直属机关党委专职副书记1名，办公室（人事劳动司）26名，文物保护司15名，博物馆司12名。在精简人员中分流到直属单位工作的10人，参加学习培训的4人，交流到机关服务心工作的3人，交流到离退休干部处1人，办理退休手续7人。同时，离退休干部处和机关服务中心也与机关同步进行了人员精简工作。目前，司（室）领导已全部配齐，处长、副处长也已大多任命到位。机构改革基本达到了预期目的。这次机关机构改革落实"三定"工作之所以能够比较顺利地完成，主要有以下原因：

　　（一）党组重视，组织严密

　　九届全国人大一次会议审议批准的《国务院机构改革方案》公布后，局党组及时召开会议，认真学习党的十五大报告和党中央、国务院关于机构改革的精神，分析研究了局机关机构改革面临的形势。党组认为，这次国务院机构改革是我国政治体制改革的一个重要组成部分，是适应社会主义市场经济发展的需要，建立办事高效、运转协调、行为规范的政府机构，提高为人民服务的水平的迫切要求。机构改革是一场革命，时间紧、要求高、难度大。尤其是我局上次机构改革落实"三定"工作1996年年底才完成，与这次机构改革相隔时间短，内设机构、职责、人员等刚刚调整理顺，不少同志对这次机构改革的思想准备不足。这无疑给机关机构改革增添了难度。因此，必须高度重视，加强领导，周密组织，坚决按照党中央、国务院的统一部署，遵照江泽民同志提出的"机构改革既要积极，又要稳妥"的方针，圆满完成局机关的机构改革工作。为确保机关机构改革工作的顺利进行，党组决定采取以下做法：

一是成立以党组书记任组长，党组成员参加的机构改革领导小组，负责机关机构改革的领导和决策工作，并成立了机关机构改革工作小组，负责机构改革的具体事务工作，从而为机关机构改革工作提供了组织保障。

二是根据中央编制委员会办公室的统一安排，责成工作小组根据国务院关于机构改革转变政府职能的有关精神，在充分研究论证的基础上，抓紧起草《国家文物局职能配置、内设机构和人员编制规定》方案。工作小组按照党组的要求，在调查研究和广泛征求各司室意见基础上，起草了方案初稿，经党组多次讨论并与中编办反复协商修改，取得一致意见后报经国务院获得批准。

三是国务院《关于国家文物局职能配置、内设机构和人员编制规定的通知》下发后，局党组成员及时组织了学习，并要求工作小组拟定落实"三定"工作方案，做好落实"三定"方案动员会的准备工作。工作小组按党组的要求及时起草了《国家文物局机关落实"三定"方案人员分流与定编定岗工作安排》，经局党组会议研究同意后于7月2日召开了机关全体工作人员和直属单位领导参加的局机关落实"三定"工作动员会。动员会后，各司（室）组织全体工作人员认真学习讨论了中央、国务院有关机构改革的文件和邓小平、江泽民同志的讲话及局机关落实"三定"方案工作安排。通过学习讨论，使大家充分认识到国家机关机构改革工作的紧迫性、必要性和重要性，充分认识到机构改革势在必行，是大势所趋，每个人都要面对现实，摆正自己的位置，正确对待机关机构改革工作。大家表示坚决拥护国务院关于机构改革的决定，积极参与机关机构改革，服从组织安排，以实际行动支持机关机构改革，体现出机关工作人员应有的思想觉悟和较高素质，为机关落实"三定"工作的顺利完成奠定了思想基础。

在整个落实"三定"工作过程中，局党组先后在 16 次会议上研究落实"三定"方案的有关问题，及时根据机构改革工作的不同阶段，提出相应的要求，制定切实可行的办法措施。

（二）加强思想政治工作，制定实施办法

在各司（室）组织大家学习有关机构改革文件精神的基础上，根据局党组的要求，各级领导加强了思想政治工作。首先进行了全员谈话，采取逐级谈话的方式，即局领导按分工找司长（主任）谈话，司长（主任）找本司（室）全体人员谈话。通过谈话，使党组及时掌握了各类人员对去留问题的基本态度和思想动态。针对谈话中反映出来的种种心态，局党组专门召开会议进行了认真分析研究，提出要进一步组织好对中央、国务院有关机构改革文件的学习，加深理解，提高认识，同时要结合局机关的实际情况，制定有关人员分流、学习培训和定编定岗的实施意见，尤其是人员分流的政策在符合国务院文件精神的前提下，要有利于鼓励机关干部参加学习培训，有利于解除分流到直属单位的同志的后顾之忧，充分体现党中央、国务院和局党组对机关干部的关心和爱护。根据党组的要求，工作小组在广泛征求意见的基础上，制定了《国家文物局机关人员分流安排实施意见》、《国家文物局机关人员定编定岗实施细则》和《国家文物局机关分流人员学习培训实施意见》。这三个实施意见既体现了国务院的政策规定，又符合我局的实际情况，体现了局党组对机关干部的高度负责和关心爱护。三个意见经局党组审定印发后，各司（室）及时组织大家进行学习讨论，使大家进一步明确了具体政策规定。在此基础上，工作小组下发了机关人员分流意向调查表，各司（室）领导有针对性地做思想政治工作，引导大家客观分析自身条件，实事求是地选择自己的意向。通过分流意向调查，为分流人员的安排提供了依据。我们对分流人员的安排基本上尊重了个人的意愿。分流人员确定后，从局领导到各司（室）处的领导，更加重视做思想政治工作，局领导、司（室）及机关党委领导多次与分流的同志谈话，有针对性地做思想政治工作，同时，局党组根据分流人员反映出来的困难和要求，在政策允许的前提下，尽可能予以照顾和解决，提出了解决分流人员有关问题的六条意见。由于加强了思想政治工作，并制定切实可行的办法措施，几个月来，我们全局人员的思想是稳定的，工作秩序是好的，各项工作是正常进行的。基本上达到了国务院提出的"思想不散，秩序不乱，工作不间断"的要求。在此我代表局党组向同志们表示感谢。特别需要指出的是，这次机关分流的同志，他们顾全大局，服从组织安排，以自己的实际行动支持机关机构改革，有的同志主动提出分流到直属单位工作，有的提出按有关政策规定办理退休，有的同志没有向组织提出任何个人要求。在明确分流以后，他们抓紧做好自己负责的事情，认真交接工作，站好最后一班岗，表现出良好的思想素质和较强的事业心、责任感。他们良好的思想修养和敬业精神值得我们留在机关工作的全体同志学习。

（三）发扬民主，坚持标准和原则

在处室机构设置、司（室）人员编制、司（室）、处级领导配备和人员分流定岗等几个关键环节上，我们坚决贯彻"工作需要、群众参与、综合考评、组织决定"的原则，充分发扬民主，走群众路线。为了科学设置处级机构和合理下达司（室）人员编制，首先由各司（室）组织全体工作人员讨论，从全局角度和各司（室）主要职责考虑，提出各司（室）处级机构设置意见，包括每个司（室）设置处的数量、名称等。人员编制则采取征求司（室）领导意见的方式，经工作小组汇总后，最后由局党组会集体研究审定；在司（室）领导和处长的配备上，局党组成员做到了不许愿，不搞个人说了算，认真贯彻干部"四化"标准和德才兼备方针，严格执行《党政领导干部选拔任用工作暂行条例》的规定，制定了《国家文物局机关司（室）领导职位设置及任职条件》，分别召开了机关全体干部大会和直属单位领导参加的会议，对司（室）领导和各处处长进行了民主推荐，在此基础上，结合1996、

1997 年度考核情况进行了考察，最后提交局党组会议集体研究决定，并按照干部管理权限任命。副处长的任命由各司（室）领导与各处处长协商并征求主管局领导意见后提出人选，人事劳动司根据平时考察和1996、1997 年度考核情况，提出任职方案，提交局党组会议集体研究决定任命。在人员分流和定岗问题上，是由各司（室）在广泛征求群众意见基础上，本着"工作需要，保留骨干，优化结构，加强基层"的原则，提出意见，最后由局党组会议集体研究决定。可以说，局机关这次机构改革充分体现了"公开、公平、公正、竞争"的原则。

机关机构改革落实"三定"工作从总体上已经完成，但涉及有关的具体工作，有关部门要继续抓紧落实，比如，分流人员的有关手续，人事劳动司要抓紧办理，尽快使分流人员走上新的工作岗位；各司（室）所属处的职责虽然已经局党组会议原则同意，但有关处的职责仍有重复交叉或文字表述不规范等问题，人事劳动司要协调各司（室）进行修改完善；对分流的同志，各司（室）要召开一个欢送会，充分肯定他们的成绩，希望他们对机关工作留下宝贵的意见和建议。总之，要善始善终，把工作做好。

同志们，局机关落实"三定"工作的完成，标志着我们要按照新的机构和调整后的职能开展工作，从现在起离年底不到两个月的时间，按照年度工作计划，还有许多工作要做，任务很重。下面我代表局党组提出以下几点要求：

（一）要加强学习，增强责任感和使命感

经过机构改革，我们的机构精简了，人员减少了，但我们的职能职责并没有减少多少，相对来讲，我们肩负的责任更大了，任务更重了，党和人民对我们的要求更高了。作为文化部管理的主管全国文物、博物馆工作部门的工作人员，如果不具备较高的理论政治素质、思想作风素质和业务素质，不具备较高的思想觉悟和理论政策水平，是难以承担保护历史文化遗产和发展博物馆事业的神圣使命的。因此，每个同志要自觉加强学习。一是加强理论学习，最主要的是学习马列主义、毛泽东思想特别是邓小平理论，因为它是我们认识世界和改造世界的新的强大思想武器；二是要加强党的路线、方针、政策和文物工作方针原则的学习；三是要加强业务学习，同时还要努力学习社会主义市场经济知识、现代科技知识、法律知识和其他各方面的知识。要通过学习，不断提高我们的理论水平、思想觉悟和业务工作能力，真正肩负起党和人民赋予我们的历史使命。

（二）要增强公仆意识，牢固树立全心全意为人民服务的思想，做人民满意的公务员

我们每个同志都担任一定的职务或掌握一定的权力，要时刻保持清醒的头脑，牢记职务和权力是党和人民赋予的，它只是为我们更多更好地为人民服务创造了条件，而不能成为滥用职权、脱离群众、以权谋私的工具和资本。作为国家公务员，必须正确行使党和人民赋予的权力，谦虚谨慎，戒骄戒躁，模范遵纪守法，保持清正廉洁，发扬艰苦奋斗精神，自觉拒腐防变。要心系基层，为基层服务，为文博事业发展服务。

（三）要切实转变思想作风和工作作风，提高工作效率

要有一个良好的精神状态和勤奋敬业、奋发向上的精神风貌。要讲政治、讲正气、讲团结、讲纪律，坚决克服官僚主义、自由主义、作风漂浮、拖拉扯皮、相互推诿、工作质量差、工作效率低的问题。坚决杜绝门难进、脸难看、事难办的现象。各司（室）要根据本司（室）的职责，进一步健全和完善各种规章制度和办事规则程序，并切实抓好落实，使机关作风有一个明显改观。

（四）要努力做好今后两个月的工作

各司（室）要对照检查一下年度工作计划，对列入计划的工作要抓紧进行，确保按时完成。当前要重点做好以下几项工作：一是从现在开始，进行年度工作总结，月底前要完成，同时结合工作总结，制定明年的工作计划；二是人事劳动司要尽快拟定机关工作人员和直属单位领导班子年度考核方案，机关年度考核与工作总结同步进行，直属单位领导班子考核与机关考核穿插进行，争取 12 月底前完成；三是抓紧直属机关第三次党代会的筹备工作，确保 12 月底前召开。

1998 年 11 月 6 日

在贾兰坡院士九十华诞
庆贺会上的发言

今天，我们大家欢聚一堂，庆贺贾兰坡院士九十寿辰。我代表国家文物局、代表全国文博战线上的同志们，感谢贾老为我国文物考古事业作出的巨大努力和杰出贡献，祝贾老生日愉快，健康长寿！

贾老是我国著名的考古学家、第四纪地质学家、中科院院士、美国科学院院士、第三世界科学院院士、国家文物委员会委员。1931 年，他从参加周口店北京猿人遗址的发掘开始，踏上了科学研究的学术生涯。六十多年来，贾老为中国旧石器时代考古学、古人类学、第四纪地质学等学科的建立和发展作出了重要贡献。几十年来，贾老冒着严寒酷暑深入野外工作，足迹遍及全国，亲自发掘和指导旧石器时代考古研究；他在潜心科学研究的同时，还为培养中国考古学专门人才呕心沥血，桃李满天下。早在 50 年代初，贾老应郑振铎、王冶秋之请，为中央文化部、北京大学、中国科学院举办的考古训练班亲自编写讲义，讲授旧石器时代考古学课程，与裴文中先生一起，为中国旧石器时代考古学的发展奠定了基础。可以说，贾老的名字与中国旧石器时代考古学是紧密相连的。50 年代末，贾老在北京大学历史系考古专业讲授旧石器时代考古学课程，深入浅出，深受师生欢迎。我本人作为学生，有幸聆听贾老授业解惑，当时情景，历历在目，至今难以忘怀。在贾老的培育和影响下，有不少学生后来献身于中国旧石器时代考古事业，并做出了积极贡献。

改革开放以来，贾老为提高中国旧石器时代考古发掘和研究水平，不顾年高体弱，亲自在华北地区进行了大量的野外调查和发掘工作，积极促成中国科学院古脊椎动物与古人类研究所与美国加州大学人类学系的合作，并亲任中方队长，在河北阳原泥河湾盆地进行联合发掘，取得重大成果，使泥河湾盆地成为国际古人类学和旧石器时代考古学、第四纪地质学界广泛关注的地区。最近，泥河湾盆地的史前考古又取得了重大进展，这与贾老的远见卓识是分不开的。

总之，贾老在中国旧石器时代考古学的研究及人才培养方面，功勋卓著，影响深远。

贾老热爱祖国、无私奉献、实事求是、勇于探索的高尚品德和坦率真诚、谦虚质朴、平易近人以及热心鼓励、扶持青年后学的长者风范，尤其值得我们广大文物考古工作者很好地学习。贾老不愧是我国文物考古工作者的一代宗师。我们要学习贾老献身科学事业的崇高精神，发扬老一辈科学家艰苦奋斗、科学严谨、积极开拓的光荣传统，为祖国的文物考古事业作出新的贡献。

新中国成立以来，我国的文物考古事业取得了辉煌的成就，中国旧石器时代考古更以其巨大的成果，谱写了人类发展史的崭新篇章。但是，我们也清醒地看到，包括远古人类文化在内的许多文物古迹屡遭破坏，毁坏祖先珍贵遗产的事情还在不断发生，保护文物的任务更加艰巨。

我们要认真贯彻落实、继续坚持"保护为主，抢救第一"的方针，努力做好文物保护工作，尤其要注意保护好古人类化石产地和旧石器文化遗址，推动古人类学与旧石器时代考古学的发展，从而积极有效地发挥其在社会主义物质文明和精神文明建设中的独特作用。

最后，再次祝贺贾老为我国文物考古事业作出的杰出贡献，衷心祝愿贾老健康长寿，万事如意！

1998 年 11 月 25 日

深入学习邓小平理论　推进
文物工作的全面发展

——在"邓小平理论与文物工作研讨会"上的发言

同志们：

　　党的十五大把邓小平理论确立为党的指导思想，这是我们党经过二十年改革开放和社会主义现代化建设的成功实践作出的历史性决策。这一决策对于实现跨世纪的宏伟目标，把建设有中国特色的社会主义全面推向 21 世纪，具有重大的历史意义。在中共中央《关于在全党深入学习邓小平理论的通知》和江泽民同志在全国学习邓小平理论工作会议上发表重要讲话之后，国家文物局对文物系统深入学习邓小平理论作出了及时安排和部署。各地文物主管部门也结合当地文物工作实际积极组织了学习。为纪念党的十一届三中全会召开二十周年，进一步促进在文物系统深入学习、宣传邓小平理论，国家文物局机关党委、中国文物报社和宁波市文化局共同发起召开了这次研讨会，目的就是要更好地以邓小平理论为指导，结合文物工作实际，在全国文物系统掀起学习邓小平理论的新高潮。我初步翻阅了一遍同志们提交这次研讨会的论文，可以看出，大家的学习和研究是认真的，发扬了理论联系实际的学风，其中有的论文的水平也是比较高的。这也从一个侧面反映出全国文物系统学习邓小平理论已经收到了明显成效。下面，我就学习邓小平理论，用邓小平理论指导文物工作谈点肤浅认识，向同志们请教，请大家批评指正。

一、高举邓小平理论伟大旗帜，提高建设有中国特色社会主义文化的自觉性

　　我们正处在世纪之交的历史变革与发展时期。在向社会主义市场经济转变过程中，随着经济结构的调整和现代科学技术的巨大进步，以及世界范围内各种思想文化观念的激荡和社会生活的变动，无不对每个人的思想和心理状态带来深刻的影响，因此，从现在起到下个世纪中叶，我们举什么样的旗，走什么样的路，用什么样的理论来指导，是个至关重要的问题，是关系到全党全国工作大局、关系到我国社会主义事业蓬勃发展，关系到中华民族前途命运的大事。党的十五大全面正确深刻分析了国内外形势，把邓小平理论确立为党的指导思想，作为统领全局、贯穿各项工作的灵魂，对把建设有中国特色社会主义事业全面推向二十一世纪，具有重大的现实意义和深远的历史意义。

第一，邓小平理论是建设有中国特色社会主义的强大思想武器和行动指南

旗帜就是方向，旗帜就是形象。邓小平和以邓小平为代表的中国共产党，正确评价毛泽东同志的历史地位和毛泽东思想的科学体系，重新确立了党的解放思想、实事求是的思想路线，坚持把马克思主义基本原理同当代中国实际和时代特征相结合，紧紧围绕什么是社会主义、怎样建设社会主义这个根本问题，正确分析了社会主义初级阶段的基本矛盾，深刻揭示了社会主义的本质特征，创立了建设有中国特色社会主义的新理论，开辟了改革开放和社会主义现代化建设的新道路。实践证明，在当代中国，只有邓小平理论而不是别的理论能够解决社会主义的前途和命运问题，邓小平理论是当代中国的马克思主义，是马克思主义在中国发展的新阶段。江泽民同志在题为《高举邓小平理论的伟大旗帜，把建设有中国特色社会主义事业全面推向二十一世纪》的中国共产党第十五次全国代表大会上的报告中，对邓小平理论的历史地位、指导意义、科学体系和时代精神作了新的阐述，创造性地运用邓小平理论解决我国经济、政治、文化的一系列重大问题，提出了正确的方针和指导思想，表明了我们党对建设有中国特色社会主义的认识达到了新的高度。他说："在社会主义改革开放和现代化建设的新时期，在跨越世纪的新征途上，一定要高举邓小平理论伟大旗帜，用邓小平理论指导我们整个事业和各项工作，这是党从历史和现实中得出的不可动摇的结论。"深入学习邓小平理论，努力掌握邓小平理论的精髓，提高解放思想、实

事求是的自觉性，在任何时候、任何情况下，不管遇到什么样的困难和风险，我们都要坚持高举邓小平理论旗帜不动摇，这就是党总结二十年改革开放和社会主义现代化建设成功实践所得出的根本经验，也是我们党全面推进建设有中国特色社会主义伟大事业的根本保证。

第二，邓小平理论是建设有中国特色社会主义文化的根本指针

社会主义社会是全面发展、全面进步的社会。因此，实现社会主义现代化，不仅应该有繁荣的经济，而且还应该有繁荣的文化。文化相对政治经济而言，精神文明相对物质文明而言，经济、政治、文化协调发展，物质文明和精神文明都搞好，才是有中国特色的社会主义。也就是说，有中国特色的社会主义经济、政治、文化是互为条件、互相促进、有机统一、不可分割的。同时，文化又有其自身的特点和规律，作为一种意识形态，作为上层建筑的一部分，它不同于直接作用于经济基础的政治，而是以政治、道德等为中介，通过影响人的思想、心理、情感和政治倾向，进而影响人的行为，对经济基础的发展起推动或阻碍作用。一个民族，一个国家，国民的思想道德水平和科学文化素质的高低将直接影响到社会经济的发展。我们无法想象一个文盲充斥的国家能够实现经济的高速发展。古今中外的历史都已证明，任何政治、经济的成果，都要通过与之相应的文化来表现，也就是说要由与之相应的文化来巩固和传承。从二十年前党的十一届三中全会确立了改革开放政策开始，邓小平同志也十分重视文化对于经济建设发展的极端重要性。1979年10月，他就指出："我们要在建设高度物质文明的同时，提高全民族的科学文化水平，发展高尚的、丰富多彩的文化生活，建设高度的社会主义精神文明。"随后又提出了一系列关于社会主义精神文明建设的论述，对社会主义思想道德建设、社会主义教育科学文化建设、继承和发扬中华民族优秀历史文化传统、积极吸取和借鉴世界文化优秀成果等诸多方面，都提出了明确的要求，逐步形成了邓小平的社会主义文化建设理论，这是马列主义基本原理与中国当代实际和时代特征相结合的产物，是对毛泽东文化思想的继承和发展，具有强大的生命力，不仅对我们当前的社会主义建设具有指导意义，而且对跨入21世纪之后中华文化的全面复兴也具有重大意义。

第三，继承和弘扬祖国优秀的文化遗产是邓小平建设有中国特色社会主义文化理论的重要内容

我们党的三代领导集体一贯重视对祖国历史文化遗产的继承和发扬。毛泽东同志在《中国革命和中国共产党》、《新民主主义论》等一系列论著中，对祖国历史文化遗产的批判与继承作过许多精辟深刻的阐述，至今仍是我们的宝贵财富。1979 年邓小平同志也曾指出："'古为今用'，就是吸取古代文化遗产中有益的、精华的成分，与新时代特征相结合，为反映现实服务。"正是由于我们党科学地认识到有中国特色社会主义文化，既渊源于中华五千年文明史，又植根于有中国特色社会主义的伟大实践，所以，在建设社会主义文化过程中，继承和弘扬人类历史文化优秀成果具有重要的意义。邓小平在 1992 年视察南方的谈话中，一再强调说：总之，社会主义要赢得与资本主义相比较的优势，就必须大胆吸收和借鉴人类社会创造的一切文明成果，吸收和借鉴当今世界各国包括资本主义发达国家的一切反映现代化生产规律的先进经营方式、管理方法。同时，他也十分关注祖国历史文化遗产的保护，同年，他在北京市政建设和旧城改造时就明确指示，城市要建设好，文物也要保护好。这是对文物保护工作一贯遵循的"两重两利"方针的充分肯定。江泽民同志十分重视中华民族的传统文化，他将其归纳总结为：热爱祖国的传统、团结统一的传统、独立自主的传统、爱好和平的传统、艰苦奋斗的传统、自强不息的传统，并强调："改革开放，是中华民族自强不息和变革创新精神在当代的集中体现和创造性发展。"

由此可见，建设有中国特色社会主义文化，就是要坚持以马列主义、毛泽东思想和邓小平理论为指导，立足中国现实，继承优秀历史文化传统，吸取外国文化有益成果的民族的科学的大众的社会主义文化，它关系到我国综合国力的增强、关系到中华民族的伟大复兴，我们绝不能等闲视之。那种以牺牲精神文明建设为代价去换取经济的一时发展，或以牺牲历史文化遗产为代价换取精神文明建设设施的做法，都是片面的、不足取的，也是同我们党一贯重视历史文化遗产的保护方针相违背的。总之，任何忽视有中国特色社会主义文化建设的倾向，都会贻误现代化建设的全局，会犯历史性的错误。

二、深入学习邓小平理论，必须把握文物工作的特点和基本规律，努力探索和解决当前文物工作的热点、难点问题作为重点

我国是世界著名的文明古国和文物大国。众多的各历史时期、各民族的文物，作为中华民族五千年文明史的物质载体，是中华民族创造的博大精深、源远流长的古代文明的实物见证，是建设有中国特色社会主义事业的宝贵资源，是营造良好的文化环境，加强精神文明建设、提高社会文明程度，推动改革开放和现代化建设的重要条件。我们要充分认识和发挥文物的独特作用，努力做好文物工作。

新中国成立以来，特别是改革开放二十年来，文物事业取得了巨大成就，获得了长足发展。文物工作的社会影响不断扩大，文物工作的社会地位日益提高，越来越多的各类文物得到了妥善保护，文物事业已经具有相当的规模和较好的基础。但是，文物事业自身存在的局限也是显而易见的。整体上看，当前文物事业的发展状况与我们这样一个有着五千年文明历史的文物大国的地位不相适应；与迅速发展的社会主义现代化建设事业不相适应；与广大人民群众日益增长的精神文化需求不相适应。特别是在正在建立和发展的社会主义市场经济条件下，大型文化遗址保护与经济建设的矛盾，文物保护和当地群众生产生活的矛盾在今后一个时期里还将相当突出。如何坚持以邓小平理论为指导，正确处理和解决这些矛盾，是我们所面临的重要课题。

第一，要研究和把握当前文物工作的特点和基本规律

我国文物工作的基本情况是：拥有丰厚的历史文化遗产和优秀历史文化传统，对整个人类社会的发展与进步曾发挥过巨大的推动作用；已具有相当的规模和良好的基础，文物工作取得巨大成果，越来越多的人关心文物，爱护文物，努力保护文物；已经有了文物保护的根本大法和执法的初步经验，但有关文物保护的法规体系尚不健全，相当一部分人的法制观念和文物保护意识还比较淡薄，文物保护所需要的社会环境还有待改善；与相关社会关系的矛盾仍然存在，特别是文物保护与经济建设的矛盾、文物保护与群众生产生活的矛盾依然十分突出；有了一批考古学者、文物保护专家和文物法制专家，但文物工作本身还不能适应社会发展的实际需要，基础工作仍然比较薄弱，管理工作仍然处于一个较

低的水平，文物保护科学技术水平不高；国家和各级政府近二十年来对文物保护事业投入了大量经费，但对于我们这样一个历史文化遗产丰富的国家来说，文物事业经费远远不足；文物管理体制仍然具有一定的局限性，特别是机构建设和队伍素质不能适应文物事业快速发展的需要。

文物工作的基本规律是：文物的根本属性是不可再生和不可替代的；文物在两个文明建设中具有重要的作用和意义；文物本身所具有的多种多样的遗存形式，决定了文物保护工作是庞大的系统工程；保护是文物工作的基本前提；抢救是现阶段工作的重要内容；利用是社会发展的必然需要，也是促进保护工作良性循环的重要环节。

文物工作的特点和基本规律决定了当前的工作方针和政策。党中央、国务院在几年前就提出了"保护为主，抢救第一"和"有效保护，合理利用，加强管理"的基本方针和指导原则。通过总结近年来的实践经验，我们更深刻地体会到这个方针和原则的提出是极富远见、极其科学的，对社会主义初级阶段的文物工作是完全适用的。我们一定要牢牢把握住这一方针和原则，努力建立与社会主义市场经济相适应的文物工作新体制。

第二，解放思想，实事求是，大胆探索，勇于实践

邓小平理论的一个显著特点就是"坚持解放思想、实事求是，在新的实践基础上继承前人又突破陈规，坚持用马克思主义的宽广眼光观察世界，开拓了马克思主义的新境界"。高举邓小平理论的伟大旗帜，要求我们要解放思想，更新观念，特别是打破主观认识和传统认识上的束缚，既要坚持文物工作的方针、原则，又要勇于探索文物工作在社会主义市场经济条件下的新思路和新举措。

——加强文物工作理论研究。理论的价值在于指导实践，我国文物事业的发展，在很大程度上取决于能否建立一个完整的文物理论体系，并在理论的指导下积极实践。我们应当承认，一方面，文物工作在理论建设方面的准备尚不充分，不能适应文物工作飞速发展的客观需要；另一方面，当前文物工作正面临着许多新情况、新问题，例如如何加强文物市场的管理，关于个人兴办博物馆及管理，复仿制文物及对文物复仿制品的管理，文物的保护与利用等等，如果我们不积极探索这些事物所

涉及的理论问题并提出对策，只是坐等上级领导拿主意，坐等上级机关发红头文件，恐怕永远也不会完成文物事业的改革，也是文物行政管理部门的严重失职行为。

——以建立国家保护为主同时动员全社会保护的新体制为重点，积极探索社会各个方面参与文物保护的方式方法。在社会主义初级阶段，从我国国情实际出发，文物保护仍然主要由国家投入，这是我国社会主义公有制的经济基础决定的，是由文物博物馆事业属于社会公益性事业的性质所决定的。同时，要对社会各个方面如何参与文物保护的方式方法进行探索，运用精神的包括经济方面的优惠政策调动和保持全社会参与文物保护的持之不断的热情和积极性。总之，新体制的核心是文物工作的"五纳入"，只有加强和完善"五纳入"才能保证这一新体制的建设和发展，推动全社会参与文物保护，形成热爱祖国文物、保护祖国文物的良好社会环境。

——全力推进文物事业、企业单位的改革，从实际出发，逐步建立和完善适应社会主义市场经济条件下的文物工作体制和运行方式。根据党中央、国务院的统一部署，近期内我们要重点抓好文物事业单位的改革。

——加强法规建设等基础性工作。进一步完善《中华人民共和国文物保护法》及有关法规，形成完整的文物保护法规的网络体系；文物法制建设是各级文物行政管理部门依法行政、依法管理的基本保证。随着我国改革开放的日益深入和现代化建设的发展，文物工作面临许多新情况、新问题，迫切需要以法律、法规规范来保障文物事业的发展。提高和完善文物工作者的法律意识，也是文物法制建设的重要内容，要逐步建立文物工作"有法可依，执法必严，违法必究"的法律环境和法律秩序。同时要大力宣传普及文物和文物保护方面的法律知识，在全社会逐步形成珍惜爱护祖国文物的良好的社会环境氛围。

——强化政府职能的转变，根据实事求是的原则建立新的文物保护工作秩序。根据党中央、国务院的统一部署和文化部党组的具体要求，在国务院办公厅《关于国家文物局职能配置、内设机构和人员编制规定的通知》印发之后，国家文物局党组把机关的机构改革作为一项重点工作来抓，本着"工作需要，保留骨干，优化结构，加强基层"的原则，使这次机构改革工作得以顺利进行。目前，国家文物局的内设司室由4个精简到3个，处级机构由19个精简到12个，局机关人员由90人精简到60人。机构改革的最终目标是创立一个高效、务实、廉洁、全心全意为人民服务的政府机关，创立一个能够适应社会主义市场经济体制的运转正常的政府部门，为中国经济的发展创造一个最佳的政治社会环境。我认为，文物工作的管理也有一个切实转变政府职能、转变工作方式、转变工作作风的问题，希望大家同我们一起思考这个问题，进一步加强国家保护的政府行为，强化功能，改善管理，适应新形势、新任务和新情况的要求，促进文物保护事业的稳步协调发展。

三、深入学习邓小平理论，必须加强领导，端正学风，努力推动文物工作不断向前发展

在全国文物系统深入持久地掀起学习邓小平理论的新高潮，是我们当前工作的一个重要任务。文物系统近期学习邓小平理论的指导方针是：全面贯彻十五大精神，完整学习邓小平理论的科学体系，深刻领会邓小平理论的基本立场、观点和方法，牢牢把握解放思想、实事求是这一理论精髓；紧密结合文物工作实际，深入学习、研究、宣传并自觉运用邓小平理论指导文物工作实际；全面贯彻落实党中央、国务院关于文物工作的各项方针、政策，把握方向，狠抓落实，坚持改革，开拓进取，努力开创文物工作的新局面。

通过学习，我们应当达到这样的基本目标：贯彻落实党中央的部署，在全国文物系统兴起学习邓小平理论的新高潮；以理论学习为基础，进一步解放思想，提高认识，开阔视野，使整个文物系统的思想认识水平、理论水平和实际工作能力有较大的提高；深入学习、研究邓小平理论，要着眼于实际，着眼于运用，着眼于丰富，着眼于发展，切实分析、研究、解决文物工作中的重点、热点和难点问题，开创文物工作理论建设的新局面；用邓小平理论指导文物工作实际，促进文物工作改革的深入，促进文物事业的不断发展，把有中国特色的社会主义文物事业全面推向二十一世纪。

——加强对邓小平理论学习的组织领导。各级文物主管部门要把学习邓小平理论作为一项紧迫的政治任务来抓，采取切实可行的措施，把理论建设的各项任务落到实处。要切实组织好文物系统的学习，制定规划，有计划、按步骤地进行学习。学习要以自学为主，同时要根据本地区、本部门的实际，因地制宜地做好组织、引导和辅导工作。各级领导干部要关注理论建设的动态，加强对理论建设工作的指导，切实解决理论建设中遇到的各种问题。

——联系文物工作实际，深入进行调查研究。没有调查研究就没有发言权，没有调查研究也没有决策权。文物事业发展和改革的实践给我们提出了很多新问题，迫切需要调查研究分析事物的本质和发展趋势，找出事物发展的新契机。国家文物局将在明年结合工作的实际，组织开展较大规模的调查研究。同时也希望各地文物主管部门把调查研究工作作为学习邓小平理论、进行文物事业改革的第一环节，从调查研究中找出办法，从调查研究中找到出路。

——大力倡导解放思想、实事求是、理论联系实际的优良学风。理论联系实际是我们党优良的传统和作风，也是学好邓小平理论最有效的方法和途径。深入学习邓小平理论，关键在于弘扬理论联系实际的马克思主义学风，使理论学习和研究成果转化为提高文物工作水平的强大动力。要坚持解放思想、实事求是的思想路线，坚持一切从文物工作实际出发，运用邓小平理论的立场、观点、方法来分析、研究、解决问题。要贯彻"百花齐放，百家争鸣"的方针，努力养成认真学习的风气、民主讨论的风气、积极探索的风气、求真务实的风气。要反对言行不一、表里不一，说一套做一套，说假话，说空话的不良风气。在学习和讨论中，提倡敞开思想，各抒己见，允许发表不同意见，不搞大批判，不搞无谓争论，不抓辫子，不打棍子，不戴帽子。不要随便把学习讨论中的思想认识问题说成是政治问题，要坚持真理，修正错误，不断提高广大文物工作者理解和执行党的路线、方针、政策的水平，促进文物工作的全面发展。

——邓小平理论不仅是改造客观世界的有力武器，同时也是我们改造主观世界的有力武器。在理论联系实际的过程中，要把联系客观实际与联系主观实际结合起来。邓小平曾经指出："对于那些只顾迎合一部分观众的低级趣味，而不惜败坏社会主义文艺工作者光荣称号的人，广大群众表示愤慨是理所当然的。这种'一切向钱看'，把精神产品商品化倾向，在精神生产的其他方面也有表现。有些混迹于艺术界、出版界、文物界的人简直成了唯利是图的商人。"这一重要论述对于我们提高政治素养，加强责任感和职业道德，使文物干部队伍健康发展，都具有振聋发聩、发人深省的作用。对此，我们一定要联系主观实际，全面理解和正确把握，认真学习，深刻领会。

总之，学习邓小平理论一定要紧密联系各方面实际，在掌握和运用科学的立场、观点和方法上下苦工夫。在当前，特别要深入开展以"讲学习、讲政治、讲正气"为主要内容的党性党风教育，通过学习邓小平理论，结合现实中存在的问题，坚定建设有中国特色社会主义信念，努力加强党性锻炼和自身修养，牢固树立马克思主义的世界观、人生观和价值观，在实践中不断提高自己的思想觉悟和专业水平，自觉抵制各种错误思潮和腐朽思想的侵蚀，弘扬爱岗敬业精神，认真实践全心全意为人民服务的宗旨，做一个人民满意的合格公务员、一个人民信任的文物专业干部。只有这样做，我们才能开创文物工作的新局面，也才能创造性地推动有中国特色社会主义文化事业的发展。

1998 年 12 月 9 日

高举旗帜、把握方向，扎实工作、团结奋进，继续努力开创文物工作新局面

——1999 年全国文物局长会议工作报告

同志们：

这次全国文物局长会议是一次十分重要的会议。会议将认真学习江泽民总书记等中央领导同志的重要讲话和党的十五届三中全会精神，总结一年来文物工作取得的主要成绩和基本经验，在党的十五大精神指引下，在文化部的领导下，以邓小平理论为指导，坚持党中央、国务院确定的文物工作方针和原则，继续推进文物工作改革，进一步加强宏观管理，加强法制建设，提高队伍素质，提高基础工作水平，以优异的工作成绩迎接新中国成立五十周年。

一、1998 年的工作回顾和改革开放二十年来文物事业的进步与发展

1998 年，在我们党和国家发展历史上，是经受严峻考验并取得辉煌胜利的一年。在这一年里，全国广大文物工作者结合文物工作实际，深入学习邓小平理论，贯彻落实国务院《关于加强和改善文物工作的通知》提出的各项要求，把握方向、坚持改革、狠抓落实、开拓进取，使各项工作迈上了新台阶。

（一）文物保护抢救工作取得显著成绩

遵循"保护为主，抢救第一"的文物工作方针，加大了文物抢救维修工作的力度，全年安排下拨了两批国家重点文物专项补助经费和文物保护设施建设投资经费 1.45 亿元，其中 70% 用于国保单位，新有 20

余项重点文物保护维修工程启动。天坛、颐和园被联合国教科文组织列为世界遗产名录。《中国文物地图集》陕西分册也于年底出版。1998 年夏季，长江、嫩江、松花江流域遭受特大洪涝灾害，灾区的广大文物工作者积极贯彻落实我局发出的《关于加强洪涝灾区文物抢救保护工作的紧急通知》精神，奋力抗洪，使文物的损失降低到最低程度。灾后，我局积极组织对受灾情况进行调查了解，增大了用于抗洪救灾中的文物保护抢救维修工作的专项补助经费。

（二）考古工作取得新成果

在全年审核的 460 余项考古发掘申请中，陕西秦始皇陵、汉阳陵、浙江慈溪上林湖越窑遗址等考古发掘项目取得重要收获。三峡文物保护规划已通过专家论证，湖北省、重庆市三峡文物抢救保护工作已全面展开。贯彻中央领导同志关于重视边疆历史文物工作的指示精神，召开了"东北地区文物考古工作座谈会"，西藏阿里地区文物抢救保护工程取得阶段性成果，对新疆文物工作状况进行了初步调查研究。西沙北礁水下文物抢救保护工作获得重大成果。

（三）充分发挥博物馆在精神文明建设中的作用

实施精品战略，推出一批精品展览，《人民的好总理——纪念周恩来一百周年诞辰展览》、《纪念刘少奇百年诞辰展览》、《历史的丰碑——纪念党的十一届三中全会二十周年展览》等获得成功，在社会上引起好评。各省市也相继推出一批好的展览。完成了 1997 年度全国文物系统十大陈列展览精品的评审表彰活动。召开了以抗日战争史纪念馆为主题的部分省市革命纪念馆工作座谈会，印发了《国家文物局关于加强革命文物和近现代重要史迹保护的基础工作的意见》。全国重点文物保护单位中 50 余处革命旧址的维修工作全面展开。

（四）文物安全工作取得显著成绩

认真贯彻落实江泽民总书记和李岚清副总理关于加强防火安全工作的重要指示，国家文物局就文物防火安全发出一系列通知并多次进行检查。各地在加强日常工作的同时，进行检查。各地在加强日常防范工作的同时，重点打击盗窃文物团伙，使前一阶段盗窃田野石刻文物的歪风得到有效遏制。在国务院领导同志的高度重视和外交、公安、司法、财政、海关等有关部门的共同努力和支持下，通过外交途径和法律手段，以及我方对文物所有权主张的严正立场和坚定态度，首次成功追回走私到英国的三千余件我国文物，并与海关总署、公安部联合举办了《打击文物走私成果展览》。我局与联合国教科文组织和海关总署、公安部等联合举办"打击文物非法交易和走私研讨班"。

（五）文物法制、法规建设取得新的进展

《文物保护法》修订稿在征求了全国文物系统和有关部委的意见后，已上报国务院法制办公室。颁发了《考古发掘管理办法》、《考古发掘品移交办法》、《文物复制管理办法》等行政规章。

（六）民族文物工作得到重视和加强

国家文物局和国家民委一起召开了少数民族文物工作会议，印发了《关于加强少数民族文物工作的意见》。从 1998 年起加大了民族文物保护经费的投入。

（七）文物对外交流与合作不断拓展

为落实国务院领导同志关于文物外展工作的重要批示精神，我局召开了"全国部分省市文物外展工作座谈会"，总结了近年来文物外展工作中的成绩和存在问题。对已发布的《文物出国（境）展览管理办法》等法规文件进行了修订完善，印发了《文物、博物馆单位接受国外及港、澳、台同胞捐赠管理暂行规定》。在美国、西班牙举办的《中华五千年文明艺术展》获得成功，近 100 万观众参观了展览。我国参加的国际社会对柬埔寨吴哥古迹的保护工程开始实施。

（八）机构改革进展顺利，事业单位改革正在积极制订或论证改革方案

根据国务院《关于国家文物局职能配置、内设机构和人员编制的规定》，我局进行了机构改革工作。内设司室由 4 个精简到 3 个，处级机构由 19 个精简到 12 个，局机关人员精简了 33%。在国务院和文化部的正确领导下，各司处干部顾全大局，各直属单位大力支持，做到思想不散，秩序不乱，工作正常运转，使机构改革按预定部署圆满完成。与此同时，积极做好文物系统事业单位改革的准备工作，确定了中国历史博物馆等单位作为改革试点。历史博物馆拟订了改革总体工作方案和16

个配套文件。我局将与人事部一起表彰全国文物系统 30 个先进集体和 20 名先进个人。

当我们高兴地回顾 1998 年的工作成果时，就不能不想到新中国成立后，在党和政府的关心和支持下，一代又一代文物工作者呕心沥血，造就了今天文物事业获得可喜成就的丰碑；就不能不想到改革开放二十年来，国家的政治稳定和经济繁荣，直接促进了文物事业发生了令人瞩目的巨大变化。1978 年，党的十一届三中全会确定了改革开放的基本路线，使社会主义中国从此走上了改革与发展的正确道路，全国广大文物工作者抓住机遇，迎接挑战，坚定不移地执行文物工作的基本方针和指导原则，积极探索文物工作在社会主义市场经济条件下的新思路、新举措。二十年来，我国的文物工作取得了巨大成就，为文物事业的持续发展奠定了扎实的基础。

（一）党中央、国务院一贯重视文物工作，为文物保护工作明确了方针和原则

1979 年邓小平同志就曾指出，"'古为今用'，就是吸取古代文化遗产中有益的、精华的成分，与新时代特征相结合，为反映现实服务。"江泽民同志在党的十五大工作报告中强调："要重视科学、历史、文化的遗产和革命文物的保护"。他还指出："现实中国是历史中国的发展。中国是一个有着五千年历史的国家，从历史文化来了解和认识中国，是一个重要的视角。"1992 年在西安召开的全国文物工作会议上，李瑞环同志代表党中央、国务院提出了"保护为主，抢救第一"的工作方针，此后，国务院又进一步提出了"有效保护，合理利用，加强管理"的工作原则。1997 年 3 月，国务院发布了《关于加强和改善文物工作的通知》，明确提出"要努力建立适应社会主义市场经济体制要求、遵循文物工作自身规律、国家保护为主并动员全社会参与的文物保护体制"。1998 年 1 月，中央办公厅、国务院办公厅转发了中宣部等六部委《关于加强革命文物工作的意见》。《通知》和《意见》为新时期文物工作指明了正确方向，提出了运用历史文物和革命文物进行爱国主义、革命传统教育的光荣任务。全国人大和全国政协也多次检查、指导文物保护工作。国务院各有关部门以及地方各级党委、政府也不断加强对文物工

作的领导和支持，全社会正在形成保护祖国文物的良好社会氛围。国家的政治稳定和经济繁荣是文物事业赖以生存和进步的基本前提，各级政府对文物事业的关心和重视是我们开展工作的根本保障，人民群众对精神文化日益增多的需求，成为我们做好文物工作的强大动力。

（二）我国源远流长、博大精深的古代文明为世界所仅见，丰富的文物为我国文物工作者提供了发挥聪明才智和创造力的广阔天地

二十年里，通过全国广大文物工作者的辛勤奋斗和不懈努力，我国文物保护工作获得了长足进展。据我们掌握的资料，1978 年全国文物经费只有 2780 多万元，其中博物馆 1860 万元，文物维修费 428 万元，考古发掘费只有 74 万元。改革开放以后，国家开始较大幅度地提高了文物保护经费，从 1992 年起，仅中央文物保护专项补助经费每年达到 1.3 亿元。全国各级政府对文物博物馆事业的投入也有较多增长，1997 年，全国共有 25 亿多的经费投入于文物保护事业，其中各级文物保护单位维修经费达 3 亿多元；考古发掘经费更增到 5 千多万元。1978 年，全国只有 721 个文物保护和管理机构，1 万 3 千多名工作人员，收藏保管文物 680 万件。至 1997 年，全国文物保护和管理机构有 3412 个，有 20 个省（自治区、直辖市）设立了文物局，工作人员增长到 6 万 3 千多人，其中有大专以上学历者近万人，有 2000 名高级研究人员。全国文物、博物馆系统的馆藏文物标本有将近 1 千 2 百万件。所有这些数字记载了全国广大文物工作者无私的奉献和辛勤的脚步，记载了共和国文物事业的发展历程，更记载了作为世界文明古国之一的中国正在尽快加入文物保护先进国家的行列。

（三）文物法制建设取得重大进展，以《文物保护法》为核心的法规体系得到丰富和完善

1982 年第五届全国人民代表大会常务委员会第 25 次会议通过并颁布了《中华人民共和国文物保护法》，标志着我国文物保护管理工作进一步纳入法制化轨道。此后，国家相继颁布了《文物保护法实施细则》、《中华人民共和国水下文物保护管理条例》、《中华人民共和国考古涉外工作管理办法》等行政法规。各级人大和地方政府还结合本地实际制定了专项的文物保护法规，在各个层面上推动了我国文物保护法制

化的进程。当前已初步形成的以《文物保护法》为核心、有关行政法规为骨干、地方文物法规相配套的我国文物保护法规体系，为实现党中央、国务院提出的"依法治国，建设社会主义法治国家"的伟大目标，为在市场经济条件下依法行政、依法管理，为做好现阶段我国文物工作奠定了坚实的基础。

（四）各项基础工作获得较大发展，文物保护抢救维修工作全面展开

目前我国已知的地上地下不可移动文物有近 40 余万处，全国重点文物保护单位 750 处，省级文物保护单位近 7000 处，县级重点文物保护单位近 6 万处。1982 年以来国务院相继公布了 3 批国家级历史文化名城 99 座。自我国加入《保护世界文化和自然遗产公约》以来的十多年里，我国已有 21 处遗产被列入世界遗产名录，总数达到世界第四位。在 750 处全国重点文物保护单位中，约有 90% 已经完成了"四有"工作。1992 年以来，我国历史上最大规模的文物保护抢救维修工程全面展开。到本世纪末，全国重点文物保护单位基本无险情的目标有望实现。

（五）中国考古学研究体系为文物保护工作提供了理论和方法上的科学依据

考古工作与文物保护工作相互促进，共同发展。一大批掌握考古学理论和技能的专家成为文物保护工作的中坚。各地考古工作者积极配合国家基本建设和城市建设项目开展考古工作，取得一系列重大成果。文物保护工作的显著成就也促进了考古学理论、方法、技术手段及考古学研究的更大进步。边疆考古课题也逐步得到开展。航空考古、水下考古已具备一定的工作水平。现代科学技术在考古研究上的应用更加广泛。《中华人民共和国考古涉外工作管理办法》的发布和实施，标志着中国考古学界向世界敞开大门。中国考古学地位日益提高，已经成为我国在国际学术研究领域中的先进学科之一。

（六）博物馆事业蓬勃发展，基础设施建设明显改善

1949 年，全国只有博物馆 21 所，1978 年达到 349 所，截至 1997 年末，全国仅文物（文化）系统管理的博物馆就有 1274 所，拥有文物

藏品 900 多万件，其中一级品 4 万多件。1997 年举办陈列展览 7500 个，接待观众 9000 万人次。博物馆在数量不断增加的同时，种类也日益丰富，规模不断扩大，分布更加广泛，业务活动水平也有了很大提高，一些代表国家先进水平的博物馆已经开始进入国际一流博物馆的行列。

（七）文物保护工作中的科技含量不断增大，现代科技手段被广泛应用到文物保护事业当中，国际文物科技交流日渐增多

截至 1998 年年底，共有 110 项科研成果获文化部、国家文物局文物科技进步奖。其中 7 项获得国家科技奖。这些科研成果覆盖文物保护领域各个方面，有些项目已经达到或接近世界先进水平。近期开通的"中国文物网站"、正在进行的"全国文物信息管理系统"以及各地有计划开展的各类分析研究和资料信息库系统的开发工作，显示了现代科学技术在文物工作中的强大生命力。

（八）文物对外交流工作空前活跃，向世界各国人民介绍了中华文明光辉灿烂的历史文化，展示了文物保护事业的巨大成就，为世界了解中国、认识中国提供了重要视角

20 世纪前半叶，我们只有两个小规模的文物展览出国，新中国成立后的前 20 年，也只有屈指可数的几个展览到东欧等地展出。自 1972 年起，在周恩来总理倡导下，中国文物开始作为对外文化交流的重要使者走出国门，引起世界注目。据初步统计，自 80 年代以来，我们共在境外举办了 1000 个文物展览，参观人数达近亿人次。其中《伟大的青铜器时代》、《中国古代珍宝展》、《秦兵马俑展》、《中国帝王陵墓展》在美、英、德、日等国家受到了高度赞誉。同时，我们还采取与国外合作出版文物书籍、合作拍摄影视作品等多种形式，全面介绍中国的文物和文物保护工作。我国的文物保护事业得到了越来越多的来自国际社会的支持，接受了一批援助或合作项目。一批流失海外的文物也得以回归祖国。

与此同时，我们还加强了同香港特别行政区和澳门、台湾的文化交流工作。香港回归祖国后，我们举办的《中国历史文物精华展》、《天工开物——中国古代科技文物展》和《周恩来总理百年诞辰展》受到

港、澳同胞的热诚欢迎。在台北举办的《秦兵马俑和金缕玉衣展》获得圆满成功。这些展览对实现"和平统一，一国两制"，弘扬中华文化起到积极作用。

综上所述，文物工作能取得这样大的成绩主要是由于党中央、国务院为文物工作确定了正确的方针政策并得到认真贯彻的结果；是改革开放以来社会经济稳定增长，直接促进了文物事业发展的结果；也是全国文物工作者在各级党委、政府领导下艰苦奋斗、扎实工作的结果。在此我代表国家文物局向全国文博战线上的全体职工、各位专家、技术人员和他们的家属表示崇高的敬意和感谢！

在看到成绩的同时，我们也清醒地看到，前进中还存在不少问题和困难。这些问题主要是：文物工作如何尽快适应社会主义市场经济体制的逐步建立和完善；文物、博物馆发展水平与整个国民经济和社会发展不相适应，经费投入与实际需要仍有很大差距；文物保护与经济建设的矛盾仍很突出，文物遭到盗掘、盗窃破坏的情况还很严重，特别是法人违法的情况时有发生；对于市场经济条件下文物流通领域发生的变化，我们各方面的准备不足，措施不力；文物保护设施的硬件建设和科技保护水平仍然不尽如人意；文物、博物馆队伍的整体素质亟待提高。所有这些问题都需要全国的广大文物工作者认真思考，采取有力措施，逐步加以解决。

二、关于当前需要研究和解决的几个问题

为了全面促进文物工作在下个世纪获得更大的发展，我们必须着重解决影响和制约文物事业发展的主要矛盾，及时发现并逐步解决社会主义市场经济条件下文物工作出现的新情况、新问题，勇于探索文物工作新体制下的新思路和新举措。下面，我就当前大家比较关心的问题提出几点看法，与大家共同研究。

（一）始终坚持文物工作的方针和原则

党中央、国务院在几年以前就提出了"保护为主，抢救第一"的方针和"有效保护，合理利用，加强管理"的原则。通过广大文物工作者的共同努力，这一方针和原则已经贯穿于文物工作的各个方面。几年来文物工作的实践证明，这一方针和原则的提出是极富远见、极其科学的，它不仅完全符合我国文物工作的自身规律，与社会主义市场经济的要求相适应，更是由我国当前处于社会主义初级阶段的现状所决定的。

我们必须承认现阶段文物事业的基础仍然比较薄弱，文物管理工作仍然处于一个较低的水平，文物干部队伍素质仍然不能适应文物事业快速发展的需要。我们必须正视在相当长的一个历史阶段内，文物保护与经济建设的矛盾依然存在，文物事业发展中社会效益和经济效益之间的矛盾依然存在，文物工作与社会主义市场经济体制之间不相协调的矛盾依然存在。正确认识和准确把握文物工作的现状和主要矛盾，深刻领会社会主义初级阶段是一个长期的历史发展进程，是文物工作必须始终坚持"保护为主，抢救第一"方针和"有效保护，合理利用，加强管理"原则的根本出发点。

始终坚持"保护为主，抢救第一"方针和"有效保护，合理利用，加强管理"原则不动摇，要求我们高度认识文物事业在社会主义建设事业中的重要地位。文物事业在建设社会主义精神文明和有中国特色社会主义文化事业中占有特殊地位，有着不可替代的作用。改革开放二十年来，经济建设迅猛发展，极大地推动了文物工作的进步和发展，为文物工作奠定了坚实的物质基础。做好文物保护工作，对经济建设的发展同样具有极大的促进作用。当前我们就是要进一步树立并强化服从和服务于经济建设这一中心工作的意识，本着既有利于文物保护，又有利于经济建设和提高人民群众生活水平的原则，积极参与到与文物工作有关的国家经济建设当中去，当前特别要做好配合国家扩大内需的经济和社会发展项目中的文物保护工作。

始终坚持"保护为主，抢救第一"方针和"有效保护，合理利用，加强管理"原则不动摇，要求我们深入贯彻《国务院关于加强和改善文物工作的通知》精神，"努力建立适应社会主义市场经济体制要求、遵循文物工作自身规律、国家保护为主并动员全社会参与的文物保护体制"。这个体制的核心内容是要逐步实现"五纳入"，即要把文物保护纳入当地经济和社会发展计划，纳入城乡建设规划，纳入财政预算，纳入体制改革，纳入各级领导责任制。这是新形势下文物事业发展的客观需要，是加强和改善文物工作的根本措施。我们应当承认，在全国范围内"五纳入"并没有得到完全落实，有些地方甚至有相当大的差距。这就要求我们各级文物部门首先要认识到"五纳入"的重要性，把握机遇，以责任在身、当仁不让、守土有责的精神，积极争取各级政府对文物工作的关心和支持，履行自己光荣而神圣的职责。在当前的"五纳入"工作中，要特别注意做好大遗址的保护工作，加大科学研究和规划制订工作的力度，并将遗址保护规划纳入到当地城乡建设计划和社会发展规划。要抓紧制订大遗址保护的专项法规或规章，依法加强管理工作。同时要正确处理大遗址保护与当地群众生产生活的关系，积极探索建立大遗址保护的新体制。

始终坚持"保护为主，抢救第一"方针和"有效保护，合理利用，加强管理"原则不动摇，要求我们坚持为人民服务、为社会主义服务的方向，坚持社会效益放在首位，努力实现社会效益和经济效益的最佳结合。我们强调文物工作具有鲜明的时代性和民族性、群众性、科学性，反对把文物保护作为社会上一小部分人的事业，要通过各种形式，争取越来越多的人民大众热爱祖国文物，关心祖国文物，参与到祖国的文物保护事业中来。我们要逐步增强自身发展的生机与活力，建立和完善能够良性循环的运行机制，反对片面追求经济利益的倾向，防止出现新的混迹于文物界的唯利是图的商人。我们鼓励对文物的本体及外延进行尽可能的合理利用、反对恶性开发，竭泽而渔，甚至以不惜牺牲文物为代价的所谓充分利用。我们支持在社会主义市场经济不断发展和完善的过程中，逐步寻找和摸索文物工作社会效益和经济效益的最佳结合点，反对急功近利、一蹴而就、急于求成的短期行为。我们重申文物工作有其自身的规律和特有的属性，反对把经济领域中的某种商业行为生搬硬套在文物保护工作中来。总之，文物工作的根本立足点在于始终坚持"保护为主，抢救第一"方针和"有效保护，合理利用，加强管理"原则，任何认识上的模糊、理解上的偏差都会造成行动上的背离，必然会给文物带来无可挽回的损失。

（二）关于推进博物馆事业的社会化发展

社会主义市场经济体制的建立和完善，为博物馆事业的发展提供了新的契机，注入了新的活力。在新旧体制转折过程中，原有的博物馆管理体制和运行机制表现出很大的不适应，面临着一些新矛盾、新问题。主要表现在：人民群众日益增长的精神文化需求与博物馆管理水平不高、陈列展览手段陈旧单调、社会服务功能不健全的矛盾；博物馆的社会效益高标准要求与经济效益低收入的矛盾。要解决这些矛盾，首先要进行博物馆内部的自身改革。只有从社会主义市场经济发展的实际需要出发，把握博物馆工作的自身规律，不断满足人民群众日益增长的精神文化生活的需求，多办好的精品展览，把最好的精神产品奉献给人民，实现社会效益和经济效益的正确结合。其次，博物馆要走以国家兴办为主并鼓励全社会参与兴办、逐步推进并最终实现博物馆事业社会化的路子。博物馆是代表一个国家、一个地区文明程度的，不以盈利为目的的公益性事业单位，同时，它也是提高国民素质的教育部门。一方面，博物馆保管着数以千万计和难以估价的国有文化财产，国家有责任对其提供应有的扶持和保障。各级政府财政应按照文化、教育事业同国民经济和社会协调发展的原则，切实保证并逐步增加对博物馆的资金投入，真正为博物馆创造一种把社会效益放在第一位的宽松环境。另一方面，根据社会主义市场经济条件和精神文明建设的要求，属于公益性事业的博物馆需要政府和社会共同扶持，国家在有重点地保证对国有博物馆经费投入的同时，制定和实施一些新的文化经济政策，鼓励和支持社会力量捐助博物馆事业，逐步提高博物馆事业的社会化水平。

一要抓紧制订出台《中华人民共和国博物馆管理条例》，在《条例》施行和逐步完善的基础上，出台《博物馆法》，建立、健全博物馆登记管理制度，严格新建博物馆的标准和审批程序，规范博物馆的行为，提高博物馆的法制化管理水平。

二要研究开展对全国博物馆行业的宏观调控和分类指导。在国有博物馆中，应通过严格评估，确定重点，着力扶持代表国家水平和形象的重点博物馆，办好一批能够在某领域、某行业起到重要示范和龙头作用的骨干型博物馆，鼓励发展各种科技类、产业类博物馆，以及能够填补空白、符合时代需要、具有鲜明特色的各类专题博物馆；对经过评估、不能达到标准的"挂牌馆"应进行整顿。与此同时，要本着积极扶持、加强管理的原则，严格登记审批，主动提供帮助，有效地促进和引导集体、个人兴办各具特色的民办博物馆，使博物馆事业逐步发展为全社会的事业，实现以国有博物馆为主体、民办博物馆为补充，社会历史类博物馆与各类行业性、专题性博物馆协调发展，多彩多姿、争奇斗艳的繁荣景象。

三要从保证博物馆发挥其应有社会作用的实际需要出发，进一步理顺博物馆的资金来源渠道。现有的国有博物馆和被公布为爱国主义教育基地的革命历史纪念馆，应由各级政府提供经费保证。由于目前绝大多数国有博物馆缺乏足额经费保证，在确保文物藏品不受损害，正常的陈列、科研和教育工作不受影响的前提下，应允许并支持它们开展一些经营创收活动。可将后勤保障、展览制作和一部分观众服务职能剥离出去，组建经济实体，逐步增加产出，弥补事业经费之不足。

这里应该强调的是：1. 文物是历史的、民族的文化遗产，是社会文明和民族精神的物化载体，国家所有的文物绝不等同于一般的国有资产，也不是一般意义上的经济资源，既不能简单地用金钱计算其经济价值，更不允许将国有文物估价后转移为经营资本或与其他资产合并入股、捆绑上市。2. 博物馆必须遵循自身规律，必须把社会效益放在第一位，观众服务项目和其他经营所得是为了弥补经费不足，更好地提高社会效益。国外许多博物馆开展的经营创收活动和企业兴办的博物馆，也大多采取这一做法。3. 博物馆无论是国有的，还是集体的、私有的，根本任务都是为了报效社会、服务社会，任何混淆性质，把博物馆办成企业，或冒用博物馆的招牌去追求盈利和发财的行为，都是不允许的。4. 民办博物馆的藏品必须来源于合法途径，任何违反《文物保护法》等法律法规，私自收购、出售出土文物的行为，必须依法禁止。5. 各级各类博物馆之间调拨、交换馆藏文物，也必须按规定严格履行报批手续；未经批准，任何单位或个人不得调取文物藏品和私自收购、销售赠送出土文物及馆藏文物，一经发现要依法依纪严肃查处。

（三）关于市场经济体制下的文物流通

文物因其自身所存在的历史、科学、艺术价值而被人们欣赏和收藏，凡是政策允许进入流通领域的文物具备商品的特性，也是不争的客

高举旗帜、把握方向，扎实工作、团结奋进，继续努力

观事实。新中国成立以前的文物流通基本处于无序状态，造成了大量文物的流失和破坏。据不完全统计，仅中国历代书画一项散佚国外的即达2万余件。新中国成立以后，我国政府在全国有计划地建立了各级文物商店，从事文物征集和销售活动。1974年，国务院决定将文物经营统一由文物部门管理，并将外贸商业部门多年积存的几百万件文物移交文物部门。

近年来，随着人们生活水平的逐步提高和对文物热情的增长，越来越多的人开始参与文物的收藏和转让活动，流通领域中对文物的需求量大大增加；同时由于文物流通领域出现了多头管理、多头兴办、多形式、多流向等情况，国有文物经营单位普遍货源不足，经营不善，难以发挥在流通领域的主渠道作用，有的甚至已经到了难以为继的地步。应当指出的是，当初国家建立文物商店并由文化部门统一归口管理的目的，就是为了更好地保护文物，防止珍贵文物流失，这是完全必要和完全正确的。现在文物商店的生存与发展遇到了严峻的挑战，与它原有的计划经济色彩有关，也与目前文物流通领域存在的相对混乱局面有关。面对困难，我们不能怨天尤人，更不能灰心丧气，要通过经营方式、管理体制等方面的改革，通过整顿文物流通秩序，努力改变被动局面。

整顿文物流通秩序，首要的是正确分析形势，统一认识，而目前恰好是在这一点上存在较多的分歧，甚至是争论。我们认为，文物流通领域更需要贯彻执行"保护为主，抢救第一"的文物工作方针和"有效保护，合理利用，加强管理"的原则。文物流通的目的就是满足广大人民群众日益增长的精神文化需求，同时使文物得到有效的保护。自古以来，我国就有官方收藏文物和民间收藏文物两种基本形式，需要指出的是，历史上出现的藏宝于民是同当时战乱频仍、社会动荡的局势有关。新中国成立以后，一批热爱祖国文化、热心保护文化遗产的收藏家，将他们在旧中国不惜倾家荡产收购、保护的一些珍贵文物捐献给国家，奉献于社会，留下了他们光辉的名字。从一定意义上说，民间收藏的传统对丰厚社会文化的底蕴、陶冶人们的情操起到了积极的作用，从客观上看，收藏于民间的文物，既不乏珍品，又大多得到了妥善的保护。如果引导有方，这些民间收藏将成为我国文物宝库中的重要组成部分，为社会主义精神文明建设发挥积极作用。因此，我们从不反对民间收藏，我们反对的是各种非法交易。当前，"古玩城"、"旧货市场"上非法交易文物的现象十分严重。在文物拍卖活动中，也有拍卖出土文物、馆藏文物的情况。凡此种种，都提示我们要尽快建立适应新情况的法规，加强文物流通领域的管理。

加强文物流通领域的管理，重点要放在加强文物市场和文物拍卖的管理上。凡政策允许流通的文物，按国际惯例要逐步建立民间收藏文物的鉴定、登记、过户制度，并受法律保护。国家和省市文物行政管理部门及其文物鉴定机构要按照《文物保护法》、《拍卖法》有关规定，严格审批拍卖人的文物拍卖资格，对不具备拍卖文物资格的拍卖人，坚决严禁其拍卖文物；文物部门要加强对文物拍卖标的的鉴定审批工作，建立严格的鉴定审批责任制度，法律法规禁止买卖的文物不得作为拍卖标的进入拍卖市场。对流传在社会上具有特别重要历史、科学、艺术价值的文物，要严格控制拍卖范围，坚持向博物馆定向拍卖。国家对公民出售个人所有的传世珍贵文物必须具有优先购买权。

（四）关于文物保护与旅游开发

旅游业在各国的经济发展和国际交流中发挥着重要作用，中国是世界上旅游业发展速度最快的国家之一。作为一个有着五千年历史的文明古国，我国拥有十分丰富、独特的历史文化遗产，这是我们引以为自豪的宝贵资源和精神财富，也是世人了解中国、认识中国的一个重要途径。大量具有历史、艺术、科学价值的文物对海内外旅游者有着极强的吸引力，许多重要文物古迹，如长城、故宫、兵马俑等，因其独特性和唯一性而更加令人神往。文物古迹的开发利用，大大促进了当地旅游业和经济的迅速发展，成为当地旅游业和经济发展的重要基础条件之一。山东曲阜、河北承德、陕西临潼以及全国相当多旅游业发达的地区，都是以文物古迹为依托，大力发展基础设施和服务设施建设，既带动了当地经济的发展，也增加了当地群众的就业机会，可以说，文物在中国旅游业发展以及社会主义物质文明和精神文明建设中占有非常重要的地位，而且正在发挥越来越大的作用。

同时，旅游业的发展使人们对文物保护的认识进一步提高，增强了人们保护文物的自觉性，推动了文物的有效保护。随着旅游者的增多，文物古迹景点的财政收入也有所增加，为文物保护、维修筹集了一定资金。所以，在市场经济条件下，文物保护和利用与旅游开发是完全可以有机结合、协调发展的。

　　但是，我们也应看到，目前文物保护与旅游开发之间仍存在着一些矛盾。主要问题是：一些人只重视旅游的经济功能，不重视旅游的文化功能、社会功能和环境功能，热衷于假古董和人造历史文物景观，恶性开发使文物古迹的环境风貌，甚至是文物本体受到破坏；一些人认为文物保护是文物部门的事，只想着如何加大旅游开发，不愿参与文物及环境保护工作。这些看法和做法是片面的、错误的。

　　正确处理市场经济条件下文物保护与旅游开发的关系，必须遵循文物工作的基本规律，坚持文物工作的基本方针和原则。只有有效地保护文物，才能谈到文物的合理利用和适度开发。我们在加强文物保护的前提下，要积极研究、探索文物合理利用的最佳途径，以有利于旅游业的持续发展。要注重对文物本体和周边环境的长久保护，反对急功近利、恶性开发。旅游业经营者、旅游者都有责任与义务保护文物及其环境，应自觉选择有利于文物保护的旅游开发形式，采取各种措施限制因过度开发对文物及其环境造成的影响和破坏。应充分重视文物在旅游业发展中的重要作用，应将一定比例的旅游收入投到文物及环境保护设施的建设、运转和维护上来，共同做好文物保护工作。要充分认识文物在旅游业发展中的重要作用，增强保护文物的自觉性和积极性，加大对文物保护的投入，以保证文物的有效保护和可持续利用。

　　最近，有些地方的风景区准备将景区内的部分资产经营权作为股本与旅游公司实行"强强联合，捆绑上市"，对此我们认为是不妥当的。我们知道，国家风景名胜区主要由两大要素构成，即自然遗产和文化遗址，有些风景名胜区更是以全国重点文物保护单位为主要组成部分。历史和自然遗产是属于全民的、国家的，乃至全人类的，不仅为当代人所享用，更是留给子孙后代的宝贵财富，任何部门只有尽心保护的责任，而无权把自己管辖范围内的这部分财富仅仅当做本地区、本部门的经济资产去处理。这种历史文化遗产和自然遗产的特殊性，绝不同于一个企业那么单纯，所以，套用企业或商业经营的模式、管理方式，去处理文物事业单位发展中的问题，将会偏离正确方向，因此，我们一定要采取慎重态度。

正确处理市场经济条件下的文物保护与旅游开发的关系，要注重充分开发旅游的文化功能、社会功能和环境功能，要注重提高旅游文化的品位，弘扬和发展中国传统文化的精粹，注重文物本体及其人文和自然环境的可持续性整体保护和展示，将文物的特有价值和内涵充分体现出来。总之，文物与旅游，两者密切相关，只有互相扶持，才能协调发展。

三、关于 1999 年工作的总体要求和工作重点

1999 年是我国历史上具有特殊意义的一年。在这一年里，我们将热烈庆祝新中国成立五十周年，迎来澳门回归祖国，迎来新的世纪。党中央对今年工作提出的指导方针是："统一思想、坚定信心、抓住机遇、知难而进、团结一致、艰苦奋斗。"根据中央的指导方针和文化部的明确要求，局党组结合文博工作实际进行了认真研究，提出了《国家文物局 1999 年工作要点》，已发给大家。我这里主要讲一下今年工作的总体要求和工作重点。

1999 年全国文博工作的指导思想和总体要求是：高举邓小平理论伟大旗帜，紧密团结在以江泽民同志为核心的党中央周围，深入贯彻党的十五大精神，坚持为人民服务、为社会主义服务、为全党全国工作大局服务的方向，继续贯彻执行党中央、国务院确定的文物工作方针和原则，把文物工作着力点放在加强宏观管理、加强法制建设、提高基础工作水平、提高队伍素质上，为新世纪文物工作的更大发展奠定一个扎实的基础。概括起来，就是高举旗帜，统一思想，坚持改革，稳步发展，扎实工作，团结奋进，努力开创文博工作新局面。1999 年的主要工作是：

（一）高举邓小平理论伟大旗帜，加强文物工作理论研究

我国文物事业能不能在下个世纪获得更大的发展，在很大的程度上取决于能否运用马列主义、毛泽东思想和邓小平理论分析研究文物工作

中的问题，并在邓小平理论的指导下积极从事文物工作实践。我们要在充分调查研究的基础上，以建立国家保护为主同时动员全社会保护的新体制为重点，积极探索社会各个方面参与文物保护的方式方法。各级各地文物部门都要把加强文物工作研究作为今年的一项重要工作来抓，力争有一个较大的突破。

（二）牢牢把握改革与发展的前进方向，积极推进文物事业改革的进一步深入

根据党中央、国务院的统一部署，今年要开展地方政府机构和各级事业单位的改革工作。在这一事关文物保护大局的工作中，我们一定要把握文物博物馆事业发展的自身规律，从实际出发，通过改革保持队伍的稳定和发展，增强自身的生机与活力。在现行的管理体制中，凡被实践证明是成功的，就一定要坚持，尤其是各级文物主管部门，在完成宏观调控、职能转变的前提下，要通过改革得到进一步的加强。在改革的实践中，我们要注意一手抓改革，促进发展；一手抓稳定，保持繁荣，对于涉及文物事业全局利益的改革举措，一定要谨慎考虑，周密安排，逐步实施。对于一些影响重大、争议较多、事关大局的举措要反复研究论证，多方听取意见，必要时要履行报批手续。我局直属单位的改革也将于今年全面开展，要及时总结试点单位的改革经验，根据国务院、文化部的统一部署积极进行。

（三）大力加强文物工作的法制建设，提高依法管理，依法行政的水平

今年主要抓紧进行《文物保护法》修订的准备工作及有关行政法规草案的制订、申报工作。国务院法制办公室正力争今年上半年使《文物保护法（修订草案）》通过国务院报送全国人大常委会审议，我们要全力以赴做好有关配合工作。今年还将继续做好《博物馆管理条例》、《历史文化名城管理条例》、《罚没文物移交管理办法》等配套法规草案的论证、制订工作，同时积极参加有关文化遗产保护国际公约的制订及加入工作。各地文物行政主管部门要采取措施继续修订和完善地方性的文物保护法规。同时，要根据国务院通知的要求，对重要的全国重点文物保护单位和省级保护单位制订专项保护法规。

（四）加强文物抢救维修和保护管理基础性工作

今年内要全面落实 750 处全国重点文物保护单位的"四有"工作，继续开展"四有"资料库的建立等基础工作；抓紧进行第五批全国重点文物保护单位和世界遗产名录的申报遴选工作；召开文物地图集的编辑、出版工作表彰会，已通过初审的分册应在今年通过终审，尚未完成初稿的分册应限期完成。考古工作要重点做好配合国家经济建设和城市建设的勘探和发掘，特别是做好配合三峡工程和新疆油田开发工程的文物保护和考古工作。重点做好大遗址保护工作，继续抓好良渚遗址、偃师商城遗址、汉长安城遗址、渤海上京遗址、安阳殷墟和隋唐洛阳城等大型遗址的保护规划和实施方案的制订工作。要做好文物流通领域的管理工作，加大管理力度，重视文物保护科学技术工作，加大对这方面的投入，加大对科研成果推广的力度。抓紧进行博物馆藏品管理软件系统的开发和推广。

（五）充分发挥文物工作和博物馆在社会主义精神文明建设中的作用，突出精品意识，不断推出内容丰富、形式新颖、弘扬时代主旋律的展览精品

今年，各地文物部门要紧紧围绕新中国成立五十周年和澳门回归祖国等重大活动，办好各项展览，宣传新中国建立以来的伟大成就。我局将重点抓好《全国文物事业五十年成就展》、《当代中国》、《澳门回归展》等展览工作。各省、市、自治区也要按党委和政府的要求做好新中国五十周年成就展等重大展览工作。同时，协调举办陈列展览项目交流洽谈会，继续评选 1998 年年度全国文物系统十大陈列展览精品，配合评选活动召开实施陈列展览精品学术研讨会。继续落实中办、国办转发的中宣部等六部委《关于加强革命文物工作的意见》和《国家文物局关于加强革命文物和近现代重要史迹保护的基础工作的意见》，各地要结合本地区实际，制订计划，认真实施。当前要狠抓革命文物的调查征集、保护收藏、依法管理等基础工作，应特别重视社会主义革命和建设时期包括改革开放二十年来文物的征集保护工作。我局将于今年下半年在河北西柏坡召开以解放战争史纪念馆工作为主题的第三次革命文物工作座谈会，交流革命文物工作的经验，推动革命文物工作开展。

高举旗帜、把握方向，扎实工作，团结奋进，继续努力

（六）积极做好少数民族文物保护和边疆地区文物工作，去年我们同国家民委一起召开全国少数民族文物工作会议，印发了《纪要》和《加强少数民族文物工作的意见》

江泽民总书记在视察新疆交河故城遗址时指出："要通过加强对新疆历史文化的研究，摆事实，讲道理，用正确的历史文化观教育全区各族干部群众，特别要加强对青少年一代的教育。"这一指示对全国文物工作特别是边疆文物工作具有重大指导意义，为边疆文物工作指明了正确方向。我们一定要认真领会，贯彻落实。国家文物局将重点同新疆、西藏和东北三省一起，制订规划，协调力量，力争今、明两年取得阶段性成果，为加强民族团结、维护祖国统一作出贡献。

（七）时刻把文物安全工作放到重要位置抓紧抓好，进一步加强与公安、海关、工商等部门的合作，严厉打击文物走私、盗窃、盗掘等违法犯罪活动

继续贯彻落实中央领导同志关于加强文物保护单位与古建筑安全工作的重要指示，做到思想到位、组织到位、措施到位。加强文物保卫队伍建设，提高保卫人员素质，提高防范能力，使文物安全工作在人防、物防、技防等各个方面都有较大程度的改善和加强。进一步推动《文物系统博物馆风险等级和安全防护级别的规定》达标工作，促进规定的落实。

（八）进一步加强与国际组织的广泛联系，提高我国文物事业在国际上的地位并发挥应有的作用

认真研究文物出国（境）展览工作，及时解决工作中出现的问题。继续把增强文物主权意识、文物知识产权意识、文物安全意识的教育作为重点，坚决贯彻"以我为主，对我有利"的原则，积极、稳妥、审慎地开展对外合作项目。制订文物对外交流与合作的工作规划和具体工作方案，加强与国外合作项目的监督和检查，提高文物工作对外开放水平。

（九）加强文物宣传出版工作

在喜事连台的今年，我们要抓住时机，紧密配合中央确定的中心工作，充分发挥文物部门的自身优势，依靠新闻媒体等宣传机构，努力做

好文物宣传工作。组织国内新闻单位进行一次大规模的文物宣传报道活动。办好《中国文物报》和《文物》、《文物天地》等报刊。抓好文物图书、音像制品的出版发行工作，在抓好精品系列和专业学术成果结集出版的同时，注意普及专业知识读物的编写出版。要紧紧抓住国庆五十周年这一契机，组织一批精品出版物。

（十）加强文物干部队伍和专业人才队伍的建设，按照党的十五大提出的努力提高干部队伍素质的要求，建立一支高素质的文博干部队伍

积极响应江泽民同志的号召，在全国文物系统大兴勤奋学习之风。要充分利用已建立的中国文物博物馆学院的优势培养一批多层次、高素质的文博专业工作者，并进一步加强文博干部的在职培训，逐步建立和完善培训制度，继续办好各种类型的专业培训班。1999 年拟举办全国文物系统文物局长、馆长、所长和业务骨干研讨班和培训班，提高业务素质和管理水平。进一步发挥国家文物局专家组和老专家的积极作用，鼓励和支持中青年专家尽快成长。初步建立文物系统人才管理系统。坚持党对文物工作的领导，充实和加强直属事业单位领导班子建设。开展以"三讲"为中心的党性、党风教育，加强党的思想、组织和作风建设。切实履行职责，转变工作作风，抓好基础工作，提高工作效率，加强廉政建设，纠正不正之风。继续贯彻执行《中国文物博物馆工作人员职业道德准则》和《国家文物局机关工作人员守则》，开展做一个名实相副的文物工作者和人民满意的优秀公务员活动。

同志们，当今世界正发生重大转折，我国也正在经历着深刻的历史变革。我们期待已久的 21 世纪即将来临。世纪之交的文物工作艰巨而繁重，同时也充满了机遇和希望。作为肩负着历史重任的文物工作者，一定要增强急迫感、使命感、责任感，一定要讲学习、讲政治、讲正气，高举旗帜，统一思想，扎实工作，团结奋进，以新的精神面貌抓住新的机遇，迎接新的挑战，创造新的业绩，迎接新中国建立五十周年。

1999 年 2 月 8 日

商志醰《香港考古论集》序[*]

近年来，香港地区陆续有许多重要古文化遗址发现，充分证明香港自古以来就和内地有着深厚的文化历史渊源，极大地提高了香港社会各界对香港历史的认识，推动了香港地区爱国主义教育活动。1997 年 12 月，我陪同香港特区政府首任行政长官董建华先生出席"香港文物年"开幕式活动，董建华先生观看香港出土文物时十分高兴，对香港文物考古工作成绩给予很高评价。现在，商志醰教授《香港考古论集》，即将付梓出版，对我们认识香港与祖国历史文化的渊源，增进两地考古学者的学术交流，必将起到积极作用。

商志醰先生 50 年代广州中山大学人类学系毕业后留校任教，长期从事考古学、古文字学、民族学等领域的研究工作，并取得相当成绩。他在参与香港田野考古发掘和研究之前，主要是在苏州、无锡、常州、镇江等地开展田野考古调查、发掘工作和吴文化的研究。20 世纪 80 年代初，他和中山大学考古专业师生与江苏文物考古队一起在镇江发现了春秋时期吴国王室墓葬群，出土了大批珍贵文物，填补了吴文化研究空白。这一发现是新中国成立以来吴文化研究的重大成果，引起了国内外学术界的广泛关注。尤其值得注意的是，他还率先主张在考古调查中应用航空遥感、电子显微镜扫描、人类体质复原等高新科技，并付诸实施，一些项目是带有突破性的，受到学术界的重视。

作为一位考古学者，商志醰先生近十余年来最为突出的成就是对香

* 《香港考古论集》，商志醰著，文物出版社，2000 年版。

港的考古及香港与内地文物考古界的学术交流，他为此做了很多卓有成效的工作。1990 年，商志醰先生率领广州中山大学考古队与香港中文大学中国文化研究所中国考古艺术研究中心合作，对香港大湾遗址进行了首次完全由中国人自己主持的考古发掘，第一次在香港发现了与中原商代遗址出土类似的牙璋，引起国内外学术界的关注，从而在学术上印证了香港地区文化自古以来就与中原文化有着密切的关系。牙璋也被香港文化界称为"港宝"。收录在本书内的《香港大湾出土的牙璋及其相关问题——兼论中原地区的圭璋礼制》，就是他在香港"南中国及邻近地区古文化研究"国际学术讨论会上发表的论文。接着在 1996 年大湾文化遗址的发掘，又发现了两处较为完整的距今 5000 年前的新石器时代房屋遗址，这是香港历史上发现的最早的人类居住遗址，从遗址建筑布局、形式和出土遗物考察，住在这里的本地居民，其文化明显地受到湖北大溪文化的影响，应同属中华古老文明不可分割的一支。对香港地区新石器时代考古，商先生主要是梳理过去的有关资料，结合近年考古发掘成果，以一位考古学家严谨求实的科学态度，深入分析了香港地区考古学文化的特点、分期及文化内涵，他在《香港地区新石器文化分期及与珠江三角洲地带的关系》和《香港新石器时代文化的分期与断代》等论文中，以大量的考古发掘资料进行比较研究，深刻揭示出香港新石器时代文化既有自己独有的地域特色，又与珠江三角洲地区新石器时代文化有着密切关系，同时亦受到长江流域新石器时代文化的影响，这一结论是建立在科学研究基础上的实事求是的结论，因而是令人信服的。在《香港考古学发展史简论》一文中，商志醰先生回顾了香港 70 余年考古工作历程，总结了香港考古发展的历史经验，对促进香港地区的考古工作和研究具有重要参考价值。总之，《论集》虽然仅限于商先生有关香港考古的一部分论述，但从其开创性和研究的深度来说，都有着很重要的学术意义。

值得称道的是，商志醰先生在从事繁重的学术研究工作的同时，还为积极推动香港与内地文物考古界的合作与交流做了大量工作，从 80 年代开始，他利用多次赴港访问的机会，同香港文物界进行了广泛接触，多方寻找合作的可能性。他先后组织联系广东中山大学、广东省文物考古研究所、广东深圳博物馆、中国社科院考古研究所等单位赴港同香港文物考古机构合作，开展了香港考古调查研究工作。1997年，受国家文物局委托，商先生联系香港爱好文物的知名人士为"郑振铎、王冶秋文物保护基金"捐款，用以表彰老少边穷地区对文物保护工作作出突出贡献的单位和个人，受到文物界的一致好评。

商志醰先生出身于名门世家，其祖父商衍鎏先生是著名诗词家、史学家、爱国民主人士。著有《商衍鎏诗画集》和《清代科举考试述录》等，是清代最后一科（甲辰科）探花，曾任翰林院编修，并出使日本考察。民国初年，曾为孙中山临时大总统府顾问。新中国成立后，先后任广东省政协常委、江苏省和广东省文史研究馆副馆长、广东省博物馆筹委会主任、中央文史研究馆副馆长。其父商承祚先生，著名古文字学家、考古学家、书法家，著述宏丰。著名爱国民主人士，民盟中央委员。先后执教于清华大学、金陵大学、中山大学等高校。在任广东省文物管理委员会副主任时，为广东文物保护工作作出了重要贡献。商承祚先生作为一代著名收藏鉴赏家，在旧中国动荡的年月里，为了保护祖国文物不惜借贷典当，重金收购珍藏。新中国成立后，他为了使这些瑰宝得到更好的保护，不计一己得失，多次向中国历史博物馆、故宫博物院、广东省博物馆、广东民间艺术博物馆等单位捐献文物700余件，逝世前一再嘱咐儿女要把留存的字画文物献给国家，表达了一位杰出爱国主义者的高尚情怀。在这种精神鼓舞下，商志醰三姐弟继承先祖先父遗志，陆续将家藏200余件珍贵文物分别捐赠广东省、深圳市博物馆，其后又将其留存于国内的长沙子弹库战国墓出土的帛书残片，捐赠给湖南省博物馆，更显示出商氏三代的爱国主义精神和高风亮节。正是在这样一个具有爱国主义光荣传统和学术世家的熏陶下，商志醰先生不仅秉承发扬了先辈的爱国传统，而且承继了一份珍贵的学术传统和严谨治学的家风。我想，这也许就是商志醰教授淡泊名利、服务社会、辛勤耕耘、献身学术的奥秘所在。

1997年，香港已经顺利完成了主权回归，一年来的成功实践证明了邓小平同志提出的"一国两制、港人治港"是完全正确的方针。我们完全相信，在中央和香港特区政府领导下，依靠全国的支持和香港同胞的奋发努力，香港的明天会更美好。在香港文化教育建设事业中，香港考古将会有更大的进步，对于有着悠久历史文化的香港来说，探寻历史文化的发展空间是更为广阔的。我相信，随着香港与内地文化交流的扩展，在两地文物考古学家的共同努力下，香港考古必将取得更为可喜的成绩。

1999 年 4 月 22 日

商志醰 《香港考古论集》 序

《新疆察吾呼》序[*]

新疆大型田野考古发掘报告——《新疆察吾呼》即将出版面世，可喜可贺。

新疆维吾尔自治区位于祖国西北边陲，古称西域，面积 160 多万平方公里，占全国土地面积的六分之一。自古以来就有许多不同民族生息、繁衍在这块辽阔的土地上，古代西域诸民族曾不断地从悠久的中原文化中汲取营养，也以自己创造的历史文化对中原文化产生影响，从而形成了别具特色的西域民族文化风格。此后在长期的历史演进过程中，包括汉族等来自不同区域的民族，与当地的民族相互交融，相互影响，最终形成了今天新疆地区多民族平等相待、团结进步、和平共处、共同发展的局面。古西域文化是中华民族传统文化的重要组成部分，是中华民族长河中一支绚丽多彩的奇葩。研究历史上西域诸民族文化的形成，对全面客观地分析和理解中华民族文化的统一性和多样性，正确认识新疆历史，宣传科学文化，进行马克思主义的历史唯物主义教育，坚持民族团结，反对民族分裂，都有着极其重要的意义。其次，新疆处于古代东西方经贸、文化交流大通道——丝绸之路的中心地段，古代西方国家在很长的时期内，主要是通过这条通道认识和了解中国文明的，同时，中国也是凭借这条通道认识和了解西方世界和中亚各国的，东、西方文化通过这条通道产生碰撞而互相影响、融合、交流，共同促进了人类文明的进步。

---

* 《新疆察吾呼》，新疆文物考古研究所编著，东方出版社，1999 年 9 月版。本报告详细汇集了 1986～1989 年在天山南麓和静县察吾呼沟口内外发掘的 5 处大型墓地的全部 448 座墓葬的资料。

在全面推进改革开放和社会主义现代化建设的今天，在新的国际形势下，我们要把发扬中华民族的优良传统同积极学习世界上一切优秀文明成果结合起来，以推进我国文化建设。而只有各兄弟民族之间互相学习、取长补短，才能共同为建设有中国特色社会主义伟大事业和实现伟大民族复兴作出贡献，进而为人类和平事业的进步和发展作出更大贡献，这应是古代丝绸之路所包蕴的一个重要的历史内涵。从这个角度上重新认识和研究丝绸之路，无疑是具有很强的现实意义。

新疆是我国重要文物省区之一，文物资源非常丰富，在全国文物事业中占有重要而特殊的地位。新中国成立前，中国处于半封建半殖民地的社会，新疆主要为外国"探险家"所涉足，大量西域文化珍宝被裹挟海外，仅有少数几位中国学者做过新疆文物考古调查研究。新中国成立后，新疆地区逐渐发展和建立起了自己的文物考古队伍，他们扎根边疆，任劳任怨，不畏艰苦，为新疆文物考古事业的发展作出了很大的成绩，揭开了新疆文物考古崭新一页。党的十一届三中全会以来，在"保护为主，抢救第一"的方针指导下，新疆文物考古工作者结合自身特点，实事求是，积极工作，新疆文物考古事业又迈出了新的一步。新疆地区的考古发掘和研究，是整个文物事业的重要组成部分，是建立新疆地区区域考古学文化体系，正确阐述新疆历史的基础，也是有效进行文物保护的依据。80年代后，在国家文物局的大力扶持和新疆文物主管部门的支持下，新疆地区加强了史前遗存的考古发掘工作，获得一系列重要的发现，使我们对新疆史前史有了一个新的认识。这里呈现在读者面前的《新疆察吾呼》田野考古发掘报告是新疆文物考古研究所于80年代中期至90年代初在和静县察吾呼沟附近发掘的数处古代墓地的综合研究成果。察吾呼古代墓群的发掘，是迄今新疆史前考古中规模最大的考古项目。这一墓群位于新疆地区中部天山山谷的南麓，共发现和发掘5处墓地，大多数墓葬反映的文化特征一致，属于青铜时代到早期铁器时代，学术界命名为察吾呼文化，这是新疆地区发现的时代最早、文化特征明确、文化内涵最丰富的考古学文化，其墓地多位于天山山前台地或阶地上，墓地小者有墓葬数十座，大者有墓葬数百座，最大的墓地墓葬达七八百座之多，墓地规模十分宏伟，从一些保存完好、发掘资料也比较完整的墓地看，墓葬排列有序，墓地结构严谨，这在国内外考古发现中也是很罕见的，据研究认为属于当时某一氏族集团或部落。墓地的顶端和一侧还设有祭坛，早期流行单人葬，中、晚期流行合葬。合葬墓的流行表明血缘关系亲近的人合葬一穴。墓葬制度反映部落或氏族集团内部有比较复杂的社会组织结构。墓葬中的随葬品十分丰富，这些随葬品均是当时现实生活中的实用器。墓地从早期到晚期无论从墓葬形制、葬俗葬式、随葬品器物特征，组合形式都发生了明显的变化，经历了一个从发生、发展到衰退的全过程，为研究察吾呼地区文化兴衰及当时人类物质文化生活提供了丰富资料。随葬品中陶器占绝大多数，是新疆地区目前发现的最大的史前陶器群，说明当时人们过着相对定居的生活，陶器器型独特，特别是大量流行的各种类型的带流嘴器，为其他考古学文化中所未见，是察吾呼文化的典型器物，也反映出这一地区古代居民独特的生活习惯。另外，大量而精美的彩陶、常见的祭祀坑、奇异的头骨穿孔习俗和葬俗、葬式，可以使我们研究当时社会的原始宗教习俗，提示当时人类丰富的、多姿多彩的精神层面。此外，通过体质人类学的研究，对正确理解古代西域多民族共居、共同开发西城的历史提供珍贵资料。《新疆察吾呼》考古发掘报告，比较详尽全面地收集了察吾乎墓地各种资料信息，内容相当丰富。这样的大型墓地考古专刊的出版，在新疆考古学史上还是第一次，它的出版是新疆考古工作者取得的重要成果之一。新疆考古工作者历经数年的田野考古发掘，又经数年的资料整理，使《新疆察吾呼》一书得以付梓，这其中凝聚着参与这项工作的文物考古同行的十几年的心血。借此机会我谨向辛勤工作在新疆考古工作第一线的同事们致敬，向参加察吾呼考古工作的同仁们表示祝贺。希望这本报告的出版对新疆文物考古工作的进一步深入起到积极的促进作用，期盼新疆地区今后有更多的像《新疆察吾呼》这样的大型专刊报告出版。

党和政府历来关心、关注新疆地区文物考古事业的发展。1998 年 7 月，江泽民总书记视察新疆工作期间，专程参观了交河故城，并作了重要指示，这是对全国文物考古工作者的极大鞭策和鼓舞，为新疆地区文物考古工作带来了前所未有的机遇。去年9月，我同国家文物局其他同志一道，到新疆就如何贯彻落实江泽民同志重要指示，同新疆维吾尔自治区政府领导和自治区文物局的同志们进行了认真研究，提出了具体的落实方案。我完全相信新疆维吾尔自治区的文物工作者，一定会遵照江泽民同志的指示，在邓小平理论指引下，齐心协力，矢志拼搏，把新疆文物考古事业推进到一个新阶段。

1999年4月

让公众了解考古学[*]

我国是一个具有悠久历史的文明古国，现存文化典籍虽然浩如烟海，但仍远远不能全部记述华夏文明的历史进程和远古文明的辉煌。本世纪初，在五四运动民主与科学思潮的推动之下，一个以探索人类过去物质遗存而研究人类历史奥秘的考古学应运而生。自 20 年代以来，特别是新中国诞生后，中国考古学事业得到空前发展，考古发现层出不穷，考古研究硕果累累，从而极大地改变了以往人们对中华古史的认识，极大地丰富了人们对中华文明的认识。但应当指出的是，我国考古学重大发现和研究成果，主要还是在国内外学术界引起广泛的关注和重视，而没有为公众所了解。因此，加强中国考古学成就的宣传和考古学知识的普及，就成为刻不容缓的一项重要任务。

近年来已有一些考古学者和作家开始注意到考古学的普及和考古学研究成果的传播，写出了一批优秀评介读物和文学作品。这是非常令人欣喜的。由中国社会科学院考古研究所研究员王仁湘主编、四川教育出版社出版的《华夏文明探秘丛书》^①，就是近年普及考古学知识和宣传考古学重大发现及研究成果的优秀著作。《丛书》融科学性、知识性、趣味性为一体，内容丰富，涵盖面广，既有综述，又有专题，诸如文明起源、墓葬制度、殷墟发掘、秦始皇兵马俑坑、宫城禁苑、天文、科技、服饰、家具、古玉瓷器、青铜金银、漆器瓦当、礼乐重器、雕塑造像、画像砖石等，每一册都从不同侧面、不同角度对有关内容进行了生

　＊　此文发表于《中国文物报》1999 年 5 月 12 日。

　①　《华夏文明探秘丛书》，王仁湘主编，四川教育出版社，1997 年版。

动、形象、具体的记述和评价，上下贯通，统揽全局，娓娓道来，深入浅出，有理有据，真实可信，既避免了一般学术专著的枯涩，又表现了学术探索过程中的情趣。做到这一点，是同《丛书》的大部分作者长期从事文物考古研究工作分不开的。他们大多都有相当丰富的考古实践经验，能以自己的亲身经历和所见所闻，生动记述考古学者进行科研的艰辛历程和每一项奇迹发现时的欢悦情景，给读者以强烈的现场感和真实感，从中感受到先民的智慧和创造力量是何等的伟大！一种民族自豪感油然而生。

科普工作是全社会的共同事业，对提高国民素质具有重要作用。近代考古学在中国已经有了八十年的历史，但仍给人们以神秘之感，往往会影响到学科自身的发展，这是应当着力改变的现象。培根有句名言："知识的力量不仅取决于其本身价值的大小，更取决于它是否被传播以及传播的深度和广度。"中国考古学发展自不例外。我以为考古学也应该从"象牙之塔"里解放出来，让广大公众特别是青少年了解中国考古学重大成就，从中获得教益，这对于弘扬民族文化，建设有中国特色社会主义文化将会产生深远影响。

长期以来，我们相当多的考古学者，对考古普及活动，不予重视，认为是"小儿科"，其实做普及工作也是很不容易的。"重科研，轻普及"的后果，只能限制学科自身的发展。试问一门学科，没有群众支持，还有什么生命力呢？老一辈科学家如竺可桢、茅以升、严济慈、高士其等都亲自撰写过科普读物。著名史学家吴晗主编的《历史小丛书》等对青少年产生过很大影响，许多人就是在读了他们的作品后受到熏陶，成为国家各方面建设人才和走上科学道路的。另外，也有一些同志不把科普读物列为科研成果，因而在评定职称时不予考虑，我看这也是不公平的。我们不仅应对优秀考古发掘报告、学术专著评奖，而且也应当对考古科普读物给予奖励。我诚挚地期望，有更多的文物考古学者能在从事专业研究工作同时，用一定时间和精力做一些普及工作，能有更多的普及读物问世，为学科未来发展和培养人才作出贡献。

1999 年 5 月 12 日

在甲骨文发现一百周年国际
学术研讨会上的发言

各位学者、专家，同志们，朋友们：

值此举国上下欢庆中华人民共和国成立五十周年之际，我们又欣逢甲骨文发现一百周年，真是令人感奋。我谨代表国家文物局，向本次国际学术研讨会表示热烈祝贺！向主办单位中国社科院、中国殷商历史研究会和河南安阳市表示衷心感谢！

1899 年殷墟甲骨文的发现，是我国近代学术史上的一件大事，它同本世纪初敦煌藏经洞写经文书、居延汉晋简牍和北京明清内阁大库档案并列为我国近代新史料的四大发现。此后经过王懿荣、王襄、刘鹗、罗振玉、王国维等人的研究，逐渐引起国内外学者的重视。这里应当提到的是罗、王二位前辈学者，为甲骨文时代的确定和小屯殷墟的研究作出了重大贡献。这是我们不能忘记的。1928 年由董作宾、李济等人主持安阳小屯殷墟发掘之后，甲骨文的研究才真正开始了深入的、科学的研究。发掘殷墟不仅克服了前一时期因盗掘所得甲骨文的种种局限性，而且从此也开创了中国考古学，为甲骨文研究与考古学的结合奠定了深厚的科学基础，对推动甲骨学和殷商史的研究具有重要学术意义。

1949 年新中国成立后，党和政府十分重视安阳小屯殷墟的科学发掘和保护，当时中央文化部文物局商请中科院考古研究所于 1950 年就开始对殷墟进行科学发掘。此后，考古所在安阳设立了工作站，他们长期在殷墟遗址勤奋工作，取得许多重要成果，特别是小屯南地甲骨的出土、花园庄东地刻辞甲骨南地有字卜骨 5 片的最新发现，尤为重要，这一举世瞩目成就充分反映在《小屯南地甲骨》等著作中。而由中国科学院院长、马克思主义史学的开拓者和奠基者郭沫若主编，胡厚宣任总编辑主持完成的《甲骨文合集》以及最新面世的《甲骨文合集补编》，对百年来传世甲骨作了较为完整的总结，为学术界提供了极为齐备的殷墟甲骨资料，促进了甲骨学、殷商史和考古学的发展。甲骨学百年以来取得的丰硕成果，是我国几代学者披荆斩棘、呕心沥血、艰苦攀登的结果。著名学者胡厚宣、张政烺、陈梦家、唐兰、于省吾、李学勤、高明、裘锡圭……都作出过重要贡献。长江后浪推前浪，新的一辈学者如王宇信、杨升南、宋镇豪、刘一曼、范毓周等已崭露头角，成为承上启下的又一代学者。

甲骨学研究所取得的丰硕成果，极大地推动了中华文明史的研究，向世人昭示了中华文明的博大精深，源远流长。所以，安阳殷墟不仅是甲骨文的故乡，也是中华文明的发祥地之一，早在 1961 年就被确定为全国重点文物保护单位之一。保护好这一重要文化遗址，不仅是文化建设和社会主义精神文明建设的需要，而且是发展文化旅游、带动经济产业的需要。这应是我们各级政府的重要神圣职责。五十年来，河南省委、省政府，安阳市委、市政府在贯彻党中央、国务院提出的"保护为主，抢救第一"的文物方针和"有效保护，合理利用，加强管理"原则中，为保护安阳殷墟付出了极大辛劳，安阳钢铁公司、殷墟小屯农民更付出了巨大牺牲，使我们每一个中华民族的子孙都深为感动。

我殷切期望河南、安阳有关部门与中国社会科学院考古研究所合作，抓紧殷墟保护规划的制订，切实把小屯的文物保护纳入当地经济与社会发展计划，纳入城乡建设规划，纳入财政预算，纳入体制改革，纳入各级领导责任制。为落实《国务院关于加强和改善文物工作的通知》，实现国家保护为主并动员全社会参与的文物保护管理体制，加强安阳殷墟保护探索出更多好的经验，使安阳殷墟遗址放出璀璨的异彩。

1999 年 8 月 20 日

永葆革命青春 努力做一个
合格的共产党员和人民信任的公仆

——个人党性党风自我剖析

中共中央关于在县级以上党政领导班子、领导干部中深入开展以"讲学习、讲政治、讲正气"为主要内容的党性党风教育的决定，是党中央在新形势下加强党的思想、组织、作风建设的重大战略决策；是加强领导班子建设，迎接新世纪，完成新的历史任务的思想准备和组织准备；是深入学习邓小平理论，提高干部队伍思想政治素质，解决党员干部中党性党风方面存在突出问题的重要举措。我完全拥护中央的决定，并决心在中央"三讲"教育巡视组的具体指导和帮助下，坚持理论联系实际，认真做好自我剖析，虚心听取群众批评意见，力争通过"三讲"，接受一次马克思主义的再教育和党性党风的再教育，使自己达到"思想上有明显提高，政治上有明显进步，作风上有明显转变，纪律上有明显增强"。现将我个人在党性党风方面存在的主要问题自我剖析如下，敬请中央巡视组和同志们批评指正。

一

1992 年以来，我先后在中共河南省委、河南省委宣传部并河南省委高校工委、河南省人大常委会工作。1996 年 3 月，中央决定调我到国家文物局工作。4 月 4 日，国务院正式任命我担任局长，5 月 4 日，我到京向中央组织部报到，5 月 5 日来局工作。7 月，中组部通知，我参加文化部党组为成员，1997 年 3 月，中组部批准成立国家文物局党组，由我任书记。

三年多来，在党中央、国务院的正确领导和文化部的直接指导下，在中央有关部门和各省、自治区、直辖市党委、政府及全国各级文物部门和直属单位的支持下，依靠局党组一班人和全局同志，我努力做了一些工作，取得一定成绩，但距中央、国务院的要求仍然存在着很大的差距。在党性党风方面也存在着一些问题，主要是：

一、对党中央、国务院提出的"保护为主，抢救第一"的方针和"有效保护，合理利用，加强管理"的原则及建立文物保护新体制的基本任务缺乏深入学习和研究，一般号召多，具体措施少，贯彻落实有很大差距

最近，中央多次强调，领导干部一定要讲政治，在政治问题上一定要头脑清醒。而讲政治是具体的，不是抽象的，最重要的就是要通过自己的实践，把讲政治的要求落实到自己所负责的工作部门、工作领域和具体的工作中去。新的国家文物局领导班子组成后，我们一直把贯彻落实中央关于文物工作的方针和原则放在突出位置上，我在1998年"全国文物系统邓小平理论与文物工作研讨会"和1999年全国文物局长会议上，也试图从理论上对贯彻这一方针和原则作一些阐述，并明确提出，这个方针和原则将贯穿在整个社会主义初级阶段的始终。但认真检查起来，我们并没有就如何贯彻这一方针和原则进行过深入而具体的分析和部署，有的基本概念还未完全弄清楚。比如，什么是"有效保护"，做到什么程度才叫有效保护？什么是"合理利用"，怎么把握好利用的合理尺度？怎样使文物同旅游、文物同宗教、文物同园林有益地结合起来，互相促进，为两个文明建设服务？如何用行政的、经济的、法律的手段保护和利用文物？保护、利用、管理三者关系如何全面把握，做到三者辩证统一？此外，文物工作的特点涵盖哪些方面？其规律是什么？文物除了有不可再生性、不可替代性、历史时代性、文化传承性、民族表征性以及展示性、收藏性、教育性（历史上收藏的传世文物在一定条件下具有商品性）外，是否还有其他特点？诸如此类的问题，我们都缺乏深入的调查分析和科学的研究。所以，在贯彻"保护为主，抢救第一"的方针和"有效保护，合理利用，加强管理"的原则问题上，我们大多只能停留在一般号召和理论阐述上，缺乏实际操作的程序和手段。虽然在一些重大问题上，我们表明了贯彻这一方针、原则的坚定态度，制止了一些冲击、违背这个方针和原则的事情，但从总体上看，确实是缺乏可行的措施，对文物工作管理的力度和工作的有效性都较差。在依靠其他中央部门和地方党委、政府推动文物工作方面，在利用新闻媒体和社会舆论、动员社会各阶层参与文物保护方面，都做得很不够。所以，对某些单位一意孤行、自行其是和严重违法、破坏文物的事件，束手无策，软弱无力；对日趋严重的各种文物犯罪活动遏制不力，长期摆脱不了被动局面。

二、对改革的性质、意义和紧迫性缺乏全面深刻认识，在推进文物事业单位的改革方面行动迟缓

党的十一届三中全会以来，党中央制定了一系列全面改革的方针政策，如何在文博工作中全面正确处理改革、发展、稳定三者的关系，是对一个领导干部领导水平、领导能力的严峻考验。

国家文物局共有 10 个直属事业单位，这些单位以及各级同类事业单位，都是我国文化事业的重要组成部分，担负着收藏、展示、研究国家文物的重要职能，对弘扬民族文化，振奋民族精神，开展爱国主义、社会主义和革命传统教育，加强社会主义精神文明建设，具有不可替代的重要作用。毋庸讳言，在从社会主义计划经济向社会主义市场经济体制转变过程中，文博事业单位遇到了极大的困难，一是人员组成结构不尽合理；二是文物收藏、展示、研究、教育手段落后；三是经费严重不足，远远不能满足开展业务工作的需要。

我曾设想，应把建立现代文博事业管理体制，实行文博事业单位国家投入为主、社会资助为辅的社会化管理，作为文博事业单位改革的方向。在坚持文博事业单位公益性事业的前提下，除了国家财政定额或定向补助之外，还应按照国有企业改革"产权清晰、权责明确、政企分开、管理科学"的原则，进一步下放权力，扩大各直属单位的自主权，实行责、权、利三结合，使其"自负盈亏，自我发展"；完善分配结构方式，建立以按劳分配为主，多种分配方式并存的制度；建立社会团体、企业捐助制度，吸纳有一定经济实力、又热心于文博事业的企业，参与"董事会"或"管委会"的管理等等；在改革中，还可以把文博事业单位的重组、改造和加强管理结合起来，发挥规模效益，达到资源共享、优势互补；在研究部门，则实行课题招标，鼓励人才竞争，造成"尊重人才、尊重科学"的良好氛围。像这些重大问题，一直徘徊在我的心头，我也和一些同志议论过，但却一直未曾列入党组重要议事日程去认真讨论。这主要是因为：

（一）1996 年 5 月我来文物局工作后，主要任务是恢复正常的工作秩序，建章立制，理顺关系。在不到三年的时间里，机关进行了两次机构改革，从客观上说，自己没有足够的时间和精力去考虑文博事业单位的改革问题。从主观原因上来讲，主要是我思想不够解放，胆子不大。邓小平同志在 1992 年曾指出，改革开放胆子要大一些，敢于试验，不能像小脚女人一样。看准了的，就大胆地试，大胆地闯。他还说，没有一点闯的精神，没有一点"冒"的精神，没有一股气呀、劲呀，就走不出一条好路，就走不出一条新路，就干不出新的事业。这段话好像是针对我讲的，恐怕这就是我的病根所在，说轻一点叫谨慎有余，开拓不足。从学习邓小平理论来说，还是没有真正把握住邓小平理论的精髓，也就是没有真正把握住马列主义、毛泽东思想的精髓。从讲政治的高度来讲，就是缺乏改革的意识，没有处理好改革、发展、稳定三者之间的辩证关系，工作方法和思想方法还停留在计划经济的状态下。面对计划经济向市场经济转变过程中的新问题、新情况、新矛盾，思想准备不足，对文物工作的新形势分析研究不够，没有一套周密的对策，以致延误了文博事业改革的进程，给党的文物事业带来了一定的损失。邓小平同志指出，解放思想是一个重大的政治问题。由于思想不解放，所以遇到本本上没有、红头文件上没有、中央领导没有讲过的，自己就不敢多想，不敢多做，就是考虑过一些改革的设想，也不敢付诸实践，而是犹豫不决、徘徊不前。其实这就是一种"因循守旧、墨守成规"的思想状态。从自己负责的部门来说，由于思想不解放，就难以做到实事求是，从实际出发，全面正确地处理文博工作遇到的新情况、新矛盾、新问题，也就难以作出正确的决策，推动事业改革的深入发展。

（二）思想上顾虑太多，求稳怕乱，满足守住摊子，不出大事。顾虑太多，主要因为文物局半个世纪以来遗留问题很多，情况复杂，常让人感到顾此失彼。求稳怕乱，从客观上讲，当然和国际国内的大环境有关，去年有亚洲金融风暴，长江、松花江的洪水灾害；今年又有"法轮功"练习者非法聚集中南海，北约轰炸我驻南大使馆；这两年，国有企业出现了大量的下岗职工，社会不稳定因素增多。虽然我也认识到，事物的前进总是挑战与机遇并存，困难与发展同在，对改革开放的全面成功充满信心，认为如果我们抓住机遇，仍然可以实施文博事业的改革。但是又害怕弄不好，会给中央添乱。由于对改革面临的困难和复杂性估计过高，对"稳定压倒一切"的要求理解不够全面、正确，求稳怕乱，致使文博事业改革迟迟不能深入。同时，文物工作自身的重大责任感也在我思想上形成很大的压力，生怕出事，不出事罢了，一出事就不得了。如去年山西尧庙和太原市关帝庙的火灾发生后，我就特别怕故宫出事，恰恰是去年，文物交流中心在故宫的一个车库出了火险，使我思想压力很大，真是如负崇山、如履薄冰。如果五百多年的明清皇宫在我们手里出了事，真是无法向历史和后人交代。此外，这几年局机关进行了两次机构改革，虽然在党组和机关全体同志的共同努力下，我们还是较为顺利地完成了任务，实现了国务院的要求。但实事求是地讲，很难做到让所有同志都满意。如果在直属事业单位全面启动改革工作，又担心引起更大范围的不稳定。有了这种心理，必然会导致对文博事业进行改革探索的勇气不足，力度不够。这说明我还是没有把文物博物馆事业的改革放在党和国家改革的大局之内来考虑，而是从本部门、本系统的角度和个人的功过得失考虑过多。

（三）缺乏深入实际调查研究。近年来，基层和地方一些文博单位对改革进行了积极的探索，群众当中涌现的改革热情和干劲很值得我们深入下去，调查总结。这几年，我们虽然有针对性地搞了几次调查研究，但往往是蜻蜓点水，走马观花，没有能把各省市的好经验提到理论高度加以认真总结和推广，对直属事业单位也只是满足于开座谈会、听汇报，掌握情况若明若暗，很少深入到群众当中去听取意见。长此以往，势必会滋长官僚主义、主观主义。

通过学习，使我进一步认识到，改革、发展、稳定三者存在着不可分割的内在联系。改革是经济和社会发展的强大动力，是为了进一步解放和发展生产力，是各项事业自身发展的迫切需要；发展是硬道理，发展是改革的最终目标；稳定是发展和改革的前提，发展和改革必须要有稳定的政治和社会环境，改革势必要触动现行的管理方式和分配方式，触动一部分人的实际利益，从而可能会在一定范围内引起一定程度的不稳定。但如果不进行改革，听任不适应新形势的不合理的管理方式和分配制度继续存在，势必会严重制约事业的发展，影响广大干部职工长远、根本的利益，从而埋下更大、更多的不稳定的隐患。只有大胆而坚决地实行改革，才能有望从根本上解决制约事业发展的问题，才能换来真正的、长久的稳定。我认识到，客观形势对文博事业的改革提出了紧迫的要求，而文博事业自身发展的进程也产生了强烈的改革要求。所以，积极推进文博事业的改革，是我们党员领导干部的政治责任。我们一定要切实负起这个光荣而艰巨的责任。

三、对贯彻《党政领导干部选拔任用工作暂行条例》、选拔任用和管理干部的问题，存在着重业务、轻政治，忽视严格要求、严格教育的倾向

政治路线确定之后，干部就是决定的因素。我们党历来十分重视干部队伍建设。事实表明，能否选贤任能是干部队伍建设的关键，用什么标准选人，用什么人，实际是思想政治路线的反映。任贤使能则事业兴，贬贤弃能则事业衰，这是古今通鉴。

我作为文物局党组主要负责人，虽然能在思想上明确认识到，选拔和培养一批政治强、业务精、作风正、德才兼备的优秀干部充实局机关和直属事业单位是发展和繁荣文博事业的根本保证，但缺乏切实有效的措施和严格的制度。其表现：一是虽然制订了贯彻《党政领导干部选拔任用工作暂行条例》的意见，但未能严格执行，仍出现过未按规定选拔任用干部的问题；二是在推荐干部工作中，虽然注重贯彻干部队伍"四化"方针和"德才兼备"、"五湖四海"的原则，但仍然存在着论资排辈、求全责备以及迁就照顾的问题；三是虽然在调整、选拔、任用干部前，经过了民主推荐和考核的程序，但未能很好地坚持公开、平等、竞争、择优的原则，用人的范围不广，渠道不畅。

永葆革命青春　努力做一个合格的共产党员和人民信任的公仆

此外，我在加强党的思想建设、组织建设、作风建设上投入的时间和精力也是不够的，对干部的管理缺乏具体措施，只是按照规定进行年度考核而已，没有从政治高度认真、全面地分析研究各单位领导干部和领导班子思想工作状况，就是遇到有的领导班子出现不团结或不同意见时，也未能及时同这些同志谈心，做好思想政治工作，而当他们遇到工作困难时，我也未能及时帮助他们解决。对个别同志思想作风、工作作风上出现的问题，缺乏严肃、认真的批评教育，致使他们不能正确对待群众批评，不能正确对待自己，从而给工作造成不良影响和不应有的损失。对于这方面存在的问题，我深感自己有不可推卸的责任，有愧于党和群众对自己的信任和期望。

全心全意为人民服务，密切联系群众，是我们党的根本宗旨和优良传统。从自己走上领导工作岗位以来，深感这几年群众观念有所淡薄，对群众的感情有所疏远。一些同志反映我过于严肃，恰恰说明我存在脱离群众的倾向；一些同志说我平易近人，其实是谈业务工作多，交流思想少；对群众疾苦和生活困难关心不够；对文物局的历任领导和老同志、老专家关心照顾也十分不够，历任局领导在文物局工作多年，具有十分丰富的宝贵经验，我向他们登门请教很少，虚心学习不够。

廉洁奉公，严于律己，这是一个领导干部必须具备的品格，也是党和人民对一个领导干部的起码要求。我常常提醒自己，我们在群众中是个什么形象，绝不是个人的事，而是关系到党的形象，关系到党和政府在群众中的形象问题。"己不正，焉能正人？"除了管好自己、管好家属及身边工作人员之外，还要对自己负责的部门负责。针对一个时期以来，部分文物、博物馆工作人员在社会主义市场经济体制尚未完善的情况下，有法不依、执法不严，不能严以自律、率先垂范，甚至发生严重违纪违法事件的情况，为教育和规范文物、博物馆工作人员遵纪守法，提高自身素质，在我的倡议下，我局专门制定了《中国文物、博物馆工作人员职业道德准则》和《国家文物局机关工作人员守则》。从我个人来说，我严格执行了《准则》和《守则》。虽然我没有发生以权谋私、权钱交易之类丧失党性原则和共产党员品格的事，但对一个党员领导干部来说，还应有更高的要求。在外事招待、出国访问、到省市考察和接待来访等活动中，有时碍于情面也接受过衬衫、领带、茶叶等礼品或其他土特产、纪念品。但对于贵重礼品或违反规定的馈赠，除当场拒受或设法退还或照价付款外，都按规定及时上交了有关部门，如照相机、手表等物。"蝼蚁之穴，可以溃堤"，必须警钟长鸣。

二

江泽民同志在纪念中国共产党成立七十八周年座谈会上指出："讲学习、讲政治、讲正气，三者是紧密相连和相互统一的，核心是讲政治。"讲政治，必须坚持讲学习，只有讲学习，才能更好地讲政治、讲正气。联系我局工作的实践，我们还没有自觉地把"三讲"贯彻到全部工作当中去，尤其是不善于把中央的路线方针政策同本部门的实际结合起来，因地制宜，创造性地开展工作；不善于从讲政治的高度深刻认识文物工作的意义。在处理文物工作中存在的问题时，往往只是就业务论业务，就文物论文物。所以在工作中缺乏高度，缺乏深度，满足现状，落后于形势，距中央的要求差距很大。究其原因，有以下三点：

一、发扬理论联系实际的学风，认真学习马列主义、毛泽东思想、邓小平理论和江泽民同志论著及党的路线方针政策的自觉性、刻苦性不够，从而缺乏工作中的原则性、系统性、预见性和创造性

马列主义、毛泽东思想和邓小平理论，是我们党的指导思想，是我们的行动指南，这既是一个共产党员的必备条件，也是一个共产党员的义务。因此，重视学习理论，特别是学习邓小平理论和江泽民同志论著，是统领全局和贯穿各项工作的灵魂。只有理论上的成熟，才能在政治上保持清醒和坚定，正气也才能得到弘扬。所以，理论的学习，不仅关系到自身的进步，也关系到党和国家、民族的兴衰和社会主义事业的成败。几十年来，我虽然受过马克思主义基础理论教育，近十年来又两次到过中共中央党校学习，读过一些马列主义的基本著作，通读过《毛泽东选集》、《邓小平文选》、江泽民同志历次重要讲话和文章，甚至也从事过理论宣传工作，但严格说来，我对马克思主义理论的精髓——解放思想、实事求是的思想路线，缺乏深刻理解；对什么是社会主义，怎样建设社会主义这个根本问题并没有完全搞清楚；因而对改革开放以来在前进中出现的一些新情况、新问题、新变化，缺乏全面深刻的认识。

这几年来，由于陷于繁忙的事务主义，很少按计划系统深入学习，而是浅尝辄止，满足一知半解，没有下苦工夫、花大力气去掌握邓小平理论科学体系和精神实质，这样"以其昏昏，使人昭昭"，怎么能担当领导重任呢？对社会主义市场经济及其规律和特点，我至今还没有完全弄清楚，这就很难提出文物工作在适应社会主义市场经济体制中需要注意解决的问题。现在通过学习，我深切感到，在我国改革开放已经发展到整体推进和重点突破的新阶段，在新矛盾、新问题不断涌现的今天，更需要我们从日常事务中摆脱出来，切实加强政治理论和社会主义市场经济知识的学习，用科学理论武装头脑，提高能力，指导工作。

江泽民同志多次强调指出，党的高级干部要成为马克思主义的政治家，不仅要努力成为有知识、懂业务、胜任本职工作的内行，而且首先要努力成为忠诚马克思主义、坚持走有中国特色社会主义道路、会治党治国的政治家。这一点非常重要。对此，我以前觉得江总书记这里主要是对各级党政主要领导干部提出要求，像我这样在业务性很强的部门负责的干部，只要自觉地在思想上、政治上、行动上与党中央保持高度一致，能注意把党的基本路线、基本方针贯彻到业务工作中去就可以了。现在检查起来，这种看法显然是不全面的。事实上，从来没有离开政治的业务，也没有离开业务的政治，只有讲政治，才不至于在复杂的斗争中迷失方向，才会有坚定的政治立场、政治敏锐性和政治鉴别力。在这方面我是深有体会的，以社会上出现"法轮功"来说，过去我从未从政治高度引起重视，单纯认为那些人虽然迷信，但还是"练功"健身。直到"4·25"事件发生后，江泽民总书记作了重要指示，才认识到问题的严重性。最近报刊、电视用大量骇人听闻的事实揭露了李洪志其人其事和"法轮功"的歪理邪说，更使我认识到，"法轮功"组织是一个有组织、有纲领、有险恶政治野心的非法组织，欺骗群众，祸国殃民，其目的就是要破坏我国安定团结的政治局面。所以，这是一场争夺群众、争夺思想文化阵地的严肃的政治斗争，关系到共产党人的根本信仰，关系到全国人民团结奋斗的根本思想基础，关系到我们党和国家的前途命运。社会主义同封建主义、资本主义腐朽思想的斗争，唯物论与唯心论、科学与迷信的斗争将是长期的，有时甚至是激烈的、你死我活的。当前，我国正处在改革的攻坚阶段，经济发展的关键时期，我一定要按照党中央的统一部署，联系文物工作实际，认真做好历史唯物主义的宣传，为大局的稳定、为牢固占领思想文化阵地作出积极努力。

二、作风不扎实，研究新情况、解决新问题的勇气不足

党的十一届三中全会以来，中央一再强调要解放思想、实事求是。但怎样才能做到实事求是呢？陈云同志概括了他的体会，就是"不唯上、不唯书、只唯实，交换、比较、反复"。就是一切从实际出发，实事求是地研究问题，就是互相交换意见，上下左右比较，反复考虑，再作决定。我想，这就是马克思主义唯物辩证法的领导原则和工作方法。按照这个原则和方法，我们必须要有勇气研究新情况和新问题。但事实恰恰是我在面对这些新情况和新问题的时候，既缺乏深入实际的调查研究，更缺乏勇气。例如，近十年来在北京、上海、广州、深圳等地陆续出现的私人兴办博物馆，是一个引人注目的新情况，如何从实际出发，实事求是地制定政策，正确引导是一个敏感而重要的问题。为此，我在上海曾调查了徐四海陶器博物馆、航模博物馆，在深圳调查了青云楼瓷器博物馆，在台湾和香港也专门了解了一些私人博物馆的情况，我感觉到，在国内发展私人博物馆仍有一些棘手问题很难解决，首先是它们与海外私人的博物馆在藏品来源上就有很大不同。我们是社会主义国家，在引导上如果失误，后果将不堪设想。但作为主管文物和博物馆工作的领导机关，至今没有大胆地触及矛盾，提出建议，也是一种失职行为。每想及此，就深感自己有负领导期望，没有尽到一个领导干部的职责。

三、患得患失，瞻前顾后，期盼平平安安着陆，缺乏敢"闯"敢"为"、开拓进取的精神

我已年过六十，有一种"船到码头车到站"的思想不断萦绕在心间。1996 年来文物局工作前，河南省不止一位领导同志曾对我诚恳地说："你已走上幸福康庄大道（指已退居二线，到省人大任副主任），还到北京去干什么呢？"当时，我觉得自己是一名共产党员，要无条件

服从组织决定，也想在最后的征途上能为党多做一些工作。到文物局工作三年多来，由于缺乏在中央国家机关工作的经验、缺乏行业管理工作的经验，工作虽然尽心尽力，也是日计有余，岁计不足，收效并不显著，问题太多，难度太大，有时还有一种委屈情绪，觉得自己辛辛苦苦，只身来京工作（户口仍在河南，孩子无一来京，老伴有病在身），要求自己是严格的，对人对事已经够大度宽容了，还要我怎么样呢？有次在党组民主生活会上不免落泪。三年总算平安度过，但觉得现在精力大不如前，工作时日有限，一切当以平稳为先。"不求有功，但求无过"，期盼平安着陆。我想，在组织上宣布我退休的时候，能给个"尽职尽责"的评语就心满意足了，这实质上是个人主义患得患失的思想在作祟，正是由于这种思想作祟，所以我坚持原则性差了，积极思想斗争少了，害怕困难多了，丧失了一个共产党员襟怀坦白和忠实、积极、以革命利益为第一生命的品格。在贯彻党的民主集中制方面，虽然重大事项都坚持集体讨论、会议决定，党组成员之间彼此相互尊重，但遇到不同意见往往回避矛盾，害怕影响团结，缺乏积极的思想斗争，影响了"班子"整体合力的充分发挥。对此，我应负主要责任。通过这次"三讲"，通过中央巡视组的谈话和群众反映的意见，使我扭转了自己不正确的认识。应该说，同志们对我的批评意见是实事求是的，情真意切，言辞中肯，期望甚殷，使我受到一次深刻的群众路线、群众观点的教育。诚然，我的年龄是大了一些，但在中央没有正式确定新的同志接任以前，我作为具有四十多年党龄、受党长期培养教育的一名共产党员，只有恪尽职守、尽职尽责、坚持站好最后一班岗的义务，而绝无害怕困难、中途退却的权利。倒退是没有出路的。我是一介书生，是党的长期培养教育，使自己由一个普通的贫苦学生成长为党的一名领导干部，扪心自问，入党以来对党并没有什么贡献，而享有了党的一切荣誉，这是我十分不安的。"苟利国家生死以，岂因祸福避趋之"。一个人的一生要经受各种各样的考验，我们这一代人没有经受过战争年代生与死的考验。现在，能否抓住机遇，迎接挑战，开拓进取，有所作为，能否正确对待"退"与"留"、"公"与"私"，也是一场新的考验。我向党表示，我将永远铭记着自己入党的誓言，牢记着对党的承诺，毕生以一个共产党员的标准，严以自律，勇往直前，义无反顾，鞠躬尽瘁，死而后已。希望当我临终时，能够坦然地说上一句，我无愧于党，无愧于人民，无愧于国家，以报答党和人民几十年来对我的培养教育之恩。

江泽民同志指出，我们要用马克思主义的宽广眼界观察世界。这是我们党面临的形势和任务决定的。我们必须正确判断形势，明确职责所在。我今后的努力方向是：

（一）坚持讲学习，坚定共产主义理想信念

江泽民同志指出：加强理论学习，是提高干部特别是领导干部队伍思想政治素质，坚持党的基本路线不动摇的根本要求。这就是说，不学习，就会处于盲目、被动和落后状态，就不可能取得领导的主动权，就做不好工作，就要吃大亏。我决心按照中央的要求，认真学习马列主义、毛泽东思想，特别是学习邓小平理论和江泽民同志的论著，用以武装自己的头脑和指导自己的工作，坚持理论与实际相结合，"以我国改革开放和现代化建设的实际问题，以我们现在正在做的事情为中心，着眼于对马克思列宁主义的应用，着眼于对实际理论问题的思考，着眼于新的实践和新的发展"。学习要同牢固树立马克思主义的世界观、人生观、价值观结合起来。解决好这个问题，绝不是一朝一夕、一劳永逸的事情，也不会随着党龄的增长和职务的上升而自然获得，根本还在于自己提高思想觉悟，刻苦改造世界观，坚定共产主义信念，要像周总理生前教导的那样，"活到老，学到老，改造到老"，自觉为共产主义奋斗终生。

（二）坚持讲政治，善于从政治上观察和处理问题

江泽民同志指出，领导干部一定要讲政治。始终保持政治上的清醒和坚定，是做合格的中高级领导干部的最重要条件。如果政治方向模糊不清，就难当大任，难受重托。我一定按照党中央的要求，牢固树立马克思主义的政治观念，坚定正确的政治方向、政治立场、政治观点、政治纪律、政治鉴别力、政治敏锐性。在任何时候、任何情况下都要努力从政治上认识问题，处理问题，严格执行民主集中制原则，履行"班长"之责，提高驾驭全局的能力，进一步增强党组一班人的团结，发挥党组整体合力作用，全面推进文博事业改革和干部队伍建设。坚决保证

同以江泽民同志为核心的党中央在思想上、政治上、行动上保持高度一致，保证党中央政令畅通无阻，做到在自己管理的部门范围内令行禁止，让党中央、国务院和文化部党组放心，让广大干部群众信得过。

（三）坚持讲正气，保持革命晚节

江泽民同志指出，讲正气，就是要坚持和发扬共产党人的政治本色与革命气节，就是要树立和保持共产党人的高尚情操和浩然正气。我决心按照中央的要求，严格要求自己，掌好权，用好权，绝不以权谋私，时刻牢记自己是一名共产党员，自重、自省、自警、自励，自觉抵制以权谋私、拜金主义、享乐主义、极端个人主义等腐败行为和糖衣炮弹的侵蚀。密切联系群众，深入实际，调查研究，加强党性锻炼，自觉接受党和群众监督。正确处理好个人与组织的关系，一切听从党组织的安排，不追逐个人名利、不计较个人得失，任何时候都要坚持实事求是、求真务实，言行一致，表里如一，襟怀坦白，忠实积极，遵守纪律，服从大局。

总之，我要坚决按中央要求，做到三个正确对待：正确对待同志，正确对待组织，正确对待群众。永葆革命青春，保持革命晚节，以良好的精神状态，努力完成党和人民交付给自己的一切工作任务，努力使自己成为一名合格的共产党员和人民群众信任的公仆。

1999 年 8 月 25 日

《沙漠考古通论》序[*]

自 60 年代著名历史地理学家侯仁之先生发表《从考古发现论证陕北榆林城的起源和地区开发》、《乌兰布和沙漠北部的汉代垦区》和《乌兰布和沙漠的考古发现和地理环境的变迁》等论著以来，以研究沙漠地区环境与历史变迁为对象的沙漠考古已成为我国考古学研究领域的一个重要方面，受到学术界的普遍关注。沙漠考古不仅推动了历史地理学的发展，而且扩展了考古学的研究领域，促进了人文社会科学与自然科学的结合，著名考古学家俞伟超教授等学者当时就参与了这项开创性工作，他们都对沙漠考古学的创立奠定了良好的基础。

近年来，景爱先生以自己的刻苦努力、勤奋治学和社会各界的关怀支持，在沙漠考古的考察和研究方面取得突出成就，引起学术界的重视和新闻界的关注。他在沙漠考古方面的论著《中国北方沙漠化的原因与对策》出版以后，受到学术界和生态环境研究部门的好评，现在他的又一部力作《沙漠考古通论》即将由紫禁城出版社出版，又是一件令人高兴的事。《通论》对我国近 40 年来在沙漠考古的探索和研究工作中取得的重要学术成果作了一次全面的科学总结，对今后沙漠考古研究方向也阐明了自己的学术观点。我想，作为科学研究人员，只有将研究成果出版问世，才能有益于社会，才能将知识转化为生产力。也只有如此，科研成果才能得到社会的承认，取得社会更大的支持，从而推动学术研究的进一步发展。

沙漠考古研究的一个显著特点，是直接为经济建设服务。景爱先生

---

* 《沙漠考古通论》，景爱著，紫禁城出版社，1999 年版。

提出的沙漠化二重性的论断，已被国内外学术界所采纳和接受。这一论断，对于防治沙漠化具有重要的科学指导意义和实践意义。沙漠考古对于考古研究如何为经济建设服务，也提供了很好的例证。在考古学研究中，我们不能要求每一项课题研究都直接为经济建设服务，然而尽可能多地把自己的研究课题与两个文明建设紧密结合起来，应当是我们努力坚持的方向。

沙漠考古的另一个特点，是社会科学与自然科学的交叉渗透。这一点正是沙漠考古研究备受社会关注的重要原因之一。景爱先生以很大的精力去钻研自然科学知识，并运用自然科学的手段和研究方法探索沙漠地区变化、环境变迁、史地沿革且获得许多重要成果。实践出真知。本书一些章节的生动论述很开阔人们的眼界，颇有教益。事实表明，不断更新旧有知识，吸收自然科学新鲜知识，有利于提高我国考古学的研究水平，这很值得重视和提倡。许多部门和同志已经这样做了，希望有更多的考古研究部门注意这方面的问题，不断总结经验，丰富我们的学识。

景爱先生关于沙漠考古的主要著作，给我留下了深刻的印象。沙漠考古对我国西北和内蒙古地区很重要，具有很高的学术价值和现实意义。祝愿景爱先生在沙漠考古研究领域不断取得新的成就，把沙漠考古研究推向更高的水平。

1999 年 9 月 1 日

《中华人民共和国重大考古发现（1949～1999）》序[*]

1999 年，是一个具有特殊意义的年份。在这一年里，我们将举国欢庆中华人民共和国成立五十周年，迎来澳门回归祖国，与世界各国人民一道迎来新的世纪。

新中国成立，揭开了中国历史的新篇章。五十年来，我们的人民共和国在极其复杂的国际环境中，绕过了急流险滩，经历了风风雨雨，虽然有过一些挫折，但由于党和政府对文物考古工作的重视和关怀，我国考古工作硕果累累，取得了举世瞩目的伟大成就，不仅在学术研究上取得了重大进展和突破，而且在弘扬民族优秀传统文化，建设社会主义精神文明方面，也作出了独特的贡献。编辑出版《新中国重大考古发现》，回顾和总结半个世纪以来新中国考古发现和研究重大成果，展望中国考古工作更加美好未来发展的前景，无疑是很有意义的。经研究商定，为适应广大读者的需要，本书采用图录为主、文图并茂的形式，选择极具代表性的重大考古发现，加以科学综述和简明文字说明，以展示新中国五十年来考古学主要成就及对中国历史学研究的巨大贡献，当会受到各学科专家和广大读者的热诚欢迎。

中国是一个有着悠久历史文化的古老国家，源远流长，博大精深，绵延不绝，为世界历史所仅见。作为文明古国，从很早年代起，就有一些学者注意古代文化遗迹、遗物的考察和研究。但以田野考古为基础的近代中国考古学的兴起，却是在 1919 年五四运动之后，由于西方近代

---

[*] 《中华人民共和国重大考古发现（1949～1999）》，宿白主编，文物出版社，1999 年版。

学术思潮和考古学重要成果的传播，在民主与科学思潮的推动之下，诞生了中国考古学。1926年，我国学者李济主持山西夏县西阴村遗址的发掘。1927年，中美学者合作开始对周口店遗址进行科学发掘。1929年，在裴文中的主持下，发现了第一个北京人头盖骨化石。1928年起，历史语言研究所对安阳殷墟陆续进行了科学发掘，与此同时，梁思成主持山东历城县城子崖遗址发掘，尹达主持日照两城镇遗址发掘。此后，一些学者还主持发掘了浚县辛村西周卫国墓地、河南汲县山彪镇和辉县琉璃阁战国时期魏国墓葬的发掘。除此之外，北京大学在30年代对燕下都的调查发掘，徐炳旭、苏秉琦对陕西宝鸡斗鸡台的发掘和研究，黄文弼对新疆吐鲁番地区的调查研究，夏鼐对甘肃齐家文化墓葬的发掘研究等等，虽然限于当时历史条件，规模不大，但他们都为中国考古学的早期发展作出了不可磨灭的贡献。

新中国成立之后，中国考古学就以前所未有的机遇，得到了空前的发展，进入了一个新阶段，取得了旧中国所根本无法比拟的巨大成就。这是同中国共产党和人民政府的高度重视与国家大规模经济建设和最近二十年来改革开放方针分不开的。还在新中国刚刚成立的时候，中央人民政府就颁布了保护文物的法令、指示，并在中央和地方分别设立文物保护专门机构和科学研究部门，专门管理文物工作和开展科学研究工作。后来又相继在北京大学等高等院校设立考古学系或文博专业，并举办各种类型的短期培训班，培养文物考古专业专门人才，这一切都为中国考古学的创立和发展创造了有利条件。1982年，经全国人民代表大会常务委员会通过颁布了《中华人民共和国文物保护法》，更为保护文物、加强科学研究提供了法律保障。自然科学和技术手段被田野考古发掘和调查广泛运用，航空考古和水下考古的实施，有效地提高了考古工作的科学水平。今天，我们可以毫不夸张地说，中国考古学的新成就，繁花似锦，硕果累累，已为世界所注目，并为世界学术界所公认，将作为中国考古学的黄金时代而载入史册。这些新成就，主要表现在以下方面：

人类起源、早期人类及其文化演进历程的探讨，获得重要成果。据不完全统计，新中国建立以来，发现的古人类化石地点60余处，不同时期旧石器时代文化遗址和地点近千处，石制品总计在10万件以上。

这些人类化石地点和旧石器时代遗址遍布祖国大江南北，乃至西藏边陲地区。尤其是云南元谋直立人的发现，证实早期人类在中国大陆活动比北京人提前了百万年以上。我国旧石器时代考古学家和人类学家还发现，中国境内的人类进化过程具有明显的连续性和文化发展的多样性。此外，在中国境内还存在过距今 800 万年前的森林古猿化石，600 万年前的禄丰古猿化石，距今 200 万年至五六十万年前的人类近亲巨猿化石，由此可以推测，在中华古老大地上可能经历过从猿到人的整个演化过程，中国境内很可能是人类起源的重要地区之一。

史前考古学文化类型与编年的建立，为中华文化、中华文明起源和国家形成的研究，奠定了坚实的基础。中国新石器时代文化遗址，大约有七八千处，经过正式发掘的也在几百处以上。经过科学整理和采用碳十四等方法测定年代的这些发掘资料，使各地发现的新石器时代文化都有了比较确切的年代框架，从而建立了我国新石器时代考古学的序列，为研究史前文化相关关系及其发展，进而探讨中国文明起源创造了极为有利的条件。考古学的实践和著名考古学家苏秉琦先生考古学文化区系类型学说的提出，极大地推动了中国新石器时代考古学研究的深入。大量考古学研究的成果充分说明，中国古代文明的产生，主要是中国本土历史与文化自身发展的结果，一切"外来说"、"西来说"、"北来说"都是毫无根据的，中国文明是地地道道在中国这块广袤土地上孕育发展起来的。在黄河流域的磁山、裴李岗文化以及老官台文化、北辛文化等新石器时代早期文化，已经出现了器形比较单调的陶器、细石器和相当发达的谷物农业，所以有理由认为黄河流域可能已成为北方旱作农业起源地之一。长江流域的河姆渡文化遗址，除了有与磁山文化陶器相似的褐色陶器外，更有丰富的稻谷遗存，显然，长江流域是稻作农业起源的重要地区之一。它们为解决中国农业、畜牧业和制陶业的起源问题向前迈出了一大步。此后经过仰韶文化、大汶口文化、龙山文化等漫长的发展阶段，随着以农业为主的生产力的进一步发展，人口数量的增加，定居村落的扩大，社会两极分化的出现，一个新的时代逐渐来临。如在中原已经出现了大型聚落群遗址、城堡以及青铜器；燕辽红山文化中已出现祭坛、塑像群和大型积石冢，并有猪玉龙等成套玉器；浙江良渚文化已有大型贵族墓地，并有大型玉琮、玉璧随葬，反映了中国新石器时代文化正经历着一场新的革命和质的转变，其文化内涵也充分表现出中国文明的多元性和统一性。所有这一切，也都表明中华文化具有一脉相承的连续性的特点。

夏商周三代考古取得全面进展，令人振奋。结合古代历史文献记载，研究夏商周三代历史文化，成为中国考古学重大学术课题之一。本世纪初，经过王国维、罗振玉等对殷墟甲骨文的研究，证实《史记·殷本纪》的基本可信。自 1928 年起至今在殷墟 70 年的科学发掘，已确认安阳殷墟是商代晚期国都所在。50 年代初，在河南郑州发现了郑州商城和二里冈商代文化遗址，此后在 80 年代初，发现了偃师商城，接着在 90 年代又发现了郑州小双桥商代城址。对这三处城址的性质及其文化内涵，学术界虽有不同意见，但都一致肯定它们是商代早期都城，同属早商文化。夏文化的研究是在对商文化和早商文化的研究基础上展开的。由于对早商文化的深刻了解，对夏文化的认识经过 20 年来的深入探索和研究，目前已趋于一致，即以偃师二里头遗址为代表的二里头类型文化是夏文化，二里头遗址发现了大型宫殿基址，说明这里曾为夏都，有人认为是夏都斟鄩。夏文化研究取得的新收获是中国历史考古学的一个重大突破。周代考古研究的最重要的收获，一是确定了先周文化，发现了先周带字甲骨；二是对陕西岐山周原遗址的发掘，其中凤雏村建筑遗址的发现，为研究西周的宫寝制度提供了实物例证。西周沣镐遗址等继续有新的发现。在西周封国的考古工作中，最重要的是北京琉璃河燕国都城遗址和山西翼城、曲沃县天马、曲村晋国遗址的发掘，确证了两处遗址分别为燕国的始封地和晋国的始封地及晋之最早的绛都，解决了几千年众说纷纭的疑难，在历史研究上具有重要学术价值。此外，四川广汉三星堆祭祀坑、江西新干墓葬和三门峡虢国墓地清理等都是十分重要的发现。东周时期的秦、楚、齐、晋（韩、赵、魏）、吴、越故地的发掘，几乎都有重要发现，尤以信阳长台关、寿县蔡侯墓、淅川下寺和随县曾侯乙墓出土文物令人注目。

秦汉及其以后各个历史时期的考古学，在这五十年间，有许多重要考古发现，极大地扩展了人们的视野，丰富了人们对中国古史的认识。

如被称为世界第八奇迹的秦始皇陵兵马俑坑和铜车马的发掘，以其宏伟气魄和精湛技艺，震惊了海内外。对历代帝王陵墓的调查、勘察和研究，始终是我国考古学者和科研机构的一个重点课题。目前经考古勘察、发掘过的历代墓葬约达 20 万座左右。西汉诸侯王陵的发掘，再现了汉代贵族社会生活状况。对西晋皇陵、东晋帝陵、北魏帝陵及各历史时期帝王陵墓的位置和各等级墓葬形制嬗变都已经获得比较清楚的认识。半个世纪以来，我国考古学者和科学研究机构对都城考古同样放在非常重要的位置，给予密切关注并进行了有计划的勘察发掘。对各个历史时期帝王陵墓和各等级墓葬形制及其嬗变都已经获得比较清楚的认识。此外，我国考古学者和科学研究机构对都城考古都十分重视，给予密切关注并进行了有计划的勘察和发掘。其中比较重要的都城考古有咸阳、长安、洛阳三大秦汉都城；曹魏邺北城、北魏洛阳城、北齐邺南城；隋唐长安、洛阳两京城址、扬州城址；北宋汴梁城和南宋临安城、辽中京、金中都和元大都等，都取得巨大收获，这些工作为了解历代都城平面规划布局、街区坊制及城市变化，提供了历史文献所未能有的丰富资料。在少数民族考古方面，也有许多重要发现。如辽宁桓仁、集安高句丽城址和壁画墓、积石墓的勘察发掘，吉林敦化渤海国墓地贞惠公主及和龙县渤海贞孝公主墓、黑龙江宁安渤海上京龙泉府的勘察发掘，证实高句丽、渤海国曾是汉魏、隋唐时期一个地区的少数民族地方政权，同中央政府有着极密切的关系。50 年代对西藏自治区穷结县藏王墓的勘察及其后的清理研究表明，藏王墓地选择、墓碑形制都仿效唐制，说明吐蕃时期大量输入汉唐文化的事实。80 年代以来，在青海都兰吐蕃时期吐谷浑人的墓葬中发掘出土大量丝织物，其中大多为中原唐代织物，也有少量的中亚、西亚的产品，对研究唐代河陇地区吐蕃文化的形成和吐谷浑的兴衰、中原文化与吐蕃文化的交融、中西文化交流以及唐代吐蕃政治、军事、经济、文化具有重要价值。

中国宗教考古获得重大学术成果。宗教是一种文化现象，同当时的社会政治、经济、文化有密切的关联。研究宗教遗迹遗物，对研究当时历史文化具有重要意义。20 世纪初，一些外国人已注意到中国石窟寺遗迹，他们的调查与劫掠石佛造像和剥离壁画是同时进行的，其盗凿的痕迹至今犹存。三四十年代，中国学者的调查，主要精力放在壁画临摹、艺术研究上。新中国成立后，国家十分重视石窟寺和宗教寺院的保护，在敦煌、云冈、龙门等重要石窟寺相继建立了保护研究机构。五十年来，除了对上述三大石窟寺开展了全面勘察并有新的发现外，1951年在甘肃调查重新发现了天水麦积山石窟、永靖炳灵寺石窟、庆阳北石窟寺，对河北响堂山石窟、河南巩县石窟、山西太原天龙山石窟、新疆古龟兹的拜城克孜尔等石窟、古高昌的吐鲁番柏孜克里克千佛洞和吐峪沟石窟及古焉耆石窟群等作了全面调查，对四川大足石刻、云南剑川石窟、辽宁义县万佛堂石窟也都作了全面勘察，发现了许多重要造像题记史料。1953年在河北曲阳修德寺塔基下及周围地区发现总数在 2200 余身躯的石雕佛教造像，造像年代约在北魏至唐时期。1979 年后在山东青州兴国寺故址也发现一批南北朝至隋唐时期石雕造像。1979 年对洛阳永宁寺塔基的发掘和新疆吉木萨尔县西大寺遗址的发掘，对了解北魏末期和唐代寺院平面布局和绘画、雕塑艺术、建筑风格以及宗教文化演变等方面，提供了重要资料。此外，各地也都在调查中陆续发现许多塔基、经幢、造像题记，对宗教史迹研究提供了重要佐证。1959 年以后，对西藏及藏传佛教遗迹的调查勘察，扩展了佛教考古的内容。应当指出，以往对佛教遗迹遗物的考察，一般多是从美术史的角度研究其艺术价值。只是在 50 年代以后才把石窟寺及佛教遗迹纳入中国考古学范畴，运用考古学方法，研究和揭示佛教遗迹的历史变化，著名考古学家宿白教授为此作出了独特的杰出贡献。

通过大量文化遗址和古代墓葬的发掘及对出土文物的研究，充分揭示了中国在历史上曾是科学技术最为发达的国家之一。科学技术是生产力，而且是第一生产力，这是经过历史实践证明的颠扑不破的真理。考古学的研究说明，早在 170 万年前，元谋人已经知道选择质地较坚硬的石英岩打制石器，50 万年前的北京人已经懂得了人工取火，这是人类取得的重要技术进步。正如恩格斯指出的那样，火的利用"第一次使人支配了一种自然力，从而最终把人同动物界分开"[①]。在山西峙峪的旧

石器文化遗址中，发现了石镞，说明这时可能出现弓箭。它使狩猎生产得到发展，生活水平得到提高，我们的先民进入到一个新的阶段。进入了新石器时代之后，从黄河流域和长江流域栽种的粟、稻等实物例证，说明中国是世界上发明农业最早的国家之一，是世界农作物起源中心地区之一。农业的发展，带动了建筑业、制陶业的兴起和发展，并产生了铜器和青铜冶炼技术。随之产生了天文学、数学、化学、物理等知识。从夏代出土的二里头铜爵、二里头铜器作坊遗址到商代司母戊鼎和周代湖北大冶铜绿山、内蒙古林西大井等矿冶遗址和各地出土的大量青铜器，其品种之多，礼器纹饰之繁缛，乐器、车马器铸造之精美，兵器制作之精良，充分证明当时我国青铜冶铸科学技术成就已达到世界先进水平。大量的冶铁遗址说明，正是在青铜冶铸基础上，我国成为世界上最早发明铸铁技术的国家。生铁冶铸技术和柔化技术的广泛应用，使我国钢铁产量和质量都超过了其他文明古国，位居当时世界各国前列。冶铁技术为农业生产开拓了新的发展道路，从而促进了农田水利工程和造纸、印刷、指南针、火药、制瓷、冶铸、机械制造、桥梁建筑以及天文学、数学、化学、医药学的发展。这一切充分说明，中国古代科学技术在世界科技史上曾起过重要的推动作用。正是生产力的发展，引起了社会关系的变革，促进了人类社会历史的发展进步。

简牍的重大发现与研究，丰富了中国历史的新内容，拓展了中国古代历史研究的领域。在东周汉晋时期，纸张未能普遍使用以前，书写材料主要是竹简木牍。在漫长的历史岁月里，不断有简牍发现。汉武帝时期在孔子宅壁中发现的用古文书写的战国竹简和西晋太康二年（281）汲郡（河南汲县）发现的《汲冢书》，对中国古代经学和古史研究起过重要的推动作用。19世纪末和20世纪初，一些外国人以探险为名，在我国新疆罗布泊楼兰遗址、民丰尼雅遗址和甘肃、内蒙古等地盗掘大批汉晋简牍。1949年以前，我国考古学者也曾在甘肃额济纳河居延地区和敦煌地区发掘得到一批数量可观的汉代简牍。新中国成立五十年来，简牍的出土数量、规模和发掘的科学性及研究水平都远远超过了以往各个历史时期。以简牍出土地区而言，过去仅限于西北甘肃、新疆，如今简牍出土地点，扩大到丝绸之路和河西走廊，而且在湖北、湖南、内蒙古、河北、河南、山东、安徽、江苏、江西等省区都陆续有重大发现。其中湖南、湖北、河南等地出土的大批楚简十分重要，其内容一般为"遣册"、"祷辞"或"卜筮记录"之类。1975 年湖北云梦睡虎地和1989 年龙岗出土的秦始皇统一前后的秦简，其内容有"编年记"、"语书"和"秦律"、"秦律答问""为吏之道"、"禁苑律"，对研究秦律发展是极为重要资料。这是秦时以法治国的重要佐证。1984 年、1988 年湖北江陵张家山出土的汉简"奏谳书"及其案例，为人们了解汉律与秦律的关系提供了实证。五六十年代，在居延、敦煌汉代烽燧遗址中继续发现大量的汉代简牍。70 年代，甘肃省博物馆在额济纳河以南原来出土过居延汉简的遗址一带，又发现五万九千多枚简牍，其年代上起元鼎元年（前 128）下迄建武八年（32），内容除古籍历书外，有治书、律令、屯戍事牍。包括边疆事务、官吏任免、军纪处理、物品调拨等公文。90 年代发掘的敦煌悬泉遗址，是汉代西北规模较大的驿站遗址，出土的各种簿籍记录了邮驿制度和汉代边陲社会生活情况。这些资料对研究汉代政治、经济、军事、边防、屯田、水利、交通、法律制度、社会生活，是极为珍贵的。1972 年、1973 年在长沙马王堆汉墓发掘中，出土的竹简"遣册"（随葬品目录）以及帛卷、帛画，极大地丰富了我们对汉代文化面貌的认识。1993 年湖北荆门郭店出土的楚简，内容包括《老子》甲、乙、丙三种和《太一生水》、《鲁穆公问子思》等儒家、道家典籍，对学术史研究有极重要意义。1996 年湖南长沙走马楼三国吴简牍的出土，是 20 世纪末又一重大发现，吴简总数在 10 万枚以上，超过本世纪所发现的简牍总和，简牍因有"黄龙"（229～231）、"嘉禾"（232～238）纪年，可以断定系孙权时期的长沙官府档案文献资料。主要内容包括：佃田租税卷书、官府之间调拨卷书及官吏俸禄卷书、官府结案文书、户籍档案、储粮出入账簿等，对研究孙吴时期的社会经济、政治制度、职官设置及社会生活都提供了丰富的史料。此外，江苏连云港东海县尹湾村出土的尹湾简牍，对研究汉代地方行政制度，有重要参考价值。总之，20 世纪以来，特别是新中国成立以来五十年，简牍的重大发现同甲骨文、敦煌石室经卷文书发现一样，极大地拓宽了中国古代史研究领域，成为研究中国古代史的重要材料之一，在推动中国史学研究方面，发挥了极重要的作用。

上述中国考古学取得的重大发现，在本书所收张森水《旧石器时代考古》，张忠培《新石器时代考古》，邹衡《夏商周时代考古》，俞伟超《秦汉时代考古》，杨泓《魏晋南北朝时代考古》、《隋唐时代考古》，徐苹芳《宋辽金元明时代考古》等各章都分别作了专题评介。宿白先生担任本书的主编，并对各章内容亲自作了详细阅审。宿白先生和各章撰稿人都是国内外著名的考古学家，在不同领域为我国考古事业的发展作出过突出贡献，并且又亲为本书撰文和审订，使我十分感动，在此，谨向宿白先生和各位撰稿人表示敬意和感谢。

展望未来，任重道远。现实中国是历史中国的发展。中华人民共和国成立以来的重大考古发现，充分展示了中华民族在历史发展进程中，曾创造了灿烂的中华文明，为人类作出过重大贡献。这是激励我们整个民族再创文明辉煌的动力和源泉。对中国考古事业来说，如何在已故和当今健在的老一辈考古学家已有工作成就的基础上，继续坚持马克思列宁主义、毛泽东思想和邓小平理论的指导，发扬实事求是、严谨求实的学风，运用现代科技手段处理考古发现新资料给我们带来的各种历史信息，加强考古学基础理论研究，不断提高学术水平，从而展现出历史中国的方方面面，揭示出历史发展的规律，对建设有中国特色社会主义是具有重要意义的，这是时代赋予中国考古学者的历史使命，也是老一辈考古学家毕生从事中国考古学的理想和愿望。我完全相信，依靠我国考古学者一代又一代的艰辛开拓和奋发努力，中国考古学的研究一定会在21世纪作出更大的贡献。

1999 年 9 月

就三年来的工作致李岚清、
孙家正的信

家正同志并呈

岚清同志：

1996 年 4 月，国务院任命我为国家文物局局长，5 月，我由河南来京赴任，至今已近三年半了。最近，结合我局的"三讲"教育活动，我对自己这三年多来的思想状况、工作情况进行了全面的回顾与总结，深感自己虽然努力工作，但距离党中央、国务院的要求相差甚远。惭愧之余，我也想把有关情况作一汇报，说说心里话。

一、关于三年多来的工作情况

在我到任之前，文物局工作的总体情况是喜忧参半：一方面，由于 1992 年和 1995 年全国文物工作会议的召开，党中央、国务院明确了"保护为主，抢救第一"和"有效保护，合理利用，加强管理"的文物工作方针和原则，同时国家大幅度增加了文物保护经费（中央财政拨款从每年 7000 万元增加至 1.3 亿元），国务院于 1994 年决定恢复国家文物局为副部级的国家局，以加强对文物工作的领导，这些都为文物事业的较大发展创造了良好的机遇。另一方面，由于国家文物局领导班子严重不团结，结果不仅造成国家文物局机关纪律松弛、人心涣散、秩序混乱，而且还对全国文物系统造成严重影响，不仅丧失了事业发展与进步的大好机遇，而且还在文物对外交流等方面发生了严重问题，引起了国务院和文化部领导同志的关注以及文物系统干部职工的很大意见。

我到局后，在国务院和文化部领导下，依靠党组一班人，依靠群众，努力做了一些工作，主要有两个方面：

（一）完成了两次机关机构改革，对机关作风进行了整顿

1996年年底，我主持完成了对1994年国务院关于国家文物局"三定"方案的落实，机关设办公室、文物保护司、博物馆司和综合计划财务司，人员由120人减至90人。1998年，根据国务院关于文物局机构设置的规定进行机构改革，撤销综合司，人员减至60人。两次机构改革精减的人员达到50%，机关工作人员素质有所提高。在机构改革过程中，着力整顿机关作风，建立规章制度。三年多来，我局从最基本的机关考勤制度开始，陆续制订了十几个规章制度，使文物局的办文、办事、办会都有了一定的章法，同时加强了思想教育工作，使机关干部的思想作风和工作作风有明显好转，基本扭转了局机关以往对外留下的不良印象。

（二）积极推动党的文物工作方针和原则的贯彻落实

由于种种原因，党的文物工作方针和原则在一段时间内未得到很好的贯彻和落实，所以这几年我一直把贯彻落实党的文物工作方针和原则作为自己的首要任务和中心工作。1997年，国务院印发了《关于加强和改善文物工作的通知》，进一步明确了文物工作的目标和贯彻文物工作方针和原则的措施。针对文物局和全国文物工作的实际，三年多来，围绕着这个主题开展的具体业务工作很多，概括起来，我着重是从四个方面推动工作：

一是带有补课性质地抓各项基础性工作。如直属事业单位馆藏文物的登记、全国重点文物保护单位"四有"资料库建设等。

二是抓法规建设。除以《文物保护法》的修订为重心外，还先后颁发了《关于故宫博物院的管理规定》、《考古发掘管理办法》、《文物复制管理办法》、《文物出国（境）展览管理办法》、《文物事业单位财务管理办法》、《国家重点文物保护专项补助经费使用管理办法》等十余个部门规章，并制定了《中国文物博物馆事业"九五"计划及2010年远景目标纲要》。

三是抓革命文物工作。三年连续召开了三次全国范围的革命文物工作会议，并在1998年由两办转发了《关于加强革命文物工作的意见》，

制订了《中国革命文物和革命纪念馆事业"九五"计划纲要》，使前几年处于低潮的革命文物工作重新活跃起来。

四是抓文物安全工作。积极与公安、工商、海关部门配合，打击各种文物犯罪活动，同时要求各地文物部门加强自身建设，完善安全制度。

在工作中，我注意把保证中央政令畅通作为头等大事，务使文物局在政治上与党中央保持高度一致；其次是把党组一班人的团结放在重要位置对待，几年来，党组同志相互信任，相互尊重，相互支持，是一个团结、务实的班子。但由于我缺乏在中央工作和行业管理的经验，求稳怕乱，没有能全面地处理好改革、稳定、发展三者之间的关系，所以工作中存在的问题较多，主要是在贯彻落实《国务院关于加强和改善文物工作的通知》方面差距较大，文物事业改革滞后，文物工作重点突出不够、宏观管理水平不高等。这些问题，主要责任在我。

二、当前文物工作所面临的主要困难

近几年，文物事业发展的速度较快，但从总体上看，当前文物事业的发展状况仍然与我们这样一个有着五千年文明历史的文物大国的地位不相适应，与广大人民群众日益增长的精神文化需求不相适应。通过三年多的实践，我感到当前文物工作的主要困难是：

（一）我国对文物实行属地管理、分级负责的行政管理体制，在各级政府机构中，无论是独立的文物局，还是文化厅内设的文物处，都普遍存在内设机构不够健全，人员编制偏少等问题，难以负担日益繁重的工作任务，更难以适应改革的实际需要。国家文物局虽然负责全国文物、博物馆工作，但实际上的权威性和管理能力都十分有限，不仅对各地方文物行政工作不能干预，甚至对各地方的文物业务工作也只能给予有限的指导，各地文物工作状况主要取决于地方政府。因此，当一些地方做出对文物保护十分不利的决断，或对现行的文物保护法律法规造成很大冲击时，地方文物部门大多只能服从，而我局往往处于被动的位置，即使提出不同意见，影响力也十分有限。对地方政府造成的既成事实，我局大多只好无可奈何地接受。例如许多地方的"五纳入"工作

与国务院《通知》的要求相距甚远，我局虽然努力推动，但收效不大。当前文物工作存在的几个热点、难点问题，也都与此有关。

（二）基本建设与文物保护的矛盾由来已久，近几年，随着我国现代化建设速度的加快，基本建设与文物保护的矛盾日益尖锐突出，许多地方和部门的领导不能妥善处理两者的关系，造成文物损失的政府行为和法人违法案件有所增加。一些地方的文物保护工作得不到应有的重视和支持，进而造成"建设性"、"开发性"破坏的严重后果。三峡水利工程淹没区、迁建区文物保护规划至今仍未能予以审批，严重影响了文物保护工作，文物工作者忧心如焚。在一些城市特别是历史文化名城的改造中，许多有价值的古建筑、故居被拆毁，房地产开发和土地批租、转让等对文物保护也造成了很大冲击。出现这种情况，一方面与有的地方和部门的领导不重视文物工作有关，另一方面也与《文物保护法》不够有力相关。《文物保护法》实施以来，虽然对文物保护发挥了重大作用，但总起来看，仍是一部"软"法，不被一些地方政府和领导重视，加上目前没有一支相对稳定的文物行政执法队伍，文物工作还不能做到"有法可依、有法必依、执法必严、违法必究"。

（三）文物、博物馆队伍的整体素质有待提高，文物保护科技人才和学科带头人、特别是高级管理人才严重短缺，特种传统技艺后继乏人。以故宫博物院为例，在全院在职1321人中，正高职称仅14人，副高职称56人，具有研究生学历者只有15人，本科学历者127人。这种状况的普遍存在，严重制约了文物事业单位各项工作水平的提高，严重制约了文物事业的改革与发展。

（四）盗窃、盗掘文物犯罪活动仍未得到有效遏制。据统计，1997和1998两年间，全国正式报告的文物被盗案件共158起，其中未遂16起，已侦破33起，丢失文物1136件。其中在青海都兰、湖南湘乡、河南临汝和山西长治，都曾发生大规模群体盗掘活动。从海外反馈的情况看，每年都有大批文物走私海外，在国际上造成的消极影响很大。盗窃分子大多为内外勾结、团伙作案，并形成盗、运、销一条龙方式，使用现代化交通、通讯设备，并配备先进的武器装备，给公安机关侦破工作带来很大困难。造成以上问题的主要原因是，少数领导对文物安全工作思想麻痹，疏于管理；许多地方文物安全工作经费严重短缺，人防、物防、技防的基本条件仍不具备；一些公司、法人参与走私文物犯罪活动是近年来一个较为突出的问题。一些城市的旧货市场或地摊普遍存在非法经营文物，特别是出土文物的现象。一些拍卖企业也违规拍卖出土文物和国家馆藏文物，在一定程度上对盗窃、盗掘和走私文物犯罪活动起了推波助澜的作用。

（五）文物保护经费总量偏少。自1992年以来，中央财政对文物的抢救维修补助经费有了较大幅度增长，除财政部每年的1.3亿元之外，还有国家计委每年的2500万元文物保护设施建设专项资金。这对我国文物抢救保护发挥了巨大的支撑作用。同时也带动了一些省市增加了对本地区文物保护的投入。但总的来讲，我国文物事业的发展与整个国民经济和社会发展的比例仍不相适应，国家投入总量不足，有些地方基本未将对文物事业的投入纳入当地国民经济和社会发展规划。近十年来，文物工作已成为发展旅游经济的重要支柱，报载旅游经济收入增长很大，理应对文物保护经费相应增加。"九五"期间，即在2000年，我们拟报请国务院批准公布250处全国重点文物保护单位，从而使我国的国家级文物保护单位达到1000处，这也将使得文物修缮与科技保护的任务更加繁重；全国文化、文物系统管理的博物馆在2000年将达到2000座，用以妥善保管越来越多的出土珍贵文物。此外，流失海外的一些中国文物珍品也需要重金收购回国。因此，解决文物经费的严重不足已成为事业发展的急迫问题。

三、恳请岚清同志和国务院重点关心的几项工作

当前，我国文物工作面临许多困难和挑战，但同时也存在发展的条件和机遇。我坚信，在岚清同志的分管下，我国文物工作一定会有较大的进步与发展。恳请岚清同志和国务院重点关心的工作是：

（一）启动国家博物馆建设工程

党的十四届六中全会《决议》提出"有计划地建成国家博物馆、国家大剧院等具有重要影响的国家重点文化工程"。据此，我局和文化部经认真研究，最近已正式向国家计委提出建设国家博物馆的立项申请，建议将国家博物馆工程列为国家"十五"重点建设项目，并将现中国革命博物馆大楼东侧和南侧地带作为首选馆址。

（二）加快《中华人民共和国文物保护法》的修订

在国务院的支持和领导下，我局较早开始了文物法的修订工作，并已于1998年6月通过文化部向国务院报送了《文物保护法》的修订稿。目前，此稿仍由国务院法制办有关司室进行研究修改。

（三）增大国家对文物保护经费投入的总量

据我们了解，一些文化遗产保存丰富的发达国家和发展中国家在文物保护经费的投入上远远优于我国。例如：意大利政府用于文物的年度支出占国家财政的千分之零点二，约为8亿~11亿美元；埃及政府的文物保护主要靠当地文物、博物馆的门票收入及其他盈利活动的创收，其总收入的80%由国家财政返还文物部门使用，每年约为8000万美元，约合6.6亿元人民币。法国政府每年用于文物保护的投入约为16亿法郎，英国为1亿500万英镑。随着我国社会经济的发展，综合国力的增强，以及社会主义精神文明的加强，国家适量增加对文物保护经费的投入，不仅是必要的，也是可能的。

以上所言，只是我个人的一些体会和意见，有许多我曾向（孙）家正同志作了汇报。我也曾向（孙）家正同志请求，希望岚清同志听取文物工作的汇报。但我也深知岚清同志日理万机，所以想到以写信的方式先行汇报。不妥之处，敬请批评。

几年来，我一直以鞠躬尽瘁、死而后已自勉，不敢丝毫有所松懈，但现在回顾起来，工作还是日计有余，年计不足。我决心通过这次"三讲"教育，进一步提高自己的理论水平和政策水平，提高工作能力，修正错误，弥补不足，站好最后一班岗，为繁荣和发展我国文物事业继续贡献自己的绵薄之力。专此。

　　即颂

秋安

1999年9月9日

向着文物保护先进国家目标迈进[*]

——中国文物事业五十年巡礼

我国是一个历史悠久的文明古国。在漫长的岁月中，我国先民用自己辛勤的劳动和卓越的智慧，创造了博大精深、辉煌灿烂的中华文化，留下了极其丰富的文物古迹。与中华文明五千年来一脉相承、绵延不断的历史发展相对应，我国的文物也是世代留存、从未间断，其数量之多、规模之大、品类之丰、技艺之精、价值之高，都无与伦比。根据国家文物局 1998 年的最新统计，目前我国已知的地上地下不可移动文物有近 40 万处，其中县级文物保护单位 6 万处，省级文物保护单位近 7000 处，全国重点文物保护单位 750 处，万里长城、故宫、秦始皇陵及兵马俑、布达拉宫等 21 处古迹被列入《世界遗产名录》。馆藏各类可移动文物约 1000 万件，其中一级文物近 5 万件。这些珍贵的文物、古迹，不仅是全中国人民最可宝贵的精神财富，而且也是全世界人民最可宝贵的历史文化遗产之一。

1840 年以后，由于列强侵略和频繁的战乱，中国文物遭受到有史以来最大规模的破坏，许多珍贵文物流失海外。中华人民共和国成立后，党和政府十分重视文物保护，开始了中国历史上从未有过的国家进行的大规模文物保护管理和田野考古发掘工作。50 年来，我国的文物事业自小而大，蓬勃发展，取得了令人瞩目的巨大成就，这主要表现在六个方面：

（一）中央和地方都建立了文物保护管理的行政机构和学术研究机

＊ 原载《中国文物报》1999 年 9 月 29 日第 1 版。

构，初步形成了一支政治强、业务精、作风正的专业队伍和较为完整的文物行政管理体系

新中国成立之初，全国只有屈指可数的几个文物考古机构，人员总计也不过数十人。经过几十年的努力，截至 1998 年，全国共有文物行政和科研机构 3495 个，从业人员 6 万多。其中，大专以上学历近万人，高级研究人员 2000 多人，既有一批享誉国际学术界的历史、考古、博物馆和文物保护工程技术方面的老专家，也有很多后起之秀。目前各省（自治区、直辖市）、市都有专门负责本地文物保护、管理的行政机构，构成了一个较为完整的文物行政管理体系。

（二）基础性工作及文物的修缮和科技保护成效显著

在国家的主持和各级文物机构的组织下，不仅在全国范围内进行了两次大规模的文物普查，而且还对一些重要文物分门别类进行了大规模的专题调查。同时，国家对博物馆藏品进行分类登记，征集、保护了许多流散在社会上的传世文物，通过这些重要的基础性工作，基本廓清了我们这个文物大国的资源分布和保存状况，从而为国家制订文物事业发展规划提供了科学依据。

新中国成立之前，中国多数文物建筑处在无人看管、濒临毁灭的危险境地。1949 年以后，国家不断有计划地开展对重点文物建筑的修缮保护工作，特别是 1992 年以后，对文物建筑进行抢救修缮的工程大幅度增加。到目前为止，国家重点文物保护单位中的古代、近现代建筑已有三分之二以上得到维修，一大批省市级文物保护单位也经过维修而基本解除了险情。与此同时，中国文物工作者综合运用传统技艺和现代科技手段，有效地防止或减缓了文物的自然损坏，有些文物科技保护的成果处于世界领先或独有地位。为保护、抢救文物，发展文物事业，国家和各地方不断加大经费投入。尤其是在 1992 年，全国共有 9 亿多元的资金用于文物事业，1997 年增加到 25 亿元，1998 年则达到了 63 亿。

（三）形成了全国的近现代革命文物史迹网络，革命文物工作方兴未艾

中华民族是一个有着光荣革命传统的伟大民族，保存和遗留下极为

丰富的革命文物。中国共产党十分重视革命文物工作，早在新中国成立之前，就曾在瑞金和延安着手筹建革命博物馆。新中国成立之初，中央又接连发布指示，推动革命文物普查和征集工作在全国展开。90年代以后，特别是1997年全国革命文物工作会议以后，革命文物工作逐渐走出低潮。1998年1月，中央办公厅、国务院办公厅转发了中宣部、文化部、国家教委、民政部、团中央、国家文物局等六部委《关于加强革命文物工作的意见》，对做好当前和今后一个时期的革命文物工作起到了重要的推动作用。目前，在750处全国重点文物保护单位中，革命遗址和革命纪念建筑物达到134处，省、市（县）级革命文物保护单位近8000处，全国文物系统革命博物馆、纪念馆计300座（所），馆藏革命文物40余万件，其中一级品4035件，形成了全国范围的革命文物史迹网络，在对人民群众进行革命传统、爱国主义、集体主义、社会主义教育中发挥着独特的作用。

（四）博物馆事业蓬勃发展，基础设施建设明显改善

1949年，中国大陆仅有21座博物馆，而且大多陷于馆舍差、藏品寡、人员少，难以为继的窘境。新中国成立后，这种情况迅速得以扭转，在50年代，出现了我国博物馆事业发展的第一个高峰期，不仅建设了一大批地方博物馆，而且还建成了中国历史博物馆、中国革命博物馆、中央自然博物馆和中国人民革命军事博物馆等国家级博物馆。改革开放以来，我国博物馆事业迅速发展，至1998年，中国已有1900余座博物馆，其中由文化、文物部门管理的多达1331座。即将于国庆节正式开馆的西藏自治区博物馆的建成，最终实现了毛泽东同志于1958年提出的每个省都要有一个博物馆的构想。著名的陕西历史博物馆、上海博物馆、河南博物院等，不仅文物收藏十分丰富，而且其馆舍建设、陈列展览、科学研究和管理水平都达到很高的水平。各种行业博物馆各具特色，主题鲜明。全国各博物馆每年不仅有计划地加强对民族文物、民俗文物收集保护，开展对文物珍品的抢救收购，而且还不断提高研究和展览水平，通过大量基本陈列和临时展览为公众提供服务，许多博物馆成为爱国主义教育基地，成为公民终身教育和中小学生社会文化教育的第二课堂，为社会主义精神文明建设作出了积极贡献。

（五）田野考古学成果丰硕

新中国成立后，在田野考古的方法论和技术方面，中国学者取得长足进步。在坚持以配合国家基本建设为主做好抢救性发掘的同时，考古工作者还开展了以科学研究为目的的学术性发掘。这些考古工作，发现并保护了一大批珍贵文物，获得了许多饱含历史信息的珍贵资料，通过对这些资料的整理和研究，不仅大大丰富了我国文物宝库的品种和数量，还可以在相当大的深度和广度上丰富、改变人们对中国历史与文化的认识，从而对人们研究中国古代思想史、文化史、艺术史、科技史等提供了极大的帮助，同时也使重写中华古代文明史和中国通史成为可能。

（六）文物对外交流已成为我国改革开放的一个重要窗口，作为全人类共有的历史文化遗产，中国文物以其独特的魅力越来越多地在世界人民的精神生活、文化生活当中产生影响

据统计，在本世纪的前半叶，我国只在境外举办了极有限的几个文物展览。新中国成立之后的头 30 年，出境的文物展览也不过十几个，而改革开放以来，我国大约在境外举办了 1000 个文物展览，在宣传、弘扬我国优秀文化，增进中国人民与世界各国人民的友谊，配合我国政府的外交工作方面，发挥着日益增大的作用。此外，在考古调查、发掘和文物保护方面，我们也与国外进行了积极的交流与合作，取得了一系列重要成果。我国先后加入了有关文物保护的国际组织和国际公约，成为国际社会保护人类共有文化遗产的中坚力量。

上述巨大成就的取得，首先要归功于党中央、国务院对文物工作的高度重视和亲切关怀。新中国成立之初，中央政府就颁布了《禁止珍贵文物图书出口暂行办法》等专项法规，并把国家保护文物的内容明确写入第一部《中华人民共和国宪法》，结束了 1840 年来中国文物遭受大规模破坏和流失海外的惨痛历史。毛泽东等老一辈无产阶级革命家十分关怀文物工作，毛泽东同志曾经多次参观文物展览，视察古遗址和博物馆。"文革"期间，周恩来总理直接抓了满城汉墓和马王堆汉墓发掘、出土文物展览、故宫博物院开放以及《文物》、《考古》、《考古学报》三大杂志的复刊等工作，使在"文革"初期遭受严重破坏的文物事业重获生机。党的十一届三中全会以后，以邓小平同志为核心的党的第二

代领导集体致力于把文物工作引上法制的轨道。1982 年，全国人大常委会颁布施行了《中华人民共和国文物保护法》，这部我国文物事业的根本大法，为我国文物事业的发展提供了可靠的、坚实的法律保障。以江泽民同志为核心的党的第三代领导集体更加重视文物工作，1997 年 9 月，江泽民同志在党的十五大报告中明确要求："要重视科学、历史、文化的遗产和革命文物的保护。"党中央、国务院为新时期文物工作制订了"保护为主，抢救第一"和"有效保护，合理利用，加强管理"的方针和原则，并大幅度提高了国家对文物保护经费的投入。为推动文物工作方针和原则的贯彻落实，国务院于 1997 年发出了《关于进一步改善和加强文物工作的通知》，要求各级政府和部门要把文物保护纳入当地经济和社会发展计划，纳入城乡建设规划，纳入财政预算，纳入体制改革，纳入各级领导责任制。所有这些，都对文物事业的发展产生了极大的推动作用。

文物事业能够取得巨大成就，还有赖于我国文物法制建设的不断完善。继《中华人民共和国文物保护法》之后，国家相继公布了《中华人民共和国文物保护法实施细则》、《中华人民共和国水下文物保护管理条例》、《中华人民共和国考古涉外工作管理办法》、《考古发掘管理办法》等十多个行政规章，在修订过的《刑法》中，也明显加大了对盗窃、破坏、走私文物犯罪活动的惩治力度。各地方也相继制订了一些地方文物保护法规。为在市场经济条件下依法行政、依法管理、做好文物工作提供了有力的支持。

从更深的层次看，50 年来文物事业取得巨大成就并呈现持续发展的势头，根本原因还在于，由于国家政治的稳定和社会经济的发展，进一步激发起广大人民群众热爱文物、保护文物的热情，使得我国的文物事业真正成为人民群众自己的事业，使保护文物成为广大人民群众的自觉行为。从很早的历史时期起，我国就形成并保护了收藏、保护和研究文物的优良传统，从古至今，我们可以看到许多爱国人士不惜重金乃至身家性命保护文物的动人事迹。这个优秀的民族传统，在新的历史条件下更加发扬光大。

在为以往成就感到自豪与喜悦的同时，我们也深知，目前我国文物事业的总体水平仍与我们这样一个有着五千年文明历史的文物大国的地位不相适应，与我国人民日益增长的物质文化和精神文化需求不相适应，文物事业的建设仍然任重而道远。但我们也坚信，在中国共产党的领导下，日益走向富裕和文明的人民大众，也必然会对文物事业倾注更多的关心和支持，从而也就为文物事业在下一世纪更大的发展提供了强大的动力。所以，我们完全可以预期，在下个世纪，中国不仅将以文物大国著称于世，也必将以文物保护先进国家而著称于世。

向着文物保护先进国家目标迈进

在纪念北京猿人第一个头盖骨发现七十周年大会上的讲话

主席，各位女士、先生们：

今天，我们在此隆重聚会，纪念周口店北京猿人第一个头盖骨发现七十周年，正是由于七十年前的这一科学发现，才得以使我们和来自世界各地的朋友们聚集在一起，共同分享 20 世纪上半叶世界科学界这一伟大发现所带给我们的无限喜悦，并亲身感受科学发现为人类进步作出的崇高贡献。

大家知道，以田野考古为基础的近代中国考古学是在 1919 年五四运动后，由于西方近代学术思想和考古学重要成果的传播，在民主与科学思潮的推动下诞生的。在新文化运动的推动下，1921 年 8 月，经中国政府批准，时任中国政府矿政顾问的瑞典地质学家和考古学家安特生和另一位美国学者最先对周口店龙骨山进行了科学考察。1927 年 3 月，在洛克菲勒基金会的资助下，中外学者密切合作，开始了对周口店系统的科学发掘。这项前后历时十年的发掘所取得的成果，为人类进化的历史提供了一个非常重要的环节，同时也对中国第四纪地质学、古生物学，尤其是古人类学和旧石器时代考古学学科的产生和发展奠定了坚实的基础，培养出一批站在学科最前沿的世界著名的中国学者。在这十年中，包括 1929 年裴文中先生发现的第一个"北京人"头盖骨在内的、轰动世界的"北京人"化石大发现，也把全世界的目光吸引到了当时积贫积弱的旧中国，为我们东方文明古国赢得了巨大荣誉。作为一名中国人，我当然以杨钟健、裴文中和现在健在的贾兰坡诸位先生的巨大贡献感到骄傲和自豪。同时，我也对长期与中国学者友好合作的安特生、步达生、魏敦瑞等外国学者们表示由衷的敬意。我们要永远记住这些为中国考古学的早期发展做出过重要贡献的"北京人"的知己们。

新中国成立后的五十年来，在党和政府的关怀下，包括周口店"北京人"遗址的综合研究在内的关于人类起源、早期人类及其文化演进历程的探讨，都获得了重要成果。据不完全统计，我们已发现古人类化石地点60余处，不同时期旧石器时代文化遗址和地点近千处。这些人类化石地点和旧石器时代遗址遍布大江南北，乃至西藏边陲。尤其是云南元谋猿人的发现，证实早期人类在中国大陆活动比北京猿人提前了百万年以上。通过多年来对元谋人、蓝田人、郧县人、北京人、南京人、和县人、金牛山人、大荔人、马坝人、山顶洞人、柳江人等众多古人类化石和大量旧石器时代文化遗物的研究，可以认为，中国境内古人类演化具有明显的连续进化和文化发展的统一性与多样性的特点。可以说，中国境内是研究人类从直立人向智人过渡特别是蒙古人种起源的重要地区之一。在此我们要对取得这些辉煌成就的专家、学者以及大批工作在田野考古第一线的同志们表示崇高的敬意和衷心的感谢！

我们为取得上述成就感到振奋，对未来的研究和保护工作充满信心。借此机会，我谨对包括周口店"北京人"遗址在内的古人类学和旧石器时代考古学的研究、科学普及和保护工作提出几点建议：

第一，在科学研究方面，建议我国科学家加强与国外同行的合作交流，借鉴当年合作发掘周口店"北京人"遗址的成功经验，使我们的科研手段和学术水平都能够达到世界领先地位。我认为，相比较而言，考古学是进行跨学科研究最成熟的领域。所以，我也建议我们的考古学家要和包括地学、生物学、物理学、化学和社会学等其他学科的专家学者开展比以往更多的合作，主动了解一些相关学科的知识和最新进展，以便架构多学科合作的桥梁。作为文物行政管理部门，我们将为中外合作和跨学科合作研究提供更多的支持和帮助，积极促进科研工作的深入开展。

第二，在科学普及工作方面，我也向在座的科学家，尤其是从事人类起源研究的科学家建议，在积极开展科研工作的同时，把你们多年辛勤耕耘的研究成果通过通俗易懂的科普读物奉献给社会，奉献给人民。

有关科研部门和博物馆应该多举办一些关于人类演化历史的专题展览，让人们知道我们的祖先是怎么进化的，北京猿人与自己有什么关系，等等。这对于树立广大群众的科学意识，破除封建迷信，批判歪理邪说都具有十分重要的作用。我们盼望着这类的科普读物和专题展览大量涌现，同时也将会一如既往地给予鼓励和扶持。

第三，在遗址保护方面，建议在座的科学家更多地关心周口店"北京人"遗址的保护工作，更多地为各级文物保护和管理部门献计献策，提出建议和批评，共同把周口店"北京人"遗址保护好。江泽民总书记在党的十五大报告中强调要"重视科学、历史、文化的遗产和革命文物的保护"。中国政府在发展国家经济的同时，比以往任何时候都更加重视保护自己的科学、历史、文化遗产和革命文物。1961 年，周口店"北京人"遗址被国务院公布为第一批全国重点文物保护单位，1987 年又被联合国教科文组织列入《世界遗产名录》。当今社会，各国都十分重视生态环境的保护，因为这对于改善人类的物质生活具有决定意义，同样，要想提高人们的精神生活质量，也必须对分布在不同国家的人类文化遗产进行更有成效的保护。我衷心希望在座的科学家和热爱"北京人"的朋友们，用你们的知识和经验以及其他卓有成效的方式为传承这一人类文化遗脉作出自己的贡献。

人类是他们所属文化的最重要的标记。有人说过，了解过去的五千年是为了掌握未来的一百年。照这样计算，如果我们解决了过去二三百万年前和二三十万年前的关于人类起源和现代人起源的问题，那么它的意义将不仅仅局限在下个千年，而是对整个人类子孙万代的巨大贡献了。愿我们在座的各个学科的中外科学家携起手来，为解开这一科学之谜共同努力。

预祝大会圆满成功！

1999 年 10 月 12 日

《守望历史——博物馆探识》序[*]

　　我与吕济民同志相识有年，但因人分两地而少有机会交往。我看过他的一些文章，知道这位文物局的老局长在离开行政领导岗位后，仍担任着国家文物局博物馆专家组和博物馆学会等学术团体的领导职务，进行了大量的调查和科研工作。我也听到文博界的同志们谈起他数十年如一日地工作在文博部门，是一位极有敬业精神和学识丰富的专家学者。

　　我在国家文物局工作期间，与济民同志有了直接接触。蒙他赠送他的两本文集《博物馆暨文物工作论丛》、《博物馆与群众文化纵横谈》，使我了解和学习到许多文博方面的知识和经验，深受教益。济民同志的文集是他工作实践与学术研究的结晶。他在文博部门担任行政领导工作中，不仅积累了多方面的实践经验，而且潜心于理论研究，从实际出发总结出理论，又以理论指导实践。这种工作方法和治学态度，是值得我们大家学习的。

　　济民同志的第三本文集《守望历史——博物馆探识》，在综合研究的基础上探讨了博物馆和博物馆学的诸多问题，卓见迭出，给我很多启示。这部著作是他近几年来发表文章的结集，与当前文博部门的实际更为密切结合，更具有现实的指导意义。在与他的交谈中我感到，我们的学术观点有许多一致之处，他的不少见解引发我去思考一些重要的研究课题。

　　我曾与济民同志谈到，我想深入学习和研究毛泽东、周恩来、邓小

　　*《守望历史——博物馆探识》，吕济民著，华艺出版社，1999 年 10 月版。此文后发表于《中国文物报》2000 年 3 月 8 日第 3 版。

平等老一辈革命家对文博事业的指导思想，从中探索一条有中国特色的社会主义文博事业发展的道路，济民同志很赞同我的想法，并表示愿意与我一起探讨。我很高兴地看到，在《博物馆探识》这本文集中，已经接触到这方面的情况和问题。

本书有几篇重要文章如《毛泽东与博物馆》和《周恩来与博物馆》等，记述了毛泽东和周恩来同志对文博事业的许多重要指示，以及他们对文博事业的情感和关怀。在平津战役中，毛主席曾写过一道手谕，要求尽力避免故宫等文物古迹遭到破坏。毛泽东主席对博物馆有着一种特殊感情，他三进紫禁城，并多次向故宫借阅书画作品。毛泽东同志参观视察文物古迹和博物馆时指出：要让大家懂得，这就是历史。周恩来总理为新中国博物馆事业作出了重大贡献，为博物馆的收藏、保护、开放、管理等，操办了很多实事，解决了很多重要的实际问题。他的真知灼见，为博物馆的健康发展解除了困惑，指明了方向。这些方面在本文集中都有详细的记载，并谈到了不少的实物见证，是我们学习和研究的宝贵资料。

本书的许多篇章已经涉及建设有中国特色的博物馆事业的一系列问题，对创建社会主义博物馆学体系也有所阐述。例如，强调博物馆的社会效益、教育功能，重视与群众文化活动的密切结合，发展具有时代特征、民族特色、地域风采的博物馆，在发挥博物馆多功能复合载体的作用中闯出一条自己的路等等。

邓小平同志提出建设有中国特色的社会主义理论，结合到文博工作，就要探索有中国特色的文博事业的发展道路，这将是我们文博工作的重要任务。在当前改革开放的大好形势下，物质文明与精神文明两手都要抓、都要硬，经济建设与社会进步同步发展。文博系统是精神文明建设的重要阵地，我们既要切实开展多方面的实际工作，又要头脑清醒，坚持正确的指导思想。有中国特色的社会主义文博事业，需要我们在理论与实践相结合的过程中日益发展。

我由衷地祝贺《守望历史——博物馆探识》的出版，相信它对发展有中国特色的文博事业，创建社会主义博物馆学体系，都会有所启迪。

在中国考古学会第十次
年会上的讲话[*]

大会主席、各位学者、专家、各位代表、同志们：

非常高兴得到邀请，参加在这里举行的具有跨世纪意义的学术年会。这次学术年会，是在中共中央政治局委员、中国社会科学院院长李铁映同志和中国社会科学院党组副书记、副院长王忍之同志关心和支持下召开的。经过我们全体与会同志的努力，在社科院党组的领导下，我们完成了大会的预定议程，开了一个团结的、民主的学术年会，选举产生了新的一届理事会和常务理事会。请允许我代表国家文物局向当选为名誉理事长的宿白先生、理事长徐苹芳先生和各位副理事长、常务理事、理事表示热烈的祝贺！

这次学术年会的召开，适逢中国考古学会成立二十周年。二十年来，学会在党的领导下，先后在夏鼐、苏秉琦、宿白等各位理事长和常务理事的主持下，为推动中国考古学的繁荣和发展做出了杰出的贡献。回顾中国考古学二十年的历程和我自己参加过的三次年会活动的经历，我深切体会到中国考古学会有许多经验值得总结。

（一）坚持双百方针、发扬学术民主，积极开展学术活动，这是学会的生命力的所在

中国考古学会成立以来，始终把开展学术交流与学术研究、促进学科的发展作为自己的主要任务。这一点在各类的学会当中是十分突出

---

* 中国考古学会第十次年会于 1999 年 11 月 26 日～12 月 1 日在四川成都召开。大会以"中国西南地区和三峡地区的考古学研究"为中心议题，取得了一定的学术成果。闭幕式上，张文彬同志作了重要讲话。此文即由讲话录音整理而成。

的。这就是学会的凝聚力和生命力的所在。所以我说，坚持双百方针、发扬学术民主，积极开展学术活动，是我们学会的生命力。这是我第一点的体会。

（二）坚持勤奋严谨的治学态度和实事求是的学风，才能不断推动学科的发展

在中国考古学的研究当中，我们在座的各位学者、专家和各位同志，都十分重视田野考古，这是我们考古学的基础，亦是划分金石学与考古学的分界线。在这一点上，应该说夏鼐先生、苏秉琦先生、宿白先生和老一辈的考古学家和诸位先生，在田野考古实践当中给我们提供了丰富的经验。他们的优良学风一代传给一代，使中国考古学得到了空前的发展。他们那种严谨求实的学风和勤奋治学的态度，孜孜以求、反复论证的精神，给我们每一位同志都留下了深刻的印象。比如在河南曾经召开过以探索夏文化为主题的学术年会，在这之前，也曾经召开过有关夏文化的座谈会，而对夏文化的探索，我们应该说是在新中国成立以后，始终是考古学界的一个学术课题。但是，几十年来的勤奋工作，并没有匆匆忙忙作结论，而是反反复复、一次又一次地研究、论证。夏所长曾经讲过，什么是夏文化？什么是夏王朝文化？从这里开始，要我们认真地来思考。可见，一个学术问题的解决，要积极慎重，要求我们不断地在学术方面取得进展，不断地去检验。所以，有没有一个勤奋严谨的治学态度和实事求是的学风，对于学术研究是十分重要的，可以说良好学风是学术的灵魂。在这里我还想补充一点，就是关于文风的问题。我觉得文风实际上也是学风的问题。当然核心永远是一个实事求是。在编写报告和现在发表的文章有很多报告和文章写得很好，有一定学术水平，但是，确确实实也有相当数量的报告和文章距老一辈的考古学家所写的文章、那种文风，有很大的差距。我们过去无论是读夏鼐先生的论著，或是苏秉琦先生的论著，还是宿白等各位老一辈考古学家的论著，都不仅仅是从他们那里获得了丰富的知识，而且从他们的文章里边，我们学到了他们的精神，他们的气质，同时，也学到了他们优美的文字风格。最近我又翻了由俞伟超先生和张忠培先生编撰的苏先生的选集、论文选集，你看看那个文风，看了以后是感到一种享受，有读了一遍又想

读一遍的感觉。可是，我们现在发表的有一些文章，有一些报告，确实是有一点枯燥。我就想，这个问题怎么解决，我看还是向老一辈的考古学家来学习。苏秉琦先生讲他发掘斗鸡台沟东区墓葬所有的这些，说是一个遗址，就比如是一座舞台，艺术的舞台，可以演出各种各样的话剧，可以有各种各样的剧本。这是五十多年前写的，讲到了他的历史记载以及传说。这样写起来文风非常好。过去夏所长写他甘肃的调查，都给我们一些非常大的启发。而我们现在的报告就缺乏一种精神、缺乏一种气质、缺乏一种灵魂。在这里我请各位能够引起关注，否则我们的每篇报告将是厚厚的一大本，发表一本，出版一本，结果是没有多少读者，这将影响我们学科的发展。我是从这个角度提出两个问题，是否得当，请各位老师、学者、专家和同志们批评。这是我第二点的体会。

（三）就是坚持团结友谊，讲大局、讲奉献，这是学术健康发展的保证

学会成立二十年来，在团结全国考古学界方面，发挥了重要的作用。我们知道，解放初考古学的队伍，满打满算就是五十几人。而现在，光是考古学会的会员就有一千三百多人。由此可以想到，我们考古队伍上下，至少现在也有三四千人，同新中国成立初期相比成百倍的增长，这是了不得的事情。这么大的队伍，又涉及这么多的单位，有中央、有地方、有各省市，有考古研究所、有博物馆，方方面面。怎么样才能把这个队伍团结好、带领好，有各级党委和政府的责任，考古学会也要起到重要的作用。团结，我看首要的还是人的团结，是我们学者、专家，我们考古学会、理事会和各个研究所所长为核心的这个团结。这里边，我觉得也应该向老一辈的考古学家们学习。发扬他们那种彼此互相尊重、互相了解、相互信任和他们的深厚情谊。在学术讨论当中，不同的学术观点、不同的认识是正常的现象，也应该展开各种学术观点的讨论。但是，这种讨论只能是心平气和的沟通，按照坚持真理、修正错误的原则，彼此尊重展开讨论，发展我们的学术。这方面，应该说学会已经有了一些成功的经验。在这里我也讲点想法，我们过去看到一些学术论文的时候，作者非常注意他的前人的研究成果、前人的学术观点是什么，然后论证他本人学术观点是什么，他在哪些地方为前人所未见、

为前人所未发，使我们了解到作者在前人研究基础上有所发明、有所创造的方面。因此，往往读一篇论文的时候，要看他的注释部分，就是他的引文出自何处。而现在我们发现，我们有些同志在发表自己学术论文、学术著作的时候，不大注意前人的研究成果。我不敢说这些同志没有读前一辈学者的著作和看法。是忽略了呢？还是什么？我不大清楚。但是，就人们普遍知道的一些前人的研究成果的时候，我们往往忽略不计，我认为这在学术研究道德上，在我们学术的作风方面是不应该有的！我们绝不要在我们的学术团体当中和我们的学术队伍当中，产生那种不尊重别人，那种妄自尊大，否定别人成果的不良风气。我想只有在彼此尊重、彼此谅解的气氛当中，互相切磋、互相研究，才可能接近真理，才可能使我们学科达到发展。这是一方面。

另一方面，还要有一种奉献精神，我觉得今天也应该是大为提倡的。虽然，我们正在建立社会主义市场经济体制，但是，我想作为一个学术工作者，仍然应该具有一种奉献的精神，才可能促进学术研究的进步，也才能促进学科的发展。我们记得夏鼐先生在他逝世前，曾经在光明日报上发过一篇文章，强调考古工作者需要有奉献的精神。他在这篇文章中，旗帜鲜明地反对任何人把考古当做挖宝、反对利用考古去赚钱、反对各考古工作者买卖和个人收藏文物。我到国家文物局之后，我们制定了关于《国家文物局机关工作人员的守则》和《文物、博物馆工作人员的道德准则》，明确写上一条个人不准买卖和收藏文物。这是一种学术的道德和职业道德，也是廉政建设和爱护干部的一种体现。我们过去念书的时候，老师们并没有给我们讲"你个人不要收藏文物"，没有讲这个话。但是由于老师们和前辈学者的风范已经在我们考古学界，在我们的教育事业当中形成一种良好的风气，就是个人不去收藏文物。因为，你接触到的可以说都是无价之宝，都是国有资产。在市场经济利益的诱惑下，有些人就经不起考验而犯了严重的错误。所以在这些方面，我们仍然应该提倡这种个人不去收藏文物、不去参与买卖文物、不去计较个人的利益，并且在工作中要发扬顾全大局、遵守纪律、爱岗敬业的奉献精神。当年夏所长曾经说，我们要在工作中找到乐趣，不羡慕别人能够得到舒服的享受，也不怕别人说我们这种不怕吃苦的传统是旧思想、旧框框。我想，为了维护国家的利益，为了维护考古学界和考古工作者的学术道德和良心，我们应该做到这一点。当年，无论是夏所长在甘肃一个人骑马调查的时候，还是苏秉琦先生到斗鸡台去作考古发掘，还是像宿白先生50年代初在雁北去调查，可以说都是坐着大车、骑着毛驴去作调查的。60年代的条件也是不能同今天相比的。现在，我们各个研究单位恐怕都有汽车，而且现在的补助经费应该说已经不少啦。至少是几十元，或者更多。所以在现在这么好的条件下，我们应该更加严格自律，更要讲自觉奉献的精神。

新中国成立以来，特别是这几十年来，中国考古学得到了空前的发展。中国社会科学院和各个省、市、自治区的考古单位发掘的文化遗址，可以说从旧石器时代、新石器时代，一直到夏、商、周，到历史的各个时代，涵盖面是极其广阔的。我们的学术研究成果和资料，大大地推动了中国古代的社会经济史、文化史、思想史、军事史、科技史等各个方面的学术研究工作，使世人对中国的历史有了一个崭新的认识，开拓了人们的视野，振奋了民族精神，直接和间接地促进了经济的发展。许多考古重大发现是几代人努力的结果！无论是秦始皇陵兵马俑坑，还是三星堆文化展示的独特风貌以及文化遗迹，都为今天的发展旅游经济，创造旅游点提供了重要的资源。各地都是如此，没有几代考古工作者辛勤的努力和那种不畏险阻、不怕困难的无私奉献的精神是不可能带来今天这么大的经济和社会效益的。所以，我说考古学工作者在从事学术和研究同时也为经济建设作出了自己的贡献。在我们对这些成绩感到无限欣慰的同时，我们也深为几代考古学家严肃认真、严谨求实、实事求是的学风所敬佩，更为他们的无私奉献精神所感动！对照老一辈考古学家的学术成就、高风亮节和道德文章，我们自己深感惭愧。

中国考古学会是一个具有权威性的群众性的学术团体，在国内外有很大的影响。国家文物局在今后将会继续同以往一样积极支持学会的工作。比如在研究学科发展方面，要积极支持学会的工作，为学会搞好服务以及有关的协调工作。也希望新的一届理事会，在学科发展的方向方面、制订学会规划方面、科技研究方面，能够在原有的基础上有新的进一步发展，特别是对中国考古学涉及的领域的专题研讨方面，能够发挥更大的作用。而在这一方面，国家文物局将积极地支持和配合学会的各项工作。总之，我们坚信，在社科院党组的领导和在新的理事会、常务理事会主持下，学会将会更加紧密地团结在以江泽民同志为核心的党中央周围，努力学习和应用马列主义、毛泽东思想，特别是邓小平理论，再接再厉，团结奋进，为中国考古学的繁荣和发展，为社会主义两个文明建设作出更大的贡献！

1999 年 12 月 1 日

认清形势，抓住机遇，团结进取，做好新世纪的考古工作

——在 1998～1999 年度全国考古工作汇报会上的讲话

各位专家、各位代表，同志们：

全国考古工作汇报会今天开幕了！首先，请允许我代表国家文物局向与会代表，并通过你们向全国的考古工作者表示亲切问候，向特邀参加会议的考古学界的各位专家学者表示热烈欢迎，向前来指导会议的重庆市领导以及为召开这次大会付出辛劳的重庆市文化局、文物局的同志们表示衷心的感谢！同时，我也借此机会代表国家文物局和与会全体代表，对重庆市大足石刻被联合国教科文组织列入《世界遗产名录》表示热烈的祝贺！

一、近年来全国考古工作取得的成果和存在的若干问题

1997 年 11 月 3 日至 7 日，国家文物局在贵阳召开了 1995～1997 年度全国考古工作汇报会。两年来，全国广大考古工作者坚持"保护为主，抢救第一"的文物工作方针，认真贯彻落实《国务院关于加强和改善文物工作的通知》要求，发扬实事求是、严谨求实、艰苦奋斗、团结协作的精神，在积极配合国家经济建设做好考古工作的同时，进行了大量学术研究工作，取得了较大成绩，突出表现在以下几个方面：

（一）考古管理工作的法制化建设进一步加强

1998 年我局颁布了《考古发掘管理办法》和《考古发掘品移交办法（试行）》，并发布了《关于认真贯彻〈中华人民共和国考古涉外工

作管理办法〉的通知》。同年年底，国家文物局组织开展了全国考古发掘工地检查活动。今年，根据有关法规，国家文物局还组织了考古发掘领队资格和田野考古奖的评议、评审工作。

（二）配合基本建设开展的考古工作取得一系列成果

做好配合基本建设的文物考古工作多年来是我们工作的一个中心任务，两年来各省、区、市在配合基本建设方面都取得了相当丰厚的收获。特别是在三峡库区考古工作中，重庆云阳李家坝、忠县中坝、哨棚嘴、崖脚、万州中坝子、湖北秭归东门头等遗址的发掘，对认识三峡地区以及西南地区的古代历史发展和考古学文化面貌都提供了重要资料，在学术研究上也有许多突破。在黄河小浪底水库考古工作中，盐东汉代漕运建筑基址的发现和发掘，为研究汉代黄河漕运制度增添了新的资料。其他成果还有很多，各地同志们将在这次会议上交流，我这里就不一一列举了。

（三）学术性主动发掘获得重要突破，科研水平进一步提高

在"夏商周断代工程"的考古发掘项目方面，我们重点在河南偃师尸乡沟商城宫城、郑州商城宫殿区、郑州小双桥、河北邢台东先贤、陕西商州东龙山等遗址进行了发掘和研究，取得了可喜的成果，为"夏商周断代工程"提供了许多重要资料和科学依据。此外，这两年，我局还着重抓了边疆考古课题工作，在新疆、西藏、黑龙江、吉林、内蒙古、广西等地进行的调查、勘探和发掘工作，都有重要发现。西沙群岛水下文物抢救性发掘工作的顺利完成，说明我国水下考古工作正逐步由近海推向远海。

（四）涉外考古工作平稳推进

两年来，涉外考古合作也取得了新的进展，例如内蒙古自治区考古研究所与美国匹兹堡大学关于内蒙古东部青铜时代遗址研究、北京大学与美国加州大学关于中国古代盐业研究、湖南省考古研究所与日本国际文化研究中心关于澧阳平原古遗址环境研究开展的合作等，都有新的收获，在合作形式和内容上也更加丰富多样。这里我还要特别提到的是，这两年，内地许多单位，如中国社会科学院考古研究所、中国历史博物馆、广东省文物考古研究所、广西壮族自治区文物工作队等还应香港古

物古迹办事处的邀请，赴港开展了一系列的考古调查（包括水下考古调查）和发掘工作，取得了许多重要发现。中国文物研究所还开展了支援柬埔寨吴哥古迹保护的考古工作，目前进展顺利。

总之，两年来的考古工作成绩不少。但是，我们也应看到，多年来的考古工作还存在一些问题和不足，文物考古事业单位还面临着严峻的挑战。具体说来，主要有以下三个方面：

（一）从总体上看，考古管理工作相对粗放、疏阔的状况没有大的改变

文物工作特别是考古工作的法制化建设起步是比较早的。从新中国成立之初中央政府发布的有关法令，到1982年颁布的《中华人民共和国文物保护法》，以及这两年发布的《考古发掘管理办法》等一系列的法律法规，说明我们已经初步形成了一个具有中国特色的考古管理工作的法制、法规体系。现在的主要问题是，已有的法律、法规还存在这样或那样不尽完善之处；同时，不少单位在执行现有法律法规方面还缺乏认真负责的态度，还没有坚决依照有关法律、法规办事。例如《考古发掘品移交办法》已经试行了两年，情况很不理想，有些考古研究单位仍未按规定移交。又比如虽然《文物保护法》和《文物保护法实施细则》中对配合建设工程进行考古工作的审批、经费来源等都有原则的规定，但在很多省市都缺少可实际操作的具体措施。在很多地方，文物部门都无法参与建设项目的前期立项论证，常常是工程要上马或已经开工了，文物部门才知道。按照《文物保护法》的规定，文物考古部门应该提前到位，参与这个基本建设工程的立项论证，同时考虑考古发掘问题，但现在往往是基本建设工程已经进行，我们才知道，才去同建设部门交涉研究发掘的问题，不是有计划有准备地进行考古发掘，而是匆忙上马，造成了很多文物和遗址的损失。在考古勘探、发掘的取费标准上更是五花八门，可谓八仙过海、各显其能。国家文物局、财政部、国家计委和物价局1990年颁布了《考古调查、勘探、发掘经费预算定额管理办法》，但各地在执行方面还存在不少阻力；另一方面，这个《办法》发布已经十年，我们没有对它做过适当的调整和修改。其他工程部门的定额标准，都是随着市场的变化在不断调整，甚至每年都有新

的定额标准。由于我们不能随着经济和物价变化及时调整有关预算定额标准，所以在向工程或计划部门争取考古经费时就吃了哑巴亏。

从微观上看，我们许多文物考古研究所在制度建设上存在较大漏洞，普遍存在着内部管理水平不高的问题。据我了解，许多的文物考古单位都存在或者是不同程度地存在个人保存国家文物、占用文物资料和公用器材的不良现象；有的人将考古发掘出土文物长期个人保管，既不登记造册，也不向有关单位移交；有的人将考古发掘资料和文物资料，包括因工作岗位而获取的文物照片、底片、拓片等长期占用，甚至视为己有，有人甚至出卖照片以牟利；有的人已经离退休多年或者工作变动多年，但对个人保存占用的文物资料和公用器材仍然不做清退移交。这些不良现象的存在，使国家文物和珍贵资料处于严重失控状态。去年陕西省文物局下发了《关于在行业形象塑造活动中限期清缴由个人保存、占用的文物、资料和公用器材的紧急通知》后，仅陕西省考古研究所个人上交的各类文物就多达 41300 件，其中一级文物 14 件，二级文物 44 件，三级文物 141 件，清缴的各类资料 4000 余套，拓片 1047 件，照片近 13 万张。这是多么惊人的数字。这是我们文物考古部门存在的严重不正之风。陕西省文物局抓这项工作，做得很好，其他各省也同样存在这方面的问题，也要进行一次认真的清理。这个问题形成并长期得不到解决的主要原因，是内部管理混乱，规章制度不健全，或是把规章制度束之高阁，不去严肃认真执行，我今天这样大声疾呼，就是希望引起各个考古部门的高度重视，进行认真清理。此外，一些地方文物部门成立的少数勘探公司为了各自的利益，相互拆台，搞不正当的价位竞争，严重地破坏了现在的管理体制。有的甚至以营利为目的，不负责任。勘探工作不能与考古工作相衔接，拿了钱就了事，工作粗枝大叶，草率行事，错误百出，这种做法严重败坏了文物部门的形象和声誉，被新闻媒体曝光后，让人感到无地自容。还有个别单位由于放松了内部管理，最终酿成极大恶果。今年，在陕西、河南两省就发生了发掘工地塌方事故，造成了人员伤亡，这是多年来都没有发生的事故，我们感到非常痛心。

《国务院关于加强和改善文物工作的通知》明确提出要建立与社会

主义市场经济体制相适应的文物保护新体制。所谓适应社会主义市场经济体制，就是要加强法制建设，建立一套科学、规范、完整的、适应社会主义市场经济体制的管理制度。在这一方面，国家文物局和各省、市、自治区文物管理部门及其文物考古研究所都还要做大量相关工作。这里，我要特别讲一讲加强涉外考古工作规范化管理的问题。1997年在贵阳召开的全国考古工作汇报会上，我们曾经指出了对外合作考古工作存在的五个方面的问题。针对这些问题，1998年我局又颁发了《关于认真贯彻〈中华人民共和国考古涉外工作管理办法〉的通知》，要求在涉外合作中一定要牢固树立主权意识、知识产权意识和文物保护意识，坚持"以我为主，对我有利"的原则，强调要严格依照有关法规开展涉外工作，同时对《办法》中的一些操作程序和要求进行具体说明。总体来看，这两年来进行的一些合作项目是成功的，一些问题也得到了不同程度上的纠正，有所改进。但是，违规的现象还时有发生，有的可以说是严重违规。例如，最近云南省文物考古研究所在未经国家批准的情况下，擅自开展对外合作，这是十分不应该的。外事无小事，我们再次重申在没有批准的情况下进行对外合作是违规的行为。我们有个别人，受了外国人的一点小恩小惠，就心甘情愿地为他们当向导、当参谋，哪怕做出有损于国家和民族利益的事情，也在所不惜。这样的行为，不仅让中国人引以为耻，连外国人也不会领情，甚至人家还挖苦、嘲讽同他们一起工作的中方机构和人员。今后，随着我国经济的发展和对外交流的增多，在考古学研究方面，我们与外国人合作的机会将会越来越多，如果不切实坚持"以我为主，对我有利"的原则，不加强外事纪律观念，势必会造成越来越多的混乱，从而完全违背了我们开展涉外考古工作的初衷。

（二）考古工作中的现代科技含量尚待进一步提高

现代科学技术的飞速发展，为多角度、多层面进行考古学研究提供了广阔的空间。从一定的意义上说，考古学也是开展多学科综合研究最为成熟的领域。近年来，一些考古研究机构通过地球物理方法，用遥感技术和探地雷达手段开展的考古遗址调查和勘探，使田野考古的规模、质量和效率得到提高，一些自然科学的研究机构与考古工作者合作，采

认清形势，抓住机遇，团结进取，做好新世纪的考古工作

用浮选法、硅酸体、孢粉分析等技术开展对古代农业起源与发展、古代居民的食物结构等方面的研究，通过分析遗传基因方法研究古代族群等，拓宽了考古学的研究领域，丰富了中国考古学的内容。此外，计算机技术在考古学研究领域中的应用，使考古学资料的整理、分析、记录、保存等工作变得快捷、准确、科学。考古学自诞生之日起，就是在同各学科的相互渗透、交叉之中成长起来的，考古学就是人文社会科学同自然科学结合起来的一门科学，在其发展过程中，科学、技术的发展对考古学有很大的影响，对提高我们的工作起了积极的作用。但目前由于客观条件和主观认识的限制，我们并未将这些新技术、新知识推广开来，我们现在大部分的考古工作获取资料的手段还比较落后，对遗址的认识主要是靠大面积的发掘来实现。最近我同几位学者交换意见，他们认为目前我们的发掘工作过于粗放，由于发掘者的认识和技术手段的限制，在发掘同平方米单位内获取的学术信息量远远低于国际水平。在一本中国学者同日本学者合作编写的学术报告集里，其中我国学者撰写的仅仅是一篇数千字的发掘简报，而其余皆为日方学者所撰写，内容涉及环境、植物、动物以及微生物等若干方面。从这个例子就可以清楚地看到，我国现阶段的考古发掘工作所获得的古代信息量与世界先进国家的距离是相当大的。目前省级文物考古研究机构的计算机配备还很不到位，许多地方计算机的应用还没有走出"打字机"阶段。大部分省市考古研究所缺少开展自然科学研究或文物保护技术的实验室，几乎所有研究所都不重视对技术室人力和财力的投入。因此，我国考古工作的现代化历程还相当艰巨。我们应千方百计地弥补在这一方面存在的不足，积极提倡跨学科的联合研究，提高考古发掘获取的古代信息量，从不同层次和方位为探索、揭示古代社会发展历史进程提供科学的依据。另外，我们各省市的文物考古研究所，要加强科学实验室的建设与投入，做好遗迹、遗物的科学保护工作，同时，有条件的实验室还应积极开展对各类出土标本的分析、测试工作。国家文物局也将有计划地扶持一些重点省、市考古实验室，使其成为带动一个区域的中心实验室。

（三）适应社会主义市场经济的文物考古科研机构的新体制尚未形成

由于种种原因，我们现在的考古研究所和其他文博单位一样，在体制方面存在很多不适应新情况、新形势的问题，不少单位人浮于事。文物考古研究所真正能下田野或参与一线工作的人员占不到总数的一半，有的甚至不到三分之一，后勤和行政人员过多，成为合理调整人员结构及事业发展必须解决的问题。在分配制度等方面也存在许多不合理现象。今年8月20日，中共中央、国务院作出了关于发展高新技术产业的决定，国家科技部要求各部门所属的科研单位实行转轨，改变现行体制，其基本思路和要求是调整结构、分流人员，减人增效。在这样的大趋势面前，像文物考古研究所这样的单位，应当如何定位，又如何进行改革，是摆在我们面前的一个紧迫的问题。文物考古研究所具有某种特殊性，但这种特殊性并不能成为不搞改革的理由，也不能成为推迟改革的借口，要清醒地看到，国家推动事业单位改革的大趋势是坚定不移的，各地应把这个问题列入重要议事日程。

二、关于本世纪我国考古工作的几点初步认识

刚才，我用了较多的篇幅着重谈了当前考古工作中存在的问题。这主要是因为我们正面临着如何在新的世纪抓住机遇、争取较大发展的光荣使命和繁重任务，因此我们特别需要对当前工作有一个清醒的认识和冷静的分析，也特别需要对我国考古工作以往的历程和经验进行总结，以明确今后工作的重点和步骤。最近二十年来，我国的考古工作在各个方面都取得了长足的进步，取得了很大成绩。如果把这些进步和成绩放置在本世纪以来我国考古事业的发展历程中去回顾和考察，必将会进一步增强我们在下一世纪取得更大进步的信心和勇气。

正如大家所知，中国的田野考古学作为一门独立的学科是在近代由西方传入的，它与中国人民反帝反封建的斗争以及科学、民主的思潮有着密切的联系。1949年之前，以李济、梁思永先生为代表的一批学者为中国考古学的形成奠定了基础。新中国成立后，考古事业步入一个崭新的阶段。经过几代考古工作者的不断努力，中国考古学取得了很大的成绩。大量的考古发现和考古研究成果，极大地丰富了人们对于中国历史发展进程的认识，极大地激发了人们的民族自豪感和自信心，为实现中华民族的伟大复兴提供了精神动力、智力支持，为推动社会主义物质

文明和精神文明建设作出了重要贡献。回顾本世纪我国考古事业的发展历程，我们可以得出以下几点认识：

（一）悠久历史、源远流长的文化是中国考古工作得以发展的深厚基础

众所周知，从很早时期起，我国就有了人类的生存与活动。今年在纪念北京猿人发现七十周年时，我就说，中国旧石器时代考古成绩斐然，从200万前的巫山人，元谋人算起，一直到1万年前的北京王府井人，都可以排出发展次序，一直排到与新石器时代相衔接。生活在这块幅员辽阔的国土上的各族人民，共同开发、建设了我们美丽的河山和家园，并在相当长的历史时期内保持了国家的统一、社会的发展、文化的繁荣、科技的进步，为世界文明的形成与发展作出了重大贡献，这就是我们的民族自豪感。从世界范围来看，几大文明古国只有中华文明这样源远流长、绵延不断。我国地上、地下保存了许多珍贵的文物古迹，从而为考古工作者施展才华提供了深厚的基础和广阔的天地。

（二）党和政府对保护祖国优秀历史文化遗产的重视以及稳定发展的社会环境是开展考古工作的根本前提

中国是一个重视历史研究的国度，也有着悠久的重视保护文物的优良传统。中国共产党和中国政府继承并发扬光大了这个传统。新中国成立前后，毛泽东和周恩来等老一辈革命家就十分重视保护祖国文化遗产，在战争年代里，毛泽东和周恩来就派军管会代表向梁思成先生询问北京市的古建筑保护问题。甚至在"文革"期间，我们还发掘了河北满城汉墓、湖南长沙马王堆汉墓，举办了出土文物展览。改革开放以来，党的第二代领导核心邓小平同志十分关心和重视文物事业，党和政府制订了"保护为主，抢救第一"和"有效保护，合理利用，加强管理"的文物工作方针和原则，明确了文物、考古事业在社会主义现代化建设当中的地位和作用。党的十四届三中全会以来，以江泽民同志为核心的党的第三代领导集体，也十分重视文物保护工作，并有多次重要指示。江泽民同志在党的十五大报告中指出，要"重视科学、历史、文化的遗产和革命文物的保护"。朱镕基总理在政府工作报告中也强调了要重视保护文物。最近，中央召开了十五届四中全会和五中全会，四中全

会讲的是改革的问题，五中全会对当前国内外政治经济形势及国家的经济工作作了精辟的总结，强调要坚持以经济建设为中心，保持和平发展和大局的稳定，实施西部大开发战略，这就为我们考古工作创造了机会、条件。党和政府的高度重视，加上我国长期保持了和平、稳定、发展的社会环境，都是考古工作赖以生存和发展的根本前提。

（三）国家大规模的经济建设是推动考古工作不断发展的基本动力

和平、稳定、发展的社会环境和经济建设的发展，是人文社会科学发展的基础，特别是国家大规模的经济建设的开展，在客观上成为推动考古事业前进的基本动力。新中国成立以来，我国经济建设的几次高潮，也同样是考古事业快速发展的时期。从 1953 年实施的我国国民经济第一个五年计划起到 1966 年"文化大革命"开始前，伴随着国民经济的恢复和大规模基本建设工程在全国各地的广泛开展，考古事业不论是在队伍建设上还是在学术研究上都得到了迅速发展，一系列重要的考古发现和学术研究成果，如新石器时代的西安半坡遗址、河南陕县庙底沟与三里桥遗址、商周时期的三门峡上村岭虢国墓地、洛阳中州路东周墓葬以及洛阳烧沟汉墓等等，都反映了这一时期考古工作的重要成就。党的十一届三中全会以来的二十多年的考古工作所取得的重大成果，更加充分地说明了大规模的经济建设是推动考古工作前进的基本前提。因此早在 50 年代后期，国家就确定了"重点保护、重点发掘，既对基本建设有利，又对文物保护有利"的方针，也就是通常说的"两重、两利"方针，几十年来的实践证明了这个方针是正确的。1997 年 3 月国务院发布的《关于加强和改善文物工作的通知》进一步明确指出"考古发掘坚持以配合基本建设为主，特别要做好大型基本建设项目的考古勘探、调查、发掘工作"，是完全符合我们的国情和当前考古工作的实际的。

（四）充分发挥政府的主导作用，切实加强管理，是考古工作顺利进行的关键环节

在政府的制约和指导下进行考古工作，这是我国考古事业发展历程中的一个非常突出的现象，从 1921 年安特生等人在周口店和仰韶村的发掘算起到新中国五十年，政府对于考古发掘的管理从来都没有改变

过。我国法律规定地下水下埋藏文物一律归国家所有，因此考古发掘从一定意义上来说，就是政府行为。加强对考古发掘的控制和管理，是国家权力和意志的体现。事实也证明，凡是考古工作进展顺利、成果丰硕的时期，都是政府对考古发掘管理比较严格、比较有力的时期。在当前的历史条件下，政府对考古发掘的控制和管理，不是要削弱，而是要加强，对此大家务必要有个清醒的认识。

（五）加强队伍建设、重视人才培养是考古事业持续发展的重要保障

1949 年以前，我国从事考古工作的人员不过区区几十人，新中国成立以后不久，为了适应大规模经济建设的发展，解决当时考古工作力量薄弱和专业人员缺乏的问题，文物局和中国科学院考古研究所以及北京大学联合举办了四期考古人员训练班，共培训 341 人。以后又从 1972 年开始先后在北京大学、吉林大学、西北大学、四川大学、郑州大学、南京大学、山东大学、厦门大学、武汉大学等 13 所大专院校设置了考古专业。几十年来，我国培养了大批考古专门人才，为考古事业的可持续发展提供了重要的人才保证。

（六）不断扩大对外合作，是我国考古事业自身发展的内在需要和必然方向

田野考古学作为一门独立的学科，是近代由西方传入中国的。从这个意义上说，我国的考古工作从一开始起就具有涉外合作考古的特点，并摸索出一些成功经验和做法。1949 年以前，最有影响的两项中外合作考古工作，一是 1927 年由美国洛克菲勒基金会资助中国地质调查所与协和医学院合作对北京周口店遗址的发掘研究，另一项也是 1927 年开始的中国学术团体协会与瑞典地理学家斯文赫定合作进行中瑞西北科学考察。这两项合作，双方都签署了合作研究协议书。内容包括项目的研究宗旨、经费来源及使用方法，参加人员的学术分工以及发掘采集品的归属和资料的发表。从这两份协议书可以看到，我们的前辈学者在处理中外合作项目时，既能坚持原则、维护国家权益，又能尊重外国专家的意见。比如中国地质调查所与北京协和医院签订的协议书中规定：所采集到的标本归中国地质调查所所有，在不运出中国的前提下，由北京

协和医学院保管，以供研究之用，在调查中意外发现的历史时期的任何文物，将交给适当的中国博物馆。在资料成果发表上也有明确规定。这种在合作中把文物主权观念、知识产权观念放在一个相当重要位置的意识和做法，很值得我们学习、借鉴。新中国成立后，我们向苏联学习了一些考古学的理论和方法，对我们有很多启示和教益。改革开放以来，我国的考古研究机构先后与美、加、法、英、德、日、澳等国的大学和考古研究机构开展了不同形式的合作研究，领域涉及人类起源、农业起源、文明起源、环境考古、文物保护等许多方面。在这些领域，我们应主动邀请国内外著名专家进行联合攻关。从一定意义上说，如此重大的学术问题，无论是其资料还是其结论，都具有相当大的开放性。只有加强协作与联合，实行开放式的研究，我们才可能更容易接近历史的客观事实，才可能写出真实的历史。也只有这样，中国考古学才能够真正被国际考古学界所了解和接受，真正成为世界考古学体系当中的有机组成部分，并发挥其特殊的作用。

三、当前和今后一个时期的重点工作

21 世纪的钟声即将敲响。在这辞旧迎新的时刻，我们回顾历史，重新审视考古工作的现状和存在的问题，是为了把明天的考古工作做得更好。应当说，我们多年来已明确的考古发掘工作必须坚持以配合基本建设为主的工作方向在短时间内不会改变，在没有做好充分准备之前，暂时不主动发掘帝王陵寝的工作原则也不会改变，国家文物局也将采取有效措施，进一步加强考古管理工作，特别是涉外合作考古工作。我们认为，中国考古学和考古工作走向 21 世纪的过程就是在科学的规范管理下，全面走向现代化和走向世界的过程。在这个过程当中，我们要做好以下几个方面工作。

（一）认真做好文物考古科研机构的改革工作

当前我国正处在由计划经济向社会主义市场经济转变的重要时期，这个转变可以说在社会主义发展史上具有划时代的意义，它将对当前社会生活、思想文化产生巨大的影响，文物考古事业也不例外。按照社会主义市场经济体制要求和经济社会发展的总体需要，遵循文物考古工作的自身规律，正确认识文物考古工作的社会定位，是我们每一位同志都

应该认真思考的问题。我们如果不能积极地适应当前社会历史环境的变化，考古事业不要说发展，就是生存也将会发生危机，这是当前考古工作面临的最大挑战。当然，我们常常说挑战与机遇并存，困难与希望同在，文物考古科研机构和其他社会公益性科研机构一样，面临着转制的压力和进行改革的种种困难。在这种情况下，我们首先要看到光明和有利条件，要有充分的信心和足够的勇气。随着我国经济的发展，基本建设和基础建设投入的不断加大，需要进行的考古发掘工作将越来越多，这就为文物考古事业的发展提供了新的机遇。如三峡水利工程就为重庆、湖北的文物考古工作带来了一个难得的发展机遇。我们应抓准时机，转变观念，采取多方面综合措施，做好配合基本建设的考古工作。改革开放以来的实践证明，哪个地方配合基本建设的考古工作做得好，哪个地方的文物考古事业就得到发展，研究人员的学术水平以及工作条件也得到了提高和改善。河北、河南、山东、陕西等省市的文物考古研究所，在做好配合基本建设考古工作方面，都有许多成功的经验。可以说他们的工作已初步地适应了当前社会主义市场经济的发展要求，寻找到了一条文物考古研究所的发展之路，而且也为地方的两个文明建设做出了自己的贡献。在这次会议上，我们希望大家能够交流这一方面的经验，进一步提高对配合基本建设考古工作重要性的认识。

我们还要看到，改革开放和社会主义市场经济体制的建立，不仅为考古事业的发展提供了难得的机遇，而且为考古研究机构的体制改革提供了一个良好的外部环境。国家提出的事业单位人事制度改革思路及相应的措施，无疑为文物考古机构的改革和发展提供新的机遇。国家文物局将根据职权范围，做好调查研究，根据国家关于事业单位改革的总体要求，完善1986年颁布试行的《省、自治区、直辖市文物考古研究所工作条例》，各省、自治区、直辖市也应根据自己的实际情况，花大力气，集中时间和精力，积极审慎地做好文物考古研究所的改革工作，使我们的文物考古研究所获得新的生机与活力。我们将向中央有关部门提出建议，对各省考古研究所所长、博物馆馆长任职条件提出要求。新中国成立已经五十年了，对于省所所长和省馆馆长应该有明确的标准，应该有一个资格的认定，这也是法制化和改革的必然要求。

（二）继续努力做好配合基本建设的考古工作

党中央、国务院在几年前对文物工作提出了"保护为主、抢救第一"的方针，在当前考古发掘工作必须坚持以配合基本建设为主，特别是要做好三峡水库、小浪底水库以及国家在基础设施建设和西部大开发战略工程的考古勘探、调查、发掘工作，这是一个空前的大好机遇。各级文物考古研究机构，在工作安排、人员配备等方面都须优先保证配合基本建设的考古工作，要避免在配合基本建设的发掘项目上投入人员力量不足或过于分散，使发掘、清理工作因赶工期而质量低劣、粗制滥造。要加强在抢救性、保护性考古工作中的计划性、科学性和主动性，要树立配合基本建设的课题意识，通过配合基本建设中的考古工作来解决我们学术研究的热点、难点问题，这是我们中国考古工作的特色。要强调省级文物考古研究所的文物工作队的性质，我们各个文物考古研究所的前身一般都是文物工作队，后来并入博物馆，改革开放以来，由于工作发展又分出来建立考古研究所，这是我国考古事业发展的一个标志，在提高学术研究水平、培养人才方面起到极大的作用。性质与任务仍主要是文物保护工作队的性质。我们认为对于各地的文物考古研究所，必须把文物保护工作放在第一位，脱离了这一点，就丧失了生存的基础和发展的条件，文物保护是政府行为，省级文物考古研究所要执行省政府交给的任务，要及时、主动地承担起配合基本建设的任务，各个省考古研究所课题的设置要尽可能从文物保护出发，同配合经济建设的考古工作相结合，这一点请各位所长特别注意。

（三）加强大遗址的保护工作

在我国众多的古遗址、古墓葬中，代表和反映文明起源、国家和民族形成与发展的大型古遗址和古墓葬具有特别重要的意义。但由于种种原因，这些大遗址的保护工作长期处于被动和不力状况，成为文物工作中的一个老大难问题。因此，我们必须要加强对大遗址的考古研究工作，为保护提供充分的科学资料。在当前扩大内需、拉动经济增长的形势下，许多地方将发展旅游特别是利用大遗址的知名度，把文物旅游列为重点发展项目，对此，我们文物考古部门应积极地加以引导，在对遗址全面调查和勘探的基础上，要认真地做好保护规划。文物与旅游是相互促进的，文物是旅游的一个重要资源和基础，文物保护则是旅游业可持续发展的重要条件。我们主张合理利用，而且希望通过合理利用促进保护抢救，促进已有的考古成果的转化，引导人们对遗址游览、观赏和保护的兴趣，我局已正式向国家计委提出了建设国家大遗址保护展示园区的设想，希望国家计委将大遗址保护展示工程列入"十五"计划。这就要求考古工作者做好有关资料工作，积极地先行一步，各有关单位要更加主动地做一些考古工作，参与遗址保护规划的设计工作。这是我们考古研究机构的义务，也是我们的责任。

（四）加强边疆和民族地区的考古研究

边疆地区由于其地域较大，问题复杂，工作条件较差，从事考古工作的专业人员较少，长期以来是我们考古工作的一个薄弱点。当然，我们也要充分肯定边疆和少数民族地区文物考古工作者多年来所取得的成就。1998 年江泽民总书记在视察新疆交河故城遗址时，提出"要通过加强对新疆历史文化的研究，摆事实、讲道理，用正确的历史文化观念教育全区各族干部群众，特别是要加强对青少年一代的教育"；江泽民同志还要求："要将对于研究东西文化交流、丝绸之路历史、中亚文明史以及中国古代城市建筑、宗教、艺术等具有重要价值的这些文物保护好。"江总书记的指示对全国文物工作，特别是边疆地区文物考古工作具有重要的指导意义，为做好边疆地区的文物考古工作指明了方向。我们要认真领会，贯彻落实。我们要采取积极有效的措施，加强边疆地区的文物保护和考古研究工作。国家文物局将设立边疆考古研究基金，以课题制引导支持这一领域的研究。同时我们还将重点同新疆、西藏和东北三省一起，制订有关研究和保护规划，协调力量进行联合攻关，争取能在近期内取得一批高质量的研究成果，以填补我国学者在这一领域的一些空白，为加强民族团结、维护祖国统一作出我们应有的贡献。

（五）狠抓队伍建设，培养优良学风

为适应大规模基本建设工程和学科发展的需要，我们必须在深化改革的基础上，迅速壮大、充实、提高文物考古队伍，努力培养一批政治强、业务精、作风正、理论和实践相结合、适应新世纪考古工作的优秀人才。21世纪初的中国考古学能否赶上世界水平，人才的培养是关键性的问题，我们必须努力抓好这一具有关系全局意义的工作。在这里我想特别对各省市自治区的文物考古所所长说几句话。我注意到，最近几年来，一大批中青年业务骨干走上了领导岗位，这是非常可喜的事情。你们未来的路很长，肩上的担子很重，如何做到有所作为，不负众望，不辱使命，在我看来，要特别注意坚持讲学习、讲政治、讲正气，把"三讲"作为自己人生的追求，具体讲来有这样几点：一是要重视理论学习，大力提高自己运用马克思主义理论、观点、方法分析问题和解决问题的能力，提高政治素质，学会从政治上观察和处理问题；二是在工作中要讲正气，一个国家干部和一个学术工作者，特别是担负一定责任的所长，都应当发扬一种大公无私、服从大局、艰苦奋斗、廉洁奉公、谦虚谨慎、实事求是的精神，要弘扬正气，反对歪风邪气，要模范地遵守国家文物局颁发的《中国文物博物馆工作人员职业道德准则》，学习和继承老一辈考古学家严谨求实、无私奉献的优良传统，坚决反对目前文物考古队伍中存在的各种不良风气；三是要养成实事求是、勤奋严谨的优良学风，少一点应酬，多花一点时间努力学习专业知识，学习国外考古方面的宝贵经验，学习现代科学技术知识；四是要在治所上多下工夫，要立足长远，要舍得把有限的资金投入到人才培养和实验室等基础设施的建设上，不要忙于换车子、换房子，要把精力集中到研究所的基础工作建设和科研水平上。

同志们，21世纪即将来临，文物考古工作任务艰巨而繁重，同时也充满了机遇和希望。作为跨世纪的文物考古工作者，我们要增强紧迫感、使命感和责任感，一定要认清形势，抓住机遇，团结进取，迎接中国考古新世纪的到来。

1999年12月3日

深化改革，加强管理，努力把蓬勃发展富有活力的文物博物馆事业带入二十一世纪

——2000年全国文物局长会议工作报告

同志们：

这次会议将认真学习江泽民总书记等中央领导同志最近发表的一系列重要讲话和中央经济工作会议、全国宣传部长会议精神，总结1999年的文物工作，部署今年的工作重点。现在，我代表国家文物局向会议作工作报告。

一、关于1999年文物工作的回顾

1999年是我国文物博物馆事业继续贯彻党的十五大精神，全面落实《国务院关于加强和改善文物工作的通知》所提出的各项任务的一年。广大文物工作者高举邓小平理论伟大旗帜，统一思想，坚持改革，稳步发展，扎实工作，团结奋进，基本完成了年度任务并达到预期目标。

（一）国家文物局和一些地方文物部门认真开展了以"讲学习、讲政治、讲正气"为主要内容的党性党风教育，初步达到了中央提出的"思想上有明显提高，政治上有明显进步，作风上有明显转变，纪律上有明显增强"的要求。

（二）进一步加大改革力度，在建立文物保护新体制方面进行了有益的尝试。许多地方在落实文物保护工作"五纳入"方面取得了显著进展。

（三）博物馆、纪念馆的宣传教育功能得到充分显示。一年来，各

地博物馆、纪念馆精心设计，精心组织，精心制作，相继推出了一大批主题鲜明、富有思想性和现实针对性的优秀展览，引起社会各界广泛关注，产生了特殊的教育作用。特别是庆祝新中国成立五十周年和澳门回归祖国，举办的《中国文物事业 50 年成就展》、《澳门回归展》、《故宫博物院 50 年入藏文物展》和各地推出的一批重要的文物展览，产生了较好的社会效益。由国家文物局和博物馆学会、中国文物报社联合举办了"十大陈列展览精品"评选表彰及学术研讨活动和"陈列展览项目交流洽谈会"等。西藏自治区博物馆及各地一批各具特色的博物馆落成开放，进一步丰富了我国博物馆体系。

（四）文物保护管理和基础工作进一步加强。全国重点文物保护单位的"四有"落实工作取得很大进展。故宫筒子河治理、西藏阿里地区文物抢救保护等一批重点工程已基本完成。配合基建开展的田野考古和边疆考古有计划、有步骤地稳步推进并取得新的重要学术成果。我局召开了 1998 ~ 1999 年度全国考古工作汇报会和文物出境鉴定管理工作座谈会。文物科技保护取得一批重要成果。对三峡文物保护规划的审批进行督促和协调，并检查了库区考古发掘和文物安全工作。重庆大足石刻和福建武夷山两处申报世界遗产项目成功。在西柏坡召开了革命纪念馆工作座谈会，我国革命文物保护工作有了新的进展。

（五）文物法律法规体系继续完善。《文物保护法》的修订工作取得进展。我局与财政部、公安部、海关总署、国家工商局等部门联合下发了《依法没收、追缴文物的移交办法》。完成了《文物保护工程管理办法》、《博物馆管理条例》、《博物馆登记暂行办法》、《文物影视拍摄管理办法》等行政法规的起草工作。

（六）与香港、澳门特别行政区和台湾地区的交流进一步扩大。赴台湾的《四川三星堆文物展》、《汉代文物展》、赴澳门和香港的专题文物展览备受当地人民欢迎。由香港中国文物保护基金会援助的复建故宫建福宫花园工程即将开工。

（七）国际合作与交流进一步加强。经全国人大常委会审议通过，我国加入了《关于武装冲突情况下保护文化财产国际公约》。至此，我国已成为有关文化遗产保护的全部四个国际公约的缔约国。赴美国的

文物博物馆事业带入二十一世纪

深化改革，加强管理，努力把蓬勃发展富有活力的

《中国考古黄金时代展览》、赴英国的《陕西文物精华展》获得巨大成功。我国参加的柬埔寨吴哥窟保护修复工程按计划进行。

（八）文物宣传出版工作得到加强，《中国文物报》坚持正确的政治方向和办报方针，为文博事业的团结、稳定和改革做了大量有效的宣传工作。一批文物专业学术著作和普及读物相继出版，其中《中国青铜器全集》、《郭店楚墓竹简》荣获国家图书一等奖，《文物》月刊获得首届国家期刊奖。组织实施"文物保护世纪行"宣传报道活动，在社会上产生了广泛影响。

二、关于当前文物博物馆事业需要注意研究和解决的三个问题

长期的实践表明，文博事业是建设有中国特色社会主义文化事业的重要组成部分，是凝聚和激励全国各族人民的重要力量，是衡量综合国力的标志之一，具有很强的政治性、思想性、群众性和时代性，在弘扬民族文化，振奋民族精神，凝聚民族力量，实现民族复兴的伟大事业中，具有不可替代的作用。我们一定要高举邓小平理论的伟大旗帜，始终坚持"保护为主，抢救第一"的方针和"有效保护，合理利用，加强管理"的原则，不断推进和深化文博事业的改革，努力建立与社会主义市场经济体制相适应的文物保护新体制，在服务于两个文明建设中再立新功。

（一）深入贯彻《国务院关于加强和改善文物工作的通知》精神，努力建立文物保护新体制

《国务院关于加强和改善文物工作的通知》明确提出，要努力建立适应社会主义市场经济体制要求，遵循文物工作自身规律，国家保护为主并动员全社会参与的文物保护体制。

国家保护为主是文物保护新体制的主要内容，其核心是"五纳入"。在当前建立新体制的过程中，国家保护为主应当主要体现在以下几个方面：

——不断完善文物保护政策法规体系，使文物保护工作真正做到有法可依。除努力做好《文物保护法》的修订工作外，各级文物部门应协助各级立法机关抓紧制订一批实际工作中迫切需要的行政规章、地方法规和专项法规。

——切实加大执法力度，严厉打击文物犯罪行为。当前工作的重点是打击盗窃、盗掘、走私文物的非法行为和日益突出的法人违法问题。文物部门应积极配合执法部门进行执法检查，或与公安、司法、工商、海关等部门建立文物执法检查联席会议制度。

——进一步加强文物管理机构建设。北京、陕西、新疆等地在政府机构改革工作中加强文物管理机构及上海、辽宁、河南、湖南等地设立文物管理委员会的做法，值得各地在改革实践中借鉴。

——抓住当前正在制订中央及各地方社会经济发展"十五"规划的有利时机，在"十五"期间增加中央财政和地方财政的文物保护经费。

建立文物保护新体制的另一个重要方面是要广泛动员全社会参与文物保护。社会参与文物保护不仅可以弥补国家文物保护经费的不足，更重要的是可以增强广大人民群众参与文物保护的意识，有助于调动和保护全社会参与文物保护的热情和积极性。动员全社会参与文物保护工作首先是以"国家保护为主"为前提的，只有这样，才能创造出一个有利于吸引社会各方面参与文物保护工作的良好环境。其次是以法制建设的不断完善为基础的，在社会参与多形式、多层次、多渠道的情况下，只有国家逐步完善法规和政策体系，才能保证社会参与的规范化、系统化。为推动社会参与工作健康、有序地进行，文物部门当前需要着力做好如下几项工作：一是配合国家有关部门抓紧研究制订鼓励和引导社会资金投入文物保护和博物馆事业的法规和政策；二是广泛吸收境内外的捐资赞助等，各地方可在政府的统一领导下分别设立专项文物保护基金；三是积极引入市场机制，鼓励社会力量参与文物维修、布展改陈、科技保护及学术研究等方面的竞争；四是建立专职、兼职和志愿者三结合的文物保护制度，充分发挥群众性保护组织的积极作用；五是在完善法规的前提下，积极引导社会力量兴办各具特色的博物馆；六是积极动员舆论宣传部门，广泛宣传《文物保护法》，鼓励民众自觉投身于文物保护事业；七是注意做好对领导机关、执法部门和城市规划、建设部门的文物保护宣传工作，取得这些部门领导和群众的理解、关心和支持；八是加大文物知识的普及力度，出版一批普及读物，要特别注意在青少年中开展文物知识普及教育。总之，建立文物保护新体制，是贯彻落实党的文物工作方针和原则的长期奋斗目标。在这个过程中，势必会遇到许多新情况、新问题，我们既要解放思想，又要审慎行事，要牢牢坚持邓小平理论和党的基本路线的指导地位，牢牢坚持把社会效益放在文物工作首位的原则，牢牢坚持为人民服务、为社会主义建设服务的根本方向，这是我们建立新体制的根本立足点。

（二）推进文物博物馆事业改革的基本思路和需要注意的几个问题

在去年的"三讲"教育中，国家文物局党组面对当前文博工作的现状及存在的主要问题，作了认真分析，清醒地认识到当前文博事业的改革步伐已相对滞后于经济领域和社会其他领域的改革，一些制约文博事业发展的深层次问题已经到了迫切需要解决的时候。要解决这些困难和问题，只能通过改革的方式，用改革的办法。事业单位深化改革的指导思想和总体目标是：以邓小平理论为指导，坚持社会主义精神文明建设的指导方针和文物工作的方针原则，遵循文物工作自身规律，以满足人民群众日益增长的精神文化需求，培育"四有"公民，建设面向现代化，面向世界、面向未来的，民族的、科学的、大众的社会主义文化为目的，建立和完善适应社会主义市场经济体制要求的充满生机与活力的管理体制、运行机制和自我约束机制，努力增强文博单位的综合实力和竞争能力，更好地为人民服务，为社会主义服务。深化改革的基本思路是：1. 坚持政事分开，建立国家文物行政管理部门与事业单位的新型关系。根据事业单位性质、地位、作用、规模、社会效益、经济效益等综合指标，确定新的等级规格，并建立动态管理系统。2. 根据事业单位不同情况，分类进行改革。通过调整、转制、合并的办法建立健全符合自身特点的良性运行机制。3. 实行后勤服务社会化，为事业单位的改革、发展创造宽松环境。文博事业单位深化改革的核心内容是建立适应社会主义市场经济条件下的管理体制和运行机制，提高依法管理的水平，提高文博工作服务两个文明建设的质量。

——理顺领导体制，加强直属事业单位领导班子和专业技术人员队伍建设。为加强博物馆（院、所）学术研究力量和人才培养，成立并健全馆（院、所）学术委员会，为馆（院、所）学术、业务活动提供决策咨询。

——在管理体制上，根据改革的需要和单位的实际，合理调整、设置内设机构，建立务实、简便、高效的运转机制。对不同性质的内设机构要有科学的定岗定员和明确的职责划分，采取不同的管理方式，实行管理目标责任制。

——在用人制度上，全面推广和完善聘用制度。事业单位自主用人，人员自主择业，引进竞争激励机制，实行岗位聘任管理制度，按需上岗，竞聘上岗。建立公开、平等、竞争、择优的用人机制。在职称管理上，实行评聘分开，允许"低职高聘、高职低聘、只评不聘"。

——在分配制度上，扩大事业单位收入分配自主权，实行档案工资和岗位工资相结合的制度，实施效益工资，合理拉开差距，解决长期存在的平均主义大锅饭问题，切实做到注重业绩、按劳分配、优劳优酬。

——在拨款方式上，实施项目经费补贴和奖励制，发挥经济杠杆对馆（院、所）业务活动的调控作用，鼓励馆（院、所）多出业务精品。

在深化事业单位改革的进程中，需要注意处理好以下几个问题：

1. 正确认识和把握改革、发展、稳定三者之间的关系，大胆进行改革。改革就要冒风险，但最大风险就是不改革。只有大胆而坚决地实行改革，才有可能从根本上解决制约文博事业发展的问题，才会换来真正的、长久的稳定和更大的发展。

2. 正确认识和把握文博单位的性质，坚持文博改革的正确方向。文博事业单位的改革必须在坚持文物工作的方针、原则，坚持文博事业公益性质的前提下进行。在我国，以保护祖国文化遗产、弘扬民族传统文化、提高全民思想道德和文化素质为己任的文博单位，是无可争辩的公益性文化事业单位，必须坚持社会效益为一切活动的唯一准则。在文博事业改革中，一定要坚持其公益性，各级政府应给予文博单位必需的优惠待遇和经费保证。

3. 正确认识和把握文博单位之间的差异性，坚持调查研究，分类指导。文博单位门类不尽相同，情况比较复杂。因此，在直属事业单位改革中，要深入调查研究，从实际出发，审慎决策。各单位要结合本单位的实际情况制订改革方案，付诸实施。

（三）贯彻中央关于西部大开发的战略部署，推动西部地区文物保护工作全面发展

最近，党中央、国务院作出了实施西部大开发的战略部署，实施这一重大战略决策，具有重要的政治意义和经济意义。

西部地区是中华文明的重要发祥地之一，历史上就是多民族聚居的地区，各族人民在这块广袤的土地上共同创造了光辉灿烂的古代文化，为多民族统一国家的形成和发展作出了重大的贡献，留下了许多珍贵的文化遗产。为了保护这些珍贵的文化遗产，国家和地方各级政府投入了大量的人力、物力、财力，几代文物工作者作出了艰苦的努力，使西部的文物保护工作取得了很大成绩。同时，我们也应该清醒地看到，西部地区文物保护工作存在着许多问题和困难，要解决这些问题，又在很大程度上依赖于西部地区社会经济与文化的发展。所以我们说，中央决定实施西部开发战略，也为西部文物事业的发展提供了难得的机遇。

做好西部大开发中的文物工作，首先要摆正西部大开发与文物工作的关系。应该明确，西部地区的文物工作是西部大开发的有机组成部分，做好这项工作，是各级政府和每一个文物工作者义不容辞的责任。西部地区的文物工作者要加大对外开放的力度，欢迎其他地区文博界同行到西部帮助开展文物保护工作。同时，全国文物系统要响应党中央、国务院的号召，对西部地区在人才、技术、资金等方面给予无私的援助。国家文物局党组将根据党中央、国务院的统一部署，认真研究支持西部地区文物博物馆事业发展的计划和措施。第二，要处理好文物保护与经济建设的关系，从而为广大文物、考古工作者提供更为广阔的用武之地，促进文物博物馆事业的发展；同样，保护利用好西部地区具有丰厚历史底蕴、独特文化内涵的文物，也可为西部地区的社会与经济发展以及精神文明建设作出贡献。文物部门要有前瞻性和预见性，变被动为主动，提前介入规划的调查论证工作，积极主动参与有关建设规划方案的制定，并根据国家西部大开发的总体部署，做好文物保护规划、计划，将其纳入西部大开发的总体规划或专项规划。要抓紧做好各项基础工作，及时、准确地向建设单位提供本地文物资料，协助做好各项建设

工程的选址，并认真做好配合工作的文物保护、考古调查和发掘工作。第三，要高度重视文物的合理利用，着重处理好文物保护与发展旅游的关系。西部大开发的一个重要内容是旅游产业的开发，众多的文物古迹是西部旅游业的重要基础，必须坚持文物工作的方针和原则，使文物保护与旅游业相辅相成，相互促进，优势互补，协调发展。第四，要处理好文物保护与宗教的关系。西部地区是多民族聚居和宗教寺院较为集中的地方，信教群众较多，各级文物保护单位中有许多著名宗教寺院，其中一些宗教寺院保存着大量的珍贵文物。各级文物部门的同志一定要积极向广大信教群众、宗教界人士宣传国家保护文物的法规政策，引导其按照《文物保护法》的要求使用、保护宗教文物。

在这里，我要特别强调的是，在迎接西部大开发建设高潮到来的时候，我们每一位文物工作者都要有主人翁的意识、建设者的姿态，要积极、主动、热情地为西部开发献计献策，努力防止和避免旁观者心态和追求狭隘的行业利益的倾向。既要算经济账，更要算政治账。我们相信，只要我们本着一切从实际出发，一切对历史负责的态度去工作，就一定能够得到有关领导和部门的重视和支持。

三、关于 2000 年工作安排

2000 年文物工作总的指导思想是：高举旗帜，服务大局，解放思想，深化改革，加强管理，狠抓落实，振奋精神，团结奋进。今年，我们将主要做好以下工作：

（一）坚持"三讲"精神，认真搞好"回头看"活动，深入整改，巩固和扩大"三讲"教育成果。坚持党对文物工作的领导，进一步充实和加强直属事业单位领导班子建设。今年我局将组织召开第二次邓小平理论与文物工作研讨会。上半年我局在京直属单位的"三讲"教育工作将全面展开，各地文博事业单位的"三讲"工作也会陆续进行，各级文物主管部门要加强领导，精心部署，确保"三讲"教育取得实效，为文物事业的改革、发展、稳定提供精神动力和政治保证。

（二）继续深化文博事业的改革，加强管理，建立监督制约机制。我局将依据"三讲"整改方案，把加强宏观管理，转变工作方式，改

深化改革，加强管理，努力把蓬勃发展富有活力的
文物博物馆事业带入二十一世纪

进机关作风，提高工作效率作为一项重要工作来抓，真正把国家文物局建设成为廉洁、勤政、务实、高效的国家机关。同时加大改革力度，在对全国文博系统的改革给予支持的同时，重点做好直属事业单位中国历史博物馆、中国文物研究所、中国文物交流中心、中国文物流通协调中心的改革工作。

（三）坚持文物工作的基本方针和原则，圆满完成文博事业"九五"计划中提出的各项奋斗目标，制订文博事业"十五"发展规划。完成第五批全国重点文物保护单位的遴选申报。抓紧重点大遗址保护法规和专项法规的制订，开展大遗址保护展示园区的建设试点工程。继续做好配合三峡工程、新疆油田开发工程等考古发掘和文物保护工作。筹备召开全国革命文物工作座谈会，全面系统总结近年来革命文物工作的经验和成绩。

（四）根据中央统一部署，做好西部大开发中文物保护的规划等准备工作，我局将于上半年召开西部地区文物保护工作座谈会，专题研究做好西部大开发中的文物保护工作。

（五）继续推进博物馆、纪念馆陈列展览精品工程的实施，重点抓好中国历史博物馆改陈和专题展览，抓好中国革命博物馆《当代中国》展览，力争在建党八十周年的时候推出全新的展览。积极抓好纪念敦煌藏经洞文物发现100周年的展览及各项活动。筹备召开全国博物馆工作会议，促进馆际业务、学术交流。积极做好国家博物馆基本建设的立项和其他准备工作。

（六）加强文物法制建设，完善法规体系，促进文物工作的依法行政和依法管理。重中之重的工作是《文物保护法》的修订，争取今年报请国务院提交全国人大审议。第二项重点工作是协助全国人大和全国政协做好《文物保护法》执法情况的检查。此外，我局今年还准备陆续发布一系列部门行政规章，各地方要把拟制重点大遗址保护规划和专项法规作为重要工作列入日程。

（七）加强文物保护科研工作，增大文物博物馆工作的科技含量。这方面有四项重点工作，一是制订好"十五"文物保护科技规划，二是召开全国文博科技教育工作座谈会，三是在博物馆藏品信息管理系统的开发、使用方面取得进展，四是建立文物科技保护基金和学术著作出版基金。

（八）文物外事工作要根据国家的总体外交方针和部署，充分发挥文物出国展览的重要作用，重点做好赴日《中国国宝展》、《世界四大文明——中国文明展》和赴法《中国考古精品展》的筹备工作。今年我局将颁布《禁止出国（境）文物展览目录清单》，并与建设部、联合国教科文组织、世界银行共同筹备召开"文物保护与城市建设"国际研讨会。

（九）进一步加强文物安全与保卫工作，文物安全是文物工作和博物馆事业的头等大事。我们要按照岚清同志的指示，"千方百计保证文物安全"。今年将重点贯彻落实《文物系统博物馆风险等级和安全防护级别的规定》。同时，将争取设立打击文物犯罪活动的奖励基金。

（十）加强政治思想教育工作，努力提高干部队伍素质。今年我局仍将主要依靠北大文博学院开展干部的专业培训工作。要继续在广大文博干部中开展以"讲文明，树新风"为主要内容的精神文明创建活动，开展以"优质服务，优良秩序，优美环境"为主要内容的创建文明单位活动。发挥文博行业优势，努力进行爱国主义、社会主义、集体主义和艰苦创业精神的教育，真正提高职工的思想道德和科学文化素质，促进文博事业的不断繁荣与发展。

当前，我们正处在世纪之交、千年更替的重要历史时刻，面对新形势、新变化，迫切需要我们自觉地研究和思考面向新世纪如何做好文物工作的战略性问题。我们一定要高举邓小平理论的伟大旗帜，紧密团结在以江泽民同志为核心的党中央周围，坚持文物工作的正确方向，强化基础，深化改革；总结过去，规划未来，把握大局，求真务实，同心同德，埋头苦干，努力把蓬勃发展、富有活力的文物博物馆事业带入21世纪。

2000 年 2 月 23 日

《20世纪中国文物考古发现
与研究丛书》序[*]

俗称"锄头考古学"的田野考古学的诞生以及中国考古学学科体系的基本完善，由此而引起的古物鉴玩观赏著录向科学的文物学的转变，是 20 世纪中国学术界与文化界的大事。它从材料与方法两个方面彻底刷新了持续了数千年之久的中国古代史学传统，不仅为中国学术界和文化界开拓出更加广阔的研究天地，也为一切关心中华民族悠久历史和灿烂文明的人们不断地提供了可贵的精神滋养和力量源泉。仰古、述古、探古，进而考古，向来为我国传统文化中一个明显的学术特点。先秦时期诸子百家发其端，汉代司马迁撰写《史记》，北魏郦道元作注《水经》。他们对相关的遗迹遗物，尽可能地做到亲自考察和调查，既能辨史又可补史。这种寻根追源的治学态度，为后世学术的探古、考古树立了榜样。此后，山河间的访古和书斋式的究古相继开展，特别是对古器物的研究，成了唐宋时期的文化时尚。不少学者热衷于青铜铭文、碑刻、陶文、印章等古文字的考释，进而有了对器物的辨伪鉴定、时代判断、分类命名等，逐渐兴起了一门新的学问——金石学，涌现出许多著名的古器物鉴赏家和收藏家。只是囿于当时的历史条件，金石学家们无法了解所见文物的出土地点和情况，也难以涉及史前时代漫长的演进历程，因而长期以来始终脱离不了考证文字和证经补史的窠臼。即使如此，他们的艰辛努力和取得的成绩，还是为推动我国传统文化的发展起

---

* 《20世纪中国文物考古发现与研究丛书》，文物出版社自 2000 年出版发行，至 2010 年出齐，共 4 辑，60 种。

到了积极作用，并且在事实上也为中国考古学和中国文物学的起步铺设了最早的一段道路。

20世纪初，近代考古学由西方传入。中国学者继承金石学的研究成果，学习并运用西方考古学方法，开始从事田野考古，通过历史物质文化遗存，探寻和认识古代社会，揭示人类社会发展规律。早在1926年，中国学者就自行主持山西南部汾河流域的调查和夏县西阴村史前遗址的发掘，随后，我国学者同美国研究机构合作，有计划地发掘周口店遗址，发现了北京猿人。从1928年起至1937年，连续十五次发掘安阳殷墟遗址，取得了较大收获，引起了国内外学术界的重视。自20世纪50年代以后，随着国家大规模经济建设的进行，田野考古勘探、调查和科学发掘工作在全国范围内蓬勃有序地开展，许多重要的典型遗址和墓地被揭露出来，重大发现举世瞩目。它们脉络清晰，层位分明，文化相连，不仅弥补了某些地域上的空白，而且衔接了年代上的缺环，为研究中国古代史、文化史、科学史以及其他学科领域，提供了珍贵、丰富的实物资料，极大地影响着人文社会科学诸多学科专业的研究与发展。这段时间被学术界称为中国考古学的黄金时代。在马列主义理论指导下，具有中国特色的考古学理论体系和方法论逐渐形成。有关研究成果不仅极大地改变和丰富了人们对中国文明起源、中国古史发展等重大问题的认识，同时也扩展了中国文物的研究领域和研究方式。可以说，考古学的发展与进步，直接影响到文物学的形成与发展，而且影响到全社会对文化遗产重要作用的认识以及世界学术界对中国古代文明的重新认识。

从20世纪80年代开始，文物界就中国文物学的创立，逐渐取得共识，在共同探讨的基础上，初步形成了学科体系。不少学者发表了有关论文，出版了专著，就文物的历史价值、科学价值、艺术价值以及在社会主义的物质文明与精神文明建设中如何对文物进行有效保护、合理利用发表意见。这些研究成果已获得学术界的赞同。在这世纪之交和千年更替之际，对中国考古学和中国文物事业作一次世纪性的回顾和反思，给予科学的总结，是许多学者正在思考和研究的问题。如果能通过梳理20世纪以来重大发现和研究成果，透视学科自身成长的历程，从而展望未来发展的方向，以激励后来者继续攀登科学高峰，无疑是一件很有意义的事。为此，经过酝酿、商讨和广泛征求意见，我们约请一批学者（其中有相当多的中青年学者）就自己的专长选择一个专题，独立成篇，由文物出版社编辑出版一套《20世纪中国文物考古发现与研究丛书》，并以此作为向新世纪的献礼。

从某种意义上说，《20世纪中国文物考古发现与研究丛书》是一套学科发展史和学术研究史丛书。其内容包括对20世纪考古与文物工作概况的综合阐述；对一些重要的考古学文化和古代区域文化研究情况的叙述；对文物考古的专题研究；对重要的文物考古发现、发掘及研究的个例纪实。

此套丛书的内容面广，而且彼此关联。考虑到各选题在某些内容上难免会有重叠或复述，因此在编撰之初，我们要求各选题之间互有侧重，彼此补充，以期为读者了解20世纪中国考古学和文物学的发展提供更多的视角。

我国的文物与考古工作，虽在20世纪得到了迅速发展，但仍有许多重大学术问题需要进一步探索。我们主持编辑这套丛书，除了强调材料真实、考释有据、写作态度严谨求实外，也不回避以往在工作或研究上曾经产生的纰漏差错和不足之处，以便为今后的工作和研究提供借鉴。虽然我们尽了很大努力，但限于水平，各篇仍很难整齐划一。由于组稿和作者方面的困难和变化，一些计划之中的题目也未能成书。这些不周之处，敬请专家、学者和广大读者批评指正。在丛书编印过程中，我们得到了文物、考古界的广泛支持。何东先生在出版经费上给予了热情帮助。在此，一并深表感谢。

2000 年 6 月 6 日

《敦煌研究院》序言

今年是敦煌藏经洞发现一百周年，敦煌学研究也即将走过百年历程。隆重纪念人类文化史、学术史上的这一重大发现，具有重要的学术意义和历史意义。新中国成立后，党和人民政府对敦煌文物十分重视，随即对原敦煌艺术研究所进行整顿，成立了敦煌文物研究所，担负保护与研究任务。1984 年，又在研究所基础上正式建立敦煌研究院，为敦煌石窟的保护与研究开创了新篇章。敦煌研究院现设有石窟保护研究所、美术研究所、考古研究所、文献研究所、学术委员会、编辑部、摄录部、资料中心、陈列中心、接待部等 10 余个职能部门，承担着世界文化遗产、国家重点文物保护单位莫高窟、榆林窟和西千佛洞的保护管理职能，是全世界最大的敦煌文物保护研究专业实体。

敦煌莫高窟开凿于公元 366 年（前秦建元二年，晋废帝太和元年），至元代终止兴造，历时千年时间，其精美的塑像，多彩的壁画，丰富的社会内容，艺术家非凡的创造和杰出的成就，都在这里得到充分的展示，使她成为我国最大的古典艺术宝库，历来为中国学者所重视。令人痛惜的是，本世纪初藏经洞被发现后，洞藏经卷文书和大量资料文献，乃至敦煌彩塑、壁画，惨遭浩劫。在十分困难的情况下，学者一直坚持敦煌学研究工作，并为敦煌学奠定了相当基础，这是我们不能忘记的。

半个多世纪以来，特别是改革开放以来，在党和政府的关怀、支持下，经过以常书鸿、段文杰为代表的老一代学者的艰辛开拓和以樊锦诗为代表的第三、四代人在大漠戈壁的艰苦奋斗，敦煌研究院在敦煌文物的保护、研究、弘扬方面做出了令世人瞩目的显著成就。

一、保护工作成绩显著

1943 年敦煌艺术研究所成立，在极端艰苦的工作生活条件下，常书鸿所长领导职工修筑了 850 米的围墙，清除了 300 多个洞窟的积沙，为少量洞窟安装了门窗，设警卫股保护洞窟，奠定了莫高窟保护工作的最初基础。

五六十年代，在国家的特别关爱和支持下，通过各方合作，对敦煌莫高窟进行了全面的抢救性修复保护工作：按照原状修复了 5 座行将倒塌的宋代木构窟檐；扶正和加固修复了倾倒和骨架腐朽的彩塑；抢救了大量空鼓有脱落危险的壁画；1956 年和 1963～1966 年，先后两次对莫高窟南区长 570 米的危崖、358 个洞窟进行了加固工程，使濒临倒塌的洞窟、损坏的壁画和彩塑脱离了险境，得到了妥善保护。80 年代以后，随着国家改革开放的实施和科学技术的进步，敦煌研究院对敦煌石窟的保护工作也步入了一个新的发展阶段——科学保护时期。这一时期，不仅或独立或与国内有关单位合作开展了多项保护科学研究工作，还积极利用与美国盖蒂保护研究所和日本东京国立文化财研究所开展国际合作保护研究的契机，促进了保护人才的成长，引进了先进的技术和设备，开展了工程阻沙、化学固沙、生物固沙相结合的综合治沙试验，全自动的气象环境监测与洞窟环境监测，壁画颜料变色机理、胶结材料、修复材料的研究，莫高窟区地震危险性分析，榆林窟危岩铆索加固与裂隙灌浆，壁画图像数字化和计算机存贮等近 30 项研究课题，取得了一大批科研成果。其中获国家科技进步二等奖 1 项，国家发明四等奖 1 项，国家发明专利 1 项，国家部、局级科技进步二等奖 1 项、二等奖 2 项、三等奖 1 项。上述成就，使该院已当之无愧地成为我国石窟文物保护研究的基地。

与此同时，敦煌研究院还加强了敦煌石窟遗址的科学管理工作，制订了《莫高窟总体规划》及一系列管理制度，充实了管理机构，使敦煌石窟的管理工作逐步纳入科学化、正规化、法制化的轨道。1997 年，莫高窟获得"世界文化遗产管理先进单位"荣誉称号，这是敦煌研究院的极大光荣。

二、研究工作硕果累累

经过几代学者半个多世纪的不懈努力，敦煌研究院在敦煌文物的研究工作中已取得了丰硕的成果，成为国际敦煌学研究的一个重要基地。

据不完全统计，该院自成立到 1998 年年底共出版著作 173 种、发表文章 2515 篇。其中特别在下述几个方面取得了一系列的显著成果。

在敦煌艺术研究方面，探索出了现状临摹、整理临摹和复原临摹三种不同的临摹方法，共临摹石窟壁画 2000 多幅、彩塑 30 多身，复制原大洞窟模型 8 个，使该院在壁画临摹方面处于国内领先水平。在临摹的基础上，对敦煌艺术作了宏观的通史性研究，对敦煌艺术的独特个性、表现手法和艺术价值进行了比较深入的探讨。

在敦煌石窟历史考古研究方面，通过多年调查洞窟内容、时代，校录供养人题记，整理公布了《敦煌莫高窟内容总录》、《莫高窟供养人题记》等一批基础资料，成为敦煌学研究的必备参考书；依据洞窟艺术风格，采用考古类型学进行了分期断代研究；结合敦煌文献考订出了一批洞窟的修建年代及其窟主，勾勒了敦煌石窟营造史的轮廓；清理发掘了南区窟前殿堂遗址和北区洞窟；调查、考证解读了大部分壁画的内容，探讨了壁画内容产生的背景与石窟的性质；在上述工作基础上，目前正在按佛教、社会、艺术的分类对壁画的内容进行全方位的、系统的研究。

在敦煌文献研究方面，对院藏、甘肃省藏和国内外某些博物馆藏敦煌文献进行了编目、刊布，并对已刊敦煌文献目录进行了系统的校勘与增补；利用敦煌文献的丰富资料，在对古代敦煌历史、地理、民俗、文学、世俗佛教、古代硬笔书法研究方面做出了一批受学术界瞩目的成果。

1983 年，敦煌研究院创办了国际敦煌学界唯一定期发行的专业学术刊物《敦煌研究》，现已连续出版 60 期，发表了本院和国内外学者大批高水平的学术论文，备受国内外敦煌学者的重视和好评，先后获得"甘肃省优秀社科期刊奖"、"中国优秀社科学术期刊奖"、"全国百种重点社科期刊"、"甘肃省一级名牌期刊"等荣誉称号，目前已成为我国社科界和国际敦煌学界的核心期刊。

研究院还先后于 1953 年、1957 年、1990 年、1993 年、1994 年举办了 5 届大规模的敦煌学国际学术讨论会（今年还要举办新一届的国际学术研讨会），这对于推动我国的敦煌学研究工作，加强国内外敦煌学者的沟通、了解和相互促进，都产生了积极的作用。

敦煌研究院几代学者艰苦奋斗所取得的上述一系列成果，为改变"敦煌在中国，敦煌学研究在外国"的局面，繁荣我国的敦煌学研究作出了突出的贡献。

三、弘扬民族优秀传统，发展先进文化艺术

几十年来，敦煌研究院通过各方面的工作，为弘扬中华民族优秀传统文化艺术——敦煌石窟艺术做出了显著的成就。

作为举世闻名的佛教艺术宝库，长期以来特别是改革开放以来，莫高窟每年都吸引着数以万计的国内外观众前来参观，至今已接待了国内及 80 多个国家和地区的 300 多万观众。在长期的接待工作中，敦煌研究院培养了一支熟悉石窟艺术，通晓英、法、日、德、韩等国语言、具有较高素质的讲解员队伍。他们以满腔热情向国内观众介绍敦煌文化艺术的光辉灿烂，激发观众的民族自豪感和自信心；介绍藏经洞文物被盗劫的伤心史，激励观众勿忘国耻，振兴中华，使莫高窟成为一个爱国主义教育良好基地；他们以富有感染力的讲解，引导国外观众欣赏敦煌艺术的精妙绝伦，感受敦煌文化的博大精深，为外国朋友了解中华民族优秀传统文化遗产，促进中外文化交流发挥了积极作用，而且为推动旅游事业，促进地方经济发展作出了重要贡献。

敦煌研究院曾多次在国内北京、上海、南京、广州、郑州和香港、台湾等地区，十多次赴日本、美国、法国、俄罗斯、波兰、印度等国家举办敦煌艺术展览，以该院美术研究人员数十年来临摹的敦煌壁画、彩塑精品，向国内外观众宣传、展示敦煌艺术，所到之处均受到了热烈欢迎，引起巨大反响，为扩大敦煌石窟艺术的影响，帮助更多的人了解敦煌艺术起到了良好的推动作用。

敦煌研究院的研究人员编著了《敦煌石窟鉴赏丛书》、《敦煌壁画故事》、《敦煌连环画精品》等 20 多种通俗读物，为普及敦煌学知识、

宣传敦煌文化艺术作出了贡献。该院研究人员还经过多年艰苦摸索，根据敦煌壁画和有关文献资料，研制出了一批敦煌仿古乐器，并用于舞台演奏，受到了专家的好评和中央文化部的奖励，在探索如何继承弘扬优秀传统文化遗产并推陈出新方面作出了有益的尝试。

敦煌研究院之所以能取得上述一系列的成绩，是同该院研究人员和全体职工的严谨求实、艰苦奋斗、辛勤工作、敬业奉献精神分不开的，也是同中央和甘肃省、市各级党政领导的极大关怀和支持分不开的，同时还得到全国人民和世界各国友好人士的关心和帮助，得到国内外从政府到民间、从专业科研保护机构到其他各行各业、从社会团体到个人的热情赞助和无偿支援。对此，我们应当表示衷心的敬意和感谢。

《敦煌研究院》综合介绍了敦煌莫高窟的历史地理概况，着重记录了从 40 年代在极端艰苦条件下开始的、至今半个多世纪以来对敦煌石窟的保护、对敦煌文化的研究、对敦煌事业的开拓和弘扬。这必将有利于激励年轻一代发扬爱国主义精神，继承前辈的光荣传统，在新的历史时期运用新的理念、新的方法和新的科技手段，创造性地开展各项工作；也将有助于社会各界了解敦煌事业、爱护敦煌事业、帮助敦煌事业，让更多的人熟悉这一灿烂辉煌的文化宝藏，让更久远的年代永远拥有这一珍贵绝伦的人类遗产。我们真诚期望，在步入新世纪的同时，敦煌文物保护和研究会取得更加辉煌的成就。

是为序。

2000 年 6 月 15 日

架设联系历史、现在与未来的桥梁[*]

——在"中国文化遗产保护和城市发展：机遇与挑战"国际会议开幕式上的发言

女士们、先生们：

众所周知，中国是具有悠久历史文化的文明古国，中华民族文明史不间断地持续发展，是人类社会绝无仅有的。在漫长的岁月中，我们的先民创造了辉煌灿烂的文化，留下了丰富多彩的历史遗产，其中包括大量的各个历史时期的城市遗存。田野考古证实中国城市起源的历史，大约有五千年之久。相当龙山文化时期的山西襄汾陶寺城址和河南新密古城寨城址，已经出现了夯土城墙和居住基址，具有很高的建筑艺术价值。随着生产力发展，城市得到进一步发展，成为政治、军事的中心，因此对城市规划也提出了更高的要求。在城市规划设计与发展中，形成了这样几个鲜明的特点：一是数量多，类型丰富；二是城市的政治、军事、文化中心的职能特别突出；三是按规划营造城市的整体布局；四是许多城市保持了发展的连续性。我国考古学家和历史学家的发现与研究证明，古代中国在城市建设和管理方面曾经取得了辉煌的成就：隋唐的首都长安是人类在封建社会建造的最大的城市；《马可·波罗游记》对元大都城的描述，表达了他对当时中国在城市建设方面领先于世界的认识和由衷的礼赞。历史上封建王朝的都城，如燕下都、赵邯郸、齐临淄、郑韩故城、秦咸阳、西汉长安城、东汉洛阳城、曹魏邺城、北魏洛

---

[*] 2000 年 7 月 5～7 日，国家文物局、建设部、世界银行和联合国教科文组织联合举办的"中国文化遗产保护和城市发展：机遇与挑战"国际会议在北京召开。会议通过了《北京共识》。

阳、隋唐长安、洛阳、北宋东京（开封）、南宋临安（杭州）、辽上京、金上京、金中都、元大都、明南京、明清北京等，则集中体现了中国在城市规划建设和与自然环境协调发展方面的高度水平。斗转星移，沧海桑田。虽然这些历史成就大部分已经变成遗址和遗迹被埋藏在今日城市的地下，但是它们往昔的风采以及凤毛麟角般的地面标志性建筑和遗迹毕竟构成了一部活生生的中国历史画卷。在城市现代化发展建设中如何正确对待、妥善保护这笔宝贵的文化遗产，就成为我们必须回答的历史性课题。

中国在这方面已经作了长期艰苦的努力。新中国成立后不久，中央人民政府就颁布有关法律，明令保护历史文化古迹。1961 年国务院颁布文物保护条例①，1982 年全国人大通过《中华人民共和国文物保护法》。各省、自治区和直辖市也相应公布了地方性法规。中国对不可移动文物采取"分级保护"的政策。中国国务院已经把 750 处文化遗产列为全国重点文物保护单位，各省级政府总共公布了 7000 多处省级文物保护单位，市地县级公布了 6 万处文物保护单位。根据《中华人民共和国文物保护法》，中国国务院从 1982 年起相继公布 99 座历史文化名城，各地还相应公布了一批地方性文化名城和历史文化街区。最近，我国中央政府再次强调，国家是文物保护的主体，要求各级政府对文物保护工作做到五纳入："各地方、各有关部门应把文物保护纳入当地经济和社会发展计划，纳入城乡建设规划，纳入财政预算，纳入体制改革，纳入各级领导责任制。"全面贯彻"五纳入"的要求将会使中国的文化遗产保护工作得到进一步加强。

中国在城市建设过程中取得的考古学研究和文物保护的成果十分丰硕。北京、广州、成都、镇江、扬州、开封等城市在这方面成绩很大。如江苏省扬州市的建城历史，从春秋历经唐宋直到明清，绵延了 2500 年，城市发展过程被叠加式的文化堆积一代代地保存下来。近年在扬州进行新的建设项目之前，考古专业队伍都进行了考古发掘，先后发现了

---

① 1961 年 3 月 4 日，国务院发布了 1960 年 11 月 17 日国务院全体会议第 105 次会议通过的《文物保护管理暂行条例》。同日，还公布了第一批全国重点文物保护单位名单（108 处）。

宋代大城的西门、南门和东门，证实了宋代扬州对中国城市建设作出的重大贡献。扬州市人民政府投资在遗址地建设了"宋大城西门遗址博物馆"，永久保存了这处珍贵的文化遗产。再如广东省广州市繁华的市中心商业区，在 1975 年发现过秦代造船厂遗址。20 年以后，又在邻近的地方发现了西汉时期南越国宫苑遗址，展现了两千多前以前距中央政府万里之遥的岭南地区文化发达与经济繁荣的场景。广州市人民政府果断中止了在遗址上的建设工程，拟就地兴建为遗址博物馆。这几个城市的成功经验，是城市的领导者对文化遗产保护有高度认识的体现，是文物管理部门与城市建设管理部门密切合作，文物考古部门参与项目的审批，及时安排考古发掘工作的重要成果，从而妥善地保护了文物，为改善当地文化形象，从深层次上推动当地经济、文化的发展，作出了积极贡献。

但我们也绝不能忽视，在城市现代化和乡镇城市化的过程中，特别是最近二十年来，随着我国改革开放和经济建设的迅猛发展，我国历史文化遗产保护工作面临着严峻形势。不少城市采用类似的现代技术，追求大规模的建筑群、大体量的建筑物，导致城市面貌千篇一律、千城一面，而这种单一面貌的文化正在吞噬以历史城镇、历史街区、古老建筑为标志的城市特色和民族特色；有的城市为了追求提高宝贵的城市用地的使用率，使土地升值，不惜在历史文化遗产密集的区域进行开发；还有的为了满足现代城市中高速、便捷的机动交通的需要，改变城市历史的格局和风貌，甚至直接拆除或迁移文物古迹；有人用现代城市规划的目光衡量历史街区和文物古迹，试图实施改造，导致改变历史文物建筑的周边环境，使之成为孤立的陈列品；许多地方在历史文化遗产丰富的区域进行建设时，不按程序要求先期进行必要的考古勘探或考古发掘，取得科学资料，导致无法弥补的永久性损失，等等。上述问题的存在，已经造成了严重的后果，许多历史文化遗产和历史文化名城的古老空间特色和文化环境遭到破坏，有的甚至已不复存在，引起了专家和有识之士的强烈不满，也引起了有关部门的高度重视。产生这些问题的原因是十分复杂的，不仅有思想认识和城建理论观念问题，也有现实和实践问题；不仅有经济和技术困难，也有社会和政治因素。从世界范围来看，历史文化遗产保护与城市发展的尖锐矛盾都是普遍存在过的，在中国这样一个经济欠发达、社会整体文化素质还不够高的发展中国家，妥善解决这样的大难题，需要有克服重重困难的勇气，需要付出更大的艰辛和努力。

我认为，在城市发展建设中更好地保护文化遗产，当前要抓好以下几件事情：

一是提高认识，树立目标。要让大家尤其是城市的领导者认识到，保护文化遗产，不仅不构成建设现代城市的障碍，而且恰恰相反，是构成现代化城市的重要特征。优秀传统文化是一个民族的灵魂，更是凝聚一座城市精神力量的体现。从根本上说，人类社会的任何进步，都包含着经济上的和文化上的两重意义。一个民族的今日文化，是在昔日文明的基础上生长起来的。这种文明作为一种深入人心的、潜移默化的精神因素在不自觉中影响着一个民族的思维方式、生活方式，构成民族特征。我们应该尊重自己民族的历史，尊重往昔的成就。我们的目标，是把昔日的文明和当代的成就以及大自然之美，融入一个整体。用这样的想法指导我们的城市建设，使文化遗产在当代社会中发挥积极的作用。

二是相互沟通，加强联系。我们建议在政府的统一领导下，建立各行政部门的联席会议制度，研究决定城市发展建设与文物保护的重大问题。如北京就成立了首都规划建设委员会。文化遗产保护事业是全民族的事业，代表民族共同的、长远的利益。政府各部门，如城市规划、建设、计划、财政、文化、文物等部门，都负有重要的责任。各历史文化名城的政府，建立这样的制度更为重要和紧迫。

三是集思广益，科学决策。有一些城市建立了专家参与决策的制度和相应的专家咨询组织，对城市规划的科学制定与实施，发挥了很好的作用。我们建议推广这一经验，就文化遗产保护组建多学科专家参与的咨询组织，作为政府的参谋。这些专家应该来自城市规划师、建筑师、考古专家、文物保护专家、历史学家、社会学家、经济学家、生态环境专家以及所有涉及城市建设和文化遗产保护方面的专家。他们可以就很多重要问题进行深入研究。比如在中国，很多文化遗产在当代社会的实际用途已经与古代不同，或者已经不能满足居民现代化生活方式的需求。在保持文化生态平衡、保护文化遗产环境氛围的条件下，如何做到合理利用已经成了影响文化遗产保护的一个重要因素。专家们可以通过研究，寻找一条既有利于文化遗产的保护、又能够使它在当代社会发挥作用的途径。

四是加大投入，重点维护。全面贯彻国务院关于加强和改进文物工作的通知，积极推进各级政府"五纳入"的要求，使文化遗产的保护工作在当地经济和社会发展计划中取得应有位置，使建设项目在立项阶段，就提前考虑到文化遗产的保护要求。采取积极灵活的财政政策。在我们的经济制度由计划经济向社会主义市场经济转变的条件下，财政纳入不仅仅意味着国家要加大对文化遗产的投入，同时，我们可以学习经济发达国家成功的经验，研究利用税收调节、财务补贴、房地产价格调节等市场经济杠杆的作用和设立基金，把社会资金吸引到文化遗产保护方面来。最近，北京市政府作出决定，在三年内投入3.3亿元人民币，实施百余项文物古迹抢险修缮工程，相信必将会大大改善古都历史风貌，受到社会热烈欢迎。

五是倡导社区参与，争取社会支持。我们要把保护文化遗产和城市建设的计划方案告诉有关的群众，倾听他们的意见，让他们参与其中，同时要考虑群众在生产生活中的需求，使之与文化遗产保护相一致；我们应该通过宣传，形成全社会都关心文化遗产保护的良好氛围；同时要积极展示考古发掘的发现和其他古代文明成果，使群众了解古代文化，热爱古代文化。

各位女士、各位先生，如上所言，正确看待和处理文化遗产保护和城市发展的关系是文物保护工作中的焦点和难点，但也是最重要、最富有意义的工作。作为城市建设者和文物保护工作者，我们任重而道远，让我们努力架起一座桥梁，在飞速发展的现代社会里，在城市建设的高潮中，把我们民族的历史、现在与未来联系起来。

2000 年 7 月 5 日

在与西藏自治区党委、政府领导
交换意见会议上的讲话

　　这次来西藏，对我是一次非常好的学习和受教育的机会。作为国家文物局的局长，我到任四年多了，今年才来西藏，内心感到十分愧疚。来了以后，觉得适应得还比较快。当天下午就跑到布达拉宫广场。第二天，到了布达拉宫、罗布林卡。第三天，和丹增书记一起，去了日喀则、萨迦。后来又和群培主席、向巴主席等到了山南。头一天，列确主席、丹增书记亲自到宾馆来看望我们，使我们非常感动。所以，我首先要感谢自治区党委和政府的领导同志，特别是感谢自治区党委、政府对文物工作的关心、重视和支持。从 20 日到拉萨至今，我们到了十八个全国重点文物保护单位中的十个，去了两个博物馆、一所庄园，还有一处自治区级保护单位，谈不上是一次深入、细致的考察。对一个地方的深入了解，至少需要一整天的时间，对有些重要的文物保护单位，应该需要两天到三天时间。

　　这次来藏以后，丹增书记等领导，给我作了详细的介绍，有些时候，丹增书记还亲自讲解。文物局的甲央同志、彭朗同志在路途上也给我介绍情况。我过去虽然没有来过西藏，但对西藏的文物工作，应该说还是很重视的，也多次听取了西藏文物工作的汇报，包括张柏同志他们回去以后所作的汇报。但百闻不如一见，这次亲自到这里来，格外不一样。我深深地感到，在自治区党委、政府的关心支持下，西藏的文物工作，特别是近几年的工作，成绩是很大的。无论是对文物的保护还是科学研究，无论博物馆事业的发展还是打击文物犯罪、加强法制建设，我觉得成绩是显著的，使现在的文物工作具有了一个良好的基础。虽然还存在着一些问题，但这些问题只是前进中存在的问题，也是各个省普遍遇到的问题，例如打击文物盗窃、走私等犯罪活动的问题，现在已呈现出一种国际化、集团化、网络化的趋势，问题已相当严重。内地，像山西、河南、河北、湖南、江西等省文物被盗的问题也是相当严重的。作为西部省份的青海，这个问题也是相当的严重。比如都兰，这也涉及西藏，因为那里有一批吐蕃时期吐谷浑人的墓葬，有许多唐代的丝织品等很多珍贵的文物，被盗窃了。内蒙古赤峰地区，也差不多有上千座辽代墓葬被盗掘了。好在这些现象，最近有所遏制。整体而言，自治区的文物工作在党委、政府的领导下，确实取得了很大的成就。对此，我在此向自治区党委、政府、自治区文物局以及全区的文物工作者，表示深深的敬意和感谢。下面，就谈一些工作方面的问题。

第一个问题，是最关键的，也是区党委、政府最关心的布达拉宫、罗布林卡、萨迦寺维修保护工作问题。布达拉宫第一期维修工作，应该说，成绩是很大的。但主要是维修了红宫部分，我这次察看了一下，工程质量总的来讲，是好的，是符合文物保护原则的。但是，有些部分还没有完全维修好。特别是白宫、地垄等一些部分，还有很多隐患，没有彻底清除。前年发现这个问题之后，我当时要求中国文物研究所派出专家，进行实地考察。为什么维修之后，还出现这么多的问题？我当时纳闷，因为四年前，我还没有到国家文物局，维修工作就结束了，而且新闻媒体也做了详细的报道，中央也很重视。为什么维修完了，又出现了这么一些问题？我当时还以为是工程质量的问题，觉得要严格追查，严肃处理这个问题。后来派出专家了解，在作汇报的时候，我要求他们必须如实地反映情况。因为这种事情，我们不能含糊。哪些是我们修了出的问题，哪些是我们没有修而出了问题？一定要搞清楚，以便我们向中央汇报，并采取紧急措施。经过考察之后，他们说主要问题不是原来维修的部分，而是没有维修的那部分。所以今年又组织了一次考察。接着新华社"内参"发了一份报道，说布达拉宫有51处险情，文物局再次进行了研究。这个问题给了我一个教训，就是今后我们无论做什么事情一定要实事求是。看来，当时的新闻媒体的报道说满了，没有留下余地，其实就应该讲，我们第一期的维修工程已经圆满结束，将来我们还要进行第二期的维修工程。中央领导也不清楚,自治区党委、政府也不清楚。这个事情,也是我们文物部门没有把工作做好。现在既然已经出现了这些险情,而且事实上这些部分也需要进行维修,所以国家文物局已经把它列入到了工作项目里头,并把它列入到了一个重要的工作日程上。而且,现在已经着手工作了。这一点,我在此声明一下。

第二个问题,就是罗布林卡的问题,我们已在争取列入《世界遗产名录》。罗布林卡还涉及一些其他方面的工作,国家文物局和自治区文物局下一步还要再协作研究。关于萨迦寺的问题,自治区党委非常重视,特别是丹增书记,多次去考察。去年,国家文物局派出工作组验收古格王城遗址的修复工作,丹增书记还亲自带领我局张柏副局长和办公室副主任刘曙光同志等专门到萨迦寺进行了考察,他们回去也作了汇报。应该说他们的汇报也是实事求是的,把区党委的意见和他们看到的情况作了汇报。但是,很坦率地说,当时还没有引起我们充分的重视。只是觉得萨迦寺是要修,但是得慢慢来。另一方面,我自己也想来看一看,实地考察一下。这次考察中,萨迦维修的必要性、紧迫性,丹增书记讲得十分清楚了。我自己感到,修复萨迦寺的重要意义,不亚于布达拉宫和扎什伦布寺。萨迦寺在西藏的政治、文化、经济等各方面的地位,是相当重要的。正是有了萨迦寺、萨迦派的作为,才促成西藏归入中国的版图,促成了藏汉和其他各族人民的大团结。促成了中华民族的兴盛和发展。所以说,它的重要性、必要性是显而易见的。过去,我们国家文物局对这个问题的认识是不够的。我这也是很坦率的话,今后应该引起我们足够的重视。另一方面,我从萨迦寺而引发到一种震撼的力量,深深地感到藏族人民所创造的文化,是我们中华民族文化的一个重要的组成部分。西藏的历史悠久,其文化也是博大精深的。这样一个民族,在自己长期的发展过程中积累起来的文化底蕴是非常深厚的。而我们现在对藏族文化包括政治、经济、军事、天文、医学的人文、自然的这样一个大文化的研究是远远不够的。看到萨迦寺的整个一面墙有十万多部(卷)的书籍,令人十分震惊。我想,从考古发现来讲,藏族历史从卡若遗址、昌果沟等一些著名的一些遗址,一直到吐蕃王朝,分裂时期到后来萨迦派统一西藏的各个邦国,然后归入元朝,后来发展到达赖、班禅等时期。在这么长的历史时期里，这么多的经典文献里面，确实是蕴藏着非常丰厚的文化宝藏。这是我们中华文明的组成部分，也是世界文化遗产的一个重要部分。但是维修萨迦寺这个工程的复杂性，使我看到以后感到有点担心，因为听他们介绍：整个一面的经书墙和原来的壁画墙，现在已经合成一体了。从结构力学方面讲，它究竟承受了殿堂多大的压力？这个我不太清楚，但听他们讲，它确实承受着一部分的力量，才使殿堂维持到现在。我就想到一个问题，就是先得把经墙挪出来，挪出来以后，殿堂会受到什么样的影响？现在还很难预料。另一方面，挪出来以后，壁画能不能保护下来？壁画也应该是与寺院同年代的，挡住了几百年，第一步，需要把经书挪地方，去整理，而且还不能搞乱，搞乱了就给今后的整理造成了极大的困难。另一方面，怎么搭架子取下经书并把压力承重下来。原有的平衡，去掉一面，就带来了新的不平衡，就会带来危险，过去所做的考察工作，现在看来还远远不够。这件事情，国家文物局还要请工程院的院士及其他方面的专家进行考察。工程的复杂性、工作的时间性和难度都要有充分的考虑，不是一年两年中所能够完成的了的。但是，我今天要向自治区党委、政府表示，我们要把这件事列入国家文物局的一个重要的工作日程上。今年不可能的话，明年一定要请一些院士，特别是一些结构力学的专家和一些建筑学专家来考察，然后在这个基础上，制订工作方案，再进行维修。从文物保护的角度讲，这是一种责任，只能修好，不能修坏。绝对不能出问题，要对历史负责，要对我们的子孙后代负责；当然不仅仅是对藏族人民负责，而是对整个中华民族负责。

西藏文博人才班的工作，可以由国家文物局出面向教委提出来，协商解决文博本科班的经费，同时希望区政府从当地的教育经费中给予一点支持。这也是请党委政府帮助解决的一项问题。关于建立西藏文物鉴定站的问题，请自治区批准增加 5～7 人的事业编制。由区文物局选拔一些具有高级职称的，在壁画、造像、唐卡等文物的鉴定方面有一定研究的人才，报国家文物局；国家文物局就可以考虑批准建立国家文物局西藏文物出境鉴定站。现在由四川代管，也不利于公安等执法部门打击文物走私犯罪活动。因此，请党委、政府帮助解决编制问题。关于其他方面的文物保护问题，萨迦寺要很快提到议事日程上来。这件事，自治区的领导也可以通过新华社"内参"反映一下，以引起中央领导同志对萨迦寺的重视，因为萨迦寺确实太重要了，甚至比布达拉宫、扎什伦布寺早得多，重要得多。一个是萨迦，一个是甘肃的武威，"凉州会谈"，这两地是相呼应的，是相当重要的。

其他的文物保护问题，我今天去色拉寺，色拉寺有险情，大昭寺有险情，这些问题，我建议自治区文物局统筹规划，制订方案，抓住重点，分步实施。

下面谈谈西藏的文物外展问题。西藏文物曾经在外国展览过几次。但我们一直想在欧洲举办一次大型的西藏文物展览。要求自治区文物局和西藏外宣局协商一下，确定一个主题，现在就开始筹备。国家文物局可以在德国或某一个国家办一次西藏文物展。办这个展览的重要意义，在于让参观者全面、正确地认识中国西藏悠久的历史和灿烂的文化。我们可以就这件事，与外交部门协商，争取在近一两年内把这事办成。

在对外文物工作方面，如果西藏有政治思想素质较好，并且懂得一门外语的人才，国家文物局可以把他派出去留学深造或进修。这种人才要由区文物局推荐，由区组织部门把关，由国家文物局来联系。日本的大正大学等一些外国院校，也表示过愿意接受我们的学员。其经费，可由我们来承担。但是，有个条件，就是学成后必须回国，而且是要回到自治区文物部门工作。

昨天，我听了自治区文物局的工作汇报，今天，就其中的有些问题向自治区党委、政府提点建议。第一，就是对藏族悠久的历史、灿烂的文化的宣传工作要加大一些力度。让更多的人了解藏族人民在中华灿烂文化所作的贡献。只有认识了历史，才能认识今天。认识了过去辉煌的历史，就能激发我们去创造更加辉煌的明天。我们不能光忙于今天，而忽略了对历史的回顾和研究。的确，今天的事情太多了，但是，对过去的正确宣传，也是为了更好地做好今天的事情，要辩证地认识二者的关系。

第二，西藏悠久的历史，给我们留下了十分丰富的地上、地下文物。西藏，在全国几大文物省区当中，占有重要而特殊的地位。为了管理好这些文物，希望在各地市设立文物局，以加强对文物的保护和管理。据我所知，目前只有山南、日喀则和拉萨市有文物局，其他地区的文物保护力量很薄弱，因此，建议加强一下这些地方的文物保护机构。如公务员不行，事业编制也行，有那么十个八个人看着，既保护了文物，同时对经济发展很大的好处。把文化、文物广播、电视都弄在一起，像个大杂烩，实际上没有一个专人去负责文物的保护，造成的损失是很大的。西藏历史上对文物造成的人为的、自然的破坏是很多的，再加上"文革"时期的破坏，留存到现在的已经是为数不多了。所以，现在加强保护，对未来的可持续发展具有重要的意义。我绝不是站在文物部门一家的立场上来提出这个问题的，而是从我们整个中华文明以及西藏经济的可持续发展的角度来提出这个建议的。自治区人事厅的同志也在这里，我请你们也关心一下充实机构这件事。

再一个建议，就是请自治区按照国务院提出的"五纳入"的原则，把文物保护工作，纳入政府领导体制，纳入到财政预算，纳入到体制改革和城乡建设规划中。请自治区政府要求各地市也切实落实"五纳入"。我觉得"五纳入"的核心有两点：第一点是纳入政府领导责任制，文物保护不是一种部门行为，而首先是政府的责任。这是过去中央领导同志反复强调的。第二，纳入当地财政预算。因此，要求区人民政府在经费上再给予西藏文物保护事业一定的支持。无疑，国家文物局、计委和财政部一定会重视西藏的文物保护工作的。国家文物局更会多方奔走呼吁。但是，自治区方面的经费投入，恐怕也得增加一点，过去是20多万，现在是60多万，对西藏这样一个文物大区，是少了一点。至少也得有个200万，我这个要求不算高。如果一次达不到200万，能在第十个五年计划里平均每年达到200万，在下个五年计划中投入1000万也行。因为一个项目的落实，要求国家拿一部分，自治区拿一部分，同时也要当地的人民政府拿一部分资金。我的要求太低，因为西藏财政有困难。地方政府不投入，国家就不给予配套资金，很多工作就难以进行。因为，我们是要报财政部审批的，经费不是完全由我们来支配的。

第四点建议是，考虑到西藏文物特别是地上文物居多，而且大多数文物在寺院里面的现实，建议区人民政府以一种法令或条例的形成发布一个管理办法，明确一下文物部门对寺院文物的管理和监督权。因为凡是文物，都归国家所有，我们承认寺院对文物有使用和保管权，但所有权是国家的，因此，文物部门必须加强这方面的管理权。这是涉及文物管理方面的一种行政体制的问题，要确保国有资产的不流失，西藏的许多文物都是从寺庙丢失的。不过，许多寺庙的文物保护工作做得还是很好的，比如说色拉寺、萨迦寺等。这也是咱们党委、政府对寺庙进行的爱国主义教育工作，取得了实效。另一方面，文物部门和宗教部门也应该就对文物的管理问题，进行一些研究，加强对寺院文物的管理。

我再说一些具体的事情。

一，布达拉宫宫墙里边的环境整治问题。从墙外感觉不到，但是站在布达拉宫顶上向下一看，觉得里头很零乱。急需进行整治，以恢复原貌。同时，我个人建议，在布达拉宫广场建成一些绿化带，以突出布达拉宫这一标志性建筑的雄伟气势。

二，罗布林卡正在做申报世界文化遗产的准备工作。世界文化遗产的要求很严格，而且不是永久性的荣誉。罗布林卡过去警卫团的兵官，现在已被区卫生厅占用。建议让这些单位尽快搬迁出去。因为这涉及罗布林卡整体的完整性，不要因为这件事而影响了罗布林卡的申报工作。请区政府关心一下这件事，将它归还给罗布林卡管理处。

我再替甲央同志说几句话，他们现在还在布达拉宫下面的附属建筑里上班。我们从自己的经费里给了自治区文物局100万元，但还不够。我今天再向党委、政府呼吁一下，请求关心一下文物局办公地点的问题。使他们把自治区的文物工作做得更好。

我汇报的主要内容就是这些。此次西藏之行，总的印象是感觉西藏历史悠久，文物丰富，是中华民族优秀灿烂文化的重要组成部分。我深受鼓舞、深受教育。我从自治区党委、政府领导同志以及自治区文物局的同志们那里，学到了许多优秀的品质。因此，我再次表示，国家文物局一定要帮助西藏自治区把文物工作做好。我祝愿区党委、政府的领导同志身体健康！同时也相信自治区文物局的同志们，一定能够在区党委、政府的领导下，把文物工作做得更好。

2000 年 8 月 8 日

在国家文物局西部文物工作
会议上的讲话

同志们：

党中央决定实施西部大开发战略后，全国文物系统，特别是西部地区各省区文物部门受到极大的鼓舞。实施西部大开发战略，不仅为西部地区文物工作提出了新的任务和要求，而且更为西部地区文物工作带来了难得的发展机遇。不少省区认真研究具体的贯彻落实措施，并拟定了发展本地区文物事业的基本构想。最近，国务院办公厅印发了《关于西部大开发中加强文物保护和管理工作的通知》，充分体现了党中央、国务院对西部文物工作的高度重视，是西部大开发中做好西部文物保护工作的纲领性文件，为做好西部大开发中的文物保护工作指明了方向、提供了政策保障。我们应认真学习、深刻领会、全面贯彻、积极落实，努力做好各项工作，全面推进西部文博事业的发展。

我们这次会议的任务，就是以邓小平理论和江泽民同志"三个代表"的重要思想为指导，认真学习、贯彻国办《通知》精神，统一思想，提高认识，交流经验，并结合西部的实际，研究加快西部文博事业发展的基本思路和落实国办《通知》的具体措施，明确今后的工作重点，进一步促进西部地区文博事业的发展。下面，我就这次会议的主题和任务谈几点意见。

一、学习贯彻国办《通知》精神，充分认识文物工作在西部大开发战略中的重要地位，全面推进西部文物保护工作

党中央、国务院历来十分重视文物保护工作，在每一次大规模经济建设高潮到来之时，或是重大历史变革时期，都及时地针对当时的具体情况对文物保护工作作出重要指示，提出明确要求。近年来，江泽民、李鹏、朱镕基、李瑞环、胡锦涛、李岚清等中央领导同志在视察西部省区时，都强调指出，实施西部大开发必须同时抓好物质文明和精神文明建设，重视西部文化建设，重视西部文化工作。最近，李岚清同志先后到宁夏，新疆，青海、西藏和四川视察工作，每到一地都强调了贯彻落实科教兴国方针对西部开发的战略意义、同时也强调了加强文物保护、管理和利用工作的重要性。中央领导同志的指示和国办《通知》再次深刻阐明了实施西部大开发战略在建设有中国特色社会主义政治、经济、文化伟大事业中的重大意义。作为西部大开发整体目标的组成部分，文物工作具有十分特殊的重要地位。西部地区是中华文明起源和发展的重要地区之一，具有丰厚的中华文明传统文化的历史底蕴和博大精深的内涵，其重要的历史文物古迹、文化遗址，如周秦汉唐都城遗址和帝王陵寝、长城烽燧、丝绸古道、边关要塞、石窟石刻，尤其是三星堆、秦始皇陵兵马俑、楼兰、高昌、交河故城等遗址和大足石刻、大昭寺、布达拉宫等，已成为中华古老文明的实物见证。同时更有遵义会议旧址、革命圣地延安、重庆红岩村等反映中国共产党为新中国的建立和民族解放而领导各族人民进行艰苦卓绝斗争的历史记录。总之，这些历史遗迹和革命文物是各族人民在这里生活、繁衍、生息的历史见证，是中华民族开发西部、建设西部的历史丰碑，也是对广大人民群众进行爱国主义、社会主义和革命传统教育，增进民族团结，抵御国外敌对势力渗透破坏和维护祖国统一，保卫边疆安全的生动教材。所以，西部地区的文物工作对弘扬民族文化，凝聚民族力量，振奋民族精神，提高民族素质，实现民族的伟大复兴，将产生巨大的精神动力，在社会主义精神文明建设中具有不可替代的作用。做好西部文物工作是历史和时代赋予我们的光荣使命，也是我们广大文物工作者义不容辞的责任。

（一）认真制订"十五"规划，正确处理近期保护性开发和可持续发展的关系

最近，李岚清副总理指出，要站在中华民族复兴和可持续发展的高度，制订适应西部开发总战略的西部文化发展战略和规划。国办《通知》中也提出了在西部大开发中制订各地文博事业发展规划的重要性和

具体要求，我们一定要按照国办《通知》的要求，认真贯彻落实。在有效保护的前提下，发挥西部地区文物资源优势，促进西部地区的产业调整和社会经济的协调发展，并利用文物开展爱国主义教育和革命传统教育，为西部地区两个文明建设服务。今年是制订"十五"规划的关键一年。各地文物部门要在当地党委、政府的领导下，加强部门的沟通、协调，特别是要加强与生态环境设、基础设施建设，城乡建设、旅游开发等有关部门的协调，根据中央文物工作的方针和西部实际情况，编制好各省、自治区、直辖市的文博事业行业规划和专项规划。希望大家在此次会议上能够畅所欲言，积极为研究制订西部文物事业发展规划献计献策。

（二）做好大遗址保护工作，正确处理文物保护与西部生态环境建设和产业结构调整的关系

党中央提出的西部地区退耕还草、绿化荒山荒坡等生态保护和建设以及产业结构调整的重大举措，为解决西部地区的文物保护，特别是面临耕作破坏的大遗址保护难题提供了极好的机遇。国办《通知》中特别强调了要把大型遗址的保护纳入当地退耕还草和土地利用规划，对于那些遭到耕作破坏严重或埋藏较浅的大遗址可列入退耕还草的重点目标。这不仅可以解决大遗址保护存在的实际困难，也将会从根本上改变目前大遗址保护的被动局面。为此，我局草拟了关于大遗址保护专项规划思路，提出要从发展建设的角度对大遗址的抢救、保护和展示给予全盘考虑，以重点大遗址的治理为突破口，把保护展示体系建设与生态环境建设、区域经济发展紧密结合起来，处理好长远与当前的关系，力求社会效益、生态效益与经济效益的有机统一。要按照朱镕基总理提出的将三星堆、西夏王陵等这样的文化遗址保护好、建设好、管理好的要求，做好西部地区大遗址的保护和管理工作。

（三）积极开展西部文物旅游，正确处理文物保护与旅游发展的关系

大力发展旅游等第三产业，努力将其培育成为西部的支柱产业，是西部大开发战略中的一项重要内容。依托西部地区丰富多样的文物资源优势，发展具有历史民族特色的文物旅游，将会有效地促进区域经济发

展和文化建设，而且也将会吸引更多的社会资金投入到文物保护中来。对此，文物部门必须给予高度重视。对西部地区丰富的文化遗产及其文物资源要实行保护性开发，必须坚持"保护为主，抢救第一"的方针和"有效保护，合理利用，加强管理"的原则。在利用文物发展旅游问题上，我们首先要有保护意识，要强调科学、合理、适度。对于已经具备开放条件的文物保护单位，文物部门要主动瞄准旅游市场的需求，与旅游部门密切配合，积极合作，扩大、延伸文物资源综合利用的领域，这样既能切实保护文物资源，也能增强文物部门的优势，积极发挥文物在地方经济发展中的作用。对于目前由于客观条件限制而不具备向社会开放的文物点，文物部门要有明确的态度，一方面要认真地开展工作，积极地为开放创条件；另一方面要反对受单一经济利益和眼前利益驱动而进行的盲目开发，防止以开发的名义对文物造成新的破坏。其次，要正确处理好抢救保护与开发利用的辩证关系。对历史文化遗存必须慎之又慎，要特别注意遵循文物保护的客观规律和要求，走可持续发展之路，不能急功近利。保护是为了利用，利用不能以牺牲文物为代价。既要满足当代人的需要，又不能损害子孙后代的久远需求，保护得愈好，利用得愈久，效益也就愈丰。在西部开发中涉及文物保护与利用的关系时，一定要从可持续发展高度，处理好眼前利益和长远利益、局部利益和整体利益、部门利益和全局利益的关系。同时要着眼于已有考古成果向合理利用方面的转化，而不要寄希望于新的发掘；要着眼于文物本体的保护和向社会逐步开放，而不是去花钱造假古董；要着眼于地区文物旅游网络规划和建设，形成规模效益，使西部地区的文物旅游得到健康发展，以促进西部地区产业调整和社会经济的发展。

（四）切实加强西部地区少数民族文物保护工作，正确处理民族历史文物与近现代民族文物关系

我国是一个统一的多民族国家，各族人民在缔造祖国历史的进程中，共同创造了光辉灿烂的中华文化。各民族在各个历史时期所创造和留存下来的文物，是我国优秀历史文化遗产的重要组成部分。全国55个少数民族的绝大多数都分布在西部地区，我国现有的5个民族自治区也全属于西部地区。少数民族文物工作是我国文物工作的重要组成部

分，又是我国民族工作的重要组成部分，因此具有重要的政治意义。我们一定要从维护祖国统一和领土完整、加强民族团结的政治高度来重视少数民族文物工作。当前，加强少数民族文物工作的重点，是对近现代少数民族文物的保护、管理和征集工作，抢救和保护一批具有独特风格的少数民族建筑群和传统村寨，制止近现代少数民族文物的流失。各地应按照国办《通知》和国家民委、国家文物局《关于加强少数民族文物工作的意见》的要求，积极做好少数民族文物保护的基础工作、研究工作、法规建设和管理及保护机构建设，切实加强西部地区的少数民族文物保护工作。宗教问题在少数民族地区涉及千百万群众，在一定意义上也是民族问题的反映。作为宗教活动场所的古建筑和寺庙内收藏的各类文物，必须根据《文物保护法》的要求进行有效管理。

（五）加强文物保护对口支援，正确处理东（中）部和西部文物保护工作关系

西部地区地域辽阔，文物保护基础工作较为薄弱，文物古迹特别是大型土遗址较多，保护难度很大。同时，西部地区文物保护专业人才也十分匮乏。近几年来，为落实党中央、国务院关于全国支援西藏的要求，我们组织了文物援藏工作，全国各地文物考古机构参加了配合三峡水库建设的"三峡库区文物保护工程"，都取得了显著成绩。在实施西部大开发过程中，根据西部文物保护工作的需要，东（中）部地区要对西部地区进一步开展对口支援工作，对口支援与合作应立足于优势互补、互惠互利、共同发展，采取多种有效形式积极参与西部大开发中的文物保护工作。明年，我局将召开第二次援藏工作会议，重点研究对口支援西藏文物保护工作事宜。西部地区要进一步解放思想，在充分发掘本地区、本部门潜力的同时，加大与东部地区和科研院所的合作力度，创造条件，欢迎东（中）部地区文博界同行到西部帮助开展文物保护工作。

与此同时，东（中）部地区文物部门也要进一步做好本地区的文物保基础工作，也要像西部地区一样抓住机遇，制订规划、明确任务、突出重点、抓好落实，使全国文物保护工作整体迈上一个新的台阶。

（六）努力提高西部地区文物保护管理水平，正确处理加强领导和

依法行政的关系

加强法制建设，提高依法行政、依法管理的水平，是做好西部文物工作的根本保证。《中华人民共和国文物保护法》是文物保护工作的大法，是我们做好文物工作的根本依据。各省（区、市）文物部门要认真做好《中华人民共和国文物保护法》的宣传工作，严格依法行政；要加强文物保护单位、已登记和新发现文物点的管理，指导、督促各地拟制大型文物保护单位的专项法规，依法杜绝和抵制因工程建设和盲目开发而可能对文物保护单位造成的破坏和蚕食；要主动地向省（区、市）委、政府汇报西部大开发中文物保护的思路、有关工作和要求，争取他们的领导和支持；要进一步加强文物安全工作，积极与公安、工商、海关等有关部门的密切协作，相互配合，依法加大对盗掘、盗窃、非法交易及走私文物等违法犯罪、活动的打击和防范力度。

当然，我讲的这几个方面，还不能完全概括目前文物工作中需要研究和解决的全部问题。这就需要我们认真学习和贯彻中央领导同志的指示和国办《通知》精神，不断研究工作中存在的新情况、新问题，总结新的经验，我们就会在事物的矛盾运动的发展中取得主动权，把西部工作做得更好。

二、以国办《通知》精神为动力，认清形势，找出差距，采取措施，抓好落实，全面开创西部文物工作新局面

西部地区是中华文明起源和发展的重要地区之一，在这块广袤的土地上，演出过许多波澜壮阔、有声有色、威武雄壮的历史活剧，为祖国多民族统一国家的形成和发展做出过巨大的贡献。为了保护好这些珍贵的历史文化遗产，国家和西部地区各级政府投入了大量的人力、物力、财力，几代文物工作者付出了艰苦的努力，已经初步建立了各级保护、管理和研究机构，一些濒临毁灭的重要文物得到了不同程度的维修保护。许多重要的考古发现为研究西部地区的历史文化和自然环境变迁提供了珍贵的资料。在民族、民俗文物的保护方面也进行了一些尝试性的探索。这些成就为西部地区文博事业的发展奠定了重要的基础。但是由于西部地区社会经济发展水平相对落后，除文物保护资金严重匮乏外，还面临不少困难，存在一些问题，主要表现在：

第一，文物保护专业队伍薄弱。专业人才匮乏是西部地区的普遍现象，据我局不完全统计，西部十省、自治区、直辖市（不含宁夏和西藏）文博专业人员总数不足全国总数的20%，其中具有大学本科以上学历的人员仅占14.52%，研究生以上学历的人员仅有0.89%，具有副高级以上专业技术职称的人员仅占4.1%。这些数字远低于全国平均水平。

第二，文物犯罪活动猖獗，盗窃、盗掘田野文物和古遗址、古墓葬的犯罪活动愈演愈烈，而且日趋集团化、国际化、暴力化，文物安全形势愈发严峻。据不完全统计，近几年来，西部各地文物被盗案件每年都占全国的40%左右。在青海省都兰县，盗墓团伙携带武器，不断鸣枪，恐吓当地群众，动用推土机、卡车等机械设备大规模盗墓，仅1999年被盗古墓即多达300余座。今年3月24日和5月4日，甘肃省庆阳地区华池县双塔寺一座宋代12米高的石造像塔被犯罪分子分两次盗走，震惊全国。类似事件在陕西、新疆、四川、重庆、宁夏和内蒙古等省区都有发生。

第三，许多作为宗教活动的文物保护单位，文物底数不清，缺乏相应的安全防范措施，文物被盗事件时有发生。如1999年，西藏阿里地区扎达县琼龙寺，山南地区雍布拉康寺，拉萨林周县纳林扎寺，青海省乐都县瞿昙寺等都曾发生国多起文物被盗事件。一些寺庙由于缺乏必要的文物保护意识，为招揽香客，擅自对寺院内的残破塑像或壁画进行重塑或重绘，造成无法弥补的损失。

第四，在利用文物发展旅游和经济方面，急功近利，涸泽而渔，只想用文物赚钱，忽略文物保护的倾向值得注意。一些地方不顾文物的承受能力进行超负荷、破坏性利用，错位开发，甚至不顾文物的专业特点和公益性事业单位的性质，作为地方或部门资产转包或承包给旅游公司去开发。

对西部地区当前文物工作面临的诸多问题和困难，我们必须要有清醒的认识。我们一定要紧紧抓住西部大开发的机遇，根据国办《通知》的要求，提出解决这些问题的办法和措施，加快西部地区文博事业的全面发展。

国家文物局党组非常重视实施西部大开发战略中的文物保护工作。年初的全国文物局长会议就要求各级文物部门和单位重视西部大开发带来的历史机遇，研究和思考文物保护工作在西部大开发中的地位和作用，提出加快西部文博事业发展的思路、办法和措施。上半年局党组的主要负责同志和主要业务司室分别对西部地区主要省区进行调研。为了贯彻国办《通知》精神，加快西部地区文物事业的发展，我们提出如下八点意见：

1. 认真学习、贯彻、宣传国办《通知》精神。各地文物部门要认真学习、贯彻《通知》精神，每一位文物工作者都要有主人翁意识，以建设者的姿态积极投身于西部大开发的文物保护工作中去，要有大局观念，防止、避免旁观者心态和追求狭隘的行业利益的倾向。要做好《通知》精神的宣传工作，以使各部门和广大群众能够按照《文物保护法》和《通知》的要求，自觉地做好西部文物保护工作。

2. 加强西部文博事业发展战略研究，制订西部文物事业发展规划。实施西部大开发战略是一项长期、艰巨的任务，加快西部地区文博事业建设，必须统筹规划，有重点、有步骤、分阶段，扎扎实实地推进。各地要按照国办《通知》的要求，抓紧研究制订或修改当地文博事业发展规划，搞好与生态恢复、城乡建设及基础设施建设、产业结构调整的协调，并纳入本地区的经济和社会发展"十五"规划。国家文物局将根据西部大开发的要求，修改完善全国文博事业"十五"规划和有关的专题规划。

3. 加大对西部地区文物保护经费的投入，确保重点文物保护项目的实施。西部地区文物众多，据统计西部十二省区现有的全国和省级文物保护单位2231处，其中绝大多数古建筑需要投入资金维修，许多大遗址缺少必要的保护措施。因此，需要在人为和财力上加大向西部地区的倾斜力度。同时，国家文物局将在保护经费的投入方面，会商国家计委、财政部，争取集中有限的资金抓好重点项目。在今后5年内力争完成西部地区15项大型维修和保护工程，其中包括布达拉宫、罗布林卡、萨迦寺、克孜尔千佛洞、库木吐拉石窟、伊犁将军府、西夏王陵、辽上京遗址、武威白塔寺、三星堆遗址、汉长安城遗址、延安革命旧址等全国重点文物保护单位和重要的省级文物保护单位的维修保护工作。

4. 加强基础工作，做好文物调查和重点文物保护区的划定工作。各地要继续做好文物保护单位的普查工作，组织人力积极做好配合西部大开发特别是大型基础设施建设的文物保护和考古发掘的前期调查工作，为西部大开发和文物保护提供科学依据。西部各省区要按照国务院的要求在文物调查的基础上尽快做好重点文物保护区的划定工作，并经各省、自治区、直辖市政府审查公布。在"十五"前三年，西部各省要完成《文物地图集》的出版工作。

5. 加快西部地区博物馆设施建设，发挥其在社会主义精神文明建设中的作用。博物馆是保管、研究文物和进行爱国主义教育、弘扬民族文化重要阵地。西部地区的博物馆要继续在提高工作质量和业务水平上下工夫，健全现有博物馆的设施的功能。"十五"期间，根据西部博物馆事业展的需要和地区分布，国家文物局将重点支持重庆市博物馆、青海省博物馆、四川省博物馆以及宁夏、甘肃、新疆等重点博物馆的改扩建工程。鼓励和扶持兴办具有地方特点和民族特色的博物馆，并把适当建立民族文化保护区、民族保护村寨和生态博物馆以及与大遗址保护结合的遗址博物馆（陈列馆）作为西部博物馆工作重点。

6. 加强文博队伍建设，为西部文博事业培养人才。加快西部地区文博事业的发展，关键是人才。今后，国家文物局将依托中国文物博物馆学院、西北大学文博学院、四川大学历史文化学院，根据西部地区的需要，举办少数民族业务干部培训班、西藏文物干部培训班和西部地区文物管理干部岗位培训班，定向为西部地区培养专业人才和管理人才。国家文物局科教部门要制订东（中）部文博单位接受西部地区文博单位人员进修的计划，并组织有关专家到西部地区文博单位举办专题讲座，培养和提高西部地区专业人员的业务能力。西部各省（市、区）要根据本地实际和发展需要，研究制定引进高层次文博人才的政策，建立有利于吸引人才的良性机制，创造条件吸引和鼓励高水平的专业人才到西部工作，支援西部文博事业的发展。

7. 加强文物保护科研工作，增大文物保护工作的科技含量。各地文物部门要重视加强省（市、区）文物考古研究所和省（市、区）博物馆的科研力量建设，要针对各地面临的具体问题组织好科技攻关。同时，充分利用当地科研院所和大专院校的科研力量，组织跨学科的联合攻关。国家文物局"文物科技保护基金"将重点支持西部地区的科研项目，加大对中国文物研究所、西北文物保护中心、敦煌研究院、西北大学文博学院的扶持和指导，充分发挥这些机构在西部地区文物保护科研领域的中心作用，积极开展已有科技成果的推广。

8. 西部地区的考古发掘工作坚持以配合基本建设为主，继续做好配合三峡工程的文物保护工作。当前，三峡库区文物保护项目已全面启动，大规模的实施工作已经展开，希望东部和中部各省区继续支持和参与配合三峡工程的文物保护工作。重庆市文物部门也应加强管理，以保证库区文物保护工作能够按计划完成。西部各省（市、区）还要把配合"西气东输"工程、油田开发、公路、铁路干线和水利基础设施建设作为考古勘探发掘工作的重点。各地文物部门要有专人负责此项工作，积极地做好组织协调工作。

同志们，党中央决定实施西部大开发战略，为西部文物事业的发展提供了难得的机遇。我们一定要抓住机遇，充分发挥文物保护和博物馆事业在推进西部大开发中的独特优势，努力使西部地区文物工作在社会主义两个文明建设中得到全面发展。我们相信，在党中央、国务院的领导下，通过全国特别是西部地区广大文物工作者的共同努力，西部地区文博事业必将会在新的世纪里铸造出新的辉煌。

2000 年 9 月 12 日

加强管理 深化改革
开创博物馆事业的新局面

——在全国博物馆工作会议上的工作报告

同志们：

在全国人民满怀信心迎接 21 世纪，全面推进有中国特色社会主义伟大事业的重要时刻，我们在首都北京召开全国博物馆工作会议，有着十分重要的意义。这次会议是在党中央、国务院领导同志的关怀和文化部党组的指导下召开的，是全国各行业、各系统博物馆的同志共同商讨博物馆事业大计的盛会。刚才，孙家正部长作了重要讲话，对于开创新世纪博物馆工作的新局面提出了明确要求，我们一定要认真学习，贯彻落实。

这次会议的主要任务是，高举邓小平理论的伟大旗帜，学习贯彻党的十五届五中全会精神，按照江泽民总书记关于"三个代表"的重要思想和关于文化工作的重要指示精神，回顾新中国成立以来特别是改革开放以来博物馆事业的发展历程；研究世纪之交博物馆工作面临的机遇和挑战；总结、交流 1997 年以来各地加强革命文物和革命纪念馆工作的情况，探讨社会主义市场经济条件下博物馆、纪念馆改革与发展的新思路；提出新时期博物馆工作的主要目标和任务。

一、我国博物馆事业的历史和现状

博物馆作为保护、展示历史文化遗产和人类环境物证的文化教育机，是一个国家、一个民族宣传其文明成就和发展水平的重要窗口。在我国，博物馆是文化教育事业的重要组成部分，其主要任务是征集、保护文物和标本，开展科学研究，举办陈列展览，传播历史和科学文化知识，对广大群众进行爱国主义、社会主义和革命传统教育，提高全民族的科学文化和思想道德水平，增强民族自信心和凝聚力，为建设有中国特色社会主义的伟大事业提供智力支持和精神动力。

（一）在党和政府的重视和关怀下，经过半个世纪的不懈努力，博物馆事业取得了显著成绩

我国博物馆事业已有近百年的历史。自 1905 年张謇创建中国第一所博物馆——南通博物苑和 1912 年成立北京古物陈列所之后起，到 1949 年新中国建立前夕，近半个世纪全国博物馆仅保留 21 所。不仅数量少，馆舍差，而且陈列水平较低，没有多少观众，反映了当时中国正处在半殖民地半封建社会，经济、文化十分落后的状况。新中国成立以来，党和政府高度重视博物馆事业。毛泽东、邓小平、江泽民等三代中央领导同志多次前往文物古迹、博物馆参观视察，对博物馆工作给予重要指示和巨大关怀。毛泽东同志 1958 年视察安徽省博物馆时指出："一个省的主要城市，都应该有这样的博物馆。人民认识自己的历史和创造力量，是一件很要紧的事情。"邓小平同志十分强调在做好经济工作的同时，切实加强宣传思想工作和精神文明建设。进入 90 年代以来，党中央、国务院制定了"保护为主，抢救第一"和"有效保护，合理利用，加强管理"的文物工作方针和原则；江泽民等中央领导同志多次视察文物博物馆单位，亲自解决有关文物保护和博物馆建设的重大问题，非常关注国家博物馆建设的立项和前期工作，极大地促进了文物博物馆事业的发展。江泽民同志更明确要求博物馆要"高举爱国主义旗帜，以史育人；弘扬中华民族精神，振兴祖国"，坚持不懈地对广大群众特别是对青少年进行中国近代史、现代史及国情教育，充分发挥文物史迹对增强民族自尊、自信、自强精神的价值和作用，为新时期博物馆工作指出了明确方向。

50 年来，祖国博物馆事业走过了不平凡的历史进程，特别是改革开放以来，伴随各项事业的繁荣进步，博物馆事业焕发出新的生机和活力，形成了健康发展的新局面。

1. 博物馆建设具备了一定规模并形成了比较完整的体系。一是博物馆的数量大幅度增长，仅文物系统的博物馆就由 1978 年的 349 所发

展到 1999 年的 1374 所；若加上其他部门和民间兴办的博物馆，全国博物馆总数已达到 2000 所左右。二是博物馆的门类日益丰富，综合类、社会历史类、革命史类、艺术类、自然类、地矿类、科技类、产业类、民族民俗类等多种类型博物馆竞相辉映。三是博物馆的办馆主体多元化，文物部门与其他行业、部门办馆日趋普遍，同时出现了集体和个人兴办的博物馆。四是博物馆的地域分布更加广泛，以往博物馆基础相对薄弱的西部 12 个省区，目前拥有各类博物馆 400 多所，改变了过去博物馆过多集中在东部和中部一些大中城市的不平衡局面；五是上海博物馆、河南博物院、陕西历史博物馆、南京博物院艺术陈列馆、中国科技馆二期陈列大楼等一批现代化博物馆新馆的建成开放，为各地区、各部门新建、扩建博物馆树立了样板，缩短了我国博物馆与世界发达国家博物馆的差距。

2. 博物馆藏品保管工作的规范化和现代化水平日益提高。仅全国文物系统博物馆的藏品即达 930 多万件，与其他系统博物馆的藏品合计约有 1200 多万件。各博物馆根据《文物保护法》、《博物馆藏品管理办法》的有关规定，建立了规范的藏品管理制度，系统开展了藏品登记、鉴定和建档工作，尝试进行藏品的电脑数据库管理；落实《博物馆安全保卫工作规定》和博物馆按风险等级完善防护设施的达标工作；继承我国传统的文物修复、保护技术，运用多种科学方法和现代技术手段，对金属、纸张、漆木、丝织类文物和动植物标本进行有效保护，其中有不少藏品保护技术在国际上处于领先地位。

3. 博物馆界涌现了一大批高水平的专业人才和研究成果。70 年代末期以前，博物馆专业人员主要是来自高校考古、历史、美术等专业的毕业生，也有不少岗位自学成才。进入 80 年代以来，一些博物馆专业的毕业生，包括部分硕士生和博士生，充实到各级各类博物馆，使博物馆的知识、人才结构趋于合理。国家文物局与北京大学联合兴办的中国文物博物馆学院自 1998 年起开始招生，已显示出较大的发展潜力。各博物馆以及 80 年代初成立的中国博物馆学会、中国自然科学博物馆协会和其他学术团体，积极参与国际博协和国际上其他专业机构的学术交流与合作，组织专业人才培训，开展学术研讨，先后出版数十种学术刊

加强管理　深化改革　开创博物馆事业的新局面

物、博物馆学论著和多学科、多门类的研究成果，使中国博物馆事业在世界文化、学术领域享有较高地位和声望。

4. 博物馆的社会功能日益显著。全国博物馆每年举办各类陈列展览8000多个，接待国内外观众1.5亿人次。陈列展览的主题内容、表现形式、科技含量和艺术感染力都有了很大提高。1997年实施陈列展览精品工程以来，涌现出一大批引起社会广泛关注和反响的展览精品。各地博物馆积极配合我国外交和对外经济、文化交流，每年赴国外及港、澳、台地区举办展览三四十个。全国有近千所博物馆、纪念馆被确定为爱国主义教育基地。

5. 博物馆馆际联合、走向社会，扩展了发展空间。歌乐山革命纪念馆、延安革命纪念馆、辽沈战役纪念馆物馆等，近年来坚持以"阵地战"为主，西柏坡纪念馆、国际友谊博物馆等，注重面向社会，举办多种形式的巡回展览，走向"阵地战"与"运动战"并重，取得了良好的社会效益和经济效益，得到了社会的普遍好评。辽沈战役纪念馆与淮海、平津战役纪念馆联合举办"新中国从这里走来——三大战役"大型巡回展览，巡展中还请老首长、老战士到现场与讲解人员一起宣讲当年战斗情景，引起强烈反响。实践证明，这种馆际联合，有利于变每个博物馆的馆藏、技术为多个博物馆的群体优势。国家文物局1999年在杭州举办的馆际展览交流洽谈会，也为促进馆际联合、馆际交流作了有益的尝试。

6. 博物馆基础设施建设以国家投资为主，社会资助为辅，改变了博物馆资金来源渠道的单一模式。上海博物馆各专题馆的内部陈列得到了社会各界人士包括港台人士和海外人士赞助。中国历史博物馆与山东青州博物馆联合举办的《青州佛教石刻艺术展》，得到北京华观公司的赞助。南京博物馆新馆同样得到社会赞助。这都说明，博物馆正是在为社会服务的过程中得到了社会的重视和支持。

7. 博物馆更加注意科技投入，充分运用现代技术，使陈列展览水平得到了普遍提高。许多博物馆已经在这方面进行了积极尝试，借鉴和运用新技术、新工艺、新材料为陈列展览服务，并取得了良好的效果。上海博物馆、南京博物院、中国科学技术馆、广东孙中山故居纪念馆等单位的本陈列即是运用现代技术手段的典型代表。

8. 博物馆日益体现以人为本的精神，注重营造高雅的人文环境与优美的生态环境，强化服务意识，以优美环境、优秀展览和优质服务奉献观众，博物馆不仅是人民群众获取知识、接受美的熏陶的重要场所，而且日益成为公众文化休闲与旅游消费的上佳选择。

回顾新中国博物馆事业 50 年来，特别是改革开放 20 年来的前进历程，我们由衷地感到：是党和政府的高度重视，为博物馆事业的发展提供前所未有的空间和机遇。历史充分说明，博物馆事业的兴衰与国家、民族的命运息息相关，没有国家的独立、民族的团结、政治的稳定、经济和社会的繁荣与发展，就不可能有文化事业的进步，不可能有博物馆事业的进步。因此，博物馆工作必须始终坚持为人民服务、为社会主义服务的根本方针，坚持中国先进文化的前进方向；必须始终坚持社会效益第一的原则，必须以满足人民群众日益增长的精神文化需求为根本目的。唯有如此，才能在社会进步的大潮中跟上时代的步伐，取得自身的发展。同时，我们也深切感到，建设好博物馆，充分发挥博物馆的社会功能，是保护、弘扬祖国历史文化和自然遗产，展示国家或本地区、本民族优秀文化文明成果的最佳手段，也是提高全民族科学文化素质的有效途径。

（二）博物馆在建设有中国特色社会主义的伟大事业中具有十分重要的地位和作用

我国是一个统一的多民族国家，各时期、各地区、各民族在自然生态和社会发展状况方面，既有同一性，又有各自的特点，这些特点构成了建设多种类型博物馆的基本条件，也为博物馆发挥其社会作用开辟了广阔的空间。

从整个人类社会的发展历史看，一系列重大的社会变革往往离不开文化变革所提供的舆论支持和先导作用。在建设有中国特色社会主义的伟大进程中，我们同样离不开文化事业所提供的强大精神动力和智力支持。党的十五大明确提出了全面建设有中国特色社会主义政治、经济、文化的奋斗目标。江泽民同志在十五大报告中指出："有中国特色社会主义文化是凝聚和激励全国各族人民的重要力量，是综合国力的重要标志。它渊源于中华五千年文明史，又植根于有中国特色社会主义的实践，具有鲜明的时代特点；它反映我国社会主义经济和政治的基本特征，又对经济和政治的发展起巨大的促进作用。"博物馆是有中国特色社会主义文化建设的重要组成部分，在提高民族思想道德素质，为经济发展和社会进步提供历史经验和培育"四有"公民方面，具有重要地位和独特作用。

今年年初以来，江泽民同志就加强新时期党的建设提出了"三个代表"的重要思想，强调只要我们党始终成为中国先进生产力的发展要求、中国先进文化的前进方向、中国广大人民的根本利益的忠实代表，就将永远立于不败之地，永远得到全国各族人民的衷心拥护并带领人民不断前进；他还特别指明，始终做到"三个代表"是我们党的立党之本、执政之基、力量之源，推进党的思想建设、政治建设、组织建设和作风建设，都应贯彻"三个代表"重要思想的要求。江泽民同志的重要论述对于做好新时期文物博物馆工作同样具有重大现实指导意义。我们各级文物部门和博物馆在全面贯彻落实"三个代表"重要思想的过程中，一定要始终把握和积极实践"代表中国先进文化的前进方向"的要求，继承和发扬我国优秀的历史文化传统，吸收借鉴世界一切优秀文化成果，坚持古为今用、洋为中用，开拓进取，推陈出新，为创造和繁荣有中国特色社会主义的文化贡献力量。各博物馆、纪念馆要以马列主义、毛泽东思想和邓小平理论为指导，遵照江泽民同志提出的"以科学的理论武装人，以正确的舆论引导人，以高尚的精神塑造人，以优秀的作品鼓舞人"的要求，努力提高陈列展览水平，改进为广大观众特别是青少年观众服务的质量，充分发挥思文化教育阵地的作用，突出抓好理想、信念和科学、文化的教育，鼓舞人民群众为建设有中国特色社会主义而奋斗。

（三）正确认识新时期博物馆工作面临的困难和挑战

在肯定博物馆事业发展成就的同时，我们还应当看到，当前我国博物馆事业的总体水平还不高，同一个有着五千年文明历史的东方大国的地位，同建设有中国特色社会主义事业的需要还不适应。工作中还存在些比较突出的困难和问题，譬如：人民群众日益增长的精神文化需求与博物馆数量不足、设施简陋、陈列展览陈旧单调、服务功能不够完善的矛盾；博物馆在计划经济体制下形成的生存、发展模式与社会主义市场经济体制不相适应的矛盾；博物馆提高发展水平与经费短缺的矛盾；博物馆加快发展与管理工作相对滞后的矛盾；与经济领域和其他行业相比，博物馆管理体制和运行机制、经费的筹措和使用、用人制度和分配制度、专业队伍建设和高新技术的应用等，改革步伐相对滞后。这些困难和问题虽然在一定程度上制约了博物馆事业的发展，但我们坚信，在邓小平理论和党的方针、路线的指引下，只要我们认真贯彻江泽民同志提出的"三个代表"的重要思想，按照党中央、国务院关于加强社会主义精神文明建设和改进思想政治工作的要求，加强管理，深化改革，求真务实，开拓进取，就一定能够正确面对存在的困难和挑战，逐步解决前进中的矛盾和问题，使全国博物馆工作在现有基础上加快前进步伐，取得更大的成绩。

二、当前深化博物馆改革的几个问题

（一）加强博物馆管理，深化博物馆事业改革的现实性和紧迫性

从总体结构看，我国博物馆长期存在三个突出问题。一是办馆主体单一，全国博物馆绝大多数是国家主办，分别由各级政府部门负责兴办和管理，社会办博物馆（包括国有企业、集体企业、私有企业、社会团体和个人兴办的博物馆，不含居民家庭收藏馆）只是在近几年刚刚萌芽，经过审批、注册者多集中在北京、上海、广东、云南、重庆等几个省市，总数不超过 20 所。博物馆目前的社会化水平还很低。二是由于我国历史悠久，文物丰富，具有重视历史文化的传统，所以全国博物馆有 70% 属于历史文化类，2/3 集中在文物部门管理，具有行业特点的专业博物馆为数不多，直接服务于科学技术和经济建设的博物馆更是寥寥无几，与中央确定的以经济建设为中心，加快科技进步和科教兴国的战略部署不相适应。三是数量和质量不够协调，单从数量来看，一个 12 亿多人口的国家仅有博物馆 2000 所，平均约 60 万人才拥有 1 所博物馆，与世界发达国家平均 10 万甚至一、二万人拥有 1 所博物馆相比，差距十分明显；而从我国目前经济实力和各地经济、社会发展不平衡的现实出发，大量兴建博物馆又是不可能的，在现有的 2000 所博物馆中，

能够像近年来新建、改建的上海博物馆、河南博物院、南京博物院、中国科技馆等达到现代化设备、展示和服务水平的博物馆还很少，社会功能不健全的"挂牌馆"仍然存在，因此，追求数量与提高质量并举，避免千人一面和重复建设，发展、完善具有专题特色和自身优势的博物馆，应当成为今后博物馆事业展的方向。

从博物馆的法制建设和依法管理看，国家对博物馆主要通过行政手段进行管理，缺少完备的法律制约和政策保障。《中华人民共和国文物保护法》只对博物馆馆藏文物的管理作了法律规定，国家文物局以往颁布《省、市、自治区博物馆工作条例》等一系列行政规章，不仅法律效力有限，而且很不适应社会主义市场经济条件下变化了的新形势。目前尚未出台一部完整的行政法规——《博物馆管理条例》（已几经讨论修改），更没有一部完备的《中华人民共和国博物馆法》，博物馆的法律地位、办馆条件、开放标准、审批登记、奖惩制度，以及应享受的公益事业基金支持、服务项目收入和接受捐助的减免税优待等，都没有客观明确、及时到位规定。

从目前博物馆的运转情况看，我国各级各类博物馆基本上是在计划经济体制下建立起来的，其生存条件、机构编制、管理体制、运行机制、用人制度、分配办法等，由政府部门统包统管，缺乏创新和活力。在当前市场经济条件下，绝大多数博物馆仍在沿袭这些做法，生存、发展步履维艰。据统计，1999 年末全国文物系统 1374 所博物馆共有从业人员 33164，当年总支出为 13 亿元，其中藏品征集、保护、陈列和研究出版等业务支出 2.8 亿元（占 21.7%），而"人头费"支出 6 亿元（占 46.1%）。可以说博物馆现有经费支出中，养人头的成分多，干事业的成分少，这种倒挂状态必须在事业单位改革中加以扭转，否则有限的投入始终与不尽合理支出相矛盾，增加经费也不能有效地促进事业发展。

因此，按照社会主义市场经济体制的要求，加强博物馆的法制建设依法管理，加大博物馆改革的力度，已成为推动我国博物馆事业发展一项紧迫任务。

（二）健全法制，积极扶持，促进博物馆事业的社会化发展

博物馆是一种文化特色十分突出，不以营利为目的的公益性事业单

位。在我国发展社会主义市场经济的新形势下，博物馆固有的文化性、群众性、标志性和特殊的教育功能仍然是十分突出的。

一方面，博物馆保管和展示着大量珍贵的文化和自然遗产，所承担的是文化科学教育等方面的任务，政府有责任对其进行必要的扶持。党的十四届六中全会《决议》把政府兴办的博物馆、革命纪念馆确定为公益事业单位，要求各级财政对其提供经费保证。需要特别指出的是，在我国社会主义初级阶段的经济、社会发展水平下，博物馆建设主要还是政府行为，因而需要通过制定相关法律、政策，使各级政府明确博物馆是具有显著社会效益并能促进经济、社会得到持续发展的事业，强调政府部门的主导作用，按照公益事业同国民经济和社会协调发展的要求，切实保证并逐步增加政府财政对博物馆的资金投入，真正为博物馆创造能够把社会效益放在第一位的宽松条件。

另一方面，博物馆作为公益事业，其主要职能是为社会服务，绝不能以营利为目的。这就需要政府与社会共同扶持，全民受益。单纯依靠国家财政拨款维持和发展博物馆事业的做法已不可能长久持续下去。这就决定了政府要在有重点地保证对国有博物馆经费投入的同时，实施新的文化经济政策，鼓励社会力量捐助博物馆事业，并确立社会兴办博物馆的法律地位及相关政策保障，正确引导和规范博物馆的社会行为，逐步提高博物馆的社会化水平。

我们认为，博物馆事业社会化的基本内涵应该包括：坚持为社会主义两个文明建设服务的正确方向；健全法制和依法管理；建立、健全政策保障和激励机制；办馆主体的多元化；经费来源的多渠道；内部管理的自我约束和事业发展的自主性等。博物馆事业社会化的总体要求是：从我国改革开放和现代化建设特别是精神文明建设的需要出发，建立适应社会主义市场经济体制要求，遵循博物馆事业自身规律，以国家兴办为主体并鼓励全社会参与兴办，充满生机与活力的博物馆管理体制和运行机制。随着博物馆事业社会化水平的逐步提高，政府部门大力扶持，社会力量积极参与，国有博物馆居主导地位，民办博物馆作为补充的崭新格局将会形成和发展，有中国特色社会主义博物馆的行业体系也将日臻完备。

为促进博物馆事业的社会化发展，必须加强对各级各类博物馆的宏观调控和分类指导。在国有博物馆中，应着力扶持一部分代表国家水平和形象的大型博物馆；办好一批省、市级骨干型博物馆；鼓励发展各种科技类、产业类博物馆，以及能够填补空白、符合时代需要、具有个性特色的各类专题博物馆；对经过评估、不能达标的"挂牌馆"和确实不符合社会需要的博物馆，要下决心进行整顿和撤并。与此同时，要本着积极扶持、加强管理的原则，有效地促进和引导社会团体、个人兴办各具特色的民办专题博物馆，使博物馆事业逐步发展为全社会的事业。但这里必须强调指出：第一，我们是社会主义国家，建设的是有中国特色社会主义政治、经济、文化，必须坚持先进文化的前进方向和"二为"方针。第二，国有文物藏品绝不等同于一般的国有资产，既不能用金钱来计算其经济价值，更不允许任何地方擅自将国有文物估价后转移为经营资本或与其他资产合并入股、捆绑上市。第三，兴办博物馆必须遵循博物馆的自身规律，必须把社会效益放在第一位，经营所得只能用于事业发展，更好地提高社会效益。第四，博物馆即使有门票、旅游纪念品等经营所得，也只能实现一定程度的"以文补文"，根本无法做到完全意义的"以文养文"。博物馆无论是国有的，还是集体的、私有的，根本任务都是为了报效社会、服务社会，任何混淆性质，把博物馆办成企业，或冒用博物馆的招牌去追求营利和发财的行为，都是不允许的。

（三）转变观念，加快改革，建设充满生机与活力的博物馆

21 世纪即将到来，经济建设的发展，科学技术的进步，时刻在向人们展现新的机遇，带来新的的挑战。博物馆要想在社会前进的大潮中立足，就必须勇敢地面对挑战，把握难得的机遇，在改革中寻求发展，在发展中不断壮大。

首先，各博物馆要进一步解放思想，转变观念，促进自身功能和办馆指导思想的改革，实现办馆模式由传统的封闭型向现代的开放型转变。

——要贯彻以经济建设为中心、积极为当地经济、社会发展服务的新思路和新办法。在办馆指导思想上必须明确，博物馆就是要解决如何

与当地政府和广大群众的需要相协调的问题，最大限度地发挥博物馆的社会作用。

——要牢固树立"自强得助"、"有为才能有位"的思想意识。一项事业在为社会作出奉献后，必然会得到社会的关心和回报。反之，政府、社会不会长期重视和扶持那些不能为其带来利益的事业，这样的事业注定会逐步萎缩、博物馆作为公益事业，必须体现自身的公益性，增强全心全意为观众服务的意识，为社会进步多做贡献。

——要打破保守的、封闭的、坐等的、无所作为的传统习惯，改变长期固有的思维定式，要千方百计发挥好已有的优势，挖掘出潜在的能量，使自身功能得到最大限度的扩展和延伸。

其次，要根据中组部、人事部《关于加快推进事业单位人事制度改革的意见》和国家出台的其他改革政策，结合博物馆事业的特点及各单位的实际，选准改革的突破点，采取行之有效的改革措施。

一是改革领导体制和运行机制。

——政事分开，简政放权。核心是建立行政管理部门与博物馆的新型关系。博物馆的上级主管部门对博物馆实行政策引导和宏观调控，管好领导班子，做好协调服务，监管国有文物藏品和其他国有资产，充分尊重博物馆的独立法人地位，给博物馆更多的自主权，避免过多的行政干预。应逐步取消博物馆的行政级别，根据其规模、性质、地位、作用、社会效益、经济效益等综合指标，确定新的等级规格，实行分类管理和动态管理。

——实行行政领导人（馆、院长）负责制。在坚持党管干部原则，严格干部管理权限的前提下，引入竞争机制，改革博物馆领导人员的选拔任用和监督方式，可推行任前"公示制"，采取直接聘任、招标聘任、推选聘任、委任等多种任用形式；加强和完善年度考核和任期目标完成情况的考核，并将考核结果与任用、奖惩挂钩。

——根据改革的需要，结合各馆实际，调整、设置合理的内设机构，建立简便、高效的运转机制。对不同性质的内设机构要有明确的职责划分，采取不同的管理方式，实行管理目标责任制。

——逐步推进博物馆后勤服务的社会化。大型博物馆的后勤部门要在搞好本单位后勤保障的前提下，积极开拓社会服务领域，逐步实行单独核算、自收自支、自负盈亏，发展壮大为面向社会的独立经济实体。

二是改革财务制度。

——重视博物馆的社会实践，在坚持社会效益的前提下，注重成本核算、市场开拓，真正实现以文为本，文经互补，多出人才，多出成果。

——按照我国财政支出改革和保障公共支出的政策要求，今后博物馆的行政主管部门将根据政府财政预算情况，对博物馆实行新的项目预算管理，预算项目将主要包括定额包干经费、奖励经费、专项补助经费。

三是改革用人制度。

——全面推行聘用制度，引入竞争机制。对单位原有固定身份的人员可实行"老人老办法"，采取竞争上岗、转岗、待岗培训、临时工岗位安置等多种方式妥善安置；对新进人员实行公开考试、招聘。

——建立符合博物馆工作性质和特点的岗位管理制度，合理设置岗位，明确不同岗位的职责、权利和任职条件，打破行政职务、专业技术职务终身制，实现由身份管理向岗位管理的转变。对管理岗位，实行职员制；对工勤岗位，实行合同制；对专业技术岗位，实行专业技术职务聘任。按照评聘分开、强化聘任的原则，可以低职高聘、高职低聘、只评不聘，逐步实现专业技术职务聘任和岗位聘用的统一。

四是改革分配制度。

——建立灵活有效的分配激励机制。博物馆要根据"效率优先，兼顾公平"的原则，将职工的工资收入与岗位职责、工作业绩、实际贡献以及成果转化中产生的社会效益和经济效益直接挂钩。积极探索按劳分配与生产要素参与分配的办法和途径，切实拉开收入档次和差距，充分体现多劳多得，优劳优酬，逐步形成重实绩、重贡献，向优秀人才和关键岗位倾斜的分配激励机制。

根据国务院确定的职责，国家文物局是全国文物博物馆事业的管理部门。目前我局正在研究制定文物博物馆事业"十五"发展规划，组织修改《文物保护法》，起草《博物馆管理条例》及博物馆登记注册办法，并向中央提出了一系列保证文博事业繁荣发展的政策建议。希望各地博物馆，特别是其他管理部门和其他行业博物馆的同志多提宝贵意见和建议，共同为加强博物馆事业的管理和改革献计献策。

三、新时期博物馆建设的重点任务

从2001年起我国将实施新世纪的第一个五年发展规划——"十五"发展计划。伴随经济、社会的全面进步，博物馆事业也将进入全新的发展阶段。

"十五"期间博物馆事业的总体目标是：建立和发展以国家级博物馆为龙头，省级博物馆为骨干，以国有博物馆为主体、民办博物馆为补充，各地方、各行业和各种所有制博物馆协调发展的博物馆体系；加强宏观调控和依法管理，完善现有博物馆的社会功能，重点发展各具特色的专题博物馆，加大扶持中西部博物馆建设，改善博物馆的地区分布和品类布局；推广高新技术和先进设备，突出精品意识和服务意识，提高博物馆基础设施、藏品保护，陈列展示和社会教育的现代化水平。

——做好国家博物馆建设前期准备工作；新建、扩建一批重点省市博物馆。到"十五"末期，争取使全国博物馆总数达到2300所。

——继续开展馆藏三级以上文物的鉴定、建档工作。力争完成全国博物馆一级文物档案和总目的编制工作。

——按年度计划，分别将书画、青铜器、漆木器、丝织品、杂项等五大类濒危的珍贵文物藏品确定为保护重点，逐步进行抢救性保护。全面完成一级风险博物馆的安全防范达标工作。

——全国博物馆每年推出陈列展览8000个以上，年观众量达到1.5亿人次以上。全国博物馆每年评选10个陈列展览精品。

新时期博物馆工作的重点任务是：

（一）强化精品意识，为公众提供优秀陈列展览

陈列展览是博物馆业务工作的中心环节。国家文物局1997年实施陈列展览精品工程以来，各级党委、政府和有关部门抓博物馆陈列展览精品的力度明显加大，各级各类博物馆、纪念馆陈列展览的精品意识明

显增强，展览水平明显提高。面对社会主义市场经济的新形势，陈列展览工作要进一步唱响主旋律，打好主动仗。我们必须研究建筑与陈列、内容与形式、设计与制作、管理与服务、观众与环境的和谐统一，力求营造最佳展示效果。陈列展览精品奖已在文物系统评选三年，对提高陈列展览水平起到了很好的促进作用，我局将考虑依托中国博物馆学会、中国自然科学博物馆协会、中国文物报，认真总结过去的评选工作，进一步完善评奖制度，逐步将评奖范围扩大至全国各行各业博物馆，力求体现全国博物馆陈列展览的最高水平。

（二）继续做好文物和标本的征集、保护、管理等基础工作

文物、标本是国家宝贵的科学文化财富，是博物馆开展各项业务活动的物质基础。各地文物部门和博物馆这些年来逐步开展了清仓查库、摸清家底和文物藏品的登账、编目、鉴定和建档工作，取得了很大成绩。少数博物馆也暴露出藏品底数不清，等级不分，无案可查，管理混乱，文物账册、卡片、档案的填写很不规范等问题。要依据《中华人民共和国物保护法》、《中华人民共和国文物保护法实施细则》、《博物馆藏品管办法》、《文物藏品定级标准》等法律法规及国家文物局印发的《关于馆藏文物清库、登记、建档工作的意见》，努力推动全国博物馆文物藏品征集、保管工作的规范化、制度化和现代化建设。

要进一步提高对藏品保管工作重要性的认识，克服抓保管工作吃力不讨好的畏难情绪，切实抓紧抓好馆藏文物的清库、登记、鉴定、建档工作。在认真总结 1992 年以来开展的馆藏一级历史文物和一级革命文物定确认工作的基础上，国家文物局将编制《全国一级文物藏品总目录》、《全国一级革命文物藏品总目录》。各地也要在 5 年时间内彻底完成博物馆藏品清单、三级以上藏的鉴定、建档工作，其中一级品档案要以省为单位统一报送国家文物局。要设法改善库房条件，确保珍贵文物藏品。要加快藏品电脑数据库和信息化管理的步伐。我局正在研究制定"十五"文博事业信息化建设规划，即将颁布博物馆藏品信息录入和管理统一标准，希望各地博物馆抓紧完善藏品管理的各项基础工作，切实提高藏品的信息化管理水平。

不断丰富藏品，是博物馆可持续发展的重要保证。博物馆不仅要积

做好考古发掘部门等单位的文物移交接收，而且要主动出击，面向社会，大力加强对文物史料的调查、征集工作，特别要针对以往征集、保护工作中的薄弱环节，增强思想重视程度和经费投入力度，努力拓宽藏品征集范围，实施有计划的征集和收藏。特别是征集少数民族文物、民俗文物、反映近现代及当代中国社会变革和进步的各方面实物、文献等，都应予足够的重视和加强。

（三）努力发挥博物馆的宣传教育作用，为社会和人民提供优质服务

博物馆是社会科学文化教育的重要承担者，是公众的社会大学。宣传教育是博物馆、纪念馆的重要职能之一。宣传教育工作要增强政治敏锐性和政治鉴别力，善于从政治的高度、从全局和战略的高度去认识和把握问题，始终坚持服从和服务于党的中心工作，真正把博物馆办成名副其实的精神文明建设阵地和窗口，办成实施科教兴国战略的重要设施，绝不允许利用博物馆宣传封建迷信，散布歪理邪说，进行各种伪科学、反科学的活动。要把编写规范的文字介绍和讲解词作为一项严肃的工作，努力做到科学、准确、生动。所有的讲解员都要经过认真的选拔和严格的培训。要努力探索多种行之有效的宣传教育手段。如动员社会力量参与博物馆宣传工作队伍，建立一支"专职、兼职、志愿者"三结合的宣教工作队伍，有效地促进博物馆事业的发展。延安革命纪念馆、西柏坡纪念馆的讲解员采用讲解、表演相结合的方式，宣讲延安精神、西柏坡精神；重庆歌乐山革命纪念馆用报告展演的方式，宣讲红岩精神，拉近了历史与现实、理想与情感、讲解员与观众的距离，极富表现力和感染力。

要认真总结近年来博物馆、纪念馆在贯彻落实《爱国主义教育实施纲要》、开展爱国主义和革命传统教育中的成绩和经验，以改革的精神探索新形势下爱国主义教育基地建设的新思路、新方法。要注意发挥教育基地的整体效应，实现基地资源共享，促进相互交流。

必须强化服务意识，改进服务观念，以优质服务吸引观众。把满足社会和观众的需要作为博物馆宣传教育工作的出发点。随着教育体制改革的深化，为青少年服务成为博物馆宣传教育工作的重中之重。要认真

学习贯彻江总书记关于青少年学生素质教育的重要指示，发挥博物馆的独特优势，注重结合青少年特点，寓教于乐，设计参与性强的活动项目。随着老龄化社会的到来，应大力挖掘老年观众参观的潜力。假日经济的蓬勃发展，为充分发挥博物馆的宣传教育功能提供了契机。各博物馆、纪念馆要采取积极主动的态度，在调查研究的基础上大力推出体现自身特色势的宣传教育参观服务项目，适应假日经济发展的需要。

（四）要切实做好博物馆安全保卫工作，保障文物和观众的安全

近一段时间以来，全国范围内安全生产形势相当严峻，一些文物博物馆单位也相继发生多起火灾、文物被盗、受损等恶性事故。1999 年 9 月，河北省博物馆调整陈列，工作人员未按操作规程办事，致使一件汉代玻璃耳杯滑落摔碎；2000 年 2 月，湖北省博物馆编钟馆展柜玻璃坠落，砸伤柜内文物。我们要从这些事故中认真吸取教训，引以为鉴。要把安全放在各项工作的首位，牢固树立起安全第一的思想，狠抓落实，做到思想认识到位，安全措施到位，人员组织到位，确保国家文物安全。对玩忽职守造成损失的，要依法追究责任，严肃查处。要健全安全保卫制度，落实安全责任制，经常进行安全检查，发现问题及时整改，切实消除隐患。要依据《博物馆安全保卫工作规定》和《博物馆风险等级和安全防护级别的规定》等规章的要求，进一步完善博物馆库房和展厅的安全设施，提高防火、防盗水平。新建博物馆的安全技术防范工程要与基建工程同时考虑，同步进行，所需经费要纳入基建预算项目之中。

（五）加强博物馆的科学研究、人才培养和队伍建设

科学研究不仅是博物馆的重要职能之一，也是提高博物馆工作水平的前提和基础。与其他科研机构相比，博物馆的科学研究有其特殊优势，就是依托丰富的藏品。这些年来，一些博物馆经过努力，科学研究工作取得了很大成绩。譬如，敦煌研究院注重科学规划，实行科学保护，既注意运用传统工艺和手段，又重视先进科学技术；积极开展对外交流，培养了一批中青年学者，取得了一大批科研成果，使敦煌石窟的整体保护水平始终处于国内领先地位，编著 20 多种普及敦煌学知识、

宣传敦煌文化的通俗读本，为宣传普及文物考古知识的基础性工作作出了贡献。但我国博物馆的科学研究就其整体而言，仍然相当薄弱，任重而道远。

要进一步提高对博物馆科学研究工作重要性的认识。加强领导和规划，努力推进博物馆在文物学、历史学、考古学、博物馆学、管理学以及相关学科和专题研究领域中的科学研究，充分发挥博物馆藏品和人才的群体优势，培养一批学科带头人和科研骨干，造就一支高水平科研队伍。通过积极开展对博物馆业务工作的理论和实践的探索，以更高层次的学术成果、更高水平的业务活动，确立博物馆工作在整个文化、学术界的重要地位和影响，促进全国博物馆事业迈上新台阶。

要重视博物馆的队伍建设，全面提高政治思想和业务素质，建设一支政治强、作风正、业务精的博物馆工作队伍。现阶段要突出抓好职业道德教育，对照《中国文物博物馆工作人员职业道德准则》，规范行为，提高素养，做无愧于时代、无愧于党和人民重托的博物馆工作者。日前查处的井冈山革命博物馆部分工作人员侵吞门票款的事件，我们要时时引以为戒。要进一步加强干部、职工队伍的思想政治工作，加强法制教育，讲学习，讲政治，讲正气，树立爱岗敬业、大公无私的良好风气；同时要制订、完善并严格执行各项管理规章制度，加强监督管理，防止类似事件再次发生。

四、加强近现代文物抢救保护工作，充分发挥革命文物和革命纪念馆的社会作用

革命文物和近现代文物是一百多年来中华民族、中国共产党人前仆后继、艰苦奋斗的实物见证，是弥足珍贵的精神财富。江泽民总书记在党的十五大报告中强调"重视科学、历史、文化的遗产和革命文物的保护"。1998年1月中共中央办公厅、国务院办公厅转发中宣部等六部委《关于加强革命文物工作的意见》。1997年国家文物局在南昌召开全国革命文物工作会议，1998年、1999年又连续在延安、西柏坡召开以抗日战争史和解放战争史为题材的部分省市革命纪念馆工作座谈会，研究和部署革命文物和近现代文物工作。这次会上，一个重要议题就是对近年来革命文物和近代文物进行回顾，重点审议国家文物局专家组《1993～

2000年一级革命文物鉴定确认工作总结》和《近现代文物征集参考范围》、《近现代一级文物鉴定参考标准》两个草案，特别就加强社会主义时期文物工作进行研究和部署。

近年来，各地革命文物和近现代文物工作水平大有提高。许多省市召开了革命文物工作会议，制定和正在实施革命文物工作规划。有关博物馆、纪念馆大力修缮革命旧址，征集革命文物和近现代文物，结合运用革命文物和近现代文物推出陈列展览，为社会提供优秀的精神食粮。在人口集中的大城市，如北京的中国革命博物馆、中国人民抗日战争纪念馆、中国人民革命军事博物馆，十分善于把握重大历史纪念题材，配合形势发展，推出一系列拥有鲜明主题和丰富文物、图片的陈列展览，掀起了一次次革命文物宣传的热潮；为庆祝中华人民共和国成立五十周年，重庆市博物馆于1999年6月在中国革命博物馆举办了《为了共和国的诞生——革命英烈事迹展》，有力地配合了以"讲学习、讲政治、讲正气"为主要内容的党性、党风教育，备受社会关注，反响极其强烈。

革命文物和近现代文物工作虽然已经取得了显著成绩，但离党的要求、人民的要求还存在距离。我们要适应时代需要，不断改革创新。

第一，提高认识，切实贯彻落实"保护为主，抢救第一"和"有效保护，合理利用，加强管理"的文物工作方针和原则，把革命文物和近现代文物工作抓紧抓好。革命文物和近现代文物是我国文物宝库的重要组成部分，与历史文物一样是祖国优秀的文化遗产。要站在对历史负责、对子孙后代负责的高度看待革命文物和近现代文物工作，真正改变目前这项工作在一些地区和部门得不到应有的重视和支持的局面。要加强研究和宣传，克服对于革命文物和近现代文物的狭隘理解，全面推进革命文物和近现代文物的保护、利用和管理。

第二，采取有效措施，狠抓调查征集、保护收藏、依法管理等基础工作，努力提高革命文物和近现代文物的保护和利用水平。为有效指导各地革命文物和近现代文物保护、管理工作，我局将充分吸收各位代表对《近现代文物征集参考范围》、《近现代一级文物鉴定参考标准》两个征求意见稿的修改意见，修订完善并尽快发布施行。

当前特别要加强我国社会主义时期文物保护征集工作。1999 年是新中国成立五十周年，许多博物馆、纪念馆抓住机遇，举办反映社会主义革命和建设五十年发展历史和成就的展览宣传活动，努力征集保护了大批社会主义时期文物，填补了馆藏空白。四川省博物馆"收藏二十世纪的四川"活动，丹东抗美援朝纪念馆从境内外征集抗美援朝文物，河南省"继往开来·百年文物征集"活动，湖南省的社会主义时期文物征集、宣传工作尤其有声有色，成效卓著。但总体看来，对社会主义时期文物的征集保护还有许多工作要做。我们要深入广泛地开展有关社会主义时期文物的宣传活动，开展有关社会主义时期文物保护、宣传工作的科学研究，对社会主义时期文物的范畴、现状、管理办法展开深入探讨，掌握其特殊规律，制定相应的规章制度，逐步实现社会主义时期文物保护工作的规范化和科学化。

第三，要进一步加强和完善各级革命文物保护单位和革命纪念地的保护利用管理工作。切实做好已被公布为全国重点文物保护单位的革命旧址的"四有"工作。对旧址的维修保护必须严格按程序报批，遵循"不改变文物原状"的原则，"整旧如旧"。对具有重大影响和纪念意义的旧址群，要继续做好专项保护法规的制定、发布和实施工作。对于反映社会主义革命和建设成就，具有重大纪念意义的建筑物，也要按照《文物保护法》的有关规定，及时调查、登记并确定为相应级别的文物保护单位，在城乡规划和建设中加以妥善保护。

同志们，我们一定要高举邓小平理论的伟大旗帜，紧密团结在以江泽民同志为核心的党中央周围，进一步增强博物馆改革与发展的责任感和紧迫感，总结过去，规划未来，解放思想，实事求是，勇于创新，开拓进取，勇敢地面对前进中的困难和挑战，把一个蓬勃发展、富有生机与活力的博物馆事业带入 21 世纪，为建设富强、民主、文明的社会主义国家，实现民族的伟大复兴作出更大贡献！

2000 年 10 月 12 日

充分论证　公平评议
加强规划管理　做好课题立项

——在"2000 年度全国文物博物馆事业人文社会科学重点研究课题立项评审会"上的总结讲话

各位评委、各位同志：

　　历时三天的"2000 年度全国文物博物馆事业人文社会科学重点研究课"立项评审会，在各位评委的辛勤工作和共同努力下，已经取得了重要的成果。我谨代表国家文物局向评委们表示衷心感谢。

一、本次评审会的重要收获

　　第一，评审委员会经过认真、公开的评议，并通过无记名投票，已经提出了课题立项意见和优先立项顺序。

　　今年我们共收到全国 22 个省、自治区、直辖市和国家文物局直属单位报送的课题申请 140 余项，经过有关业务部门的初步审查，共有113 项课题基本符合申报规定和条件，被提交给各位评委审阅。在评审程序上，我们借鉴了国家社科基金项目评审工作的一些方法和经验：评委按学科分组，首先审阅申报材料的"课题论证"部分（不包括申请人姓名、单位等内容），从课题研究的意义、现状、内容、方法、目标与步骤等方面评审，按 50% 的比例进行筛选，协商形成"提名课题名单"；然后审阅提名课题的完整材料，从申请人、课题组成员、申请人所在单位及其他方面综合考察课题组是否有能力实现课题研究目标，在此基础上协商提出"拟同意立项课题名单"，召开评审委员会全体会议，由各学科组召集人介绍各组拟同意立项课题内容及学科组推荐意见，全体评委进行评议，最后无记名投票排出顺序。

这次评审工作，体现了"面向全国文物博物馆系统，实行公平竞争、择优立项、保证重点、国家资助的原则"。

第二，评审委员会经过认真、充分论证，对文博社科的发展规划及课题指南，提出很好的建议。

目前我们向大家提供的征求意见稿，就是为了大家充分品评用的。规则及课题指南应具有一定的前瞻性和引导作用，因此我们从某些角度提出了一些新的概念和思路，这些概念能否成立，思路是否可行，还可以进一步讨论、研究，充分发表意见。文物博物馆事业是一个综合性、实践性很强的行业体系，文博学科属于社会科学、自然科学和工程技术科学的交叉学科，这一点已经越来越成为文博系统内部和社会各界的共识。作为一项实践性很强的事业，必须根据文博工作的实际需要加强管理方面的科学研究，用以指导工作；作为一门交叉学科，更应该广泛研究、吸收和借鉴相关领域的理论和方法，用以丰富文博学科自身的理论宝库。新学科的产生、薄弱学科的成长，特别需要学术界的鼎力支持，也包括在座各位明师的指点。

第三，各位评委认真负责的科学态度，对课题申报、评审、公布等管理工作提出的很好的意见和建议，使我们受益匪浅。

为保证评审会的质量及权威性，经过认真研究，我们根据申报课题涉及的学科领域，从高等教育系统、社会科学研究系统和文博系统聘请了各位专家出任评审委员。各位评委在评审过程中严格遵守评审办法和程序，严把课题质量关，有时为了一个课题的留与弃反复比较、讨论，甚至就某些学术问题争得面红耳赤，这充分体现了认真负责的精神，也寄托了评委们对文博事业及其人文社科研究的厚望。这种优良作风将成为我们今后此项工作的楷模。由于这是我国文博系统第一次进行人文社科研究课题的申报和评审工作，难免还存在这样那样的问题。例如：没有公布明确的课题指南，申请书填写不尽规范，课题分类不够准确细致，评审的具体组织工作也还有很多欠缺。各位评委在充分肯定我们工作的同时，也针对这些不足提出了很多很好的意见和建议，对帮助我们改进有关管理工作具有十分重要的作用和意义。

二、进一步抓紧做好下一步的工作

文博社科研究，是文物博物馆事业的重要组成部分，是做好文物博物馆工作的基础和保障。目前，在我国文物博物馆系统涉及的人文社会科学研究中，文博学科的理论基础最为薄弱，不仅与历史、考古等学科相比有明显差距，与国外发达国家的文博学科相比也较为落后，这方面的研究亟待加强。要做好这项工作，一要靠规划，发挥规划的宏观指导作用；二要靠人才，通过人才来实现规划的目标。三要靠管理，加强管理，改革创新，实现资源合理配置，组织好现有人才，造就新人才。

下一步的工作，首先是根据评审结果尽快完成课题立项。目前这42项拟立项课题，分别来自16个省、直辖市和国家文物局机关及4个直属单位，课题研究内容涉及众多学科和领域，具有一定的广泛性和代表性。国家文物局将根据评审结果，综合考虑课题数量、质量及课题经费数额等因素进行认真研究，批准公示获准立项课题名单，并随即签署有关合同，正式启动项目。

同时，我们要根据评委们的意见和建议，尽快完成文博社科研究的"十五"规划及课题指南的起草，争取在明年早些时候正式发布。

提高文博事业人文社科研究的水平，归根到底需要一大批相关领域的人才，我们要管理要人才，要根据现有管理办法和此次评审经验，吸收评委意见和其他部门的做法，进一步研究组织好课题申报和项目管理工作，通过"内举外联"等方式，逐步培育综合性、区域性、专题性的"中心"或"基地"，充分发挥文博系统内部的高等教育系统，社会科学研究系统及其他相关领域人才的优势和积极性，携手合作，共同促进文博人文社科研究及其他相关的发展，进而推动文博事业的全面进步，课题研究过程也是培养人才的过程，要积极通过课题研究带动人才培养，做到完成一项成果，培养一批人才，带动一片或一类工作。

我们要进一步努力工作，实现理想，使文博社科重点课题真正与文物博物馆业务工作紧密结合，并具有研究意义上的重要性。研究领域上的开拓性，研究水平上的先进性和研究内容上的新颖性。充分发挥科学研究工作的先导性、全局性作用，增加我们决策和工作的科学性，为把我国蓬勃发展的文物，博物馆事业全面推向 21 世纪作出应有的贡献。

2000 年 12 月 6 日

充分论证 公平评议 加强规划管理 做好课题立项

中国考古学的回顾与前瞻

　　在新旧世纪之交，回顾中国考古学发展的历程，总结学术研究成果，展望未来发展前景，以推动中国考古学的更大发展，是一件非常有意义的事。

　　中国考古学是在 1919 年五四运动民主与科学新思潮的推动下诞生的。当时一批先进的知识分子满怀爱国的激情举起民主与科学的旗帜，以此谋求"救治中国政治上、道德上、学术上、思想上一切的黑暗"①，从而产生了以顾颉刚先生为代表的疑古思想。这是反封建思潮的一个重要方面，对上古史的研究产生了深刻影响。与此同时，由于西方近代学术思想和考古学重要成果的传播，特别是 1921 年和 1923 年瑞典地质学家安特生、奥地利古生物学家斯丹斯基对周口店"北京人"遗址的发现和安特生对河南渑池仰韶遗址的发掘，引起了中外学术界的关注。我国学者李济于 1926 年开始，主持了山西夏县西阴村的发掘，裴文中则在中美合作对周口店遗址进行发掘中于 1929 年发现了第一个较为完整的北京人头盖骨化石，引起世界轰动。从 1928 年起，中央研究院历史语言研究所对河南安阳殷墟陆续进行了科学发掘，吴金鼎、梁思永先后主持了山东历城县城子崖的发掘，郭宝钧主持了河南浚县辛村西周卫国墓地、河南汲县山彪镇和辉县琉璃阁战国时期魏国墓葬的发掘。此外，黄文弼、马衡分别对新疆和燕下都的考古调查，徐炳昶、苏秉琦对陕西斗鸡台的考古发掘和研究，夏鼐对甘肃省齐家文化墓葬的发掘和研究等，都为中国考古学做出了不可磨灭的贡献，奠定了良好的基础。

---

　　① 陈独秀：《本志罪案之答辩出》。

新中国建立后，中国考古学迎来了前所未有的发展机遇，步入了一个崭新阶段，被称为"中国考古学的黄金时代"，展示在世界学术界面前。其主要学术成就表现在：

1. 通过大量古人类化石和旧石器时代文化的发现与研究，对人类起源及其文化演进历程的探讨，证实中国境内的古人类体质特征的发展具有明显的连续进化特点，在文化发展上存在着统一性和多样性的特征。因此我们有理由认为中国境内是研究人类进化的重要地区之一。

2. 史前考古学文化类型与编年谱系的建立，为中华古文化、中华文明起源和国家形成的研究奠定了坚实基础。中国新石器时代文化遗址，大约有七八千处，经过正式科学发掘的也有几百处，经过科学整理和采用自然科学手段测定年代，已建立起新石器时代考古学的序列，基本确立了新石器时代文化的年代框架，为研究各地新石器时代文化相互关系及其发展创造了较为有利条件。港台地区新石器时代考古也获得重要成果，引起学术界关注。

3. 夏商周三代考古研究取得全面进展，令人振奋。自 1928 年起至今对殷墟七十多年的考古发掘，已确认安阳殷墟是商代晚期国都所在。50 年代初在郑州发现了郑州商城和二里岗商文化遗址，80 年代初在偃师发现了早商都城，90 年代又发现了郑州小双桥商代城址。由于对早商文化的深入了解，并且对夏文化的认识经过近 20 年的深入探索和研究，已大体确认了以偃师二里头遗址为代表的二里头文化即是夏文化，认为这里曾为夏都。这是中国考古学的一项重大突破。周代考古收获之丰也是空前的。西周长安丰镐遗址、陕西岐山周原遗址以及西周封国、北京琉璃河燕国都城、山西天马—曲村晋国遗址的发掘及研究成果，解决了众说纷纭的千年疑难，对历史学研究提供了具有重要学术价值的依据。还应特别提到的是四川广汉三星堆、江西新干墓葬的发掘，都是十分重要的发现。东周时期列国文化遗址和墓葬的发掘成果更为突出。

4. 秦汉及其以后各个历史时期考古学也有许多重要发现。秦始皇兵马俑坑和铜车马的发掘，以其宏伟气势和精湛技艺震惊了海内外。对历代帝王陵和历代城址的勘测及研究，不断取得新的成果。在少数民族考古方面，也有许多重要发现，对研究各族文化特点、文化交融和中西文化交流都提供了重要的有价值的成果。

5. 对宗教遗物和石窟寺考古调查和研究取得重大成果。经过数十年的调查，已基本搞清了全国石窟寺的分布及各个时代石窟艺术的风格和特点，这些石窟具有很高的历史和艺术价值。

6. 简牍的重大发现与研究，丰富了人文科学研究的内容，拓展了新的研究领域。从简牍出土地区来看，不仅在西北甘肃居延、新疆楼兰、尼雅、丝绸之路河西走廊和内蒙古一带，而且在湖北、湖南、河南、山东、安徽、江西、江苏等省都有重大发现。20 世纪以来，简牍的重大发现同甲骨文、敦煌石窟经卷文书的发现一样，成为研究中国古代史的重要资料，在推动中国史学、哲学和经济、政治司法制度的研究方面，发挥了重要作用。

当我们回顾近一个世纪以来中国考古学辉煌成果并感到无比喜悦自豪时，我们深知，我们之所以能取得这么巨大的成就是因为：

1. 中国是一个具有悠久历史和灿烂文化的文明古国。今天，在中国这块广袤的土地上分布着 56 个具有不同文化传统的民族，他们互相交流，形成了以汉民族为核心的中华文化，同时又保留着各自的不同特点，构成了统一性与多样性的结合。辽阔的土地和深厚的文化积淀，为中国考古学的发展开辟了广阔的天地。

2. 和平稳定的社会环境和大规模经济建设，为中国考古的重大发现和中国考古学的研究创造了得天独厚的优越条件。20 世纪上半叶，中国是在饱受内忧外患、外敌入侵和社会动荡中度过的。那时，虽然有前辈考古学者如李济、梁思永、石璋如、夏鼐、尹达、苏秉琦等诸位先生的艰苦努力，为中国考古学作出了重大贡献，但由于当时国内环境、资金、人力的限制，很难有大规模的科学发掘，因此也难有全面系统的科学研究。新中国成立后，国家经过短暂的国民经济恢复，即开始有计划的大规模基本建设，这就使得在 960 万平方公里土地上揭示中华古老文明的丰富宝藏成为可能，使世人看到祖国古老文明的辉煌。中国考古的重大发现和重要文化遗迹、重大历史信息不断显现，使得中国考古学以史无前例的速度迅猛发展。

3. 党和国家对文物考古工作的重视与关怀，考古研究机构的建立和队伍的壮大，是中国考古学得以发展的重要原因。新中国成立初期，中央人民政府就颁布了一系列法律、法令，严禁盗掘、走私、出口文物，并颁发了《关于在基本建设过程中保护历史文物和革命文物的指示》，有计划地开展了一系列文物调查和田野考古工作。在周恩来总理的关怀下，国家进一步确定了在基本建设中对历史文物和文化遗迹要"重点保护、重点发掘"、"既对基本建设有利，又对文物保护有利"的方针，对如何处理基建和文物保护矛盾有着重大的指导作用。党的十一届三中全会以来，党中央、国务院又提出了"保护为主，抢救第一"的方针和"有效保护，合理利用，加强管理"的原则。实践证明，这一方针和原则是完全正确的，完全适合我国正处在社会主义初级阶段的基本国情，需要我们长期坚持下去。

4. 坚持以辩证唯物主义和历史唯物主义哲学为指导，是中国考古学研究健康发展的根本保证。马克思主义的基本理论是我们从事各项工作和科学研究的指南，运用马克思主义哲学为我们提供的世界观、方法论为指导，就能够把出土文物所显示的大量复杂的现象和历史信息上升到应有的理论高度，从而得出科学认识和正确理解。许多考古学家正是在学习了马克思主义、毛泽东思想之后，获得了思想的升华，加深了对考古学研究对象的全面理解，不断取得新的研究成果的。

5. 在前辈考古学者的艰辛开拓与新中国考古学者的奋发努力下，中国考古学自身理论建设的成就，对中国考古学的发展具有深远的历史意义。在中国"大跃进"的年代，老一辈考古学家夏鼐、徐炳昶、苏秉琦等诸位先生亲自参加田野考古实践，深入分析调查研究，对中国考古学面临的许多重大问题发表了精辟的见解。夏鼐先生的《关于考古学文化定名问题》，及时回答了什么是考古学文化、划分考古学文化的标准、考古学文化定名的条件、时间及如何定名问题，对考古学文化作了科学规范，为学科的发展指明了正确方向。以著名考古学家苏秉琦先生为代表的考古学者就如何研究中国考古学文化相互关系及文明起源诸问题，作了长期的探索和研究，反映苏秉琦先生对中国考古学理论建树的代表作是《苏秉琦考古学论述选集》、《华人、中国人、龙的传人——考古寻根记》和《中国文明起源新探》。苏秉琦在 1981 年发表的《关于考古学文化的区系类型问题》，明确提出了考古学文化的区系类型理论；1985 年《辽西古文化古城古国——试论当前考古工作重点和大课题》，提出了文明起源的古文化、古城、古国三阶段发展论；1991 年，在《迎接中国考古学的新世纪》的谈话中，又明确提出了"古国—方国—帝国"是国家形态发展的三部曲看法，接着又提出了国家形成过程中的"北方原生型"、"中原次生型"、"草原续生型"三模式论，这些论说极大地解放了人们的思想，使中国考古学的研究步入一个新阶段。苏秉琦先生的卓越贡献，就在于他依据马克思主义理论，以科学的总结中国考古实践和提出的理论问题为核心，着眼于对考古实践所提出的问题进行理论思考，着眼于考古新的实践和新的发展，从而使中国考古学这门学科自身理论日臻成熟，这对中国考古学未来的发展具有十分重要的意义。当然，老一辈学者也并没有完全解决中国考古学的全部理论问题，尚需后辈学者继续努力，不断探索。

总之，我们在本世纪，特别是近五十年的中国考古学研究取得了巨大成就。但我们也深切感到，从全国各地区的考古发掘和研究水平来看，还存在着发展不平衡、差距较大的问题，例如，中原远古文化的基本序列已大体清楚，而边远地区古文化序列尚待继续深入研究。此外，我们的成果与我们田野考古发掘的面积、范围相比，还没有全部展示出来，全面系统的研究尚待加强。为此，我们应当在认真总结本世纪以来特别是五十年来中国考古事业辉煌成就的同时，着眼于对未来发展方向做进一步研究，制定规划，突出重点，团结协作，攻克难关。我相信，中国考古学在新的世纪必将会取得更加辉煌的成就。

认清形势　抓住机遇　迎接挑战[*]

——在庆祝《文物》月刊创刊五十周年座谈会上的讲话

《文物》月刊走过了五十年平凡但光辉的历程，至今共出刊527期，在贯彻党和国家的文物考古工作的方针政策，推动文物考古研究，培养人才等方面都做出了卓越的成绩。《文物》受到广大读者的喜爱，被评为全国百种重点社科期刊并获首届国家期刊奖是当之无愧的。这首先应归功于中央领导的关心与支持。毛主席在中南海故居"菊香书屋"的床边，就放有《文物参考资料》。周总理对《文物》的关心更是众所周知。《文物》1972年的复刊就是在周总理、郭沫若同志的关心下实现的。刊物的成长有党和国家领导人的支持，文物出版社的成长也是同样。

《文物》月刊的成长也与我国文物考古界的支持分不开。《文物》的作者有四千多位，各省市文物考古重要发现，《文物》大都有及时的报道，的确称得上是全国性人文科学方面的核心刊物。台湾的文物考古信息在《文物》上也有反映。很多作者与《文物》结下了不解之缘，其广泛性是不言而喻的。

《文物》月刊取得的成绩还与编辑人员的努力分不开。老编辑和年轻编辑人员有强烈的事业心，工作兢兢业业，踏踏实实，埋头苦干。

---

* 文物出版社组织的"庆祝《文物》月刊创刊五十周年座谈会"于2000年4月召开，来自全国二十多个省市的文物考古研究所、博物馆和北京大学、中国社会科学院考古研究所、中国历史博物馆的来宾应邀出席了会议。张文彬同志作了重要讲话，此讲话后发表于《中国文物报》2000年5月24日第1版。

总之，《文物》月刊的发展是与几代文物工作者的努力分不开的。

　　新形势对我们提出了新要求，《文物》月刊怎么办？对应该如何改进工作，争取更大的成绩，大家提出了许多好的意见和建议。我认为，从总的方面讲，还是要认清形势，抓住机遇，迎接挑战。

　　国际政治多极化、经济一体化趋势还在发展，我国加入 WTO 之后，将会出现一种新情况、新局面。当然，主要是涉及经济领域，也应当清醒地看到会影响到文化领域。从文物工作、文物出版工作来说，同样面临新的机遇和面临诸多挑战。对此，我们需要深入调查研究。

　　如何有效地保护优秀民族文化遗产，弘扬民族文化，怎样负担起积累民族优秀文化成果，弘扬民族文化的光荣任务，文物出版社和《文物》月刊具有自己的优势。如何处理好各方面的关系，做好我们的工作，这是我们必须认真研究加以解决的现实问题。我们的工作做好了，对振奋民族精神将发挥极大作用。我认为《文物》月刊应当做到以下几点：

　　第一，刊物要坚定不移地做到"三个坚持"，即一是要坚持以马克思主义、毛泽东思想、邓小平理论为指导，强调以其立场、观点和方法，用辩证唯物主义、历史唯物主义指导我们的研究和出版工作；二是要坚持党和国家的文物政策和工作方针，要符合"保护为主，合理利用"的原则，发表研究文章和资料都要体现这一原则；三是要坚持"双百"方针，允许不同观点在刊物上发表。做到三个坚持，这也是《文物》历经 50 年，获得成功的主要原因。可以说，《文物》除在特殊时期发表过少数跟形势的文章之外，大都是好文章。

　　第二，刊物要继承优良传统，坚持学术性、资料性的办刊方针，办出特色。这是老局长郑振铎和王冶秋同志定下来的。但也要注意做到"三新"和"三性"。"三新"即新资料、新发现、新观点。研究中的新观点也是新发现。要在前人的基础上有所发现，有所创造。刊物有"三新"就能引起学术界和读者更广泛的注意，就能有新发展。刊物发表的资料还要讲求"三性"，即准确性、科学性、研究性，来源一定要是第一手资料而非第二手资料。办刊也要按科学规律办事，不要"炒冷饭"。当然每篇文章都要求高水平也难，但要以此为目标，追求高标准。

做到"三新"、"三性",刊物就能达到新水平。

第三,要重视西部大开发,重视基建中出土文物的研究。西部大开发是党中央的战略方针,不是一两年能完成的,可能需要 20～50 年。20 年内西部能达到现在沿海地区的水平就是奇迹。美国开发西部就用了上百年时间。我们要深刻认识党中央、国务院这一战略决策的重大经济和政治意义。

西部是中华文明的重要发祥地之一,西部文物对中华文明、中华民族的形成与发展发挥了重要作用,需要我们去深入研究。西部地区的文物考古工作过去已有很好的基础,我们要在总结前人研究成果的基础上,提出新课题,解决新问题,做出新的成果。文物工作者须采取主动热情的态度投入西部大开发之中,但不能性急,要有科学态度。保护文物要配合基建,做在基建的前面,文物考古工作要积极、稳步进行。工作做好了,有重要的政治和文化意义。

《文物》月刊对西部大开发工作要有所反映,这是贯彻中央精神所必需的。

第四,要注意发现培养年轻一代学者,为其成才创造条件。主要是鼓励提出新观点,办出新意,要有新人、新意、新观点。广大文物考古工作者为什么对《文物》热爱?是因为自己的成长与《文物》分不开。《文物》月刊为几代考古学者的成长提供了机遇,创造了条件。

50 年代,文化部文物局、北京大学、中国科学院等三家单位曾经举办了四期考古训练班,毕业生后来都成为各文物考古单位的骨干。他们结业后很长一段时间里,搞研究、写文章,很大程度上依靠了《文物》月刊,可说是休戚与共、"相依为命"。应当说,凡是刚参加文物工作的人,《文物》月刊是他们最好的老师之一。所以大家对《文物》月刊怀有一种深厚的感情。

现在我国已有 13 所高校有考古专业,有硕士、博士点。但我们《文物》月刊和文物出版社仍然对培养人才有重要作用,责无旁贷。恳请各单位将好文章推荐到《文物》上发表。希望在座各位多做工作,拓展选文渠道,创造优秀学人脱颖而出的条件,帮助他们攀登学术研究高峰,这是功德无量的事。

第五，《文物》月刊要向其他兄弟刊物学习。现在各地都在办文物考古类的期刊，正式出版的期刊就有十几种。有的刊物办得不错，有好文章，也有新观点。大家要互相支持、互相学习，《文物》月刊也要吸收兄弟刊物办刊的经验，多交流，办出各自的特色。中国考古学所取得的辉煌成就，世界上少有能比，中国文明史将大量依靠文物考古发现来重写。但国外对此并不很了解，需要我们做工作，把我国的文物考古研究成果，推向世界学术界，介绍我们灿烂的历史文化。这需要我们的刊物，我们的报纸，我们出版社共同努力。

在听取西藏重点文物保护工程前期
工作进展情况汇报会上的讲话

听了西藏文物局甲央同志和日喀则地委副书记边巴同志关于布达拉宫二期维修工程、萨迦寺、罗布林卡维修工程前期工作进展情况报告，感到很高兴。你们做了大量的工作，在落实李岚清同志视察西藏时提出的各项任务方面前进了一大步，取得了一些新的进展，成绩非常显著。下面，我讲几点意见。

一、西藏的"三大工程"——布达拉宫二期，萨迦寺、罗布林卡维修包括布达拉宫珍宝馆的建设，是一个具有重大的政治意义、文化意义、经济意义的系统工程

"三大工程"不仅是保护藏族文化的体现，也是保护中华民族文化丰富多元性的体现，是党的宗教和文化政策的具体体现。这次维修恰逢21世纪的开端，是我国"两个文明"建设的重要标志，要从政治高度认识"三大工程"。中央领导同志对西藏布达拉宫二期维修工程和萨迦寺、罗布林卡维修工程十分重视，作了许多有针对性的重要指示。这次，李岚清同志又亲自视察了西藏，特别是察看了布达拉宫存在的险情，明确提出了加快维修的进度的要求。在视察期间，随同视察工作的国家计委副主任郝建秀同志、财政部副部长张佑才同志也都十分重视。我们在交换意见时，一致认为应尽快把"三大工程"列入"十五"计划之中。回来后我局也就此提出了明确意见。现在的问题是，要确保在规定的时间内提出但是有科学依据的报告，在这方面的工作存在欠缺。这样一个空前的大好机遇，一定要抓住。

最近，就是元月5日，国家文物局向国务院进行了一次工作汇报。

李岚清同志还专门问到西藏"三大工程"的事情。中央领导同志的特别关心，给我们一个落实、落实、再落实的紧迫感。我还要告诉大家的是，李岚清同志还向江总书记、向中央政治局常委做了报告，江总书记批示"很好，要抓紧落实"。所以，从某种意义上说，我们的工作已经列入中央的议事日程，我们必须要从政治的高度来认识这项工程的重大意义。按照中央的要求，把文物维修好，把工程进行好，完成好。

刚才，甲央同志提出了希望尽早动工的问题，国家文物局和自治区文物局的心情，和自治区党委、政府的心情是一致的，愿望也是一致的，都希望尽早动工。只是我觉得我们现在还有大量的工作还要做，勘察、设计工作可能还不尽完善，这些基础工作做不好，前期工作做不好，匆忙动工，必然会出问题，所以急是不行的，不可心浮气躁，一定要科学，一定要踏实，不能匆匆上马，留下隐患。所有这几项工程，一定要遵循"保护为主，抢救第一"的文物工作方针和"有效保护，合理利用，加强管理"的原则，还要遵循《世界遗产公约》的要求。按这些原则要求，安排我们的工作进度，要扎扎实实地把前期工作准备好。在有了充分把握的前提下进行施工，这既是对历史的负责，也是对西藏负责、对我们工作负责的态度。布达拉宫二期维修，是我来国家文物局后定下来的，因为在第一次完成的时候没有"第一期"的说法，将来也许还会有"第三期"。为什么要把维修分期呢？就是因为不可能一年两年、一次两次就把整个布达拉宫都维修好了。这是不可能的吧？因此，二期维修一定要有个明确的目标。维修要包含哪些内容？工程要进行几年？解决什么问题？在进行宣传报道时，要按照这些内容去讲，留有余地。罗布林卡今后怎么提法，萨迦寺今后怎么提法，都要认真研究。总之，要切忌浮躁、切忌匆匆上马，一定采取实事求是的科学的态度，对历史负责，对工作负责，对西藏人民负责。

二、要精心策划、精心设计、精心施工、精心组织，按时保质保量完成工作任务

（一）总结经验和继承传统的问题

要对继承传统与采用现代材料工艺相结合的问题进行总结。比如布达拉宫的问题，可以请中国文物研究所和西藏的同志联合起来进行总结，特别是历史上维修布达拉宫工程的经验和教训。30 年代、40 年代的维修，和我们在 90 年代初的维修有什么不同？各自都有哪些特点？总结经验不要笼统，要具体。例如，在 20 世纪、或者说五六十年来主要维修了哪些部分？怎么维修的？维修以后保存现状怎么样？好的在什么地方？不好的在什么地方？问题的症结何在？再例如，你们汇报说，阿嘎土的坚硬程度要比水泥强，可是有的地方就是阿嘎土出问题了。按你们的解释，这是因为维修的时候没有按照西藏的过去处理阿嘎土的传统办法来处理，所以又出现了漏雨的地方，是不是这样？对木材出现的白蚁之类的蛀食，过去是怎样解决的？除了白蚁都出现过什么隐患？要在科学研究的基础上把这些问题总结出来，以备我们今天的维修使用。

（二）重视科技，提高科学水平的问题

李岚清同志说："在不改变文物原状的前提下要使用新材料、新工艺，使文物延年益寿。"所以，这次维修一定要有新材料、新工艺，而这就需要更深入的研究。当今世界上许多国家在文物古迹维修中的内部结构时，好多都用的是新材料、新工艺。具体怎么做？要认真研究。现在好像是大家都在做实验，最后以哪一个为准，要经过科学鉴定。特别是布达拉宫、萨迦寺、罗布林卡这么一个土木工程的防火安全问题，都要有一个科学的方法来贯彻实施。每一步，每一项措施，都有一个科学的态度。加强科学研究，提高我们的科学水平，这一点上要特别注意。

（三）关于领导小组设立专业委员会的问题

在组成的领导小组下面，我看应该设立若干个委员会来解决技术问题，实行民主决策。不要领导去单方面决策，领导小组听汇报。在使用什么材料、什么工艺等问题上，要有专家组（委员会）负责，并且要负责到底，参加鉴定的专家在鉴定书上都要签上姓名。

（四）大力协同、密切合作的问题

应该明确，国家文物局是协助自治区文物局进行各项工作的，主要的工作还是依靠自治区文物局。一是制定好保护规划和工程实施计划；二是划定古迹的保护范围，特别是罗布林卡保护范围内的绝对控制地带；三是请自治区文物局特别注意一下文物施工期间的安全保卫问题，要有一定的安全保卫组织，确保文物的安全、施工人员的安全、赴藏专家和技术人员的安全和财产的安全，这个问题要与区公安厅来协作。

（五）制定各项工作原则、制度的问题

各项工作制度原则，包括施工的原则、包括工作程序的制度，哪一级负责什么？责任制要明确。这次西藏文物维修必须责任到人，层层负责。要把施工制度、安全制度、用工制度、财务制度、档案材料制度等等，统统都要考虑进去。包括已经形成的文件，要注意积累，每一张图纸都是宝贵的财产，都得保护好。布达拉宫一期维修有个报告，是文物出版社出版的，但是我听到过有专家对这本报告的材料搜集有意见，认为很不齐全。这一次，无论如何要搞得齐，要像样，不能光热情很高，干劲很大，最后干完就完事儿了，请自治区文物局协调、组织制定严格的制度。

（六）各设计、施工单位分工的问题

中国文物研究所是布达拉宫二期工程的负责单位，河南古建所负责罗布林卡，河北古建所负责萨迦寺，这几个单位不仅有了明确的分工，而且要互相协作。要经常沟通情况，并以参加专门委员会的形式，把沟通的情况要在领导小组会议上汇报。这次施工要实行监理制度，虽然西藏限于条件不可能公开的投标招标，但是要实行监理制度，由谁来监理，自治区文物局和国家文物局要协商。从一开始，就实行全面监理，保证工程质量，绝对不能发生"豆腐渣"工程。

（七）萨迦寺的考古问题

萨迦寺的考古调查与发掘要尽早安排。因为萨迦北寺是"文化大革命"时摧毁的，现在我们要用考古的方法继续全面清理，可能在地下埋下的文物资料有不少。一个是方法要采取考古的科学的方法进行，不要含糊；二是清理出的文物要放在萨迦寺陈列馆内。所以现在清理是一个大好时机，为今后了解萨迦寺保存一份很好的实物资料。今年4月份就先搞萨迦北寺的考古，为萨迦寺维修提供一些有力的资料依据。在没有正式维修萨迦南寺主殿前，一定要清理，妥善保护好西边大经书墙内约10万部的经典，绝不能乱拿乱放。在没有妥善清理些重要文献资料的前提下，不能进行匆忙施工。目标要实事求是，还要有个总体的规划。

（八）关于布达拉宫珍宝馆的问题

李岚清同志要求，要另外建一个珍宝馆。西藏文物局提了两个方案。一个是布达拉宫老城墙内西南角建一个新的珍宝馆，搬迁一部分居民；第二是将斋康改造成珍宝馆的方案。国家文物局博物馆司和文保司都同意第二个方案。总目标是要达到现代博物馆的要求，具备展示、保管文物的条件。如果斋康的外貌维修一下保持原貌，内部设置现代化，有恒温恒湿条件，就能保证文物延年益寿，就很好嘛！萨迦寺的陈列馆建设，也应该遵循这样的原则。

三、把这次维修要看成系统工程，要出成果、出人才，争取"双赢"，既把建筑维修好，还要出一批人才

通过这一次维修，不仅把建筑维修好，也要把人才培养出来。人才包括两个方面，一是中国文物研究所与河南、河北两个省所通过参加西藏的文物维修工程有一个大的提高；另外一个，也是更主要的，西藏文物局要通过这次的维修，培养出一批藏族的古建维修人才，能出一些专家，体现出这次维修的成果。承担这次施工任务的施工队伍在施工前要进行培训。施工人员要具有一定的文化水平，就是初中文化程度也行，公开招工临时工，要具有基本素质。

对于西藏自治区文物局提出的其他问题，我的意见是：

（一）交通工具问题。由国家文物局向财政部申请，统一购置3部车。把这批款要列入工程计划之中。

（二）成立拉萨文物鉴定站的问题。主要是鉴定人员的业务素质要把好关。

（三）关于西藏文物干部出国考察的问题和出国文物展览的问题。我在西藏已经表过态，原则上支持你们，请你们与国家文物局外事处具体协商。

（四）关于西藏"农奴愤"展览的问题。对这个问题，李岚清同志在西藏就讲过，请你们回去与自治区宣传部协商一下具体落实的措施。

（五）赴藏人员进藏工作的待遇问题。要有一个统一标准，希望你们把方案尽快拿出来，与文保司商量一下，把这个问题解决了。只要标准确定以后，就按这个标准执行，但是一定要有透明度。

（六）精打细算、勤俭节约的问题。在维修工程实施当中要注意勤俭节约，把钱主要用在施工质量上。要舍得花钱，可千万不要浪费。

（七）关于领导小组名称的问题。为了今后工作的协调，统一部署，便于使用印信凭证，不要说"西藏文物保护'十五'规划领导小组"或"布达拉宫二期维修工程领导小组"，还要在各地设立领导小组。我建议统一为一个领导小组，其称谓是"西藏重点文物保护工程领导小组"，并要有章程，做到依法行政、依法管理。这个领导小组负责对西藏各个地区重点文物保护维修工程的统一领导，我们国家文物局只对着这个领导小组。具体来讲，各地区的重点文物保护维修机构由自治区文物局向这个领导小组提出意见。我建议由徐明阳同志任组长，张柏同志、次仁卓嘎同志、甲央同志任副组长。

（八）关于全国第二次文物援藏工作会议的问题。文物援藏会议时间请你们与文保司商定。总体来讲，放在中央第四次西藏工作会议之后，由国家文物局在拉萨召开全国第二次文物援藏工作会议。你们要把一些问题提出来，先很好地考虑一下，做好充分的准备，搞点实质性的东西，然后分别去与各地对接。国家文物局办公室、文保司和博物馆司要积极进行协调。

（九）文物安全的问题。西藏文物古迹不是没有失过火、不是没有过盗窃案，所以请你们务必抓好文物的安全工作。这次你们回去后，要立即组成检查组，检查文物安全情况，特别是检查火灾自救能力方面。包括宗教活动场所的寺庙火灾隐患，并请宗教管理部门派人参加。在检查的同时，要强调培训义务消防人员，遇到紧急情况立即组织有效扑救。并要求"两全"，既扑灭火情，又保证文物的安全。再一个就是严厉打击文物走私、盗窃活动。特别是打击那些境内外相互勾结作案的犯罪分子。

总体讲，西藏文物局在自治区党委、政府的正确领导下，确实在这几年西藏文物保护做了大量的工作，取得了很大的成绩，这也离不开西藏各地市的大力支持，所以借此机会，向自治区党委、政府，各地市领导以及文物援藏干部和西藏全区文物工作者表示深切的谢意！

2001 年 1 月 10 日

张文彬文博文集 下册

本书编辑组　编

文物出版社

认清形势、把握机遇，深化改革、开拓创新，进一步推进我国文物博物馆事业改革的新发展

——在 2001 年全国文物外事工作会议上的工作报告

同志们：

由于今年计划召开全国文物工作会议，年初例行召开的全国文物局长会议就不再开了，借这次召开全国文物外事工作会议之际，我代表国家文物局简要回顾一下 2000 年的文物博物馆工作，同时谈一下对 2001 年工作的总体部署和安排，以保证今年工作的顺利开展。

一、关于 2000 年工作的回顾

2000 年，全国文物博物馆系统以邓小平理论和江泽民总书记"三个代表"的重要思想为指导，按照年初召开的全国文物局长工作会议的总体部署，高举旗帜，服务大局，解放思想，深化改革，加强管理，狠抓落实，振奋精神，团结奋进，较好地完成了 2000 年计划开展的各项工作。

（一）国家文物局"三讲"风气和调研风气明显加强。一年来按照中央的统一部署，积极开展了"三讲"教育"回头看"活动。通过"三讲"教育和"回头看"活动，机关的思想面貌和工作作风有了明显的转变，在人员编制少、任务重、超负荷运转的情况下，团结一致地完成了 2000 年工作任务。同时，按照中央部署，局各直属单位和全国各级文博单位也开展了"三讲"教育活动。通过"三讲"教育，全国文物博物馆系统广大干部职工的思想水平有了明显提高，工作作风有了明显转变，爱岗敬业精神有了明显增强。我们相信，在今后的文物工作实

践中，"三讲"教育的成果将得到进一步体现。

（二）改革稳步启动，力度逐步加大。我局正式启动对直属事业单位的改革。各地也都相继开展了政府机构改革和事业单位改革，通过改革，相当一些地方的省级文物行政管理部门，如北京、山西、新疆、河北、河南、湖北、湖南、西藏等或扩大了机构，或增加了人员，充分说明了各级政府在机构改革中对文物工作的重视程度。

（三）认真贯彻落实国务院办公厅《关于西部大开发中加强文物保护和管理工作的通知》精神，及时部署了西部大开发中的文物保护工作。在国务院发布《关于西部大开发中加强文物保护和管理工作的通知》后，我局及时召开西部文物工作会议，提出了八条贯彻落实措施。配合三峡工程建设委员会对三峡工程文物保护工作也有所加强。全国有几十支队伍、几百名文物工作人员会战三峡，新中国成立以来最大规模的文物保护工程正进入攻坚阶段。

（四）贯彻落实江泽民同志关于加强思想政治工作的指示精神，召开了全国博物馆工作会议，提出博物馆工作要加强管理，深化改革，调整结构，合理布局，充分发挥博物馆的宣传教育作用的构想。对新时期博物馆工作、革命文物和纪念馆工作作了部署。继续推进博物馆、纪念馆陈列精品工程的实施。

（五）召开了全国文物博物馆科技教育研讨会，全面总结了新中国成立以来特别是改革开放以来，文物博物馆科技教育工作成绩，探讨了目前面临的困难和问题，研究了文物博物馆科技教育工作"十五"规划。发布了《文物科研项目开题及经费管理办法》和《文物科学技术成果鉴定办法》、《全国文物、博物馆系统人文社会科学重点研究课题管理暂行办法》。

（六）加强法制建设，在国务院法制办的主持下，《文物保护法》的修订工作正按计划进行。制订了《文物博物馆事业"十五"发展规划和2010年远景目标》。积极制定了有关部门规章，去年出台的部门行政规章明显增多，极大地提高了行业管理水平。全国人大、全国政协到河南、陕西、山西、福建等地开展《文物保护法》执法检查和对文物工作的视察，彭珮云、何鲁丽、许嘉璐副委员长和张思卿副主席对文物工作都作了重要指示，全国人大、全国政协教科文卫委员会也对文物工作进行了专门检查，这是历年所没有的。

（七）加大文物保护宣传的力度，扩大了文物工作在社会上的影响。文化部、甘肃省政府和我局共同举行了纪念百年敦煌活动，在社会上引起了很大反响。我局组织的第二次"文物保护世纪行"活动也取得了良好效果。各新闻媒体对文物保护的宣传报道比往年有明显增多。更为突出的是，广大群众关心文物保护、制止文物破坏的事例明显增多，表明文物保护新体制的建立工作已经取得成效。

（八）新中国成立以来，最大规模的文物抢救保护工程取得阶段性成果，基本达到了前三批全国重点文物保护单位无险情的目标。今年就审查批复了156项文物保护单位的保护规划和工作方案。今年我国又有四项申报世界遗产成功，目前我国世界遗产项目已达到27项。完成第五批全国重点文物保护单位的申报遴选工作。

（九）打击文物盗窃、走私犯罪活动取得显著成绩。青海都兰、内蒙古赤峰等地曾经十分严重的盗墓活动有所遏制；贯彻落实《文物系统博物馆风险等和安全防护级别的规定》，馆藏文物的安全防范能力得到明显增强。加大了追索走私出境文物的工作力度。

（十）文物外事活动、对外文化交流活动取得明显成效。全年共有46个赴外展览项目（其中18个为赴港澳台地区展览项目）。参与了联合国教科文组织拟订《水下文化财产保护公约》的起草工作。成功举办了"中国文化遗产保护和城市发展"国际会议，会议发表了《北京共识》宣言。在美国、日本、法国等举办的文物展览获得极大成功。引进了《墨西哥玛雅文化展》。

2000年文物博物馆工作所取得的成就，离不开党中央、国务院的高度重视，离不开各级政府所做的大量工作，也离不开全国广大人民群众对文物工作的关心和支持，更离不开文物博物馆广大干部职工的顽强拼搏和辛勤努力，在此，我代表国家文物局向长年奋斗在文物博物馆工作第一线的文博职工表示深切的慰问和衷心的感谢。

二、关于当前文物工作中需要强调和注意把握的几个问题

2001年文物工作的指导思想是：高举邓小平理论的伟大旗帜，进一步深入学习、贯彻江泽民同志"三个代表"的重要思想，落实李岚清副总理听取国家文物局工作汇报会议的各项任务，紧紧围绕经济建设这个中心，服务于全党、全国工作大局，服务于两个文明建设，认清形势，把握大局，深化改革，加强管理，再接再厉，团结奋斗，在新的世纪里迈好第一步。在今年的工作中，需要特别强调和把握以下几个问题：

（一）深入学习和努力实践江泽民同志"三个代表"的重要思想，全面认识文物工作在两个文明建设中的重要地位和作用，始终不渝地坚持中国先进文化的前进方向

"三个代表"的重要思想，是以江泽民同志为核心的党中央站在世纪交替的历史高度，着眼我国改革开放和社会主义现代化建设全局，总结建党80年来，特别是新中国成立以来党的基本经验，继承历史，立足现实，前瞻未来所作出的精辟论断。这是我们立党之本，建政之基，力量之源，也是指导文博工作的指南。文物博物馆事业作为社会主义精神文明建设和文化事业的重要组成部分，如何认真学习领会和正确贯彻落实"三个代表"的重要思想，如何坚持先进文化的前进方向，关系到文物事业能否在社会主义市场经济条件下健康、持续、稳定发展；关系到文物工作能否适应经济全球化和高新技术迅猛发展的客观要求；关系到文物工作能否在世纪之交东西方文化相互激荡的情况下抓住机遇，迎接挑战；关系到文物工作能否始终代表中国先进文化前进方向的历史进程中发挥应有的作用；关系到文物工作者能否在代表中国最广大人民根本利益的实践中，履行职责，完成党和人民交给我们的任务。因此，深入贯彻落实"三个代表"的重要思想，不仅是文物博物馆事业今后一个时期的工作重点，而且要体现在文物博物馆工作的方方面面。我们必须从实践"三个代表"重要思想的高度认识文物工作的重要性，始终以强烈的责任感对待自己所从事的文物工作，加强文物工作的大局意识、政治意识、责任意识，使文博系统的广大干部职工真正成为政治坚定、熟悉业务、爱岗敬业、忠于职守的文物保护的行家，不要做迷失方向、忽视全局、庸庸碌碌的事务主义者。

文物在社会主义先进文化建设中具有特殊的优势。众多的历史文物

和革命文物，是一部物化了的中华民族的生存史、奋斗史和发展史。文物作为历史的物质遗存，具有直观、形象、具体的特点以及真实、直接、生动的感染力和说服力。五千年来，中华民族在创造了高度文明的同时，也留下了丰富的文物古迹，这些文物古迹是中华民族不可再生、不能替代的宝贵财富，是我们历史悠久、文化灿烂这一基本国情的重要物证，同时也是我们进行社会主义物质文明建设和精神文明建设的珍贵资源和特殊优势。科学利用这些资源和优势展示中华民族在漫长的历史进程中所拥有的强大凝聚力、创造力和生命力，帮助人民群众认识自己的悠久历史和优良传统，增强民族自信心，激发爱国热情，提高思想道德素质和科学文化水平，建设社会主义精神文明，是文物工作的首要任务。坚定不移地贯彻党的为人民服务、为社会主义服务的方向，弘扬主旋律，打好主动仗，我们就能始终代表中国先进文化的前进方向，在中华民族伟大复兴事业中占有一席之地。虽然近年来，全社会对文物保护的认识有了较大的提高，但当前在文物工作中出现的问题，究其根本，还是与不能正确认识文物的巨大价值与文物事业在建设有中国特色社会主义事业的特殊地位和作用有关。因此，以"三个代表"重要思想为指导，全面正确理解、深入宣传文物的巨大价值及特殊作用仍然是摆在我们面前的一个重要任务。

江泽民同志十分重视弘扬民族优秀文化传统和思想道德建设。最近，他又强调指出，要把依法治国与以德治国紧密结合起来，大力推进社会主义精神文明建设。这一重要思想是江泽民同志对我们党治国基本方略的新概括、新发展，具有十分重大的理论意义和实践意义。正像江泽民同志所阐述的那样，中华民族在漫长的历史发展进程中，形成了卓越的民族精神和优秀的道德观念，有着十分广阔和丰厚的内容，这些都是中华民族性格、精神、文化传统的精髓所在，是提高全民族文明修养的道德根基。岚清同志最近在听取国家文物局工作汇报时也指出："文物工作水平是体现中华民族文化整体素质的重要标志，要从讲政治的高度，给予充分重视。"我们一定要在各级党委和政府的领导和支持下，从社会主义初级阶段的实际出发，坚持邓小平理论和党的基本路线的指导地位，坚持服从和服务于经济建设的中心，坚持"二为"方向，坚持"保护为主，抢救第一"的方针和"有效保护，合理利用，加强管理"的原则，高扬起爱国主义和革命传统教育这两面光辉的旗帜，为建设有中国特色的社会主义文化和社会主义精神文明作出新的贡献。

（二）以发展为主题，以结构调整为主线，以体制创新和深化改革为动力，深入研究并努力发展具有中国特色的博物馆文化

从广义上说，文化是人类社会历史发展进程中创造的物质财富和精神财富的总和。博物馆则是对两个文明财富的展示、收藏、教育和研究的集中体现，我们倡导的博物馆文化必须代表着社会主义先进文化前进方向，是鼓舞、激励、教育群众的阵地之一。先进的博物馆文化使人们扩大知识领域、满足审美享受、培养生活情趣、陶冶身心健康，进而使博物馆成为学生的第二课堂，成为人的终身学校、文化的圣地、科学的讲堂，它的活动已经渗透到教育、科学、文化、旅游、环境保护等各项事业当中，对弘扬民族传统文化、传播现代科学知识、提高人民群众思想道德素质具有十分重要的作用。党中央，国务院十分重视博物馆文化在社会主义建设事业中的重要地位和作用，毛泽东、邓小平、江泽民等党和国家领导人多次视察博物馆，发表了许多重要指示。朱镕基总理在最近《关于国家文物局工作汇报纪要》上批示"国家博物馆的筹建希望加快"，李岚清副总理更对发展博物馆文化作出了明确的指示。我们在实际工作中一定要深刻领会中央领导同志的指示精神，研究博物馆文化的内涵，坚持把发展作为主题，把结构调整作为主线，把体制创新和深化改革作为动力，以满足人民群众物质和精神文化需求的为根本出发点，努力发展具有中国特色的博物馆文化。

具有中国特色的博物馆文化应有以下特点：第一，必须坚持先进文化的前进方向和"二为"方针，坚持把社会效益放在首位，强调博物馆文化所固有的公益性、群众性、标志性和特殊的社会教育功能；第二，逐步建成以国家级博物馆为龙头、省级博物馆为骨干，以国有博物馆为主干、民办博物馆为补充，各地方、各行业和各种所有制博物馆协调发展的事业体系；第三，具有布局合理、种类齐全、各具特色、丰富多彩的各类专题博物馆，以满足人民群众对精神文化的不同需求；第四，具有主题突出、观点鲜明、传播科学、倡导文明、手段先进、手法

新颖的高水平的陈列展览；第五，充分体现当代社会科学文化教育水平，发挥精神文明建设阵地和科教兴国战略窗口的重要作用，以人为本，寓教于乐，具有优质的服务意识和服务功能。

努力发展博物馆文化，需要我们进一步健全和完善博物馆法规体系，严格按照各项规章制度实施有效管理。当前，要落实《文物博物馆事业"十五"发展规划和2010年远景目标》中的各项部署，进一步丰富博物馆发展体系，加强宏观调控，完善现有博物馆的社会功能，重点发展各具特色的专题博物馆，改善博物馆的地区分布和品类布局。提高博物馆基础设施、藏品保管、陈列展示和社会教育的现代化水平，使博物馆真正成为宣传科学理论、传播先进文化、提高道德水准、引导人们奋进的思想文化阵地。

努力发展博物馆文化，需要我们不断深化和促进博物馆事业的改革。需要我们进一步解放思想，转变观念，促进自身功能的延展，端正办馆指导思想。当前博物馆改革的突破口是以人事制度改革为核心，深化博物馆领导体制和运行机制的改革，以此推动财务制度、用人机制和分配制度的全面改革。其次，要研究博物馆自身的经营服务机制，扩大博物馆资金来源，争取社会广泛支持。总之，要通过改革，充分体现博物馆的公益性，遵循自身规律，最大限度地发挥博物馆的社会作用。

努力发展博物馆文化，需要我们不断加强对各级各类博物的宏观调控和分类指导。重点扶持一部分代表国家水平和形象的国有大型博物馆，办好一批省、市级骨干型博物馆，鼓励发展各种科技类、产业类的行业博物馆，以及能够填补空白、符合时代需要、具有个性特色的专题博物馆，支持和引导企业和民间兴办各具特色的民办专题博物馆。

努力发展博物馆文化，需要我们按照江泽民同志提出的"以科学的理论武装人，以正确的舆论引导人，以高尚的精神塑造人，以优秀的作品鼓舞人"的要求，强化精品意识，提高陈列展览水平，改进为广大观众特别是青少年观众服务的质量，充分发挥思想文化教育阵地的作用，突出抓好理想信念和科学文化的教育，努力提高广大人民群众的思想道德水平。

（三）坚持"保护为主，抢救第一"的方针和"有效保护，合理利

用，加强管理"的原则，充分发挥文物工作在社会主义经济建设中的重要作用

在社会主义市场经济条件下如何做好文物工作，特别是如何充分发挥文物工作在社会主义经济建设中的重要作用，是我们近年来一直在思考并努力实践着的问题。《国务院关于加强和改善文物工作的通知》总结了改革开放以来文物工作的基本经验，科学地把文物工作面临的新情况和新问题归纳为三个关系，即文物保护与经济建设的关系，文物工作的社会效益与经济效益的关系，文物工作与社会主义市场经济体制的关系，并明确指出妥善处理好这三个关系是当前文物工作亟待解决的重要问题。实践证明，文物工作不仅在社会主义精神文明建设中发挥了巨大的作用，在社会物质文明建设中同样发挥了巨大的、无可替代的作用。

文物不仅是代表着一个民族的灵魂，同时也是一个国家综合国力的标志之一。在这一点上，我们不能局限于传统观念上的文化意义，而是要把文化看作经济和社会发展的动力和源泉之一。文化遗产保护不仅是精神文明的体现，而且能提高一个地区公众生活质量，代表着一个地区的文明形象。我们必须承认，文化遗产是一个地区经济和社会发展的有机组成部分，在为当地经济活动创造良好环境的同时，也同样可以为当地发展带来财政收入。这也是当今各国重视文物保护和博物馆文化的原因之一。毋庸讳言，在利用文物资源促进国民经济发展，特别是促进当地旅游业发展的过程中，我们主张一定要遵循文物工作的基本规律，坚持文物工作的基本方针和原则。只有有效地、最大限度地保护文物，才能谈到文物的合理利用和适度开发；只有在加强文物保护的同时，积极研究、探索文物合理利用的最佳途径，才能保证旅游开发的可持续发展；只有充分认识到文物在旅游业发展中的重要作用，增强保护文物的自觉性和积极性，加大对文物资源的保护与投入，才能促进旅游业的发展与繁荣。

文物在我国经济发展中所发挥的重要作用是有目共睹的。第一，作为世界上四大文明古国之一的我国，文物旅游已经成为旅游经济的重要支柱，中国的旅游资源大部分是以文物为核心内容的各类博物馆、纪念馆和名胜古迹。利用文物资源，吸引海内外游客，是发展我国旅游业的

一大特色和优势。许多文物丰富的地区，如首都北京、陕西西安、河北承德、山东曲阜、山西平遥、云南丽江、甘肃敦煌等，都是依靠得天独厚的文物资源发展了当地经济，提高了人民的生活水平。我们无法想象如果没有明清故宫，没有八达岭，没有颐和园、天坛、北海、十三陵等等名胜古迹，每年还会有成百上千万的游客从世界各地赶到北京吗？即使我们还缺乏具体的统计数字，但仍然可以肯定地说，在国家旅游业所产生的经济效益中，文物旅游收益应该是占了相当大的比重。第二，文化遗产是国有资产的属性不容置疑。我们所保护的文物，同样也是保护了属于国家的国有资产，这部分资产如果以经济价值来衡量，一定是一个天文数字。参照近年来国内外文物拍卖市场上中国文物的成交价格，仅文物部门管理的45000多件馆藏一级文物就无法计算，如果再加上其他级别和其他部门管理的文物以及不可移动文物，特别是目前750处全国重点文物保护单位的文物价值、固定资产和无形资产等，其经济价值就更不可估量。我们保护文物的目的之一是传之后世永续保存，再考虑到增值因素，我们将给我们的后代保存一大笔精神和物质财富。第三，文物保护有力地促进了地方的经济发展，所带来的无形资产效应更是不可忽视，全国许多地方在依托文物资源大力发展地方旅游事业的同时，更为看重的是文物所带来的无形资产效应。正是西安帝王陵寝、敦煌莫高窟、云冈、龙门石窟、平遥、丽江古城等地的文物景观，带动了当地交通、商贸等乃至第三产业的发展，扩大了就业门路，增加了财政税收，改善了人民生活状况，为当地经济和社会的协调发展作出了自己的贡献。近年来许多地方政府积极将本地的文物保护单位申报为世界文化遗产，所考虑更多的就是由此而带来的无形资产效应和经济效益，这是我们必须承认的。第四，保护文物资源就是保护生产力。有关经济文化的最新研究成果表明，文化也是生产力，保护文化遗产的目的之一是提高人们的思想道德素质，丰富人们的精神文化生活，从这一点上看，保护文化遗产也是促进生产力提高的重要内容。特别是在当前国际社会普遍关注资源生态和环境建设这一关系到人类生存条件的重大问题的情况下，维护文化生态平衡，保护文化遗产，对丰富人们的精神生活，保持社会的稳定，促进生产力发展，保证经济持续稳定增长，至关重要。我

认清形势、把握机遇，深化改革、开拓创新，进一步推进
我国文物博物馆事业改革的新发展

们绝不能以牺牲文化遗产、损害文物资源为代价，换取某一地方经济上短暂的、局部的、有限的所谓发展。因此，保护包括文物资源在内的文化生态环境，就是保护生产力；改善文化生态环境，就是发展生产力；破坏文化生态环境，就是破坏生产力。

最近，山东曲阜、江苏徐州等地连续发生严重与罕见的文物毁坏事件，引起了社会的极大关注。这些事件的发生虽然有一定的偶然性，但究其原因，由于文物保护管理体制的变更所带来的片面强调利用、强调经济效益，忽视保护和管理，保护和使用脱节是造成文物损失的深层因素。在所谓"所有权和经营权分离"的名义下，有些地方擅自改变文物保护单位的管理体制，将所谓经营权转移到旅游企业开发经营，甚至将文物的开发经营权向国内外进行招标承包。事实已经表明，在已经实施"所有权和经营权分离"的文物单位中，普遍出现的问题是：1. 掌握文物景点经营权的旅游公司从事着文物管理工作，原有的文物保护机构名存实亡，或无法行使文物管理职能，或成为旅游公司的附属机构，仅拥有所谓"监督权"；2. 掌握文物管理大权的经营者缺乏保护文物的责任心和使命感，更缺乏文物保护的法律知识和专业知识；3. 在上述前提下，经济效益成为景点经营部门的首要追求目标。由此，我们完全有理由认为，这种做法是错误的。第一，这种做法明显不符合《中华人民共和国文物保护法》的有关规定。《文物保护法》规定："中华人民共和国境内地下、内水和领海中遗存的一切文物，属于国家所有。"因此，文物的所有权是十分明确而毋庸置疑的。同时，《文物保护法》对文物管理权的规定也是十分明确的，要求各级政府的文物保护管理机构负责管理本行政区内的文物工作。所谓文物的经营权，不过是用经济领域中的经营概念置换文物工作中的管理概念，实际上，不是将经营权从所有权中剥离出来，而是将文物管理部门的管理权剥夺到旅游企业去进行经营。这样做，于情、于理、于法都是难以站住脚的，在国际上也是没有先例的，同我国政府签署的有关文化遗产保护的国际公约也是相悖的。第二，文物保护工作遵循的是"保护为主，抢救第一"的方针和"有效保护，合理利用，加强管理"的原则，必须坚持把社会效益放在首位。将文物保护单位交由旅游企业经营，经营者所追求的终极目标和唯一目的必然是经济效益，必然最大限度地榨取文物保护单位中的经济成分，进而实现利润的最大化。要求以获取最大利润为目的的企业保护文物并永续利用的愿望只能寄希望于经营者的知识结构、道德水准和对文物保护重要性的认识程度，而制度上的弊病是无可回避的。第三，文物的所有权性质决定了其是属于全民族的，国家的，乃至全人类的，也是留给子孙后代的宝贵财富，同时也决定了文物的国有资产性质。国家已有明确规定，因文物向社会开放所产生的经济效益只能用于文物保护本身，将文物保护单位交由企业经营的结果，必然是经营者获取经营所得，使本来属于国家的这部分收益流失到企业经营者的腰包，导致又一种形式的国有资产流失，使本来十分有限的文物保护资金更加捉襟见肘。第四，管理体制的变化决定其管理方法和管理模式随之发生变化，必然有悖文物工作的自身规律，受到损失的无疑是文物或者是文物工作本身。第五，一些地方片面理解旅游经济，将旅游经济等同于"门票收入"，认为掌握了景点的经营权甚至掌握了门票收入就掌握了地方的旅游经济。然而，现代化的旅游经济是有众多因素构成的，一般可包括吃、住、行、游、购、娱、疗养、通讯和金融服务等多个方面，门票在旅游收入中所占的比重很小，单纯依靠门票收入来拉动地方旅游经济增长是不可能的。同时文物景点的门票价格并不完全由市场进行调节，它必须服从于文物保护工作的实际需要，服从于满足人民群众精神文化生活的根本目的，那些试图通过门票来提高当地旅游经济的做法在理论上站不住脚，在实践中也是行不通的。第六，由各级人民政府文物行政管理部门根据《文物保护法》，代表政府对文物实施保护管理的体制，长期以来，特别是经过改革开放二十年的实践，证明是完全符合我国国情并行之有效的。文物经营权的易手，将会使多年形成的全国文物保护系统消弭于无形，文物行政管理机构代表国家施行对文物的保护管理将不复存在，最终将使文物事业几十年的成果毁于一旦，其后果和所造成的国际影响将不堪设想。因此，我们坚决反对在所谓"旅游资源所有权和经营权分离"的名义下，将文物管理权转移为旅游企业经营权的做法。与此同时，我们强调，文化、文物部门也要解放思想、更新观念，深化改革、开拓创新。要积极引导文博单位，充分利用本地区文化遗址的特殊优势，展示遗址所含的丰富内涵，开发各具特色的旅游产品，树立服务意识，提高工作质量，取得社会效益和经济效益双丰收。

（四）以公布第五批全国重点文物保护单位为契机，加强基础工作，推进管理水平的提高

根据国务院的统一安排，第五批全国重点文物保护单位将在国务院审定后公布。我们要抓住机遇，以此在全国范围内开展有关文物保护单位"四有"工作和文物工作"五纳入"的评比、检查。大力开展文物基础工作建设，今年要着重进行以下几个方面的工作：

——继续了解并掌握我国现存可移动文物和不可移动文物的现状，以廓清我国文物资源的数量、分布和保存状况。重点是对馆藏文物全面建立登记制度，做到物、账、卡完整、准确、齐备并能相互对应，对文物考古研究所、文物保护管理所收藏的可移动文物也要进行登记。以全面掌握我国可移动文物的基本情况，国家文物局将发布《博物馆登记管理暂行办法》、《馆藏文物保护条件标准》等可移动文物的登记管理制度，各地方也要积极开展馆藏文物登记备案工作，组织好馆藏珍贵文物保护修复及有关项目的申报和评审。

——继续做好文物保护单位的"四有"工作。在对前四批全国重点文物保护单位"四有"工作的基础上，完善第五批全国重点文物保护的"四有"工作。国家文物局将制订《全国重点文物保护单位管理办法》、《中国世界文化遗产保护管理办法》、《文物保护单位开放管理办法》等针对不可移动文物保护的管理规章，并依此对保护单位的"四有"工作进行一次全面的检查，通过检查评比，表彰一批"四有"工作先进单位。

——文物保护新体制的核心内容是"五纳入"，即要把文物保护纳入当地经济和社会发展计划，纳入城乡建设计划，纳入财政预算，纳入体制改革，纳入各级领导责任制。对于"五纳入"工作，许多地方已经取得了成功的经验，工作得到了很大的进展，适时开展对"五纳入"工作的检查，对于推动整个事业的发展是极为重要的。通过检查评比，我们将提出一批"五纳入"工作取得成绩的地方上报国务院，建议由国务院作出表彰的决定。

——进行文物博物馆事业信息化建设并逐步实行文物资源数字化行业管理网络化，利用互联网搜集和传播准确、权威和丰富的文化遗产信息，是增强文博事业综合实力，实施"十五"文博发展规划的重要保证，是文物博物馆事业发展的必由之路。根据多年来文物博物馆系统对电子信息系统研究的不断深入，我们认为，国家文物信息资料库建设的条件已经成熟，必须适时开展工作。我们将根据财政部关于建立国家文物信息资料库专项经费的安排情况，计划用 2～3 年的时间，建成全国文物信息资料库。国家文物局将设立国家文物资料信息库工作领导小组和专门机构积极开展这项工作，同时要求各地文物行政管理部门能按照国家文物局的统一部署，按时完成各项任务。

——加强队伍建设，加大文物博物馆事业人才培养的工作力度。在拟订《全国文物博物馆事业教育培训工作"十五"规划》的基础上，抓紧建设文物博物馆科技人才信息库；继续与北京大学办好中国文物博物馆学院，抓紧培养一批实际工作中迫切需要的人才；努力吸收文物保护先进国家的成功经验，选送优秀人才出国培训进修。总之，我们一定要抓住机遇，采取各种有效途径，为新世纪文物保护工作的飞跃做好人才储备，奠定人才基础。

（五）完善并健全文物法规体系，加强依法管理文物博物馆事业工作

近二十年的实施情况表明，《文物保护法》基本符合我国文物保护工作实际，对我国的文物保护工作发挥了巨大的积极作用。客观地讲，没有《文物保护法》，我国的文物保护事业就不可能取得今天这样的成就。但是，我们必须承认，在执行《文物保护法》的过程中，我们遇到了许多问题，这其中既有法律本身在法体、法理、法语等方面不是十分严谨，领会理解方面存在障碍的问题，也存在有法不依，执法不严，法人违法、以言代法等执行不力的问题，更为主要的是由于《文物保护法》制订时间较早，社会主义市场经济体制建立过程中出现的一些新的问题在法律中缺乏有效和科学的界定，使我们在实践中难于及时制止和处理各种违法行为，影响了法律效力的发挥，在征得全国人大常委会原则同意并国务院的统一部署下，《文物保护法》的修订工作正在抓紧进

认清形势、把握机遇，深化改革、开拓创新，进一步推进我国文物博物馆事业改革的新发展

行。关于《文物保护法》修改的具体建议，我们已于 1998 年经文化部审议后上报国务院，目前正在国务院法制办研究作进一步修改。按照工作计划，今年我们将积极配合国务院法制办做好法律的进一步研究修改工作，争取按国务院立法计划在年内由国务院上报全国人大审议。

在配合全国人大、国务院法制办做好《文物保护法》修订工作的同时，我们将积极做好与《文物保护法》相配套的法规体系的补充和完善工作。首先我们将整理目前已经形成的行政法规和法规性文件，在此基础上制订立法计划，构建有关文物保护和博物馆事业的法规体系框架，在今后的工作中逐步补充完善。今年将重点制订、修改和出台一批文物保护管理部门行政规章和法规性文件。各地也要做好配合当地人大的文物立法工作，同时要制订符合本地特点的行政规章，特别要抓好各个文物保护单位的管理条例的制订工作。我们希望各地能首先开展关于我国各个世界文化遗产项目保护条例的制订工作。在加强文物保护法制建设的同时，还必须始终注意把法制建设与道德建设紧密结合起来，把依法治国与以德治国紧密结合起来。在文物工作实践中，一方面要遵照《文物保护法》和国务院关于文物保护的各项法规，依法管理；另一方面要大力宣传保护文化遗产的重大意义，形成全社会保护文物、人人有责的良好道德风尚。同时要注意加强自身思想道德建设和责任意识。发展文物博物馆事业，需要用马克思主义唯物论的观点、科学的方法和客观的标准，认真研究和掌握文物工作的基本规律，引导、帮助群众领略真善美，摒弃假恶丑。我们要充分发挥文物博物馆事业自身优势，高扬爱国主义和革命传统教育两面光辉的旗帜，坚决反对以各种借口造假文物、搞假古董，哗众取宠、穿凿附会，宣扬神妖鬼怪、封建迷信和因果报应等低级趣味。我们展示、弘扬的是中华民族优秀的文化传统和道德修养，反对蛊惑人心、破坏稳定的歪理邪说；我们鼓励对文物施行科学、合理的利用，反对注重短期行为，追求眼前利益，过度开发，竭泽而渔，造成对文物本体的过度开发，甚至造成破坏的事件发生。

（六）加强文物博物馆职工队伍的思想作风建设特别是职业道德

建设

国务院《关于加强和改善文物工作的通知》中明确"要努力建立适应社会主义市场经济体制要求，遵循文物工作自身规律、国家保护为主并动员全社会共同参与的文物保护体制"。经过几年的努力，我们已经深切体会到新体制下文物博物馆事业所获得的长足进展，同时我们也清醒地认识到，与世界上文物保护先进国家相比，我们这样一个有着五千年文明历史的文物大国目前还不是一个文物保护强国，文物博物馆事业的总体水平不能满足我国人民日益增长的物质文化和精神文化的需求，文物博物馆事业的发展步伐还不能完全跟上时代前进的步伐。解决这些问题，依靠党中央、国务院的高度重视，依靠各级政府的全力支持，依靠全社会广大人民群众的共同参与，更为重要的是建立一支思想好、业务精、作风正的高水平、高素质的文物博物馆干部职工队伍。"济大事人为本"，千秋大业重在人为。随着我国社会主义市场经济体制的建立，文物博物馆工作进入了一个新的发展阶段，加强对专业人才的培养，建立一支高水平、高素质的文博干部队伍，是当前工作中的一项紧迫任务。特别是在当前市场经济大潮的冲击下，更要高度重视文博队伍的思想作风建设特别是职业道德建设。长期的实践证明，我们的文博队伍的基本素质是好的，总体水平是高的。广大文博工作者坚持正确的方向，"寂寞案头"，"铁心修志"，自甘清苦，无私奉献，为祖国的文物博物馆事业作出了巨大的贡献，博得了广大人民群众的爱戴和尊敬。但也应该清醒地看到，近年来，文博干部队伍中的个别人经不起资产阶级腐朽思想的侵蚀，已经堕落成我们这个队伍中的败类。在前两年揭露出的江西井冈山革命博物馆工作人员非法侵吞门票款的丑闻之后，最近又有山西、湖北、新疆等地发生贪赃枉法、监守自盗等恶劣案件。这严重玷污了文物博物馆工作者的声誉，在社会上造成了十分恶劣的影响，我们一定要高度重视，引以为戒。广大文博工作者，一定要加强政治理论学习，树立正确的人生观、世界观和价值观，树立全心全意为人民服务的思想，自觉、模范地遵守和执行国家有关法律、法规和方针、政策。要树立崇高的职业道德，爱岗敬业，无私奉献，认真履行文博工作者的职责，自觉遵守《中国文物博物馆工作人员职业道德准则》。要把上述要求作为文博工作者起码的纪律性和道德准则，做不到这些，就不适宜在这条战线工作。要加强监督机制，赏罚分明，对于利用职权和工作之便谋取私利、严重违法乱纪者要坚决查处，并清除出文博队伍。对无私奉献、成绩卓著者要表彰，树立典型，扶正祛邪，真正锻造一支政治强、业务精、作风正的文博干部队伍，为文物博物馆事业的繁荣发展作出应有的贡献。

三、关于 2001 年的工作

今年 1 月 5 日，中共中央政治局常委、国务院副总理李岚清同志召集会议，专门听取国家文物局关于"十五"期间文物工作有关问题的汇报。会议确定：1. 进一步建立并完善与社会主义市场经济体制相适应的文物保护体制。重申"保护为主，抢救第一"和"有效保护，合理利用，加强管理"的文物工作方针和原则，抓紧做好《文物保护法》的修订工作。2. 同意建立文物保护部际协调会议制度，研究协调相关部门协商仍不能取得一致意见的重要问题。3. 增加经费投入，拓宽投资渠道。国家要继续增加文物保护经费的投入，国家计委、财政部要尽量支持增加中央财政的文物保护专项经费问题。要研究制定政策，拓宽重点文物保护项目的筹资渠道。4. 要大力发展博物馆文化。5. 做好建设国家博物馆的准备工作，"十五"期间完成前期筹备工作，"十一五"期间正式开工建设。6. 要进一步加强文物市场管理，有条件地允许文物进入市场流通，并规范文物的市场运作行为。7. 原则同意公布第五批全国重点文物保护单位。

对于会议确定的各项工作任务，我们已经制订了相应的工作计划，现正在逐项落实过程中。同时，我们要抓住这次会议的机遇，抓紧开展2001 年的工作，争取在以下十个方面有较大收获：

（一）坚持文物工作的方针和原则，加强文物工作理论研究，促进改革深入发展。注重理论与实践相结合，深入调查研究，努力探讨文博工作实践中的重点、热点、难点问题。召开第三次"邓小平理论与文物工作"研讨会，研究和探讨深化文物事业体制改革、规范文物流通秩序等迫切需要解决的理论问题。建立国家文物工作部际协调会议制度。努力加大政府对文物保护的经费投入，同时研究通过多渠道、多途径筹集资金，解决文物保护经费来源问题。正确处理文物保护与利用的辩证关系，在强调和确保文物国家所有权的同时，积极探索合理利用文物的多种形式，以调动全社会广泛参与保护文物的积极性。

（二）筹备召开全国文物工作会议。会议的主要任务是，以第五批国保单位公布为契机，全面总结、回顾各级文物保护单位的保护、管理工作所取得的经验与教训，深入探讨和研究新世纪建立与市场经济体制相适应的文物保护新体制，以及文物保护单位管理工作重点需要解决的问题。

（三）继续落实国务院办公厅《关于西部大开发中加强文物保护和管理工作的通知》和国家文物局西部文物工作会议精神，重点抓好西部重点工程如三峡工程、南水北调、西气东输以及新修铁路、公路等工程的文物保护。召开第二次文物系统援藏工作会议，按照江泽民总书记和李岚清副总理的指示，做好西藏文物特别是布达拉宫的保护工作。

（四）做好国家博物馆建设工程的前期筹备工作。建设一个代表国家形象的博物馆已得到中央的明确支持。在"十五"期间要做好各项前期工作，包括选址、拆迁、设计、招投标、评选等工作，争取在"十一五"计划时正式开工建设。

（五）筹备召开"文物保护工程管理工作会议"，制定相关制度，转变文物保护工程方案审核方式。指导各省制订 2001 年文物保护项目计划。在抓好重点维修工程项目设计的同时，加强文物保护工程施工质量的监理制度。

（六）抓好大遗址保护规划的制订和大遗址保护展示项目的试点工作。召开 2001 年全国考古工作汇报会。做好 2001 年考古领队资格评议和优秀考古工地评审工作。

（七）努力适应社会主义市场经济需要，规范文物流通秩序，有条件地允许文物进入市场流通。严厉打击各种文物违法犯罪活动，严禁各种文物制假、贩假行为。筹备召开文物监管品流通管理座谈会。

（八）始终要把文物安全工作放在突出的重要位置，提高警觉，严密防范各种突发事件，并事先制订各种防范预案。对重要的开放场所，要切实保证文物安全。当前，尤其要加强对田野石刻、寺庙文物的安全防范。继续抓紧《文物系统博物馆风险等级和安全防护级别的规定》的落实达标工作，建立打击文物犯罪工作联席会议制度，积极配合有关部门协调打击文物犯罪活动。

（九）努力发展博物馆文化，重视对广大青少年的教育。积极开展馆际文物展览的交流活动，鼓励合法民间收藏物的展示及交流。以繁荣博物馆文化和提倡博物馆特色化、多样化为目标，实施精品工程，提高陈列展览的科学水平。改进十大陈列展览精品评选工作，在全国范围内评选 2000 年度十大陈列精品奖。继续召开博物馆陈列展览项目洽谈会，促进馆际业务、学术、管理工作的交流。积极配合各级党组织做好纪念中国共产党成立八十周年的各项纪念活动。组织协调中国历史博物馆的《西藏文物精华展》，中国革命博物馆的《纪念中国共产党成立 80 周年展览》等大型展览和北京鲁迅博物馆举办的鲁迅先生一百二十周年诞辰纪念活动。

（十）巩固外事工作成果，提高对外交流水平。完成与美国政府签订关于对美国进口中国文物实施限制的双边协议及有关后续工作。做好赴德国的以山东青州龙兴寺佛教造像为主的石刻艺术展览的筹备工作；举办《古代埃及文物展》。开展 2003 年联合国教科文组织世界遗产委员会全会和 2005 年国际古迹遗址理事会（ICMOS）第十四届大会的先期筹备工作。

同志们，新的世纪，新的一年，新的任务，全国文物博物馆工作者要在以江泽民同志为核心的党中央领导下，高举邓小平理论的伟大旗帜，大力弘扬为实现社会主义现代化而不懈奋斗的解放思想、实事求是，紧跟时代、勇于创新，知难而进、一往无前，艰苦奋斗、务求实效，淡泊名利、无私奉献的精神，抓住机遇，乘势而上，勇于改革，开拓进取，以强烈的事业心和高度的责任感，勤勤恳恳，扎扎实实地做好每项工作，以新的工作成果迈入新世纪。

2001 年 3 月 20 日

增强精品意识　提高展陈水平

——在 2000 年度十大陈列展览精品评选暨第二届博物馆展览交流洽谈会上的讲话

同志们：

由国家文物局主办、中国博物馆学会和中国文物报社承办的全国博物馆十大陈列展览精品评选活动已连续进行了四届，得到了各地文物主管部门和文博单位的积极支持与参与。陈列展览精品评选活动对于发展博物馆文化，推动陈列展览工作，提高陈列展览工作的科学性和探索博物馆展览工作的客观规律和扩大博物馆自身影响起到了巨大作用。陈列展览的精品意识已逐渐深入到博物馆工作者心中，全国各地不断推出新的、高品位的陈列展览。回顾这几年的陈列展览工作，有如下几个特点：

一、各级领导重视，投入明显加大。各级党委、政府和有关部门抓博物馆展览精品的力度明显加大，陈列展览工作的地位明显提高。各级政府和各地文物主管部门对博物馆陈列展览精品评选工作十分重视，很多省市把博物馆办展览看做是当地精神文明建设的一项大事，投入了很大的财力、人力、物力。从这几年评选结果看，很多省市不仅展览举办得多，而且精品多，效益好。河北省已三次蝉联精品奖，河南、湖南、四川在三年中也各获得两项精品奖。

二、精品意识增强，内容异彩纷呈。各级各类博物馆、纪念馆陈列展览的精品意识明显增强，参选"十大精品"的单位明显增多，内容异彩纷呈，地区分布更加广泛。从这几年推荐参评和获奖展览情况看，既有系统反映本地区历史文化概貌的大型基本陈列，也有从一个侧面或新的视角展示优秀文化传统和灿烂文明成就的文物精品专题陈列，还有旨在普及科学知识、乡土知识和促进环保意识教育的自然历史陈列，以及展现近现代人物和城市今日繁荣富足风貌的大型陈列。从获得精品奖和提名奖的单位分布看，既有北京、河北、河南、湖北等文物丰富、专业力量较强的文物大省（市），也有广东、江苏、上海等沿海经济相对发达地区，但更难能可贵的是西藏、内蒙古、宁夏等地处西部少数民族地区的新建博物馆，在工作基础和各方面条件薄弱、馆舍刚刚建成不久，也取得了突出的成绩，办出了展览精品。

三、展陈水平提高，注重两个效益。陈列展览水平明显提高，学术、文化含量显著增加，展陈手段不断丰富，市场开拓意识逐渐增强。获得 1997 年精品奖的《三星堆出土文物展》展现了三星堆极具地域特色的、神秘莫测的文化氛围。它注意运用建筑内部空间的异形结构和必要的现代造型语言演绎了一部古蜀历史。1998 年度获奖的《天津自然博物馆基本陈列》，在指导思想上摒弃了以专业学科分类的单一模式，采用了较先进的主题单元展示法，在"地球与生命"的主题下，集中表现了生物的多样性、人与自然的和谐。在展厅内，还设有很多观众动手动脑的参与项目。1999 年度获奖的南京博物院艺术陈列馆，达到了建筑与陈列、艺术与科技、内容与形式、设计与制作、管理与服务等和谐统一，获得了各界人士的赞誉。四川省博物馆《巴蜀寻根展览》则十分注重包装宣传和社会效果，积极寻求企业赞助，配合展览举办巡回学术讲座，在观众中开展"我喜爱的天府宝藏"评选抽奖活动，使一个文化"品牌"成为当地一大文化热点。

在连续四年的评选活动中，中国博物馆学会、中国文物报社发挥各自优势，做了大量积极有效的工作。

今年的评选工作在总结以往经验的基础上，具有较大创新和改革。表现在：一是评选范围扩大。前三届评选范围是在文物系统内，今年扩展到全国的博物馆系统，送选的展览项目，来自全国各行各业的博物馆，反映的是各省博物馆陈列展览的最高水平。因此，今年参评的面更大了，题材更广泛了，竞争也更激烈了。二是设立了新奖项。在过去十名精品奖之外，又增加了最佳创意奖、最佳宣传推广奖、最佳服务奖等

10 个单项奖，这 10 个单项奖，从十个方面对办好陈列展览提出了新要求。三是改革了评选方法。对评选委员会评委产生办法、评选程序采取了新办法。例如，对评委实行专家库管理，名单公开，评选前从专家库中随机抽签产生参评委员。整个评选过程分作两个阶段，先初评后终评，全部采用无记名投票制。初评阶段，评选委员从在京专家中产生，终评阶段评选委员从全国专家中产生，现场评测，当场宣奖，体现了公开、公平、公正的原则，使十大精品的评选更具科学性。在揭晓的最后一刻之前，无法知道花（奖）落谁家，所以到现在我还不能对获奖单位表示祝贺。

今年各地筛选上报了 44 个陈列展览参评。4 月 21 日，12 名在北京的著名博物馆专家组成的初评委，以无记名投票方式，选出了 25 个入围陈列展览项目，参加 2000 年度全国博物馆陈列展览十大精品角逐。评选揭晓后，还要出版《十大展览精品 2001 年特刊》，举办"我看精品展览有奖征文"等活动，推动展览精品工程深入持久地向前发展。

全国博物馆界十大精品评选是我局发展博物馆文化的一项重大工程，已经取得了明显成效，我们要不断总结经验，不断努力，不断创新，使评选活动更科学、更公正，吸引社会各界关注与参与，力争取得更大成绩。下面，我对评选工作提几点建议，供大家参考：

1. 评选方案要力求科学化、规范化，具有连贯性和权威性，坚持公平、公正、公开原则，精品评选章程或办法，不断完善中国博物馆十大陈列展览发挥更大的社会影响力和综合效益。

2. 要把评选工作制度化、经常化地开展下去，使这一活动能够深入持久地开展下去，切实对博物馆的展览起到示范、引导和推动作用，同时带动博物馆藏品征集、保管、交流研究和科技保护等工作上升到一个新水平，并在这个过程中发现、锻炼和造就一批博物馆科研、陈列展览和策划管理的高层次人才。

3. 评选活动要增加群众性、普及性，进一步扩大社会参与层面。这几年的评选活动都是由专家评选的，今后，范围能不能扩大一点？采用专家与群众相结合的办法，让更多的人参加？中国文物报可否刊登选票，中国文物信息网能否利用网络优势，将展览上网，搞网上投票？精品展览一定要面向群众，贴近社会，只有让更多的人关心博物馆、参观博物馆、支持和赞助博物馆，我们博物馆事业才大有可为。

面对新世纪，博物馆陈列展览工作要继续以江总书记"三个代表"重要思想为指导，进一步唱响主旋律，打好主动仗。

首先，要统一思想，提高认识，突出精品意识。陈列展览必须坚持正确的舆论导向，主题突出，观点鲜明，既要有利于国家统一，民族团结，经济发展，社会进步，又要有利于文物保护，生态环境改善，做到形式与内容协调统一。同时，突出优势，立足本地，为建设有中国特色的社会主义文化和当地经济、社会发展服务。同时，要注意研究建筑与陈列、内容与形式、设计与制作、管理与服务、观众与环境五方面的和谐统一，力求营造最佳展示效果。

第二，要坚持弘扬主旋律，注重科学性。必须传播科学，倡导文明，有利于宣传普及科学知识、科学思想、科学精神，增强人们识别抵制各种唯心主义、封建迷信和伪科学的能力，促进民族素质提高；必须弘扬正气，惩恶扬善，有利于形成高尚思想道德，激励社会先进的良好社会风气，保障社会主义市场经济的健康发展。信息网络建设为博物馆开辟了新的渠道，我们不但要占领这块阵地，还要控制制高点，提高陈列展览的科学水平，跟上时代步伐。

第三，要面向观众，以人为本，突出服务意识。现阶段参观博物馆的特点是：一是青少年为主，我们的博物馆是开展爱国主义、革命传统和社会主义教育的重要基地，其中很大一部分也是青少年教育基地，我们要充分利用这一优势，贯彻江总书记关于对青少年学生加强素质教育的重要指示，结合青少年的特点，做好对他们的教育工作；二是注意照顾老年观众特点，随着老龄化社会的到来，到博物馆的老年人越来越多，博物馆要研究老年观众的特点，大力挖掘老年观众的参观潜力；三是节假日延长，既是机遇，又是挑战，假日经济的发展为发挥博物馆陈列教育功能、弘扬我国传统文化和宣传科学知识提供了新的契机，我们一定要牢牢抓住这个机会，迎着困难，做好工作。四是要使展览走出去，到工矿农村办巡回展览，使广大群众受到教育。总之，博物馆必须坚持把社会效益放在首位，社会效益与经济效益统一的原则，面向观众，提供优质服务，创造优美环境，奉献精美展览，丰富人民群众的精神文化生活。

同志们，在新的世纪，只要我们坚持江泽民同志"三个代表"重要思想的指导，加强管理，深化改革，勇于创新，进一步强化精品意识、质量意识、竞争意识、开拓创新意识，我们的陈列展览必将涌现更多更好的精品，我们的博物馆事业必将取得更大的成绩。

2001 年 6 月 16 日

增强精品意识 提高展陈水平

努力实践"三个代表"重要思想
不断提高我国文物保护水平[*]

——就国务院公布第五批全国重点
文物保护单位答记者问

记者（下简称记）：目前我国全国重点文物保护单位的情况如何？公布全国重点文物保护单位起到了什么作用？

张文彬（下简称张）：国务院公布第五批全国重点文物保护单位，是我国文物保护事业发展史上的一个新的里程碑，是我国社会主义文化建设事业的一项新成就，是全国人民文化生活当中的一件大事。公布全国重点文物保护单位是我国文物保护工作的一项基本制度，是依法进行文物保护的重要基础工作。新中国成立以来，通过不同规模的文物普查及相关工作，已基本摸清了我国文物的家底。目前我国已知的地上地下不可移动文物有近 40 万处，根据其自身的历史、艺术、科学价值的大小，分别被确定为县级、省级和国家级的文物保护单位，也有一些还没有被公布为文物保护单位，但由各级文物部门登记在案，同样受国家保护。第一至第四批全国重点文物保护单位是国务院分别于 1961 年、1982 年、1988 年和 1996 年公布的，共 750 处。新近公布的 518 处是第五批。至此，我国的全国重点文物保护单位总数已达 1268 处。

目前，全国重点文物保护单位中的大部分已由所在地省级人民政府依法划定、公布了保护范围，树立了保护标志，设立了保护机构或有专

＊ 2001 年 6 月 25 日，国务院批准公布了文化部、国家文物局提出的第五批全国重点文物保护单位（518 处）和与现有全国重点文物保护单位合并项目（23 处）名单。张文彬同志就此接受了《中国文物报》记者的采访。此文发表于《中国文物报》2001 年 7 月 15 日第 1 版。

人看护，建立了较完整的记录档案。同时，国家文物局根据"保护为主，抢救第一"的文物工作方针，分期分批地组织实施了对前四批全国重点文物保护单位保护维修工程，排除了威胁文物安全的大量险情。第五批全国重点文物保护单位的保护维修工作亦将展开。实践证明，将各类不可移动文物划分为不同级别的文物保护单位管理、使用，是符合我国国情和文物工作实际的，也是符合国际社会保护文物基本原则的。从一定意义上说，全国重点文物保护单位是我国不可移动文物的典型代表，是精华所在，反映着我国历史与文物的价值与特点，也反映着我国文物工作的水平。在我国的 27 处世界遗产中，有文化遗产 20 处，文化与自然双重遗产 4 处，自然遗产 3 处。其中的文化遗产和双重遗产中的文化遗产部分均为全国重点文物保护单位。由于全国重点文物保护单位重大的历史、科学、艺术价值广为人知，特别是它们由国务院公布的权威性，所以全国重点文物保护单位的称号，可以通俗地称其为文物的"护身金牌"，对保护我国优秀历史文化遗产起到了极其重要的、不可替代的作用。

记：第五批全国重点文物保护单位评审工作有什么特点？

张：公布第五批全国重点文物保护单位既是以往工作的继续，同时又具有鲜明的时代特点。为确保最具价值的文物进入国保行列，避免人为因素的干扰，在评审工作中，我们一直强调并坚持了讲求科学、实事求是的原则。概括起来讲，整个评审工作表现出如下特点：首先是准备工作充分，广泛听取了各有关方面的意见。国家文物局从 1998 年就开始进行相关的准备工作。2000 年 7 月底，各省、自治区、直辖市文物主管部门在组织省内专家论证，并征得省级人民政府同意后，将推荐材料报送到国家文物局。在此基础上，国家文物局又组织了来自中央党史研究室、中国社会科学院、中国科学院、中国建筑技术研究院、中国历史博物馆、中国军事博物馆、北京大学、清华大学、中国文物研究所、北京市古建筑研究所、山西省古建筑研究所等单位的 50 多位文物、考古、古建筑、党史、近现代史等方面的专家组成了具有广泛代表性的专家评审委员会，对推荐材料进行了认真评审。初步名单拟出后，国家文物局又分别征询了中宣部、国家计委、财政部、民政部、建设部、国家宗教局、中央党史研究室等有关部门、单位的意见。对个别存在问题较多的单位，我们还组织专家进行了实地调查，几经反复，最后形成了一个包括518个单位的推荐名单。

依据最新研究成果，将新发现、认识的文物与其所属的已经是国保单位的文物合并，这是国务院在公布第四批全国重点文物保护单位时即已采用的办法，效果很好。这次又有23个单位与已经公布的全国重点文物保护单位合并。这些单位多是近年通过调查、研究发现并确认的，是相应的已公布的全国重点文物保护单位的有机组成部分。例如，福建土楼是一种聚族而居、具有防御性质的独具特色的民居建筑，形式多样。近年的调查研究发现，已经公布为全国重点文物保护单位的二宜楼只是其中的一种形式，并不能代表福建土楼的全部特点。因此，这次又选择了振成楼、福裕楼、和贵楼等与二宜楼合并为一个国保单位，以使其更具代表性，并得到更好的保护。

其次是评审标准明确，程序规范。在正式进入专家评审程序以前，首先由专家评审委员会确定了评审原则和标准。专家评审委员会全体成员一致认为，第五批全国重点文物保护单位的评审对象应具备如下条件：是具有重大历史、艺术、科学价值的不可移动文物，而且这些文物必须是历史上遗留下来的真实的遗物，其时代、性质、特征基本明确，学术界对其价值的认识亦比较一致；具有代表性、典型性或者独特价值；能够实施有效保护和管理，"四有"工作完成得较好等。为反对一个时期以来在一些地方出现的随意改建古建筑、滥建仿古建筑的错误倾向，树立正确的文物保护导向，评审标准特别强调，对那些经过现代重建和严重改建的"文物"不予考虑。这些评审原则和标准在评审过程中得到了严格的执行。

第三，对西部地区、边疆及少数民族地区给予了充分重视。根据我国文物保护工作的实际情况，考虑到以往公布全国重点文物保护单位时已经照顾了地域之间在数量上的平衡问题，因此，此次评审主要是根据文物单位的自身价值来决定其是否可以入选，没有特别考虑地域平衡因素。但在评审过程中，出于对西部地区、边疆及少数民族地区文物保护工作的特别关注，在坚持基本标准的前提下，我们给予了适当倾斜。

如，这次新疆以 27 处的数量列全国第 6 位。甘肃、四川分别以 21、22 处列全国第 9 和第 8 位。内蒙古以 16 处与福建并列全国第 12 位。其他如我国传统的文物大省山西、河南、浙江、陕西、河北等省的入选数量有明显增加，分别以 62、45、44、33、29 处名列第一至第五位。

第四，第五批全国重点文物保护单位还有一个突出的特点，即它是历次公布的全国重点文物保护单位中数量最多的一次，这从一个方面体现了党和政府对文物保护工作的重视和支持，体现了党和政府加强文物工作的决心大，信心足，力度强；同时，也反映出我国综合国力不断增强，文化遗产保护工作水平有较大幅度提高。

记：请您谈谈公布第五批全国重点文物保护单位的意义？

张：江泽民同志在庆祝中国共产党成立八十周年大会上的讲话中，重点强调了在推进社会主义物质文明建设的同时，应努力推进社会主义精神文明建设，为我国经济发展和社会进步提供精神动力和智力支持。文化遗产的保护和利用是社会主义精神文明建设的重要组成部分，在两个文明建设中起着不可替代的作用。而全国重点文物保护单位作为我国优秀文化遗产的代表，在其中起到的作用更加突出，主要表现在：

第一，中华民族源远流长，广博浩瀚、形象生动、连绵不断的古代文明为世界所仅见，全国重点文物保护单位是其中最精华的部分之一，代表了我国古代文明的最高水平。每一个中国人都为自己拥有光辉灿烂的古代文明而感到由衷的自豪。这对于增强民族自豪感、民族自信心和民族凝聚力，激发广大人民群众的爱国主义热情均具有重要意义，并已经成为各界人士热情投入我国社会主义现代化建设事业的重要精神动力。

第二，全国重点文物保护单位是向广大人民群众进行历史唯物主义、爱国主义、革命传统教育和反对封建迷信的宣传教育的重要阵地。许多的全国重点文物保护单位均被中宣部等公布为爱国主义教育基地。通过生动、直观的文物，使数以万计前来参观学习的大、中、小学生及社会各界群众受到深刻教育，这是在其他地方体会不到的，也是其他教育形式所不能替代的。

第三，全国重点文物保护单位还是一种无价的经济资源，著名的文物古迹在极大地提高所在地的知名度的同时，也为当地带来了可观的经济效益。依托文物古迹发展旅游业在有些地方甚至已经成为当地的经济支柱之一，带动了当地的经济发展。如我们熟知的北京故宫，长城，甘肃敦煌，承德避暑山庄，拉萨布达拉宫等等。

第四，全国重点文物保护单位也是我国对外文化交流的重要使者。我国独具特色的文物不仅一再走出国门，向世人展示其迷人的风采，而且也吸引了大批外国人来华参观游览。它作为宣传源远流长、博大精深的中国文化的主要载体，不断活跃在世界文化舞台上。为加深世界人民对中国的了解，促进中国人民与世界人民的友谊作出了突出的贡献。

第五，公布新的一批全国重点文物保护单位可以进一步推进我国文化遗产保护工作。我国文物保护工作取得的成绩有目共睹，同时也存在着很多困难与问题。如相当多的具有很高价值的文物古迹还没有发挥其应有的作用；在有些地方文物古迹遭到严重破坏的问题不断发生，甚至利用文物古迹进行封建迷信活动的情况也不鲜见。上述问题的出现，与这些文物保护单位的级别较低，保护管理工作跟不上有关。因此，在新世纪之初由国务院公布新的一批全国重点文物保护单位不仅对提高我国文物保护工作的水平，进一步规范对文物古迹的使用行为十分必要，而且对我国在新世纪逐步进入世界文物保护先进国家的行列具有十分积极的促进作用。同时，也可以督促各级地方人民政府依法加强对文物古迹的保护和合理利用工作，从而减少并最终杜绝对文物的破坏。同时，国务院公布第五批全国重点文物保护单位将鼓舞和激励全国广大文物工作者更加紧密地团结在以江泽民同志为核心的党中央周围，坚持文物事业的正确发展方向，努力实践"三个代表"重要思想，特别是"代表先进文化前进方向"的要求，切实地保护好中华民族的优秀文化遗产。

记：社会各界对公布全国重点文物保护单位工作非常关注，要求多公布一些全国重点文物保护单位的要求也很强烈，请问国家文物局在这个方面有何打算？

张：出于对祖国文化遗产的热爱和关心、提高地方知名度及促进当地社会经济发展等目的，社会各界要求尽可能多地公布全国重点文物保护单位的呼声很高，有些地方的文物主管部门乃至政府或口头或致函国办、文化部、文物局，要求这次多推荐、公布一些国保单位。日前公布的全国重点文物保护单位的数量显然还远远不能满足这种要求。其中主要原因是考虑到我们目前的管理水平还不很高，对许多文物的认识也不特别透彻。因此，国务院这次仅将各方面条件都已经比较成熟的518个单位批准公布为全国重点文物保护单位。对于其他未能列入全国重点文物保护单位的重要文物古迹，我们将组织力量加强调查研究，并在今后分期、分批报请国务院逐步公布。

记：国家文物局对加强各级文物保护单位的管理工作有无新的措施？

张：国务院在《关于公布第五批全国重点文物保护单位和与现有全国重点文物保护单位合并项目的通知》中要求：各地区、各有关部门要依照《中华人民共和国文物保护法》等法律法规，进一步贯彻落实"保护为主，抢救第一"和"有效保护，合理利用，加强管理"的文物工作方针和原则，正确处理文物保护和利用的辩证关系，认真做好全国重点文物保护单位的保护、管理工作，为促进社会主义精神文明建设，弘扬爱国主义精神，增强民族自豪感和凝聚力，实现中华民族的伟大复兴做出新的贡献。我们将以第五批全国重点文物保护单位的公布为契机，采取一些切实可行的措施，加强对文物保护单位的保护管理。首要的工作是进一步加强基础工作，如我们曾于1997年底召开全国文物保护单位"四有"工作会议，并在1999年布置各省自查，上个月我们派员对部分省市自治区的"四有"工作进行检查和调研，发现了一些带有普遍性的问题。我们感到：前四批国保单位的"四有"工作尚需进一步规范化，第五批国保单位的"四有"工作也要抓紧进行，而且要提出新的标准、新的要求，以适应文物资源数字化、行业管理网络化的要求。加强法制建设，依法加强对文物保护单位的保护管理是我们的另一项重要工作。目前我们除正在配合国务院法制办修改文物法外，正在制订《文物保护单位管理办法》、《文物保护工程管理办法》以及《文物保护工程施工资质认证管理办法》和相应的《文物保护工程施工资质标准》、《世界文化遗产保护管理办法》等。这些法规都与各级文物保护单位、特别是全国重点文物保护单位的管理、利用工作密切相关，出台以后将会大大提高我国依法保护文化遗产的工作水平和质量，规范对文物保护单位的使用行为，从而为充分发挥其作用，为确保这些优秀文化遗产完好地保存并代代相传，打下坚实的基础。

在中国甲午战争博物馆的谈话要点[*]

江泽民总书记亲自为中国甲午战争博物馆题写馆名，中央很多领导同志为中国甲午战争博物馆题词，最近，丁关根部长在视察中国甲午战争博物馆期间又作了重要讲话，足见中央领导同志对中国甲午战争博物馆工作的充分肯定和爱国主义教育基地的高度重视。

在甲午战争一百周年之际，中央领导同志为中国甲午战争博物馆题词，你们数次举办国际性的专业研讨会，在全国乃至世界上引起了强烈的社会反响。为筹备好2004年"甲午战争一百一十周年"的纪念活动，在世界上展示中国人民爱好和平的崇高愿望，在只剩下两年多时间里，必须及早地抓紧纪念活动的各项筹备工作，建议威海和山东的有关部门积极组织专家充分论证，认真制定纪念活动的实施方案。建议在全国范围内，广泛征集反映甲午战争体裁的书法、绘画、雕塑等艺术作品，这样既增加了馆藏和展览的内容，又丰富了教育基地的教育内涵。

关于刘公岛的文物保护和开发利用，我的意见是：

（一）刘公岛景区的开发，首先要坚持"保护为主"的方针，在制定刘公岛文物规划时，一定要有世界眼光、战略高度，要注意紧紧围绕甲午战争风云这一重大历史事件，突出中国甲午战争博物馆的地位，增加文化氛围，尽量减少商业气息，增强甲午海战历史悲壮对中华民族觉醒所起的激励作用。他指出，北洋海军提督署门前摊位最好搬迁，在岛

---

[*] 2001年7月11～13日，根据中共中央政治局委员、中央书记处书记、中宣部部长丁关根的指示，张文彬同志由省文化厅谢治秀副厅长陪同，考察了中国甲午战争博物馆、市博物馆、文登天福山起义纪念馆、荣成市博物馆。在此期间，张文彬同志发表了一些重要意见。此文即根据记录整理的讲话要点。

上增加部分雕塑作品或其他形式的艺术品，从而达到使游人踏上刘公岛，马上就能感受到甲午战争的悲烈雄壮，激发游人的爱国情怀，增强他们为实现民族振兴的责任感和使命感，充分发挥爱国主义教育示范基地的时代作用。

（二）刘公岛上的水师学堂是中国现存的近代唯一一所海军学校，一定要在2004年甲午战争一百一十周年纪念活动以前，做好水师学堂的原貌修复、保护和陈列展览工作。为此，国家文物局、山东省政府和威海地方政府应按照分级负责的原则，在资金上给予必要的扶持。建议威海应加强与中国人民解放军海军司令部、政治部的密切联系，军民共建，加强海军文物、史料的征集工作，争取海军方面对中国甲午战争博物馆的大力支持，把水师学堂建成一个进行海军史教育、海防教育、海洋观教育的重要场所。请你们考虑，可每年在暑期举办"少年海军学校"，加强对少年儿童国防教育。总之，我们要让游人乃至全国人民认识到刘公岛是中国近代海军的发祥地，认识到保护好甲午战争遗址对我国建设一支强大海军乃至国家强盛都有着非常重要的深刻意义。

（三）关于博物馆展示当年甲午战争时的军服等问题，威海可以起草一个征集清代服饰的报告给山东省文化厅，由山东省文化厅转报国家文物局，争取国家有关博物馆及文博单位给予划拨和交流方面的大力支持。

（四）建议威海市针对中国甲午战争博物馆的实际情况，探索在人事、按劳分配及奖励机制等方面的改革试点，使之更有利于文物保护和文物专业人才的培养，更好地保证他们的队伍建设，促进威海文物事业向更好的方向发展，为我国的博物馆事业的改革提供有力的、更好的借鉴。

（五）中国甲午战争博物馆的门票收入，应严格执行文物法的有关规定。为体现江泽民同志"三个代表"重要思想和实践"坚持先进文化前进方向"这一时代的要求，建议威海地方财政对甲午馆给予更多的支持，门票的使用，使之主要用于刘公岛甲午战争纪念地文物的修建和保护工作，适量用于文化主管部门开展的一些文化活动，包括学术研讨，文物史料的征集，书法、绘画、雕塑等艺术品的收藏征集等活动。

总之，刘公岛的开发利用，应严格遵照国家有关文物法和地方法规的有关规定，在保护好文物的前提下，就如何增加刘公岛的文化氛围多动脑筋、多做工作，努力增加馆藏和学术研究，加大爱国主义教育基地的宣传工作，把中国甲午战争博物馆建成世界上独具特色、有吸引力和竞争力、有较高思想和文化品位的国际一流博物馆。

2001 年 7 月 12 日

大力推进文博系统资源数字化建设[*]

——在故宫博物院国际互联网站开通仪式上的讲话

尊敬的吴基传部长，尊敬的孙家正部长，同志们、朋友们：

今天，故宫博物院国际互联网站正式开通了。这是故宫博物院的一件大事，也是我国文物博物馆系统的一桩喜事。我代表国家文物局，对此表示热烈的祝贺！

作为故宫博物院信息管理电子化工作的一个见证人，我想利用今天这个机会，结合故宫的实践，谈一点关于我国文物博物馆系统资源数字化建设的意见。

当今世界范围内科技革命突飞猛进，信息技术和网络技术一日千里，人类社会已经进入信息化的新世纪，人们社会生活、文化生活的许多方面，乃至个人的工作和生活习惯，都因受到信息技术的影响而发生深刻变化。

党的十五届五中全会提出，要大力推进国民经济和社会信息化，以信息化带动工业化，发挥后发优势，实现社会生产力的跨越式发展。在中央英明决策和信息产业部的指导下，我国的信息技术和信息产业发展很快，信息技术教育已成为北京、广东等地中小学的必修课。但令人惭愧的是，文博系统至今还未形成将我们掌握的大量信息资源开发利用的态势，在信息数字化建设方面缺乏经过科学论证的规划，缺乏行之有效

---

  * 2001 年 7 月 16 日，故宫博物院国际互联网站正式开通。邮电部部长吴基传、文化部部长孙家正出席了开通仪式，张文彬同志发表了讲话。后以《大力推进文博系统资源数字化建设》为题发表于《中国文物报》2001 年 7 月 22 日第 1 版。

的组织和办法，已经开始信息化建设的单位，也多处于后进的位置且缺乏争取上游的勇气和力气，像故宫博物院这样能够暂居前列的犹如凤毛麟角，甚至我们局机关向社会各界公开征求对应县木塔维修方案的意见时都没有留出一个网址来。相当一批文博单位还大量使用现代科技含量很低的传统手工管理方式，游离于信息化、电子化的时代大潮之外，我作为国家文物局局长，对此感到实在是难辞其咎。

造成这种局面的原因，当然有资金、技术和人才方面的问题。但更为重要的，恐怕还是思想观念和认识方面的问题。我们系统有相当一批同志，包括一些所谓财大气粗的文博单位的同志，对信息时代的到来缺乏敏感性，对计算机和互联网技术知之甚少，习惯于沿用传统的思维模式、工作方式和工作手段，对文物和博物馆工作资源管理数字化建设的紧迫感和必要性缺乏认识，或是虽然有所认识但却心怀畏惧，迟迟疑疑，不敢下决心，不肯花钱，存在着严重的等、靠、要倾向。所以，我认为，在文物博物馆系统推进资源管理数字化建设，首先要解决的不是资金、技术和人才问题，而是思想观念和认识问题。

今年 2 月 2 日，我曾参加了故宫博物院关于"故宫文化资产数字化应用研究所"建设情况的汇报会，我在发言中谈到，故宫近年来在信息数字化方面做了大量工作，它们"将在很大程度上提升故宫博物院的现代化管理水平，大大改善故宫博物院的科研和工作条件，其意义，也许我们今天还不能充分估计出来"。今天，我想进一步指出，文物博物馆系统资源管理数字化建设的步伐和成果，关系到文物事业在新的世纪是否具有生机与活力，并将在很大程度上决定着文物博物馆事业在新世纪的生存方式和发展水平，我们文物系统各级领导干部，必须从贯彻落实江总书记"三个代表"重要思想，实践"代表中国先进文化的前进方向"的要求的高度，必须从推进文物保护事业、发展博物馆文化的高度来认识这一工作，必须以紧迫的心情、开放的姿态、改革的精神、创新的勇气、科学的态度来部署和推动这一工作。

我们文物博物馆事业，是社会主义文化事业的重要组成部分。有中国特色的社会主义文化就是当代中国的先进文化，她的最大特点在于，她是一种面向现代化、面向世界、面向未来的，民族的科学的大众的文化。从其自身的特质和发展规律上讲，这种先进文化是能够自觉适应先进生产力发展要求的，因而其建设和传播，就要求我们必须有着很强的现代科技与创新意识，要求我们必须努力掌握和发展各种现代手段。我们文物博物馆工作者，担负着传播普及科学知识，弘扬中华文明，对广大群众特别是青少年进行爱国主义、革命传统和社会主义教育的光荣使命，我们每一处文博单位，都是社会主义精神文明和社会主义文化建设的基本阵地与重要窗口，因此，努力采用符合时代潮流的、深受大众喜爱的传播工具和形式去推进我们的工作，这是先进生产力发展和时代进步的要求，也是广大人民群众日益增长的精神文化需求的呼唤。

我们还必须看到，目前我们常用的保存、展示和研究文物的手段，已经不能适应当今社会文化发展和学术研究的需要。以故宫博物院为例：院藏文物号称近百万件，但常年展出与观众见面的，不足 1 万件；现有明清建筑 16.3 万平方米，但至今没有一套完整、准确的古建筑资料数据库。仅凭这两条，故宫博物院在文物与古建的管理、保护、利用和学术研究等方面的水平的提高，就不能不受到极大的限制，故宫博物院距离世界一流博物馆的目标就存在较大差距。所以，故宫博物院的领导集体决心以加快信息化建设来推动全院综合管理水平与业务水平的提高，可以说是抓住了问题的关键。类似的情况，在整个文博系统都是普遍存在的，因此，努力搞好信息电子化建设，是文物博物馆事业进步与发展的内在需求，是我们提高科学管理水平，向社会和公众提供优质服务的必由之路。

当然，信息电子技术毕竟是发展迅速、更新换代很快的现代高科技，信息电子化工作需要巨大的、连续的资金和人才投入。对待这项工作，没有认识与热情不行，但光凭认识与热情也不行。没有资金不行，但仅有资金也不行，其间涉及一系列技术问题、法律问题、人才问题和运营模式问题等，十分复杂。各地方、各单位，都应该从实际出发，制订切实可行的、科学的信息电子化建设规划，分步实施。资金、技术和人才一时不能到位的地方和单位，也要有针对性地主动做好相关基础性工作，为将来的工作积累经验，准备条件。因为信息数字化是完全建立在准确、完备、科学的数据积累之上的，故宫如果没有摄影室几年前开始的影像资料自动化管理工作打下的基础，我们今天就不可能在网上展示出如此之多的文物图像。可见，只有具备了雄厚坚实的基础，才能在数字化建设中发挥后发优势。

国家文物局在最近几年部署了一些与信息电子化建设有关的工作，敦煌研究院、上海博物馆、河南博物院、广东考古所等也做出相当成绩。目前我局正在进行中国文物保护项目管理和信息资料库的建设并正在组建中国文物信息咨询中心。这些工作都是必要的，但是总的来说，这方面的工作还是刚刚起步。我感到，我们还应该研究制订一个文博事业信息资源数字化建设的总体规划，提出"十五"期间的一个总体目标和一些具体目标。比如，我们应该把研究中国数字博物馆的发展战略提上议事日程；我们应该选择如敦煌莫高窟等几个重点单位，将数字化存储与再现技术应用于文物保护领域等等。

总之，我深信，只要我们全面贯彻"三个代表"重要思想的要求，从构建新世纪中国文物博物馆事业的高度，来认识文物资源管理数字化工作的时代意义，认真做好各项工作，千方百计筹措资金，我们就一定能够跟上信息化的大趋势，后来居上，逐步实现文物博物馆资源数字化的宏伟目标，为有中国特色社会主义文化建设做出更加积极的贡献。

2001 年 7 月 16 日

大力推进文博系统资源数字化建设

在整顿和规范文物市场秩序
座谈会上的讲话

同志们：

　　国务院于 8 月 17 日召开整顿和规范文化市场秩序电视电话会议，安排和部署了下一阶段的文化市场（包括文物市场）整顿工作。李岚清副总理和孙家正部长分别作了重要讲话，对文物市场整顿工作提出了明确要求。为了贯彻落实国务院电视电话会议精神，国家文物局已经印发了《关于整顿和规范文物市场秩序的通知》，在全国范围内开展整顿和规范文物市场工作。今天，我们召开部分省、自治区、直辖市文物局长座谈会的目的，就是提高认识，明确目标，统一部署，认真贯彻和落实《国务院办公厅关于进一步整顿和规范文化市场秩序的通知》及岚清副总理和孙家正部长的讲话精神。刚才，家正部长从学习贯彻江泽民总书记"三个代表"重要思想的高度，对整顿和规范文物市场秩序工作提出了指导意见，各级文物行政管理部门要认真学习、深入领会、坚决落实。下面，我就这项工作再谈几点意见：

一、充分认识整顿和规范文物市场秩序的重要意义

　　改革开放以来，随着人们生活水平和知识水平的逐步提高，民间兴起收藏热潮，文物市场空前活跃。文物、工商、公安等有关部门严格按照国家规定加强调控和监督，保障了文物市场的健康发展。但是，在发展的过程中也存在一些不容忽视的问题。当前，盗窃走私文物的犯罪活动之严重，性质之恶劣，气焰之嚣张，作案手段之狡诈隐蔽，触目惊心。有的不仅给国家和人民群众利益造成了损害，而且败坏了国家信誉和改革开放形象，亟待整顿和规范。问题主要表现在以下几个方面：

（一）文物监管物品市场，审批不严，监管不力。交易场所秩序混乱，超范围经营现象比较普遍。1992年，国家文物局、国家工商行政管理局、公安部、海关总署联合发出《关于加强文物市场管理的通知》，对文物监管物品的范围及经营者的审批、管理都作了具体规定。该通知发出以后，社会上普遍认为这种把文物市场变地下为公开，集中起来的办法比较好，便于管理。但是在执行过程中，一些地方为了发展经济，促进旅游，一哄而上，争相开办文物监管物品交易市场或旧货市场、古玩市场等。有的未经主管部门审核批准，有的虽经批准但没有采取有效监管措施。由此产生的直接后果是文物监管物品交易市场在很短的时间内遍及了大中城市，甚至在一些县城也出现了古玩市场。多数市场内假货充斥，交易中以假充真现象普遍，超范围经营的问题比较严重，在一些市场上国家明令禁止流通的出土文物到处可见，个别地点甚至成为文物犯罪分子销赃的场所。这些问题不仅损害了人民群众的利益，扰乱了正常的社会经济秩序，而且客观上进一步诱发了文物盗掘、盗窃和走私等犯罪活动，使中华民族的优秀文化遗产遭到极大的破坏。

（二）文物行政部门所属的国有文物购销经营单位（文物商店）货源不畅，经济效益下降，普遍陷入困境。部分文物商店违规违法经营，有的以假充真，以次充好，欺骗购买者；有的擅自将国家规定不得出售的库存珍贵文物投入市场；有的甚至买卖出土文物或其他来路不明的文物；销售前不按规定进行鉴定，销售时不标明时代、瑕疵及是否允许出境等内容；对珍贵文物不建立档案，更不向国有博物馆和科研单位提供藏品。一些国有文物商店不仅不能发挥征集、保护珍贵流散文物，为博物馆提供藏品的作用，而且还造成国有资产的进一步流失。

在计划经济体制下，国有文物商店确实起到了收宝于民、归宝于国，抢救和保护了大量珍贵文物，发挥了文物流通的主渠道作用，但在市场经济发展的今天，由于对外界的冲击估计不足，在深化体制改革方面没有提出相应的前瞻性对策，使文物商店步履维艰，难以维持。如何适应市场经济规律，建设新的流通秩序，需要我们认真研究。

（三）文物拍卖市场存在的问题，一是违规经营，暗箱操作严重；

二是有些地方主管部门对拍卖企业的审批把关不严，不具备拍卖文物条件的企业从事文物拍卖业务和不按规定对文物拍卖标的进行鉴定、许可，造成无序竞争，扰乱了拍卖市场的正常经营秩序。表现在有的拍卖公司急功近利，肆意拍卖假文物，欺骗消费者，赚取高额利益；有的拍卖活动充斥投机行为，人为地对拍品炒买炒卖，搞商业欺诈；有的拍卖公司将营业执照承包给个人，只收取租金，对其如何经营概不过问，致使承包人席卷拍品而去；有的拍卖公司与文物贩子相勾结，不发拍卖公告，不预展，不举办公开的拍卖会，而是用信函招集竞买人进行地下黑市交易；有的拍卖公司违反有关法规，拍卖国家禁止买卖的文物；有的拍卖公司没有严格执行国务院关于"流传在社会上的具有特别重要历史、科学、艺术价值的文物，应在一定范围内定向拍卖。国家对公民出售个人所有的传世珍贵文物有优先购买权"的规定（《国务院关于加强和改善文物工作的通知》国发〔1997〕13 号）。凡此种种，不仅直接损害了广大消费者的利益，也严重败坏了拍卖行业的声誉，影响了拍卖业的健康发展。

　　总之，目前文物市场存在的问题是多方面的。主要是文物监管物品交易场所过多过滥，监管不力；文物拍卖企业和文物购销经营单位违规经营；文物复仿制品市场秩序混乱。由此产生的后果是严重的，不仅我们制定的通过文物经营为国家抢救珍贵文物、为文物保护事业积累资金和满足人民群众正当收藏需要的目标难以实现，相反，许多珍贵文物（包括部分出土文物）流入市场，并被大量走私出境。更为严重的是，文物经营的高额利润和目前的混乱状况，进一步刺激了文物犯罪活动，许多古遗址、古墓葬、田野石刻受到破坏，寺庙和馆藏文物被盗，使民族文化遗产遭受到无可挽回的损失。根据海关部门统计，1991 年以来，全国海关查获走私文物达 10 余万件。近年来，大规模的集装箱货运已经取代旅客的零星夹带，成为文物走私的主要方式。有着五千年悠久历史的文明古国现已成为世界上最大的文物非法出口国，这的确是令人痛心的。对中国政府的形象造成了极其恶劣的影响。大力整顿和规范文物市场秩序，已经成为当务之急。

二、总结经验，分析原因，树立整顿和规范文物市场工作的信心

新中国成立后，党和政府一贯重视对文物市场的管理工作。针对不同时期文物市场出现的新情况、新问题，实事求是地提出解决办法，取得过可喜的成绩。20 世纪 80 年代初，随着对外开放、对内搞活经济政策的实行，由于管理措施滞后，国内文物市场一度出现混乱。1981 年 10 月，文化部文物局向国务院呈报了《关于加强文物市场管理的请示报告》。国务院在批转时指出，"目前文物市场混乱，文物走私严重，各地文物盗窃案件不断发生，乱挖古墓的歪风也有发展，这使国家在文化上、经济上和政治上都受到很大的损失，应引起各地和各部门的高度重视"，并要求"各省、市、自治区人民政府要采取坚决有力措施，把文物市场整顿好，迅速改变这种状况"。由于国务院和地方政府的重视，文物、工商、公安、海关等部门相互配合，迅速开展整顿工作，自 1982 年开始，各地文物市场的情况开始好转。特别是《中华人民共和国文物保护法》公布以后，许多省市制定了地方文物保护法规和市场管理办法，整顿文物市场的工作取得阶段性成绩。自 20 世纪 90 年代以来，随着改革开放的不断深入，文物市场的内外环境、条件发生了深刻变化。国内文物收藏热不断升温，文物黑市日趋活跃，拍卖作为一种销售形式开始引入文物市场，国有文物商店的经营每况愈下。1993 年，国家文物局针对文物市场出现的新问题向国务院上报了《国家文物局关于加强和改善文物市场工作的意见》。国务院领导同志作了批示，同意国家文物局提出的意见。各地文物行政管理部门在当地政府的领导下，根据国家的部署，整顿和规范文物市场，积极抢救流散在社会上的珍贵文物，严厉打击非法经营和走私文物的违法犯罪活动。1995 年，为了对文物市场实施统一有效的管理和加大执法力度，国家文物局会同有关部门发出《关于成立文物市场管理协调小组及文物市场管理办公室的通知》，协调小组由文物、公安、工商、海关的有关部门负责人组成，并确定了各部门的联络员。通过联合调查、联席会议等方式，交流情况，沟通意见，协调文物市场的日常管理工作，部署重大的打击倒卖走私文物专项行动。

通过贯彻《中华人民共和国文物保护法》及有关法规，开展专项治理整顿行动，我国的文物市场管理工作取得了较大成绩。国有文物商店从民间收购了大量流散文物，向各级博物馆提供文物藏品 15 万件，其中珍贵文物 3 万余件；文物监管物品市场在一定程度上满足了人民群众收藏、交流和鉴赏的需要；通过文物拍卖，一批珍贵文物由海外回流到国内，一些私人所有的具有特别重要价值的文物变为国家收藏。实践证明，只要各地区、各有关部门密切配合，采取切实措施，严格执法，我们完全可以管理好文物市场。

近年来我国文物市场的混乱状况日益严重地困扰着社会文物管理工作。造成这种状况的原因是多方面的。客观原因主要是有关文物流通的法律法规不够健全，法律之间衔接不够紧密；文物交易分散、隐蔽，形式多样，情况复杂，管理难度大；缺少稳定的文物市场管理队伍；用于文物市场管理和珍贵文物抢救的经费严重不足。以文物监管物品市场为例，1992 年，国家文物局、国家工商行政管理局、公安部、海关总署联合发出《关于加强文物市场管理的通知》，在重申了珍贵文物由国家或省、自治区、直辖市文物行政管理部门依法批准的单位在准许的范围内专营的前提下，对 1911 年至 1949 年间的文物监管物品的民间销售适当放宽了限制，在开放市场、满足民间收藏方面迈出了谨慎的一步。但是，一些地方政府或地方上的某些部门对文物商品的特殊性和文物流通的规律缺乏准确认识与把握，热衷于开办各种文物市场（旧货市场、古玩市场）。在监管过程中，管理部门之间缺乏协调，执法手段不足。文物市场的管理涉及文物、工商、公安等部门。对文物流通秩序实施有效监管需要具备较强的文物专业知识。按照有关规定，文物行政管理部门可以对文物市场流通的商品进行检查和鉴定，但对违法违规行为不能单独处罚，而其他有处罚权的部门又不具备文物鉴定能力，给市场管理带来不便，大大影响了监管的效果。监管力量不足也是市场混乱的重要因素，自国家机构改革以来，各地文物管理机构大都进行了精简或合并，多数省级文物行政管理部门没有专门负责管理文物市场的机构，有的甚至没有专职管理人员，基层的力量就更为薄弱。面对遍地开花的文物监管物品交易市场（有的称旧货市场、古玩市场、古玩城），管理起来难免力不从心。再比如文物拍卖问题，有关文物拍卖的法律法规的不够完善和法规之间缺乏衔接，导致了目前对文物拍卖的理解和管理上的混乱。1992年10月，北京市首次举行国际文物拍卖会，引起强烈反响。1994年，国家文物局开始进行文物拍卖的试点工作，出台了几个法规性文件，制定了比较详细的规则，严格控制了试点范围和试点企业数量。有关省市文物行政管理部门注意把握审批、鉴定等一系列管理操作程序，保证了文物拍卖活动的有序进行；试点工作取得了令人满意的效果。1996年，国家文物局专门下发《关于加强文物拍卖标的鉴定管理的通知》［（96）文物文字第1187号］，明确规定文物拍卖标的的鉴定许可工作由省、自治区、直辖市文物行政管理部门组织实施，并报国家文物局核准。重申出土文物、依法没收追缴的文物、国有文物收藏单位的馆藏文物、国有文物商店收存的一和二级文物不能进入拍卖市场。对具有特别重要价值的文物，要在一定范围内定向拍卖。1997年，《中华人民共和国拍卖法》颁布实施后，由于该法对文物拍卖未作详细规定，与原有文物法规的衔接不够紧密，一些条文也缺乏可操作性。其中关于拍卖企业文物拍卖资格的审批程序和从业人员资格的认定程序缺乏必要的具体规定，对违反文物拍卖规定的行为没有提出处罚措施。由于《拍卖法》自身存在的缺陷及人们对文物拍卖政策理解上的偏差，再加上高利润收益的诱惑，文物拍卖企业数量由试点时的不足十家迅速增加到百家以上，行业内部开始无序竞争，管理出现新的混乱。

从主观上讲，文物流通领域秩序混乱的原因主要是我们对文物流通规律的研究还比较薄弱，思想认识不统一，管理措施不得力。对改革开放中不断出现的新情况、新问题缺乏深入分析，有的同志对文物市场存在问题的危害性缺乏清醒认识，存在无所谓的思想；有的同志对管理好文物市场信心不足，存在畏难情绪。这都直接影响了市场的规范管理工作，应该引起我们的高度重视。我们必须充分认识，在市场经济体制建立过程中，有许多问题需要我们不断研究，总结经验，探索其运行规律，才能使市场经济健康发展。这次整顿和规范文物市场既是完善社会主义市场经济体制的重要组成部分，也是推进社会文明进步的内在要求。各级文物行政管理部门要切实负起责任，积极会同有关部门，下定决心，坚定信心，抓住时机，加大力度，把文物市场整顿好、规范好。

三、突出重点，标本兼治，扎扎实实地做好整顿和规范文物市场工作

今年4月，国务院决定在全国范围内开展整顿和规范市场经济秩序的工作，对整顿和规范文物市场提出了明确的要求，为我们进一步做好社会文物管理工作提供了难得的机遇。根据《国务院办公厅关于进一步整顿和规范文化市场秩序的通知》，结合当前文物市场存在的主要问题，我们要重点做好以下几方面的工作：

（一）依法清理整顿文物监管物品市场

文物监管物品必须在依法批准的文物监管物品经营场所内销售。经批准设立的文物监管物品交易市场必须成立由所在县（市、区）文物、工商、公安等部门参加的监管机构，依法对市场内的经营者及其销售物品进行管理。各省、自治区、直辖市文物行政管理部门应会同公安、工商行政管理等部门对已开办的文物监管物品交易市场进行清理整顿，不符合规定的一律关闭。整顿期间，停止审批新的文物监管物品交易市场。

（二）规范文物拍卖市场

拍卖企业经营文物拍卖，必须具备《中华人民共和国拍卖法》规定的条件。文物拍卖标的拍卖前必须经过文物行政管理部门鉴定、许可。各省、自治区、直辖市文物行政管理部门要严格执行国家文物局《关于加强文物拍卖标的鉴定管理的通知》［（96）文物字第1187号］的规定，对住所地行政区域内文物拍卖人的所有文物拍卖标的进行鉴定，并在文物拍卖人发布拍卖公告15日前将文物拍卖标的资料和鉴定意见报国家文物局备案；属于珍贵文物的，须经国家文物局核准。国家文物局将颁布有关规范文本。违反上述规定的，文物行政管理部门应提请当地工商行政管理部门依法查处。

（三）整顿和规范文物购销经营单位的经营活动

依法加强对国有文物商店资产质量的审计，加强对销售文物的鉴定工作。依法批准成立的文物购销经营单位销售文物前，应当主动报请国家文物局认定的文物出境鉴定机构进行鉴定，经鉴定不允许出境的文物应建立专门档案，珍贵文物须报省、自治区、直辖市文物行政管理部门备案，属一级文物的，应报国家文物局备案；销售时，应当真实提供文物的名称、年代及是否允许出境等基本情况，明码标价。不得以假乱真，以次充好。同时要积极探索国有文物经营单位在市场经济新形势下的改革道路，改善经营状况，提高文物经营活动的社会效益与经济效益，充分发挥其在文物经营中的主渠道作用，建立符合社会主义市场经济条件的新运作体制，为国家发现和提供更多的珍贵文物，为文物保护事业提供更多的资金，同时有效地防止国有资产的流失，树立国有文物经营单位在文物保护和社会主义精神文明建设中的新形象。

（四）清理文物复仿制品市场，取缔非法经营

所有文物复仿制品必须做出标识，销售时要明确告知购买者。不得以假乱真，更不得以经营文物复仿制品为名，买卖出土文物、国有馆藏文物。对已经进入流通领域而未作标识的文物复仿制品要限期清理，今年底以前全部退出市场。国家文物局将与有关部门协商，尽快研究制定《文物复仿制品经营管理办法》

（五）加强协作，严厉打击文物犯罪活动

各地文物行政管理部门要积极配合公安、海关、工商等部门，采取切实有效的措施，进一步加大对盗窃、盗掘、盗卖、走私等各种文物犯罪活动的打击力度，依法严惩犯罪分子。各文物出境鉴定站要严格执行《文物出境鉴定管理办法》等有关文物出境的法律法规，进一步做好文物出境鉴定工作，确保珍贵文物不流失。

此外，随着网络经济的发展，网上拍卖、网上销售成为新的商业模式。最近，重庆有关部门查获了通过国际互联网进行的倒卖文物案件。请各地文物行政管理部门配合有关部门加强监督管理，采取有效防范措施，预防和打击此类犯罪。

四、提高认识，加强领导，确保整顿和规范文物市场工作取得实效

文物是中华民族文化的物质遗存，是建设有中国特色的社会主义文化的重要源泉。全面正确贯彻文物工作方针和原则，按照《文物保护法》等有关法律法规，整顿和规范文物市场秩序，促进文物的合法有序流通，可以满足广大人民群众收藏、鉴赏、审美的需要，有利于促进身

心健康，提高科学文化素质，增强民族凝聚力。文物市场直接关系到社会主义物质文明和精神文明建设的协调发展，对代表中国文化的前进方向，发展面向现代化、面向世界、面向未来的民族的科学的大众的社会主义文化，促进全民族思想道德素质和科学文化素质不断提高，为我国经济发展和社会进步提供精神动力和智力支持，都具有重大影响。整顿和规范文物市场秩序，既是巩固我国现代化建设与改革开放成果、进一步树立良好国际形象的重大举措，也是全面推进社会文明进步的内在要求。我们要认真学习江泽民总书记《在庆祝中国共产党成立八十周年座谈会上的讲话》，从实践"三个代表"重要思想的高度，充分认识整顿和规范文物市场秩序的重要性、紧迫性、长期性和艰巨性。

各级文物部门要认真学习国务院有关整顿市场经济秩序的文件和中央领导同志的讲话，统一思想，掌握政策，研究制定切实可行的整顿和规范文物市场的措施。国家文物局将会同有关部委制定出台《文物市场整顿规范方案》。各省、自治区、直辖市文化文物行政管理部门要在党委、政府的领导下，结合本地区文物市场现状，尽快商经贸、公安、工商行政管理、海关等部门制定切实可行的治理整顿工作方案，明确治理整顿的目标、任务和时间安排。有关部门要从大局出发，主动配合，相互支持，齐抓共管，对文物监管物品交易市场、文物购销经营单位、文物拍卖企业，严格进行清理、审查、整顿，对未经严格审批或经过审批但问题比较突出的经营活动和市场坚决予以取缔。严厉打击非法经营活动，确保治理整顿工作取得实效。国家文物局将会同有关部门组成工作组分赴各地，对文物市场的整顿工作进行督促检查。

进一步加强舆论宣传，广泛发动群众。各地要制定此次整顿和规范文物市场工作的宣传计划，加强电视、广播、报刊、网络等媒体的舆论监督，加大宣传报道力度。要公布举报电话，实行举报奖励制度，充分调动广大群众参与治理整顿工作的积极性，在全社会形成共同抵制、严厉打击文物市场各类违法违规经营活动的良好态势。

同志们，建立一个健康有序的文物市场是社会主义市场经济的必然要求，我们应该在认真总结过去工作经验教训的基础上，加强对新情况、新问题的调查研究，尽快完善有关的法律法规与规章。继续坚持

"保护为主，抢救第一"的文物工作指导方针，坚定不移地贯彻"有效保护，合理利用，加强管理"的原则。按照国务院的统一部署，坚持常抓不懈、持久作战，齐心协力、团结奋斗，积极争取各级党委、政府支持，广泛动员全社会的力量参与，对文物市场的发展进行正确引导，加强规范管理，维护文物市场的健康发展。

中央最近召开了十五届六中全会，对加强和改进党的作风做出了具有重要历史意义的决定。我们要把学习贯彻六中全会精神和江泽民同志"三个代表"重要思想结合起来，以迎接党的十六大为动力，做好整顿和规范市场经济秩序的各项工作。

2001 年 9 月 27 日

在整顿和规范文物市场秩序座谈会上的讲话

关于当前《文物保护法》修订情况及西部文物保护工作向全国人大教科文卫委员会的汇报

各位常委、各位委员：

我就文物保护法的修订情况以及西部大开发中的文物保护工作，从六个方面作出汇报：

一、当前文物工作的基本情况及存在问题

党和政府一向重视文物博物馆工作。新中国成立五十年来，我国文物事业不断发展、进步。中央和地方普遍建立了文物保护管理的行政机构和保护研究机构；初步形成了一支具有较高政治、业务素质的专业队伍和较完整的文物保护管理体系；形成了以《中华人民共和国文物保护法》为核心，行政法规、部门规章及地方法规相互配套的文物保护法律框架；文物保护正在逐步科学化、法制化、规范化。我国已经参加了全部（总共4个）有关文物保护的国际公约。通过文物普查和登记等大量基础性工作，基本廓清了我国现存文物的数量、分布和保存状况。

我们也认识到，目前我国文物事业发展的总体水平仍与我们这样一个有着五千年文明历史的文物大国的地位不相适应，与我国人民日益增长的物质文化和精神文化需求不相适应，与我们所面临的维修、保护、利用文物的繁重任务不相适应。特别是当前，文物遭受破坏的情况还很严重，主要表现在：

（一）当前大规模的基础设施工程、旧城改造工程等基本建设项目的进行，一方面给文物考古工作提供了获取新资料、取得新进展的良

机，另一方面也在某种程度上使由来已久的基本建设与文物保护的矛盾更加突出。随着城市化、城镇化的不断发展，一些古代文化遗址已被蚕食；一些大型工程基建项目对各地的大型古代文化遗址的保护形成冲击，受损较为严重；在一些城市、特别是历史文化名城的改造中，由于决策失误或规划不当，许多有价值的古代和近现代文物建筑、历史街区被拆毁。

（二）盗窃馆藏文物、盗掘古墓葬的犯罪活动屡禁不止，日趋严重。据各地上报的文物被盗案件统计，2000 年全国发生文物被盗案件（不含盗掘古墓、走私文物、倒卖文物等案件）42 起，其中未遂 5 起，已侦破 15 起，丢失文物 269 件。发案次数和丢失文物数量分别比 1999 年上升 13.5% 和 81.8%。发生的文物被盗案件中，博物馆（含文物管理所）馆藏文物被盗 6 起，占发案总数的 14.2%，田野石刻、寺庙文物被盗 36 起，占被盗案件总数的 85.7%。盗掘文物犯罪分子已形成智能化、武装化、专业化、暴力化团伙，集盗、运、销、走私出境于一身，许多团伙与境外不法分子相勾结，形成国际文物犯罪网络。

（三）文物市场管理松弛，文物走私活动猖獗，文物外流严重。近年来，一些大中型城市的旧货市场十分活跃，非法经营文物特别是出土文物的现象很普遍。一些地方对非法经营文物的问题更处于无人管理和失控状态，文物流失海外现象十分严重。据不完全统计，2000 年海关通过邮递渠道查获文物 248 件，旅检渠道查获文物 1082 件，邮政快递渠道查获文物 133 件，货运渠道查获文物 788 件。各种渠道共查获非法走私文物 2251 件。如果将地下非法文物走私和海关未查获文物也计算在内，文物非法流失是一个触目惊心的数字。

二、《文物保护法》执行过程中存在的主要问题

《文物保护法》是我国文化领域里的第一部专门法律，1982 年由第五届全国人大常委会第 25 次会议公布实施，1991 年该法的第 30 条、第 31 条又做过修正。近二十年的实施情况表明，这部法律基本符合我国文物保护工作实际，对我国的文物保护工作发挥了巨大的积极作用。《文物保护法》所确立的文物保护基本原则，已为实践所证明是完全正确的。这一基本原则既符合中国的国情，也与国际社会保护人类文化遗产的要求相一致。客观地讲，没有《文物保护法》，我国的文物保护事业就不可能取得今天这样的成就。

但是，在《文物保护法》的贯彻执行过程中，仍然存在着许多问这其中既有法律本身不是十分严谨，领会理解方面存在歧义的问题，也存在有法不依，执法不严，法人违法、以言代法等执法不力的现象。更为主要的是，由于《文物保护法》制订时间较早，社会主义市场经济体制建立过程中出现的一些新的问题在法律中缺乏有效和科学的界定，使我们在实践中难于及时制止和处理各种违法行为，影响了法律效力的发挥。另外，部分地方领导干部对有关文物的法律、法规和文物保护工作的重要性和深远意义认识不够，没有把文物工作放到应有的地位，有的甚至搞地方保护主义，也在客观上助长了文物违法行为和犯罪分子的气焰。尽管我国已经参加了所有的文物保护国际公约，但公约中许多科学的原则和规定还没有在国内立法中得到反映和具体化。

三、修订《文物保护法》的必要性及目前工作情况

随着社会主义市场经济体制的逐步建立和文物工作客观形势的变化文物保护法本身存在的一些问题和不足也逐渐暴露了出来。首先，文物保护的管理制度和措施应该有相应的调整和完善，文物保护工作在新的实践中形成的一些行之有效的制度和措施也需要进一步补充到法律里去，使法律的一些规定更加明确、更具有可操作性。第二，由于经济建设的全面发展和不少建设单位法制观念淡泊等原因，人为的建设性破坏文物情况日趋严重，需要在法律中进一步加强文物行政管理部门和有关部门的行政审批权力和行政执法力度。第三，近些年来，私人收藏文物已成为社会上的热点之一进一步明确和加强有关管理制度和措施，正确引导个人的收藏行为，需要在法律中有所体现。第四，随着改革开放和我国文物保护国际合作的进一步开展，国际社会公认的文物保护的具体原则和制度，也应根据我国的实际情况在法律中尽可能地得到反映，因此，为了在社会主义市场经济体制条件下更加科学、规范和有效地保护好文物，全面深入地贯彻党中央、国务院"保护为主，抢救第一"的

文物工作方针，以及"有效保护，合理利用，加强管理"的原则，有必要对《文物保护法》作进一步的修订完善。

根据全国人大教科文卫委员会和国务院法制办公室的意见，国家文物局从1996年下半年起开始了修订完善《文物保护法》的有关准备工作。通过多次的全国性调研和小型讨论会，并与全国人大教科文卫委员会和国务院法制办等部门的有关负责同志和有关专家进行座谈，统一了思想，达成了共识。确定了修订的基本指导思想，即坚持文物工作方向，适应社会主义市场经济体制的要求，遵循文物工作自身规律，为文物保护提供更加充分和完备的法律保障，促进文物工作和文物事业繁荣、发展，促进社会主义精神文明建设。

在征得八届全国人大常委会原则同意和在国务院的统一部署下，从1996年起，我局经过两年多的努力，完成了关于修改《中华人民共和国文物保护法》的具体建议和修改草案，于1998年6月经文化部审议通过后上报国务院。法律修订草案上报后，修订工作主要由国务院法制办主持进行，我局予以积极配合。国务院法制办高度重视《文物保护法》的修订工作，前后共召开了近20次不同类型的征求意见座谈会和调研活动，明确将此次法律修改的重点确定在加强管理措施、规范文物流通领域和强化文物行政执法权力三个方面。另外，《文物保护法》的修订还分别征求了国家计委、建设部、国家环保总局、国家旅游局、国家工商局、公安部、海关总署、最高人民法院、最高人民检察院、中国社会科学院等单位的意见。今年1月5日，李岚清副总理在听取国家文物局工作汇报时，肯定了《文物保护法》修订的原则和内容。9月21日，国务院常务会议原则通过了《中华人民共和国文物保护法（修订草案)》，即可上报全国人大常委会审议。

四、关于《文物保护法》修订的基本内容

（一）关于修订的基本原则。强调了必须坚持党中央、国务院提出的"保护为主，抢救第一"和"有效保护，合理利用，加强管理"的原则，遵循文物工作自身规律，适应社会主义市场经济体制要求，为文物保护提供更加充分和完备的法律保障，促进文物工作和文物事业繁荣、发展，促进社会主义精神文明建设。

（二）修订的重点内容之一是加强管理措施。比如明确将具有科学价值的音像资料纳入受保护的文物范围。增加了有关文物分级和鉴定的条款。党中央、国务院关于"保护为主，抢救第一"和"有效保护，合理利用，加强管理"的方针和原则，也在这次修改时写进总则，作为法律固定下来，在对不可移动文物的管理方面，规定对未公布为文物保护单位的不可移动文物也要由地方政府登记并加以保护。对历史文化名城的保护，增加了对历史文化街区的保护内容。为防止国有不可移动文物的流失，规定国有不可移动文物不得转让、抵押，不得作为企业资产经营。在建设工程涉及文物保护单位或已经登记的文物时，增加了公布可能埋藏文物密集区域的制度，规定应根据文物保护单位的级别，由建设单位事先会同文物部门进行文物调查和勘探。对考古发掘工作的管理，建立了考古发掘单位的资质制度，加强了对考古发掘活动的监督和管理，明确了出土文物的保管或收藏单位由省级或者国家文物行政管理部门指定。明确规定在基本建设工程范围内进行文物调查，在有可能埋藏文物的地方进行勘探时，对发现的文物，首先应由文物行政管理部门提出保护意见，并同有关部门共同商定处理办法。

（三）规范文物流通领域的管理，是目前文物保护工作亟待加强的环节，也是修订的重点。首先是完善国有馆藏文物的保护管理制度，规定文物收藏单位的法人在离任时，应当按照馆藏文物档案办理移交手续。在保证文物安全的前提下，对馆藏文物的合理利用也作了规范，如馆藏一般文物中较多的重复品，经主管文物部门批准，可以在馆际有偿转让。针对文物盗窃、盗掘和违法走私活动，需要进一步从制度上、源头上予以遏制，为此草案修改、补充了有关的规定，如进一步明确了对文物经营单位的资格审批和管理措施，明确规定文物经营单位收购或者保存的珍贵文物，应当报有关文物行政管理部门备案；文物经营单位销售的文物，应当在销售前进行鉴定。国有馆藏文物禁止出售、赠与或者出借给国有文物收藏单位以外的法人或者其他组织、个人。为减少文物拍卖对地下文物、馆藏文物保护的负面影响，加强了对文物拍卖的管理，强调未经审批为拍卖文物的拍卖企业，严禁拍卖文物；委托拍卖的文物，由省级文物行政管理部门进行鉴定、许可，拍卖文物的企业应对文物拍卖标的来源和去向进行登记，文物拍卖企业不得经营文物购销业务，文物购销经营单位不得经营文物拍卖业务。禁止设立中外合资、合作或外商独资的文物购销经营单位和文物拍卖企业等。此外，草案还进一步完善了文物的进出境管理制度，明确了文物进出境的核查制度和程序。

（四）完善法律责任规定，强化文物行政执法权力，是法律修改的重点之一。我们建议在不削弱其他有关行政部门行政执法权的前提下，加大文物行政管理部门的行政执法权。文物行政管理部门承担了保护文物的主要责任，这是法律明确规定的，但文物部门的执法能力非常薄弱，法律并没有赋予文物部门应有的执法权和应有的执法力度。对《文物保护法》执法情况的检查，一直是通过全国人大代表和政协委员进行短期检查，没有形成明确、固定的监督检查制度。因此我们建议加大文物部门行政执法的权力。这次修改中，关于法律责任部分，主要从三个方面入手，一是与现行刑法相衔接；二是补充了应当受到行政处罚的行为，加大了处罚的力度，如违法经营文物的，最高可处罚违法经营额 5 倍的罚款，没有违法所得的，最高可以处以 50 万的罚款，单位违法经营文物的，还要追究单位负责人的责任；三是对文物部门和从事文物工作的人员的违法乱纪行为，从各个方面都从严、从重予以处罚。在 40 多项行政处罚中，文物行政部门被赋予了较多的行政执法权力，明确了行政执法主体地位。

五、《文物保护法》修订工作中出现的一些具体争论问题

《文物保护法》的修订工作涉及面较广，在修订工作过程中出现过一些争论，是很正常的，有些争论没有明确的内容所指。有些争论是由于对情况了解不够或对法律草案条文理解片面所致，当面解释后问题就解决了。但由于思想观念和对文物保护工作理解的不同，也有些争论是比较突出的，主要有以下几点：

（一）文物市场是否要放开

这方面的争论已有很长时间。一些人认为，只有全面开放文物市场，才能适应市场经济的需要，才能消除文物走私现象，才能促进全民保护文物新体制的建立。这种说法我们认为是不科学的。任何市场都需要管理和调控，作为经营特殊商品的文物市场更要严格监督和政府宏观调控。文物市场的放开有个度的问题，即要看它是否有利于文物的保护。修改草案在经营资格、经营范围和经营程序方面规定一些新措施、新制度，也就是表明不能全面放开文物市场，而是有限的、规范的适度放开，这也是文物保护的客观需要。市场经济不是不需要规则和措施。当前文物市场需要的是公开和透明的规则，逐步实现规范化。

（二）博物馆藏品是否可以投入流通

一些人认为，博物馆藏品不投入流通，就是捧着金饭碗要饭吃。将它们投入流通领域，由社会收存，可得到部分文物保护经费，卸掉博物馆的包袱，又活跃了民间收藏。这里涉及几个相关问题：博物馆藏品的定义？我国的藏品是太多还是太少？藏品的功能如何体现？博物馆馆藏文物保护经费应该如何解决？我们认为，博物馆藏品是国家的珍贵文化财产，所有权是国家的。目前我国博物馆藏品仅只一千一百多万件，还不抵美国华盛顿史密森博物院的藏品数量，应该说我国文物藏品数量与我国历史地位是不相称的。博物馆藏品在科学研究，社会教育及历史、革命传统教育中正发挥着越来越大的作用，对观众特别是青少年起着潜移默化的作用。作为社会公益性事业，国家应该从经费上、政策上保障这项事业的正常开展，而不应该提倡出售博物馆藏品来养活博物馆，这在世界上都是没有先例的。因此，我们不主张把博物馆的文物藏品投入流通。

（三）上级政府部门能否调拨国有馆藏文物

一些人认为，上级部门根据需要调拨馆藏文物，将严重影响地方博物馆收藏、保护文物的积极性。这里有个最基本的也是常识性的问题：中央政府代表国家行使国有文物的所有权。任何地方政府和博物馆，都是受中央政府之委托，代为保管属于国家所有的文物。如果上级部门不能调拨文物，国有文物的所有权性质如何体现？因此，在这次法律修改中，我们仍然强调了国家和省级地方人民政府有权根据需要调拨全国和本省行政区域内的馆藏文物。

（四）禁止公民和法人收藏不能证明其来源合法的文物，是否会对

民间收藏活动产生难以预计的打击

一种观点认为，为避免对民间收藏活动带来不利影响，政府不应强调收藏文物来源的合法性。这个说法也是站不住脚的。只有在法律中明确规定私人收藏文物的合法途径和民间收藏活动的各种不得所为，才能有效地对文物流通领域的各种行为进行规范和管理。在这次修改中，特别根据市场经济体制建立过程中民间文物收藏的新情况，对私人收藏文物的几个合法途径和几个出售渠道都作了规定，这是在进行了充分的调研和征求意见的基础上确定的，不存在对民间收藏活动的打击问题，而是更有利于民间文物收藏及文物保护。

（五）建立文物登记建档制度，是否会严重阻碍对文物资源的合理利用

任何一项管理工作的基础都是摸清家底。对国有文物的登记建档工作是文物保护管理的前提之一。不建立文物登记建档制度就会形成一笔糊涂账，科学管理和依法管理就无从谈起。科学、严格的管理手段只会使文物在安全的条件下得到更加合理的使用，而不会对文物的利用造成严重阻碍。没有管理的使用是不合理的，甚至是非法的。

总之，在法律修订的过程中，我们配合国务院法制办就以上问题进行了大量的调研和论证工作。特别在文物流通领域，更是反复征求了不同观点的专家、行政管理者、国有博物馆工作者、私立博物馆管理人员及现存古玩市场、旧货市场管理人员和有关人员的意见，经过认真分析、研究才确定在法律中明确一些新的管理措施和制度，目的还是为了保障文物工作能在市场经济体制条件下健康顺利地发展。另外，关于历史文化名城的保护问题，一些意见认为现有法律中缺乏应有力度，可设立专门一章予以规范，或者设立"历史建筑保护区"并在文物保护法中作出原则性规定。这一问题，我们希望文物保护法在人大审议时能予以研究和考虑。

六、关于西部大开发中文物保护工作情况

党中央决定实施西部大开发战略后，国务院办公厅于 2000 年 9 月印发了《关于西部大开发中加强文物保护和管理工作的通知》，为了落实这个《通知》的精神，按照党中央、国务院的统一部署做好西部大

开发中的文物保护工作，国家文物局随即在乌鲁木齐召开了西部地区文物工作会议。这次会议以邓小平理论和江泽民同志"三个代表"的重要思想为指导，认真学习、贯彻了国办《通知》精神。在统一思想，提高认识、交流经验的基础上，结合西部地区的实际，研究了加快西部文博事业发展的基本思路和落实国办《通知》的具体措施，明确了工作重点，取得了一些初步的成果。现将有关情况汇报如下。

我国西部地区是中华文明起源和发展的重要地区之一，具有丰厚的传统文化底蕴和博大精深的内涵，有许多重要的历史文物古迹、文化遗址，如周、秦、汉、唐都城遗址和帝王陵寝、长城烽燧、丝绸古道、边关要塞、石窟石刻等，同时还有中国共产党为新中国的建立和民族解放，领导各族人民进行艰苦卓绝斗争的历史见证。这些历史遗迹和革命文物是各族人民在这里生活、繁衍和进行革命斗争的历史见证，是中华民族开发西部、建设西部的历史丰碑。同时，它们也是对广大人民群众进行爱国主义、社会主义、革命传统教育、增进民族团结、抵御国外敌对势力渗透破坏和维护祖国统一、保卫边疆安全的生动教材。

为了保护好这些珍贵的历史文化遗产，国家和西部地区各级政府投入了大量的人力、物力、财力，已经初步建立了各级文物保护、管理和研究机构，一些濒临毁灭的重要文物得到了不同程度的维修保护。许多重要的考古发现为研究西部地区的历史文化和自然环境变迁提供了珍贵的资料。这些成果，为西部地区文博事业的发展奠定了重要的基础。但是由于西部地区社会经济发展水平相对落后，文物保护还面临不少困难，存在一些问题。主要表现在：

一是文物保护专业队伍薄弱。专业人才匮乏。据我局不完全统计，西部十省、区、市（不含宁夏和西藏）文博专业人员总数不足全国总数的20％，其中具有大学本科以上学历的人员仅占14.52％，研究生以上学历的人员仅有0.89％，具有副高级以上专业技术职称的人员仅占4.1％。这些数字远低于全国平均水平。

二是文物犯罪活动猖獗，文物安全形势愈发严峻。据不完全统计，近几年来，西部各地文物被盗案件每年都占全国的40％左右。去年3月24日和5月4日，甘肃省庆阳地区华池县双塔寺一座宋代12米高的石造像塔被犯罪分子分两次盗走，震惊全国。类似事件在陕西、新疆、四川、重庆、宁夏和内蒙古等省区都有发生。

三是许多作为宗教活动场所的文物保护单位，文物底数不清，缺乏相应的安全防范措施，文物被盗事件时有发生。一些寺庙由于缺乏必要的文物保护常识，为招揽香客，擅自对寺院内的残破塑像或壁画进行重塑或重绘，造成无法弥补的损失。

四是利用文物发展旅游和经济，急功近利，竭泽而渔，只想利用文物赚钱，忽略文物保护。一些地方不顾文物的承受能力进行超负荷、破坏性利用，错位开发，甚至不顾文物的专业特点和公益性事业的性质，作为地方或部门资产转包或承包给旅游公司去开发。

西部文物工作会议以后，针对西部地区文物工作存在的主要问题，我们有针对性地采取了一些措施，并取得了较好的效果。今年 8 月下旬，我局在拉萨召开了西藏文物工作座谈会暨全国文物系统援藏工作会议，重点研究、落实了李岚清副总理关于布达拉宫二期维修工程、罗布林卡及萨迦寺维修工程的指示和北京市等 12 个东部省区对口支援西藏文物保护工作的相关事宜。当前，在西部文物保护工作方面，已经在做的工作主要有以下几个方面：

（一）加强西部地区文博事业发展战略研究，制订西部地区文博事业发展规划

实施西部大开发战略是一项长期、艰巨的任务，加快西部地区文博事业建设，必须统筹规划，有重点、有步骤、分阶段扎扎实实地推进。为此，我们已经安排各地按照国办《通知》的要求，抓紧研究制订或修改当地文博事业发展规划，抓好与生态恢复、城乡建设及基础设施建设、产业结构调整等的协调。比如，党中央提出的西部地区退耕还草、绿化荒山荒坡等生态保护和建设，以及产业结构调整等举措，为解决西部地区的文物保护，特别是面临耕作破坏的大遗址保护难题提供了极好的机遇，将会从根本上改变目前大遗址保护的被动局面。为此，我局草拟了关于大遗址保护专项规划思路，提出要从发展建设的角度对大遗址的抢救、保护和展示给予全盘考虑，以重点大遗址的治理为突破口，把保护展示体系建设与生态环境建设、区域经济发展紧密结合起来，处理

好长远与当前的关系，力求社会效益、生态效益与经济效益的有机统一。目前，我们重点抓的新疆吐鲁番、宁夏西夏王陵、陕西汉长安城等大型文化遗址的保护规划已初步完成，正在组织专家论证、修改。

（二）加大对西部地区文物保护经费的投入，确保重点文物保护项目的实施

西部地区文物众多，据初步统计，西部十二省、区、市现有的全国和省级文物保护单位2231处（其中全国重点文物保护单位400处），其中绝大多数古建筑需要投入资金维修，许多大遗址也缺少必要的保护措施，因此，我们在这两年的经费安排上加大了向西部地区的倾斜力度。1998年国家对西部12个省、区、市的文物保护维修补助经费为2477万元。2000年增长至4891万元，增幅为99%。同时，我们还将进一步与国家计委、财政部协商，争取集中有限的资金重点完成一些文物维修重点工程项目。如西藏布达拉宫、罗布林卡、萨迦寺、新疆克孜尔千佛洞、库木吐拉石窟、伊犁将军府、宁夏西夏王陵、黑龙江辽上京遗址、甘肃武威白塔寺、四川三星堆遗址、陕西汉长安城遗址、延安革命旧址等全国重点文物保护单位和重要的省级文物保护单位。其中，布达拉宫、罗布林卡、萨迦寺、西夏王陵等的保护维修已经报国务院批准正式立项，勘查工作也已基本完成，保护维修方案正在制定和完善。

（三）做好文物调查和重点文物保护区的划定工作

除已经安排西部各省区继续做好文物普查，组织人力积极做好配合西部大开发特别是大型基础设施建设的文物保护和考古发掘的前期调查工作，为西部大开发和文物保护提供科学依据外，我局要求西部各省区还要按照国务院的要求，在文物调查的基础上尽快做好重点文物保护区的划定工作，并经各省、市、自治区政府审查公布。《中国文物地图集》是反映我国现存文物分布状况的基本资料，除了对文物保护、科学研究具有重要参考价值以外，对经济建设，如工程选址也有重要参考价值。"十五"前三年，将完成《中国文物地图集》西部各省分册的编撰、出版工作。

（四）加快西部地区博物馆设施建设，发挥其在社会主义精神文明建设中的作用

博物馆是保管、研究文物和进行爱国主义教育、弘扬民族文化的重要阵地。根据西部博物馆事业发展的需要和地区分布，国家文物局将重点支持重庆市博物馆（中国三峡博物馆）、青海省博物馆、四川省博物馆以及宁夏、甘肃、新疆等重点博物馆的改扩建工程。鼓励和扶持兴办具有地方特点和民族特色的博物馆，并把适当建立民族文化保护区、民族保护村寨和生态博物馆以及与大遗址保护结合的遗址博物馆（陈列馆）作为西部博物馆工作重点。

（五）加强文博队伍建设，为西部文博事业培养人才

加快西部地区文博事业的发展，关键是人才。国家文物局将依托中国文物博物馆学院（北京大学文博学院）、西北大学文博学院、四川大学历史文化学院，根据西部地区的需要，继续举办少数民族业务干部培训班、西藏文物干部培训班和西部地区文物管理干部岗位培训班，定向为西部地区培养人才。目前，西藏文物班已开始招生。同时组织有关专家到西部地区文博单位举办专题讲座，尽快培养和提高西部地区专业人员的业务能力。我局还要求西部各省要根据本地实际和发展需要，研究制定引进高层次文博人才的政策，建立有利于吸引人才的良性机制，创造条件吸引和鼓励高水平的专业人才到西部工作，支援西部文博事业的发展。

（六）继续做好配合三峡工程的文物保护工作

当前，三峡库区文物保护项目已全面启动，大规模的实施工作已经展开，东中部各省区文物考古研究单位和中央有关单位继续支持和参与配合三峡工程的文物保护工作。在现阶段，西部各省区还把配合"西气东输"工程、油田开发、公路、铁路干线和水利基础设施建设作为考古勘探发掘工作的重点。各地文物部门都有专人负责此项工作，积极地做好组织协调。从目前情况看，上述各项工作进展顺利。

（七）正确处理文物保护与旅游发展的关系

大力发展旅游等第三产业，努力将其培育成为西部的支柱产业，是西部大开发战略中的一项重要内容。依托西部地区丰富多样的文物资源优势，发展具有历史民族特色的文物旅游，将会有效地促进区域经济发展和文化建设，而且也将会吸引更多的社会资金投入到文物保护中来。

对此，我们给予了高度重视，并强调对西部地区丰富的文化遗产及其文物资源必须坚持中央关于"保护为主，抢救第一"和"有效保护，合理利用，加强管理"的文物工作方针和原则，实行保护性开发。

针对在利用文物发展旅游上出现的问题，我们强调，首先要有文物保护意识，利用要强调科学、合理、适度。对于已经具备开放条件的文物保护单位，管理者要主动瞄准旅游市场的需求，与旅游部门密切配合，积极合作，扩大、延伸文物资源综合利用的领域。对于目前由于客观条件限制而不具备向社会开放的文物点，管理者要有明确的态度，一方面认真地开展工作，积极地为开放创造条件，另一方面要反对受单一经济利益和眼前利益驱动而进行的盲目开发，防止以开发的名义对文物造成新的破坏。我们认为，对西部历史文化遗产的利用必须慎之又慎。要特别注意遵循文物保护的客观规律和要求，走可持续发展之路，不能急功近利。

（八）切实加强西部地区少数民族文物保护工作

全国55个少数民族的绝大多数都分布在西部地区，我国现有的5个民族自治区也全属于西部地区。少数民族文物工作是我国文物工作的重要组成部分，又是我国民族工作的重要组成部分，因此具有重要的政治意义。我们是从维护祖国统一和领土完整，加强民族团结的政治高度来重视少数民族文物工作的。当前，加强少数民族文物工作的重点，是对近现代少数民族文物的保护、管理和征集工作，抢救和保护一批具有独特风格的少数民族建筑群和传统村寨，制止近现代少数民族文物的流失。最近国务院公布的第五批全国重点文物保护单位就包括了一大批少数民族文物，如新疆喀什的艾提卡尔清真寺、云南大理喜洲白族古建筑群等。同时，我们要求各地必须按照国办《通知》和国家民委、国家文物局《关于加强少数民族文物工作的意见》的精神，切实加强西部地区的少数民族文物保护工作。

西部大开发为文物事业的发展带来了难得的机遇。大规模经济建设的开展，客观上为文物工作者提供了更为广阔的用武之地，成为推动文物事业发展的基本动力。今后，我们还要积极做好国办《通知》的宣传工作，要使各级政府和广大文物工作者都明确在西部文物保护中各自的责任和义务，要把各级政府和广大文物工作者对西部文物保护工作的认识都统一到国办《通知》精神上来。我们也热诚希望全国人大对西部文物工作予以更多的关心和支持，推动西部大开发中的文物保护工作健康、顺利发展。

以上汇报，不妥之处，敬请批评指正。

2001 年 9 月 28 日

关于长沙走马楼三国吴简整理
保护工作情况的汇报提纲[*]

左侧竖排：张文彬文博文集

1996 年，在长沙走马楼发现了极有价值的大批三国吴简。吴简出土后，国家文物局立即将有关情况上报文化部并呈报国务院领导同志，得到了中央领导的高度重视。近年来，江泽民、朱镕基、李瑞环等党和国家领导人都先后参观了这批简牍并给予高度评价，充分体现了党中央、国务院领导对文物工作的高度重视和对文物工作者的巨大关怀。

一、出土情况与意义价值

1996 年 10 月，长沙市文物工作队配合城市基本建设，在市中心走马楼街 50 号地下 9 米的 22 号古井内，清理出土共计 15 万至 17 万枚三国吴简。国家文物局将长沙简牍出土情况迅速上报，中共中央政治局委员、国务委员李铁映同志批示："这是一次重大的文物发现，一定要全面妥善保护好，组织专家进行系统的整理和研究，并规划设计文物的展览保存，列入长沙市的建设规划中。"

这批简牍主要是三国孙吴（222～280 年）早期长沙郡与临湘侯国（县）的地方行政、司法、财务、赋税、户籍档案文书，按形制可分为大小木简、木牍、竹简、封检、标识签牌等，按内容可分为佃田租税券书、司法文书、黄簿、名刺及征收钱粮物品的账簿等，涉及吴国的政治、经济、军事、文化、租税、户籍、司法、职官等许多方面。

走马楼吴简的数量超过了 1996 年之前的 20 世纪中国出土简牍的总和，被评为当年全国十大考古新发现之一，今年又被评为 20 世纪百项

---

* 这是向国务院领导同志汇报工作的材料。

重大考古发现之一，有学者把 70 年代以来先后发现的简帛出土列为本世纪继甲骨文、敦煌石室文书等发现以后文献资料的最重大的发现。

走马楼吴简的发现，不仅填补了我国简牍出土的一个空白，而且还以其丰富的内容使我们了解三国孙吴时期的政治、经济、军事、文化、赋税、户籍、司法、职官等许多方面，对深入研究当时经济关系、阶级关系、赋税制度、典章制度以及当时的社会生活等都提供了新的历史信息，对中国历史学与中国学术史必将产生巨大影响。此外，这批简牍的字体有隶书、楷书、章草、真草等，在中国书法史研究上也占有重要地位。由于三国时期战乱频仍，三国时代的文献文字材料也十分匮乏，文献史料传世甚少，过去出土的三国时代的简牍数量特别稀少，这批珍贵资料经过整理出版后永久保存，必将大大推动对三国时期吴国社会政治历史，特别是经济史的研究，促进世界汉学研究与三国史研究的持续升温，对进一步扩大我国文物界的学术影响，确立我作为国际一流的简帛研究中心的地位，具有重要的意义。同时，简牍的研究、保护和展示也将对长沙地区的国际学术交流和旅游事业的发展具有潜在的良性影响，并将有力推动长沙市建设历史文化名城和发展博物馆文化战略目标的实施，对树立我国政府重视文物保护的良好国际形象也具有特殊意义。

二、整理保护工作进展情况

1997 年 5 月，国家文物局在长沙主持召开吴简保护整理方案专家论证会，同时成立了长沙走马楼三国吴简保护整理工作领导小组。国家文物局局长张文彬同志担任组长，中共湖南省委常委、宣传部长文选德等同志担任副组长，领导小组下设总体方案制定组、整理组和保护组，立即着手开展有关工作。

简牍的保护和整理是密切相关的两大方面，保护包括揭剥与清洗、改善和控制保管条件、脱色、拍照与记录，为长期保存及展出而进行的脱水等等，是整理工作的前提和基础。整理工作包括对清洗后的简牍进行记录、释读、为出版进行拍照、研究出版等，对保护工作提供指导意见，为进一步的研究创造条件。

（一）整理

整理组以长期从事简牍整理研究工作的中国文物研究所科研人员为

主、由北京大学历史学系著名学者田余庆等指导、长沙市文物考古研究所参加，经过一年多的努力，终于在五十年国庆之际出版了《长沙走马楼三国吴简》第一卷《嘉禾吏民田家莂》，上下两册，大8开，上册图版356页，下册释文、注释345页，合计701页，内容主要是走马楼22号井发掘报告和2141枚木简的释文、图版。该书是国内出土简牍发掘整理出版最快的学术报告，被著名学者裘锡圭先生誉为"简牍整理出版史上的奇迹"，受到学术界普遍好评，荣获2001年国家古籍整理图书奖二等奖。目前，国内外学者已经广泛地展开了对这批重要资料的研究。日本还专门成立了"吴简研究会"，已经出版了《嘉禾吏民田家莂研究》论文集。2001年8月，长沙三国吴简暨百年来简帛发现与研究国际学术研讨会在长沙举行，160余名国内外学者与会，其中国外学者70余人。

由于走马楼吴简数量特别巨大，第一卷《嘉禾吏民田家莂》出版后，还将陆续出版10卷大16开的图书（约10万片竹简）。目前，第二卷的1.1万支竹简的释文和拍照工作已经完成，预计可在2003年年初出版。

（二）保护

走马楼吴简的保护工作也取得了显著成果。保护组由文物保护专家胡继高先生担任组长。到今年8月长沙市文物考古研究所已清洗出简牍116909枚，其中因建设破坏而扰乱的简牍71225枚，抢救发掘的简牍45684枚，已经完成整体清洗工作量的60%以上，同时成功揭剥出一批内容连贯、编连顺序清晰、较为完整的简册，为今后的整理工作打下了良好的基础。

目前简牍保存在长沙市博物馆的地下简易库房内。为了达到简牍保护的要求，已经对库房进行了局部的改造，增添了空调，安装了紫外灭菌灯，并有专人负责保管，定期检查，更换药水，简牍保存条件得到较大改善。对目前尚未进行脱水处理的简牍的保存环境温度基本控制在摄氏25度以下，平均每三四个月更换一次。经过不断探索，目前已有效地控制了霉菌对简牍的侵蚀，防止了大批简牍可能发生的霉变和损害。已发表资料的2141枚大木简均已装入囊匣保存，现存市博物馆一般库房，采用去湿机及药物缺氧防霉。

为了更好地保护、研究、展示走马楼三国吴简，发挥博物馆的教育功能，长沙市政府已将长沙简牍保护研究中心列为全市的重点工程，工程立项已经湖南省计委批准并得到国家计委的同意（国家计委已拨付2000万元）。项目总投资6600万元，占地30亩，现已正式破土动工，将于2002年9月完成布展并对外开放。

三、整理保护工作计划

由于走马楼吴简数量多，内容十分丰富，需要投入的人力、物力、财力较大，工作周期长，因此必须制定科学的整理和保护计划，有步骤、分阶段地开展工作。基本原则是，整理与保护并重，社会科学与自然科学充分结合，齐头并进，相互促进，争取同时完成。

（一）整理计划：走马楼吴简的整理出版项目，已经列入国家"十五"重点图书出版规划。作为一个具有总结性的简牍整理项目，我们计划全部整理工作在2008年年底完成。具体计划是，对10万余枚竹简，每1万枚左右出成大16开的包括图版和释文注释的精装图书，每卷约700余页，共计10卷。自2002年至2008年，以每两年整理编辑三卷书的速度进行。中期目标是：在2004年年底争取完成6万片的整理出版工作。

在整理出版竹简的同时，大力推动研究工作。一边整理出版，一边撰写研究论文，并培养一批中青年研究人员，多出成果。争取每隔两三年有一本论文集问世。

（二）保护计划：完成对简牍的日常保护、管理、防霉、防腐、防火等工作。抓紧对竹简脱水、脱色保护，力争在2010年完成全部出土简牍的脱水、脱色保护任务。通过项目招投标等方式，尽快确定脱水、脱色保护的最佳技术方案，先做试验，取得成功经验后全面推开。中期目标是，2004年完成6万枚简牍的脱水、脱色保护任务。

四、整理保护工作需要加强的几个方面

（一）简牍的技术保护。随着清理工作难度的加大（大量简牍大块粘接在一起），增加了脱水、脱色技术难度。我国文物科研人员经过多

年实践和探索，总结出一些行之有效的方法，主要集中在中国文物研究所、上海博物馆、湖北省荆州博物馆等单位。目前我国的几种竹简脱水、脱色技术保护方法在国际上尚属领先，但如何使这批竹简脱水、脱色后字迹清晰又不使竹简受损，还需要进一步联合攻关。

（二）人才的使用和培养。由于简牍的整理和保护工作涉及社会科学和自然科学的许多学科和许多领域，需要大量专业人员投入大量精力，现在整理组和保护组主要成员年龄偏大，急需引进和培养中青年专业工作者。同时，对于如何充分发挥高校和科研院所的人才优势，加强整理和保护中的研究工作，调动一切积极因素完成简牍的整理和保护等方面，都是需要探索和解决的紧迫问题。

（三）经费方面。经费包括整理研究出版经费和保护经费。经过初步测算，整理研究出版经费需要投入818万元，保护经费需要投入2208万元，两项总计为3026万元。上述经费是从文物保护专项补助经费中逐年按项目预算审批拨付，我们将继续做好经费的科学管理和合理安排，加大每年的经费支持额度。此外，据湖南省和长沙市反映，正在建设中的长沙简牍保护研究中心，目前尚有1000多万元的资金缺口，我们将与有关部门积极研究，提出解决办法。

2001 年 10 月 16 日

仰韶文化发现的重大意义
和深远影响[*]

80年前，中国近代考古学尚属一片空白，由中国北洋政府聘请的瑞典地质学家、考古学家安特生及袁复礼先生等在时任中国地质调查所所长的中国学者丁文江、翁文灏等先生和渑池县政府的支持下，对河南省渑池县仰韶村、不召寨村等三处史前遗址进行了考古调查、发掘，发现了以磨制石器与彩陶共存为特征的史前文化。这是在中国发现的第一个史前村落遗址，是安氏在中国进行的最大最详细的一次发掘。他将这次发现命名为"仰韶文化"。这是中国近代考古学史上出现的第一个考古学文化名称，为研究中国史前文化开辟了广阔的前景，影响深远，意义重大。

第一，仰韶村遗址的发掘，是我国新石器时代考古和近代田野考古学的发端。在1921年仰韶遗址发掘之前，我们还没有确切的证据证明中国有新石器时代遗存，有些外国学者或传教士曾经宣扬中国文化西来说，认为中国没有自己的史前文化，没有自己的石器时代，后来的中国文化乃至人种都是从西方传播过来的。由于有仰韶村及后来一系列的遗址发现和发掘，不但说明我国存在着非常发达而且富有自己特色的新石器时代文化，是世界新石器时代文化的重要组成部分，而且使那些主张中国无石器时代的理论不攻自破。

第二，仰韶文化的发现和研究为探讨中国文明起源提供了重要线索

---

* 本文系张文彬同志在仰韶文化发现八十周年纪念大会上的讲话，后发表于《中国文物报》2001年11月9日第1版，发表时有删节。本书采用的是删节发表稿。

和基础条件。仰韶文化发现后，为国际学术界所注目。自此以后，我国的田野考古发掘才逐渐开展起来，并且从新石器时代的研究扩展到旧石器时代、青铜时代和铁器时代，逐步建立了中国考古学体系，使中国的考古学研究成为当前众多学科中的一支重要学科。而新石器时代的考古发掘和研究为探讨中国文明的起源和夏商文化的研究奠定了基础。

第三，仰韶文化遗址的发掘和研究，成为研究史前社会的重要基础，以无可辩驳的事实证明了华夏文明源远流长。新中国成立以后，我国考古学者十分重视河洛地区新石器时代考古研究。1951 年 6 月，著名考古学家夏鼐先生，带领考古调查团对渑池仰韶村再次进行了调查发掘。此后，经过中央、省市考古工作者的广泛调查和重点发掘，在郑、洛、三门峡地区新发现了大量仰韶文化和龙山文化遗址，最终确认了仰韶文化与龙山文化的早晚关系，彻底澄清了安特生当年的一些模糊、混乱认识，有力地批驳了"仰韶文化西来说"。经过 50 年来对大量仰韶文化遗址的发掘和研究，其内涵更为丰富多彩。它以黄河中游为中心，北到长城沿线及河套地区，南达湖北的西北部，西到甘肃、青海接壤地带，东至河南东部，共发现遗址 1000 余处，以其分布之广泛、延续之长久、内涵之丰富、影响之深远而成为中国原始社会文化中的一支主干，它展现了中国母系氏族制度从繁荣到衰落这一时期的社会结构和文化成就。仰韶文化在长达 2000 年的历史进程中，逐渐形成中华民族原始文化的核心部分，它不断吸收周围诸文化的因素，又给周围文化以不同程度的影响，共同为中华民族文化机体的形成奠定了基础。因此，可以说仰韶遗址的发掘开创了近代田野考古学的先河，是中国新石器时代考古的基础。

今天，令人高兴的是，仰韶文化研究取得了新的突破和发展。几十年来，我们在伊洛地区不仅已经积累了自裴李岗文化至龙山文化各个时期的大量考古资料，而且对全国新石器时代文化谱系、类型、分期有了全面深入的分析，更有一些中青年同志，在前辈学者指导下，运用聚落考古的方法，从聚落分布、单个聚落的形态和聚落内部遗迹三个相关方面分析入手，对新石器时代聚落的发展、演变做全面深入的考察研究，其学术意义是深远的，标志着新石器时代考古研究进入了一个新阶段。

这是非常重要的一步，由此将会对新石器时代社会内部结构、人口地理分布区域、氏族形成和发展及文明起源作出科学的阐释，必将推动中国上古社会历史文化研究的深化。

现在，中国考古学已经进入了一个全新的发展时期，在党和政府的支持下，通过全体考古工作者的共同努力，中国的田野考古会更加完善、更加科学，研究范围、研究手段会更加扩大，现代自然科学技术的使用将更为广泛。培养一批高水平、高素质的考古队伍，提高发掘质量、研究水平，使中国考古学在国际考古学界享有更高的声誉，已成为时代对我们的要求和历史赋予我们的光荣使命。

在这大好形势下，我们要认真学习领会江泽民同志"三个代表"的重要思想，以弘扬中国的先进文化为己任，发扬严谨治学、实事求是、与时俱进、理论创新的学风和开拓进取、艰苦奋斗、淡泊名利、无私奉献的精神，进一步做好文物考古工作，把我国的考古学研究推向新的高度，为社会主义两个文明建设做出新的更大的贡献！

2001 年 11 月 9 日

仰韶文化发现的重大意义和深远影响

在《启功书画集》出版
座谈会上的致辞

尊敬的李瑞环主席，尊敬的各位领导、各位来宾：

今天我们在这里隆重地举行《启功书画集》的出版座谈会，首先请允许我代表国家文物局，对前来参加今天盛会的各位领导、嘉宾，表示最热烈的欢迎和衷心的感谢！

启功先生是一位在海内外享有盛誉的著名学者、教育家、诗人、书画鉴定大师、杰出书画家，他还担任全国政协常委、中央文史馆馆长、北京师范大学教授和国家文物鉴定委员会主任委员。几十年来，他为保护祖国文化遗产、弘扬中华民族文化倾注了大量心血，作出了重大贡献。启功先生学识渊博，刻苦勤奋，对中国古典文学、文字学、历史学、碑帖、宗教学都有精深的研究，而他的诗、书、画艺术创作更是炉火纯青，神采照人，其价值之高有目共睹，其数量之多，无人能够具体地统计出来。令人欣慰的是，文物出版社和北京师范大学出版社把启功先生近三百件书画作品结集出版了这本装帧精美、印制精良、品位高雅的图书。《启功书画集》的出版发行，对于文博界、出版界、艺术界、教育界都是一件功德无量的好事，我们对此由衷高兴，并表示热烈的祝贺。

《启功书画集》里，启功先生有许多精湛的诗文，或单独成篇，或点缀于落款、题跋之中，是启功先生学识渊博、才华横溢、治学严谨的具体表现。正是因为有这些诗文的存在，才使得这本书更有了沉甸甸的感觉，让人从心里感到"不看书画读文章"也是一种莫大的精神和艺术享受。这些诗文里包含了启功先生对世事的洞察、对人生的品位、对艺术的探讨和对自己内心世界的深刻剖析，其实就是他世界观的完全展观。哲理是深刻的，语言是幽默的，这是启功先生一贯的风格，使得我们在轻松和欢娱中受到了很大的教益。

我国历史悠久，文化源远流长。几千年的文明积淀，创造出大量的奇珍瑰宝，令世人瞩目。但是由于各方面的原因，祖先留给我们的文化遗产也遭受了严重的损失。面临我国古书画亟须鉴定和抢救的严峻现实，根据李瑞环同志的指示，在中共中央宣传部和文化部的支持下，国家文物局组成中国古代书画鉴定组，启功先生和徐邦达、谢稚柳等几位老前辈学者，挺身而出，担当起了这个重任。他们不惮寒暑，历尽八个春秋，足迹遍布大半个中国，考证了数十万件的古代书画。在这一阶段里，启功先生不知道流出了多少汗水，付出了多少心血。如果我们用功不可没来形容启功先生为抢救文化遗产、弘扬民族文化所作出的贡献，是丝毫不过分的。今天，我们要再次郑重、真诚地向启功先生表示衷心感谢和崇高敬意！

明年是启功先生的 90 华诞，各界的人士曾经要求以多种方式为他祝寿，但是都被他拒绝了。所荣幸的是我们有机会为他举办这样一次座谈会，文物出版社和北京师范大学出版社为了编辑这本书，在各界社会力量的帮助下，用了两年多的时间，花费了大量的心血，终于圆满完成。我们谨把此书献给敬爱的启老，以此表达对德高望重的启功先生的爱戴和敬意。感谢他几十年来坚持操守，严谨治学，给我们留下了如此宝贵的财富，衷心祝愿他健康长寿。

2001 年 12 月 1 日

在山西省文物局长座谈会上的讲话

我十分高兴来山西参加这次全省的市、地文物局长座谈会。

去年施联秀同志主持省文物局工作以来，山西的文物工作取得了显著的进展，令人兴奋、喜悦。我感到联秀局长主持工作一年多时间，做了大量的工作，也显示出联秀同志政治强，有能力，有魄力，有水平，深入实际，调查研究，很快进入了角色。我想最显著的就是，在省委、省政府的关怀、重视和支持下，经过局党组的努力，解决了市、地一级文物行政部门机构问题，使今天在座的各位参加到这个行列里来，这是非常不容易的事情。再一个，全面安排部署了全省的文物工作，一年来进展很大，各项工作取得这么大的进展，确实令人兴奋。现在来讲，我看到从省文物局党组到机关各处、室再到各市、地文物局，精神振奋，全心全意地投入工作，给我一个很大的鼓舞。刚才施联秀局长的总结讲话讲得很好，我看这次会是一次经验交流会，也是一次见面通气会，还是一次任务培训会。"三会合一"用了一天半时间，开得很圆满，很成功。所以，借这个机会，我代表国家文物局，也代表老文物工作者，热烈地欢迎新到文物战线工作的各位局长，让我们大家共同努力，为完成祖国文化遗产的保护工作作出自己的贡献。下面，我讲几个问题。

第一，要充分认识山西文物工作在全国文物工作中的重要地位。山西是中华民族的摇篮和发祥地之一，不仅具有丰富的历史文化遗产，而且具有光荣的革命传统，也留下了大量的革命史迹，这是对我们进行爱国主义和革命传统教育的最好教材，保护好、发挥好、管理好这批珍贵的文化遗产和革命史迹，是我们山西文物工作者得神圣职责。因此，做好这项工作我们应该感到无上光荣。第五次全国重点文物保护单位国务院常务会议审订，最后朱镕基总理亲自签字，一次性公布了580处，现在一共有全国重点文物保护单位1268处，其中山西增加了63处。现在山西省全国重点文物保护单位总数达119处，省级文物保护单位351处，县级的5600多处。这么大量、丰富的历史文化遗产在全国是不多见的。说山西是中华民族的摇篮和发祥地之一，真不是一句空话。襄汾丁村遗址距今20多万年，夏县东下冯遗址是夏文化的见证，实际上对夏文化的争论已经很久了，夏就在山西晋南、陕西的西部、河南的东部交界处，而东下冯遗址极为重要，所以中国社会科学院一直到目前还在山西设有工作站。还有晋南曲沃天马、曲村晋国遗址以及过去发现的战国时期的侯马遗址、朔北的汉墓群等。古建筑就更不用说了，从北到南多得不得了。全国元代以前的古建筑山西占了三分之二，71%～72%是在山西。为什么这次公布第五批国保单位时给山西增加那么多？主要是力图保护元代以前的古代建筑。明清建筑在全国比较普遍，在山西不算什么，但是在外省明清建筑放在很重要的位置。在山西晋南的村子里元代以前的戏台比较多。还有雁门关外的应县木塔，以及浑源悬空寺、五台山佛教圣地、离石的资寿寺、平遥双林寺等等，寺院佛教的、道教的很多。山西文物有这么几个特点。一个是古代建筑冠盖全国。元以前的占全国71%～72%这样的数量。你们统计好像是一万多处，包括明清建筑。第二个特点是民居闻名中外。民居建筑现在是一个比一个大，简直不得了。山西晋商应该说对我们国家是做出重大贡献的。实际上那个票号就是现在银行的前身，后来发展中断了，所以民居建筑和票号、商号的发展，和山西商业的兴起有很大关系。我们过去叫重本抑末，商业最终未能在山西兴起，不是偶然的现象，它也反映了山西经济的发展，而且这种发展是在中国以农业立国的基础上的发展，这是真正的中国特色，是中国自己走向农业发展道路的一个缩影，一段路程，很值得我们深入研究。所以说在民居建筑的背后实际上有很多问题值得研究，这是一个很大的特点。第三个特点，山西戏曲文物也是独树一帜的。它反映了一个意识形态，是文化的发展，是经济的发展，在侯马墓葬里出土的一些戏曲文物，还是反映在壁画里边。戏曲实际上是一门综合的艺术，像关汉卿的一些文学创作，比如《窦娥冤》等元曲的出现，反映了当时山西在这方面占有独特地位。第四个，就是革命的史迹遍布全省。比如太行八路军总部和晋冀鲁豫、晋察冀、晋绥三个革命根据地。所以说山西这个地方是进行爱国主义和革命传统教育的最好的教材，最好的课堂。比如，你要研究文学，我们戏曲文学的资料有；你要研究历史，历史史迹的资料有；你要研究古建筑，从南到北，从北到南遍地都是教材。所以，梁思成当年跑到山西做调查，完成了中国古代建筑史这样一部著作。所以我说，充分认识山西文物在全国的地位，要我们现在从事这个工作，我觉得确实很有必要。有很多同志过去做党委和政府的工作，有了工作经验后再来具体做文物工作，我觉得只会是使我们自己知识更加丰富，并且对我们认识自己民族文化的地位会有极大的帮助，对我们自身也是极大的提高。因为这些民族的文化遗产在弘扬民族文化，凝聚民族力，提高民族素质，增强民族自信心，实现我们中华民族的伟大复兴进程中，都有独特的优势、地位和作用。所以现在各级党委政府都空前地重视文物工作。

第二，要贯彻落实"保护为主，抢救第一"的方针，自觉做好文物保护的各项工作。联秀同志全面做了总结，第一就是始终坚持文物工作的方针和原则。我完全同意。因为优秀文化是一个民族的灵魂，是一个民族发展的旗帜，是建设有中国特色社会主义文化的重要组成部分。一个民族如果没有灵魂，没有旗帜，它必然要迷失方向。保护好丰富的文化遗产就是为我们建设有中国特色社会主义政治、经济、文化做好我们自己应尽的职责。这里我觉得应注意这么几点：

1. 要把握文物具有不可再生性和历史继承性的属性，把坚持文物工作的方针放在首位。只有把握住文物的不可再生性和历史继承性这个根本的属性，才能把文物放在重要位置去自觉贯彻执行好。文物是中华民族发展历程的记录，是中华民族文明历史的载体，是实物的见证，是不可再生的文化资源。比如，唐代丝织物，是唐代人民所创造的，是那个时候的人民给我们留下来的历史见证，反映的是那个时代人民物质和精神的产品，而复制的就是今天的产物。而且，历史文物具有历史的继承性，是一代一代传下去的。老文物工作者都熟悉，青铜器里边总有一句话，叫"子子孙孙齐用宝"。我们的责任就是要把现在留存的文物保护好、管理好，一代一代地传下去。去年，我到应县去，还有建设部副部长周干峙，中国科学院、工程院的几位院士以及一些专家，主要是论证木塔如何维修。这个事我很着急，主要是应县木塔至今已存在了快1000年了，能不能让它在我们手里再存一千多年呢？这是我们的职责。国家文物局每年都要花200多万左右，到现在为止已花去800多万了，但还没有开始修呢，还在征求意见、方案，听取各方意见，咱们山西也有不同意见。我想这个不同意见有好处。由此我也得到了一个启示。我就给文物保护司交代，一个就是公开在电视台上、在网络上征求方案，让大家提，第二个就给科技处讲，向科技部争取一个科研课题。干这件事情一定要把握文物的特性，来贯彻好"保护为主，抢救第一"的方针和"有效保护，合理利用，加强管理"的原则。

2. 要坚持为两个文明服务的方向，正确处理好文物保护与基本建设、与旅游开发的关系。文物功能很多，最重要的功能就是进行爱国主义和革命传统教育。另外一个功能就是无价的经济资源，也是旅游的一个重要资源。我们常说外国人到中国来看什么？人家主要是想看文化，看我们的历史文化遗产。故宫每年接待旅客750万人次，国外观众120万人次，受不了了。十天前李岚清副总理视察故宫，我们也向他汇报了，要采取一些措施，比如提高一下门票价格，否则，旅客这么多，对故宫损坏相当厉害。这个问题当中我觉得要特别注意处理好文物保护利用与基本建设的关系、与经济发展的关系。

关于和基本建设的关系，早在上世纪60年代，周总理就曾确定过一个"两重两利"的方针，就是"既有利于经济建设，又有利于文物保护"，搞考古要重点保护，重点挖掘。比如，在三峡工程的一次汇报会上，邹家华副总理就要求，要重点保护，重点发掘，因为全部发掘达不到，我们只能是挖一部分。这个方针在50年代、60年代是有效的，改革开放以后，仍然要坚决贯彻执行这个方针。长沙，1997年我们就发现一个档案库，几十口古井中有两口出土了大量的简牍。发现古井时，长沙市的考古工作者就提出要求停工，但长沙市政府办公室的一位同志不理这回事，说我们好不容易引进来外资，从日本引资修大楼，你们说不让干就行了？他满不在乎。第二天清晨我们国家文物局知道后立即报中央批准，要求立即停工。结果发现了 17 万枚竹简，差不多相当于新中国成立以来发现简牍的总和，大大丰富了对三国时期吴国历史、文化、赋税、户籍、司法制度的研究，可惜的是挖出来后原址全部被破坏了。现在要搞简牍博物馆，如果你能在原址搞起博物馆，成为展示中心、研究中心、保护中心，功德无量，但现在无可挽回了。如何处理好这些矛盾和关系，确实是我们必须深入思考的东西。不光国有单位是这样，现在各种所有制的建筑工程企业在进行工程建设时，也要遵守《文物保护法》，在工程建设之前先进行勘探挖掘。刚才联秀同志讲，山西在大运高速公路建设之前先进行考古勘探，这符合文物保护法。这次全国人大在讨论修改《文物保护法》时，原来水利部部长杨振环同志提出今后在国家建设工程项目里，应该有一章叫作"文物保护篇"，说明已经引起各方重视。

关于文物和旅游的关系，我认为文物工作和旅游工作之间没有矛盾，总体来说是个资源共享、协调发展的关系。问题是怎样处理好。应该在保护的前提下充分开发和利用好文物资源来促进经济发展，这是社会的要求，是人民的要求，也是我们文物工作者应该记住的。如果我们能这样认识问题，在保护的前提下充分利用发挥好这些文物资源，就可以协调发展，这也是符合规律的。现在的问题是，有的同志、有的部门没有正确处理好这个关系，首先讲我们文物部门，人家说我们保守，倒也不一定是这样，但往往老是跟人家说，这个不许做，那个不许干，那么人家反问什么允许做？你要告诉他到底什么可以做，什么地方可以把它转化为能够开发利用的东西，要出主意，想办法，共同研究，发挥好文物作用。当然，我绝不同意现在有的地方要把文物上市或叫资产重组，以牺牲文物为代价换取经济的一时发展是不可取的，那是会给民族文化遗产带来灾难的，也会上对不起祖宗，下对不起子孙后代。在这次全国人大审议《〈中华人民共和国文物保护法（修订草案）〉议案》过程中，无论是在南京的座谈会还是在北京的会议上，都一致认为应该在草案中明确规定"国有不可移动文物不得转让、抵押，不得作为企业资产经营"，更不能用企业改制的方法来管理文物，在这一点上大家一定要统一认识。任何改变文物管理方式，用商业办法管理文物都是不合适的，是违犯法律的，是破坏性的做法。如山东曲阜、江苏徐州事件等。我们一定要明确地认识到，保护好、利用好、发挥好文物是为发展经济服务的。山西本身就是古代建筑的博物馆。唐代古建筑多，一千三百多年历史完全可以介绍，只是我们在推行上有欠缺。比如，安伽墓和虞弘墓的出土就在陕西、山西，是中西文化、中原文化和中亚文化交流历史的见证，这些东西我们应该展示出来，宣传出去，可以从大量文物中选择一部分搞一些复仿制品。当然，复制品不能多弄，要经过国家文物局批准，要少量的经过编号的。仿制品可以搞一些，但你得按工艺品来销售。总之是可以做文章的。美国大都会博物馆全年创收 3.2 亿美元，不要说它经营别的，光自己一层经营部收入就是 1.7 亿美元，现在国家文物局已经派人去学习。简单讲，如果我们能把展览工作搞好，把文物保护单位的各项工作做好，把环境整治好，我们就可以吸引大批旅客带动我们的宾馆业、服务业及整个第三产业的发展，这难道不就是你的贡献吗？当然，我不同意经营文物资产，而必须由专业人员从事文物保护工作。

3. 要加强地方性文物法规建设，严厉打击盗窃文物和走私文物犯罪活动，确保经济秩序和社会秩序稳定，确保文物安全。联秀局长刚才讲了防火问题。其实我到北京工作以后，成天提心吊胆的就是这个问题。故宫六百多年历史了，一旦发生火灾不得了。对山西来讲，古建筑的安全是第一位的。这么多古建筑，当局长是不能白当的，现在国务院有追究重大责任事故的规定，千千万万不要出问题。江总书记在上海当市长时曾讲过"隐患险于明火，防灾胜于救灾，责任重于泰山"。我们大家都是责任重于泰山，一定要把安全工作放在第一位。不要认为没有问题。比如说，前年临汾尧庙失火，当时听到这件事我一下懵了，后来他们告诉我失火的是复建的尧庙。太原不是也失过火吗？警钟长鸣啊，已经活生生地摆在那了，不要认为是没有的事情，一万八千多处古建筑，特别是全国重点文物保护单位和重要的古建筑：绝对要安全，绝不能让文物在我们手中出问题。文物单位又都是开放场所，特别要注意。

4. 要大力发展博物馆先进文化，实施精品陈列展览，要把最好的精神食粮献给人民群众。搞展览不要马马虎虎，要搞精品展览。当然山西博物馆建设在省委、省政府的关心下，已经开工了，随后的展览也要反映山西的历史文化。我们各市、地博物馆一定要搞出特色，不能千篇一律，千馆一面，否则没有意思。我完全赞同联秀局长刚才讲的建设专题特色县级博物馆的提法。县县都要博物馆不可能，也没有必要。市、地也不要都建博物馆，要有特色，比如朔州的汉墓群博物馆、吕梁的汉画像石博物馆搞得不错。在这方面我们要做文章。我很敬佩吕梁建汉画像石博物馆，这是有远见的。在重视经济发展的同时，重视文物工作，这是很重要的体现。

5. 要加强文物科学研究和科技保护，确保文物能够子孙永葆。我最近去陕西看到，陕西的考古研究所和德国合作搞了丝绸之路实验室等几个实验室，还有文保中心，是跟意大利合作的，我想我们要在彩塑的保护研究特别是颜色的保护上下点工夫，你们可以和敦煌研究院合作。再就是古建筑这个问题要重视。山西省古建筑保护研究所承揽了不少工程，积累了不少经验，在具体工作上还可以，但在应用研究方面就欠缺一些。要研究一些具体的应用问题，科技研究是基础，但我们在开展科研上一定要端正学风，不要弄虚作假，哗众取宠。要实实在在、扎扎实实做一些工作，重要的课题也可以向国家文物局申报专项，争取一些经费。

第三，要认清形势，统一思想，坚定信心，扎实工作，开拓创新，团结前进。山西文物工作面临非常好的难得的形势，我们要抓住机遇，乘势而上，加快发展。应该说，21 世纪至少前 10 年山西的文博工作寄希望于在座的各位。怎么继承前人关系重大。我想，首先一定要认真学习"三个代表"重要思想，要以"三个代表"作为立身之基，以"三讲"作为我们终生的追求，扎实工作，转变作风。过去的问题就在于我们不讲学习、不讲政治、不讲正气所致，这个教训要永远记取。其次，要堂堂正正，公正廉洁，以身作则，率先垂范。如何对待手中的权力和获得的荣誉，这对每一个人是个考验。我们现在做文物保护工作，功在当代、利在千秋，人民会永远记得我们。在这方面，要更加自觉地处理好我们工作中的问题，要对得起党，对得起人民，不辜负党和政府对我们的希望。我们一定要警惕，要严于律己。再次，要用事业凝聚人才，要发挥专门人才的作用，搞好老中青三结合。最后，要减少应酬，不要瞎忙，廉洁自律，重视团结。团结就是力量，团结出生产力，团结出凝聚力，只有这样我们才可能做好工作，才会不辜负省委、省政府对我们的期望。

2001 年 12 月 6 日

把握选题　公开公正　科学管理

——在 2001 年度全国文物博物馆事业人文社会科学重点研究课题立项评审会上的讲话

尊敬的各位专家，各位评委：

首先，我代表国家文物局对各位专家出席今天的评审会，表示衷心感谢！

下面，我就有关文博系统人文社科重点课题的选题，立项和管理工作谈几点意见，与大家共同探讨，不当之处，请各位专家批评指正。

第一，课题的选题。

选题工作是任何科研工作的首要任务。题目选得好坏，对科研水平的高低具有十分重要的影响作用。文博系统人文社科重点课题的选题也是同样道理。去年我们在文博系统发布了《全国文物博物馆事业人文社会科学研究"十五"规划课题指南》，对文博系统的课题申报工作起到了积极的引导作用。除此之外，我认为，我们应当对当前和今后一个时期文物工作急需解决的重点、难点课题，排出个顺序，在全国文博系统，包括高校文博专业进行招标，集中最优秀的人才进行攻关。因此，在选题方面，招标课题的拟订是我们下一步工作的一个重点，建议明年立项课题中的招标课题应占一定比例。我不主张在科研工作中平均分配人力资源和有限的研究经费，我们要抓一批重点课题（例如博物馆文化的理论和实践、我国加入 WTO 后文物工作面临的机遇和挑战等等）。

第二，课题的立项。

我想简单地谈几条原则性意见。第一个原则是，课题立项的评审过程要做到公正、公开。从这次评审的程序来看，现在的 118 项课题都是经过了四次反复才产生出来，而且在评审结束后还要在《中国文物报》上刊载公示，接受社会监督。此外，我们邀请的评委有 60% 是随机产生的，这也表明了我们在课题评审工作方面的一个态度，就是要努力做到公正、公开。此外，对立项课题的进展情况和阶段性成果，我认为应该在《中国文物报》上开辟专栏进行介绍，加大宣传力度。第二个原则是，鼓励文博系统与高校文博专业合作申报课题。目前来看，文博系统拥有资料、信息优势，但缺乏较高层次的研究人才和学科带头人；高校文博专业拥有比较合理的人才结构和整齐的科研队伍，但是缺乏第一手资料，因此，鼓励文博系统与高校文博专业合作申报课题，既可以做到优势互补，产学研相结合，又能够在课题的攻关中培养一批人才，出一批高质量的成果，对促进我国文物博物馆事业的快速发展具有重要作用，这一举措得到了文博系统和高校文博专业的好评，我们还要继续探索。第三个原则是，研究课题向西部地区和少数民族地区倾斜。这个原则符合国家西部开发战略，道理我就不多讲了。我认为，倾斜的途径很多，既可以加大西部地区和少数民族地区立项课题所占比例，也可以鼓励东部地区文博单位和高校文博专业与西部地区和少数民族地区合作申报课题。第四个原则是，积极支持青年专家承担重点课题。我认为，在立项课题中，青年专家承担的课题，尤其是多家单位、多位专家组织的具有全局性的重大课题应该占到一定比例。

第三，课题的管理。

课题评审工作去年刚刚起步，我们已经制定了有关的管理办法和规定，这次评审就是根据这些办法和规定来进行的，这个头开得不错，但要在试行的过程中，及时总结经验，抓紧修订有关的办法和规定，尽快出台课题经费的使用和管理办法，发挥省级文物行政管理部门的作用，加强立项课题的监督、检查、验收工作，使课题的管理工作更加科学、规范。《全国文物、博物馆系统人文社会科学重点研究课题管理暂行办法》和《全国文物博物馆事业人文社会科学重点研究课题立项评审若干规定（试行）》已经发给各位评委，请大家给我们提出宝贵意见。

总之，我们课题立项评审的原则用三句话概括就是：把握选题、公正公开、科学管理。

2001 年 12 月 16 日

关于《文物保护法》修订工作致
彭珮云副委员长的信[*]

尊敬的彭副委员长：

《中华人民共和国文物保护法（修订草案）》在国务院和全国人大审议期间，您在百忙中一直给予了极大的关怀和指导，并亲自带队到山西、广东和江苏进行调研，对推进法律修订工作的顺利进行产生了重要影响。借此机会，我谨向您表示崇高敬意和衷心的感谢。

新中国成立五十年来，特别是改革开放以来，我国文物事业不断发展进步，中央和地方普遍建立了文物保护管理的行政机构和保护研究机构，初步形成了一支具有较高政治、业务素质的专业队伍和较完整的文物保护管理体系；形成了以《中华人民共和国文物保护法》为核心，行政法规、部门规章及地方法规相互配套的文物保护法律框架，文物保护正在逐步实现规范化、法制化。

但我们也认识到，目前我国文物事业发展的总体水平仍与我们这样一个有着五千年文明历史的文物大国的地位不相适应，与我国人民日益增长的物质文化和精神文化需求不相适应，与我们所面临的保护、维修、利用文物的繁重任务不相适应。在建立社会主义市场经济体制的过程中，文物保护工作也面临着新的困难和问题。在新的形势下，文物工作的社会环境已发生了很大变化，给文物工作既带来了机遇、也带来了挑战。

---

　　* 2002 年 4 月 22 日，全国人大法律委员会、全国人大常委会法工委办公室据此信编印了《法制工作简报（第二十一期）》。

面对这个形势，我于 1996 年到任后，即组织有关人员着手研究文物保护法修订的各项准备工作。

如您所熟知，《文物保护法》是我国文化领域里的第一部专门法律，1982 年由第五届全国人大常委会第 25 次会议公布实施，1991 年该法的第 30 条、第 31 条又作过修改。近二十年的实施情况表明，这部法律基本符合我国文物保护工作实际，对我国的文物保护工作发挥了巨大作用。《文物保护法》所确立的文物保护各项基本原则，已为实践所证明是完全正确的。这一基本原则既符合中国的国情，也与国际社会保护人类文化遗产的要求相一致。客观地讲，没有《文物保护法》，我国的文物保护事业就不可能取得今天这样的成就。

但是，在《文物保护法》的贯彻执行过程中，仍然存在着许多问题，这其中既有法律本身在法体、法理、法语等方面不够十分严谨，领会理解方面存在分歧的问题，也存在有法不依，执法不严，法人违法、以言代法等执行不力的现象。更为主要的是，由于《文物保护法》制订时间较早，社会主义市场经济体制建立过程中出现的一些新的问题在法律中缺乏有效的和科学的界定，使我们在实践中难于及时制止和处理各种违法行为，从而影响了法律效力的发挥。尽管我国已经参加了所有的文物保护国际公约，但公约中许多科学的原则和规定还没有在国内立法中得到反映和具体化。文物保护的国际公约，在很大程度上反映了各国保护文物的先进经验和国际社会保护人类文化遗产的决心。我国参加这些国际公约，不仅有向国际社会履行承诺的问题，也是有效借鉴、吸收先进管理方法和立法成果的最重要途径。

因此，为了在社会主义市场经济体制条件下更加科学、规范和有效地保护好文物，全面深入地贯彻党中央、国务院"保护为主，抢救第一"的文物工作方针，以及"有效保护，合理利用，加强管理"的原则，有必要对《文物保护法》作进一步的修订完善。

根据全国人大教科文卫委员会和国务院法制办公室的意见，国家文物局从 1996 年下半年起通过多次的全国性调研和小型讨论会，并与全国人大教科文卫委员会和国务院法制办等部门的有关负责同志和有关专家进行座谈，统一了思想，达成了共识。确定了修订的基本指导思想，即坚持文物工作方向，适应社会主义市场经济体制的要求，遵循文物工作自身规律，为文物保护提供更加充分和完备的法律保障，促进文物事业繁荣、发展，促进社会主义精神文明建设。

在征得八届全国人大常委会原则同意并在国务院的统一部署下，从1996年起，我局经过两年多的努力，完成了关于修改《中华人民共和国文物保护法》的具体建议和修改草案，于1998年6月经文化部审议通过后上报国务院。修订草案上报后，国务院法制办召开了近20次不同类型的征求意见座谈会和多次调研活动，并向全国各地文物行政管理部门征求了意见，明确将此次法律修改的重点确定在加强管理措施、规范文物流通领域和强化文物行政执法权力三个方面。另外，《文物保护法》的修订也分别征求了国家计委、建设部、国家环保总局、国家旅游局、国家工商局、公安部、海关总署、最高人民法院、最高人民检察院、中国社会科学院、中国科学院、北京大学等单位的意见。2001年1月5日，李岚清副总理在听取国家文物局工作汇报时，肯定了《文物保护法》修订的原则和内容。9月21日，国务院常务会议原则通过了《中华人民共和国文物保护法（修订草案）》并上报全国人大常委会审议。

《文物保护法》自修订之日起，有关内容条款就受到社会各界人士的极大关注。在国务院法制办公室审议修改法律草案期间，法制办对各种意见进行了深入细致的研究，从维护国家根本利益，切实保护好国家文化遗产的唯一宗旨出发，能吸纳的意见都尽量吸收进了有关条款中。但对于某些要求制订买卖国有馆藏文物条款的意见，国家文物局和局党组曾于2001年8月和9月专文呈报国务院法制办公室，郑重表明了坚决不同意的意见。

作为国家文物局局长，我的主要职责是在认真遵守国家宪法的基础上，依法保证出土文物、国有馆藏文物的国家所有权不容侵犯和绝对安全，同时在文物保护的各个领域最大限度地维护国家和人民的根本利益。我们不同意在文物保护法中规定出土文物可以买卖和将国有文物的所有权和保管权分离，也不能同意对国有馆藏文物出卖的规定。因为，文物保护法完全是从保护文物的各项基本要求出发而制订的，而国有文物所有权的分离和转让并不直接反映文物保护的基本要求，甚至与立法的宗旨相背离。我认为，国家是国有文物所有权的唯一主体，国有文物收藏单位只受政府的委托，保护管理本行政区域内的国有文物和国有馆藏文物，对国家负责。法律没有授权其可以占有和处分国家馆藏文物的权利。国有馆藏文物的调拨、交换、借展，应当由国家文物行政部门统筹规划，科学安排。其具体实施办法，可以责成国家文物行政部门制定报国务院批准。

目前，我国馆藏文物的种类、数量与一些文明古国（如埃及、印度、希腊）和一些发达国家（如美国、英国及西欧一些国家）相比仍不算很丰富，大量文物精品流失海外，还涉及地区的存量、地域的特点等问题，笼统把"文物较多的重复品"作为可以出卖馆藏文物的标准，既不科学，也很难操作。在没有确立国有馆藏文物处理的运行机制、没有规范、没有实践经验的情况下，由法律仓促规定出卖、处理馆藏一般文物并不具备立法条件。另外，在市场经济条件下，对国有馆藏文物的处理稍有不慎，就可能造成混乱，这在文物工作中是有前车之鉴的。我的意见是，我国文物保护工作不应当按一般商品流通盲目套用市场经济的一些做法，搞不好，就有可能出现一些如邓小平同志所指出的，成为混迹于艺术界、文物界的"唯利是图"的商人。而只能是坚持党中央、国务院提出的文物工作的方针和原则，遵循文物工作自身规律，按照社会主义市场经济体制要求，积极想办法去适应我国市场经济的发展，加大各项管理制度的改革力度，为弘扬中华文明，去努力实现代表中国先进文化前进方向的各项任务。

彭副委员长，《文物保护法（修订草案）》由国务院报全国人大审议后，我们配合人大教科文卫委员会、法制工作委员会对法律修正案有关规定的内容作了更为广泛细致的调查研究。我非常同意教科文卫委员会在二审时提出的有关原则性意见和修改的建议，我也参加了法制工作委员会在二审后提出的涉及馆藏文物、民间收藏文物内容草案的研究和修改，经过讨论，在一些重要问题上应该说已达成了共识。我认为，根据现阶段我国文物保护工作所确立的方针和原则，鉴于文物在本质上是具有不可再生、不可替代特性的文化资源，鉴于我国国有馆藏文物保护管理基础工作薄弱的客观现实，鉴于目前我国文物流通领域及市场发育尚不成熟，文物非法买卖情况严重，而文物行政管理部门执法力量微弱的特殊情况，在确保国有馆藏文物不流失的前提下，在民间收藏文物领域应该施行谨慎地适度放开，有序流通，规范流通的法律规定。

《文物保护法》的修订已进行了 6 年，我国广大基层文物工作者翘首企盼这部法律能够及早审议通过，我非常担心由于个别不同的意见和观点而将广大文物工作者、法律工作者为之辛勤劳动的成果付之流水。为了维护法律修订前后有关原则的一致性，维护 50 年来我国文物保护工作得之不易的成就，维护文物工作团结稳定的大好局面，维护改革开放以来文物法制建设所奠定的稳固基础，我恳请在您的亲切关怀和支持下，建议全国人大常委会能考虑我国广大文物工作者的心愿，按工作程序如期审议通过《中华人民共和国文物保护法（修订草案）》，以便政府特别是各级文物行政部门及时贯彻执行。

以上如有不妥之处，敬请副委员长批评指正。

顺致敬礼！并祝彭副委员长身体健康，工作顺利！

2002 年 3 月 22 日

关于《文物保护法》修订工作致彭珮云副委员长的信

加强自然科学与人文社会科学的
有机结合 推进中国古陶瓷研究

——在中国高等科学技术中心古陶瓷
科技鉴定研讨会上的讲话

尊敬的李政道先生，尊敬的各位学者、各位专家：

我原定于昨天下午赶往太原，参加应县木塔维修的讨论会，这个会议邀请了中国科学院和中国工程院院士，专门讨论怎样维修和保护应县木塔问题。然而就在昨天，突然听说李政道先生亲自主持的中国高等科学技术中心，在京召开这个古陶瓷科技鉴定研讨会，我非常高兴，于是临时决定今天上午参加这个会，下午再去山西。

1949年以前，我们对中国陶瓷的认识，基本局限在西晋以来。新中国成立以后，古陶瓷研究和考古发掘都取得了重要的进展。洛阳西周墓的发掘，发现了一批原始瓷器，种类有豆、罍、尊、瓿等，两面施釉，呈青绿色，敲击有声。根据自然科学技术手段的进一步检测，认识到中国在西周时期已经出现了原始瓷器。随后在郑州商城的一些考古发掘中，又确定了我国商代就有了更早的原始瓷器，这样，就将中国瓷器的历史大大向前推进了。瓷器的出现是在陶器发展的基础上产生的，根据考古学研究，中国早在距今万年前就开始出现和使用了陶器，也就是说中国陶瓷史已经有近万年的历史。由于陶瓷质地坚实，性能稳定，特别是瓷器耐酸防腐蚀，得以保存长远，记录了我国科技、文化、生产、生活大量的信息，其优美造型、装饰绘画，为鉴赏家所珍爱，成为我国悠久文明的见证。随着时间的推移，陶瓷窑址的考古发现层出不穷，有关科学研究也不断深入，其中著名窑址有龙泉窑、邢窑、定窑、磁州窑、汝窑、钧窑、耀州窑、景德镇窑、赤峰窑等，需要指出的是，所有这些工作和成果都离不开自然科学家的参与。但是从整体来讲，自然科学家参与得还不够全面和深入。在古陶瓷研究和鉴定方面，自然科学家与人文社会科学家，包括考古学家和文物鉴定专家的有机结合，或者说自然科学与社会科学的有机结合，开展系统的、权威的、深入的文物考古研究，应该说还是远远不够的。

如今，李政道先生主持的中国高等科学技术中心，拟从陶瓷科技鉴定入手，促成这一有机结合和多学科研究，这对于中国的考古学研究，对于中国的古瓷器研究，将起到极大的推动作用。

不久前，江泽民主席在两院院士大会上提出科技创新问题。他高屋建瓴，从代表先进生产力，代表先进文化的前进方向，代表最广大人民群众的根本利益高度，深刻阐述了科技创新的意义。江泽民主席的讲话，对于我们文物考古事业，同样具有重要的指导作用。五十多年来，中国文物考古取得的辉煌成就引起世界各国学术界的极大关注和赞扬。加强多学科协作，特别是更多注意从自然科学角度深入揭示我国古代文明的内涵，将从更深层次展现和认识中国悠久的历史文明，这对于弘扬中国的历史文化传统，增强中华民族的自信心、自豪感，提高全民族的科学文化素质，实现中华民族伟大复兴，都具有重要的历史和现实意义。在这一方面，国家文物局将积极支持中国高等科学技术中心开展这一课题研究，并将提供一切可能的方便条件，把对中国陶瓷的研究提高到一个新的水平。

2002 年 6 月 4 日

充分论证　科学维修

——应县木塔保护维修工程专家论证会上的讲话

尊敬的各位院士、专家、各位领导、同志们：

今天，山西省应县木塔修缮保护工程管理委员会在这里组织召开应县木塔保护维修方案专家论证会，在此，我代表国家文物局对大家表示热烈的欢迎；同时对一直关心、支持和积极参与应县木塔保护维修工程的各界专家、领导表示衷心的感谢；对应县木塔修缮保护工程管理委员会、山西省、朔州市、应县政府及有关部门卓有成效的工作表示由衷的敬意。

大家知道，应县木塔是世界上现存最古老、最高的木结构楼阁式塔，是我国传统建筑艺术的杰出范例，建成至今已近千年。木塔的建造及所经受的考验，充分体现了中华民族和中国人民是富有创造精神的、勇于并善于创新的伟大民族和伟大人民，是能够以自己的努力，攀登先进科学技术高峰，为人类做出巨大贡献的伟大民族和伟大人民。雄伟壮丽的应县木塔不仅是中华民族的优秀文化遗产，同时也是全人类的宝贵财富，其历史、艺术、科学及文化、建筑史上的价值是举世公认的。确保这一优秀的文化遗产得到有效的保护，并传之于子孙后代是我们这一代人神圣使命和义不容辞的历史责任，同时也是落实江泽民总书记"三个代表"重要思想，实施科教兴国战略，弘扬民族先进文化，推动科技创新，振奋民族精神的一项重要举措。

应县木塔历经千年沧桑，经受了许多天灾人祸的侵害，已经出现严重险情，必须及时进行抢救维修。此次保护维修在应县木塔的历史上史无前例，举世瞩目。党中央、国务院领导对应县木塔的保护维修工作非常关心。今年年初，李岚清副总理在听取国家文物局的工作汇报时，又就木塔保护维修问题作出了重要指示，要求采取有效措施，切实保护维修好木塔。中央领导的重视和社会各界的关心和关注，给该项工作提出了更高的要求。在维修工程中，我们必须贯彻"保护为主，抢救第一"的方针，不改变文物原状，最大限度的保留木塔蕴藏的丰富历史信息。在具体操作步骤上，我们也要解放思想，实事求是，继承传统工艺，推进科技创新。我们今天邀请这么多的知名专家论证木塔保护方案，目的只有一个——就是确保高质量地完成木塔保护维修工程。

这次会议的主要目的，刚才张柏同志已经介绍过了：一是对前一阶段已经完成的工程前期准备工作作一总结。主要是就木塔现状分析研究（如木塔残损原因及机理研究课题的设置是否全面，其结论是否准确等）的结果作出科学的评估。二是在此基础上，对有关设计单位提交的四个维修方案逐个进行评审，对每一个方案的可靠性、可行性做出结论。三是对四个方案进行比较，评估其优劣。最后，提出倾向性推荐意见。由此可以看出，这次专家论证会是应县木塔维修工程中最为关键的一个工作步骤。基于这个会议的重要性、关键性，木塔维修工程管委会在邀请专家时除了考虑与会专家必须是各相关专业的权威以外，还重点考虑了与会专家在木塔维修技术观点等方面也必须有广泛的代表性，以确保维修方案更为科学、完善，并高质量地完成这一关键的工作步骤，为下一步工程的实施打下坚实的基础。希望各位专家在今后几天的研究、论证过程中，都能充分发表意见，特别是对我们前一阶段的工作、对四个维修方案的缺点、不足提出宝贵的批评意见，以及改善工作、完善方案的建设性意见。我相信，有各位专家的渊博学识、丰富经验、聪明才智以及积极参与和热诚帮助，有山西省委、省政府和各级党委政府的正确领导与支持，应县木塔保护维修工程一定能够高质量地完成，向党中央、国务院和全国人民交出一份圆满的答卷。

2002 年 6 月 5 日

中国文化遗产管理的
问题与政策响应[*]

一、中国文化遗产资源基本状况及现行管理体制

中国是著名的文明古国，在漫长的历史岁月里，中国的先民创造了辉煌灿烂、特点鲜明的中华文化，留下了极其丰富的文物宝藏，它们世代留存，从未间断，其数量之多，规模之大，品类之丰、技艺之精、价值之高，都无与伦比。根据国家文物局2001年的统计，目前中国大陆已知的地上地下不可移动文物有近40万处，馆藏的各类可移动文物约1260万件。对各类重要的遗址、遗迹等不可移动文物，中国政府采取分级公布为文物保护单位的方式加以保护，全国共有县级重点文物保护单位6万处，省级重点文物保护单位近7000处，国家级重点保护单位1268处。对各类重要的可移动文物，国家根据其历史、科学、艺术价值的不同，分别定为一级文物、二级文物和三级文物，统称为珍贵文物，以区别于一般文物。此外，文物保存十分丰富的北京、西安、洛阳等101座城市被列为国家历史文化名城。长城、故宫、秦始皇陵、布达拉宫等28处文物古迹和自然遗产被联合国教科文组织列入《世界遗产》名录，总数达到世界第三位。

中国共产党和中国政府一向十分重视祖国文化遗产的保护，特别是改革开放以来，制订了《中华人民共和国文物保护法》，逐步确立了

---

  * 本文系应中国社会科学院徐嵩龄先生之约而撰写，著于2002年8月，发表在《文化遗产的保护与经营》，社会科学文献出版社，2003年3月版。

  另有原注：在中国，人们一般用"文物"来指代"文化遗产"，两者的内涵略有区分，但本文基本是不加区别地使用这两个概念。

"保护为主，抢救第一"和"有效保护，合理利用，加强管理"的文物工作方针和原则，并投入大量人力、物力用于考古发掘、文物保护和博物馆建设，使中国文化遗产保护事业有了长足发展。

与其他国家对文化遗产实行中央政府直接管理的体制相异，中国对文化遗产实行属地管理、分级负责的行政管理体制。这种体制的核心，是在国家法律的统一约束和中央政府有关方针政策的统一指导下，在中央财政的有力支持下，各级地方政府承担保护本行政区内文化遗产的责任，有关业务工作接受国家主管部门指导。中央政府设置国家文物局，按照《中华人民共和国文物保护法》及国务院的规定，国家文物局负责全国文化遗产保护工作，是管理全国文物、考古、博物馆工作的行政机构，具体负责研究拟定全国文物博物馆事业的方针、政策、法规和规划，制定有关的制度、办法并监督实施；指导、协调文物的管理、保护、抢救、发掘、研究、出境、宣传等业务工作；审核、申报全国重点文物保护单位；承担历史文化名城、世界遗产的相关审核、申报工作；审批考古发掘项目；指导大型博物馆的建设及博物馆间的协作交流；研究制定文物流通的管理办法；编制文物事业经费预算，管理和指导文物博物馆外事工作等。在各省、自治区、直辖市和县、市政府均设立负责文物保护的行政机构，管理本行政区内的文物保护工作。中央、各省和不少市、县等均设有文物考古研究所、博物馆、古建筑保护研究所等文物事业单位，负责本地区的文化遗产调查、发掘、研究、保护以及文物藏品的收藏、保管、研究和展示工作。从总体上看，这种管理体制，虽然存在一些缺陷，但基本符合我国幅员辽阔、文物众多、经济欠发达、科技教育相对落后的国情，也有利于调动地方政府对保护本地文物古迹的积极性。此外，为了加强全国文物考古研究工作，国家在中国社会科学院设立了考古研究所，主要负责从学术研究的角度开展考古调查、发掘。在北京大学等数十所高等院校，设立了考古学、博物馆学、文物科技保护等有关专业。中国文物学会、中国考古学会、中国博物馆学会等社会团体也是中国文化遗产保护事业的重要力量。

二、当前中国文化遗产保护面临的主要问题与政策响应

当前，中国文化遗产保护事业正面临着难得的发展机遇，人民群众日益增长的物质文化需求，也对进一步发展文化遗产保护事业提出了更高的要求。在充分肯定成绩的同时，我们也清醒地认识到，中国文化遗产事业亦面临着许多问题、困难和挑战，主要表现为各种基本建设与文物保护的矛盾日渐尖锐，旧城改造及农村城镇化建设与文物保护的矛盾成为热点；盗窃、走私文物的犯罪活动屡禁不止；文物流通秩序较为混乱等；文物保护资金严重不足，专业人才缺乏，重大项目决策程序不够完善以及开发利用过度、忽视保护，各种建设性破坏比较严重。特别是一个时期以来，一些地方擅自改变文物保护单位的管理体制，对本应由政府实施保护管理的文物保护单位转移到企业开发经营，甚至向国内外进行招标承包，造成了一些影响恶劣的文物损毁事故。

上述问题，有的是多年存在，有的是近年新热，有的发生在经济发达地区，有的发生在经济落后地区，有的发生于法人甚至于政府，有的发生于自然人，其表现的形式、程序虽然有异，但都造成了令人痛心的后果，也都从不同的角度反映出当前从思想认识、法律环境、体制建设等方面加强文化遗产保护工作的重要性和紧迫性。作为主管部门的国家文物局，在新的问题、新的压力、新的挑战面前，将一如既往地以高度的责任心和使命感去履行职责，具体说来，我们将在以下几个方面继续努力：

（一）进一步大力宣传保护文化遗产对社会主义两个文明建设的重要意义和作用，提高全民族、全社会的文化遗产的保护意识

文化遗产保护，需要大量的资金，但更需要正确的认识、科学的观念。没有资金和技术，文化遗产保护会遇到许多困难，但没有正确的认识和科学的观念，文化遗产就将会面临灭顶之灾，多年来的实践已经反复证明了这一点。所以，我们必须把加强对广大人民群众，特别是各级领导的文化遗产保护意识的宣传教育放在首位。

文物古迹是我国历史悠久、文化灿烂这一基本国情的重要物证，是中华民族聪明智慧和非凡创造力的生动体现，同时也是我们搞好社会主义物质文明建设和精神文明建设的珍贵资源和特殊优势，是中华民族不可再生、无可替代的宝贵财富。我们需要从弘扬民族文化，振奋民族精神，实现民族伟大复兴的高度认识保护文化遗产的重要性，认识到尽可

能完整地保留这些历经沧桑磨难幸存下来的文物古迹并使之传之后世，是我们这一代人不可推卸的历史责任。我们要从文物工作是对广大人民群众进行历史唯物主义教育、爱国主义教育和革命传统教育的高度来认识发挥文物作用的重要性；要从文物的观赏性、艺术性、知识性，提高民族素质的高度，来认识文物博物馆工作对促进经济发展和社会全面进步的重要作用。文化遗产保护不仅仅是一个部门的问题，而应该是各部门、各级政府、社会各界的共同使命。保护文物不但是保护珍贵遗产，也有很大的政治意义，它是社会主义精神文明建设的重要组成部分，是社会主义文化事业和教育事业的重要组成部分，是科学的大众的民族的社会主义文化建设中一项重要的基本建设，是体现一个国家、一个民族的文化素质和文明程度的问题。

（二）进一步加强法制建设，以法律的手段规范和调整文物保护

社会主义市场经济，是一种法制经济。社会主义市场经济条件下的文化遗产保护工作，必须依法开展。尤其是在今天，我国的文化遗产保护比以往任何时候都更加需要用法律的手段进行规范和调整。应当说，我国的文化遗产保护纳入法制轨道是比较早的。在 1982 年公布实施的《文物保护法》，是我国文化领域里的第一部专门法律。《文物保护法》所确立的文物保护基本原则，已为实践所证明既符合中国的国情，也与国际社会保护人类文化遗产的要求相一致，在我国的文物保护工作中发挥了巨大的积极作用，但在《文物保护法》的贯彻执行过程中存在着一些问题，主要是有法不依，执法不严，法人违法、以言代法的现象较为普遍。法律本身还有不够完善之处：如在某些内容的表述和规定的可操作性方面存在不足，在处理一些新问题时使管理者缺乏强有力的法律依据，我国已经参加的有关文物保护国际公约中一些科学的原则和规定还没有得到反映和具体化等。加之客观形势发生了很大的变化，因此，对文物保护法进行修订完善，已成为新时期我国文化遗产保护事业的急需。

国家文物局从 1996 年下半年起开始了修订《文物保护法》的准备工作。在国务院法制办的主持下，向国务院提出了新的法律修订草案。在原法 33 条基础上增加了 46 条，共 79 条。《文物保护法》修订的具体

删、增、改写之处很多，主要方面是：

1. 进一步加强了管理措施。修订案对涉及文物工作各个方面的法律条款都作了修改。如在对不可移动文物的管理方面，新规定对未公布为文物保护单位的不可移动文物也要由地方政府登记并加以保护，国有文物保护单位不得划为企业资产上市经营等。

2. 进一步明确和强化了文物流通领域的规范管理，如为减少文物拍卖对地下文物、馆藏文物保护的负面影响，规定未经审批为拍卖文物的拍卖企业，严禁拍卖文物；委托拍卖的文物，由省级文物行政管理部门进行鉴定、许可，拍卖文物的企业应对文物拍卖标的来源和去向进行登记；文物的定向拍卖，由省级文物行政管理部门指定并报国家文物行政管理部门核准；国有文物收藏单位可以对部分文物拍卖标的行使国家优先购买权；禁止设立中外合资、合作或外商独资的文物购销经营单位和文物拍卖企业等。

3. 进一步加强文物行政管理部门行政执法主体地位和相关执法权力。2001 年 9 月 21 日，国务院常务会议原则通过了《文物保护法（修订草案）》并上报全国人大常委会审议。从 2001 年 10 月 25 日至 2002 年 4 月 25 日，全国人大常委会第 24 次会议、第 25 次会议及第 27 次会议分别对《文物保护法（修订草案）》进行了三次审议，并在绝大多数条款上取得了完全一致的意见，预计将在今年年底前被审议通过。

新的《文物保护法》，在对市场经济体制的适应性方面，在对文物保护工作客观规律的认识方面，在适用性、可操作性方面等，都较原法有了明显进步。我们相信，新文物法的颁布实施，以及由此带来的与之相配套的各种法规的修改和实施，必将大大改善文化遗产保护事业的法制环境，为文物保护提供更加充分和完备的法律保障，从而大大推动各项工作的开展。

（三）进一步宣传、贯彻落实"保护为主、抢救第一、合理利用、加强管理"的文物工作方针

1992 年和 1995 年，国务院两次在西安召开全国文物工作会议，分别提出了"保护为主，抢救第一"的方针和"有效保护，合理利用，加强管理"的原则。这是从我国处在社会主义初级阶段的基本国情出

发，深刻总结了新中国成立以来，特别是改革开放以来文物工作的经验教训后提出的，是科学、富有远见和创造性的，具有很强的针对性，并发挥了极其重要的作用。最近，根据中央和国务院领导同志的指示精神，国家文物局本着体现历史连续性和时代特点的原则，经广泛征求意见和深入研究，提出将"保护为主、抢救第一、合理利用、加强管理"作为我国新时期文物工作的基本方针：

"保护为主"是文物工作基本方针的核心，是文物工作的基本任务。强调文物工作必须以保护为主旨和主导，是充分考虑到文物资源区别于一般的可再生性资源，具有特殊的重要性、珍稀性和脆弱易损性，表达了为子孙后世保护、保存文化遗产并使之永续利用的理念，强调了各级政府、有关部门及全社会的历史责任。"保护为主"，主要是国家保护为主；从"保护为主"的理念出发，在任何时候、任何情况下，对文物的管理和利用，都必须把文物本体及其原生环境的保护和保存放在首位，这是文物事业得以存在和发展的基础，是文物工作安身立命的基石，也是国际社会关于文化遗产保护的通则。

"抢救第一"即是把对文物的抢救放在首位，强调了当前文物工作的重点所在，表明了文物保护时不我待的紧迫感。十年前提出"抢救第一"，是基于我国文物年代久远、数量硕多的特殊性以及当时文物保护形势严峻、任务繁重而投入保护的人力、财力十分有限的现实。今天坚持"抢救第一"，仍然是基于同样的背景。从世界文物保护的历史经验看，当一个国家的社会经济还不甚发达、基本建设强力推进的时期，往往也是文物保护工作最为艰苦、任务最为艰巨的时期。我国现正处在这样的历史阶段，当前文物保护进程中遇到的阻力和障碍，在其他文物保护先进国家曾经严重存在过，有些矛盾和冲突至今仍是国际文物保护领域普遍存在的难题。我们强调把抢救放在文物保护工作的首位，就是要引起人们对文物保护工作面临严峻形势的高度重视，从而动员各级政府和全社会都关心和支持文物的保护和抢救，同时也是要求文物部门合理规划，统一部署，抓住重点，急事先办，把有限的力量集中起来，解决当前存在的迫切需要解决的突出问题。

"合理利用"主要是要求充分发挥文物的文化教育作用、鉴古知今作用和科学研究作用，充分发挥文物对推动社会经济发展、促进中外文化交流的积极作用。利用文物资源和其独特优势展示中华民族在漫长的历史进程中所形成的强大凝聚力、创造力和生命力，帮助人民群众认识自己的悠久历史和优良传统，增强民族自信心，激发爱国热情，提高思想道德素质和科学文化水平，建设社会主义精神文明，是文物工作的首要任务，是文物博物馆单位作为社会公益事业的神圣使命，是文物自身客观价值的内在要求。文物工作的实践也证明，对文物实行合理、适度、科学的利用，不仅不会妨碍保护，而且还可以强化保护，有效促进事业发展。要做到"合理利用"，就必须正确认识文物的价值和特点，就必须在坚持文物工作社会效益第一的前提下努力争取社会效益和经济效益的统一。强调"合理利用"，就是要以服从国家有关法规、保护文物安全、有助于文物保护为前提，反对利用文物古迹的旅游观光价值片面追求经济利益的倾向。反对恶性开发、竭泽而渔，甚至以不惜牺牲文物为代价的所谓充分利用，反对急功近利、急于求成的短期行为。

"加强管理"是实现文物有效保护和合理利用的基本保证。"加强管理"的主要内涵，一是继续深化文物管理体制改革，加强文物保护的政府机构和职能；二是必须依法管理、依法行政；三是加强对文物保护工作的理论和政策研究，制订更加科学、合理、严密、完善的规章、制度、政策和规划，不断提高管理水平，完善工作机制；四是增加文物保护、管理工作中的科技含量，充分利用现代科技成果与手段，提高文物保护、展览和研究水平。其中，利用现代信息技术，对各类文物资源进行数字化处理，从而全面改善文物系统的基础工作，是一项需要大力推进的重点工作。

我们认为，"保护为主、抢救第一、合理利用、加强管理"这一基本方针，最大限度地保留了原来方针和原则的科学内核，是原来方针和原则的延续和发展，其基本精神不仅符合我国文物工作的固有特点和自身规律，而且与国际社会对文化遗产保护的原则相一致，与我国建立社会主义市场经济体制的要求相适应；同时，它又体现出对文物工作改革创新、与时俱进的时代要求，不仅更加符合当前文物工作的实际需要，符合文物保护的特殊性质和文物工作的客观规律，还有利于文物博物馆工作者统一思想和认识，明确目标和任务。

（四）进一步加强中央政府对文物工作的高层协调和宏观调控

如前所述，中国现行文化遗产管理体制具有很大的实用性、合理性，并发挥了积极的、重要的作用。但在现行体制下，中央政府对属于全民族所有的文化遗产的管理还不够有力，各地工作的状况主要取决于地方政府，而由于认识和工作水平上的差异以及经济条件的制约，有些文物保护的问题长期未能得到妥善解决；在现行体制下，国家文物局在实际工作中缺乏必要的权威性和管理能力，不仅对地方文物行政工作不能干预，对地方文物业务工作的指导也十分有限。此外，在国务院有关部门之间，也存在一些职能交叉问题。为最大限度地扬现行体制之"长"，避现行体制之"短"，2001年，国家文物局报请国务院建立了国家文物工作部际协调会议制度，协调会议由国务院办公厅领导同志主持，国家计委、财政部、公安部、文化部、建设部、司法部、国土资源部、海关总署、国家工商管理总局、国家税务总局、国家宗教局、国家环保总局、国家林业局、国家旅游局、国家文物局等15个部门为成员单位，该协调会议的主要任务是加强中央政府对文物工作的高层协调和宏观调控，审定全国文物事业发展的总体规划，协调解决文物工作中出现的重大问题。

国家文物工作协调会议制度的建立，是党中央、国务院推动我国文物博物馆事业发展的重要举措。协调会议建立以来，文物工作的高层协调大大加强。2001年，国家文物局会同国家经贸委、公安部、文化部、工商总局、海关总署等部门联合开展了整顿和规范文物市场秩序工作，取得了很好的效果。国家文物局还会同国家计委、财政部、中编办、文化部等共同部署开展了文物保护"五纳入"的检查活动，赴有关省份进行了专项检查。2002年，文化部、文物局、国家计委、财政部、教育部、建设部、国土资源部、国家环保总局、国家林业局等九部门联合发出《关于加强和改善世界遗产保护管理工作的意见》，针对我国世界遗产保护事业存在的问题，提出了五条基本意见，引起广泛好评。

（五）进一步做好文物保护"五纳入"工作

1997 年，国务院发布《关于加强和改善文物工作的通知》，要求各地各部门将文物保护纳入经济和社会发展计划，纳入城乡建设规划，纳入财政预算，纳入体制改革，纳入各级领导责任制，具体地把各级政府保护文物的责任分解为五个方面，我们通常简称为"五纳入"。

"五纳入"是国家保护文物、发展博物馆事业的基本措施。"五纳入"的提出和贯彻，有力地推动了我国文物博物馆事业的发展与进步。许多地方积极贯彻落实"五纳入"的要求，并结合本地实际，创造了许多好的经验。但一些地方和部门在对"五纳入"的认识上，还存在偏差和误区，贯彻落实"五纳入"的工作，更存在严重的不平衡。进一步做好文物保护"五纳入"工作，是新世纪中国文化遗产保护事业发展的决定性措施。为此，国家文物局拟与国家计委、财政部、中编办、文化部、建设部、国家税务总局等部门联合发出通知，要求各地进一步做好文物保护"五纳入"工作，其主要内容是：

1. 强调将文物保护纳入经济和社会发展计划的实质是将文物保护紧密地与物质文明和精神文明建设相结合，明确文物保护和事业发展的任务和目标，实现文物资源的可持续利用和文物事业的可持续发展。要求各地在制订国民经济和社会发展计划时，应专门编制文物保护发展计划。文物富集地区，在明确本地文物工作总体目标的同时，分门别类地提出文物维修项目、文物保护单位、博物馆、纪念馆、库房建设、人才培养和队伍建设等工作的具体目标和工作措施。

2. 强调将文物保护纳入城乡建设规划是《文物保护法》（第 10 条）和《城市规划法》（第 14 条）的规定，也是国际社会的通常做法，其主要目的是综合考虑文物的保护与利用，避免各种建设性破坏和"保护性"破坏。要求各地在编制和调整城乡建设规划时，应当充分考虑对于文物保护单位的特殊要求，文物保护单位及其控制范围，应当作为总体规划和详细规划的强制性内容。总体规划审批时，涉及文物保护单位的，要征求上一级文物部门的意见。各地在城乡建设中的各类重大项目的选址，应当有文物部门参与。

3. 要求按照"分级管理，分级负担"的原则，各地均应将文物保护纳入财政预算，为文物事业发展提供经费保证。文物保护经费包括文物保管机构、科研机构、博物馆（纪念馆）的基本运转经费和文物保护专项经费两大类，根据文物业的社会公益事业性质，各级政府应将其视同为基础教育单位，在经费上实行收入上缴，支出由财政拨款解决，并应随财政收入的增长逐年增长。此外，为拓宽文物事业资金投入渠道，逐步形成适应社会主义市场经济要求的筹资机制和多渠道投入体制。在进一步落实国务院有关文化经济政策（国发【1996】37 号）①的同时，拟施行一些有利于文物事业的税收政策。中央财政下拨的文物保护专项经费免于征收地方政府设立的各种税费。文物业单位从境外抢救性收购文物或接受境外捐赠文物，入关时免征增值税。文物业单位接受境外捐赠的用于文物保护的仪器、设备、款项，免征关税等。

4. 强调将文物保护纳入体制改革的中心工作是建立完善的文物保护管理体制，凝聚社会力量投入文物保护事业。为此，应重点解决长期存在的文物管理体制不顺的问题。要进一步明确文物行政管理部门的责任，建立健全各项工作制度，强化其社会管理、行业管理职能。

5. 把文物保护纳入领导责任制，就是切实加强各级政府对文物工作的领导。保护文物是国家的责任，是各级政府的责任。各级政府除指定专人分管文物工作外，还应与其下属政府签订文物保护责任书，将文物保护作为考核领导干部政绩的内容之一。对于各地方出现的损害文物的事件，应根据其性质，分别追究相关责任人员的法律及行政责任，同时应追究政府主要负责人的领导责任。

中国的文化遗产，是全中国人民的宝贵财富，也是全人类精神文化宝库当中的重要组成部分。保护好这些珍贵的文化遗产，不仅有利于中国的物质文明和精神文明建设，也是对全人类文明与进步的积极贡献。我们的任务是艰巨的，我们的使命是光荣的，我们决心以江泽民同志"三个代表"重要思想为指导，以实践代表中国先进文化前

---

① 国务院 1996 年 9 月 5 日下发的《关于进一步完善文化经济政策的若干规定》。

进方向的要求为己任，努力把祖先留传给我们的文化遗产保护好、管理好、研究好、利用好，为建设有中国特色的社会主义作出新的贡献。

2002 年 8 月于北京

全球化、无形文化遗产与
中国博物馆*

2002 年，对包括博物馆在内的整个世界文化遗产界具有重大意义。因为 2001 年 11 月 21 日，联合国大会通过了第 56/8 号决议，宣布 2002 年为"联合国文化遗产年"。对作为世界文化遗产领域的领导机构——联合国教科文组织来说，2002 年是不同寻常的，因为整整二十年前，该组织通过了在世界上产生巨大影响的《保护世界文化和自然遗产公约》。大约 1 个月前的 9 月 16～17 日，联合国教科文组织在土耳其伊斯坦布尔召开以"无形文化遗产——文化多样性的体现"为主题召开的圆桌会议上，通过的《伊斯坦布尔宣言》，呼吁在全球化形势下，共同保护和发展非物质文化遗产，促进文明多样化进程。同时，国际博物馆协会把 2002 年国际博物馆日的主题确定为"博物馆与全球化"，又将 2004 年汉城国际博协大会的主题选择为"博物馆与无形遗产"。

国际博协亚太地区第七次大会就是在这样的背景下召开的。中国的现代化进程在迅速加快，其异常丰富的无形文化遗产也与其他国家一样面临着严峻的形势。所以，中国博物馆如何在新的形势下扮演更加积极的角色，是一个引起人们广泛关注的问题。

一、全球化与文化多样性

人们谈论"全球化"概念时，常常是指经济（产品、资本）的全

---

* 2002 年 10 月 21～24 日，国际博物馆协会亚太地区第七次大会暨博物馆与无形文化遗产国际学术讨论会在上海召开。大会通过以保护亚太地区无形文化遗产为宗旨的《上海宪章》。本篇是张文彬同志在大会开幕式上的讲话。

球化，最多再加上信息和技术。但是，随着产品、技术、资本、信息的大规模、高速度的国际化，它们带来的影响则远远超出了经济的范畴。所以，人们可以从不同的层面上来认识全球化的涵义。在文化上，全球化形成了特定的逻辑并造成了文化巨大的悖论，悖论的一面是文化日益一元化的趋向，另一面是文化的多极化、多元化趋向。

此外，字面意义上的全球化与现实中的全球化存在着相当大的差异，同时，在不同的社会制度、政治、经济和文化背景下，人们对全球化的理解和态度存在着相当大的差异。甚至，对于"全球化"这样同一个词语，不同国家和集团以及有着不同利益的人，往往会赋予不同甚至截然相反的内涵。从这个意义讲，全球化问题，也就包含了政治意义和文化意义。所以，每个国家都必须从各自的特点出发，对全球化趋势做出反应。

然而，对许多发展中国家而言，经济全球化呈现出种种扭曲的、甚至是异化的态势，其中尤以经济全球化与各民族文化多样性的矛盾最为突出。

为保护和捍卫文化多样性，国际社会进行了艰苦的努力。2001 年11 月联合国教科文组织大会通过了"世界文化多样性宣言"，中国是该"宣言"的发起国之一。2001 年 9 月，52 个国家的代表走到一起召开大会具体商讨了成立"文化多样性新型世界机构（UICD）"的有关问题。

亚洲、太平洋地区是一个文化多样性颇为突出的地区，而且多为发展中国家，所以更能深切感受到全球化对本地区文化多样性的挑战。为了寻求世界文化多样化的发展，在亚太地区有关国家议会的积极参与下，以"确保传统文化的多样性和世界性"为主题的论坛于 2001 年 5月在汉城举行。论坛宣告正式成立"亚太地区维护文化多样性国际议员联合（AP—IPCD）"。其宗旨是：顺应 21 世纪文化产业时代的发展，维护亚太地区各国的文化正统性和文化多样性，制定符合现实的多样的文化艺术政策和制度。

全球化概念在中国的出现是近十年的事，但近几年，它已成为一个突出话题。众所周知，中国与世界的广泛联系是自 20 世纪 70 年代开始的，特别是中国改革开放以来，这种联系愈益密切，世界对中国的关注程度也是前所未有。

中国是一个发展中国家，又是一个历史悠久的文明古国之一，一方面致力于现代化建设，并为此而积极融入世界经济体系之中，一方面又面临着经济全球化所带来的对中国传统文化的巨大挑战。从孙中山先生发动辛亥革命起，我们就一直是要把中国建设为自立于世界民族之林的一员。中国人只要回想二十多年前恢复在联合国的席位以及不久前加入国际贸易组织给我们带来的欣喜和因此而给中国带来的巨大变化时，没有人怀疑中国已经置身于全球化之中。当在产生这些喜悦的同时，中国人也开始了对自己传统文化的深层次思考。

中华传统文化是具有悠久历史的文化，它是人类文明的一个重要组成部分，为世界文化的丰富和发展作出了杰出的贡献。在经济全球化的今天，中华传统文化面临着继往开来、重铸辉煌的挑战。所以，在全球化背景下，如何继承和发展中华文化的个性以及如何弘扬中华文化的优秀传统是一个紧迫而艰巨的历史性课题。

中国古代思想家孔子说："君子和而不同，小人同而不和。"① "和而不同"的价值取向在于：要承认"不同"，在"不同"的基础上形成和谐才能使事物得到发展。如果一味追求"同"，不仅不能使事物得到发展，反而会使事物衰败。所以，中华文化在与世界文化的交往中，倡导平等交往和对话，在沟通中取得共识。在不同文化中寻找"交汇点"，坚持"和而不同"原则，光大民族文化，促进全球文明。

此外，如何将中华民族文化传统中的优秀成分转化成具有全球意义的文化价值资源，进而对世界文化做出独特的贡献是另一个重大命题。一种文化只有与时代相适应，跟上时代前进的步伐，不断地更新和发展，不失自身传统的特色，才是一种有生命力的文化。

所以，在经济全球化背景下，中国文化走向世界，与世界文化进行有效的对话、交流，这是一种不可逆转的趋势。同时，通过在世界文化格局中的交流、碰撞，中华民族文化必将显示出其勃勃生机，成为世界

---

① 《论语·子路篇》。

文化中具有独特魅力的部分。

二、无形文化遗产：文化多样性的一面镜子

随着 20 世纪 80 年代以来经济全球化对文化多样性影响的日益加剧和各国人民呼吁的日益加强，国际社会将关注的焦点投向了最能体现文化多样性，同时也更加脆弱的一部分人类共同的文化遗产——无形文化遗产。

无形遗产的最大特点就是不脱离民族特殊的生活生产方式，不脱离具体的民族历史和社会环境，是民族个性、民族审美的"活"的显现。因此，对一个民族来说，无形文化遗产乃是本民族基本的识别标志，是维系民族存在发展的动力和源泉。在某种意义上，无形文化遗产的消亡，意味着文化多样性的消亡。由于全球经济科技发展的日益一体化，无形文化遗产的消失正在加剧。特别是在发展中国家，这一问题显得尤为突出。

无形文化遗产所突出表现的是不同文化种类的状态，更重要的是，无形文化遗产是活的文化及其传统中最脆弱的部分。1998 年开始，由联合国教科文组织倡导的无形遗产保护问题，显示了人类对文化遗产作为一个整体认识的深化。2001 年 11 月 21 日，联合国大会第 56/8 决议呼吁重视"世界有形和无形文化遗产的保护，作为推动文化与文明之间相互理解和发展的一个共同基础的重要性"。联合国教科文组织在其《发展纲要》也指出，对文化多元化的保护不能靠单纯的对历史文物的保护来实现，还必须提倡对无形文化遗产的保护和开发。文化遗产不限于有形（物质的）部分，还有一个无形的组成部分，而且更加脆弱。如果想要维护文化的多样性，保护这些遗产就是一件紧迫的事情。

中国是一个拥有五十六个民族和五千年悠久历史的国家。历史的和民族的特点决定了中国同时也是世界上拥有无形遗产最多的国家之一。中国的无形文化遗产是人类遗产的重要组成部分，它们包括了民族民间语言和艺术、民族民间工艺美术、民族民间风俗礼仪、节庆等方面。这类遗产往往以声音、形象和技艺为表现手法，依靠特定民族、特定人的展示而存在。去年 5 月由联合国教科文组织列为首批"人类口头和非物

质遗产代表作"的中国昆曲艺术和同年 11 月在联合国教科文组织第 31 届大会上被列入世界千年纪念名单的世界上最长的史诗《格萨尔王传》（藏族），只是众多中华民族优秀无形文化遗产中的典型代表。

但是，不可否认的事实是，在全球化的形势下，随着中国市场经济体制的建立和工业化、城市化建设的迅猛发展、生产生活方式的改变，民族民间文化的生存环境也随之发生了变化。特别是那些以身口相传为依存的无形文化遗产，在当前科学技术和外来艺术形式影响下，正面临着消失、遗忘、割裂的危险。例如，口传文学作品、史诗及传统艺术技能由于存续形式脆弱，传承困难，后继乏人，正在自然流失，中国的无形文化遗产亟待抢救和保护。

中国是《联合国文化多样化宣言》的发起国之一。近年来，无论是中国政府还是民间人士，都已越来越清楚地意识到，中华民族无形文化遗产是世界共同遗产的重要组成部分，保护我国的无形文化遗产就是保护人类的遗产，同时也是促进世界文化多样性发展的有效途径。值得欣慰的是，一个由政府主导、社会广泛参与的大型文化保护工程——"中国民族民间文化保护工程"，正在酝酿之中。为了使无形文化遗产的保护得到根本的保障，在广泛深入调研的基础上，一部以无形文化遗产为主要保护对象的《民族民间文化保护法》已在酝酿，它将指导中国无形文化遗产的保护工作，与《中华人民共和国文物保护法》共同构成文化遗产的法律法规，对进一步加强文化遗产保护，依法管理，必将发挥重要作用。

自从中国昆曲被联合国教科文组织列入"人类口头和非物质遗产代表作"，与无形文化遗产保护相关的研究工作在中国悄然兴起，人们正在以新的视角面对我国源远流长、丰富多彩的民间文化作深入的探讨。越来越多的科研机构和大学参与无形遗产的保护、研究和开发工作。媒体报道，中国艺术研究院正在组织实施一系列涉及无形遗产保护的重大课题。大学教育也开始设立无形文化遗产讲座或课程。今年，中央美术学院成立了非物质文化遗产研究中心，目的是将民间艺术列入大学艺术教育，填补我国学院教育长期忽视民间艺术的空白。而且，中央美院还计划设立文化遗产规划管理专业，专门针对非物质遗产的传承、保护、研究、民间艺术品的开发等课题。据悉，我们今天会议举行的同时，在北京，有关大学和科研机构正在举行"中国高等院校首届非物质文化遗产教育教学研讨会"。

三、中国博物馆与全球化和无形遗产

中国博大精深、丰富多彩、源远流长的文化遗产，既是中国悠久历史和灿烂文化的载体，也是中华民族与世界上其他文化相互了解和对话的桥梁，同时还是与其他人民一起创造新文化，共同走向未来的重要动力源泉。作为保存和传播人类及其环境见证物的重要机构，中国博物馆在保护、展示国家或本地区、本民族优秀文化和文明成果，教育和启发公众，全面认识自己对历史的创造和贡献，提高国民文化科学素质，增强民族凝聚力、创造力等方面发挥着重要作用。现实中国是历史中国的发展。中国博物馆事业所承担的历史使命，决定了它们是不能离开两种联系而独立存在的，一是与中国社会正在经历的重大变革之间的联系；一是与中国历史和文化之间的联系。

（一）经济全球化背景下的中国博物馆

伴随着经济全球化进程的加快和加入世贸组织（WTO），中国的社会主义市场经济体制逐步完善，对外开放不断扩大，中国必将迎来经济建设的新高潮。中国产业结构的调整、旅游业的发展以及西部大开发战略的实施等，也使博物馆的社会环境发生了深刻的变化。这一切都对中国博物馆的理念、格局和工作方式产生了深远的影响。其中既有机遇，又有挑战。为此，中国博物馆界已经进行了一些有益的尝试。

在全球化形势下，中国必须大力发展博物馆文化。今年国际博物馆日的主题是"博物馆与全球化"。这一主题，揭示了当前博物馆存在和发展的社会背景。我曾以《大力发展博物馆文化》为题发表文章，阐述新世纪里必须抓住机遇，迎接挑战，努力发展博物馆文化，应对国际国内的新形势和新环境。所谓"博物馆文化"，从广义讲，是指博物馆所发挥的社会功能的总和；从狭义讲，则指博物馆在为社会及其发展服务的过程中创造的各类精神产品的总和。在世界范围内，经济的日益全球化和文化日益多样化或多元化是总的趋势。为此，博物馆承担着时代所赋予的光荣使命，要在尊重和保持文化多样性与丰富性和保护、传承

独具特色的文化遗产的事业中发挥重要作用。从发展中国博物馆文化角度看，就是要更加强调民族化和多样化的方向，突出民族特色和地域特色，只有这样，中国博物馆才能健康有序地发展，提高公众对社会发展的文化关怀的自觉性。

同时，全球化趋势要求中国的博物馆以更加开放的姿态，创新博物馆工作方式和手段。

在全球化和现代技术的推动下，博物馆已经和正在改变着传统的运作方式。所以，中国的博物馆发挥新的社会作用的同时，需要在专业和技术的层面上创新工作方式和手段。

作为整个世界博物馆专业整体的一部分，中国博物馆的国际化程度必然加快。通过与包括国际博物馆协会（ICOM）在内的同行的合作，中国的博物馆需要更加积极地参与国际化的职业道德准则的制定和博物馆共同的专业语境建立，以便对本专业共同的问题找到解决方案。

在信息技术快速发展推动下的全球化趋势，将在很大程度上改变中国博物馆传统的保存和传播手段。对博物馆信息的数字化处理，已经在全国博物馆中陆续开始，并取得了相当大的进展，开辟了博物馆保护和传播工作的新领域。

在中国经济迅速发展的过程中，环境问题越来越突出。作为全世界环境保护事业的一部分，中国博物馆无论在收藏还是传播领域都要适应全球化的要求和标准，为人类与环境之间的和谐做出贡献。

文化遗产的返还是一个重要的全球性行动，也是遗产领域的一个新的热点。近年来，中国积极参加了一系列相关的国际公约，与国际社会保持着紧密的合作。越来越多的实例证明，中国的博物馆是这一国际行动的受益者。与此相适应，在一定程度上调整博物馆布局及结构体系对中国博物馆来说是十分必要的。

全球化也带来了全球性文化旅游的热潮。在中国，旅游业已逐渐成为增长速度最快的朝阳产业。中国博物馆在为旅游业提供文化产品的同时，也面临着在文化旅游中保护和持续性利用遗产资源的新课题。此外，从开放服务到旅游纪念品的开发等一系列工作方法的改进也是中国博物馆需要重视的问题。

（二）无形文化遗产保护与传承中的中国博物馆

随着人类文明的不断进步，人们对文化遗产的认识在不断深化，保护的范围和对象在不断扩大。用今天的观念看，文化遗产的范畴已经包括了两个不可分割的组成部分，即有形文化遗产和无形文化遗产（或物质和非物质遗产）两大部分。就一般情况而言，各国对有形文化遗产的保护和传播有着比较明确的共识，并建立了相对完备的法律、道德和工作体系。与其他国家的大多数博物馆一样，有形遗产过去现在也仍然是中国博物馆的传统领域。

但是，与此形成强烈反差的是，无形文化遗产的保护和传播一直未得到社会的足够重视。同世界上大多数博物馆的情形相似，中国博物馆对无形文化遗产的关注也是最近几年的事。所以，对无形文化遗产，特别是它与以有形遗产为主要对象的博物馆之间关系问题的研究还刚刚起步。我们期待着，通过今后几天在上海的国际性研讨活动能在这方面取得新的进展，以帮助中国博物馆工作者对此问题研究的深入。

提高对保护无形遗产重要性的认识是当务之急。无形文化遗产是整个文化遗产体系中不可分割的组成部分。博物馆作为文化遗产保护与传播的重要机构，需要将自己的工作建立在与这种新的文化遗产概念的基础之上。博物馆在过去之所忽视了这个方面，除了技术层面上的原因外，还因为人们对无形遗产的认识存在着偏差。关照历史，着眼未来，为了顺应时代发展的要求，博物馆必须把保护无形文化遗产纳入自己的工作范围，予以高度重视。积极抢救、切实保护好濒临的这一部分重要人类文化遗产，是我们应尽之责。

以开放和合作的观点参与无形遗产保护项目，同样是博物馆的一项重要任务。目前中国正在酝酿一系列无形文化遗产保护项目。其中最具代表性的全国性的保护项目是"中国民族民间文化保护工程"，这个预期五年的项目主要包括：建立中国无形文化遗产代表名目、建立民族文化生态保护区和中国民族民间传统技艺保护。在这个以政府为主导由社会各界广泛参与的保护项目中，博物馆具有独特的优势。诚然，博物馆与其他文化遗产机构在保护无形遗产的业务上存在着重叠，但是博物馆应以一种开放的观点，与其他机构的密切合作，共同履行保护文化遗产这一全社会共同的责任。此外，中国博物馆还应积极配合以联合国教科文组织为代表的国际遗产界，在"世界记忆"、"亚太地区传统文化保护数据库"和"人类活财富"等项目中发挥作用。

尝试新类型博物馆的建立和鼓励公众的积极参与，是国家文化遗产管理部门面临的时代课题。无形文化遗产包括一系列活的、持续创造的实践活动、知识及其表现形式，它可以使社区公众产生认同感和延续感。无形文化遗产的保护和传承依赖于遗产相关社区及其民众的意愿和态度。从这一观点出发，在博物馆对无形遗产的保护中，社区民众的积极参与是至关重要的。保护无形文化遗产，同保护有形文化遗产一样，也要贯彻"保护为主，抢救第一"的方针，以保护为前提，积极开发利用；只有自身得到开发利用，才能有效地保护。保护作为这种思想的结果，一些新的博物馆类型出现了。从1997年开始，中国同挪威合作建立的贵州梭嘎生态博物馆已经产生积极影响。在这种新型博物馆中，公共记忆、社区居民参与、环境和地域等，成为最重要的概念。这与传统的博物馆工作方式有着很大的不同，是将有形与无形文化遗产、文化与环境密切结合的成功尝试。

在博物馆的功能实现中体现有形遗产与无形遗产相结合的观点，是十分重要的。对博物馆来说，收藏和保护的目的是收藏历史文化和传播信息。这些历史文化信息以不同的形式，依赖不同的载体存在。从这种意义上讲，如果离开了联系，包括物理意义上的联系和人文意义上（精神的哲学上的）联系，博物馆中的有形遗产是不能被全面理解和诠释的。中国有注重文化创造过程中人文联系的传统，所以有中国文化特色博物馆更应当在实现其社会功能的时候，体现有形与无形文化遗产相结合的观点，通过保存和传播尽可能完整意义上的文化遗产，起到理解、诠释和传承文化的多样性的作用。

为中国保护无形文化遗产法律体系的建立、健全发挥积极作用，是保护和发展有形或无形文化遗产的基本保障。为了使无形文化遗产的保护同有形文化遗产一样得到根本的保障，中国正在研究起草以无形文化遗产为主要保护对象的《民族民间文化保护法》。中国的博物馆通过对有形和无形文化遗产的调查登记机制、重点保护和传承机制、使用与开发机制、生态保护机制和保障措施的积极探索和努力实践，将为更完整的文化遗产保护相关法律体系的建立提供重要的参考和借鉴。

　　综上所述，本次国际博协亚太地区大会的主题无论对整个亚太地区，还是中国的博物馆界都具有重大的现实意义和深远的历史意义。我们相信，这次会议的成果将成为本地区所有国家为世界遗产领域的重要贡献。

2002 年 10 月 21 日

在日本美穗博物馆的演讲

女士们、先生们：

我很高兴地接受贵馆邀请，来到风景如画、清静优雅的美穗（MIHO）博物馆参观访问。在此，我谨向尊敬的小山弘子女士和美穗博物馆的各位工作人员表示真诚的感谢和问候。

我们知道，博物馆作为保护、展示历史文化遗产和人类环境物证的文化教育结构，是一个国家、一个地区、一个民族展示其经济发展、社会进步、文明成就的形象标志。今天，随着博物馆事业的发展壮大，博物馆越来越受到社会各界的普遍关注。在今年"5·18国际博物馆日"，世界各国相继举办了主题为"博物馆与全球化"的活动，在国际社会产生了广泛而深刻的影响。这一主题活动，深刻揭示了博物馆存在和发展的社会背景。在当今世界，经济全球化、政治多极化、文化多元化已经成为发展的大趋势，置身于这一重大历史变革和多元世界环境中，尊重和保持世界文化多样性和丰富性，保护、展示世界各国、各地区、各民族独具特色的文化，是世界各国不同类型博物馆面临的一个共同课题。在时代发展变化中，以更加积极开放的姿态，大力发展博物馆文化，充分发挥博物馆的社会功能，促进人类社会进步和生存环境的改善，提高对人类社会发展的文化关怀自觉性，已成为我们的时代使命。

一

中国是世界上历史悠久，为全人类文明和社会发展作出过巨大贡献的国家。在18世纪以前，中国的政治、经济、文化曾经在世界占有领先地位，是世界文明的中心之一。悠久的历史文化传统，给中华民族留下了极其宝贵的精神财富和丰厚的文化遗产。自中国近代实业家、教育家张謇于 1905 年创办江苏南通博物苑开始，中国博物馆事业已经走过了近百年的历程。新中国成立后，特别是改革开放以来，中国博物馆事业迅速发展，取得了令人瞩目的成就，博物馆工作的各个方面日益焕发出生机和活力，呈现出繁荣发展的新局面。主要表现在：

一是初步形成了特色鲜明、比较完整的博物馆体系。截至 2001 年年底，全国已有各种类型的博物馆 1442 座，地域分布广泛，初步改变了博物馆区域布局和行业类别不均衡的局面。以往博物馆基础相对薄弱的西部地区，目前也拥有博物馆 400 余座。博物馆的类型渐趋丰富，除历史文物类，地志综合类博物馆之外，近几年民族民俗、名人故居、音乐、美术、自然科技、电信、邮品、金融、钱币、航空航天、航运交通、农业、水利、公安、民警、丝绸、纺织、军事、历代兵器等等各个行业博物馆竞相辉映。以上海博物馆、陕西历史博物馆、河南博物院、南京博物院艺术陈列馆、中国科技馆二期工程等一批现代化博物馆为代表的新馆建成开放，逐步树立起中国博物馆的崭新形象。

二是博物馆的办馆主体开始多元化，除文化主管部门之外，其他行业、部门办馆日趋普遍。同时也出现了企业集团、社会团体和民间个人等社会力量兴办的各具特色的博物馆。如北京保利艺术博物馆、北京紫檀博物馆、上海四海壶具博物馆等，呈现了文物部门与各行业共同努力，繁荣发展多门类博物馆的新局面。

三是博物馆的藏品保护、管理和展示水平得到显著提高。中国博物馆收藏有数量巨大、价值珍贵的藏品。目前全国馆藏各类可移动的文物藏品达 1200 万件，各博物馆陆续建立起规范的藏品保管制度，系统开展了藏品登记、鉴定和建档工作，有的省市博物馆还尝试进行藏品数字化管理，对藏品分门别类，实施科技保护，在青铜器、漆木器、书画、简牍、纺织品等重要门类藏品的科技保护方面，取得了新的进展。

全国博物馆每年举办各类陈列展览 8000 多个，接待国内外观众 1.5 亿人次，陈列展示的主题内容、表现形式、科技含量和艺术感染力都有了很大提高。中国历史博物馆举办的《百年敦煌》，中国革命博物馆举办的《肩负人民的希望》，上海博物馆各专题馆艺术品陈列和《丝绸之路》、《雪域藏珍》等主题展览，都给广大观众留下了深刻的印象。自1997 年国家文物局和中国博物馆学会实施陈列展览精品工程评比活动以来，涌现出一大批引起社会广泛关注和反响的展览精品。同时，通过交流，相互学习，使展览主题更加突出，手法更加新颖，改变了以往博物馆展览照抄照搬、千篇一律的状况。

四是博物馆涌现出一批高水平的专业人才和研究成果。进入 20 世纪 80 年代以来，一批批博物馆专业和相关专业的专门人才陆续充实到各级各类博物馆中，使博物馆人才匮乏的状况得到改善。现在，中国博物馆人才体系和结构渐趋合理，已经逐步形成了一支比较稳定、精干、敬业爱岗、勇于创新、富有活力的专业队伍，并已基本完成了业务骨干人才的新老交替，形成了良好的学术氛围，发表了一批重要研究成果，提高了博物馆学科的研究水平。国家文物局与北京大学合作，联合创办的中国文物与博物馆学院，在北京大学考古学系的基础上，扩建了新的专业，并组织馆长培训，开展学术研讨，已显示出较大作用。上海复旦大学、天津南开大学文物与博物馆学系开设了遗产保护与管理方面的课程，对世界文化和自然遗产保护的研究也取得了很大的成绩。

五是中国博物馆的国际合作与交流日益加强。博物馆是展示一个国家、一个地区、一个民族优秀传统文化的阵地，也是了解这个国家、地区、民族文明与成就的窗口。中国博物馆积极配合对外经济文化交流，每年赴国外及港、澳、台地区举办的展览达三四十个，观众达千万人次。与此同时，正逐步开始引进一些重要的国外展览，为实现"让世界了解中国，让中国了解世界"做出了积极努力。

在与国外的交流合作中，除了陈列展览以外，已同日本、美国、德国、法国等国家开展了博物馆藏品的保护、管理等技术方面的合作。1997 年以来，同挪威合作建立贵州六枝梭嘎生态博物馆项目，不仅有效地保护了该地区独具民族特色的有形与无形文化遗产，而且也成功地将国际生态博物馆理论与实践方法引进到中国，扩展了中国博物馆的新类型。

中国博物馆学会和各地博物馆积极参与了国际博协和国际上其他专

业机构的学术交流与合作，使中国博物馆事业在世界文化、学术领域享有一定的地位和声望。最近我们又在上海成功地举办了国际博协亚太地区第七次大会，获得了国际博协同行的普遍好评。正是通过广泛交流与合作，中国博物馆界已经成为国际博物馆队伍中一支不可忽视的力量，赢得了国际同行的关注与尊重。

当然，我们必须深刻地认识到，当前中国博物馆的总体水平还不高，在品类布局和地区分布上仍不平衡，我国博物馆事业的发展同一个具有悠久历史文化的大国地位还不相称，在体制结构和经费来源方面还存在一些比较突出的困难和问题。比如数量不足、设施简陋、陈列内容单调、服务功能不够完善等，尚不能满足广大观众的需求。经费短缺限制了博物馆功能的全面发挥和发展水平的提高。管理体制缺乏活力，难以适应社会经济、文化形势发展等，都需要我们深入调查研究，锐意进取，开拓创新。

人类社会已经进入 21 世纪，国际国内形势发生了巨大的变化。经济全球化趋势明显加快，以信息化为主要标志的科技进步日新月异，国际文化交流更加广泛和深入。随着中国加入世界贸易组织，市场经济体制的逐步完善，对外开放的进一步扩大，中国也必将迎来加快经济建设和文化建设的新高潮。这些新的形势，对中国博物馆事业来说，既面临着新的机遇，也面临着新的挑战，困难与希望同在。为此，必须正确制定中国博物馆发展的新战略、新格局，完善博物馆的社会功能，提高博物馆的整体水平，逐步建立和完善具有中国特色的博物馆体系。

（一）在经济全球化条件下，逐步提高博物馆文化的地位。以满足大众日益增长的精神文化需求为出发点，坚持先进文化前进的方向，坚持博物馆为公众服务、为社会服务、为科学研究服务的方向，坚持博物馆工作把社会效益放在首位的原则，充分发挥博物馆在传承保护和弘扬中华民族优秀文化、普及科学知识、推介世界优秀文明成果、提高国民素质方面的积极作用。通过保护收藏人类历史进程中具有传承价值的文化与自然物证，开展系统的整理研究，推出各具特色的陈列展览内容，向公众提供教育、欣赏及求知、休闲等各种服务。

（二）中国博物馆建设和发展的重点是立足实际，发展小型化、行业化、个性化的博物馆。在新形势下，现有的国家级、省级博物馆将集中力量，完善博物馆的社会功能，提高整体水平，更大地发挥中国博物馆的主力军和龙头骨干作用，成为国家或地区的文明形象标志。而国家文物局的工作着力点将把建设有特色的小型化、行业化、个性化博物馆作为新目标，从而改善博物馆的品类布局和地区分布，以健全完善中国博物馆体系。尤其是建立遗址性的小型博物馆（陈列馆），把保护和展示、管理文化遗址结合起来，将成为中国博物馆建设新的增长点。

体现不同行业特色的专题博物馆，是中国博物馆的一支重要力量，今后在巩固、提高现有国家及地方所属行业博物馆基础上，将积极研究支持财政、中医药、书院、汽车、纺织、服饰、烟草等专题博物馆。同时，将根据西部经济开发战略，有计划地支持西部博物馆的建设。西部是中华民族发祥地和中国革命根据地之一，具有丰富的文化遗产和教育资源，依托一些重要的民族村寨、文化遗址、生态区域建设不同类型的小型博物馆，使其成为区域保护、展示中心，是十分必要和可行的。

（三）适应信息时代潮流，建设数字化博物馆，资源共享，互通有无。21 世纪是信息化时代，随着信息网络技术的深入发展，应用数字技术对博物馆文化资源进行信息处理和存储，并通过网络形式进行广泛交流的数字化博物馆，已经成为博物馆发展的新方向。中国国家文物部门正在着手编制全国博物馆信息化五年规划及其实施计划。目前，故宫博物院、中国历史博物馆、敦煌研究院、上海博物馆、南京博物院、天津历史博物馆在信息化管理方面已取得初步进展。全国博物馆的藏品数字化管理也已经逐步展开。

总之，博物馆要努力适应时代潮流，以全新的工作理念和传播方式适时推出具有时代性、针对性、观赏性和实效性的陈列展览和公众服务，以更具吸引力和感染力的精神产品面向社会，面向公众，面向青少年。为此，要积极促进馆际交流与合作，不仅要扩大国内不同地区、不同部门、不同行业博物馆间的交流协作，而且要积极促进国际交流与合作，通过一系列行之有效的联展、借展、巡回展览，互通有无，取长补短，不断更新各地展出内容，增强各博物馆的吸引力，让博物馆保持持久的生命力，促进博物馆的可持续发展。

二

经济全球化的历史进程，正影响着人们和相关机构的思想及行为。各地区、各国家、各民族的文化和自然遗产，作为全人类的共同财富，为世界共保共享的理念将日益深入人心。人们深深地感到，每一处文化和自然遗产，都是独一无二的，具有不可替代性和不可再生性，其价值只有在"原生环境"中才能得到最大限度的有效发挥，这一基本观点已逐渐被国际社会广泛认同。由此，作为人类文化和自然遗产保护、传播者的博物馆，藏品征集的道德问题日益引人关注。联合国教科文组织于1970年通过了《关于禁止和防止非法进出口文化财产和非法转让其所有权的方法的公约》，国际博物馆协会1986年通过的《国际博物馆协会职业道德准则》，对于约束和规范博物馆藏品征集活动，保护文化和自然遗产的完整性，无疑具有重要的指导意义。

每一个博物馆都渴望征集、收藏最有历史、科学、艺术等价值的藏品，这是可以理解的。但一切收藏活动，都必须遵循国际公约和准则及所在国家、地区的相关法律、法规，其行为亦须符合人类社会普遍认同的道德规范。博物馆所征集之文物应与博物馆宗旨及活动相一致，并要有正当合法的所有权证据。博物馆除非在极为特殊的情况下，否则不应征集其不可能以适当方式予以编目、保护、储藏或展览这些物品。必须尽量避免非法物品之征集。世界知名博物馆普遍认识到，凡支持公共和私人藏品的非法交易，即是纵容对历史文化遗产、地域民族文化的破坏，即是纵容对濒危动、植物物种的破坏，即是纵容文物持有国与国际盗窃走私集团的非法勾当，也有悖于国际遗产保护精神和国际道德准则。无论以何种方式，直接或间接支持此类非法交易活动，并企图获得藏品都是不道德的，这已经成为国际博物馆界公认的道德准则。

1976年出土于中国山东省博兴县张官村的一尊石刻菩萨立像，

1981 年入藏该县文物保管所，1994 年 7 月 4 日凌晨被盗，1995 年出现在英国艺术品市场，日本美穗博物馆在不知石造像系被盗文物的情况下，重金购得此件珍贵文物。中国文物管理部门获悉后，即与神慈秀明会会长小山弘子女士和美穗博物馆就我被盗文物返还问题进行接触，表明中国国家文物局的严正立场。小山弘子会长当即表示，愿以发展中日友好关系大局为重，妥善处理这一事件。经过反复磋商和友好会谈，特别是小山弘子会长以政治家的气魄和慈善家的胸怀，毅然决定将此石造像所有权无偿交还中国，中国方面则同意美穗博物馆自 1996 年起借展 10 年的要求。这样，到 2007 年即可将此文物无偿返还山东省博兴县。这一文物事件的圆满解决，充分体现了以小山弘子会长为代表的美穗博物馆对我国人民的友好感情，维护了中日两国和两国人民发展传统友谊的大局，双方增进了信任，促进了合作，在中日文化交流史上留下了一段佳话。在此，我再次向小山弘子会长和日本美穗博物馆表示敬意和感谢！

三

日本是与中国隔海相望、一衣带水的邻邦，两国人民有着深厚的历史文化渊源。在漫长的岁月里，中日两国相互借鉴，共同进步，写下了许多值得赞美的篇章，构造了人类文明史上一幅幅绚烂多彩、壮丽多姿的历史画卷。在 18 世纪以前，由于中国的政治、经济、文化在世界东方的领先地位，从而成为世界文明的中心之一。当时，中日两国经济文化交流频繁，连绵不绝。诸如源于印度的佛教，自东汉传入中国，经由朝鲜半岛或海路再传日本列岛。此后在中国南北朝、隋、唐、宋元时期，日本曾经派遣相当多的学者、僧人前往中国求学问道，中国也派出鉴真大和尚等高僧和文化使者东渡日本讲经说法、传播科技文化。至今在日本的佛像、雕塑、寺院布局、建筑艺术等方面，还可以看到或感受到中日之间相互交流的影响。近代以来，日本率先进行改革，"明治维新"取得成功，发展资本主义经济，从而走上强国之路，而古老的中国则发展缓慢。落后就要挨打，帝国主义列强用坚船利炮侵略中国。中国要富强，就必须要向先进国家学习，于是中国先进知识分子在向西方学习的同时，也向日本学习资本主义文化。20世纪70年代以来，日本更以空前的速度，大力推进科技现代化，取得了巨大成就，仍然值得我们学习和借鉴。历史经验证明，文化交流促进了两国经济文化的发展，推动了社会的进步。

但是，我们也不能忘记两国之间有过的不幸历史。日本军国主义侵略中国，使中国人民遭受了深重的灾难，也使日本人民付出了沉重的代价。我的童年就是在日本军国主义侵略的铁蹄下度过的。战后日本选择了和平发展的道路，不仅使日本获得了自身的发展，也为中日友好关系发展提供了条件。特别是三十年前，中日邦交正常化以后，两国关系取得了新的进展，为促进亚洲与世界的和平发展作出了共同的贡献。在发展两国和两国人民友好事业中，文物界和宗教界作出了特殊的贡献。中国文物在日本展览连年不断，深受日本人民的欢迎。我在日本出席每一次展览开幕式，都为展览盛况和日本人民对中国人民的友好情谊所感动。

中国在历史发展长河中，形成了自己优秀的文化传统。这些文化传统，不仅包含有民族团结、维护统一的传统，独立自主、珍惜友谊的传统，艰苦奋斗、自强不息的传统，也包含有爱好和平、反对侵略的传统。早在几千年前，中国的思想家就提出了"敦仁善邻，国之宝也"的思想，反映了自古以来中国人民就希望天下太平，与各国人民友好相处的良好愿望。今天，维护世界和平，与各国人民睦邻友好，已经成为中国政府的基本国策之一。江泽民主席和我国政府一再声明："中国的发展和进步，不会对任何人构成威胁。将来中国富强起来了，也永远不称霸。中国始终是维护世界和平与地区稳定的坚定力量。"在充满希望的21世纪里，中日两国应该更好地和睦相处，共同发展。最重要的就是，要坚持"以史为鉴，面向未来"。中日两国博物馆的同仁更应该以中日友好大局为重，加强交流合作，为推动中日友好关系的不断发展，继续作出积极的贡献。

女士们，先生们，中日两国都具有悠久的历史文化传统，两国人民都是勤劳智慧、富有创新精神的伟大人民，我们相信，在新的世纪里，我们两国博物馆同行的友谊之花，必将开得更加绚丽，两国人民之间的友谊将会与日俱增，世代相传！

祝美穗博物馆兴旺发达，取得更大成就！

2002 年 11 月 3 日

学者风范　世人敬仰

——纪念商承祚先生

今年是著名学者、爱国民主人士商承祚先生百年诞辰。年初以来，北京、南京、广州等地的学术界、文物界和教育界，以举办展览、撰写论文、召开学术讨论会或座谈会等多种方式，缅怀这位为中国文化学术事业做出杰出贡献的古文字学家、考古学家、教育家和书法家。商承祚先生对祖国文化遗产的挚爱以及他在学术上的巨大成就和他的高尚道德风范，将长久留在后人心中。

商承祚先生，字锡永，号契斋，广东番禺人，清光绪二十八年（1902）农历正月二十八日出生于一个数代书香门第之家。其父衍鎏先生，字藻亭，号又章，晚号康乐老人，为清末最后一科（1904 年甲辰科）一甲第三名，即探花。清末任翰林院编修、国史馆协修等职，长于诗文书画。曾被派往日本留学，主张变法自强，与康有为、沈钧儒等交善。此后曾应聘德国，教授汉文，并建立了一座汉学研究中心。1917年后，曾担任国民政府总统顾问、咨议。1927 年后，鉴于时政腐败，愤而去职，以鬻字为生，从事教学研究工作。新中国成立后，先后担任江苏省政协委员、广东省政协常委。1960 年 7 月，被周恩来总理聘为中央文史研究馆副馆长。衍鎏先生撰有《清代科举考试述录》、《太平天国科举考试纪略》等著作及《商衍鎏书画集》。其伯父衍瀛先生，字云亭，亦为光绪二十九年（1903）进士。商承祚先生师承家学，深受其父和伯父影响，一生以治学为本，从事教育和学术研究。20 岁时即北上天津师从著名古文字学家罗振玉，学习古文字及文物鉴定，摩挲甲骨青铜，随后就读北京大学研究所国学门做研究生。1923 年，商承祚先生 21 岁即编纂出版了《殷虚文字类编》，可谓弱冠成名。此书是我国早期的甲骨文字典之一，深得著名学者王国维的赞许。1925 年后，他先后任教于国立东南大学、中山大学、北平女子师范大学、北京大学、清华大学、金陵大学、重庆大学等多所著名高等院校。1948 年复任中山大学教授，直至 1991 年 5 月 12 日逝世。在这六十余年的教学和学术生涯中，出版专著 15 部，书法作品集 2 种，还有大量的学术论文和学术研究信札。先生著作等身，成就卓著，素为国内外学术界敬仰。

　　商承祚先生学术渊博，教学认真，治学严谨，硕果累累，为我国学术文化事业做出了突出贡献。其学术成就，当首推对中国古文字的研究。继《殷虚文字类编》之后，1933 年出版的《福氏所藏甲骨文字》和《殷契佚存》（金陵大学中国文化研究所丛刊之一），均为甲骨学的重要著作。以上著作考释精湛，多有创获，深得学术界推崇，对于甲骨文研究做出了重要贡献。与此同时，商承祚先生对青铜器及青铜器铭文的收集与研究，同样用力甚勤，收获甚丰。早在 1925 年，商承祚先生就发表了《评宝蕴楼彝器图录》一文，对器物的鉴别辨伪狠下了一番工夫，直至 60 年代，对这批青铜器的辨识，仍在同容庚先生相互切磋，深入研讨，传为美谈。商承祚先生把古文字研究与青铜器辨伪鉴别放到一起，互相印证，往往能发前人所未发，不乏真知灼见，令人耳目一新。如 1933 年发表的《古代彝器伪字研究》，专就伪器、伪字进行研究辨识，给后世青铜器的鉴识真伪以很大的启迪。1935 年由金陵大学中国文化研究所影印出版的《十二家吉金图录》，集海内外十二家所藏青铜器 169 件予以辨识考证，成为商承祚先生这一时期研究青铜器的代表作之一。1936 年，金陵大学又出版了商先生的《浑源彝器图》，该书著录了春秋时晋国北部重地——山西雁北浑源于 1923 年前后出土的 27 件青铜器，为研究春秋时期晋国历史文化保留了一批重要资料。浑源青铜器群，大部散失，流落海外，因此商承祚先生这部著作十分宝贵。在战国、秦汉文字研究方面，商承祚先生所获成就，更为世人注目。先生编纂的《石刻篆文编》，是迄今唯一的石刻篆文字典。在编纂这部专著过程中，又择其需要说明的文字为之说考，成《字说》十四卷，文编及字说对于小篆及小篆以前文字和文字形体演变的研究，都是非常重要的参考资料。应学术研究的需要，中华书局于 1996 年重印了这部文编，极大地方便了学界读者。由此可见这部著作在学术界产生的影响。商先生在战国楚简、帛书和先秦货币文字的研究方面，也做了大量工作，他先后完成了《战国楚竹简汇编》、《战国楚帛书述略》及《先秦货币文编》等重要专著，承上启下，继往开来，成为楚简、帛书和先秦货币史研究的基础性著作。

商承祚先生不仅是杰出的古文字学家，而且是著名的历史考古学家。他在考古学方面的代表作是《长沙古物闻见录》与《长沙出土楚漆器图录》。前者系先生甘冒抗战时期战火纷飞、日机轰炸的危险，入湘对长沙出土文物深入调查后写的调查报告，第一次比较详细地介绍了长沙地区的楚文化面貌，开创了我国近代楚文化考古研究之先河；后者成书于新中国初期，是介绍和研究长沙出土楚漆器的重要著作之一。两书成为新中国楚文化研究的开山之作，为此后楚文化研究奠定了重要基础。1952 年 11 月到 1953 年 2 月，商先生又亲赴长沙参加考古发掘工作，发掘战国楚墓百余座，是为长沙楚墓科学发掘之始。1977 年，先生以 75 岁高龄莅临河北平山考古发掘工地，对中山王𰌀墓出土青铜器铭文进行考释研究，指导文物考古工作，表达了老一辈学者对年轻一代学者的挚爱关怀。此外，商先生对战国玺印、汉代崖墓、晋代古冢和各地田野考古发掘之新发现，均给予极大关注，潜心研究，及时指导，对我国历史考古学研究的深入和文物考古工作都起到了积极的推动作用，这是我们不能忘怀的。

商承祚先生，既是学者，也是书法家，他将古文字研究与书法实践相结合，独树一帜，雄踞书坛。无论是甲骨、金文书法作品，还是秦隶书法，或题识行楷，可谓结体谨严、超逸秀劲，令人仰羡。先生出版的《商承祚秦隶册》、《商承祚篆隶册》为书法爱好者留下了珍贵的墨宝遗迹，深得广大书法爱好者的喜爱。我国历代人物，除本名外，多有字、号，有些书画篆刻家的别号多至一二十个，使后人难以尽识。有鉴于此，商承祚先生在黄华先生襄助之下，费时四年编著了《中国历代书画篆刻家字号索引》一书，为我们阅读历史文献、图集，或研究欣赏书画篆刻作品，提供了极大的方便。随着社会经济文化生活的繁荣，这部工具书由人民美术出版社再版后，受到读者的欢迎。

新中国成立后，商承祚先生曾任第三、四届全国人大代表，第五、六届全国政协委员，中国民主同盟中央委员及民盟广东省副主任委员，并长期兼任故宫博物院青铜器专业委员会委员，广东省文物管理委员会副主任，中国考古学会名誉理事。他以对历史、对人民、对子孙后代高度负责的精神，自觉承担起保护历史文物古迹和革命纪念建筑的神圣责任。先生为保护广州光孝寺、陈氏书院（今广东工艺美术博物馆）、原中山大学西堂旧址，多方呼吁，直言陈书，为维护法制而坚持不懈、据理抗争，使这些文物古迹得以较为完整地保护下来，文物界赞誉他为忠诚的"文物卫士"。

商承祚先生自幼酷爱祖国文物，为不使祖国文物流失海外，全家节衣缩食，不惜典当借贷，尽力收藏。他的收藏虽丰，但绝不是为个人牟利或赏玩。他始终抱着"藏宝于国、施惠于民"的宗旨，将自己收藏所获精品，尽数献给国家。他晚年常说："文物藏之子孙，莫若藏之国家。传之子孙，难免散失；藏之国家，万无一失。"从1963年起，先生将家藏商周铜器、楚漆竹器、古代书画、工艺作品约近千件珍贵文物先后捐献给故宫博物院、广东省博物馆、广东民间工艺博物馆、广东深圳博物馆、湖南博物馆。商老逝世后，其哲嗣志男、志馥、志覃姐弟，遵从其父遗训，又陆续将家藏文物捐献给一些省市博物馆，并将商氏珍贵藏书捐给中山大学图书馆，受到国家文物局和广东省有关部门的多次表彰。商承祚先生及其亲属的这种高风亮节、博大胸怀和爱国爱民、无私奉献的精神，必将彪炳史册，永远值得人们钦敬。

愿商老开创的学术事业后继有人、发扬光大，学术之树常青！

2002 年 12 月

学者风范　世人敬仰

填补历史文物类图书
空白的重要举措[*]

——《中国收藏年鉴（2002）》序

　　改革开放以来，中国博物馆事业得到蓬勃发展，举世瞩目。与此同时，民间收藏异军突起，方兴未艾，各类研究收藏的报纸杂志琳琅满目，印刷精良，团结收藏者的民间收藏学会如雨后春笋纷纷建立，并成为社区文化的一支重要力量。这是中国经济发展、政治稳定、民族团结、社会进步、政通人和、国运昌盛的生动体现，也是近 20 年来社会发生的巨大变化之一。研究和总结这一历史文化现象，无疑是文物界和社会学界的重要课题。现在，由《收藏》主编杨才玉先生等诸位专家主持发起编纂《中国收藏年鉴（2002）》，拟对中国改革开放 20 年来收藏活动的兴起和发展作一历史性的回顾和总结，并计划在此基础上从新世纪第一年起逐年编辑出版《年鉴》，记载收藏界每年的重大活动和重要收藏、研究成果、展览交流，这是一件非常有意义的事。这一倡议立即得到中国收藏家协会和社会各界的广泛支持和响应，更为收藏界朋友所欢迎。我以为这既是社会文化生活的重要历史实录，更是有益于正确引导收藏、鉴赏藏品、研究博物精华、提高鉴赏审美水平的重要举措，它还填补了历史文物类图书的一项空白。为此，我感到由衷的高兴。

---

　　* 原文加有编者按：反映新世纪第一年中国国家收藏和民间收藏全面情况的《中国收藏年鉴（2002）》，已由中国大百科全书出版社出版发行。作为《年鉴》姊妹篇的《中国收藏二十年》，即将作为《收藏》增刊与读者见面。这些记载中国收藏辉煌历程的巨制，受到国内外各界人士的关注和支持。原国家文物局长张文彬先生特为两书作序，现加文题后转载，以飨读者。

我们伟大的祖国，历史悠久，文化源远流长，博大精深，为世界文明古国所罕见。灿烂辉煌的文化传统，积淀丰厚的文化遗产，则成为历代收藏的源泉。收藏家和收藏爱好者的收藏对象，不仅包括传世的陶瓷青铜、玉石铜镜、名人字画、砖石瓦当、珍贵典籍、石刻碑拓、漆木牙器、货币印章，而且凡文人雅士的清玩和民间日常生活用具无不在收藏之列。近现代以来许多收藏更扩而大之，诸如重要报纸杂志、书信签封、邮票磁卡、烟标火花、像章徽志、奇石工艺，也都被广为收存珍藏，林林总总，包罗万象，万千种类，色彩斑斓，甚而形成系列，独领风骚，颇为壮观。这些藏品不仅凝结了制作者的聪明智慧和制造才能，更是一个时代、一个时期、一个地区的文化载体和历史见证，构成一部形象、生动、完整的文化图鉴，为研究当时当地的政治、经济、文化、艺术、风尚提供了重要史料，具有很重要的文化价值、艺术价值、历史价值，同时也极大地丰富和补充了国家博物馆的馆藏阙佚。这是收藏家和收藏爱好者省吃俭用、节衣缩食，一点一滴逐年积聚、精心收藏的结晶，也是他们怡情养性，为国为民做出的奉献，理应受到全社会的尊重和支持。

收藏，首先是一种具有知识性、怡情性、趣味性的群众文化活动。通过对藏品的收集、整理、研究、展示，不仅可以增长历史、文化、科技知识，激励追求新知的更大兴趣，提高美学欣赏水平；而且在收藏不断发现的过程中会给人们新的启迪和乐趣，对陶冶情操、怡情养性、激发爱国情怀、追求更高精神生活品位也会起到潜移默化的作用。这一点，已逐渐为政府文化部门的领导所认识，例如有些省、区、市在开展社区文化建设中，已经把推动民间收藏活动作为社区文化建设的重要内容，摆上了重要位置，给予积极支持。更有些社区，通过举办藏品的专题展览、知识讲座、经验交流，使人们更加热爱生活，憧憬未来，既教育了群众，又促进了社会主义精神文明建设。

收藏，在更高层次上也是一种专业性、学术性、实践性很强的科学鉴赏活动。收藏是一门学问，不仅需要具有藏品的一般专业知识，熟知藏品的来龙去脉，而且能够深入研究藏品的文化、艺术、科学价值。要达到这样的水准，确实需要下一番工夫努力学习，而且要靠实践经验的积累。著名文物鉴赏家史树青先生就说过，鉴定文物、辨别真伪只有做到"文物与文献相印证，传世文物与科学发掘出土文物相对照，眼学（目视）与科学（先进测年方法）相结合"，才能做到"言之有物，遇物能表，见物见人"。2002年8月下旬我去南京参加"六朝书法艺术国际学术研讨会暨第五届中国书法史研讨会"时，著名收藏家、书法艺术家杨鲁安先生同我谈到收藏家的品格，他说，做一个收藏家要具备"眼（眼力）、钱（一定资金）、缘（机遇）"，同时要"戒贪、戒急、戒狂"。此"三要"、"三戒"可谓实践经验的总结。这些宝贵经验，很值得借鉴参考。

毋庸讳言，收藏也像其他事物一样具有两重性：一方面，它可以成为人们精神财富的积累，提高精神生活的追求；另一方面，它也可以成为部分收藏者积聚物质财富的手段，发财致富的途径。在社会主义市场经济体制建立与发展过程中，拍卖、交易物品活动势所必然，传世文物的拍卖、交易也概莫能外，不足为奇。问题在于，我们建立和发展的是社会主义市场经济，我们收藏、经营的不是一般物品，而是具有特殊属性的文物。因此，我们应当注意把握以下几点：一是保护文物收藏者的合法权益。按照中国宪法和相关法律、法规，任何侵犯合法文物收藏或所有者和经营者权益的行为都是不允许的。二是文物收藏者和经营者必须遵纪守法。严格执行《中华人民共和国文物保护法》及其实施细则和相关法律法规，依法收藏、合法交易，维护文物市场有序发展，对于盗掘、走私文物的犯罪活动，要依法打击。任何一个主权和法治国家都禁止盗掘、走私文物，对违法者都会依法制裁。三是对大多数收藏者来说，要摒弃单纯以赚钱获利为目的从事收藏的狭隘利益观念和短浅目光。一个收藏者应当有更宽广的胸怀和远大的目光，以收藏历史、收藏文化、收藏科学为收藏目标，才能成为真正品德高尚的收藏家。

"藏宝于国，施惠于民"，这是许多收藏家的誓言。毛泽东、周恩来、邓小平、江泽民等党和国家领导人及许多爱国民主人士、专家学者已经为我们做出了光辉榜样。尤其是毛泽东主席在1952年2月即将友人送给他的明代学者王夫之的手迹《观鹤瑞舞赋》交文化部文物局转送故宫博物院。同年12月又将另一友人赠给他的钱东璧临写的《兰亭十三跋》转送故宫博物院。此后，1958 年又将张伯驹先生赠送给他的李白《上阳台帖》转交故宫博物院珍藏。正是毛泽东主席等党和国家领导人对文物的珍重态度和身体力行的表率作用，使许多领导同志和中央国家机关也将本部门收藏的重要文物陆续交文物部门收藏，向社会公众展示，在社会上产生了良好影响。许多著名的收藏家当年收藏文物的目的，并不是"据为己有"，而在于"勿使外人夺"，当国家安定，人民政府建立后，他们纷纷把自己尽心竭力收存的文物无偿捐献给国家。如邓以蜇、周叔弢、陈叔通、马叙伦、周一良、周绍良、杨宪益、侯保璋、叶公绰、张伯驹、朱幼平、朱家溍、王世襄、马衡、吴仲超、唐兰、叶肇夫、潘达于和部分华侨、国际友人，都向国家文物收藏机关，如故宫博物院、中国历史博物馆、中国革命博物馆、上海博物馆、南京博物院等省区市博物馆捐献了自己和家族珍藏的文物重宝，他们的感人事迹将流芳百世，永载史册。著名收藏家、书画家张伯驹先生为使国宝级文物不致流失海外，不惜变卖家产，以重金购藏西晋陆机《平复帖》和展子虔《游春图》，对其爱同身家性命。在艰难岁月里，这些国宝跟随他颠沛流离，避难日寇，历经风险，终得保全。新中国成立后，他毅然决然捐献给国家。这种高风亮节、无私奉献的精神，是国魂、民族魂的再现，是实现中华民族伟大复兴的希望，令人永远钦敬！

　　回顾 20 年来文物收藏发展的历程，成绩辉煌；展望新世纪收藏前景，锦绣如画。随着中国政治、经济、文化的全面发展和社会进步，中国的收藏文化也必然会得到更大发展。面对中国加入世贸组织后的新形势，中国收藏界也必然会遇到新的机遇和挑战，但只要我们始终坚持"三个代表"重要思想，以继承和弘扬民族文化优秀传统为己任，开拓创新，与时俱进，"收藏"这朵文化奇葩将会开放得更加鲜艳，结出更丰硕的果实！

以人为本　强化服务
不断推出陈展精品

——在 2001～2002 年度全国博物馆十大
陈列展览颁奖暨研讨会上的讲话

　　开始于 1997 年的"全国十大陈列展览精品评选"活动，由国家文物局主办，中国博物馆协会、中国文物报社承办，至今已举办了五届。本届评选活动范围是 2001～2002 两年间全国博物馆（除港、澳、台地区外）最新推出或重新改陈的陈列展览。2001～2002 年间全国博物馆、纪念馆围绕中心，服务大局，紧密配合庆祝中国共产党建党八十周年和西藏自治区和平解放五十周年等一系列重大活动，精心设计，精心制作，推出了一大批主题鲜明，富有思想性和现实针对性的优秀展览。入选的陈列精品是从 23 个省、自治区、直辖市文物部门和国家文物局直属单位推荐的 57 家博物馆纪念馆的 59 个参选项目中，经专家评议投票产生的。与往届相比，本届评选参选范围、分布地区更为广泛，不仅有国家级馆，更有许多地市级馆，不仅有文物系统的博物馆，更包括了许多行业博物馆，特别值得一提的是还首次出现了民间博物馆参与评选；展览陈列内容丰富，评审过程更加规范有序，大大增强了整个评选工作的专业性和学术性。获得精品奖的陈列不仅代表了这两年间全国陈列展览的最高水平，而且在陈列选题思路、陈列学术研究、陈列宣传等方面也各有特色。

　　荣获特别奖的《肩负人民的希望——纪念中国共产党成立八十周年图片展》由中共中央组织部、中共中央宣传部、中共中央统战部、中共中央文献研究室、中共中央党史研究室、文化部、中共北京市委、中央档案馆主办，中国革命博物馆承办，全景式地展现中国共产党八十年来所走过的不平凡历程，充分展示中国共产党团结带领全国各族人民所取得的伟大成就，是历年来规模最大的一次党史展览。整个展览主题鲜明、内容丰富、气势恢宏、形式新颖，受到中央领导同志的充分肯定，引起新闻媒体的广泛关注，得到了社会各界的一致好评，是庆祝建党八十周年各项纪念活动中持续时间最长、直接参与人数最多的一项重要活动，成为对人民群众进行爱党、爱祖国、爱社会主义教育，增强民族凝聚力的鲜活教材。荣获精品奖的峨眉山博物馆《世界文化与自然遗产——峨眉山》展，紧紧围绕峨眉山文化遗产与自然遗产两条主线，陈列主题鲜明，展览内容集峨眉山双遗产精华于一馆，趣味性、地方性强，采用当前世界最新型的展示理念——主题单元和先进的展示手段，结合峨眉山的实际情况，以人为本，各学科、各种展示手段精密配合，精工细作，富有时代气息，为各个层次观众喜闻乐见，对"世界遗产"、"天下名山"的宣传、保护与研究起到了重要的作用。上海博物馆的《雪域藏珍——西藏文物精华展》，是为了庆祝西藏和平解放五十周年以及加强沪藏两地文博界在实施西部大开发战略中的友好合作而特别举办的。这个展览也是上海博物馆举办的边疆系列展览之一。展览中的绝大部分文物系第一次离开西藏和第一次公开展出，展览规格高，展览设计有创新，得到西藏观众和内地观众的一致好评。不少海内外观众专程前来参观展览，总人数达到 75 万人。期间还配合展览举办了 5 场专题讲座。该展览在西藏旅游热的大背景下，满足了广大观众急于了解西藏和西藏文明的愿望。法门寺博物馆《宁静的辉煌——法门寺文化文物陈列展》汇聚了可谓"穷天上之庄严，极人间之焕丽"的大唐珍宝，但展览并不是简单地依赖器物，而是从观众接受文化信息和普及教育的角度考虑，跳出了一般的文物精品展的程式，努力揭示文物背后的历史生活现象。展览除光色外，还特别注意环境气氛的营造，让观众直接受到历史场景的感染。三门峡虢国博物馆《虢国墓地遗址与文物陈列》以保护和展示遗址为原则，运用原状陈列、复原陈列的方法，突出其遗址性、专题性的特点。整体设计定位着重把握庄严、厚重、华贵、神秘的艺术氛围。在空间、整体造型和色彩、辅助设施的具体形式设计中，充分体现了艺术性、象征性和功能性。黑龙江瑷珲历史陈列馆《瑷珲历史陈列》利用西方档案、学术成果之外，新收集多幅日、俄文图像资料，充分利用俄罗斯 17 世纪原始档案资料、学术著述和形象资料展现、复原相关历史。具体陈列内容的形式设计上，以景箱、超写实雕塑场景、通透的开放式场景、半景画等视觉效果好，感染力强的展览形式展示重点陈列内容。中国茶叶博物馆《中国茶叶文化展》提炼出茶文化典型内容，从不同的角度对茶文化进行诠释。武汉博物馆《武汉古代历史陈列》时间跨度为从史前时期至汉口开埠以前，以武汉地区五十年来出土的珍贵历史文物为基石，以历史学、考古学等学科为依据，展示武汉在各个重要历史时期的历史文化。河北省邯郸市博物馆《磁州窑陈列》是目前国内首次举办、规模最大、陈列文物精品数量最多的磁州窑专题陈列。古林市博物馆《中国吉林陨石雨展》运用高科技、多媒体等先进技术手段，集声、光、电融为一体，全面生动地展示出天外来客——吉林陨石世界之最的风采，创造出陨石雨展独具时代特色的艺术风格。山西吕梁汉画像石博物馆《铁笔绣像浪漫汉风——吕梁汉画像石艺术》充分展现了晋西北地区汉画像石艺术的完整风貌。

此外，获得十个单项奖和五个提名奖的展览，也以鲜明的特色给专家们留下了深刻的印象。

党和政府历来十分重视文化遗产保护和博物馆建设。最近以来，中央领导同志多次作出发展博物馆文化、加快建设国家博物馆的重要指示，强调文物博物馆工作在两个文明建设中的重大意义和作用。博物馆文化是经济、社会发展创造的精神财富的总和，其表现形式多种多样，如丰富的藏品、精美的陈列展览、趣味横生的知识讲座、极富文化品位的出版物和纪念品等，其中最具特色和吸引力的当属陈列展览。我们要把提高陈列展览水平作为发展博物馆文化的中心工作，深刻把握其时代特征和自身规律，不断推出深受公众喜爱的精品佳作。

所谓"精品"，是指各类物质产品和精神产品中备受消费者青睐的优秀品牌。博物馆产品主要是面向公众的陈列展览，以及围绕展出所提供的相关开放服务。自 1997 年国家文物局组织实施陈列展览精品工程以来，一批优秀的博物馆陈列展览在全社会引起了广泛的关注和好评，日益成为享誉思想文化战线的知名品牌。然而，物质文化水平的不断提高，现代科学技术和传播手段的日新月异，使公众的知识领域和审美情趣日益扩展，使博物馆面对的社会环境发生了很大的变化。从连续五届十大陈列展览精品获奖者和提名奖获得者的情况看，我们的工作与时代的要求、与群众的要求还有一定的差距。国际博协提出的今年国际博物馆日的主题是："博物馆与朋友"。我们的博物馆工作者一定要树立为人民服务的意识，强化以人为本的观念，在改善服务设施提供优质服务方而下大力气，这是提高博物馆工作水平的重要方面。我们举办十大精品评选活动的初衷，绝不是简单的评比名次，而是要通过这一方式促进展览和服务水平的提高。因此，博物馆无论规模大小，层次高低，无论行业类别，都应当积极参与，争取有所作为。在评选标准上，不仅要看展览的内容、形式和设计制作的质量，还要看其宣传推广和服务社会的质量。在评选程序和方法上，不仅要审阅各单位的相关材料，还要观看演示和听取陈述；不仅要有领导和专家的意见，还要看观众给予的评价和反映；不仅有初评，还要有终评；不仅有文物系统的和中央单位的专家评审，还要有其他行业和各地专家参评。我们就是要通过不断扩大参与范围，不断改进评选程序，不断完善评选办法，努力使评选活动逐步做到规范化、制度化，使精品意识在所有博物馆中牢固树立，使展览精品获得最大的社会反响。

在今后的陈列展览工作中，我们希望全国所有的博物馆都能适应时代潮流，以全新的工作理念和完美的陈列展览面向社会，以更具吸引力和感染力的精神产品奉献大众。

第一，要紧紧把握时代脉搏，展览选题要准，立意要新，引起全社会的关注与共鸣；第二，要深入挖掘各类藏品的丰富内涵，充分体现最新研究成果，努力提高展示内容的学术文化含量；第三，要在展示艺术和表现手法上寻求新的探索和突破，注重高新技术和材料在展览中的合理运用，实现思想性与艺术性、科学性与观赏性、教育性与趣味性的完美结合；第四，要高度重视文物展品的安全防范，充分考虑观众的观赏需要，配备符合达标规定的防火、防盗、防自然损害等技术设备，提高各类珍贵藏品的展出频率和展示效果，通过一系列行之有效的联展、借展、巡展、互展，不断更新展览内各，最大限度地满足社会需求；第五，要开展广泛、深入的文化市场调研，配合展览组织及时有效的宣传推介，努力扩大展览的影响力和参观面，使参观博物馆成为广大群众文化生活的追求和时尚；第六，要着力做好参观组织和讲解咨询，针对不同职业、不同年龄、不同知识层次和文化背景的各类观众，提供热情周到、细致入微的接待服务，还要特别关注青少年素质教育活动的开展，有重点地建立同教育部门及大、中、小学的联系与合作，把博物馆建成深受青少年喜爱的校外活动场所。

我国是一个统一的多民族的大国，历史悠久，文化灿烂，疆域辽阔，资源丰富，各时期、各地区和各民族在自然生态和经济、社会发展状况方面，既有同一性，又有各自的特点，这些特点构成了建设不同类型博物馆的基本条件。由于各级各类博物馆的条件、任务和性质不尽相同，其工作开展也各有特色和局限，从而决定了馆与馆之间优势互补和彼此合作的普遍性。

近年来，随着改革开放的日益深化和对外文化交流工作的不断发展，各博物馆之间的交流合作有了较大进展，如联合办展、互换展览、共同组织对外文物展出，以及引进境外博物馆展览等，都产生了可观的社会效益和经济效益。但也不可否认，我国博物馆界目前还存在着一定的保守封闭意识，还缺乏主动适应和驾驭市场的能力，地区与地区之间、部门与部门之间、博物馆与博物馆之间，还需要加大交流与合作的力度。尤其在社会主义市场经济条件下，博物馆产品的两个效益更主要的是通过市场来实现的。我们要进一步转变计划经济时代等、靠、要的办馆模式，紧紧围绕党和政府的中心工作，密切关注社会热点，适时推出具有时代性、针对性和实效性的陈列展览。要善于运用市场机制，注重对陈列展览的市场预测和成本核算，把面向群众与面向市场结合起来，实现投入与产出的良性循环。为此，一方面需要各地博物馆树立积极的市场开拓意识，继续加强馆际协作与交流，把展览市场做活、做大；另一方面，也需要各级管理部门对跨行业、跨省份、跨国别的各类展览交流合作项目给予积极协调和支持。

2003 年 9 月 13 日

《青州博物馆》序[*]

"海岱惟青州"，海当指渤海，岱即泰山。按《尚书·禹贡》对全国九州区域的划分和叙述，青州位于九州最东方，是远古东夷集团各氏族活动的重要区域，先后为爽鸠氏、季萴氏、逢伯陵氏、蒲姑（薄姑）氏所踞①。齐国继承了蒲姑和蒲姑以前的文化传统，构成了齐鲁文化的重要渊源和重要根基，是中华悠久文明重要组成部分和重要发祥地之一。

20世纪是中国考古学发现和研究最为辉煌的时期。通过考古调查发掘证实，早在七千年前青州地区就有先民在这里从事生产，繁衍生息，参与着人类文明的初创活动。据不完全统计，目前青州市境内已发现北辛文化遗址1处，大汶口文化遗址22处，龙山文化遗址85处，岳石文化遗址10处，商周文化遗址更达百处之多。从汉武帝元封元年（前106）置青州刺史部，西晋怀帝永嘉五年（311）筑广固城，东晋安帝隆安三年（399）为南燕（400～410）国都，义熙六年（410）筑东阳城，北魏孝明帝熹平二年（517）增筑南阳城，直至明朝初年，青州一直在山东地区的政治、军事、经济、文化活动中占据重要位置。在这里既涌现了无数彪炳史册的历史人物，也留下了历朝历代丰富多彩的文化遗物和众多的文物古迹。

值得注意的是，在这里曾有两次重大考古发现，引起学术界极大关注。一是早在1930～1931年间，在益都（1986年改名青州市）苏

---

* 《青州博物馆》，王华庆主编，文物出版社2003年12月版。

① 《春秋左传·昭公二十年》。

埠屯就曾经出土过一批重要的晚商铜器。其中，有的铸有"亚醜"铭文，考古学家祁延沛先生对青铜器出土地点作了考古调查，随后在《中国考古学报》第二册（1947）发表了《山东益都苏埠屯出土铜器调查记》。新中国成立后，1965 年、1986 年山东省博物馆与山东省考古研究所先后两次对苏埠屯进行了有计划的科学发掘，均获得丰硕成果。特别是一号墓的发掘更为引人注目。墓室面积 165 平方米，深8.2 米，有 4 条墓道，墓室呈长方形，中部有木板筑成的"亚"字形墓室，形制宏伟，工程浩大，其规模与殷墟王陵、贵族墓相当。该墓虽遭盗掘，仍出土大量兵器、车马器、礼器等重要遗物，其中最重要的当是两件装饰镂空透雕兽面的铜钺，其中一件两面带有"亚醜"铭文，更属罕见，其器威严庄重，精美异常，与殷墟同类器物相同。这件青铜钺的出土，使我们寻求到了早年出土带有"亚醜"铭文铜器墓群的线索，对研究这一氏族属性至为关键。有学者推断，此墓为蒲姑（薄姑）氏国君的茔域，为探索与研究古文化、方国、古国提供了重要资料，也为深入研究青州历史变迁提供了实证。此墓出土文物的重要价值已被中国社会科学院考古研究所列为 20 世纪中国考古重大发现之一。

另一重大考古发现，是青州博物馆在该馆附近原龙兴寺遗址北部发掘的一处大型佛教造像窖藏。这处窖藏，存有佛教造像 400 余尊，其形制有背屏式，也有单体佛、菩萨、罗汉、供养人像和造像碑刻。造像时间，从北魏、东魏、北齐、隋、唐直到北宋，尤以北魏、北齐居多，而且造像大都保留贴金或彩绘，在北齐造像中还发现了卢舍那法界人中像，在佛的袈裟上绘有人物故事，更为少见。这批造像，雕工细腻，神态端庄，高雅瑰丽，处处闪烁着佛教哲学思想对人们心灵的激荡和对信众精神统治的深刻影响力。其雕刻艺术之精湛，数量和种类之多，风格之独特，历史之久远，都是令人惊叹的。这一发现经媒体报道披露后，立即引起众多学者、专家的浓厚兴趣，相继赴青州考察研究。这批沉睡了千年之久的佛教造像在盛世重现，为研究北朝佛教的历史、艺术史增添了新的篇章，被广誉为是一次"改写东方艺术的重大发现"，即被评为当年度的全国考古十大发现之一。国家文物局在 1997 年主办的《全国考古新发现精品展》和随后中国历史博物馆举办的《山东青州龙兴寺出土佛教石刻造像精品展》隆重展出后，立即受到艺术界、学术界和广大观众的热烈赞颂。此后，在美国举办的《中国考古黄金时代展》及在日本举办的《中国国宝展》，均受到美、日观众极高推崇。稍后，这一人类艺术瑰宝又远渡重洋，在德国、瑞士和英国相继展出，她的神态美姿和艺术魅力，极大地震撼了欧洲大陆观众。那年，我和青州博物馆王华庆馆长一道出席了在柏林德国国家博物馆展出的开幕式和新闻发布会，观众如潮，气氛热烈。意味深长的是，碰巧另一展厅展出的是古希腊的雕塑艺术，两个古老文明的雕塑作品同样璀璨夺目，令人神往，实现了东西方古文明之间的艺术对话和友好交流。青州佛教造像在柏林德国国家博物馆的展出，为欧洲观众和学术界作东西方艺术比较研究提供了极为有意义的机遇，一时传为佳话。"盛世重光"的青州佛教造像在美国发生了"9·11"事件之后如期在德国展出，其本身象征意义十分巨大，"和平、安定、幸福"的理念深深打动了欧洲观众的心灵，为具有历史意义的东西方文化交流作出了独特贡献。这也是中国改革开放后在艺术考古方面的又一硕果和重大成就。

青州博物馆，是新中国成立后建馆最早的县级博物馆之一。从1959年正式建馆以来，经过几代人的不懈努力；馆藏文物已达3万余件（套），其中有许多是难得的文物精品。如战国玉人、汉代"宜子孙"玉璧，明代状元、后任礼部侍郎赵秉忠的殿试卷等文物在全国馆藏文物中都是独一无二的。为了更好地发挥这些文物的作用，青州市委、市政府坚持"两手抓、两手都要硬"的方针，在财力尚不完全充裕的情况下，拨专款新建了青州博物馆，成为青州对广大群众进行爱国主义教育和对外宣传的窗口，有力地促进了当地社会主义物质文明和精神文明建设。我在20世纪末，曾去青州博物馆考察参观，那里的文物展品和博物馆仿古建筑都给我留下了深刻的印象。

党的十六大提出了全面建设小康社会的奋斗目标，并从经济、政治、文化等方面绘制了宏伟蓝图。高扬先进文化的旗帜，大力弘扬和培育民族精神，有计划地发展文博事业，是各级政府和文物部门的光荣职责。现在全国各级各类博物馆已达2000余座，虽然在数量上有了迅猛发展，从类型、分布来说也有较大改善，但还远远不能满足广大人民群众日益增长的物质文化需要和社会经济发展的要求。同世界发达国家和其他文明古国相比，我们的馆舍条件和展出方式、展示水平也存有明显的差距，急需我们加强和改进。当今世界，文化与经济、政治相互交融，相互影响，已成不争的事实。文化的力量已成为综合国力的重要组成部分和重要标志之一。加强历史文物和革命文物保护工作，发展博物馆文化，对于弘扬和培育民族精神，提高民族科学文化素质，实现民族伟大复兴，都有巨大的推动作用。但这种发展应当是有计划、有重点、有各自特色的，绝不是盲目的、无条件的、"千篇一律"的。那种不顾条件、盲目建馆、"千馆一面"、照抄照搬的做法，是不可取的。青州博物馆的基本经验告诉我们，发展博物馆文化，首先要从实际情况出发，立足本地历史文化的积淀和文物资源，也要看国民经济发展状况，不顾条件，盲目追求"大而全"只会适得其反；其次，要始终坚持"保护为主、抢救第一、合理利用、加强管理"的文物工作方针，青州佛教造像窖藏的发掘、保护、展示都体现了他们在贯彻这一文物工作方针方面取得的成果；三是，要始终坚持马克思主义辩证唯物主义、历史唯物主义的世界观、方法论，坚持解放思想、实事求是、与时俱进的思想路线，坚持人民群众创造历史的观点和要求，办好基本陈列，这是博物馆的灵魂和生命力所在；四是要自觉服从党和国家工作大局及当地党委、政府的要求，积极办好临时主题展览，贴近实际、贴近生活、贴近群众，为本地经济、社会、文化和改革开放发展服务。通过举办展览等活动，密切与广大人民群众的联系，取得广大观众对博物馆的支持；五是，要尊重知识，尊重人才，建设一支高水平、高素质的业务队伍。这是办好博物馆的最重要的人力资源。青州正是基于以上原因，才取得了令人瞩目的成绩，这是值得我们充分肯定和借鉴的。

为了更好地帮助大家了解和熟悉青州的历史文化，青州博物馆组织力量认真编选了青州文物精粹——《青州博物馆》。此书即将由文物出版社出版，可喜可贺。这对介绍青州历史文化，继承和保护中华民族优秀文化遗产，加强爱国主义教育，促进社会主义精神文明建设，振兴青州经济，都是很有意义的事。值此本书出版之际，我谨表示衷心的祝贺，并期盼本书的出版能得到广大文博工作者和关心青州经济、社会、文化发展的读者朋友的欢迎。

祝愿青州博物馆在新的世纪里取得更大的成绩。

2003 年 9 月于红楼

在北京大学考古文博学院（中国
文物博物馆学院）新教学楼
落成典礼上的讲话

各位领导，老师们、同志们：

北京大学考古文博学院新教学楼终于建成投入使用了，北大培养文博干部的办学条件又得到一个比较大的改善，今天又适逢国家文物局局长培训班开学典礼，这的确是双喜临门，值得庆贺。借此机会，我以北京大学考古文博学院名誉院长的名义，谨向文博学院教职员工表示热烈的祝贺，向参加培训的各位局长表示衷心热诚的欢迎！

回顾文博学院的建立过程，可以说，它不仅反映了我国高等教育事业发展的一个方面，而且更大程度上反映了我国经济社会发展对文博人才培养的紧迫要求。在办院过程中，始终得到了国务院领导和社会各界有识之士的关心和支持。在 1997 年召开的全国文物局长会议上，时任中央政治局委员、国务委员李铁映同志就提出，造就新时期的新一代文物工作者，这个问题非常重要，文物人才的培养，要走一条有自己特色，符合中国国情的路子，要走一条学校培养和在职培养相结合的路子。在全国政协八届五次会议上，9 位政协委员提出在北京大学考古系基础上建立考古、文博学院的提案。国家文物局党组经过认真研究并经国家教委同意，于 1998 年 4 月与北京大学签署了联合办学协议，在北京大学考古系的基础上建立中国文物博物馆学院即北京大学考古文博学院，这是文博教育史上的重要里程碑。

北京大学考古文博学院的两个主要建筑，一是北京大学赛克勒考古与艺术博物馆，另一个就是新建的这座文博学院教学楼。这样的办学条件和设施在北大文科院系中可以算是名列前茅的。新教学楼的建成使用，不仅极大地改善了文博学院的教学条件，而且也为国家文物局开展大规模培训干部提供了一个得天独厚的教学环境，既有利于国家高等教育事业的发展，又有利于提高文博干部队伍素质，推进文博事业的发展，因此说是一件值得庆幸的喜事。借此机会，我想以一个关心文博学院建设和发展的老文物工作者的身份，对今后文博学院的工作提出三点建议：一是认清形势，把握机遇，把参与承担文博干部培训工作同创办一流学科、一流学院、一流大学结合起来。文博人才的培养与干部队伍的建设，事关文博事业发展的大局，决定着中国文博事业发展的前途和命运。我们必须用观察世界的眼光和站在实现民族伟大复兴的高度，认识这个问题。二是在抓好学历教育和高层次培训的同时，进一步认真研究办学思路，把重点放在提高在校学生、研究生和文博系统干部队伍素质上来。除了继续办好考古专业之外，我们按照"三个代表"重要思想和适应文博事业发展的需要，把博物馆专业、古建筑维修和文物保护技术专业办好、办出水平，并且也要有大的发展，除专业基础课外，也要开设文物政策法规、文物保护规划、文化遗产管理和国外文物保护动态等针对性、实用性更强的课程，不断开设和关注具有世界性前沿的课题和讲座，使学生毕业后有更多全方位的适应性。三是发挥文博学院发展指导委员会和文博专业学者的作用，充分发挥整个文博界，特别是北京文博界人才济济的资源优势，包括北大已退休的专家教授，多方延揽有理论、有实践经验的专家，开设专题，举办讲座，创造和利用一切有利条件。文博学院的教职员工要能看到这一点，切实认清形势，抓住机遇，乘胜而上。为此，建议北大和国家文物局双方加强联系和沟通，把文博学院的优势与国家文物局文博干部的培训任务结合起来，把学院的培养计划和文博系统的实际需求结合起来，为文博事业培养出更多杰出人才。

2003 年 10 月 8 日

在中国圆明园学会会员代表
大会上的讲话[*]

各位代表、各位来宾、同志们、朋友们：

今天，我们在这里隆重而又简朴地召开中国圆明园学会会员代表大会及中国圆明园学会成立大会，大会通过了章程，听取了我们的老会长汪之力同志的讲话和谢印生同志关于学会筹备工作情况的报告和章程的说明；选举了新的理事会；决定了聘请王光英原副委员长为学会的名誉会长，雷洁琼等十位老前辈为学会的名誉副会长，同时我们还聘请了刘导生等十一位同志为学会的荣誉顾问。这不仅标志着中国圆明园学会从今天起开始恢复活动，而且标志着中国圆明园学会在为祖国繁荣昌盛和民族复兴作出新贡献的道路上，又迈上了新的征程。

中国圆明园学会是在党的十一届三中全会路线和实施改革开放刚刚起步的特定历史背景下开始筹备成立的。1980 年 8 月 19 日，正值圆明园罹劫一百二十周年前夕，由中国建筑学会建筑历史委员会召开了纪念圆明园罹劫一百二十周年学术研讨会，面对当时残破的圆明园的现状，社会知名人士魏传统、汪之力、侯仁之等十位前辈发起组建了中国圆明园学会筹委会，并提出了"保护、整修及利用圆明园遗址倡议"，在国内外引起巨大反响，宋庆龄、沈雁冰、习仲勋、许德珩、张爱萍、史良、荣毅仁等时任国家领导人及学术各界专家教授 1583 人在倡议书上

　＊ 中国圆明园学会为中国研究、保护圆明园，发展圆明园文化的社会团体。1980 年 12 由中共中央宣传部批准成立，2004 年经民政部重新注册登记，主管部门为文化部。2003 年 3 月 30 日，中国圆明园学会在人民大会堂河南厅举行学会会员代表大会，通过新的学会章程并选举新一届理事会成员。在这次代表大会上，张文彬同志当选为中国圆明园学会会长。

签了名。同年 10 月 17 日，即在北京召开了中国圆明园学会成立的筹备会议。1984 年 12 月，经中共中央宣传部批准，报国家文物局同意，中国圆明园学会正式成立。学会成立后，在党和政府的领导下，在中共中央宣传部、北京市委、市政府等有关部门单位的大力支持下，开展了大量富有成效的工作，为首都的经济建设和精神文明建设、为弘扬祖国优秀传统文化、为吸纳和借鉴国外优秀文化、为促进中外文化交流、为保护圆明园遗址，作出了重要贡献。值此学会重新恢复活动之际，我谨代表中国圆明园学会理事会，向所有为学会工作做出努力和贡献的老领导、老前辈和老会员们，向一切支持学会工作的各界领导和朋友们，表示最衷心的感谢和敬意！

今天，我们又是在新的特定时代背景下，召开中国圆明园学会新一届会员代表大会和学会的成立大会，有着特殊的意义和使命。

党的十六大的胜利召开，是我们党和国家跨入新世纪之后，开创社会主义建设新局面、实现中华民族伟大复兴的里程碑。至此，我们国家进入了繁荣振兴的第二个伟大的战略发展阶段。当此之际，自强不息、厚德载物的民族精神仍是形成万众一心、众志成城的强大的凝聚力和向心力；我国正式加入世界贸易组织、成功申办 2008 年北京奥运会和 2010 年上海世博会，又为进一步弘扬民族精神提供了极为难得的机遇。圆明园一地虽小，却蕴藏着极为丰厚的可供开发的文化资源和精神资源。学会的重新建立，可以成为文学、历史学、考古学、建筑学、园林学以及与之相关学术研究的一个交流平台，可以成为中外文化交流、融合的一个窗口，可成为与时俱进地弘扬时代先进文化和进行新时期爱国主义教育的一个渠道。因此，学会的使命应该是：坚持马克思主义、毛泽东思想、邓小平理论和"三个代表"重要思想为指导，以弘扬民族先进文化、发扬爱国主义精神、促进祖国繁荣昌盛为目的，以圆明园为载体，全方位地开展有关圆明园学术研究，为实现全面建设小康社会这一宏伟目标作出自己的贡献。我们将广泛团结海内外具有相当社会知名度、学术知名度、高层次、高智能、跨学科的专家、学者，参与圆明园的文物保护和建设中来。我们将尽最大的努力，使学会能够聚集起智力的优势，形成智力资源，不仅为圆明园的保护和修缮建设提供高效的智力支持，更为重要的是通过对智力资源的整合及运用，将学术研究和当今社会的实际需要有机地结合起来，为祖国和首都的物质文明建设和精神文明建设作出无愧于时代的积极贡献。

中国圆明园学会是一个民间的学术团体，因此，尊重知识、尊重人才是学会开展工作和组织学术活动的第一要义。凡是热爱祖国，愿意为全面建设小康社会作出智力贡献的学者、专家以及为此而努力的各界朋友们，我们将诚挚地欢迎他们成为学会的一员；学会将为他们施展自己的才华创造必要条件，提供优质服务。中国圆明园学会重新建立以后，将遵循中共中央最近发出的《关于进一步繁荣发展哲学社会科学的意见》和坚持"保护为主、抢救第一、合理利用、加强管理"的文物工作方针；发挥历史、考古、文物、园林、建筑、文化、艺术等学科的优势，促进各个学科的交叉渗透，为圆明园学的发展创造良好的条件。同时，将把学术研究的实用性和有效性作为开展学术活动的一个重要原则，发扬学术民主，开展百家争鸣，发挥学会为政府的决策和圆明园的建设的咨询参谋作用。研究的目的在于应用，在于能够切实有效地促进物质文明和精神文明的建设。因此，思社会之所需，研社会之所用，是学会也是每一位会员的主要职责；学会将以此为原则，逐步建立起包括学术研究选题、学术研究服务支持、学术研究实用评估等重要环节在内的学术研究工作机制，并通过各种渠道，将那些有思想、有见地、有实用性的研究成果推荐给社会的应用机构，以使研究成果切实起到促进社会可持续发展的功效和目的。

大会以后，学会秘书处在秘书长的主持下将迅速展开工作，尽快做出学会管理架构、工作流程、工作机制、工作规划以及出版圆明园学刊、开展学术活动等具体工作方案，届时将再召开理事会和相关会议进行具体安排。

各位学者、各位专家、各位会员：中国圆明园学会诞生于中国现代化的第一个战略发展阶段，重新启动于中国现代化的第二个战略发展阶段；本次大会经大家协商推举产生了新的理事会，特别是我们各位会长、副会长倍感荣幸，虽然我们学识能力有限，特别是我个人才疏学浅，很难胜任这项工作，但既然大家推举，将一定努力工作，不辜负大家期望。我们将按照学会的宗旨和既定方针，和各位专家学者一起继续推动圆明园遗址的科学保护和永续利用，深入研究圆明园这座蜚声海内外的中国古典园林的优秀代表所蕴藏的极其深厚的历史价值、科学价值和文化艺术价值，高举爱国主义的伟大旗帜，大力宣传和提升圆明园在世界上的影响和声誉，不断增强有关圆明园的国内国际的学术交流和文化交流，为弘扬中华民族的优秀传统文化而不懈努力。我们相信，有党的领导，有各级政府的支持，有社会各界的参与，有我们全体会员的求真务实、开拓创新、扎实工作、拼搏努力，我们一定不会辜负社会的期望，一定会以新的业绩为祖国的物质文明和精神文明建设做出新的贡献！

2004 年 3 月 30 日

在中国圆明园学会会员代表大会上的讲话

加强名人故居保护
传承中华悠久文明

——在全国政协十届二次会议上的发言

　　神州大地，钟灵毓秀，英豪才俊，层出不穷。博大精深的中华文化孕育和滋养了一代代杰出的思想家、文学家、艺术家、科学家、教育家、革命家、政治家、军事家和外交家。中国名人作为人群中的佼佼者，可谓世世代代，薪火相传，英才辈出，群星璀璨，他们鼓舞和激励中华各族儿女创造出了五千年灿烂文化，为中华民族的历史发展以及人类的进步事业作出了杰出贡献，使得伟大的中华民族精神绵延不绝，不断发展。历代名人是我们伟大祖国的光荣，是中华民族的骄傲，应当受到世世代代人民群众的崇敬。这种崇敬，是对自己民族历史和文化的尊重，是中华民族自强不息、蓬勃发展的动力和源泉。

　　"名人故居"是名人生前生活居住过的地方。因为历代名人在德、行、事、言等诸多方面曾影响过一代或几代人，后人为了纪念他们，更为了学习、继承其在历史长河中积淀下的人文精神，便将其具有典型和象征意义的生前居所加以保护、辟出展示，供人们缅怀、观瞻与凭吊。这些名人故居往往集建筑、人文和文物价值于一身，是历史文化遗存中珍贵的人文资源，是一座城市的文脉和灵魂，是城市历史文化最亮丽的风景线，所以历来为各界人士所重视。改革开放以来，北京、上海、天津、广东、浙江绍兴、江苏无锡等省、市开放了许多文化名人故居，供人们瞻仰参观，受到广大观众的热烈欢迎。事实说明，名人故居作为我国文博事业的重要组成部分，是开展爱国主义教育和革命传统教育，建设社会主义精神文明、政治文明、物质文明的重要财富，是我们建设社会主义先进文化的重要阵地。因此，我们应该充分认识到名人故居在弘扬民族文化、提高民族素养方面的重要历史地位和巨大现实作用，从而把名人故居确实保护好、利用好、管理好。

第一，坚持"弘扬主旋律，保持多样性"原则，不断丰富名人故居资源。在历史长河中有许多为民族生存、为国家富强和为人民福祉做出贡献的仁人志士。我们应当继承和发扬他们的爱国主义精神和优良的思想道德风范。在历史上只要为促进社会生产力发展、推动人类文明进步、促进科学文化教育事业发展作出一定贡献的人物，不论是领袖类、政治类名人的故居，还是文化、教育和科技界等名人的故居，都应加以重点保护。此外，还可以把一些历史反面人物的故居作为"反面教员"进行保护，以起警示作用。对一切历史人物，都应从历史实际出发，实事求是地予以客观正确的评价，以体现历史的丰富多样性和完整性。

第二，贯彻"保护为主、抢救第一、合理利用、加强管理"的文物工作方针，正确处理好名人故居保护与利用的关系。名人故居是名人思想、精神、情操及其历史地位的体现，其故居具有直观、形象、生动的特点，有很强的感染力和影响力；同时，它又具有不可再生性，一旦损毁，便不复存在。对此我们绝不可任意处置。近些年来，随着经济建设高潮的兴起，城市现代化进程步伐不断加快，一方面，各地对名人故居的保护力度愈益重视和加强；另一方面，也确有一些地方忽视名人故居的保护甚至以牺牲名人故居保护为代价，盲目扩展城区规模，"拆旧建新"，片面追求"政绩"，使一些名人故居面临着严峻的生存危机，甚至已经消亡，引起了广大群众和有识之士的忧虑。我们呼吁各级党政领导和城建规划部门能站在历史的高度深刻认识到名人故居作为文物建筑的不可再生性，正确处理好名人故居保护与利用的辩证统一关系，并注重其生活环境和历史氛围的整体保护。这一点是非常重要的。有的地方虽然保留了名人故居的本体，但却大拆大改其原来的周围房屋、街道布局，使名人故居失去了原有的人文历史地理环境，近乎面目全非，令人惋惜之至。

第三，加强名人故居学术研究，提高展示水平。名人故居的学术研究水平，将直接影响名人故居发挥其社会效应，我们要以"三个代表"

重要思想为指导，深入研究名人在其一生特别是在其所在地的事迹言行，去伪存真，实事求是，不溢美，不过誉，不回避，客观准确，观点鲜明，切忌作概念性、表面化展示。评价历史人物是一个比较复杂的难度很大的问题，只要我们始终坚持历史唯物主义观点，从历史实际出发，用辩证的方法，就一定会对历史人物做出历史的、全面的、具体的评价，办好具有各自特色的名人故居展览，推出一批研究成果，并用生动形象具体的语言表述出来，做到雅俗共赏。此外，要研究在旧居内举办名人生平展或事迹展览的特点和规律性，努力办出各具特色、充满亲和力和感召力的展览，使历史名人"活"起来，"动"起来，以提高整个名人故居保护与利用的水平，充分发挥名人故居对观众和读者的正确引导、教育和鼓舞作用。

第四，加强法制建设，制定名人故居保护规划。名人故居保护是国家文物保护事业的有机组成部分，为切实加强名人故居保护，各地应依据《中华人民共和国文物保护法》有关方针、原则，制定本地的《名人故居保护条例》或《名人故居保护管理办法》，把名人故居保护纳入法制管理轨道。各地对名人故居要加强管理，分类指导，善于学习和利用国外名人故居做法，创新管理体制。要逐步建立故居保护档案，树立保护标志，划定保护范围，明确保护职责。对不具备开放条件，又应保护的名人故居，则应挂牌，做出标志。名人故居保护是一项公益性文化事业，应纳入政府职责之一，其经费也主要由政府负责投入，但亦可吸收社会公益性捐助或设立基金，筹措保护经费。名人故居保护，涉及城建、规划、财政、文物、旅游等部门和城区、街道等，因此要制定保护规划，统筹兼顾，互相配合，加强协作，方能做好。

总之，我国名人故居既是具有丰富的人文资源，又是目前被日益销蚀的资源。当务之急，第一位是抢救，是保护，"先救命，后治病"。特别是对于历史文化名城中的名人故居，在旧城街区布局和危房改造中，更应把名人故居保护放在第一位，把名人故居保护与名城整体保护相结合。我们不能做上对不起列祖列宗、下对不起后代子孙的事。希望那种急功近利的短视行为能尽快得到纠正和遏制。政协在名人故居保护工作方面尤可发挥独特作用。全国政协陈奎元副主席对名人故居的调查研究和全国政协文史资料委员会组织的"名人故居考察团"开展的专题调研，对各地名人故居保护必将起到积极的推动作用，这是兴国利民的一件实事。只要我们切实以"三个代表"重要思想为指导，坚持"贴近实际，贴近生活，贴近群众"，大兴求真务实之风，我们就一定会开创出名人故居保护与利用工作的新局面，做出无愧于我们伟大先贤和伟大时代的贡献。

2004 年 4 月 1 日

加强名人故居保护　传承中华悠久文明

一本特点鲜明的书[*]

　　董耀会同志的长城研究文论《瓦合集——长城研究文论》即将由科学出版社付梓面世，这是值得祝贺的事。《瓦合集——长城研究文论》是一部特点鲜明的学术著作。自 20 世纪 80 年代初以来，董耀会同志就用全部心力从事长城的保护和研究，并几乎为此付出了生命。他对长城的热爱，对长城保护研究的执著和勤奋，是许多前辈学者和老同志交口称赞的。《瓦合集——长城研究文论》的出版，是耀会同志呕心沥血于长城事业的结晶，是长城文化研究的重要学术成果。

　　长城是中华民族伟大创造力的象征，是中华民族勤劳和智慧的体现，是中华民族精神力量的源泉。悠久的历史，灿烂的文化，构筑了长城丰富的内涵，吸引着无数志士学人，涌现了大批研究成果。耀会同志就是这支队伍中的重要一员，他的一系列长城研究专著和即将出版的这部文集都是他心血的凝结。20 多年来耀会同志将最炽热、最奔放的青壮年时代贡献给了长城事业，结出了丰硕的果实。耀会同志的文章很有个性，他的一些观点很尖锐，也很深刻，有着胸怀坦荡的真知灼见，透着豪放。

　　耀会同志《瓦合集——长城研究文论》的首要特点，在于他研究的出发点和落脚点、他的方法论，是从历史出发，从实际出发，而不是仅仅局限于文献的搜集、整理与考证；他更着重于亲身实践，调查研究，实地考察。耀会同志是一位有理想、有追求，意志坚定、勤奋刻苦

---

　　[*] 此文系张文彬同志为董耀会《瓦合集——长城研究文论》一书所做的序言。《瓦合集》，董耀会著，科学出版社，2004 年版。

的人。1984年，他和两位朋友一起历时500多天徒步考察了万里长城，他在徒步长城时体验的种种艰辛是人生给予他的一份丰厚的资本。2002年，他又以长城学会秘书长的身份组织了考察队，全面对长城的保护现状进行了系统的考察，随后将所见所闻向国家文物局写出了书面报告并在刊物上发表，引起各方关注。古人云："读万卷书，行万里路。"耀会同志正是遵循前人经验，把读书与考察密切地结合起来，所以他的长城研究著述，有理论深度，有实际材料，有具体分析，有明确建议。他的论文不仅全面、系统地论述了长城的历史演变，讴歌了长城的辉煌，也具体剖析了一些重要关塞卫所的设置和管理，以及后勤供应、军屯、驿站……揭示了前人未曾注意涉及的问题，有相当的学术价值。而且，看到长城所遭受的种种自然侵蚀和人为"建设性"破坏，他心急如焚，积极向有关部门提出了加强长城保护的诸多建议。他不仅作为学者，致力于长城文化的研究，更作为一个炎黄子孙，自觉主动地承担起长城保护责任。这是十分难能可贵的。他已把自己的全部生命和热血注入长城保护和研究的事业中，这也反映了当今的文化学者热爱祖国、热爱人民、热爱事业的精神和与时俱进、求实创新的风貌。

耀会同志《瓦合集——长城研究文论》的第二特点，或者说这本文集的核心，是关于长城学的创立及其学科理论建设的探讨和研究。随着国家经济、社会和文化学术的发展，相当多的学者已不再局限于对长城历史和建筑工程的一般性研究，正在从不同的角度重新考察这一宏伟工程及其产生的社会影响。诚如耀会同志所指出的，长城研究有着广阔的领域和空间，不仅涉及2000年来中国的政治、经济、军事、民族、工程技术、文化艺术和中西交通，而且也关联着长城沿线广大地域的地质、水文、生态环境变迁等，后者更为今天祖国经济文化的可持续发展所重视。研究这些问题，不仅要有历史学、考古学、建筑工程学的专家参与，还要有水文、地质、生态、环境保护的专家以及文物保护、旅游管理和社会学等方面的学者参与共同研究，才有可能在新的历史时期作出创新的成果。为此，耀会同志与罗哲文先生等共同提出了"长城学"的概念，对长城学的研究对象、内涵、范围、体系、方法论和学科建设诸方面都做了比较深入的研究、探索和论证，论据充分，令人信服，我

一本特点鲜明的书

是很赞成的。

耀会同志《瓦合集——长城研究文论》的第三个特点，是对长城的保护与利用做出了全面深入的分析研究。长城作为世界罕见的防御工程，随着时间的推移，已失去其军事防御工程的意义。但它作为人类文化遗产所拥有的无双价值却会永远存在下去。从历史情况看，长城也不仅仅是一个单纯孤立的防御工程体系，其也在促进边境地区开发和建设的方面起到了重要作用，既有利于中原地域农业经济发展，也有利于少数民族地区畜牧业的发展。所以，长城发挥了和平、发展的保障作用。从现实情况看，长城沿线许多地段成功地开发了"长城文化旅游"，取得了良好的社会效益和经济效益，引起了国内外社会各界的关注和浓厚兴趣。作者在《中国世界遗产的保护与开发》、《长城旅游资源的开发与保护》、《要科学地进行长城旅游开发》等论文中，详细阐述了开发长城旅游的价值与意义，更深入分析了长城开发和利用中存在的问题，明确提出了交通便利、适于开发的"区位原则"；全面保护、重点开发，具有特色的"区域性原则"；坚持"保护为主、开发第二"的"可持续发展原则"；以生态效益为前提，经济效益为依据，社会效益为目标的"效益原则"等。这些观点，很值得长城沿线旅游开发部门和文物保护部门参考。实践证明，凡是按照上述"原则"办的，都较好地处理了"保护与利用"的矛盾，取得了社会效益与经济效益的"双丰收"，形成了长城保护与利用的良性循环。那种把开发利用与保护对立起来或绝对化的思维定式是不符合实际情况的，也是违背群众意愿和事物发展规律的。

耀会同志《瓦合集——长城研究文论》的第四个特点，是对中国长城学会社团组织管理工作的理论研究。他较长时间担任中国长城学会秘书长，主持学会的日常工作，团结广大会员出色地将中国长城学会发展成为从事长城研究、保护事业的生力军。耀会同志通过对持续不断的实践活动加以理论分析和研究，逐步摸索出一套民间组织运行管理和追求发展的经验和成果。他提出的长城学会经营管理的理念和品牌建设的模式，已经引起国家民政部主管部门的重视，这次通过文集的发表，必将在社会上产生更为广泛的影响。随着中国"小政府，大社会"改革目标的确立，政府机构改革的实施，像中国长城学会这样的社团组织发展空间会越来越大。由此理解，耀会同志关于学会工作的理论研究就会显得更重要。

《瓦合集——长城研究文论》中收录的不少有着重要学术思想的文章，并非为刊物发表而做，是耀会同志在主持中国长城学会工作时，为解决长城学术研究、保护管理等方的问题所写。从这个意义上说，他从事长城研究工作的境界是较高的。耀会同志爱长城，这是他做长城研究和保护工作的动力和感情基础。他为长城事业所做出的努力和他的学术成就，早已被社会承认。他将《瓦合集——长城研究文论》书稿交给我时，正赶上我去北京大学开会，他去给北京大学研究生上课，我们在校园里匆匆见了一面。耀会同志被社会誉称为"长城之子"，这是对他所取得令人瞩目成就的肯定。社会对他的评价很多，有的说他是长城研究学者，有的说他是长城保护专家，有的说他是社会活动家。但他对自己的评价是两句话："长城研究的爱好者，长城保护的志愿者。"我很欣赏他的这个态度，也相信他会锲而不舍地继续做下去，一定会将更好的成果贡献给社会。

2004 年 4 月

在澳门"中西会通与
文化创新"会议上的讲话[*]

尊敬的许嘉璐副委员长，尊敬的各位学者、专家、教授，女士们、先生们、朋友们：

上午好。

正值全国、全澳热烈欢庆澳门回归五周年之际，由中华炎黄文化研究会与澳门大学、澳门基金会、澳门特区政府文化局共同举办的"二十一世纪中华文化世界论坛第三次会议——中西会通与文化创新"就要圆满结束了。本届论坛，得以顺利进行，取得圆满成功，实有赖于各方的大力支持和积极努力。首先我们要感谢的是澳门特区政府和澳门特区行政长官何厚铧先生的关怀，感谢澳门大学、澳门基金会、澳门特区政府社会文化司及特区政府文化局的全力支持，正是有赖各方的积极支持和帮助，使论坛得到强有力的保障，取得了预期成果。在此，请允许我代表中华炎黄文化研究会，谨向澳门特区政府和特区各部门，表示崇高敬意和衷心感谢！

澳门自 20 世纪末回归祖国以来，在澳门特区行政长官何厚铧先生的领导和中央政府的大力支持，澳门民众共同努力下，全面贯彻落实"一国两制"澳人治澳、高度自治的方针，审时度势，正确决策，社会稳定，经济发展，人文素质提升，民众生活水平提高，各项事业取得显著成就，这是有目共睹、有口皆碑的事实。这次，我们在澳门大学亲身

---

* 由中华炎黄文化研究会和澳门大学、澳门文化局、澳门基金会联合主办的"中西会通与文化创新"国际学术研讨会，2004 年 12 月 25～28 日在澳门举行。本次会议是由中华炎黄文化研究会发起的"二十一世纪中华文化论坛"的第三次。

感受到特区政府对澳门文化、教育的高度重视和取得的成果。"百年大计，教育为本"，澳门文教事业的发展必将对澳洲未来可持续发展起到重要作用。我们谨向澳门特区政府成立五周年和澳门大学表示热诚的祝贺！

这次国际研讨会取得圆满成功，是同各位与会学者、专家、教授给予的充分合作和大力支持分不开的。我们有幸请到全国人大常委会副委员长、北京师范大学汉语言文学学院院长、著名语言专家许嘉璐教授莅临本届论坛，给予指导。许嘉璐教授在论坛发表了题为《中西文化相接相融的范例——澳门：工业化时代的敦煌》的演讲，这是许嘉璐教授继淮安"海峡两岸传统文化与现代化研讨会"和北京高峰文化论坛又一次重要的学术演讲。诚如许嘉璐教授指出的，中国五千年的历史告诉我们，中华民族的振兴固然要靠物质，但更需要精神。一个民族文化的延续和发展最重要的是靠民族文化的自觉，要在全球化背景下抓住机遇，迎接挑战，勇敢地吸收不同民族的文化，不断丰富和提高本民族的文化。著名学者张岂之、汤一介和熊玠、陈永栽等诸位教授，分别以《民族复兴与文化责任》、《二十世纪全球秩序、中国再兴和中华文化之重振与作用》、《走出中西文化古今之争　融会中西古今之学》、《中西会通与民族振兴》、《澳门中西文化交流中的地位和作用》为题，在论坛上发表了重要精辟的学术演讲，他们站在观察世界历史发展的高度和未来政治、经济、文化发展的态势，深刻分析了中华文化面临的新问题、新形势、新挑战，比较了中西文化优劣强弱，区分了中华优秀传统文化与封建主义文化，提出了以我为主，正确鉴别消化吸纳和对待异质文化的原则，昭示了实现中华民族伟大复兴的神圣职责和光荣使命，对与会的各位代表都有不同程度的启示。更多学者，则分别在各组研讨会上，紧紧围绕着大会主题，"中西会通与文化创新"，"中西会通与民族复兴"，"民族复兴与文化责任"，"中西会通与文化创新的历史经验"，"文化创新与中国现代化"以及"澳门在中西文化交流中的地位与作用"等问题发表了各自的精彩论文和精辟见解，气氛热烈，生动活泼，相互切磋，相得益彰，交流了学术经验，增进了彼此友谊，共同促进了中华文化学术研究。刚才，大会学术委员会主任张岂之教授作了非常全面、透彻、简要的学术总结，指出了今后研究的正确方向，必将会进一步推动中华文化的深入研究。因此，我也代表大会向学术委员会的精心组织和各位召集人、各位学者、专家、教授和每位代表表示深切感谢和敬意！

中华文化，源远流长，博大精深。中华优秀文化是中华民族的灵魂，是中华民族的血脉和根底，是实现中华民族的动力和源泉。毛泽东同志 1935 年曾经说过："中华民族有同自己的敌人血战到底的气概，有在自力更生的基础上光复旧物的决心，有自立于世界民族之林的能力。"实现中华民族伟大复兴，使中华民族屹立于世界民族之林，是孙中山、毛泽东、邓小平和百年以来几代志士仁人梦寐以求的理想心愿，也是当今历史和时代赋予中华儿女、炎黄子孙的庄严使命。为实现中华民族伟大复兴，就要大力解放和发展生产力，促进社会经济发展，实现全面建设小康社会的战略目标，促进人与社会、人与自然的和谐发展。与此同时，要大力发展符合代表时代前进方向的先进文化，弘扬爱国主义精神，弘扬民族优秀文化。没有发展，就没有振兴。我们要坚持改革开放，把中国和民族的发展，融入到世界发展潮流中去，"中西会通，文化创新"就是要借鉴、吸纳世界人类一切文明优秀成果，与时俱进，开拓创新。要实现中华民族伟大复兴，就要努力实现祖国统一，这是全国各族人民和海外炎黄子孙的共同愿望，没有国家和民族的主权和尊严，就不能算是实现了自立于世界民族之林。我们已经实现了香港回归、澳门回归，还要在"一国两制"前提下，坚持不懈地努力，实现祖国的和平统一，这是任何力量都阻挡不了的。实现中华民族伟大复兴，还要正确处理好各民族间和不同国家不同文化间的复杂关系。不同民族、不同国家、不同文化对人类历史发展都有过贡献，都是人类文明进步的成果，应该平等包容，彼此尊重，和而不同，求同存异，各美其美，美美与共，相互交流，共同发展。中华民族是一个伟大的民族，中华文化是中华民族为人类文明史谱写的光辉篇章，在和平崛起，实现中华民族伟大复兴的艰难过程中，在"中西会通，文化创新"中，实现文化自觉，我们的民族一定会为人类作出较大的贡献。

在我们深入研究"经济全球化与中华文化走向"、"文化自觉与社会发展"、"中西会通与文化创新"诸问题的时候，我们绝不能忘记我们的会长萧克将军、费孝通先生做出的重大贡献。他们或作为战略家和政治家，或作为著名的社会学家和社会活动家，都一直密切关注着在当今世界经济一体化，政治多极化，文化多样化的大潮中，中华文化发展方向和面临的机遇和挑战。费老在"2003暑期太原论坛暨晋阳文化座谈会"上，曾深情地表示要在2004年出席澳门论坛会议。但他们都因身体欠佳未能亲临大会指导，他们和我们都感到十分遗憾！让我们衷心祝愿费老和萧克将军早日恢复健康，颐养天年！

关于"21世纪中华文化世界论坛"第四次会议的主题和地点问题，目前正在积极同有关方面酝酿和征求意见中。会议地点与承办方首先力争在北京，有我国台北，但因存在不以我们主观意志为转移的不确定因素，也有可能在新加坡、菲律宾马尼拉和珠海、天津等地选择，我们将在2005年8月前后最后确定，热诚欢迎各位学者、专家、教授提出宝贵建议。

"天行健，君子以自强不息"、"地势坤，君子以厚德载物"。让我们继续发扬实事求是，求真务实的严谨学风，以奋发进取，顽强拼搏的精神和博大宽厚、兼容并包的"和合思想"，坚持独立自主思考，实现文化自觉，立足国情，面向实际，借鉴吸取人类优秀成果，弘扬民族优秀传统文化，为实现中华民族伟大复兴而努力奋斗！

2004 年 12 月 28 日

在澳门『中西会通与文化创新』会议上的讲话

在《20世纪中国文物考古发现与研究丛书》出版座谈会上的讲话

尊敬的埃瑞克·何东先生，

尊敬的各位领导，各位专家，各位来宾，各位朋友：

大家下午好！

首先，我非常感谢各位在百忙之中出席《20世纪中国文物考古发现与研究丛书》出版座谈会，特别要向远道而来的何东先生表示热烈的欢迎！

下面，我代表朱启新先生和丛书编辑办公室，向各位介绍一下这套丛书的设计构思和编辑情况。

首先我介绍一点与丛书编纂缘起有关的背景。大家知道，中国是一个有着悠久历史和灿烂文明的国家，研究、保护文物，早就形成了民族传统，但真正具有现代科学意义上的文化遗产保护，却主要是在20世纪开展的；至于中国的考古学，则是在20世纪20年代从西方传入后发展起来的。因此，20世纪对于中国的文化遗产保护和考古学科来说，是非常重要的时期。在20世纪，我们不仅有许多震惊世界的考古发现，还逐渐形成了考古学的中国学派；在文化遗产保护方面，我们也做了大量抢救性、基础性的工作。所以，在新世纪即将来临之际，宿白先生、朱启新先生和其他许多专家学者都提出，应该对20世纪中国的文物、考古事业的进步与发展、经验与教训进行系统回顾与总结，而且希望我能够来牵这个头。我虽然觉得自己的才学并不足以担此大任，但又认为专家的意见和建议十分重要，国家文物局和我本人也确有此责任，所以，从1997年的夏天开始，我就与朱启新先生等具体讨论起丛书的编篡事宜。当年年底，我率团访问香港，并且第一次与何东先生会面。谈话中，我向何东先生简要介绍了编纂这套丛书的设想，何东先生非常赞赏，并表示如有需要，他将乐意提供帮助。这给了我们很大的鼓舞。到了 1998 年的 4 月间，关于丛书主旨、选题、编写体例等一系列文件都基本准备就绪，我就请当时担任国家文物局港澳台事务办公室主任的王立梅女士向何东先生通报了有关情况，何东先生慨然允诺，没有附加任何条件，很快就将 20 万美元汇至国家文物局。何先生的资助，为丛书各项工作的开展创造了有利的条件。我们及时向国家文物局局长办公会作了通报，办公会原则同意编纂这套丛书，并决定由文物出版社出版发行。

在我们最初的设想中，《20 世纪中国文物考古发现与研究丛书》是一部事业发展史和学术研究史，它的主要内容和意义，不仅仅在于对中国考古学和中国文物事业作一次世纪性的全面深入的回顾，透视我们的文物事业、学术发展历程，发现规律，总结经验教训，更重要的是提示、预测我们事业和学术未来的发展方向与路径，为后人的继往开来提供借鉴。

为完成使命，保证丛书的质量，我们特别聘请了启功、宿白、朱家溍、傅熹年、李学勤、李伯谦先生作学术顾问。同时，我们也在一定的范围内就丛书的选题、体例等征求了文物界、考古界的意见。最终，我们把丛书的内容定为四类：一是对 20 世纪中国考古与文物工作概况的综合阐述；二是对一些重要的考古学文化和古代区域文化研究情况的综述；三是对文物考古专题的研究；四是对重要考古发现、发掘及研究的个例纪实。这样的分类，基本上保证了丛书内容涵盖上的广泛性、综合性和代表性。

我们认为，丛书的编写，可以说是一项事关文物考古事业长远发展的文化工程，应该而且必须充分动员和依靠全国文物考古系统的专家学者共同参与。大家可以看到，我们这套丛书有一支高水平的作者队伍：丛书的作者来自方方面面，有大学的教授，有中国社会科学院的研究员，由各地文物考古机构的专家；有老一辈的学者，又有文物考古界的后起之秀，可谓人才济济。所以我们可以毫不夸张地说，丛书是全国文物考古系统紧密团结、协力合作的产物。

丛书编辑办公室于1998年上半年开始组稿工作。2000年7月，《20世纪中国文物考古发现与研究丛书》出版了第一本，至今已经正式出版四辑共34册，全套丛书60本的组稿工作基本完成。据我们了解，丛书是目前国内体量比较大的文物考古类丛书，受到中国考古与文物学界的广泛重视和好评。目前已经有7本书再版。文物出版社认为，丛书进展平稳，实现了社会效益与经济效益的双赢，超出了以前的预想。我们也认为，丛书基本实现了我们最初的设想，发挥了它应有的作用。丛书的总体质量是较高的，有许多作者，本人就是国内外著名的专家，或是某一种考古学文化的发现者，他们在学术上的权威性是毋庸置疑的；所有的作者，都以一种高度的敬业精神和科学态度来对待丛书的协作；有的书是作者毕生心血的结晶，有的是作者多年钻研的成果，有的则是集体智慧的产物，有的填补了学术研究中的空白。作为主编者，我们对此感到欣慰！

当然，我们也知道，丛书还远未达到尽善尽美的地步。从组织者的角度看，丛书还存在不少问题。首先是由于一些约稿未能实现或有待完成，导致丛书的总数会比预期的要少。我们曾经拟出了一份近100本的数目和先行出版80本书目清单，但是有的稿子虽然预约来了，但却迟迟未能交稿，如《港澳台考古的发现与研究》；有的一直都没有约到合适的作者，如《敦煌石窟的保护与研究》；有的交来了稿子，但因为质量不能满足要求，退回作者，正在修改。与总数减少相关，丛书的分类均衡性也受到影响，表现为与考古发现与研究相关的题目较多，而与文化遗产保护的题目则较少。当然，这也与我们学科自身发展的不平衡性有关。

其次是丛书出版的速度太慢。原本我们计划是在2002年完成出版工作，现在看，只能寄希望于今年了。这其中的原因很多，但主要是我这个主编没有尽到责任。我们将加倍努力，保质保量地完成全部的编辑出版工作，不辜负大家的希望。

最后，请允许我再讲几句感谢的话。

首先，我要向埃瑞克·何东先生表示感谢，他的慷慨资助以及由此表现出来的高尚品格，值得我们宣传、学习；"活着，就要给予"。

我要向丛书的顾问们表示感谢。他们是丛书编辑出版的"定海神针"，遗憾的是朱家溍先生已成古人，我们将永远怀念他的道德文章。

我要向朱启新先生表示感谢。几年来，朱先生不顾年老体衰，承担了大量繁重的约稿、审稿工作，光是与作者之间的通信，就多达千余封！没有他的敬业和辛劳，丛书的编辑出版几乎是不可能的。

我要感谢文物出版社的领导、丛书编辑办和出版社二编部的编辑们和各位责编，几年来，他们不计名利，无私奉献，精心设计，精心组织，为丛书做了许多联系、协调和编辑审读工作，推动了丛书的平稳进行，保证了丛书的质量。

国家文物局领导几年来始终如一地关心丛书，国家文物局局长办公会曾经数次听取丛书的工作汇报，对丛书的编纂出版给予了大力的支持。在此，我也向董保华同志和国家文物局的各位领导和同志们表示衷心的感谢。

2005 年 2 月 2 日

研讨黄帝祭祀文化
传承中华优秀文明[*]

黄帝是中华文明的第一块基石的奠基人，是中华民族最优秀的代表，是中华文明形成和发展的象征。祭祀黄帝、缅怀黄帝所代表的"人文初祖"开创文明的丰功伟绩，已经成为中华民族的优良传统和重要社会文化活动之一。深入探讨中华文明的始祖黄帝在中华文明形成和发展中的地位和作用，就不能不研究黄帝祭祀的由来和祭祀文化的形成发展，这是一个既古老而又具有现实意义的课题。黄帝陵基金会关于召开一次探讨黄帝祭祀文化研讨会的倡议，得到中华炎黄文化研究会的赞同和炎黄文化研究者的大力支持。不同学科的专家、学者分别从历史学、社会学、民族学、人类学等角度，阐述祭祀黄帝文化的继承性、历史性、现实性，以及祭祀文化对加强中国历史文化的认同和对促进中国统一多民族国家形成的巨大作用，充分展现了诸位专家、学者对"人文始祖"黄帝的崇敬和祭祀文化研究的浓厚兴趣，诸位专家、学者的精辟见解和精彩文章，对进一步深入研讨中华文明形成与发展将会产生深刻影响。当前，和平与发展仍是时代的主题，在经济全球化、市场化引发人们价值观念发生深刻变化的时期，我们正面临着对传统文化如何批判地继承和创新，对外来文化如何借鉴其有益部分和抵制其有害部分的严峻挑战，这是关系到中华民族的复兴和文化复兴的问题，一切有良知的科

　　* 2005年4月4～8日，由中华炎黄文化研究会和黄帝陵基金会、延安炎黄文化研究会共同主办的"黄帝祭祀与中华传统文化学术研讨会"在西安及延安举行。国内外50余名学者就黄帝功德及其历史地位、历代祭祀黄帝与中国传统祭祀文化等问题深入展开讨论。此文为张文彬同志的笔谈文章。

学工作者，文化工作者都要做出严肃的回答。以"黄帝祭祀与传统文化"为题展开学术研讨，尚属首次，题目虽小，内涵丰富，涉及面广，意义深远。通过这次研讨会的召开，势必对进一步弘扬中华民族优秀文化、继承中华文明、凝聚民族力量，振奋民族精神、实现中华民族伟大复兴产生积极影响。

在人类历史长河中，拥有古老历史文明的中国，向以"礼仪之邦"闻名于世，祭祀黄帝、敬宗祭祖、缅怀先贤是中华文明的优秀传统。祭祀活动和祭祀礼制是中华文明"礼仪"的重要组成部分。"国之大事，在祀与戎"①，祭祀在国家政治、军事活动中占有重要地位，在远古时期已形成传统。我们从考古发掘的资料可以知道，早在新石器时代的红山文化、仰韶文化和良渚文化时代，那时人们对本部（部落或古国时期）立有杰出功绩的氏族、部落领袖人物已经有了祭祀活动。春秋战国和两汉以来许多思想家、哲学家在自己的著作中精辟阐述了"礼"（包括祭祖礼）的作用，并形成了一套礼的理论体系，自汉以后并形成了相当细密的制度。"人无礼则不生，事无礼则不成，国家无礼则不宁"②，"人有礼则安，无礼则危"③，又说，"人道亲亲也；亲亲，故尊祖；尊祖，故敬宗"④，所谓"慎终、追远，民德归厚"⑤，正是基于这种认识基础，自汉代以来，把黄帝尊奉为中华文明始祖，世世代代永远祭奠。具有远见卓识的顺治、康熙、雍正、乾隆，也都把三皇五帝请进"历代帝王庙"，年年岁岁恭奉祭祀，表示了满族对炎黄文明的认同，促进了中华多民族统一国家的形成和发展。我以为我们今天不仅要祭祀黄帝——奠立中华文明第一块基石的伟人，而且要祭奠一切为国家、为民族、为人民做出贡献的仁人志士，以激励后来者为人类大同世界的理想而奋斗！

祭祀黄帝、敬宗祭祖、缅怀先贤是构建社会主义和谐社会的重要内

① 《左传·成公十三年》。
② 《荀子·修身》。
③ 《礼记·曲礼》。
④ 《礼记·大传》。
⑤ 《论语·学而》。

容之一。"和谐社会",内涵十分丰富广阔。将"和谐"用以处理人际关系,就是强调淳厚中和,宽以待人,厚德载物,兼收并蓄。正如《礼记·礼运篇》所指出的:"人不独亲其亲,不独子其子,使老有所终,壮有所用,幼有所长,鳏寡孤独废疾者,皆有所养,男有分,女有归。"这虽是古代的社会理想,但也应是今天中国特色社会主义和谐社会的追求目标。中共十六大提出要建设成"各尽所能,各得其所,而又和谐相处的社会",这既是中国共产党对执政规律认识的深化,也是社会发展的必然要求。"文革"中对人际伦理关系的破坏所造成的严重后果,令人不堪回首。祭祀黄帝,敬宗祭祖,将会营造一种新的人际关系,促进全社会的和谐相处。据一些发展中国家社会经济状况分析,在 GDP 人均 1000~3000 美元时,由于贫富差距、城乡差距拉大,社会矛盾凸显,多元交织、错综复杂,处在不稳定状态这很值得我们研究。因此,在这一历史特定的转型时期,正确处理好人际关系,关乎社会发展稳定的大局。通过对人文始祖的祭祀活动,营造祭祖敬宗、尊老敬老的社会风尚,将有可能化解社会矛盾,增进互信,"以和为美,以和为善,以和为贵",使人民安居乐业,国家长治久安,民族欣欣向荣。

祭祀黄帝、敬宗祭祖、缅怀先贤,要坚持社会主义先进文化的前进方向。社会主义先进文化是社会主义精神文明建设的核心,也是构建社会主义和谐社会的精神支柱。温家宝总理在《政府工作报告》中指出,社会主义和谐社会,应该是"民主法治、公平正义、诚信友爱、充满活力,安定有序,人与自然和谐相处的社会"。这里明确指出了社会主义和谐社会的主要特征和基本要素,既不同于陶渊明的田园牧歌、世外桃源,也不是空想社会主义的乌托邦,而是富强、民主、和谐三位一体的社会主义社会。为此,需要以中华民族优秀文化与世界科学文化相融合形成的先进文化为指导,正确处理好社会各个层面(包括民族、宗教、阶层、群际关系等)。需要指出的是,我们坚持辩证唯物主义与历史唯物主义的基本立场、观点、方法和依法处理社会问题,但坚决摒弃"以阶级斗争为纲"和简单粗暴、以势压服的做法。对祭祀敬宗的一些迷信活动也只能分别引导,靠说服,靠教育,靠人们素质的提高。我们只有对人们的信仰、习俗抱着尊重、理解的态度,才有可能调动方方面面的积极因素、建设中国特色社会主义。只有在全社会形成一种积极、健康、进取的风尚，成为精神文明建设的一个组成部分，才能使全社会持续、全面、稳定发展。

祭祀黄帝、敬宗祭祖、缅怀先贤，要高举爱国主义、民族团结的旗帜，促进民族团结、民主进步。据古史传说，炎黄二帝"战于阪泉之野"，又同蚩尤再战于"涿鹿之野"，不能简单理解为一个消灭一个，一个征服一个，而是远古部落之间、集团之间在新基础上形成部落联盟，团结共和，开拓进取，共创新业，共奠文明基石。在历史发展的进程中，部分民族之间也曾发生过一些不愉快的事情，但各族人民在生产、生活和斗争中互助互谅，相互交融，取长补短，和平相处仍是主流。当外敌入侵时，各族人民团结奋起，一致抵御外敌，反抗侵略，英风义烈，可歌可泣。正是这种民族融合、生生不已、自强不息、坚韧不拔形成了中华民族独特的民族精神和优良传统。"海纳百川，有容乃大"。中华民族的包容性，是非常可贵的传统。中国海峡两岸同胞同文同源，同祖同根，血脉相连。我们热诚欢迎台湾同胞到大陆寻根祭祖，祭祀黄帝。加强文化、经济交流，增进互信，是历史发展的大趋势。

总之，中华民族的悠久文明，给我们留下了丰富的文化遗产和宝贵的精神财富，这是我们民族的动力和源泉。祭祀黄帝、敬宗祭祖、缅怀先贤活动将有利于培养新型人际关系，构建社会主义和谐社会；有利于培养崇高的民族精神，加强社会主义精神文明建设；有利于增强民族团结，共创美好未来；有利于祖国和平统一，实现民族伟大复兴。

2005 年 4 月 4 日

研讨黄帝祭祀文化 传承中华优秀文明

在 2005 年云冈国际学术
研讨会上的致辞

尊敬的国内外各位学者、专家，各位领导、女士们、先生们：

大家好。值此盛夏季节，这里却凉爽宜人，我和各位一样，能来到历史文化名城大同参加云冈建所 50 年盛会，感到格外高兴。首先，请允许我代表与会的各位顾问和中国博物馆学会、国际博协中国国家委员会，谨向云冈石窟文物研究所成立五十周年和"2005 年云冈石窟国际学术研讨会"表示诚挚的热烈祝贺！

云冈石窟自北魏（460）开创以来，迄今已 1550 年之久，当之无愧地成为中国石窟艺术史上第一次造像高峰时期产生的典范，是世界石窟艺术第二次繁荣时期杰出的代表。经过中外学者、专家、教授共同研究探讨，云冈石窟的历史、艺术、人文、科学价值日益为社会各界所重视，被给予极高评价和充分肯定。特别是在新中国成立以来，在中国共产党和各级人民政府的领导、关怀和支持下，云冈石窟的历史研究和石窟保护取得了巨大成就。1961 年又即被国务院公布为首批国家文物重点保护单位，2001 年又被联合国教科文组织世界遗产委员会列入《世界遗产名录》，这不仅是云冈石窟全体职工和大同市全市人民共同奋斗的成果、光荣和骄傲，而且也是中华民族的光荣与自豪！我们要珍惜这份荣耀，更要承担起神圣的责任，加倍努力，进一步加强保护和研究，不断取得新进步、新成果、新成就！

我们知道，云冈石窟与敦煌石窟、龙门石窟并称为中国三大石窟。就石窟研究的对象和内涵，两者之间有许多共性，但也都有明显的个性和区域地方性、民族性的特点。云冈石窟的研究，诸如造像历史、艺术特点、建筑格式、宗教信仰、民族民俗等，同敦煌、龙门石窟一样，博大精深，内涵丰富，需要深入探索和研究。在这些方面前辈学者已为我们做出了典范。云冈研究所《云冈百年论文选集》的编辑出版，意义深远，功德无量，是对著名史学家陈垣先生、周一良先生，著名考古学家宿白先生、阎文儒先生，著名建筑学家梁思成、林徽因、刘敦桢先生等为云冈石窟研究与保护做出卓越贡献的学者的尊重和感念。如著名建筑学家、中国文物保护学的奠基人梁思成先生等在《云冈石窟中所表现的北魏建筑群》，通过对北魏云冈石窟建筑群样式的系统分析，特别指出了这些建筑体现了西域及印度佛教艺术的影响以及与汉地传统文化因素的交融。他说，这些建筑和造像，其精神、气质、格调是中国国有的，而装饰纹样上则出现了新载体、新变化、新刻法。这些精辟深刻见解，无疑对后人研究产生了深刻印象。当代著名考古学家、中国石窟考古研究的开创者宿白先生在他的论著中对云冈石窟的历史沿革、整体布局、石窟编年分期及造像艺术时代特征等，都做了深入的探讨和研究，对指导云冈石窟研究发挥了重要作用和深远影响。近年，宿白先生发表的《平城实力的集聚和"云冈样式"的形式与发展》，特别强调了云冈石窟在中国历代石窟研究中的地位，把云冈石窟研究提高了一个新高度，应引起我们深入研究。此外，如阎文儒、刘慧杰、杨泓、董玉祥、马世长、丁明东、李治国等诸位先生从不同角度对云冈石窟造像题材的考证分析，云冈石窟分期、开凿内容和时代背景等分别做出了自己贡献。大同的文化学者赵一德先生，从人文文化角度所做的云冈文化研究，对云冈石窟研究开阔了一个新领域，值得重视。改革开放以来，云冈石窟研究所编辑的《中国石窟·云冈石窟》一、二卷，《中国美术全集·云冈》卷是研究云冈石窟的最新成果，已引起国内外学者高度重视。著名艺术史家常任侠、王朝闻、金维诺教授对云冈石窟的研究，发表的论文，都给我们以很大的教益。当今的学术是开放的、互动的。如同云冈石窟是中国的，也是属于世界的，云冈石窟研究也不仅仅是中国，而且也是世界上的一门"显学"。日本学者水野德一、长敏广等及后起学者和法国瑞典汉学家对云冈研究的重要论者，也引起中国学者的重视和外国学者的兴趣。近年以来，云冈研究所和省、市考古专家对云冈石窟窟前遗迹的发掘，取得一批重要成果，对了解石窟开凿历史、开凿完工时的窟前外观、仿木结构建筑窟檐、开凿石窟程序等都有许多重要发现，为云冈石窟研究开阔了新领域。

云冈石窟保护，也取得了巨大的成就，值得庆贺。新中国成立后，中国共产党和各级人民政府就采取各种文物保护措施，加强石窟保护与研究工作。1950 年，著名人类学家、考古学家裴文中教授（时任文化部文物局处长）就率雁北文物考察团来山西雁北地区进行调查，发表了《雁北文物勘察报告》，为后来全面保护雁北文物，特别是云冈文物保护奠定了基础。1955 年成立了云冈文物保管所，即云冈石窟研究所前身，专门负责云冈的文物保护、整理和研究工作。几十年来，云冈研究所同一些高等院校、科研院校密切合作，先后对云冈石窟地质、水文地质、工程地质进行了专门调查，对云冈石窟风化崩裂坍塌、地形、地貌状况进行了深入分析研究。经过反复试验，应用环氧树脂，进行裂隙灌浆并结合锚杆加固洞窟的方法，基本解决了石窟坍塌问题。云冈研究所同中国文物研究所合作成功研制出在石窟围岩高分子化学材料灌浆加固的成果，获得了中国科学大会奖。石窟的风化问题，是云冈石窟保护中又一重大问题，经过长期研究，找出了水与岩石长期而缓慢的相互作用是石刻造像遭受风化破坏的主要原因，这一研究成果为解决石刻造像风化问题迈出了重要一步。改革开放后，云冈石窟保护带来了新的生机，云冈石窟先后完成了"'八五'维修保护工程"、"109 国道云冈段改线"、"云冈石窟景区环境整治"和正在开始的"防水保护工程"。云冈人为这些工程的立项、实施付出了巨大的艰辛，"磨破嘴，跑断了腿"，在省市政府和交通部门的支持下，终于彻底改变了环境污染对云冈石窟造像造成的严重威胁，解决了长期难以解决的课题，受到社会广大群众的欢迎。我们由衷地向云冈所的各位同志表示敬意！

当我们回顾云冈研究所的五十年、总结五十年风雨历程的时候，我们永远不能忘记的是，敬爱的周恩来总理在 1973 年 9 月 15 日，以重病之身陪同法国总统蓬皮杜到云冈石窟视察。周总理看到一些佛像破损、风化严重，急需维修时，询问李治国所长，有无一个维修计划。周总理说："云冈石窟艺术，我们一定要完好地保护下来。"随即又对随行的国内记者说，"刚才得知有一个十年维修计划，时间太长了，我们要在三年内把石窟修好，三年以后，请你们再来参观。"回京后，王冶秋局长按周总理指示，很快组织落实，三年如期完工，但周总理也永远离开了我们。敬爱的周总理，日理万机，日夜为国操劳，时时刻刻关心着祖国文化遗产的保护，在周总理最后的三年里，最后视察的地方一是云冈，一是龙门，都是石窟，都是国宝，都是世界人类文化遗产。我们要牢记周恩来的教诲，"一定要完好地保护下来"，把云冈和中国石窟艺术世世代代保护下来，发扬光大。

云冈石窟研究所的五十年是光辉的五十年，奋进的五十年，是不断取得巨大成就的五十年。云冈巨大成就的取得来自党中央、国务院和各级党委、政府的关怀，来自各位前辈学者和后起学者的长期耕耘，来自高等院校、科研院所和各地文物部门的支持与亲密配合。"雄关漫道真如铁，而今迈步从头越"。机遇与挑战并存，困难与希望同在。我们真诚希望，云冈研究所的全体职工科研人员、管理人员，继续弘扬解放思想，实事求是，艰苦创业，开拓创新的"云冈精神"，同心同德，加强团结，与时并进，开创未来！

建议一是创办《云冈学刊》，为云冈研究提供学术交流平台，为"云冈学"积聚人才，积累成果，使云冈学成为一门真正的"显学"；二是加强中外学术交流，培养各类专业人才，凝聚力量，攀登研究和保护的高峰；三是制定实施研究保护规划，早日出版《云冈全集》和《云冈石窟洞察调查报告》，切实采取措施，彻底解决防水渗漏侵蚀石刻造像的隐患；四是进一步贯彻落实《文物保护法》和《文物保护实施细则》，进一步加强依法保护，加强科学管理，形成标准化、规范化、制度化。

2005 年 7 月 26 日

与时并进　开拓创新[*]

——纪念中国博物馆事业发展百年

今年是南通博物苑诞生一百周年——也是中国近代博物馆事业诞生和发展的一百周年。中央文化部、国家文物局、江苏省人民政府决定举办百年庆典活动。南通市人民政府、中国博物馆学会、国际博协中国国家委员会9月在江苏南通隆重举行2005学术年会，以资纪念。呈现给博物馆界各位朋友面前的这本论文集，就是为这次年会提交的二百余篇论文中推选出来的新的研究成果。这些论文，以邓小平理论和"三个代表"重要思想为指导，从不同方面、不同层面、不同角度回顾了中国近代博物馆事业发展的风雨历程，分析和探讨了当前博物馆工作面临的形势、任务和问题，展现了21世纪中国博物馆发展的趋势和壮阔前景。这既是中国博物馆界对中国博物馆事业百年的贺礼，也是对我国近十余年来博物馆学术研究成果的一次展示和检阅。

我国是一个具有悠久历史文明和光荣革命传统的国家，自古就有收藏、研究、欣赏、展示历史文物——金石之学的传统。作为近代涵义上的博物馆事业，虽滥觞于19世纪70年代，但那时条件尚不完备。20世纪初，清末甲午科状元、实业家、教育家张謇在"戊戌变法"的影响下，于1905年创建南通博物苑，成为中国人自己创办的集自然、历史、艺术为一体的具有近代意义的第一个博物馆，规模虽小，意义巨大，在中国博物馆发展史上具有里程碑的意义。辛亥革命后，民国政府于

---

　　* 此为《回顾与展望——中国博物馆发展百年》的序文。《回顾与展望——中国博物馆发展百年》，中国博物馆学会编，紫禁城出版社，2005年9月版。

1912 年决定在北京建立历史博物馆，成为中国近代建立的第一个国立博物馆。随后，在新文化运动中，北京、南京、天津、湖南等地相继建立了陈列馆、博物馆或博物馆筹备处，社会文化生活为之一新。1925 年 10 月故宫博物院正式成立，成为中国最大的博物馆，神秘的明清故宫建筑和皇家文物的对外开放，在社会上引起很大反响，各省、市公私及社会团体也相继纷纷建立各类地志性或人文博物馆，使中国博物馆事业有了较快发展，迎来了中国博物馆事业发展的第一个高潮。由于日本侵华战争的全面爆发，使正在发展的中国博物馆事业遭受到极大的破坏和严重损失。在新中国成立后，中国博物馆才有了巨大的发展。由于中国共产党和人民政府对发展博物馆事业的高度重视，明确提出了博物馆为社会主义服务、为人民服务的性质、任务和发展方向，有计划、有领导、有步骤地对旧有博物馆进行整顿和改造，同时有计划地在一些省区建立了一批新型的博物馆、纪念馆，从此博物馆走上了社会主义文化建设轨道。1958 年，毛泽东主席视察安徽省博物馆时指出："一个省的主要城市都应该有这样的博物馆，人民认识自己的历史和创造的力量是一件很要紧的事。"此后，中央决定在北京兴建中国历史博物馆、中国革命博物馆、中国人民革命军事博物馆、中国农业博物馆、北京自然博物馆、北京天文馆等大型博物馆建筑群。全国各省、自治区也兴起了建立具有标志性博物馆的热潮，为中国博物馆事业发展奠定了雄厚的物质基础，开创了中国博物馆发展史上的新纪元。令人遗憾的是，1966 年爆发的"文化大革命"，使正在出现良好局面的博物馆事业受到巨大的挫折。20 世纪 80 年代以来，伴随着改革开放、经济发展、社会进步，在各级党委、政府的关怀、重视和支持下，博物馆事业焕发出新的生机和活力，中国博物馆事业再度迎来了蓬勃发展的春天。在中国博物馆发展史上，逐步形成了围绕中心、服务大局、继承创新、有序发展的新局面。

首先，中国博物馆建设具备了一定规模并形成了比较完整的体系。博物馆的数量大幅度增加，仅文物系统的博物馆就由 1978 年的 349 所发展到 1999 年的 1356 所；截至 2004 年年底，若加上其他部门和民间兴办的博物馆，据不完全统计，全国博物馆总数已达到 2200 所左右。

与此同时，博物馆的门类日益丰富，综合类、社会历史类、革命史类、军事类、名人故居类、艺术类、自然类、地矿类、科技类、产业类、民族民俗类等多种类型博物馆各展风采、竞相辉映。文化、文物部门与其他行业、部门办馆日趋普遍，还出现了民间集体和个人兴办的博物馆。20世纪生态博物馆思想被引进我国后，中挪两国博物馆专家合作，于1998年在贵州六枝梭嘎率先建立了第一个生态博物馆，其后在贵州、云南、广西、内蒙古等地区又兴建了11个生态博物馆，保护着苗、瑶、蒙古族等少数民族丰富多彩的文化生活形态。令人可喜的是，目前博物馆的地域分布更加广泛，以往博物馆基础相对薄弱的西部12个省区，目前拥有各类博物馆四百多所，改变了过去博物馆过多集中在东部和中部一些大中城市的不平衡局面。具有代表性的上海博物馆、河南博物院、陕西历史博物馆、西安秦始皇陵兵马俑博物馆、湖南博物馆、山西博物馆、辽宁博物馆、甘肃博物馆、西藏博物馆、南京博物院艺术陈列馆、中国科技馆二期陈列大厅等一批现代化博物馆新馆的建成开放，极大地缩短了中国博物馆事业与世界发达国家博物馆的差距。

在我国香港、澳门特别行政区和台湾地区，博物馆事业也有了一定的发展。其中，香港艺术馆、香港中文大学文物馆、香港大学美术馆和香港城市博物馆、澳门博物馆、大三巴遗址陈列馆和台北故宫博物院、历史博物馆、民俗博物馆、科技馆等，在收藏、研究、展示等方面除了不断改进和提高自身展陈水平之外，还相继同内地博物馆合作，共同举办了"西安秦始皇兵马俑"、《战国雄风——河北中山王国墓文物展》等出土文物精品展，对构筑港、澳、台地区同内陆省区文化交流，加深对中华优秀传统文化认识起到积极作用。

其次，中国博物馆藏品丰富，价值珍贵，举世瞩目，已成为中华文明可移动文物的宝库。目前，仅全国大陆地区文物系统博物馆的藏品即达九百三十多万件，与其他行业、部门、系统博物馆的藏品合计约有一千二百多万件。根据《中华人民共和国文物保护法》、国家文物局《关于博物馆藏品管理办法》的有关规定，各级各类博物馆相继建立了规范的藏品管理制度，藏品保管工作的规范化和现代化水平日益提高。对金属、纸张、漆木丝织类文物和动植物标本进行有效保护，其中有不少藏品保护技术在国际上处于领先地位。

第三，博物馆界涌现了一大批高水平的专业从才，他们已成为各级各类博物馆持续发展的骨干力量。20 世纪 70 年代末期以前，历史和地方史志博物馆专业人员主要是来自高校考古、历史、美术等专业的毕业生。进入 80 年代以来，一些博物馆学专业的毕业生，包括部分硕士生和博士生，充实到各级各类博物馆，较好地改善了博物馆的人才层次、结构状况。国家文物局与北京大学联合兴办的中国文物博物馆学院以及 80 年代初成立的中国博物馆学会、中国自然科学博物馆协会和各省文博学术团体，积极参与国际博物馆协会和国际上其他专业机构的学术交流与合作，组织专业人才培训、研讨，先后出版数十种学术刊物、博物馆学论著，发表各类研究成果，使中国博物馆事业在世界文化、学术领域的地位和声望不断提高。

第四，博物馆社会教育功能凸显，成为中国博物馆的显著特色之一。近十年以来，全国博物馆每年举办各类陈列展览八千多个，接待国内外观众 1.5 亿～12 亿人次左右。许多陈列展览以鲜明的主题、新颖的表现形式、较高的科技含量和较强的艺术感染力，传播着历史、文化、科学技术及各类专业知识，引起社会广泛关注和反响。1998 年开展的博物馆陈列展览精品工程，对提高博物馆陈展水平起到了积极推动作用。国家博物馆举办的《肩负人民的希望》、上海博物馆、故宫博物院、辽宁省博物馆在沪举办的《宋元明清书画国宝展》、上海博物馆、陕西省博物馆举办的《周秦汉唐文明大展》、辽宁省博物馆举办的《清宫散件出土国宝展》等都取得很大成功。与此同时，各地博物馆积极开展对外文化交流，每年赴国外举办展览三四十个，观众达千万人。全国有近千所博物馆、纪念馆被中宣部、文化部、教育部等部委暨各级党委确定为爱国主义教育基地。充分运用革命纪念馆、展览馆和揭露侵略者罪行陈列馆真实、形象、生动的场景和内容丰富、寓意深刻的文物，开展爱国主义和革命传统教育，已成为各级党委、政府教育部门和社会团体做好思想政治教育和加强未成年人教育工作的有力载体。目前，我国革命博物馆和陈列馆，已形成一整套包括各个革命时期、革命领袖、各方面有突出贡献的名人在内的纪念馆、展览馆系列，其规模之宏大、体系之完整、内容之丰富是世界博物馆、纪念馆所仅见的。以北京"新文化运动纪念馆"、上海"中共一大会址"、瑞金、井冈山、遵义会址、延安、西柏坡革命纪念馆和辽沈、平津、淮海三大战役纪念馆为代表的革命纪念馆系列；以毛泽东、刘少奇、周恩来、任弼时、彭德怀为代表的革命领袖纪念馆和以鲁迅、茅盾、老舍等一批名人故居为代表的人物故居纪念馆系列；以山西"八路军太行革命纪念馆"、安徽皖南"新四军纪念馆"和以沈阳"九一八"纪念馆、江苏"侵华日军南京大屠杀纪念馆"、北京"中国人民抗日战争纪念馆"等为代表的反映中国人民反对侵略、珍爱和平和揭露日本军国主义罪行的展览系列，等等，在开展共产党员先进性教育活动和纪念抗日战争、反法西斯战争伟大胜利六十周年活动中，观众如潮，反响强烈，充分发挥了"以史为鉴，开创未来"的重要作用，谱写了中国博物馆发展史上的新篇章。

第五，近几年来，中国博物馆努力体现以人为本的精神，坚持"贴近生活，贴近群众，贴近实际"的方向，不断改进陈列内容和陈展方式，注重营造高雅的人文环境与优美的生态环境，强化服务意识，强化群众参与，尤其是在吸引青少年参与博物馆活动，以优美环境、优质展览和优良服务奉献观众方面，取得很大进步。中国博物馆不仅是人民群众获取知识、接受思想教育的重要阵地和感受美的熏陶的重要场所，而且日渐成为人们文化休闲与旅游消费的上佳选择，受到广大群众和青少年观众的欢迎。

总之，改革开放以来，中国博物馆事业一直自觉坚持围绕中心、服从大局、为改革、发展、稳定和社会进步服务的正确方针，在社会主义物质文明和精神文明建设中发挥了特有的作用，取得了很大成绩。但毋庸讳言，当前中国博物馆事业的总体水平还不高，同一个有着五千年文明历史的东方大国的地位尚不相称，还存在一些比较突出的困难和问题。譬如：人民群众日益增长的精神文化需求与博物馆品类不全、数量不足、质量不高的矛盾，博物馆在计划经济体制下形成的生存、发展模式与社会主义市场经济体制不相适应的矛盾，博物馆提高发展水平所需的物质技术条件与经费短缺的矛盾，博物馆加快发展与管理工作相对落后的矛盾，民间博物馆的增长和文物藏品来源不足的矛盾，与经济领域和其他行业相比，博物馆管理体制、运行机制、人事制度、经费筹措使用制度等方面的改革步伐相对滞后，远远不能适应时代前进步伐和博物馆事业发展的要求。这些前进中的困难和问题，只要我们进一步解放思想，实事求是，从实际出发，正确面对，加强管理，深化改革，开拓创新，就一定能够逐步解决，中国博物馆事业也就一定能够加快前进步伐，取得更大的成绩。

博物馆是人类社会发展到一定阶段的产物，博物馆事业的兴起，以及与此有关的文化现象的出现，博物馆事业的不断成长、繁荣和壮大，促进了人类社会的进步和生存环境的改善。作为保护、研究、收藏、展示历史文化遗产和人类环境物证的博物馆，是一个城市、一个乡镇的历史记忆，也是一个民族、一个国家传承文明的基地和宣传其文明成就和发展水平的重要窗口。在我国，博物馆已成为国家文化教育事业的重要组成部分，其重要职责，就是征集、保护文物和标本，开展科学研究，举办陈列展览，传播历史和科学文化知识，切实把科学性、知识性、观赏性有机地统一起来，对广大群众特别是青少年进行爱国主义、社会主义和革命传统教育，提升全民族的科学文化和思想道德水准，增强中华民族的凝聚力、自信心和自豪感，为建设有中国特色社会主义伟大事业提供智力支持和精神动力。实践证明，大力发展博物馆文化，建设各种门类、各具特色的博物馆，充分发挥博物馆的社会功能，是保护、研究、展示、宣传人类文化遗产和自然遗产，保护、研究、展示、宣传本地区、本民族和国家优秀传统文化和先进文明成果的重要手段，也是提高人民群众科学文化素质的有力途径。为此，我们除了继续坚持博物馆的正确办馆方向，还要加强博物馆的立法和基础工作。出台《中华人民共和国博物馆法》是博物馆事业发展的必然要求，也是国家法制建设的需要，对博物馆持续、健康、稳定发展至关重要。要制定博物馆中长期发展规划，合理布局，统筹发展，调整品类，提高质量。要注意社会主义时期和当代文物征集收藏和研究。现在是信息化时代，新中国成立以来的许多文物已受到人为和自然的破坏，需要抢救、保护，以免造成无法挽回的更大损失。目前在城市规划和旧城改造中，对一些重要纪念地或重要工业厂房遗址也要有选择的适当保护。为建立反映社会主义建设时期历史博物馆、纪念馆创造必要条件，比如有计划地建立一些有代表性的工业遗址博物馆是必要的，也是可行的。

　　"雄关漫道真如铁，而今迈步从头越。"我们诚挚期望纪念中国博物馆百年的活动和学术文集的出版，将进一步推动中国博物馆理论研究和对实际问题的探索的深入。我们完全有理由相信，在中国共产党和人民政府的高度重视支持下，只要我们坚持邓小平理论、"三个代表"重要思想和全面落实科学发展观；只要我们紧紧围绕以胡锦涛同志为总书记的党中央提出的本世纪建设小康社会及和谐社会的战略目标；只要我们坚持"三贴近"方向，依靠社会各界和广大人民群众的积极参与和大力支持，经过广大文物博物馆工作者的共同努力，中国博物馆事业必将蒸蒸日上、欣欣向荣，必定会为实现中华民族伟大复兴，人类社会发展的全面进步作出更大贡献。

2005 年 9 月

怀念马承源先生

　　著名中国青铜器研究专家、古文字学家和博物馆学家马承源先生驾鹤西去，已经一年。当时惊悉噩耗，深感悲痛不至，由于我刚刚动过手术，而未能赴沪送行，终觉遗憾。随着岁月流逝，哀思缅怀之情越发深浓。马承源先生的离去，不仅仅是上海博物馆的重大损失，而且是中国文物博物馆事业和我国学术界的重大损失。

　　马承源先生生前曾担任上海博物馆馆长、上海文物事业管理委员会常务副主任、兼任中国博物馆学会副理事长、顾问等职。我由于工作职务的关系，每次到上海，都要去登门拜访求教。今年5月，我去上海博物馆参观学习，和马承源先生已是天各一方了，已不可能再像过去促膝相谈，当面求教，内心十分痛楚。在和党委书记胡建中同志见面后，首先谈起的仍是马承源老馆长的离去和马馆长对上海博物馆建设付出的辛劳、建立的功绩。那是1996年上海博物馆新馆落成开馆的时候，应邀到会的中外来宾，高朋满座，人涌如潮。我和其他朋友一样，对上海博物馆新馆建筑的宏大，结构的奇特，设计的精心，陈列的"唯美"，感到极大的震撼。问及新馆建设历程，博物馆领导汪庆正先生、胡建中同志等莫不交口称赞马承源馆长为此付出的艰辛。新馆从立项到经费筹措、从规划设计到施工建设、从石质选材到展厅装修……从整体到局部、从点到面，时时处处都浸透了马承源馆长的心血汗水。马承源先生谦虚地说，这都是大家的功劳，是我们整个班子共同努力的成果。我也详细观察了上海博物馆的整体建筑，不仅外形"天圆地方"，庄严稳重，内部空间各展厅也风格迥异，富有变化，极巧妙地把功能与形式、内容与空间、建筑与艺术高度完美地统一起来，创造了我国新时期博物馆建筑新样板。这是一种全新陈列展示理念和新的建筑语言的充分体现，是改革开放的时代精神与悠久历史文化的完美结合。如今，上海博物馆已经成为上海标志性建筑之一，社会各界、广大群众无不称羡。凡外国国家元首、重要来宾到上海访问，大都要去参观上海博物馆，上海博物馆已成为上海的重要窗口和骄傲。我从上海博物馆建筑历程中，深深体会到上海博物馆人的创新意识、精品意识、审美意识和开拓精神、敬业精神、人文精神。正是马承源先生和上海博物馆人的这种精神和意识，谱写了上海博物馆的壮丽史诗和光辉篇章，赢得了上海博物馆在上海城市两个文明建设中的特殊重要地位，开创了上海博物馆率先进入世界先进国家博物馆一流水平的行列。毫不夸张地说，上海博物馆代表了中国博物馆发展前进的方向。上海博物馆是中国博物馆事业发展的里程碑，是中国博物馆的一面光辉旗帜。马承源馆长呕心沥血的功绩，永远镌刻在中国博物馆发展史的丰碑上。

马承源先生不仅是著名的博物馆管理专家，而且是一位学识渊博、著作等身、名扬海内外的著名学者。马承源先生深深懂得一个博物馆或艺术馆不仅担负着征集收藏、陈列展示、宣传教育的功能，而且富有科学研究的职能。而科学研究的成果，往往代表着一个博物馆或艺术馆的学术水平和对社会产生的影响。为此，马承源馆长做出了巨大的努力。他不仅组织筹划全馆的学术研究，而且身体力行，在学术研究上率先做出显著成绩。他在中国青铜器、古文字研究领域里是继罗振玉、王国维、郭沫若、张政烺、唐兰、于省吾、商承祚、陈梦家等学者之后，又一位集大成的学者之一。马承源先生主编的《上海博物馆藏青铜器》、《中国古代青铜器》、《商周青铜器铭文选》和《中国青铜器全集》（十六卷）等著作，代表了当代中国青铜器研究的最新成就，影响巨大。其中《中国青铜器》已成为国家文物局指定的文博类专业学习和文博干部培训教材。《中国青铜器全集》是《中国美术全集》的重要组成部分，为 20 世纪重点文化工程项目，是 20 世纪以来最系统、最完整、最权威的中国青铜器图录与研究大全，许多专家评论认为这部著作像一座大型建筑一样，构成了中国青铜器发展历程的一座"中国青铜器博物馆"，荣获中国出版界最高奖项"国家图书奖"是当之无愧的。除此而外，马承源先生发表的许多重要论文，已收入到他的专著《中国青铜器研究》论文集和由他主编的《上海博物馆藏战国楚竹书》四卷中。这些论著，对中国青铜器发展阶段作了科学的划分，比较系统地阐述了中国青铜器的类别、纹饰、铭文、分期、断代以及冶炼、铸造，对边远地区少数民族的青铜器和青铜器的鉴别、辨伪、研究，联系史实都做出了深入的分析。《战国楚竹书》是马承源先生从香港文物市场抢救回来、未见著录的一批先秦重要文献，它的整理、编纂、出版对先秦思想史、文学史的研究具有重要意义。其中马承源先生撰写的前言和《孔子诗论》等篇见解精湛，独树一帜，为学界推崇。马承源先生关于《商鞅方升和战国量制》、《西周金文和周历研究》、《何尊铭文初释》、《商周青铜双音钟》、《晋侯蘇编钟》、《商代青铜器纹样属性溯源》等论著，发前人所未发，见前人所未见，说理清楚，论据充分，逻辑严密，都得到学术界的好评和重视。许多后学者认为马承源先生论著分析深刻，启迪来者，受教匪浅。这样高水平的论著，完全是靠马承源自己坚持不懈、勤奋学习得来，是他对党、对国家、对人民一片赤诚之心的生动写照，是他崇高理想与肩负时代使命执著追求的成果。马承源先生自己就说过："往昔的岁月里有多种多样的挫折，但不论在任何条件下，我都不会放弃求索青铜器各种知识的初衷。"中国青铜器的"诱惑"，已构成了他生命的原动力，正是这种坚韧不拔的毅力和奋力拼搏精神，造就了这位著名青铜器专家。我们知道马承源先生是 1946 年就投身革命的青年，原来的学历并不很高，1954 年他到上海博物馆工作，虽然担任上海博物馆党支部书记，实际是从基层一点一滴做起的，他靠的就是刻苦勤奋、坚持不懈、多方请教、密切联系实际、深入钻研，问题不解决誓不罢休的决心和勇气。就是他担任上海博物馆馆长期间，在工作十分繁忙的情况下，他也总要挤出时间学习、探索、研究，在科学的道路上努力进取，不断攀登。马承源先生由"外行"向"内行"转变的过程，由普通知识分子迈向著名专家、学者道路的历程，这不仅是他同辈人的光荣和骄傲，而且对今天后来者、对各级博物馆领导者，也树立了一个光辉的榜样，值得我们深思和好好学习。

马承源先生是位学者、专家，也是一位为抢救国家珍贵文物、保护国家历史文化遗产而广结善缘的社会活动家。上海博物馆在1952年建馆之初，仅有馆藏文物1.8万件，如今馆藏文物已达60万件，珍贵文物就达12万件，这些文物除旧藏和新中国成立调拨的以外，许多文物藏品是上海博物馆几代人从废旧物资回收站、冶炼厂和各种不同途径抢救回来的。马承源先生从任上海博物馆保管部主任时起，就把征集抢救文物作为自己神圣使命，冒着严寒酷暑，奔走于厂、站之间，抢救出许多珍贵文物。"破四旧"时期，他更是心急如焚，机智地抢救了"商鞅方升"等重要文物。在他担任馆长后，更把从海外抢救珍贵文物列为重中之重。马馆长同他的同事一道先后经海外抢救回青铜器、陶瓷器、金银器、玉器、印章、石刻造像以及丝织品等各类文物珍品达三百多件。其中，无论是战国楚简入藏上海博物馆，还是晋侯冒鼎、晋侯苏编钟、吴王夫差盉、子仲姜盘等等，件件背后都隐藏着许多传奇故事，几乎都有许多爱国同胞"通风报信"，慷慨解囊，共商义举、无私奉献。这自然是同马承源先生的高风亮节和学识素养密不可分的。马承源同海外一些朋友广结善缘，建立了深情厚谊，肝胆相照、诚信为本，终得善报。特别要指出的是，在马承源先生主持下，上海博物馆不仅广交新朋友，而且做到不忘老朋友。对新中国成立初期捐赠者及其家属，常常定期探望，形成制度，"想捐赠者所想，急捐赠者所急，帮捐赠者所难"。例如对捐献大盂鼎、大克鼎的潘达于先生及家属遇到的生活困难，他们不遗余力给予适当帮助和解决，深得潘先生家属和社会称颂。正如马承源先生所说："那些无价之宝，捐献的人只要当时卖掉一件，就足以传后人享受几代，我们能不记住他们、关心他们吗？"我深为马承源先生和"上博人"考虑的周全、举措的得当所感动。在一次全国文物局长会议上，我特别指出，对捐赠者的态度，实质上是对党和国家统一战线政策的理解贯彻落实问题，我们绝不能做背信弃义之事。正是这种对捐赠者关怀产生的感召力量，赢得了海外华人和国外友人的尊重，从而陆续不断地有海外收藏家、实业家对上海博物馆的捐赠。菲律宾著名收藏家"两涂轩"主庄万里先生子女庄长汉、良有兄妹及庄氏家族，经过多年徘徊观望，最后毅然决定把"两涂轩"所收藏的"国粹遗珍"捐赠上海博物馆，作为永久归宿。香港太阳集团主席叶肇夫先生，经过几番周折，最终向上海博物馆捐献"子仲姜盘"的故事，也是一篇值得传颂的佳话。也正是由于马承源先生的人格魅力和对祖国文化遗产的呵护与忠诚，才有了法国巴黎收藏的我国商代"虎卣"归国省亲之举，为中法友好年的文化交流揭开了多彩的序幕。

马承源先生，不论是作为中国青铜器研究专家，还是作为博物馆学专家，或作为领导干部和社会活动家，从不同方面都为我们伟大的国家和人民做出了杰出的贡献。他的一生是革命的一生，战斗的一生，多彩的一生。他以自己丰富的实践，完成了由革命者向建设者的转变，谱写了一位普通干部走向学者专家型领导干部的光辉历程。只可惜，他走得太急促、太悲怆，留下了太多的遗憾，还有很多未竟事业未能规划、完成，需要我们后人继续努力奋斗。

马承源先生永远活在我们心中，活在蓬勃发展的中国文博事业之中。

2005 年 10 月

怀念马承源先生

哲人已逝　风范永存

——追念费孝通先生对文物考古与博物馆工作的关怀

费孝通先生是一位伟大的爱国主义者，是国际著名的社会学家、人类学家和社会活动家。他用毕生的精力和心血从事社会学和民族学研究，他以"志在为民，皓首不移"的崇高理想为己任，深入乡村调查研究，向中共中央、国务院提出政策建议，成为中国共产党的诤友，深得中央领导同志赞许。他淡泊明志、不骛名利，为人民福祉的奉献精神永远值得我们学习，他永远活在我们心中。

费孝通先生是一位大学问家，学识渊博，治学严谨，学风质朴，实事求是，学贯中西，立意高远，处处体现着先生睿智厚重、虚怀若谷的大家风范和高尚人格。早在20世纪50年代，他就以社会学家的敏锐目光注视着中国考古学田野发掘和考古研究工作的进展，为中国考古学取得的丰硕成果感到由衷的喜悦。1956年，他应著名考古学家夏鼐先生之邀，在全国考古工作会议上作了题为《开展少数民族地区和与少数民族历史有关的地区的考古工作》①的学术报告，阐述了开展民族考古工作的重要性和加强考古学与语言学、人类学、民族学密切合作的必要性，并在民族考古理论和方法上提出了指导性意见，对开展民族地区考古工作产生了深远影响。同年，费老身体力行，亲赴云南大理从事民族社会历史调查研究工作，随后即在中国科学院考古研究所编辑的《考古通讯》上发表了《云南大理历史文物的初步察访》一文。这篇考察报

---

① 后收载于《费孝通文集》第六卷，第471～482页，群言出版社1999年版。

告，记述了他在云南大理等八县市所做的考古察访活动和主要成果，其中包括调查前的准备工作，调查过程中察访到的实物资料，在剑川搜集到的磨光石斧、有孔月牙石刀等新石器情形，他还亲自察看了石器出土地点和文化堆积层。他既重点调查了南诏大理古城和古城文化层陶片遗存，又调查了剑川石室山石刻、艺术造诣极高的本主木雕和塑像，以及用白文和汉文抄写的家谱、书信、契约和经卷，发现了民间收藏的宋、元刻本经卷和南宋、明代用汉字写成的白语经卷等①。费老的亲身调查实践活动，为从事民族考古工作的文物工作者树立了典范，对田野考古工作同样具有启示性的意义。特别使我们感动的是，费老在耄耋之年，对我国文物考古和博物馆工作的关切仍不减当年，更寄托着殷切期望。他以一位学者的睿智和渊博学识，站在人类社会发展和中华民族伟大复兴的高度，提出的中华民族多元一体格局，以及把玉器研究作为切入点，探讨中华民族优秀传统文化的继承等学术观点和从加强民族团结、弘扬民族文化的需要，提出建立国家民族博物馆的建议等，都十分值得我们珍视。

（一）从民族调查与考古发掘成果入手，提出《中华民族多元一体格局》的科学论断，奠定了新时期民族学研究的基石。

中国考古学自 20 世纪 20 年代诞生以来，特别是新中国成立以来，由于中国考古学取得的巨大收获，极大地推动了哲学、人文科学的发展，也才有条件对中华民族早期历史做出比较科学的认识。作为著名的社会学家、人类学家，费孝通先生十分关注中国考古学的发展和成果。他以亲历民族地区调查研究和对各民族的共性、个性、差异性的反复比较、民族识别和长期研究为基础，结合他从全国各省区新石器时代考古发掘的丰富资料整理和对各地文化区的内涵、演进、交融、汇集的分析研究，科学地论证了中华各民族多元一体格局的形成和发展的历程，并在香港中文大学"泰纳"（Tanner）讲座发表了以《中华民族的多元一

---

① 《费孝通文集》第七卷，第 1～17 页，群言出版社 1999 年版。

体格局》① 为题的著名学术演讲。这篇学术鸿文，运用民族学和考古学大量资料的综合研究成果，认定在中华民族的统一体之中存在着以汉族为凝聚核心的、多层次的多元格局，是历史演变发展的必然结果。这篇科学鸿文不仅是费老在民族学研究中取得的重大成果，也是对中华民族形成发展和中国文化史研究做出的重要贡献，具有里程碑的意义和现实意义。同样，著名考古学家、北京大学教授苏秉琦先生也是在 20 世纪 80 年代，依据他对新石器时代考古的长期研究和对考古学文化区系类型研究结果，得出了同费孝通先生同样的结论。苏秉琦先生说："中国之大，并不只有中原和北方两个古文明中心。中国古文化起源，很难说什么地方有，什么地方没有，恰似满天星斗一样分布在我国九百六十万平方公里的土地上。"又说："几千年来，中华民族之所以始终屹立在东方，窝里反反不了，外来打打不赢，即使在最落后的时代，侵略者也无法将其灭亡；国内南北战争，军阀割据，战乱如何频仍，最终还要归于统一，这是与满天星斗一样的文明起源有密切关系的。"② 苏秉琦先生认为：全国各地古文明的形成，最终通过古文化、古城、古国、方国和帝国等发展阶段，形成多元一体化的中国文明和历史发展模式③。殊途同归，不谋而合。费、苏二老通过不同的研究途径，得出了共同的结论，一时传为佳话。这一点，费老在谈话和文章中对苏秉琦教授的研究成果多次给予充分肯定。他们二位有幸在 1990 年国家民委召开的民族学研究国际学术研讨会上历史性的会见和相互尊重、切磋研究的高风亮节也为当代学人所传颂，而他们在民族形成和国家发展模式研究上的卓识和结论，将推动中国民族学和考古学进一步深入研究，这是毋庸置疑的。

（二）从中国新石器时代玉器研究入手，提出"玉"是中华优秀传统文化特点之一，为经济全球化转型期中华文化的传承与研究指明了正确方向。当今世界正开始走向经济全球化、政治多极化，文化要不要全球化，中国文化向何处去？中华文化如何继承和发展？摆在面前的这些

① 《费孝通文集》第十一卷，第 381～413 页，群言出版社 1999 年版。
② 见《人民日报》海外版，1986 年 8 月 4 日。
③ 苏秉琦《中国文明起源新探》，生活·读书·新知三联书店，1999 年版。

问题成为费老晚年反复思考、挥之不去的重要问题。在中华炎黄文化研究会 1998 年国际学术研讨会之后，他终于从中国考古学的发展，尤其是内蒙古敖汉旗兴隆洼和辽西建平、凌县交界的牛河梁红山文化遗址、浙江杭州良渚和四川金沙、安徽含山凌家滩等遗址出土大量玉器的发现，以及费老自己在内蒙古、江西、湖南等地考察和对各地玉器文物的了解中，联想到有关考古学研究的一些问题。2000 年元旦刚过，费老就约请考古学家徐苹芳、徐光冀、邵望平、潘其风等专家一起研究并座谈东西方文化存在的差异和交流问题。他认为，东西方两种文化应该取长补短，相互兼容，以达到世界范围的多元一体、全人类的多元一体。这就首先要文化自觉，将各自文化中优秀部分发扬光大，融和发展更加灿烂光辉的新的世界文明。费老认为，应该将那些能代表中国文化独有特点的部分，从理论上加以剖析并展示于世人面前。费老是站在历史发展的高度，以观察当今世界发展的全局的高度，提出问题的。而世界经济正趋于一体化，政治多极化，世界文化向何处去，这是各国政治家、思想家不能不面对和回答的问题。费老正是从应对世界政治、经济文化的挑战和中华文化如何保持、发展自己优良传统文化的高度，提出从研究具有中国文化特色玉器入手，作为深入研究中国传统文化继承和发展的切入点。他认为："玉器在中国历史上曾有过重要地位，从石器美玉的演变与社会组织中士大夫阶层的出现之间存在着相当复杂的关系。"费老认为，从玉器变化的历史中，玉得到了深层次的转变，价值观念得到提升，赋予以玉比德的道德价值观念，认为玉具有温润、和谐、高洁、刚毅、坚贞等人格化的品德，从而使玉成为人的人格、行为道德的表象，即玉成为中华文化的表征。所以要十分重视"玉"的研究。费老希望考古工作者能将考古学的研究与精神文明的研究结合起来做些探讨，并表示考古学虽不是他的专长，但他有兴趣和大家一起讨论。随后徐光冀、潘其风先生向我转达了费老的倡议，我表示积极响应，并在 2001 年 5 月在沈阳以国家文物局、中国考古学会和辽宁省文化厅、辽宁省文物考古研究所名义召开了"中国古代玉器与传统文化学术研讨会"。费老在研讨会开幕式和闭幕式上，分别以《中国古代玉器和传统文化》和《再论中国古代玉器和和传统文化》① 为题发表了学术演讲，深入阐述了研究玉器对继承和弘扬中华优秀传统文化"玉魂国魄"的意义。费老认为："我们应该将玉器的研究提升到对玉器内涵的研究，从物质切入到精神，同价值观念联系起来，透过玉文化来看中国文化发展的规律。"他说："这种研究是反映时代要求的，而且很急迫，因为这是关系到我们生死存亡的大事。世界天天在变，我们的根本问题是，中国十多亿人怎么活下去，还要一代代传下去，我们要给子孙留下些什么东西？这里面有历史问题，即从过去看将来，历史问题不清楚，对将来会有许多迷茫，所以考古学研究是很重要的，不是可有可无的事情。"费老把玉器研究提高到民族兴衰、生死存亡的高度，振聋发聩，发人深省。费老殷切希望考古学家一定要坚持科学研究的科学性，而"科学性的基础必须是经过科学发掘出来的古代玉器"。我们知道，中国古代玉器的收集和研究有很长的历史，从公元 10 世纪末北宋时代，一直到 19 世纪末，玉器欣赏和研究属于金石学的范畴，宋、明理学家则利用古玉器"解经谈礼"。尔后，从明代开始古玉变成了古董，成了有价值的商品，传世古玉中假冒伪劣之品，不断充斥市场，给学术研究工作带来了很大的困难。20 世纪初，近现代中国考古学产生以后才开始改变了这种局面。但是在中国古代玉器研究中，科学与非科学的斗争一直到现在也没有终止。费老严肃批评了在古玉器研究中的非科学倾向，是很有针对性的。他在研讨会的演讲中恳切希望考古学家要站在科学的立场上，保卫玉文化的纯真性。同时，他建议考古学家在研究中也要吸收一点社会学的研究方法，他说："考古学虽然是以研究古代的人类遗迹遗物为对象的，但它要阐释的问题都是以人类古代社会为主体的，因此借鉴于社会学的研究方法是很必要的。不要把遗迹遗物孤立起来，要把它们放回古代社会之中，叫被发掘出来的遗迹遗物说话，考古学家就是这些古代人类遗迹遗物的代言人。"② 对考古学研究方法、研究目的作了深

---

① 《费孝通文集》第十五卷，群言出版社，1999 年版；又见《玉魂国魄——中国玉器文化研讨会论文集》，北京燕山出版社，2008 年版。

② 《费孝通文集》第十五卷，群言出版社，1999 年版；又见《玉魂国魄——中国玉器文化研讨会论文集》，北京燕山出版社，2008 年版。

刻的阐述。原定 2003 年 4 月在浙江良渚文化发祥地召开"中国古代玉器与传统文化第二次研讨会"，对玉器的研究展开进一步讨论，因非典肆虐，未能如期召开，虽延至 10 月，终因费老身体原因未能到会，使与会者感到十分遗憾。但费老仍提交了题为《中国古代玉器与中华民族多元一体格局》的发言稿，再次强调指出，"要讲玉器文化的研究，首先要坚持我国现代考古学实事求是的优良传统，就是一切要以出土的文物为基础。对玉器的研究也必须首先以科学方法为发掘出土的材料为出发点，把有的资料加以整理和比较，然后进行理论的思考。"总之，费老对玉器的研究突破了文物器物学的局限，而赋予了精神文明传承价值的意义，开创了玉器研究的新局面，充分体现了一位大师对中国考古学研究给予的深切关怀，而费老对玉器研究进行的微观具体指导和正确把握宏观方向的谆谆教海，我们将永志不忘。

（三）从加强民族团结，繁荣民族事业入手，倡议建立国家民族博物馆，为进一步巩固民族大团结实现中华民族大发展作出新贡献。费孝通先生对中国博物馆事业的发展十分关注，尤其是对建立中国民族博物馆更是倾注了大量心血。我国是一个统一的多民族国家，56 个兄弟民族都有其悠久的历史和灿烂的文化，建立一个国家级民族博物馆，是加强民族团结、弘扬民族文化、振奋民族精神、繁荣民族事业的迫切需要，也是全国各族人民的共同愿望。早在新中国成立初期，费孝通先生就开始呼吁建立国家民族博物馆，1956 年 2 月，在全国博物馆和地方博物馆会议上，费孝通先生专门就建立国家民族博物馆问题发表了长篇讲话，全面阐述了建立国家民族博物馆的重要性、必要性、可行性，对民族博物馆的性质、任务，要求作深入分析，他语重心长地指出："在我们首都至今还没有一个全国性的民族博物馆，这件事是和当前我国民族工作的发展完全不相称的。自从中华人民共和国建立以来，国内各民族在中国共产党领导下，已经成了一个史无前例的亲密的民族大家庭。各少数民族获得了民族平等，真正在政治、经济、文化等方面飞跃起来。这是具有世界意义的大事，也是反殖民主义最好的武器。没有一个被压迫民族的人民不深刻地受到中国共产党的民族政策的感动。……但是我们却还没有一个中央的民族博物馆，这是多么令人遗憾的事！"①他请求中央各有关部门重视和支持早日建成一个国家民族博物馆。应该说，费孝通先生（时任国家民族事务委员会委员、中央民族学院副院长）倡议建立国家民族博物馆的设想，一直得到党和国家领导人的极大关注和支持。50 年代初，国家民委即开始筹建国家民族博物馆，为此专门成立了筹建组。由于"文革"十年浩劫的原因，工作被迫停顿。1984 年再次提上议事日程，并列入国家"七五"计划，由于种种原因，至今仍未能正式立项建设。从 1987 年至 1988 年 8 月，费老多次致函中央领导，请求给予关注和支持，而且还利用他在国外影响，争取援建资金。1995 年中国民族博物馆正式挂牌，国家民委下发文件，确定了中国民族博物馆的任务、方针。十年过去了，仍未能正式建成。这真是让我们遗憾又遗憾的事。我作为一任国家文物局局长也未能尽责尽力，心里很难过。改革开放以来，不仅在民族地区出土了大量的民族文物，而且在贵州、云南、广西、内蒙古、新疆、西藏等地相继建立了省区级博物馆，还在贵州等省区建立了民族村寨自然生态博物馆，为建立国家民族博物馆准备了充足的文物条件。中央和相关省区的民族历史研究也取得了许多重要成果，极大地丰富了马克思主义的民族理论，增强了中华民族各民族以汉族为核心的凝聚力和向心力，为建馆提供了雄厚的理论指导和丰富史料基础。建立国家民族博物馆的时机已经成熟，条件基本具备，建成后对加强民族团结，开展爱国主义教育，一定会产生深远的历史意义和巨大影响。从社会主义经济、政治、文化建设的全面来看，建立国家民族博物馆，也正当其时，不宜再拖。建议国家民委和国家有关部委积极研究，列入项目计划，加快建设步伐。如今费老已永远离开了我们，他建设国家民族博物馆的未了心愿、未竟事业，只有靠我们和现任的同志们加倍努力，力争使中国国家民族博物馆早日矗立在首都北京，以实现费老的最后遗愿。

费老走了，费老是以"九五"之高寿驾鹤西去的！费老的一生，胸怀坦荡，光明磊落，厥功至伟，其德永馨。尤其是先生对中国社会发

---

① 《费孝通文集》第六卷，第 461～470 页，群言出版社，1999 年版。

展进步和学术事业所作出的贡献，随着时间的推移，将会日益彰显出不朽的光辉。先生倡导的实现文化自觉，"各美其美，美人之美，美美与共，世界大同"已成为时代的至理名言，建设和谐社会已成为党和国家的战略目标。最近（2005 年 10 月 17 日），一位伟大的人民作家巴金又与世长辞，使我们又痛失了一位五四新文化运动最后的一位文学大师，费老和巴金老一样，代表着"中国知识分子的良心"和"敢讲真话的精神"。巴金说："爱真理，忠实地生活，这是至上的生活态度。没有一点虚伪，没有一点宽恕，对自己忠实，对别人也忠实，你就可以做自己行为的裁判官。"巨星陨落，光还亮着，费老和巴金一样，都是敢讲真话和对美好生活不懈追求的人，他们高尚的人格和博大精神，已成为中华民族宝贵的精神财富，也将激励和鼓舞着我们和我们的子孙后代与时并进，永远前行。这也就是我们对费孝通大师的最好纪念。

2005 年 11 月

哲人已逝　风范永存

在"中国古都文化与旅游发展"
会议上的讲话

值此中国古都学会 2005 年年会和由杭州市人民政府、杭州旅游协会、杭州古都学会共同主办的研讨会，在素称"上有天堂，下有苏杭"美誉的西子湖畔召开之际，谨向与会的各位学者、专家和朋友们、杭州市各位领导，表示我的衷心敬意和热诚祝贺！

这次会议主题是"中国古都文化与旅游发展"，具有重要现实意义。

一、古都保护与旅游开发问题——以杭州等古城为典范，正确处理保护与开发关系，协调发展，互利共赢

杭州是我国八大古都之一，是国务院公布的首批历史文化名城之一，这里亦是著名的余杭良渚文化和越文化的源头，从而也是中华民族发祥地之一。早在四千年前，我们的先民就在这块风光秀美的地方繁衍、生息、生活着，同其他地区的先民一起共同谱写了光辉灿烂文化的诗篇。杭州建城史至少已经有 2000 余年，春秋时吴、越，秦始皇统一中国后，在这里设钱塘县，隋炀帝开凿大运河。在唐、五代、北宋时期，杭州已是东南沿海重要外贸港口和重要都会。南宋在这里建都以后，改名临安，媲美开封，"欲把西湖比西子，淡妆浓抹总相宜"，"山外青山楼外楼，西湖歌舞几时休，和风熏得游人醉，直把杭州作汴州"。当时北宋迁都临安，不仅是中国政治中心南移，而且是人才教育、技术、文化资金的南移，为临安既带来困难，也带来挑战。南宋临安正是在一个与金对峙的相对稳定时期，得到迅猛发展，手工经济发达，行、市、铺作，比比皆是，人口迅速增加，随之，文化教育也得到相应发展，成为教育中心和雕版印刷中心，《史记》、《汉书》、《后汉书》以及《资治通鉴》都是在这里雕版印制的，为中华文化作出了巨大贡献。以后历代统治者都很重视杭州经济、文化的发展，虽时兴衰，但其文化教育传统被继承下来，这是应当肯定的。也正是杭州的人文自然条件为旅游业发展创造了得天独厚条件。改革开放以来，面对城市改造，经济发展，如何保持自己特色，发展旅游，促进经济、社会全面发展？这是摆在杭州市委、市政府面前的一个非常严肃的问题，也是全国人民和世界所关注的一个难题。我以为历届市委、市政府对此是清醒的，对杭州的历史文化地位有着一个比较客观正确的估计，他们认识到一个城市的历史就是一个城市的文脉，杭州的历史文化和西子湖畔的美丽风景，是经过漫长岁月积淀而留给我们的宝贵财富。他们迁出西湖，又疏浚西湖，恢复园林整治周边环境，正确处理了文物保护与旅游开发两者的辩证关系，深获人民群众的拥护和游人赞赏，外国友人好评，取得了社会效益与经济效益双丰收。杭州的做法，杭州的经验，山西平遥、云南大理丽江故城也都走了这样一条道路，他们为全国城市树立了典范，很值得重视。同样，我们看到有许多历史文化名城在"旧城改造"的口号下，以"建设新城市，改善人民生活"的名义，使一些历史文化建筑和名人故居遭到最严重破坏，"断了文脉，失去民魂"。他们人为地把文物保护与旅游开发对立起来，认为保护文物影响旅游发展，阻碍城市"改造"，影响城市交通。更有甚者，一些执政官员，大搞"政绩工程"，主观臆断，大拆、大建，其做法，无外乎是高楼所、玻璃墙、霓虹灯、立交桥、宽马路、绿化带、大广场，几乎是一个模式"克隆"出来的，这种互相模仿，互相促进，低水平的重复，造成了"千城一面，千篇一律"，风格雷同，从而失去了中国城市建设多姿多彩、各具特色的"天人合一"人与自然和谐的优秀传统。关于这一点，阮仪三教授在其《护城纪实》中有很深刻的记述。狭隘的眼光和简单模仿，是我们时代城市建设最惨痛的教训。英国《独立报》一篇文章指出："随着中国争取成为世界第一旅游目的地的努力，中国可看的东西反而越来越少了。"其实城市越是发展越要依赖历史文化的支撑，一座城市没有了文化特色，就失去了这座城市的灵魂，失去了发展的创造活力。一个人从小生活的地方人文与自然环境，对一个人的一生影响至大，巴金、沈从文如此，其他人包括我们自己亦如是。所以城市的规划、布局、建筑格调，一砖一瓦，楼台亭阁，不仅是一个国家、一个地区、一个民族社会物质文明的体现，也是一个时代和文化智慧的结晶，这是关系到民族兴衰荣辱、生死存亡、文明传承的大问题。今天已经出现的问题，已经是无可挽回的，我们不能不引起高度重视。

二、古都文化与周边环境保护——在古都文化与旅游发展中，坚持科学发展，重视文化遗产本体周边环境保护

最近（2005年10月17～21日）在西安召开了国际古迹遗址理事会（ICOMQS）第十五届大会，并通过了《西安宣言——保护历史建筑、古遗址和历史地区环境》决议，从理论和学术观点上，阐述了遗产环境保护的必要性、重要性、紧迫性，强调在关注遗产的真实性的同时，也要注重遗产的完整性，进一步拓展了遗产保护的内涵，反映了遗产保护的最新趋势和要求，这也是世界各国在遗产保护方面经验的新概括和新总结，具有非常重要的意义。我国的文物专家对遗产周边环境保护问题，一直非常重视，国家文物局对环境保护也有过比较明确要求，"四有"一项重要内容，就是划定"保护范围"，严格控制遗产周围建设地带，部分城市得到遵守，但也有相当一批城市领导人不以为然。一个古都不仅应当保留城墙，而且应当保护古建筑、古街道、古民居、点、线、面结合，要重视千百年来人们生活的环境，历史记录下来的信息。忽视任何一点都是片面的。以往种种原因难以挽回，历史发展到21世纪，是总结经验，汲取教训的时候了，不能再犯无知盲目的错误。沈阳故宫，后面建了大商场，直到申报世界文化遗产时，才削减一层。遵义会议会址周边环境，已非当时情景。上海"一大"会址开发出"新天地"，这是违背历史，破坏遗产的行为。近来，有的地方以开发"红色旅游"为名，大拆大建，改变原来建筑及周边环境，是进行革命传统教育，还是破坏？胡锦涛同志提出科学发展观，科学文化遗产保护，也应当是科学发展观的内在要求，是题中应有意义。为了传承中华文明，为了保护我们民族之根脉，为了子孙后代，我们应当增强文物保护的"文化自觉"，不仅要保护好文化遗产本体，而且要确实保存好文化遗产周边环境，保护遗产的真实性、完整性、延续性。

三、发扬古都学会优良传统，提高学术研究水平，为全面发展旅游提供精神动力和智力支持

中国古都学会自 1983 年西安建立以来，迄今已经二十二个年头了。二十多年来，在著名历史地理学家史念海先生和历任各位会长主持下，古都学已经成为一门新兴学科，由于学会各位学者、专家、大家共同努力，这门学科已成为时代的"显学"越来越引起社会和学术界的关注。中国古都研究，应当说可以追溯到司马、班固时代，自《汉书·地理志·京兆尹》、范晔《后汉书·郡国志》以来，对都城的研究已成为中国史学的传统，历代史籍、文武诗词笔记都有过相当丰富生动的记述，为今天研究提供了相当丰富的文献资料。这是世界上很罕见的。但是由于中国历代战争频仍，许多地面遗存被破坏殆尽，湮埋地下，随着中国考古学发展，尤其是新中国成立以来，考古学取得的重要收获，包括城市历史考古取得的重要成果，为我们深入研究都城形成、变迁、发展，提供了新的实物资料，这是前所未有的机遇和条件。1. 研究都城发展变迁史，不仅要注意以历史时期为重点，而且要扩展到古国、方国时期，向上追溯和向下延伸，对探讨中国城市史与人类社会经济发展规律，就会得出新的结论，既能涉及文明起源，又会涉及一些基本理论问题；2. 建议组织力量，编写一本能代表中国当代学术水平的《中国城市发展史》，其中既要史学、考古学、社会学、建筑学、民族学、水利园林学、规划、交通等学科专家，大家分工合作，完成这一著作，要文图并茂，雅俗共赏；3. 积极参与到各级人民政府城市规划制定中来，提出建议，为领导决策提供依据。把学术研究成果化为城市建设的智力资源。

城市是一种生命，要一代代人参与创造，也要一代代人延续，留住城市的记忆，保持城市的历史的信息，把当代城市建设得更具特色，更适合人们居住，这是时代赋予我们的责任。我们不仅要从学术层面探讨都城建设自然、政治、经济、文化因素，和它变迁发展的规律，而且要承担起文明传承的使命，为子孙后代留下美好的历史记忆。在中华民族伟大复兴时代，创造中国城市的民族特色的城市文化，向世界展示博大精深、源远流长中华城市的伟大魅力。愿我们共同努力！

2005 年 12 月 20 日

《文物》月刊 600 期感言[*]

　　《文物》月刊，自 1950 年 1 月创刊（原名《文物参考资料》，1959年改今名）以来，迄今已经五十六年，累计出刊达 600 期，林林总总约达 8000 万字左右，她同《考古学术》、《考古》杂志一起并列为文博界三大期刊，在海内外文化学术界各享有很高的声誉，是新中国建立以后文物博物馆系统最具学术性、权威性、代表性的学术期刊之一。值此《文物》月刊出刊 600 期之际，谨向广大读者、作者和编辑部同仁表示衷心的祝贺和崇高的敬意！

　　弘扬中华文化，传承中华文明，《文物》月刊见证了中国文博事业发展的历程。《文物》（《文物参考资料》）月刊的创办，是新中国文化建设的重大举措之一，也是新中国文博事业发展的重要标志。月刊自创立之日起，即把报道中国文物、考古的重大发现和研究成果，弘扬中华文化传统，传承中华文明，作为自己办刊的根本宗旨。回顾《文物》月刊半个多世纪的出版发行史，使我们感慨万千，浮想联翩，充满着由衷的敬意和感谢之情。还在 20 世纪 50 年代初，新中国刚刚诞生"百废待兴"之时，中央人民文化部文化局也在新创之际，就着手创办《文物参考资料》（最初为文物局资料室编辑的内部不定期刊，1951 年公开发行），及时宣传党和政府确定的文物方针、政策和文物法令、法规，报道各地文物调查、考古发现、图书馆管理、博物馆整顿等各项动态。《文物》（《文物参考资料》）月刊的创办，立即受到文博工作者的热诚欢迎，刊物的创办意义重大，影响深远。特别是在次年公开发行后，对

---

* 原载《文物》2006 年第 5 期。

全国文博工作者统一认识，明确任务，协调行动，交流信息，起到了巨大的作用，完全显示了时任文物局局长郑振铎先生、副局长王冶秋先生高瞻远瞩、谋事深远、果断决策的气魄。随着国民经济的逐步恢复和"国家经济五年计划"的实施，在周恩来总理提出的"两重两利"（既对文化遗址、遗迹实施"重点保护、重点发掘；既有利于经济建设，又有利于文物保护"）的方针指引下，文物部门在全国各地有计划地开展了文物普查和配合大规模基本建设开展的重点考古调查发掘工作，为随后开展的中央、省（市）、市（县）三级重点文物保护单位工作奠定了良好基础。《文物》（《文物参考资料》）月刊对文物普查、勘查、考古发现及研究成果都作了及时报道，成为文物部门发表文物、考古信息及其研究成果的重要阵地。"文化大革命"十年动乱时期，《文物》虽然也像其他刊物一样被迫停刊，但在中国科学院长郭沫若和王冶秋、夏鼐、王仲殊先生等筹划下，1971年7月由郭沫若上书周恩来总理，并很快得到周总理批准，在1972年1月即同《考古学报》、《考古》一起复刊，充分表达了周恩来总理对中华文化遗产保护、研究的深切关怀和一贯高度重视的明确态度，对文博工作者是一个莫大的鼓舞，这在当时的背景下具有特殊的意义自不待言。改革开放以来，《文物》焕发了青春，呈现了蓬勃生机，坚持改革创新，取得了新的成绩。实践充分证明，《文物》月刊600期的出刊发行，几千万字的精彩报道，大量丰富的研究成果，使其成为中国文物考古学发展历程最好的见证之一。正是中国文物、考古的新发现、新成果，向世界充分展示了中国不仅是一个文明古国，而且也是世界文明发祥地之一。辽阔的疆域，壮美的山川河流，遍布中华大地如满天星斗似的几十万处文化遗址、遗迹和几千万美轮美奂、流光溢彩的地下、水下出土文物，向国人更展示了中华悠久文明和光辉灿烂文化的壮丽图卷，充分彰显了中华文明源远流长、博大精深、连绵不绝，这是世界上绝无仅有的。从而极大地激发了中华民族的自尊心、自信心和自豪感，增强了中国人民走自己的路——建设中国特色社会主义的决心和勇气。总之，伟大时代造就了《文物》月刊，《文物》月刊展现了伟大历史文化的辉煌。

坚持"双百"（百花齐放、百家争鸣）方针，积累研究成果，《文物》月刊推动了中国学术事业创新发展。新中国建立后，空前大规模的经济基本建设，开创了中国文物考古的"黄金时代"，新的发现层出不穷，新的成果不断涌现，使《文物》月刊同《考古》、《考古学报》一起成为开辟学术研究"百花园"的重要园地之一。《文物》月刊的重大贡献还在于：不仅促进了对中国青铜器、陶瓷器、漆木器、古钱币、碑刻墓志、古建筑、石窟寺和中国文物考古、博物馆学研究，而且极大地推动了中国历史学、古文字学、古文献学、哲学、美学、经济学、法学等人文社会科学的学科研究和思想史、文化史、艺术史（美术、雕塑、壁画等）、宗教史、交通史、中外文化交流史、中国学术史等专题史的研究和新的探索。这自然是同全国文物、考古连绵不断的惊人发现分不开的。但正由于《文物》月刊的及时、翔实的报道，引起海内外学者的深切关注。许多海内外学者，在自己的学术研究中注意汲取中国、考古发现的新成果，审视古代典籍文献记载或以往自己论著中不完全或错误的观点，重新给予新的阐释和评价。所以说文物、考古新发现、新成果，提出的新问题，往往成为学术界研究、探索中华文明的新课题。例如，河北武安磁山、河南新郑裴李岗文化黄河流域仰韶文化的发现，引发了对中国早期仰韶文化，陶器起源和北方农耕文明起源的研究；湖南澧县彭头山、八十垱、湖北宜都城背溪、河南舞阳贾湖、浙江河姆渡等长江、淮河流域新石器时代遗址的发掘，引发了中国早期稻作文明起源的研究；辽宁凌源、建平交界处牛河梁遗址的发掘和女神像的出土，更引发了对中国远古文明起源、形成和发展的全面综合性研究；对山西夏县东下冯、河南偃师二里头、登封王城岗的发掘，引发了对夏文化、夏王朝文化的研究，以及随后对夏商周断代工程的研究和中国古代文明探源工程的启动。又如新疆、内蒙古、甘肃、西藏、云南等边疆省区和中原地区出土的大量文物，为深入研究中华民族形成、发展各民族间文化交融和丝绸之路文化都提供了新的研究课题。又如湖南长沙马王堆一、二、三号汉墓的发掘及对其出土帛书的整理和河北满城汉墓及各地历代墓葬的发掘，湖北云梦睡虎地秦简、山东临沂银雀山汉墓竹简、湖北荆门郭店楚简、长沙三国吴简、西安北周安伽墓石雕图像和太原隋代虞弘墓石椁浮雕的发现，以及近年上海博物馆对馆藏战国竹书的整理研究，由于《文物》月刊的报道，立即引起国内外的关注，对我国古文字学、古文献学和丧葬礼制、秦汉法律制度、中外文化交流等学术研究起到了极大的推动。《文物》月刊在这些报道和发表的文章中逐步形成了自己的独特优势和鲜明特色，在学术界产生了一定的影响。《文物》月刊对学术界作出的杰出贡献将永载史册，这是毋庸置疑的。

依靠专家、学者，构建学术桥梁，《文物》月刊创造学术创新自由讨论氛围，培植了一代代文博学术骨干。"实事求是，求真务实，开拓创新，严谨治学"，一直是《文物》月刊奉行和坚持的原则。《文物》月刊不仅获得了郭沫若、范文澜、翦伯赞、尹达、唐兰、张政烺、商承祚、夏鼐、苏秉琦、启功、宿白、邹衡、王世襄、傅熹年、史树青、朱家谱、谢辰生、罗哲文、俞伟超、徐苹芳、李学勤、严文明、张忠培、裘锡圭、杨泓、杨新、孙机等为代表的诸位先生的大力支持，也有许多学者就是从《文物》（《文物参考资料》）的读者进而为《文物》撰稿，开始自己学术生涯并成为著名学者的，更有相当多的文物工作者把《文物》作为自己的"良师益友"，年年订阅，期期必读，受到启示，获得教益，成为文博事业的学术骨干，并为文物考古、博物馆事业做出了杰出贡献。由于《文物》月刊得到众多德高望重，学养深厚学者的关怀帮助和各地文物部门、广大文博工作者的大力支持，也由于《文物》月刊翔实的资料，缜密的考证、新颖的见解，精致的图版、插图，始终有力地保持了自己在文物博物馆学术领域里的权威地位和在广大读者中的声望。这也是《文物》月刊编辑几代人努力拼搏、无私奉献精神的体现，我们感到由衷的敬佩。

《文物月刊》已经出刊600期，经过了半个多世纪的考验。回顾以往，成绩辉煌；展望未来，任重道远。在新的世纪，我们面临的是世界经济全球化和政治格局多样化的大趋势，使得中国这样的发展中国家能够有机会发展自己。"千载难逢、莫失良机。"因而更要倍加珍视我国色彩斑斓的文化资源和丰富的文化遗产，以与蓬勃发展的经济建设同步共进。历史的经验值得注意。我们绝不能以牺牲文化与自然遗产保护为代价，去换取暂时的经济发展。因此，坚持"保护为主、抢救第一、合理利用、加强管理"的文物工作方针，加强文化遗产的保护和研究，弘扬中华优秀文明，是促进政治、经济、文化全面发展，增强国家综合实力，构建和谐社会实现中华民族伟大复兴的题中应有之义。这也是我们文博工作者应尽的历史责任和神圣使命。衷心期望《文物》月刊，站在世纪的高度和学术发展的前沿，认真总结经验，全面分析《文物》月刊面临的新形势、新任务和新机遇、新困难，充分认识《文物》月刊的重要地位和作用，自觉提升刊物的学术质量，以满足社会和文化学术界的殷殷期望，兹提出三点建议：一是坚持马克思主义对学术研究工作的指导地位，把握办刊正确方向，贯彻"双百"方针，活跃学术研讨空气，积极推动文物考古研究向纵深发展。二是坚持以科学发展观统领文博工作全局，正确处理《文物》月刊与文博工作创新与改革之间的辩证关系，深入挖掘与研讨文物考古发现的深刻内涵，善于发现和提出新的研究课题，引领文博学术骨干探索新的未知，努力攀登新的高峰。自主创新是一个民族的灵魂，也是一个刊物永葆青春活力的源泉和动力。一个民族没有创新，就会失去读者的信任，也就使刊物失去存在价值。我们千万不可掉以轻心。三是坚持理论联系实际、实事求是，严谨治学的学风和发扬密切联系专家、学者和读者的良好传统。要坚决反对学术上的炒作，编写"报告"的浮华不实之风。同时，要经常听取作者、读者意见，不断加以改进。我们完全有理由相信，只要大家共同努力，再接再厉，扬长避短，发挥优势，突出重点，办出特色，继往开来，改革创新，与时俱进，就一定会把刊物办得更好，也一定会为推动中国学术事业的发展、实现中华民族的伟大复兴作出更大的贡献。

2006 年 2 月 26 日

就中国成功申办 ICOM2010 年
大会答记者问*

记者（下简称记）：首先祝贺中国成功获得 2010 年第 22 届 ICOM 大会的承办权。请问 ICOM 是一个什么样的组织？中国与它有什么关系？

张文彬（下简称张）：ICOM 成立于 1946 年 11 月，是联合国教科文组织非政府机构最重要的伙伴之一，是国际博物馆界最大和最有影响的组织，它的注册办事处在法国巴黎联合国教科文组织大楼内。ICOM 致力于在世界范围内鼓励并支持各类博物馆的建立、发展及专业管理，组织博物馆各领域的专业合作，宣传博物馆和博物馆事业。目前，这个组织拥有来自世界五大洲的团体和个人会员两万一千多名，在 116 个国家建立国家委员会，下设 30 个国际专门委员会、14 个附属国际组织以及 7 个地区委员会，是名副其实的国际博物馆行业的权威性代表。ICOM 的最高权力机构是每三年召开一次的会员代表大会。

中国是 ICOM 成立时最早发表声明表示支持的 27 个国家之一，后因我国人民解放战争的历史原因未能正式参与该组织的活动。1983 年我国改革开放之初正式恢复了与 ICOM 的联系，经文化部和外交部批

* 2006 年 5 月 31 日，在巴黎联合国教科文组织总部大楼召开的国际博物馆协会（The International Council of Museums，简称 ICOM）第 68 次咨询委员会大会上，中国上海成功获得 2010 年第 22 届 ICOM 大会承办权。2007 年 8 月 24 日，在奥地利首都维也纳 ICOM 第 21 届大会的主会场——著名的维也纳金色大厅内，上海市副市长杨定华代表中国申办城市上海从维也纳副市长麦拉特波科瓦手中接过 ICOM 会旗。这是新中国成立以来，我国第一次举办 ICOM 大会。本文系《中国博物馆》特约记者就中国申办第 22 届 ICOM 大会的一些情况对参与申办这次大会整个过程的 ICOM 中国国家委员会名誉主席张文彬同志的采访。

准，中国博物馆学会代表团出席了在伦敦举行的 ICOM 第 13 届大会，正式宣布中国加入 ICOM，并于同年建立了 ICOM 中国国家委员会。

加入 ICOM 以来，中国博物馆界与它的关系日益加强，如 1989 年成功举办了 ICOM 第四届亚洲太平洋地区委员会大会，1994 年在北京举办了 ICOM 博物馆学国际委员会年会，2002 年在北京举办了 ICOM 科技馆国际委员会会议和 ICOM 钱币与银行国际委员会年会。特别是 2002 年 10 月，ICOM 亚太地区委员会在上海举行第七届大会，通过了关于博物馆与无形文化遗产的《上海宪章》，积极响应了国际遗产届对无形文化遗产的关注。

记： ICOM 大会是一个什么样的大会？中国为什么要申办 ICOM 大会？

张： 三年一届的 ICOM 大会历来受到博物馆业界、承办国家和社会公众的高度重视。首先，大会主题的选择和研讨，既反映了业界的共同关注和最新研究成果，同时也与主办国博物馆的特色有很大关系；第二，大会在业界具有最广泛的代表性，为不同经济、文化背景下的博物馆专业人员提供了良好的业务交流平台；第三，大会期间组织的博览会、文化活动等项目，为承办国的普通公众更为直接地了解博物馆这种独特的文化资源及其在社会、文化、科技发展中的作用提供了重要的契机。所以，ICOM 大会享有"国际文化界奥林匹克"的美誉。

近年来，中国的国际地位不断提升，经济发展与文化繁荣受到世人瞩目。与此相适应，中国的博物馆事业无论在质的方面还是量的方面都取得了很大的进步，令国际博物馆界刮目相看。日益发展的中国博物馆界一直希望能够承办一届 ICOM 大会，以扩大与国际同行的交流与合作，在实现 ICOM 根本宗旨和核心价值的过程中体现中国的作用，为中国博物馆学习国际上先进博物馆的经验提供一个机会。

另一方面，ICOM 在六十多年中，曾先后在世界上许多重要国家举办过大会，也希望这样的大会能首度落户中国。2004 年，ICOM 总秘书处向 ICOM 中国国家委员会提出建议，希望中国参与申办 2010 年的第 22 届大会。ICOM 中国国家委员会、中国博物馆学会在认真研究后，向文化部、国家文物局等有关部门送呈了请示报告。经文化部和外交部会签，并报请国务院领导同志批准，ICOM 中国国家委员会在 2005 年 9 月法国巴黎举行的 ICOM 执委会上，正式提出了在中国举办 ICOM2010 年大会的申请并取得申办资格。

记：中国方面为申办 ICOM2010 年大会做了哪些准备工作？申办时的情况怎么样？

张：中国申办 ICOM2010 年大会的筹备工作开始于 2005 年。对此，国务院、文化部、国家文物局、上海市政府给予高度重视，并承诺，中国中央政府和上海市政府将在相关政策和财政上对大会的举行予以必要的支持。2006 年 3 月，ICOM 派出的考察团到中国申办城市上海进行考察，与上海市政府就承办这次会议的筹备工作进行了交流，对上海所能提供的会议场馆和各项服务等条件表示满意，同时提出一些建设性意见。

同年 5 月 28～31 日，ICOM 第 68 届咨询委员会在巴黎召开。在这次大会上，取得申办资格的中国和俄罗斯各派出了申办代表团，俄罗斯申办城市是莫斯科，中国申办城市是上海。联合国教科文组织中国使团团长张学忠大使亲临大会指导，会上，我代表 ICOM 中国博物馆国家委员会和中国博物馆界作了申办报告，并放映了反映我国改革开放和博物馆事业蓬勃发展的短片，反响非常热烈。最后，在由 ICOM 所属的 116 个国家委员会、30 个国际委员会及 14 个所属国际组织、7 个地区委员会的主席和负责人组成的咨询委员会大会上，经无记名投票，中国最终以 5 票的优势胜出，上海最终获得了此次大会的主办权。大会将于 2010 年 11 月 7 日至 13 日在上海举行。2007 年 8 月下旬，在奥地利首都维也纳举行的 ICOM 第 21 届大会确认中国上海在 2010 年承办 ICOM 第 22 届大会。

记：上海举办 ICOM2010 年大会有什么优势？

张：上海举办 ICOM2010 年大会至少有五个方面的优势：

第一，上海处于长江三角洲的前沿，长江入海口，是我国最大的海港城市，具有航运、铁路、公路四通八达的交通条件。人们称上海是太平洋西岸的东方明珠，是联结东西方的桥梁，是了解"近代中国的钥匙"。在近代它曾蒙受帝国主义列强给予的屈辱，也成为近代中国人民反帝反封建斗争的重要平台。在当代它又是中国改革开放的重要前沿，是引领中国科学发展观经济文化协调发展的排头城市。选择上海作为召开 ICOM 大会的优势是毋庸置疑的。这方面的情况大家都很熟悉，我就不多说了。

第二，上海可为大会提供符合条件的场馆和完善的服务体系。2010年，上海将举办世博会，上海市政府已建议将 ICOM2010 年大会主会场选择在上海世博中心。根据上海世博局提供的资料，世博中心的会场容量和设施完全可以满足 ICOM 第 22 届大会的需求，包括大会开、闭幕式使用的 2600 人会议厅、4800 平方米的宴会厅，举行 ICOM 咨询委员会会议的 600 人会议厅（按元首级配备），以及举行国际专业委员会、地区性联盟、所属国际组织会议的中小会议区，可举办展览的多功能会议厅，贵客厅和新闻发布厅。大会的住宿条件也比较理想，世博村可提供不同类型的酒店，同时满足 1 万人入住。交通方面，我们这个会是紧跟着世博会召开，属于一个大盘子。因此可提供便于与会人员迅速、便捷地到达会场的交通设施（包括地面公交、轨道交通和水上交通工具）。其他公安、旅游、志愿者等也按世博会的要求提供。

第三，上海是当代中国博物馆事业的一个窗口。上海是中国近代文化的发源地之一。1868 年中国最早的博物馆——震旦博物院就诞生在这座城市。新中国成立后，特别是改革开放以来，上海的博物馆事业得到了迅速的发展。从数量上来说，到 2008 年年底，上海拥有 110 家博物馆、纪念馆和陈列馆，基本覆盖了社会生活的方方面面，初步形成了一个涵盖全市的博物馆网络。预计到 2010 年，上海地区的博物馆总理可达 150 家左右。从质量上来说，上海市博物馆的整体陈列和研究水平在国内居于前列，以上海博物馆为代表的一批博物馆还跻身于国际先进博物馆的行列，为上海，乃至中国博物馆界赢得了较高的声誉。当然，这种局面与上海市政府重视、民间积极参与和博物馆工作者的爱岗敬业密不可分。

第四，上海具有举办大型国际会议的丰富经验。近年来，上海先后举办了财富论坛、APBC 会议等较多的重大国际活动，尤其是世博会经过申办、筹办和举办三个阶段，通过与世博局的有机协调，许多经验都可以运用到这次大会的筹办方面。

第五，上海的文化底蕴较为丰厚。ICOM 大会一般在文化氛围较为浓厚的城市举办，而上海符合这一条件。上海拥有 6000 年的文明史，据考古研究证实，上海青浦县崧泽是距今大约 6000～4600 年之间，从那时起上海的先民已在这里劳动生息，南宋时上海成为镇，至元十四年（1277）设县，近代上海依靠优越的地理位置，促使商业、金融、工业、科技的发展，包括城市的百年文明史的延续，体现了文化多元和文化融合。1986 年上海被国务院公布为国家历史文化名城，在第三次文物普查之前，已知不可移动文物达 4000 处，尤其是上海拥有大量的古代和近代历史建筑，有世界各城市中保留最为完整的二三十年代市民生活方式，城市的文化积淀十分深厚。

记：ICOM2010 年大会在上海召开有什么样的意义？

张：在世界文化界具有重要影响力的 ICOM 大会此次首次选择在中国举办，不但表明中国国际地位的提高，也表明中国文化、博物馆事业取得的成就引人瞩目。可以说，ICOM2010 年大会在上海召开具有以下几个方面的意义：

第一，是我国文化遗产保护事业实行"请进来、走出去"战略的重要机遇。中华文化源远流长，博大精深，连绵不绝，对世界文明进步作出了重大贡献。要统筹国内文化发展和国外文化交流，充分利用民间和官方两种资源，积极实施文化走出去战略，进一步推动中国优秀文化走出国门、走向世界，增强中国文化的影响力。三年一届的 ICOM 大会，是世界上具有很高知名度和影响力的文化盛会，我们承办本届大会是我国遗产保护事业实施"请进来、走出去"战略的重要内容和一次难得的机遇。

第二，是展示中国博物馆事业崭新面貌和在世界遗产保护领域争取国际话语权的重要平台。我们要通过举办这次大会，向世人特别是世界博物馆界展示中国博物馆的最新发展成就，进一步加强与国际博物馆行业组织的交流与合作；为中国博物馆界争取更多的国际话语权，为反映和表达包括中国博物馆界在内的广大发展中国博物馆界的诉求，为提升中国博物馆在国际博物馆界的地位，进而为维护国家利益做出贡献。

第三，是展示中国改革开放三十年辉煌成就和上海市和平、民主、文明、进步的良好国际形象的重要窗口。上海是我国改革开放三十年来社会、经济和文化快速发展的一个缩影，是中国和平、民主、文明、进步国际形象的重要代表。正在实施中的上海有关文博行业的发展规划设想，到2010年，上海区域的博物馆建设能够初步形成"一个中心，三圈环璧"和"十一大文物博物馆特色区块"的格局。此外，本届博协大会召开的时间适逢2010年上海世界博览会之后不久，两会可以做到互利共赢、相得益彰，提升我国的良好国际形象。

总之，世界需要了解中国，中国也需要了解世界。这种相互了解是全方位的，不仅要了解中国经济的发展，而且要了解中国文化、中国社会建设状况，才能真正了解中国。ICOM上海大会的召开，必然给世界了解我国社会全面发展提供重要平台，也必将加快中国博物馆走向国际化的进程。愿我们大家共同努力，为把2010年ICOM上海大会办成一次成功的、有特色的和令人难忘的国际文化盛会作出积极贡献！

抓住机遇　迎接挑战
开创文物工作新局面

——关于西部地区文物工作的一点浅见

　　国家文物局 2004 年曾经在青海举办过一次西部文博管理干部培训班，取得了很好的效果。这次在北大继续办第二届，相信也一定会取得实效。西部地区，在地理概念上是指西北的陕、甘、宁、青、新疆和西南的重庆、川、黔、滇、西藏等省区市。中央作出西部大开发的决策后，又把内蒙古和广西列入实施西部大开发的范围。因此我们讲西部文物工作，也以这一范围为限。

一、充分认识西部在中华民族形成、发展和为民族解放斗争中做出的独特贡献及其历史地位

　　我们都知道，文物是反映一个民族历史发展和文明进程的重要载体，中国是具有五千年悠久历史和灿烂文化的世界文明古国，中华文物（包括物质和非物质文化遗产）就是我们与祖先交流的主要渠道。西部地区既是中华民族的重要发祥地之一，也是中国人民争取独立、自由、解放斗争具有光荣革命传统的根据地之一。在中华民族形成、发展和争取民族解放伟大斗争的过程中发挥了独特作用，做出了巨大贡献。要深入了解中国五千年的古老文化，西部地区具有不可替代的地位，也可以说是中华民族根脉的重要部分。西部地区历史文化底蕴深厚，内涵博大精深。著名的仰韶文化半坡遗址、秦安大地湾遗址、马家窑文化、半山—马厂文化、齐家文化、三星堆、金沙遗址、周秦汉唐都城及帝王陵寝遗址、长城烽燧、丝绸古道、边关要塞、新疆、敦煌石窟、秦皇兵马俑坑、楼兰、高昌、交河古城、大昭寺、布达拉宫……遍布西部的文化遗址和古建筑，构成了一道亮丽的风景线；遵义、延安、红岩等红色革命根据地，吹响了民族解放的号角。这些都是中华民族繁衍、形成、发展的历史见证，是中华民族开发西部、建设西部的历史丰碑，也是开展爱国主义教育、革命传统教育的基地。因此，做好西部地区文物工作，对继承和发扬中华民族优秀文化传统，全面落实科学发展观，建设社会主义和谐社会，实现小康战略目标，都具有重要的意义。

二、深刻认识党中央、国务院实施西部开发战略的必要性、重要性、紧迫性、长期性，进一步提高做好西部文物工作的自觉性

随着改革开放的进一步深入和社会主义市场经济体制的建立，西部地区的建设得到党中央、国务院的高度重视，西部大开发的战略部署正在逐步推进。但是，我们必须清醒地看到，由于历史等原因，西部地区与东部发达地区相比，还存在较大差距。例如 2004 年统计的中国最富和最穷的省份的人均国民生产总值，浙江省是 23942 元人民币，而贵州省只有 4215 元人民币，相差 5 倍多；相比较，美国最富的特拉华州是54985 美元，最穷的路易斯安那州是 24820 美元，相差两倍。邓小平曾说过，东南沿海发展是个大局，到一定时候，西部发展也是一个大局，我们要从这一高度认识西部。西部十二省区人口、面积、人口总数约达3.66 亿人，占全国 28%，国土面积 687 平方公里，约占全国面积 71%，有 50 个少数民族聚居在西部，占全国少数民族总人口的 50%。我国陆地边界，西部占了 57%。所以加快西部地区发展，对实现社会主义现代化战略目标，抵御国外敌对势力渗透破坏，维护祖国统一和稳定，逐步达到社会主义繁荣昌盛，共同富裕，进而实现中华民族伟大复兴具有十分重要的战略意义。没有西部的小康，就没有全国的小康，没有西部的现代化，就不能说实现全国的现代化。这是万年大计、千秋功业。文物工作要从战略高度，从全局出发认识和把握文物工作，提高文物工作的主动性、自觉性。

由于经济社会发展的局限，我国西部地区的文物工作面临着与东部沿海地区既有共性但更有其特殊性的机遇和挑战，我们应该深刻认识并认真分析它的特点，找出规律性的东西，使我们在工作中保持清醒的头脑，做好文物工作。

党中央、国务院决定实施西部开发战略后，国家文物局于 2000 年 9 月召开了首届西部地区文物工作会议，贯彻落实国务院办公厅印发的《关于西部开发中加强文物保护和管理工作的通知》精神。这个文件充分体现了中央对西部地区文物工作的高度重视，是西部地区文物工作的重要指针。近几年来，胡锦涛总书记又提出，全面树立科学发展观，统筹区域协调发展的指导思想。我们要抓住机遇，迎接挑战，积极开展文物工作。那么，西部地区文物工作的机遇是什么呢？可否简要概括为以下几点：

1. 党中央、国务院对西部开发的高度重视，出台了一系列有利于西部地区加速发展的方针政策。《关于西部开发中加强文物保护和管理工作的通知》为西部文物工作指明了正确方向，提供了政策保障，我们要继续贯彻落实。《关于加强文化遗产保护的通知》，又为包括西部地区在内的整个文物界干部群众提出了新的要求和发展机遇。文物工作得到高度重视。

2. 党中央、国务院各部门以及东部地区对西部地区的大力支持和帮助。东部地区逐渐加大了对西部地区对口支援力度，形成相互支持，相互促进，协调发展的格局。

3. 西部地区各级政府贯彻落实西部大开发战略的具体实践已经取得重要成果，经济、社会发展都有明显变化，西部开发的壮举已迈出历史性步伐。

4. 西部地区广大文物工作者艰苦奋斗、无私奉献的精神及其在文物工作中取得的成绩，为未来文物工作的开展奠定了良好基础。

5. 国家文物局和全国文物系统对西部地区文物工作的支持和帮助的力度得到进一步加大。"十五"计划期间，国家拨出专款实施布达拉宫第二期维修工程和罗布林卡、萨迦寺工程，在重庆兴建了中国三峡博物馆，对西部十二省区市的国家重点文物保护单位都分期分批给予了资金保障。

6. 保存至今的各类文化遗产是西部地区特色鲜明、得天独厚的文化旅游资源，为扩大西部旅游业的发展，创造了极为有利的条件。

三、全面认识西部地区文物工作的特殊性，解放思想，实事求是，开拓创新，与时俱进，开创西部文物工作新局面

（一）立足现实，转变观念，抓住机遇，加快发展。把文物保护与生态环境的保护结合起来，把文物保护与旅游开发结合起来，积极拓展文物事业的发展空间。举两个例子：前一阶段，《无极》剧组在拍摄过程中，破坏生态环境和自然景观，受到国家环保总局和建设部的严厉批评，这两个部局还专门发出文件和通知，加强了影视拍摄中的环境影响评估和风景名胜区管理。我们文物系统的许多文物保护单位与生态环境和风景名胜关系密切，这件事给我们的启发是，文物保护单位都要依法加强管理。通过《无极》剧组的反面教材，现在所有的在生态环境保护范围和风景名胜区拍摄电影、电视的，都知道要事先得到环保部门和建设部门的批准。文物部门要与当地环保和建设部门主动协调，加强对文物保护单位的影视拍摄管理，提高社会公众对文物保护的自觉性和监督作用。另一个例子，从去年开始，世界银行计划给甘肃和贵州提供开发当地文化遗产旅游资源的贷款。目前项目正在按照计划进行。但是据我们了解，这两个与文物保护密切相关的扶贫项目，都是在当地旅游部门的主导下进行的，甘肃省文物局未被列入领导小组成员单位，而只是领导小组办公室的成员单位。实事求是地讲，甘肃省旅游部门的同志对于全省的文化遗产保护和保存分布状况并不是完全清楚，许多情况要靠省文物局提出意见。那么，省文物局为什么从一开始就不是主要参与单位呢？我们分析，一方面，是省上有关部门计划或考虑得不够全面，另一方面也反映了我们文物部门积极主动开展工作不够，信息不灵，简言之，就是要抢抓机遇，努力拓展文物工作的空间，为当地经济社会发展做出我们应有的贡献。

（二）加强地区内部和地区之间的交流合作，互相支持，共同推进西部地区文物工作。地市的县与县之间、省内的各地市之间、西部地区的各省区市之间要加强沟通和交流，研究探讨工作中存在的共性问题，寻求有效的解决办法。西部地区的同志还要积极主动到东部地区文博单位学习，寻求帮助，开阔思路。这方面据我所知，东部地区到西部地区参观考察的不少，西部到东部的不多，建议今后东、中、西部加强联系和交流。另外，也建议参加这次培训班的同学今后多组织一些地区间的交流活动，互相走走看看，相互支持，取长补短，共同进步。

（三）因地制宜，量力而行，发挥后发优势。西部地区博物馆的建设是21世纪中国博物馆事业发展的重点之一。有计划、有重点地在历史文化丰富、文化遗存较多的区域，依托一些代表性的民族村寨、历史街区、文化遗址、自然生态资源保护区，规划建设一批较高水平的遗址类、生态类、物种类博物馆或保护、展示中心，将对突出西部人文资源优势和特点，为西部开发提供文化动力和智力资源产生重要的社会和经济价值。但在博物馆建设中一定要注意，科学测算实际的需要和观众的数量，要结合本地区实际和当地民族特色，不要贪大求洋，不要千篇一律、不要盲目模仿，力戒形象工程。现在中国的许多大中型城市的建筑设计以得西洋之风气为荣，盲目抄袭，千城一面。西部地区民族文化绚丽多彩，而在城市建设上，民族特色体现不出来，作为一座城市标志性的建筑，这是很难说得过去的。在博物馆建设上也是如此，文物部门要提出建议。今后，西部地区的博物馆设计和建设时，建议你们先了解一下东部地区的经验和得失，少走或不走弯路都是可能的。

（四）西部地区文物工作的出发点和归宿要落实到科学发展观，保护文物要做到"三贴近"，要惠及人民群众，要为子孙造福。西部地区由于经济建设发展较东部地区相对缓慢，保存下来的各类文化遗产也相对集中，因此，在西部大开发中更应格外珍惜，科学保护。至少西部地区在社会主义新农村建设和城镇化建设中可以吸收和借鉴东部地区城镇化进程中的经验和教训。那种西部大开发就是西部"大开挖"的观点，是完全错误的。前几年，国家文物局召开的专门会议，对西部文物工作的方针、政策和需要正确处理文物与旅游的关系、与生态环境的关系、社会效益与经济效益的关系以及要注意的问题进行过专题研讨。同时，也要科学看待保护文物与改善人民生活的关系。近几年，一些国外文物保护的理念和方法被大量介绍到国内，其中不乏真知灼见，为中国文物保护提供了有益的指导和帮助。但是我要强调的是另一方面，有些外国学者的观点并不完全适合中国国情，我们不能一概照搬。例如，对一些古村落和传统民居的保护，不能为了体现原生态，就片面强调维持原样，不了解当地群众改善生活和居住条件的迫切愿望，不设身处地从老百姓的现实出发全面考虑保护的问题是不行的。这样的保护，得不到群众的理解和拥护，注定是做不好的。在文物保护中，我们还要注意把全面保护与突出重点结合起来，西部文物面广数大，而保护经费有限，不可能全面铺开，因此要坚持有所为有所不为，搞好规划，选择重点，集中财力物力解决一些重大项目，以带动西部文物保护工作全局。

（五）加快人才的引进和培养。要运用灵活方式，使东部地区的人才优势为西部地区文物工作发挥作用。不求所有，但求所用。西部地区缺乏人才，有人抱怨"孔雀东南飞"，古代人讲"楚材晋用"，我们也可以考虑"东材西用"，即人的隶属关系不变，但可以请他们承担一定的工作，尤其是在一些项目和课题研究中，借用并发挥东部地区人才的优势，早出成果、多出成果。同时，也要下大决心培养本地区人才。要力求做到用"事业留人、感情留人、适当的待遇留人"。

随着西部地区大规模经济建设的全面展开，文物保护工作的任务将会更加艰巨。衷心希望各位学员抓住现在难得的学习机会，提高做好文物工作的专业素质和能力，毫不夸张地说，中华民族五千年文明的根脉主要靠我们西部地区广大文物工作者去维系、去守护，任务虽然艰巨，但无上光荣。一个为西部开发建功立业的历史时刻已经来临，让我们大家共同努力为实现中华民族伟大复兴而奋斗！

2006 年 6 月

李晓东《文物与法律研究》序[*]

  李晓东同志是我国著名的文物法学专家，是《中华人民共和国文物保护法（修订草案）》主要起草执笔者之一，在长期文物工作实践中，为我国的文物保护事业，特别是文物法规建设做出了重要贡献。晓东同志1961年于北京大学历史学系考古专业毕业后，即到河北省文物部门从事文物考古工作。此后，他曾先后担任河北省文物管理局局长、国家文物局政策研究室主任。1996年国家文物局机关机构改革后，主持综合财务司工作，负责文物政策法规的制定、实施和文物科技教育、文物安全、文物经费的管理等项重要工作。1997年之后，受国家文物局党组重托，着手对《文物保护法》执行情况及其存在问题进行调查研究，为《文物保护法》的修订做了大量的准备工作。经国家文物局党组研究认为，1982年第五届全国人大常委会第二十五次会议通过的《文物保护法》公布实施以来，对我国文物保护工作发挥了巨大的积极作用，但由于二十年来，我国社会主义市场经济体制日臻完善，而文物保护工作如何适应社会主义市场经济体制，则面临着许多新的问题，需要科学界定和依法解决，否则，难以在新形势下充分发挥法律在保护我国文化遗产中的作用。依据新的社会发展形势，对《文物保护法》做出适当修订是必要的。国家文物局并报文化部，在征得全国人大常委会原则同意并报国务院批准下，在文化部和国家文物局党组直接领导下，决定建立《文物保护法》修订起草小组，并由李晓东同志主持，组成以谢辰生、毛昭晰、沈竹任顾问，彭常新、何成中等同志为成员的起草小组。

---

  * 李晓东《文物与法律研究》，河北人民出版社，2006年版。

起草小组成立后，经过深入调查研究、逐题分析，参照有关文化遗产保护的国际公约和一些文明古国国家文物保护法律实施的成功经验和成功做法，几易其稿，提出许多有价值和切实可行的建议。在经国家文物局的有关司处研讨和征求全国各省（区、市）文物主管部门意见后，先报文化部审议。1998 年呈报国务院和此后在国务院法制办、全国人大教科文卫委员会、全国人大法工委主持审议工作中，李晓东同志和起草小组遵循实事求是原则，如实反映调查情况，及时沟通信息，充分交换意见，保证了修订草案顺利进行。在 1982 年《文物保护法》和《中华人民共和国文物保护法实施细则》的基础上，提出了更严谨、更完整、更充实、更科学的修订草案，达到了当时实践认识和实践经验的新高度。《文物保护法》的修订过程，充分体现了党中央、国务院的高度重视，立法机关、行政机关和文物部门的密切配合，它的全面修订是几十年来文物工作实践经验的总结和集体智慧的结晶，也充分体现了时代发展和文物工作实践与时俱进，开拓创新的要求。实事求是地说，修订草案反复研讨，在某种程度上也反映了李晓东同志和起草小组在学习运用法学理论指导文物法制建设方面取得的新的成果。正如毛泽东同志在《实践论》里指出的那样，"实践，认识，再实践，再认识，这种形式循环往复以至无穷，而实践之每一循环的内容，都比较的进到了高一级的程度"。李晓东同志正是在长期的文物考古工作实践和文物政策法规研究与实践中，积累了丰富的经验和学识，取得"真知"，获得升华，较好地完成了党和政府的重托，也使他完成了一位文物法学专家的成长过程。在这本论文集的许多篇章里真实地记录了他的研究成果。阅读这些文章，对我们学习和理解《文物保护法》及其制定过程，将会受到有益的启迪，继而会进一步提高贯彻落实《中华人民共和国文物保护法》的自觉性。

《中华人民共和国文物保护法》经第九届全国人大常委会第三十次会议通过，公布实施和国务院颁布《中华人民共和国文物保护法实施条例》之后，普遍反映，这部新《文物保护法》具有很强的时代性、针对性和可操作性。它的颁布实施进一步增强了全民文物保护意识和各级政府部门文物保护责任意识，对全国文物工作者更是一个巨大的鼓舞和鞭策，极大地推动了全国文博事业和文化遗产保护工作的进展，为开创文物保护工作新局面提供了法律保障。经过近几年来不断加大的《文物保护法》的宣传教育活动，尤其是执法督查和典型案例剖析，赏罚度的实施，应当说，当前全国各地在文化遗产保护和依法管理等方面取得了显著成绩，这是应当充分肯定的。但是，我们还要看到，"有法不依、执法不严、违法不究"仍然不同程度地存在着，文物损毁事件时有发生，屡禁不止。如山西临汾民康制药厂，未经任何部门审批，竟擅自在文物保护单位临汾古城墙保护范围内施工，营建职工宿舍，严重破坏古城墙事件，就是一起严重违反《文物保护法》案件，引起市民的公愤和文物部门一场"文物保卫战"。又如河北省承德市滦平县将金山岭长城作为企业资产经营的违法行为等，新闻媒体报道后，引起中央领导同志和有关部门、省、市的关注。目前虽然已基本解决，但也说明《文物保护法》的实施和执法工作仍有待继续加强。所以说，《文物保护法》的实施和执法情况距国务院关于实施《文物保护法》通知提出的各项要求和《文物保护法》及相关法规的贯彻落实，仍存在很大差距。其主要症结和关键，仍是政府部门的责任意识和"以言代法"、"以权代法"的问题，同时文物执法部门也存在"不作为"、"执法难"的畏惧情绪，有的部门甚至置文物安全于不顾，以牺牲文化遗产保护为代价，为所谓"政绩工程"大开绿灯。针对这种情况，我认为仍然要以《文物保护法》为准绳，坚持做到"四个继续"：一是要继续提高各级政府部门"执法者"的文物责任意识和法律意识，增强历史责任感、使命感。无数事实说明，一个领导干部对文化遗产的认识和重视程度，对一个地方文化遗产保护至关重要，能否正确处理是衡量一个领导干部文化修养和执政水平的重要标志之一。因此，把文物执法情况纳入领导干部"执政水平"考核体系是很必要的。二是继续提高文物部门的整体素质，切实把保护文化遗产作为自己的神圣使命和为民族负责的文化责任，在举国上下实现中华民族伟大复兴的现代化建设事业中，加强文化遗产保护，既是贯彻落实科学发展观的内容要求，也是建设社会主义先进文化的重要组成部分。因此，文物部门一定要提高认识，克服畏难情绪，模范执法，严格执法、依法办事，以真正发挥"文物卫士""文物卫队"的作用。三是继续加大宣传力度，发挥新闻媒体社会舆论监督作用，增强群众文物保护意识，使"保护文物，人人有责"、"保护文物光荣，损毁文物可耻"成为全社会公民道德。四是继续加强文物执法队伍建设，加大执法督查力度，建立赏罚体系。依法管理，违法必究，赏罚分明。总之，要充分依靠各级人大、政府在执法检查和政协议政建言方面的作用，营造全社会保护文化遗产，传承中华文明，守望美好家园，弘扬民族文化的良好氛围，我们就能够为建设和谐社会，实现小康社会的战略目标作出独特的贡献。

加强文物法学研究，关系到建设我国文博事业的健康有序、可持续发展和中国特色社会主义法律体系的完善，关系到民族文化、国家文物安全和子孙文脉传承的大事，具有现实意义和深远意义。而我国对文物法学研究，虽然积累了一定的经验，但从总体来说，还属于起步的阶段。李晓东同志这部论文集集中反映了他对文物法的探索和研究取得收获和新成果，体现了一位文物工作者艰苦跋涉、不断攀越的努力工程。这本论文集是作者继《文物保护法概论》、《中国文物学概论》、《文物学》和《文物法：理论与实践》等著作之后的又一部力作。他之所以在文物法学方面取得了较大成绩，一方面是时代和机遇，为他创造了良好的条件；但另一个重要的因素，还在于他个人的勤奋学习和努力实践。几十年来，李晓东同志始终如一，致力于文物保护事业，不论是在工作中还是在研究中，他都尽心尽力，一丝不苟，认真负责，精益求精，勇于探索，知难而进，他的埋头苦干、求真务实的作风，给我们树立了良好的榜样。

晓东同志是我的学长，我和他曾共同在陕西华县泉护村参加考古实习发掘，又共同在北京怀柔发掘战国墓葬群，友谊情深意长。我同他参加工作以后也多有接触，尤其是在国家文物局工作期间加深了彼此了解，建立了深厚友谊。荀子在《修身篇》说过："非我而当者，吾师也；是我而当者，吾友也；谄谀我者，吾贼也。"晓东同志在工作中常常向我坦言提出批评和建议，是我的良师诤友之一，对我的一些工作给予很大帮助，我是十分感谢他的。他的严于律己、克己奉公、待人诚恳、严谨治学的态度，是很值得我向他学习的。

以上感言，不知是否妥当，敬请晓东同志和读者诸君指正。是为序。

2006 年 6 月 26 日

求实存真　学术品格

——在《炎黄春秋》创刊十五周年座谈会上的讲话

《炎黄春秋》创刊已经十五年了，这是中国政治、经济、文化和社会发生巨大变化的十五年。十五年来，《炎黄春秋》高举邓小平理论伟大旗帜，宣传党的十一届三中全会确定的政治路线、思想路线；高扬爱国主义伟大旗帜，弘扬中华文明优秀传统文化，推进社会主义先进文化建设；坚持"百家争鸣"方针，以辩证唯物主义、历史唯物主义立场、观点、方法，总结分析党的历史经验，继承发扬党的优良传统，遵循以史为鉴，立足当代，面向未来，在党史研究和社会主义政治民主方面取得很大成果。在国际动荡不安，国内社会结构调整和人们思想空前活跃的时代，能有《炎黄春秋》这样的期刊出现在读者面前，作为党史理论刊物，这是对党、对社会的一个巨大的贡献。

我参加中华炎黄研究会工作比较晚，是李宝光同志推介的。她从创刊之日起就十分关心这份刊物的成长，寄予很大的期望。我是没有资格评论《炎黄春秋》的。但我也是《炎黄春秋》比较早的读者之一。对这份期刊，我最大的感受有三点：

（一）坚定性。《炎黄春秋》每期发表的主旨文章或重要文章，都坚定不移地贯彻了党的十一届三中全会制定的政治路线、思想路线和邓小平理论。所以纪念毛泽东同志诞辰、纪念红军长征六十周年和中国抗日战争暨反法西斯战争胜利六十周年文章，发扬延安精神等文章，都坚定不移地宣传党的十一届三中全会以来的路线、方针、政策，坚持改革开放不动摇，在读者中产生了深刻影响。

（二）学术性。这也是《炎黄春秋》的特点之一。邓小平指出："把马克思主义的普遍真理同我国的具体实践结合起来，走自己的道路，建设有中国特色社会主义，这就是我们总结长期历史经验得出的基本结论"。也曾说过："我们总结了几十年搞社会主义的经验。社会主义是什么，马克思主义是什么，过去我们并没有完全搞清楚。"这就是《炎黄春秋》相继发表的《邓小平八一八讲话》、《邓小平谈抗日根据地民主政治建设》和《马克思怎样论述自由的》等文章，从理论上澄清了过去一些模糊认识，恢复了马克思和马克思主义经典作家的正确表述，纠正一些错误观点，对提高人们的认识和科学执政，民主执政，依法执政有很大的启示。

（三）真实性。这是《炎黄春秋》最鲜明的特点之一。《炎黄春秋》始终坚持了"秉笔直书，求实存真"的原则，赢得了广大读者的好评和信任。例如对中共创始人、五四新文化运动总司令陈独秀一生功过的评价，对张闻天的评价等，有理有据，实事求是。又如对胡耀邦同志功绩的评述，通过《耀邦指导我们起草中央文件——总结社会主义精神文明决议起草过程》、《我心中的耀邦》等文章，真实、生动再现了耀邦同志的民主精神、民主意识、民主作风和他博大胸怀、光明磊落的人格，同周恩来总理一样，堪称共产党人的风范。我记得南阳武侯祠就有耀邦同志书写的一副对联"心在人民，原无论大事小事；利归天下，何必争多得少得"，是很值得体味的。

对历史事件、历史人物的评述和对一些老革命家的访谈，也都能做到"求实存真，言之有据"，既表述了老革命家和老将军革命年代的艰苦卓绝斗争历史，也充分体现了他们对党和国家长治久安的思考。给我们以深刻的教育。访谈小川同志写的《我在西路军的经历》，真实再现了西路军战转河西走廊的悲壮历程，真正是字字泣血，令人难忘！很多文章以生动的记述，翔实的史料，缜密的思考，给读者留下了深刻印象，史料性、可读性都是很强的。

有些文章，涉及一些"禁区"，发表有一定难度，这是需要相当勇气的。我们应当庆幸贯彻"双百"方针的宽容，政通人和，另一方面也要承认，有些文字可能仍有不当之处，这是难以避免的。但瑕不掩瑜，期望今后能在继承和发扬办刊优良传统同时，注意总结经验教训，在科学发展观指引下，服务中心，服务大局，为实现小康社会、和谐社会作出新的贡献！

2006 年 7 月 14 日

中国博物馆国际化进程回顾与展望

　　中国近代博物馆事业，正以雄健的步伐迈向新的世纪。回顾自1905 年建立的以南通博物苑为标志的中国现代博物馆事业，虽历经百年风雨历程，几经艰难曲折，但终于迎来了今天欣欣向荣的发展局面。这是中国共产党领导中国人民前仆后继、艰苦奋斗的伟大成果，也是中国博物馆几代人长期努力的结果，使我们倍感振奋，更加珍惜今日之来之不易。客观地说，虽然中国自古就有收藏、研究传世和出土古物典藏的传统，但以面向社会公众和社会教育为宗旨的博物馆，其实是来自中国知识先进向西方学习的产物。从这一点说，中国近代博物馆诞生之日，就是中国博物馆国际化进程的开始之时。只不过，其时中国正处于半殖民地半封建社会，从清政府到北洋、民国政府时期，腐败横行，灾害频仍，列强侵略勒索，民不聊生，博物馆事业难以得到发展。截至1949 年，包括北平故宫博物院在内的全国博物馆总数也不过 21 座。新中国成立后，随着国民经济的恢复发展和国民经济五年计划的实施，博物馆数量也迅速得到恢复和增长。尤其是在 1958 年 9 月 17 日毛泽东主席视察安徽省博物馆时指出："一个省的主要城市都应该有这样的博物馆。人民认识自己的历史和创造的力量，是一件很要紧的事。"在毛泽东的指示和中共中央政治局决定在天安门建立中国历史博物馆、中国革命博物馆和中国人民革命军事博物馆之后，各省市都纷纷建立和扩建了各地博物馆，中国博物馆建设进入了第一个新高潮。此一时期，中国博物馆的国际联系，实行的是"一边倒"政策，更多的是向前苏联学习和借鉴东欧部分国家的经验。这样，既接受了前苏联和东欧好的方面，也受了"单一化"的影响，在计划经济条件下，博物馆的发展受到很大制约。随着"文革"十年动乱，博物馆的正常业务被迫中止，更谈不上同各国博物馆交流，中国博物馆国际化进程受到严重影响。

1978年12月召开的中共中央十一届三中全会确立了"解放思想，实事求是"的思想路线，果断地把全党工作的着重点和全国人民的注意力转移到社会主义现代化建设上来。由此，中国博物馆事业再次获得了新生，进入了第二个大发展时期。中国博物馆的数量由"文革"前的365座，在1990年很快增长到1013座，截至2005年年底已迅速发展到2300座左右，是1949年的109倍，1980年的6.3倍，其发展速度是世界博物馆发展史上仅有的。现在已经从数量增长转向提高质量、扩大品种和提升学术水平的轨道上来。可以认为，中国博物馆事业已经形成了以公办（国家和省、市政府）为主体，行业（工业、交通、农林、商业、文化、教育、军事、武警公安等）和民办（民企、个人）为两翼，人文（文物历史、文化遗址、历代建筑、名人故居、民俗风情）和科技（自然、地质、科学、技术）并举的博物馆新体系。品类数量日趋丰富，除传统上的历史类博物馆之外，自然科技类、艺术类、行业专题类博物馆也成为基本类型；办馆主体呈现多元化，文物和科技部门与其他行业系统协同办馆，国家、团体和民间一起上的现象，令人欣喜；博物馆地域分布趋于合理，改变了以往建设博物馆更多集中在东部或中部一些大中城市的不平衡局面。这是中国改革开放以来，社会文化建设事业取得的重大成果，是社会主义物质文明和精神文明建设的显著体现，它也极大地加快了中国博物馆事业的国际化进程。

（一）走出去，在国外举办各类文物展览，展示悠久璀璨的中华文明，让世界了解中国，是中国博物馆走向国际化的先行步骤。改革开放以来，中国文物对外展览多达五百余个，已在美、英、法、俄、加、德、奥、意、希腊、西班牙、以色列、挪威、丹麦、日本、韩、朝鲜、埃及、墨西哥、巴西、澳大利亚等二十多个国家和地区举办过不同类别和主题的展览，展出数量、质量和组织水平不断提高。近年来展出内容和组织工作，更加注重展览的主题提炼和学术水平。如赴美《中国考古黄金时代展》、《紫禁城文物展》，赴日《中国古代文明展》、《中国山东青州出土佛教造像石刻艺术展》，赴法《孔子文物展》、《中国国宝——

法兰西之旅》、《中国晋、秦、豫、内蒙文物展》，赴加拿大《中国玉器文物展》，赴英《中国文物展》、《中国陕西青铜器文物展》，赴巴西《永恒的中国——五千年文明展》等，各国政要闻人相继出席开幕式或参观了展览，受到各国观众的热诚欢迎，各国新闻报刊、电视都做了大量报道，对中国丰富多彩的历史文化赞不绝口，进一步加强了各有关国家对中国文化和中国人民的了解和友谊。

（二）请进来，举办国际著名博物馆藏品展，为国人了解世界、开阔视野开通了一条便捷渠道，是中国博物馆走向国际化的重要措施之一。近十年来，我国主要城市的博物馆相继举办了来自英国、意大利、希腊、法国、日本、墨西哥、巴西等国家的历史文物展览，获得圆满成功。如在北京、上海相继举办的《伊特鲁里亚人的世界》、《罗马帝国的人与神》、《太阳王路易十四展》、《（大英博物馆）古埃及文明展》、《亚述珍品展》、《印加人及其祖先珍宝精粹》，首博还展出了《世界文明珍宝展——大英博物馆藏 250 年珍品》等，大饱国人眼福，大开国人视野，使尚未有机会出国观光的人们对其他国家和地区的文明有了一定程度的了解。这里，需要特别提到的是北京世纪坛世界艺术馆，在2006 年年初成立以后，以全新的运营方式，先后成功举办了《俄罗斯双人艺术展》、《意大利文艺复兴展》、《从莫奈到毕加索绘画展》。许多展品是首次被允许到我国展出，其精美的艺术佳作和新颖的陈展方式在博物馆界和社会观众中反响强烈。

（三）加强国际合作，开展文物科技保护和培训专业人才，既是我国博物馆事业发展的需要，也是中国博物馆走向国际化进程的必然选择。一是举办国际博物馆馆长论坛和召开相关专业主题研讨会。改革开放以来，特别是近十年来，在北京、上海、南京、南通、广州等省市相继举办了国际博物馆馆长论坛，美国大都会博物馆、法国凡尔赛宫博物馆、英国大英博物馆馆长等都曾应邀来华发表演讲，介绍各馆情况，开展馆际交流，对我国博物馆管理体制、运营机制、陈展方式、社会教育、公共关系等都有一定启发。二是我国同相关国家博物馆和重要文物科技研究机构结成伙伴，开展技术合作和人才交流。国家文物局和国外重要文博机构签订协议，积极促成了敦煌研究院、云冈石窟研究院同美国盖蒂研究所合作，开展了库区环境监测与洞窟环境监测、风沙防治、洞窟窟顶加固、壁画酥碱、空鼓、起甲病害防治等科技保护，获得了相当大的成功，并获得科技成果奖；同梅隆基金会合作，拍摄洞窟研究和散落在英、美、法、德、日各国的敦煌文献，为研究敦煌壁画和文献提供比胶片更好的资料；与意大利合作，先后在陕西西安和北京建立文物保护修复中心和技术中心；与德国合作，开展了法门寺出土丝织文物保护工作；与加拿大合作，开展三峡水库文物测量保护；与日本合作，开展故宫数字化虚拟三维录像工作等，都取得了很大的进展。三是同美国大都会博物馆合作，举办了"中国博物馆管理人员赴美进修项目"培训，通过选拔中青年管理人员赴美考察调研、进修、实地体验和实践，极大地提高了派出人员的专业素质和管理水平。同国际上各博物馆的密切合作，对未来中国博物馆事业将产生深远影响。

（四）恢复中国博协与ICOM（国际博协）的联系，积极参加ICOM各项重要事务，开展"5·18国际博物馆日"活动，是中国博物馆走向国际化的重要途径。成立于1946年11月16日的国际博物馆协会（The International Council of Museums，缩写为ICOM）是联合国教科文组织最重要的非政府性博物馆专业团体，其下设的29个国际专门委员会，14个附属国际组织以及6个地区委员会，分别在不同地区、不同专业领域和文化遗产保护工作中发挥着重要作用。国际博协代表讨论成立时，虽然中国政府代表和成立于1935年的中国博协未能出席巴黎会议，但发出了正式函电，声明支持国际博协的建立，并表示与其进行合作建立国际博协中国国家委员会。因此，中国博协是国际博协的27个发起国之一。然而，由于众所周知的原因，直到1983年7月我国才得以派出正式代表出席了在伦敦召开的国际博协第十三届大会，正式宣布加入国际博协，并于同年9月建立了国际博协中国国家委员会。从此，中国博协与国际博协及其专业组织一直保持着良好的关系。中国文物博物馆事业取得的巨大成就是中国博协在国际博协事务中的影响和地位与日俱增，尤其是在亚太地区得到了普遍认同。

第一，积极参与国际博协及其地区委员会和专业委员会的事务管理。国际博协所属的六个地区委员会是在本地区及博物馆专业工作人员之间信息交流与合作的机构，同时负责本区域各国国家委员会的工作协调。中国博物馆协会吕济民、马自树、孟宪民、王树卿、张文彬先后担任 ICOM 亚太地区委员会主席、副主席或理事，扩大了中国博协在亚太地区的影响，增进了我国同亚太地区的相互了解和友谊。国际博协执行委员会是 ICOM 最高行政管理机构。2004 年，在韩国举行的 ICOM 第 19届大会上，中国博协副理事长李象益教授当选为国际博协执委，这是中国代表第一次进入国际博协的最高管理层，实现了中国博协在国际舞台上的一个突破。

第二，积极参与国际博协组织的专业学术活动和重要文件起草工作，为国际博协基础建设做出了重要贡献。国际博协自 1984 年起就开始研究博物馆职业道德建设问题，并专门成立了职业道德委员会，中国代表苏东海先生等积极参加了文件的讨论和修改。《博物馆职业道德准则》在 1986 年布宜诺斯艾利斯大会获得通过后，我国代表很快将其译为中文，得到大多数国家的认同。这一职业道德准则被称为世界范围内博物馆行业的行为准则，具有重要意义。历届国际博协大会的决议，一向被认为是国际博物馆界对本专业发展方向的认同和博物馆及其专业工作者意志的集中体现。在国际博协第 20 届大会上，中国被执行委员会和咨询委员会一致提名为大会决议起草委员会成员，与其他来自不同地区的成员一起起草相关决议文件。中国代表的直接参与，使大会决议得以更多地反映包括中国在内的广大发展中的国家博物馆的要求。

第三，组织承办亚太地区大会及一系列重要学术活动，扩大了中国博协在亚太地区和国际博物馆界的影响。国际博协亚洲、太平洋地区大会在中国共开过两次，一次是 1989 年 3 月 1～7 日，来自本地区的澳大利亚、孟加拉、印度、日本、朝鲜、老挝、马来西亚、斯里兰卡、泰国、前苏联和中国的 11 个国家的代表出席了大会。这次大会的主题："亚洲、太平洋地区博物馆学研究的现状及发展趋势；博物馆在亚太地区社会教育中的作用；国际博协与亚太地区的关系"。文化部长王蒙为大会致祝词，国际博协主席、秘书长均祝福大会。我国著名博物馆学专家苏东海先生作了《博物馆学在中国》的主旨发言，博物馆学专家沈庆林参与了大会决议的起草工作，决议高度评价了中国博物馆事业的发展，支持中国博物馆同亚太地区和各国博物馆之间进一步加强业务交流和专业培训。另一次是 2002 年 10 月 20 日～24 日在上海举行的"第七届国际博协亚洲、太平洋地区大会"，大会代表分别来自于国际博协亚太地区 16 个国家委员会、国际博协其他地区委员会、国际博协总部、联合国教科文组织代表、中国大陆及港澳地区博物馆代表，以及特邀代表、专家学者和入选论文作者共计 200 余人与会并参加学术研讨。这次大会的主题是"博物馆、无形文化遗产与全球化"，与会代表从世界经济全球化、政治多极化和文化多元化的角度，围绕无形与有形文化遗产的概念、阐释、管理展开研讨，明确了对有形文化遗产与无形文化遗产多样性的理解，强化了博物馆管理中将有形和无形文化遗产相结合的观点，对提高公众意识，在加强有形文化遗产保护的同时，做好无形文化遗产的保护，提出了行动纲领。最后通过了关于博物馆与无形文化遗产的《上海宪章》，这是国际博物馆界乃至整个国际文化遗产界关于博物馆与无形文化遗产的第一个专业性指导文件，在国际博物馆界引起巨大反响，也是中国博物馆界对保护无形文化遗产所作的重要贡献之一。

第四，积极参与国际博协各国际专业委员会学术活动、相互交流切磋，共同为博物馆学术事业的发展而努力。目前，国际博协各专业委员会达到 29 个，我国博物馆界同其中不少专业委员会已取得联系并参加了相关活动，如博物馆学委员会、人员培训委员会、安全与保卫委员会、科技博物馆委员会、钱币博物馆委员会都曾先后在我国召开过重要的学术年会及其他形式的研讨会。1994 年 5 月中国国家文化部、中国博物馆协会同国际博协人员培训委员会和荷兰阿姆斯特丹艺术学院博物馆学系在山东泰安举办了"中国博物馆中高级管理人员国际研讨班"，来自全国 18 个省、自治区的 47 名学员参加了培训，这是国际博协人员培训委员会第一次在发展中国家举办的培训班，也是国际博协培训委员会首次与我国合作，为以后双方合作奠定了良好的基础。1994 年 9 月 12～18 日在北京举办的国际博物馆学年会，有 15 个国家的博物馆学研究的学者出席了会议。马自树、吕济民、苏东海分别作了《中国博物馆和文化政策》、《中国博物馆和博物馆学》和《中国博物馆哲学》三篇学术发言，引起了与会各国同行的兴趣。2002 年国际博协钱币博物馆、科技博物馆专业委员会也曾分别在北京、上海举办了年会。自 1983 年加入国际博协并正式组建国际博协中国国家委员会以来，除 1989 年外，我国都派代表参加了历次国际博协大会，在同各国代表交流中，扩大了中国博物馆在世界博物馆界的影响，促进了国际博物馆界相互了解和国际合作。

第五，积极组织参与国际博物馆日活动。从 1987 年开始，中国博物馆学会、国际博协中国国家委员会在国家文物局和各省市文物局，省、市博物馆协会支持、配合下，在每年"5·18 国际博物馆日"都根据国际博协规定的主题内容开展了多种形式、丰富多彩的活动，其中中国博物馆开展的"博物馆与环境"、"博物馆的幕后"、"社会与责任"、"为了明天而收集今天"、"博物馆与社区"、"博物馆与全球化"、"物馆与青少年"等，给人们留下了深刻印象，增进了社会公众对博物馆的认识，密切了博物馆同社会的联系，扩大了国际博协在中国的影响。

第六，中挪两国政府、两国博物馆协会密切合作，创建中国生态博物馆的实践，开创了博物馆国际合作的新篇章。1995 年中国贵州省政府邀请著名博物馆学专家苏东海先生和挪威著名生态博物馆学家约翰·杰斯特隆先生一起在贵州考察后，经过精心筹划、具体指导，创建了中国第一座生态博物馆——六枝梭嘎乡生态博物馆，这是一个具有深远意义的文化价值项目。1997 年中国国家主席江泽民和挪威王国国王哈拉尔五世出席了中挪两国政府关于创建生态博物馆项目议定书，我荣幸地代表中国政府和中国博物馆协会签订了协定。八年来，双方协定得到很好执行。现在中挪合作在贵州创建生态博物馆的成功经验已向中国西部地区延伸推广，广西、内蒙古自治区也都根据自己的区情和文化特色，创建了具有自身特点的生态博物馆，这是西部社会经济文化发展的需求，是人们对构建和谐社会、正确处理人与自然、人与社会的认识进一步深化的必然选择，也是学习西方经验同中国国情相结合的成功尝试。

第七，成功地举办了"2004 博物馆及相关产品与技术博览会"，展览从总体上展示了我国博物馆事业发展概况，宣传了博物馆事业在建设社会主义物质文明、精神文明和构建社会主义和谐社会的重要作用，对促进社会公众更加全面、集中、客观地认识博物馆这一重要文化资源在弘扬民族文化、普及科学人文知识、提高全民素质以及在文化、教育、科技、旅游中的重要价值有十分重要的作用。与此同时，在博览会期间，我们还邀请了国际博协主席和国际博协成员、亚太地区各国代表来京出席"馆长论坛"的高峰研讨或作专题演讲，加快了我国博物馆界与世界重要博物馆交流步伐。中共中央政治局常委李长春同志专门在人民大会堂会见了时任国际博协主席的雅克·佩鲁特先生和国际博协亚太地区主席加纳先生，并作了亲切友好的谈话，对进一步促进中国博协与国际博协的联系起到重要推动作用。相信2006年的博览会比上届的博览会会办得更出色。

第八，对内开放，各省市博物馆间互相交流，加强合作，为中国博物馆事业国际化进程共同努力、齐做奉献。对内开放是对外开放的基础，对外开放是对内开放的延伸与发展。上海博物馆、故宫博物院、辽宁省博物馆合作举办的《晋唐宋元绘画国宝展》，与西藏合作举办的《雪域明珠——西藏文物精华展》等，国博举办的《山东青州龙兴寺出土佛教造像艺术展》、《江西新干大洋洲出土青铜器文物展》、《云南文明之光——滇王国文物展》、《瓯骆遗粹——广西百越文物精品展》都在观众中都产生了强烈反响，为各省区之间互相交流和文物出国展览、提高学术水平创造了很好条件，摸索了一定经验。

中国博物馆国际化是一个很长的历史过程。从中国博物馆已经走过的道路，特别是近三十年来中国博物馆走向国际化进程的基本经验和同国际博物馆间的交流来看，对我们的启示是：

（一）通过国际化进程和交流，使我们学会了用世界的眼光看待中国文化，认识中国博物馆在全球中的地位与作用。诚然，中华文化源远流长、博大精深，为人类文明作出过重大贡献，这是毋庸置疑的。但自1840年甚或更早一点时期，中国经济已经落后于先进发达国家，这已是一个不争的事实。另一方面，也要看到，其他国家和地区同样也有过辉煌的历史和璀璨的文明，也曾为人类文明作出过贡献，这也是不容否认的事实。因此，我们绝不能夜郎自大、坐井观天，也不能妄自菲薄、失去自信。尤其是在经济全球化、政治多极化、文化多元化的时代，更要保持清醒的头脑，坚持自己的文化特色，发展文化的多样性，这一点正如费孝通先生讲的，要实现文化自觉，"各美其美，美人之美，美美与共，世界大同"。中国文化自古皆有包容性的胸襟，但社会主义先进文化建设中，既要弘扬中国优秀文化传统，也要善于学习他国的先进文化为我吸收利用。只有善于学习，才会取得更大进步。

（二）通过国际化进程和交流，架起了中国人民同世界各国人民之间的友谊桥梁，为和谐世界的建立创造了良好的氛围。改革开放以来，无论是我国在各国举办的文物展览，还是国外博物馆在我国举办的展览，都成功地搭建了不同文化、不同文明平等对话的平台，促进了学术交流和人员交往，增进了彼此了解和友谊。在德国柏林德国国家博物馆的一次中国山东青州石刻造像艺术展出中，恰好是同该馆希腊石刻雕像艺术在一起，形成了东西方文明对话的奇妙景观。在日本举办的世界四大文明古国文物展中，都使观众有一个跨过时空、跨国地域对四大文明一起欣赏、比较、思考，国内外相互展览都能起到这种特殊的作用。在人员交往中，由于专业相同，问题大同小异，更有利于相互间心灵沟通、情感交融，从而加深相互了解，为不同政治信仰、不同民族、不同宗教的人们之间营造"和谐世界"创造了良好氛围。

（三）通过国际化进程和交流，提高了中国博物馆工作者的政治眼光和专业素质，为创新开拓了新途径，中国博物馆界通过同各国博物馆专业人员的学术交流、考察、培训，不仅对国外博物馆的管理体制、发展理念、陈展方式、操作规范、营运机制等有了一定程度的了解，而且对诸如美国盖蒂文物保护研究所、意大利文物保护技术中心、日本文化财研究所、德国博物馆、美国大都会博物馆、梅隆基金会等专业人员的业务素质和敬业精神感到钦佩，留下了深刻印象。赴美国大都会博物馆学习进修的段勇、张建新等人都写出了很好的考察报告，段勇还写了《当代美国博物馆》的专著，作了详细介绍。如果我们能很好地联系国情，加以消化吸收，那么，具有中国特色的、社会主义先进文化的中国近代博物馆事业一定会取得更大的进展。

中国博协、ICOM 中国国家委员会已成功取得了 2010 年 ICOM 第 22 届大会的承办权。我们将十分珍惜这一难得的机遇，决心把这次 ICOM

大会办成一个具有历史和时代意义的大会。我们相信，通过这次大会，将进一步推动中国博物馆界向世界各国同行学习交流的进程，也必将进一步加快中国博物馆国际化进程。

2006 年 9 月 16 日

多重视角读考古[*]

由中国文物报社几位编辑策划，北京学苑出版社出版的《考古人和他们的故事》一、二辑陆续问世后，很快受到读者的欢迎。的确，无论是文物考古工作者，还是学术界人士及对文物考古有兴趣的读者，都觉得编辑出版这类图书是一件可喜可贺的事情。

我国是世界文明古国和人类文明发祥地之一。中华文明同古埃及文明、美索不达米亚（两河流域）文明、古印度文明和希腊、罗马文明、玛雅文明一样源远流长、博大精深，共同编织成多姿多彩的世界文化，谱写了人类文明发展史的精美华章。但是，除了中华文明之外，其他文明由于各种不同原因都已经消亡或中断了，唯独中华文明连绵不绝、延续至今并仍继续焕发着生气勃勃的青春活力。这不能不是人类文明史上的奇迹，值得中华民族引以为骄傲和自豪。中华文明为何能延续发展至今？这是古今中外许多学者和有兴趣的人们所关心和力求解决或希望得到解答的问题。

《考古人和他们的故事》，就是力图通过考古学家亲历、亲闻、亲身实践的角度给人们以正确回答的读物之一。我们知道，寻找失去的文明，揭开人类文明进程中留下的种种疑团，探索人类文明起源和发展的进程，是许多学者长期探索和研究的重要课题。其方法，除潜心研究历史文献、上下求索外，近百年来则是依靠田野考古科学发掘，揭开地下"历史图册"，以恢复历史原貌。而中国近代考古学发端是在欧洲考古的兴起并发展成为一门严谨独立的学科被介绍到中国来之后，使具有金石学、器物学研究传统的中国学者为之耳目一新、为虎添翼。恰在19

---

* 原载《中物文物报》2006 年 9 月 20 日第 4 版。

世纪与20世纪之交，河南安阳出土了甲骨刻辞，甘肃敦煌藏经阁又发现了大量的古文书和古文物，"石破天惊"，立即引起了中外学者的极大关注。接着，中外学者合作在进行地质调查和考古调查中，开始了对周口店和河南渑池仰韶村的发掘，直到1926年李济先生同袁复礼先生一道，怀着寻找"夏墟"的愿望，对山西夏县西阴村进行了调查发掘和1928年前后由中研院史语所考古组郭宝钧、李济、梁思永诸先生主持的安阳殷墟田野考古发掘，自此中国考古学人正式登上学术舞台开始了文明寻根的艰苦历程。自中国考古学诞生之日起，中国学者就十分注意把近代欧洲考古学的科学方法同中国固有的金石学传统和古文献学相结合，开创自己的学术道路，把寻找中国远古文化和历史的文明作为自己神圣职责和光荣使命。一个世纪以来，特别是新中国成立以来，中国考古学获得长足发展，取得了巨大成就，以层出不穷的考古发现引领了人文社会科学的发展，得到世界学术界的高度评价，并被称为"中国考古学的黄金时代"。正是在这一时代的背景下，展开了考古人和他们的种种说不尽的故事。

《考古人和他们的故事》，讲述了考古人为人类文明作出的贡献，极大地丰富了中国考古学史的内容。近百年来中国社会发生了巨大变迁和伟大变革，中国考古学也经历了不平凡的风雨历程，每位考古学人的学术生涯，都同这个时代密切相连，息息相关。伟大的时代造就了伟大的学者，伟大的学者创造了伟大学术的辉煌。由于中国考古学者几代人坚持不懈的努力，一个中国人的起源和中华文明的起源、形成发展史轨迹已基本绘就。中国考古学者的主要贡献可以概括为：一是通过对中国境内早期人类化石及旧石器时代考古文化的发现和研究，已经可以肯定中国已成为探讨人类起源与发展的重要地区之一，中国早期人类及其文化同中国本土新石器时代考古文化是一脉相传的，二者之间存在着传承的渊源。二是通过对遍布在黄河流域、长江流域和长城内外、沿海边疆省区几万处新石器时代文化遗址的发掘和研究，对我国以粟、稻为主的农业和陶器、玉器制造业的起源，以及对原始信仰、"宗教祭祀"、女神崇拜、图腾制度等等都提供了重要的信息，生动地再现了那个时代社会生活的场景，一部完整的中国原始氏族社会的形成及解体史和一部中国文明起源和文明社会诞生史已经呈现在世人面前。三是通过对夏、商、周三代考古研究，特别是对郑州二里冈、郑州商城、安阳殷墟和偃师商城的发掘和对偃师二里头、登封王城岗等遗址的发掘及陕西周原、丰、镐二京等大量周文化遗址、墓葬的发掘和研究，证实夏、商、周文化各有源头，从反复比较论证研讨中大多数学者已公认以偃师二里头文化为代表的考古学文化属于夏文化，这是甲骨文发现把商史提升为"信史"之后，把夏史列为"信史"的重大学术成果。按照王国维在《古史新证》提出的"以地下之材料"与"纸上之材料"互相印证的"二重证据法"，《古本竹书纪年》、《春秋左传》和伟大的史学家司马迁《史记》中的《夏本纪》、《殷本纪》、《周本纪》等，都是完全可信的历史篇章。四川广汉三星堆、江西新干大洋洲、湖南宁乡等地出土的别具一格的精美青铜器和金沙遗址，为人们了解商代及周代历史文化开拓了新视野。周文化遗址和西周墓葬的发掘和研究，极大地丰富和充实了对周代政治、经济、军事、文化的史料，为中国上古史研究的巨大进展奠定了坚实的基础。四是历史考古取得空前收获和巨大成果。通过对湖北、湖南、安徽、河南楚墓和湖北随州曾侯乙墓、陕西临潼秦始皇陵兵马俑坑、河北满城、长沙马王堆、山东临沂汉墓等历代墓葬出土文物和秦都咸阳，汉唐长安城，汉魏洛阳城、隋唐洛阳城址等的发掘及古建筑、石窟寺的调查研究，极大地丰富了人们对历代封建王朝历史文化的认识。出土的简帛文书、陶器、青铜器、金银器、雕塑、壁画等为研究宗教史、思想史、文化史、艺术史、工艺史提供了大量的、丰富的、宝贵的最新资料。总之，重写中国历史或中华文明发展史的任务已经提到议事日程上来。所有这一切成就，充分展示了考古学人的精神风貌和对中华文化所作出的巨大贡献。考古学人的那种实事求是、严谨治学、求真务实、开拓创新的精神，永远是我们的宝贵的精神财富。我以为，这也正是编辑、出版、传播《考古人和他们的故事》的宗旨所在。

《考古人和他们的故事》既介绍了他们取得的考古成就，讲述了考古发现的"秘密"，也讲述了他们安贫若素，不懈追求的科学精神。正如编者所说，"考古人往往有不平凡的经历，他们知道太多的历史秘密，他们有讲不完的故事……"我想这种不平凡，就在于他们肩负的是寻找失去文明、还原历史的神圣使命，所以无论酷暑严寒、栉风沐雨、雪虐风饕，都能甘于寂寞，从事艰苦的调查发掘工作，而无任何怨言。著名考古学家郭大顺先生在《探索古辽西》（载《考古人和他们的故事》第一辑）一文中，生动地记述了他四十年来探索和研究红山文化和中国文明起源所付出的艰辛和文化思考。在他的记述中，不仅介绍了辽西地区丰富的考古文化内涵，发现东山咀、牛河梁祭坛、冢（墓葬）、庙（女神庙）及女神像的重大收获和喜悦兴奋的心情，而且也详细介绍了他和他的群体研究的途径和方法，同时还向我们介绍了考古学的前辈夏鼐、苏秉琦、俞伟超、邹衡和严文明、张忠培诸先生对牛河梁遗址的考察结果，情真意切，历历在目，十分感人。苏秉琦先生认为，牛河梁文化遗址发现的坛、庙、冢构成"三位一体"，"它已远非一个氏族或部落所能拥有，而只能是一个文化共同体对共同祖先进行崇拜的圣地"。从全方法观察的高度，提升了牛河梁文化遗址的重要价值，考古发掘研究已充分表明辽西同中原、东南沿海地区一起共同为创造中华文明奠定了最初的基石。其结论是令人信服的，其思考的方法论"大处着想，小处着手"，给我们以很大的启发。苏秉琦先生提出的"古文化、古城、古国"和"古国、方国、帝国"以及之前提出的"考古学文化区、系类型"理论对中国考古学的研究和文明探源研究已为愈来愈多的考古人所认同，很值得认真研究。在已出版的第二辑中，介绍了汪宁生先生、李仰松先生从事民族调查和从民族考古学角度对中国文明起源的研究成果，王学理先生寻找秦帝国都城咸阳的经历都是很值得一读的文章。这些文章语言生动，引人入胜，涵盖了考古学、民族学、社会学的基础理论（如考古学的地层学、器物类型学、年代学等）、学术见解、文化传统和科学知识，娓娓道来，不知不觉间带领你步入历史文化科学殿堂。它虽不同于考古发掘报告那样强调科学性，严谨缜密、严格规范，但也属于普及性的学术论著，较之考古发掘报告，更易为读者所欢迎。二者完全可以相得益彰、相辅相成、相映生辉。从某种意义上说，这也是考古学者和出版部门共同做的一种创新，对考古论著走向公众的社会文化生活，让公众了解考古人和考古事业都是很有意义的尝试。

自 20 世纪 20 年代以来，斗转星移，沧海桑田，中国社会发生了很大变化。随着中国改革开放和国家经济建设的高速发展，城市近代化进程的加快，社会主义新农村建设的起步，一个更大规模的基本建设高潮正在全国展开。全国各地如火如荼的公路、铁路、大型水利工程建设，对中国考古人既是一种难得的机遇，也是一种严峻的挑战。面对国家蓬勃发展的经济形势，文化遗产的保护与考古发掘的任务十分艰巨。而中国考古队伍虽已从几十人发展到上万人，研究部门除中国社会科学院考古研究所之外，各省、市、自治区均已建立了文物考古研究所、院，有的地市也建立了相应的考古机构，北京大学、西北大学、吉林大学等十余所高校或建文博考古学院或建考古学系，每年均有上百学生参加文物考古工作，这是令人欣慰的。但又面临着富有经验的专家由于年事已高逐渐退出第一线，新近参与考古工作的青年人则比较缺乏经验，遇事难以全面应对的严峻形势。《考古人和他们的故事》的编辑出版，恰更可以成为青年同志们的参考读物，在某种程度上发挥传承作用。

人们常说，考古发现往往有很大的偶然性，是谁运气好、机遇好的缘故。其实偶然中总蕴含着必然。必然性和偶然性是相互依赖、相互渗透的。没有脱离偶然性的必然性，也没有脱离必然性的偶然性，在事物联系和发展过程中，二者是不可分割的。在考古文化的发现中，常常需要几代人，几十年的连续工作奠定的基础，才可能有一个偶然的重大发现，从而获得满意的结果。良渚文化、三星堆文化、红山文化等发现莫不如是，它像接力赛跑一样，一棒接着一棒，最后一棒是光荣的，其他几棒也是很光荣的。这是考古学人应具有的整体意识和团队精神。侥幸心理和"守株待兔"都是不可取的。另一方面，在考古的调查和发掘中，一定要注意细节的观察，往往一个细节和细微之处的处理欠妥失当，就会造成全面被动。例如车马坑的发掘，如果忽视了最初地表层面出现的车痕，就会盲目逐层铲去，当你觉察到时，可能车轮已经过半，成为悔之晚矣的憾事。这种教训是很多的。山东丁公遗址发现的陶片刻文，一时引起中国文字起源的热烈讨论，可惜的是该陶片刻文是随后在清理时才发现，未免留下遗憾！著名前辈考古学家李济先生在1926年发掘山西西阴村遗址时，发现出土物中有一个人工切割痕迹半个蚕茧，是耶，非耶？李济先生十分慎重，经反复科学鉴定，才确认为是经人工切割的蚕茧，成为中国新石器时代已懂得或已发明人工养蚕的实物物证。与此对照的是，20 世纪 70 年代发掘马王堆汉墓时，据说曾在棺椁储藏物品的一个果盘中发现有完整的藕片，取出来时一经晃动，鲜艳的藕片也随之而去，自然这是缺乏经验所致。藕片的迅即消失，告诉人们长沙 2000 年来从未发生过地震，这对国家安排经济建设项目布局提供了重要的科学依据，但对植物生物学研究来说，却又缺少了一项难以再现的重要物证提供给植物学家研究。这些事例说明，注意细微之处、细节处理对考古发掘至为重要。我为此希望《考古人和他们的故事》的作者一方面将发掘的艰辛、发现的喜悦、巨大的收获和学术成果告诉读者，另一方面也要把发掘的经验教训、留下的遗憾也能如实告诉读者，这或许对我们考古学人和更多读者更有启示和教育意义。

另外，这里我还需要提及的是，一些老一辈资深考古学家由于年事已高，寿登耄耋之年，系统回忆考古往事撰文发表，可能已存在诸多不便之处。因此，建议编辑部拟定计划，确定题目，派专人采访，有条件或条件允许时也可采用录像设备采访。这是一件机不可失的事，具有抢救史料的性质。一方面可以抢救老一辈专家知道的"太多的秘密"，逸闻轶事；另一方面也可为文物考古界增添录像资料。这是一件很有意义的工作，是功在当代、利泽后世的事，希望抓紧抓好。

值此《考古人和他们的故事》全面推出之际，使我想到三联书店十几年前出版的《神祇·坟墓·学者》和今年作家出版社出版的《埃及考古学家》、辽宁教育出版社出版的《发现特洛伊——寻金者谢尔曼的故事》以及近年三联出版社陆续出版的《中国重大考古发掘记》等丛书，这些读物对介绍中外考古重大发现，普及考古知识，开拓文化视野，提高文化修养，推进文化遗产保护具有积极作用。我们十分感谢作者、编者和出版社做了一件有利于国家文化教育，有利于文化遗产保护，有利于考古文化传播而功德无量的事。同时，我亦期望能有一批考古读物被翻译成英、德、法、西班牙、阿拉伯等各种文字，就像《神祇·坟墓·学者》等论著一样，拥有世界读者！

2006 年 9 月 20 日

在中国自然科学博物馆协会第五次
全国会员代表大会上的祝词

各位代表，同志们、朋友们：

中国自然科学博物馆协会第五次全国会员代表大会今天在安徽省合肥市隆重举行，我谨代表中国博物馆协会、国际博协中国国家委员会向大会的胜利召开表示热烈的祝贺！

中国自然科学博物馆协会是全国自然科学博物馆界群众性学术团体，是科技工作专家。对全国自然科学博物馆的各位学者、专家、同志们、朋友们表示崇高的敬意！自 1980 年成立以来，已走过了不平凡的 26 年历程，这是光辉的 26 年，是不断开拓进取的 26 年。二十六年以来，中国自然科学博物馆协会在中国科协的直接领导下，在历届理事会和各级党政科技部门的支持下，依靠自然科学博物馆界全体工作人员的共同努力，坚持以邓小平理论和"三个代表"重要思想为指导，认真贯彻落实科学发展观，解放思想，实事求是，深化改革，开拓创新，在开展学术交流、人才培训、科普宣传教育、国际交流，以及推进协会自身改革、创新与发展、凝聚社会力量方面，都取得了显著的成绩，积累了丰富的经验，为推动我国自然科学博物馆事业的发展和促进我国博物馆事业的整体发展，做出了积极的贡献。在四届理事会期间荣获了中国科协评选的两年一次的两届先进协会称号。这是与近年来在党中央、国务院的关怀下，我国科普事业出现了前所未有的大好形势，从而为自然科学博物馆事业和协会工作的开展，提供了良好的机遇和空间分不开的，特别是中央颁布了《科普法》和《全民科学素质行动计划纲要》等一系列法规和政策，把自然科学博物馆事业推向了一个新阶段，为谱写自然科学博物馆事业发展的新篇章奠定了深厚的基础和发展条件。在此，我向中国自然科学博物馆协会取得的巨大成就和未来美好的前景表示衷心的祝贺！我也预祝新一届理事会在善衍同志领导下，取得更大成就！

我们的博物馆事业愈来愈引起各级党委和政府的高度重视和社会的关注，也日益满足了广大群众对文化生活的需求，得到广大群众的认可。最近，中央领导同志又明确提出，要充分发挥博物馆在"资政育人、传承文明、普及知识、丰富生活"的作用，要弘扬以爱国主义为核心的民族精神和以改革创新为核心的时代精神，提高广大民众的思想道德素质和科学文化素质。中央领导同志的指示，为博物馆的进一步发展指明了正确方向。坚持以邓小平理论为指导全面落实科学发展观，把专业性、学术性、知识性、趣味性、观赏性结合起来，把爱国主义教育与城乡社会主义建设结合起来，按照"贴近实际，贴近生活，贴近群众"的要求，引进现代展陈理念，创新陈展方式，增强陈展内容的吸引力和感染力，帮助观众更加深入了解和亲身体验中华文明的独特魅力，增强民族自尊心、自信心和自豪感，发展壮大文化事业，这不仅是中国博物馆工作者的光荣使命，也是实现建设社会主义和谐社会的要求。

中国博物馆学会与中国自然科学博物馆协会一直保持有良好的亲密关系。两会先后于2004年与2006年成功举办了两届全国博物馆及相关技术产品博览会和国际博物馆馆长论坛，向全社会宣传了我国博物馆事业的新成就和新面貌。博览会以邓小平理论和"三个代表"重要思想为指导，按照"贴近实际、贴近生活、贴近群众"的要求，以构建和谐社会、提升我国博物馆国际化水平为出发点，从总体上展示了我国博物馆事业的发展概况，宣传了博物馆事业在建设社会主义物质文明、精神文明、科学普及和构建和谐社会中的重要作用。两届博览会既是全面展示我国博物馆整体形象的行业盛会，也是践行"三个代表"的重要文化活动，紧密配合了党和政府发展博物馆事业方针、政策的宣传的工作，进一步推动了《中华人民共和国文物保护法》和《中华人民共和国科学普及法》的宣传和普及，同时促进了社会公众全面、集中和直观地认识博物馆这一重要文化资源在弘扬先进文化，提高全民素质、普及科学知识，以及在国家科技、教育、文化建设中的重要价值，受到社会各界人士和广大观众的良好评价和欢迎。

在中国博物馆事业迈向国际化的过程中，国际博协中国国家委员会得到中国自然科学博物馆协会的大力合作和支持。我们应当进一步加强两会的协作，并切实促进人文科学与自然科学技术的联系，这是建设和谐社会的要求，也是未来发展的必然趋势。目前，我国已取得了 2010 年第 22 届国际博协大会的承办权，这也是中国自然科学博物馆协会同中国博物馆学会密切合作、共同努力的结果。在我国首次举办第 22 届国际博协大会，是包括人文与自然科技博物馆在内的我国博物馆界整体与国际博物馆界接轨、交流、对话的重要步骤。我相信，中国博物馆协会和中国自然科学博物馆协会都将以 2010 年国际博协大会为契机，为实现党的十六大建设小康社会和十六届六中全会建立和谐社会的宏伟目标，携手并进，开拓创新，为推进中华民族伟大复兴历程，共创我国博物馆事业的新局面，作出我们应有的贡献。

2006 年 10 月 17 日

《中国博物馆志》的回顾与展望

1995 年，中国博物馆学会受国家文物局的委托，在故宫博物院的大力协助下，编纂出版了自中国有博物馆以来的第一部全国性的博物馆史书——《中国博物馆志》。该书收集了 1106 座博物馆和 300 多所文物保护单位的文献资料，从而结束了中国没有博物馆馆志的历史。第一部《中国博物馆志》的出版，是中国博物馆事业发展的一个里程碑。回顾以往：

1980～1995 年十多年的时间里，博物馆的数量增加了 731 座，平均每年增加约 50 座，预示了中国博物馆事业开始进入了快速发展时期。

1995～2002 年以来，随着国民经济的迅速发展，国力增强，中国博物馆事业有了更快的发展。全国博物馆的数量已从 1995 年的一千一百多座博物馆发展到两千三百多座。平均每年增加一百余座。其中尚未包括某些部门开办的博物馆和民办博物馆。近些年来，各行业、各部门、集体和个人多方开办博物馆，创办了一大批富有特色的博物馆。众多门类的博物馆的大量涌现，各行各业博物馆及不同所有制的博物馆的出现，弥补了我国博物馆在发展格局上以历史、艺术类及自然史类博物馆为主，其他门类博物馆偏少的缺欠。中国博物馆事业的多样、全面性发展，体现了各级政府、社会各界对发展博物馆意识的不断增强。已有更多的人认识到：博物馆是提高全民族文化素质的重要课堂，其门类、数量多少，各类藏品的保护程度及展示水平，是衡量社会进步和人类文明程度的重要标志，是保持经济持续发展不可缺少的重要动力之一。

十一年来，随着中国博物馆事业的迅速发展，1995 年出版的《中国博物馆志》已经不能适应和满足社会发展的需求，即将开始的修订、编纂工作，正是适应了当前博物馆事业的发展和全社会的需要，而进行的一项非常重要而有意义的工作。它不但要将已收集的一千一百多座博物馆资料加以删改、增补、充实，还要将发展、增加的一千二百多座博物馆的资料编纂入志。

在 1995 版《中国博物馆志》中，平均每一个博物馆在馆志的版面中占 0.8 页、一千多字；插图 1078 幅，平均每个博物馆不足一幅，而且彩色插图只有 60 幅，占全志插图总数的 5.6%。从十一年后今天的角度看，文字和图版偏少，内容尚显单薄。这是由于当时的财力有限，经费仅仅依靠局拨的 50 万元人民币，没有社会的帮助和企业的赞助，正所谓"心有余而力不足"。因此难免出现上述让人感到遗憾的问题。现在即将开始修订的博物馆志，即 2006 年版《博物馆志》的修订编纂工作，学会除了已经得到局拨经费之外，我们得到了 SML 集团孙文主席慷慨的支援。他无私赞助学会 100 万元人民币启动 2006 版修志工作。孙文先生对文博工作的帮助也并不是第一次。2001～2002 年，局直属事业单位中国文物信息咨询中心，在加拿大多伦多、蒙特利尔、埃德蒙顿等五大城市举办《中国古代玉器》巡回展时，当主办邀请方出现资金困难时，也是 SML 集团孙文主席慷慨解囊，帮助解决了困难，使历时两年多的赴加拿大巡回展览获得了加拿大主流社会的高度赞誉，加深了加拿大政府及人民对具有悠久文化历史的中国的了解。为了感谢孙文先生的爱国精神，中国博物馆学会于 2006 年 10 月 12 日在故宫博物院漱芳斋，为孙文先生举行了中国博物馆学会荣誉副理事长的授牌仪式。今天我代表博物馆界广大同仁再次向孙文先生表示感谢！

考虑到博物馆事业发展的需求，2006 年版《中国博物馆志》要适当增加文字和图片。初步计算，平均每一个博物馆在新志中，需要有 2～3 页的版面，3～4 幅彩色插图。这样计算起来，大约共有 6000 页，8000 幅彩色插图。其中历史悠久和规模比较大的博物馆，还可以单独成卷。有关这方面的情况，李文儒副理事长将专门向大家报告。考虑到 2006 年版中国博物馆志的销售，将对西部地区一些资金困难的博物馆采取赠书的办法，以及对集体会员单位成本价零利润的售书办法，这次编纂修订的工作量和所需经费都远远超过 1995 年版《中国博物馆志》。

为此，我们希望得到更多的企业家对学会的支持与帮助。为此，马自树副理事长将专题向大会报告修订 2006 年版《中国博物馆志》的激励机制和奖励办法。

同志们，虽然中国的博物馆事业取得了很大的成绩，但是我们还必须清醒地认识到，距离世界发达国家，我们还有相当大的差距。在美国平均约 5 万人拥有一座博物馆，而我们平均五百多万人才拥有一座博物馆。加之各种经费的不足，管理措施的滞后，人员素质的有待提高，我国博物馆事业还有很长的发展之路，任重道远，同志仍需努力。

2005 年 12 月文化部审议通过了《博物馆管理办法》，并于 2006 年 1 月 1 日起施行。可以预见，今后随着社会的发展，各行各业、团体、个人将开办越来越多的博物馆。博物馆的数量还会有较大幅度的增加。根据发达国家博物馆发展的经验，其维持和发展的基金主要来自社会和企业家的赞助。而我国政府对公益事业的赞助行为虽有提倡，但是，政策并不到位，也尚无具体的奖励制度和措施，因而使善举寥寥。这在某种程度上阻碍了博物馆事业的发展。现在有关方面正在呼吁政府尽快出台对公益事业的奖励制度和措施，可望不久将得到解决。展望今后博物馆的发展趋势，可能会在以下几个方面有所进展：

第一，科学技术的迅速发展，电子网络、数字化技术已经进入了博物馆建设。运用信息技术搭建中国数字博物馆的工作也在探索之中。它能带动相关信息资源的发展，在信息增值和知识创新方面具有可观的效益。我国拥有第一个数字化博物馆的时代已为时不远。

第二，博物馆的服务体系将进一步深化改革，在全社会的关注与支持下，可望得到进一步的健全和完善，以贴近群众的、以人为本的具体服务途径，吸引更多百姓参观，增加博物馆的社会效益。

第三，2005 年 12 月 11 日，中办、国办出台了《关于进一步加强农村文化建设的意见》，博物馆将会在建设社会主义新农村的工作中，充分利用现代化技术，利用网络媒体开展宣传而发挥积极作用，对广大农民及农村未成年人进行爱国主义教育，成为他们了解祖国、了解世界的窗口。

第四，充分利用现代化技术，增加博物馆的服务内容。在今年

"5·18 国际博物馆日"宣传活动中，北京地区博物馆网上礼品商店正式开张。这在博物馆发展史上具有示范作用，将有更多的博物馆开办网上礼品商店，增强博物馆发展的活力。

同志们，国家文物局和中国博物馆学会为了编志工作的顺利进行，召开了这次会议，希望各博物馆学会分会、专业委员会和各博物馆共同努力，团结一致，在当地文物局、文化局的领导下，按时、保证质量、圆满地完成这次编纂修订《中国博物馆志》的工作，向 2010 年国际博物馆协会，世界博物馆大会在中国的召开，献上一份厚礼！

最后，我再次代表中国博物馆学会和国际博物馆协会中国国家委员会，向为编纂修订《中国博物馆志》捐助百万元善款的香港 SML 集团董事长孙文先生表示由衷的感谢！

2006 年 10 月 12 日

在孙中山、宋庆龄纪念地、纪念馆
联席会议上的祝词

此时此刻，我同各位嘉宾和朋友的心情一样，都是以十分敬仰的心情，深切缅怀着孙中山先生光辉的一生和他为实现民族独立、民主自由、民生幸福而建立的不朽功勋。作为伟大的民主主义革命的先行者、伟大的思想家、伟大的爱国主义者和伟大的民族英雄，他的革命事迹及其为民主革命而建立的功勋，已经为海内外广为传颂，他永远活在海内外中华炎黄子孙的心中。中山先生以大无畏的气概，领导了辛亥革命，结束了两千年的封建帝制，开创了中华民族历史的新纪元；他以天下为己任，推动了第一次国共合作，结束了腐朽的北洋军阀统治，为中国统一奠定了基础。孙中山先生不畏强暴、不怕牺牲、不怕挫折、矢志不移的爱国热诚，"天下兴亡、匹夫有责"的赤子之心，"一往无前、愈挫愈奋、再接再厉"百折不挠、坚韧不拔的顽强意志，以"世界潮流、浩浩荡荡、顺之则昌、逆之则亡"，生命不息、奋斗不止、不断追求真理、锐意进取的精神，以及心底无私，"天下为公"，一生致力"振兴中华"的博大胸怀和放眼世界的开放心态，和他在政治、经济、文化、科技等思想领域都有重大的理论建树，以及他亲自规划设计的中国建设蓝图——"建国方略"，都是留给我们宝贵的精神财富，至今仍能给我们以启发和激励，永远值得我们继承和弘扬其革命精神，发掘并光大其思想价值。

同样，我们也始终以敬仰的心情，深切缅怀举世闻名的爱国主义、民主主义、国际主义和共产主义的伟大战士，保卫世界和平的伟大旗手，中华人民共和国的缔造者之一——国家名誉主席宋庆龄女士。宋庆龄女士从青年时代追随中山先生献身革命起，在近七十年的漫长岁月里，始终坚定不移地奉行中山先生的理想，同中国共产党和中国人民一起，为人民民主革命和新中国建设，以及为保卫世界和平，促进人类进步事业而殚精竭虑，建立了历史功勋。在"文革"十年浩劫中，刘少奇同志以莫须有的罪名遭受横祸时，她仍把自己的著作签名送给"刘少奇主席"，这是何等的勇气，令人十分钦敬！她为新中国奋斗和建设立下的不朽功勋和她的道德情操堪称当代楷模，值得我们永远学习和弘扬。

继承和弘扬孙中山、宋庆龄一生都致力于中华民族振兴而奋斗的伟大精神，热爱祖国、热爱人民、坚持真理、无私无畏、鞠躬尽瘁、死而后已的高尚品德和留给我们后人的宝贵精神遗产，对我们弘扬中华民族文化，振奋民族精神，实现民族伟大复兴，建设统一、富强、民主、文明的国家和构建社会主义和谐社会具有十分重要的现实意义。

新中国成立后，在中国共产党和各级政府的重视和支持下，各有关部门先后在北京、南京、广州、广东省中山市等地相继建立了孙中山、宋庆龄纪念馆或故居陈列馆，被命名为爱国主义教育基地，受到海内外同胞和广大青少年的热诚欢迎。当前国际、国内形势都发生了巨大变化，我国政治清明、社会稳定、经济得到进一步发展，国力得到增强，人民生活水平逐年提高，文化教育事业有了更大进步，社会生活正逐步全面转入科学发展的轨道，一个现代化的、欣欣向荣的新中国正在世界的东方冉冉升起。时代赋予博物馆、纪念馆以新的神圣使命。孙中山、宋庆龄纪念馆更承担着前所未有的光荣职责。近年来，内地的孙中山、宋庆龄纪念馆或故居陈列馆，在不断提高自己陈展水平，加强科学研究，编辑出版大量孙中山、宋庆龄的读物，开展青少年教育的同时，加强了同台湾国父纪念馆和港、澳纪念馆的交流，极大地促进和提高了纪念馆和故居陈列馆的水平，成为各地收藏、研究、展示、传播孙中山、宋庆龄光辉思想和伟大业绩的中心和开展爱国主义教育的基地，为中国博物馆事业的发展作出了重要贡献。我们完全相信，通过各地孙、宋纪念地、馆的切磋交流、学术研讨、相互协作，孙中山、宋庆龄纪念馆一定会在不断改进陈展方式、丰富陈展内容，弘扬孙中山、宋庆龄思想、

在孙中山、宋庆龄纪念地、纪念馆联席会议上的祝词

道德、情操和伟大精神，加强未成年人教育方面取得更大成就！也一定会在以弘扬爱国主义为核心的民族精神和以改革创新为核心的时代精神，促进两岸和平统一、加强两岸四地文化交流，实现中华民族伟大复兴的征途中作出新的更大的贡献！

2006 年 12 月 15 日

在中国博协博物馆管理专业委员会
成立大会上的讲话

  成立博物馆管理专业委员会，首先是中国博物馆事业发展的需要。中国博物馆事业已经走过了百年历程，大体经历了 1905～1949、1949～1980、1981～2007 年至今三个阶段，也就是新中国成立前、三十年和改革开放以来三个历史阶段。目前，中国博物馆数量已经超过 2500 个左右，博物馆的类型、品种和布局都已呈现了良好的发展态势。面对世界经济一体化、文化多样化发展的大势和我国经济、文化的迅猛发展，以及世界范围内的"城市博物馆运动"，兴建一座博物馆，仅仅是第一步，而如何管理、运营好博物馆，使之更好地为社会大众服务这是更为繁重的任务。这也是摆在博物馆管理者面前的一个重要课题。

  成立博物馆管理专业委员会也是适应国际文化交流和迎接 2010 年国际博协（ICOM）第二十二届大会的需要。国际博协 22 届大会在上海召开，具有重要意义。它的召开对进一步加强博物馆国际交流，特别是促进我国博物馆界同世界各国博物馆界交流，提高我国博物馆学术水平和管理水平，加快中国博物馆国际化进程，推动中国博物馆事业发展，是一座里程碑。这也是我国改革开放以来，各地博物馆同各国交流、合作的继续和发展。博协管理专业委员会的成立，将会从管理专业的角度，直接同 ICOM 管理专业委员会直接对接，就共同关心的博物馆管理专业化方面的问题搭建其重要的对话平台。

  成立博物馆管理专业委员会，选择在上海召开，这是因为上海不仅是我国改革开放的前沿，有许多重要的新理念，而更重要的方面在于，上海博物馆在新馆址建立以来的十年历程中，创造了许多新经验，他们敬业爱岗、开拓创新、勇于拼搏的精神，为全国博物馆树立了光辉的榜样。

博物馆管理工作，是博物馆事业发展中的重要组成部分，博物馆承担着弘扬中华文化、传承中华文明、提供民族科学素质、构建和谐社会的光荣职责。能否完成这一光荣职责和神圣使命，管理水平是关键。可以说，一个博物馆的管理，在一定程度上决定着这个馆的工作优劣和发展前途。事实证明，仅有优秀的专业人员、优质藏品、良好设备和充足经费保障，如果管理水平低下，不能把各种力量、资源整合，是很难取得社会公众满意的效果。只有对博物馆科学管理，才能使博物馆充满活力，才能形成一种合力，才能调动各种积极因素，也才能作出应有的贡献。上海博物馆和湖南、陕西、山西等省博物馆的经验都说明了这一点。

博物馆的管理有两个层面：一是以全国和各省、市为系统的对博物馆的宏观管理，主要是制定政策、全面规划、合理布局、总结经验、宏观指导；二是以一个博物馆为单位的微观管理，据本馆性质、任务、现状、发展前景，在上级部门领导下，制定具体落实措施，拟定工作计划、规章制度、具体实施办法，总结检查落实工作等等。但我们成立博物馆管理专业委员会，绝不是让大家在这里单独交流工作经验或是工作汇报会，因为总结经验、汇报工作，那是行政管理部门的事。我们的专业委员会的职责是，要把我们各馆丰富的实践经验升华到理论的高度，加以科学的概括，再回到实践中去，指导博物馆事业的健康发展，以达到国际先进水平。

由此看来，管理科学与科学管理是既密切相同，又是两个不同的概念。联系，是指管理科学也是从总结实践理论的基础上发展起来的；而区别在于，博物馆管理科学研究的目的更在于从理论上、观念上、方法上提升工作水平的思想性理论性，进而提高整体工作效率，提高整体效益。

为此，我们要注意把握以下几点：

（一）要始终坚持科学发展观为指导，推进博物馆管理理论研究。

（二）要始终坚持严谨求实、开拓创新的学风，深入推进博物馆管理理论研究。博物馆的管理，就是要研究合理配置省、市、地、博物馆资源，以满足社会和社会公众的需求。这就要求我们不断汲取新的知识，创新博物馆管理专业理论。创新是生命力。汲取自然科学和哲学、社会科学理论，包括国外的先进理论，其目的就在于通过我们大家的努力，建立起具有中国特色、中国风格、中国气派的中国博物馆管理理论体系，推动中国博物馆事业的发展。因此我建议博物馆管理专业委员会成立后，组织理论编写《中国博物馆管理学》或《中国博物馆管理与运营》专著。

（三）要始终坚持"以人为本"，全心全意为社会公众服务。博物馆是不以盈利为目的，为社会大众服务的公益性机构。这是 ICOM 宪章和我国博物馆工作方针所确定的原则。因此，我们的工作出发点和落脚点就是群众满意不满意，群众赞成不赞成，群众欢迎不欢迎。一句话，你的展览和服务，群众的感受是第一位的。

（四）要始终坚持以加强领导班子建设研究为重点，推进文化体制改革。管理就是决策，既是决策手段，又是决策过程。管理者既是领导，也是群众一员。领导是一个集体，决定个人说了算。因此，在管理或领导过程中，要实现程序化、定量化、数字模式化，就要建立由内行、专家组成的参谋部、智囊团、思想库，不断研究，提出建议，制定对策，设计预案，同时也要依靠包括计算机工作人员在内的操作技术人员，这样在决策过程中，既有定性分析，又有定量分析，做什么事都能做到既"胸中有数"，又"运筹帷幄"。在具体实施工作计划方案中，还要建立项目负责人制度，专人专项，实施目标管理。还要在全部工作中推行"政治民主、业务民主、生活民主"，如上海博物馆建立职工代表大会那样，在全馆职工代表大会上报告工作，听取批评和建议。在班子（管理层）建设中，要形成互相尊重、互相谅解、互相支持的良好风气。"谅解和友谊"是十分重要的。作为管理学，既要把领导班子（或管理层）建设放在重点研究的位置上是必要的。"如何当馆长"，"为何当局长"，或是"我怎样当馆长"，"怎样当副馆长"，都是需要我们认真研究的课题。

不妥之处，敬请大家批评指正。

2007 年 5 月 10 日，上海

实现文化自觉 推进现代新文化建设

——在中华炎黄文化研究会第三届
会员大会上的工作报告

我受第二届理事会委托，向大会报告工作。请各位代表和同志提出批评意见和建议。

一、八年来的工作

中华炎黄文化研究会自1991年5月正式成立以来，就确定"以弘扬中华民族优秀文化，振奋民族精神，为祖国现代化建设和统一大业做贡献"作为自己办会的宗旨。十五年来，我会始终不渝地坚持这一目标，不断前进，取得巨大成绩。第二届理事会组成八年以来，在萧克、费孝通、程思远会长领导，常务副会长李宝光主持和各位顾问、名誉理事、理事及会员共同努力下，在文化部直接领导和关怀下，各项工作取得了新的进展。这是我会十分重要的八年，继续前进的八年，也是新老交替的八年。这期间，我们尊敬的费老、程老以及汪道涵、张岱年等顾问、理事，先后辞世，我们非常痛惜。这是我国文化学术事业的重大损失，更是我会无可弥补的重大损失！现在请大家起立，向这些为我会做出重要贡献的老领导、老同志，默哀致敬。

八年来所做的工作，主要有以下几方面：

（一）创办二十一世纪中华文化世界论坛

在世纪交替之际，经济全球化、政治多极化、文化多元化的世界新格局正在形成，中华文化应当怎样面对新世纪的机遇和挑战，是人们普遍关心的问题。为此，我会邀请部分顾问、学者、专家，就中华文化在新世纪的发展趋势，举行座谈。后又经与有关学者和单位研究，我会与香港中文大学、香港中华文化促进中心于 1998 年 12 月共同在香港主办了"中华文化与二十一世纪"国际学术研讨会。香港特区行政长官董建华和新华社香港分社社长姜恩柱莅临开幕典礼，费孝通会长作主题报告。常务副会长李宝光代表我会宣读《关于创建"二十一世纪中华文化世界论坛"倡议书》，得到热烈响应。会议通过的论坛宗旨是："探讨文化与经济发展及社会进步的相互关系；探讨新世纪中华文化在世界的地位、发展前景和作用；推动中华文化与世界各民族文化的对话和交流。"这次会议实际上成了为创办"二十一世纪中华文化世界论坛"的发起会议，为以后历次学术论坛的成功举办奠定了扎实的基础。

根据论坛《简章》两年举行一次学术研讨会的规定，现已成功地举办了三届论坛：2000 年 10 月，与中国人民大学、中国艺术研究院在北京共同主办首届论坛，主题是"经济全球化与中华文化走向"。时任中共中央政治局常委、全国政协主席李瑞环发的贺信指出："当前，中国正在积极参与经济全球化的进程，加快现代化建设的步伐。在这样的形势下，认真探讨经济全球化与中华文化走向问题，有利于弘扬中华民族的传统文化，有利于增强海内外炎黄子孙的凝聚力，有利于促进中华民族的伟大复兴。"为论坛进一步指明了方向。2002 年 12 月，我会与香港浸会大学、香港中华文化促进中心在香港共同主办第二届论坛，主题是"文化自觉与社会发展"。时任香港特区行政长官董建华、中央政府驻香港联络办主任高祀仁出席开幕典礼，全国人大常委会副委员长许嘉璐、我会名誉会长李政道发来贺信。2004 年 11 月，与澳门大学、澳门特别行政区政府文化局和澳门基金会在澳门共同主办第三届论坛，主题是"中西会通与文化创新"，全国人大常委会副委员长许嘉璐出席并发表学术演讲，澳门特区行政长官何厚铧、中央政府驻澳门联络办主任白志健出席开幕典礼。三届论坛都取得了圆满成功。

经过不懈的努力，论坛逐渐形成自己的特色：一是顺应经济全球化的时代潮流，探讨中华文化的发展趋向，具有前瞻性；二是从多学科、多视角探讨大文化，互相交叉、渗透，具有宏观性；三是结合国内外形势发展和学界关注的焦点，确定每届论坛的主题，具有现实性；四是邀请海内外高层次专家与会，撰写高水平论文，具有学术性。论坛创办以来，越来越受到欢迎和好评，对于促进中华文化的研究与传播，推动我国内地与港、澳、台之间以及中外之间的学术交流，起到了积极作用。同时，我会在海内外也广交朋友，扩大了影响。

（二）举办多样化的学术研讨会

除论坛外，还与团体会员、有关单位联合主办了30次学术研讨会。

继承和弘扬民族优秀文化传统，提高全民族素质，增强民族自尊、自信、自强，促进社会主义精神文明建设，是我会开展学术活动的重点项目。八年来，我会先后举办了"爱国主义与传统文化"、"传统道德与企业文化"、"'八荣八耻'与传统道德文化"、"江河源文化与西部开发"、"中华文化与延安精神"等学术研讨会。这些研讨会特别注意到把民族优秀文化传统与时代精神的密切结合，取得了很好效果，受到好评。

炎帝、黄帝是中华民族的人文始祖，奠定了中华文化的基石，很值得我们深入研究。八年来，我们继续把炎黄二帝及其时代历史文化，作为我会学术研究的重点之一，主办了多次学术研讨会。如："炎帝文化与二十一世纪中国社会发展"、"黄帝祭祀与中华文化"、"炎帝与民族复兴"等主题的研讨会，对于炎黄二帝的伟大功绩、炎黄文化在中华民族形成和发展中的重要作用等问题，作出了比以往更深入的探讨。许多学者把有关文献与新石器时代考古发现结合起来，把古史传说与实地考察结合起来，论证炎黄两个氏族部落与其他氏族部落之间交往、融合，共同创造出中华原始农耕文化，充分证明了炎黄二帝代表的文化是中华原创性文化的源头。这些研讨会，对进一步推动中华文明的研究，丰富中华远古文明的内涵，对于增强中华民族凝聚力、实现祖国统一和中华民族伟大复兴，具有重要意义。

我们还主办或参与主办了主题多样的学术研讨会。如：1999年的"包拯诞辰千年"研讨会，2000年的"龙文化与现代文明"研讨会，2006年的"燧人氏与火文化"研讨会等，从不同侧面推进中华文化研究，为现代新文化建设作出了贡献。

此外，还与菲律宾籍企业家陈永栽先生为董事长的陈延奎文教基金会合作，设立"中华文化优秀著作奖"，对与中华传统文化有关的13

部研究性著作，分别授予一、二、三等奖。2004 年在北京举行了首届颁奖仪式，对激励学界刻苦钻研、潜心著述、科学论证、大力弘扬中华优秀文化，起了积极作用。

（三）编辑出版《炎黄汇典》等书籍

继萧克会长主持编纂出版《中华文化通志》百卷巨著后，我会组织编辑的《炎黄汇典》于 2002 年 12 月出版。这是一套有关炎帝、黄帝及其时代历史文化的资料丛书，程思远会长任编委会主任，李学勤、张岂之两教授任总主编，10 余位专家学者参加编辑，分《史籍卷》、《方志卷》、《祭祀卷》、《文论卷》、《诗歌卷》、《考古卷》、《民间传说卷》、《图像卷》等八卷，包括 400 余万字，200 余幅图片。该书汇辑了古今典籍文献和地方志有关炎帝、黄帝的记载，以及有关祭礼祭文、考古发掘、学术论述、诗词歌赋、民间传说、遗迹图像等，是迄今为止比较全面系统、图文兼备的研究炎黄文化的工具书。它为进一步研究炎黄文化的源头提供了较为全面翔实的资料，出版后受到欢迎和好评。

为了纪念费孝通会长 95 岁诞辰，我会编辑并与民盟中央于 2005 年 10 月联合出版了《费孝通论文化与文化自觉》一书。本书选辑了费老从 20 世纪 30 年代直到逝世前有关论文 51 篇，约 42 万字，汇集了费老一生研究文化特别是文化自觉问题的主要论著。本书的出版，对费老学术思想特别是文化自觉论的研究与传播，有积极的推进作用。

此外，我会主办每次研讨会之后，都编辑出版了专题论集，如《中华文化与二十一世纪》、《经济全球化与中华文化走向》、《文化自觉与社会发展》、《中西会通与文化创新》，以及《龙文化与民族精神》、《龙文化与现代文明》、《中国传统道德格言和故事》等，从不同侧面推进了中华文化研究。

（四）继续出版纪实性月刊《炎黄春秋》和学术性丛刊《炎黄文化研究》

我会主管的《炎黄春秋》杂志创刊十五年来，共出版 170 期，坚定不移地贯彻十一届三中全会解放思想、实事求是的思想路线，以弘扬中华民族优秀文化、增进爱国大团结为宗旨，对中国历史尤其是现当代革命和建设的重大事件、重要人物，依据翔实的史料，客观评价，求实存真，以史为鉴，在林林总总的期刊中，具有鲜明特色。该刊拥有一批高水平作者，有的是事件亲历者，有的是资深专家，他们所写的文章具有一定的史料价值，受到读者欢迎，在海内外影响越来越大。

综合性学术文化刊物《炎黄文化研究》，在以《炎黄春秋》增刊形式出版 10 期后，2004 年起由河南大象出版社以丛刊形式出版。为了拓宽视野，增加稿源，提高质量，扩大影响，2006 年起改由我会与黄帝陵基金会、炎帝陵基金会联合主办，每年两辑。它从多学科、多视角反映炎黄二帝及其时代历史文化、中华传统文化和当代文化建设的研究进展。从已出版的 13 辑（期）看，逐步形成特色，"炎黄二帝及其时代"、"中华文明探源"、"民族文化与地域文化"等栏目，受到读者关注。

（五）积极弘扬中国传统书法、绘画艺术

八年来，我会通过举办书画笔会和展览、出版书画集，弘扬书法、绘画这朵中华文化奇葩。我会主办了《纪念毛泽东一百一十周年诞辰书画展》，《纪念邓小平百周年诞辰书画展》，纪念中国人民抗日战争和世界反法西斯战争胜利六十周年的《海峡两岸将军书画展》等大型书画展。我会还主办了一系列各类专题书画活动，2000 年 5 月的首都书画家"寄情大西北"笔会，将当场绘成的四幅巨画分别赠予青海省和甘肃省。2000 年 7 月和 11 月，与台北中华伦理教育学会联合主办《海峡两岸中华书画大展》，先后在台北、高雄和北京、珠海展出，并派出访问团互访，出版《海峡两岸书画大展专辑》。2002 年 5 月，炎黄女子诗书画家联谊中心在广州举行第三次理事会（扩大）会议暨"夏日浓情"书画雅集。同年 4 月 12 日，我会与当代集团联合主办的《丁杰书画展》，在北京万国商城艺术走廊开幕。2003 年在北京举办庆祝炎黄书画院成立十周年书画笔会。这些活动有的是我会所属炎黄书画院和炎黄女子诗书画家联谊中心主办的。这两个书画专业机构，团结了一批著名书画家，做了许多有益的工作。现正待文化部有关非经营事业单位管理条例颁布后，申请以独立法人单位开展活动。

（六）与团体会员和有关单位合作举办内容丰富、形式多样的文化活动

八年来，又有江苏省和一些市县成立了炎黄文化研究会。现在，全国共有十五个省（市）、二十几个市县炎黄文化研究会和宗旨相近、名

称各异的单位，成为我会团体会员。他们结合本地情况，弘扬中华优秀文化，特别是在地域文化的研究和传播上，作出了贡献。我会与这些团体会员以及一些非团体会员单位亲密合作，交换信息，互相支持，共同举办多样化的学术文化活动。主要有三种形式：

一是支持、参与各地祭祀炎帝黄帝典礼。如，积极支持成立黄帝陵基金会和炎帝陵基金会，并应邀每年派代表参加陕西省人民政府主办的清明公祭轩辕黄帝典礼，多次与株洲市、炎陵县人民政府联合主办祭祀神农炎帝典礼，与宝鸡市人民政府共同主办全球华人省亲祭祖大典等。此外，倡导和支持河南新郑轩辕故里祭祀黄帝大典，还组织专家学者到湖北宜昌、四川盐亭的嫘祖遗迹，山西长治、高平一带的炎帝遗迹，北京平谷区轩辕台、轩辕庙等遗迹考察，等等。这些活动目前已形成相当规模，在海内外华人中产生了深远影响。

二是支持、参与有关文化工程项目。河南省炎黄文化研究会发起，郑州市人民政府领导、支持，在郑州黄河游览区筹建的炎黄二帝巨型塑像工程，经过十多年努力，今年将举行落成庆典；2001 年上海炎黄文化研究会筹资铸造的高 6.6 米、直径 4.8 米、重 20 吨的巨型青铜"炎黄鼎"，在黄河游览区炎黄广场举行安放仪式等，我会都给予大力支持。

三是支持、参与主办多样化文化活动。如河南新郑市举办的多次"炎黄文化节"、河南周口市举行的"中华姓氏文化节"，广东省炎黄文化研究会参与主办在北京音乐厅举行的"广东音乐精品音乐会"，福建省炎黄文化研究会参与主办的"中国（武夷山）首届朱子文化节"等等，我会也都参与主办或给予力所能及的支持。

通过这些内容丰富、形式多样的活动，越来越广泛地团结了海内外炎黄子孙，也增进了与团体会员和有关单位之间的沟通与合作。

（七）加强与港澳台以及对外文化交流

八年来，通过二十一世纪中华文化世界论坛，我会与香港、澳门特别行政区和台湾地区以及国外的交往更加密切。特别是与曾经联合主办过论坛会议的高等学校、社会团体，如香港中文大学、香港浸会大学、香港中华文化促进中心，澳门大学、澳门基金会，以及台湾中华伦理教育学会等，建立了经常联系。

此外，2005 年春，接待了由台湾海峡两岸合作发展基金会组织的中华炎黄文化参访团一行 27 人。在北京举行了两岸知名人士座谈会，在陕西参加了"乙酉年清明公祭轩辕黄帝典礼"。此次参访团还受到中共中央、国务院台湾事务办公室负责人的接见，对促进两岸文化交流，起到积极作用。

2005 年 2 月，应日本东方文化交流协会邀请，组织三人代表团访问日本，参加在东京举办的第七届东方文化节活动。10 月，应我会邀请，日本东方文化交流协会五人代表团，参加与宝鸡市人民政府主办的"全球华人省亲祭祖大典"。

近年来，还邀请新加坡炎黄文化研究会会长、秘书长分别参加了澳门论坛会议、宝鸡祭祖活动和研讨会，发展了友好关系。

（八）中华炎黄文化基金会的筹建和经费筹措工作取得进展

我会是一个没有国家财政拨款、没有经办企业的民间文化团体，主要靠社会捐助开展活动，经费比较拮据。从建会初期就发起筹建中华炎黄文化基金会，由于种种原因，长期未能如愿。目前在各方面的积极支持下，基金会的筹备工作取得很大进展，基金会于 2005 年 12 月获得文化部批准，现已向民政部申请注册。我会与中金基业发展有限公司合作，先后参与多部弘扬中华优秀文化的图书，以及为纪念郑和下西洋六百周年特制"郑和宝船"模型的监制。宝船以其卓越的艺术价值和深刻的思想寓意，被中共中央总书记胡锦涛同志作为珍贵礼物，赠给连战、宋楚瑜分别率领的中国国民党、亲民党大陆访问团。此外，还多渠道得到海内外企业家的捐助。在此，我代表研究会向多年来给予我会慷慨捐助的各界人士，表示由衷的感谢，并且希望今后得到更多的支持，共同为现代新文化建设做贡献。

二、八年来的主要工作体会

我会八年来的工作，在第一届理事会卓有成效工作基础上又取得了新的进展，主要有以下几点体会：

（一）弘扬中华优秀文化传统，高扬爱国主义伟大旗帜，是时代发展的要求，是中华文明复兴的动力和源泉

中国是世界四大文明古国之一，也是人类文明发祥地之一。中华文

化源远流长，博大精深，内涵丰富，影响深远，承继这份珍贵的文化遗产，是每个中华儿女神圣的使命和光荣的责任。萧克会长在我会成立大会上的讲话指出："任何文化既是民族的，又是时代的。善于学习和吸收外来文化的民族，才能更好地发展自己的民族文化。中华文化只有在世界范围的交流与融合中，才能保存和发展，并促进世界文化的繁荣兴盛。"当前，一是要深刻认识，弘扬中华文化不仅是全面落实科学发展观的必然要求，而且也是世界经济、政治、文化发展的时代要求，具有战略性意义。无论是应对中国现代化所面临的众多难题和挑战，实现建设和谐社会、小康社会的目标，还是应对世界所出现的种种复杂困难形势，坚持走和平发展道路，睦邻友好、"协和万邦"，都离不开伟大的中华文化。中国传统的"均衡和谐"、"和而不同"、"天人合一"思想，以及仁、义、礼、智、信等价值观，都是中国现代化建设和当代世界所需要的。二是要深刻认识，弘扬中华文化，不仅具有延续性、继承性，更要发扬时代性、创新性。中华文化经历了数千年历史发展的过程，是中华各民族共同创造的，难免具有时代的烙印，精华和糟粕共存，优势和不足同在，因此我们要坚持马克思主义历史唯物主义观点，采取批判继承的态度，即取其精华，弃其糟粕，古为今用，温故创新。只有立足国情，立足现代，面向世界，面向未来，中华文化才能保持旺盛强大的生命力。一个民族的传统文化如果不能随时代创新和变革，不能与时代发展相适应，这个民族文化就将濒临危亡。中外各国文化发展的兴衰莫不如此。十五年来，正是由于我会始终坚持了弘扬民族优秀传统，传承中华文明，促进社会主义精神文明建设为第一要务，才使我会保持了旺盛的生命力，我们应坚持下去，不懈奋斗。

（二）实现文化自觉，是更好地弘扬中华优秀文化、建设现代新文化的前提

"文化自觉"是著名社会学家、人类学家、民族学家和社会活动家、我会第二届会长费孝通教授晚年提出的崭新文化理论。这一理论越来越为海内外学术文化界所肯定，既有很高的学术价值，也有重要的现实意义，对于我们从事文化研究和文化工作，更具有指导意义。回顾以往八年的工作，正是我们不断学习、逐步领会文化自觉理论，更好地弘

扬中华优秀文化、建设现代新文化的过程。

费老说："文化自觉是指生活在一定文化中的人对其文化有'自知之明'，明白它的来历、形成的过程、所具有的特色和它发展的趋向，自知之明是为了加强对文化转型的自主能力，取得决定适应新环境、新时代文化选择的自主地位。"这一段话言简意深。文化自觉本身就意味着正确认识自己的文化，既反对民族虚无主义，又反对文化保守主义。费老还用"各美其美，美人之美，美美与共，天下大同"这四句话，对"文化自觉"历程进行了高度概括，告诉人们世界各个民族在欣赏自己文化的同时，也要正确认识与处理同其他民族文化之间的关系，做到在世界范围各个文化相互接纳吸收，共同繁荣发展，并经过长期努力，构建一个"和而不同"的多元文化世界。费老反复地说，中华文化里面有许多宝贵的东西，可以解决世界面临的许多难题，应该为全人类的明天作出贡献。所有这些思想理念，鼓舞和鞭策我会同仁更加看到自己工作的重要性，满怀信心地为建设社会主义先进文化而努力。

（三）振奋、弘扬和培育民族精神，是我们从事文化研究与传播的着眼点

民族精神是一个民族赖以生存和发展的精神支柱，是这个民族得以维系和凝聚的精神纽带。以爱国主义为核心的团结统一、爱好和平、勤劳勇敢、自强不息的中华民族精神，自古以来一脉相承，鼓舞我们民族战胜自然灾害和外族入侵带来的一个又一个艰难险阻，延续至今，生机无限。

民族精神是民族文化的灵魂。文化的研究与传播要有利于振奋、弘扬和培育民族精神。民族精神与时代精神是紧密结合、相互辉映的。随着时代的前进、文化的创新，中华民族精神也不断添加新的内涵。胡锦涛总书记今年3月参加全国政协十届四次会议分组讨论时，在民盟、民进联组会上关于社会主义荣辱观的讲话，高屋建瓴地提出了"八荣八耻"，概括精辟，内涵深刻，体现了民族精神与时代精神的结合，为我国社会主义道德建设树立了新的标杆，我会热烈响应，及时召开了学习研讨会贯彻落实。

我会前两届理事会通过的章程，都明确把"弘扬中华民族优秀文化，振奋民族精神"作为宗旨。成立大会当天主办的首次学术研讨会，就以"炎黄文化与民族精神"为主题，以后又从多视角对民族精神的形成、内涵与意义进行研讨。八年来，我会主办或参与主办的书画展览、祭祀先祖、文化节庆等活动，都坚持为振奋、弘扬和培育中华民族精神，加强海内外炎黄子孙、中华儿女的凝聚与团结，促进祖国现代化建设与和平统一，实现中华民族伟大复兴做贡献，因而收到好的效果，受到各界欢迎。

（四）发挥全国性综合性文化团体的特点和优势，是做好各项工作的基础

我会是一个致力于弘扬中华民族优秀文化的学者专家及各界人士组成的全国性综合性社会团体。八年来，之所以能够在原有工作基础上取得一些成绩，稳步前进，是与逐步加深对于这一团体的性质与特点的认识密不可分的。

随着改革开放日益深化，社会主义市场经济体制建立，经济、社会快速发展，政府职能转变，社会团体的地位和作用越来越重要。它有其独特功能、固有优势和不可替代的作用。首先，我们要有社会团体的责任感、使命感、光荣感，有所作为，有所前进。作为社会团体，一切都要靠广大会员和日常工作人员的自觉性、主动性、积极性。其次，会内务必坚持民主管理和科学决策。只有遵照国家有关法律法规、社会团体管理条例和本会章程，充分进行民主协商，才能维系内部团结，才有亲和力、凝聚力和向心力，把各项工作推向前进。

我会是以炎黄文化（也即中华文化）命名，主要从事学术研究的全国性、综合性文化社团。既不同于党政机关、高等学校和研究院所，也有别于其他人文、社会科学的专门学会。全国为数众多的社会团体，分属不同行业；同一行业的社会团体，也各有各的任务。作为社会团体，必须办出特点，才有存在价值，才有立足之地，才能扩大影响。八年来，一是始终抓住弘扬中华优秀文化不放。从成立大会起，就着手继承和弘扬民族优秀文化和炎帝、黄帝及其时代历史文化的研讨，持之以恒，逐渐深化。同时要认识到，炎黄文化广义来说就是中华民族文化。

对于源远流长、博大精深的中华文化，要上溯源头，立足当代，放眼世界，展望未来。论坛的创办和发展，将传统文化研究与时代脉搏、全球动向紧密相连，文化与经济、社会紧密相连，从而使研究会朝气蓬勃、欣欣向荣。二是始终抓住学术研究不放。我们所做的工作，最多、最有影响是学术研讨和有关书刊的编辑出版，同时又把普及与提高结合起来，编辑出版通俗文化书籍、举办专业与业余兼顾的书画展览等。三是始终抓住综合性特点不放。在学术文化活动中，注意发挥多学科交叉的优势，广泛联系各领域专家学者和老中青各界人士。四是始终抓住全国性特点不放。与全国各地团体会员和有关单位联系，互相支持，紧密合作，朝着共同目标携手前进。其中还有两点需要把握：一要遵循萧克会长提出的"量力而行，择善而从，多办实事，一贯到底"的原则，依据主观条件和客观可能，抓住重点，审慎地、有计划地推进工作，才能取得成效；二要与热心于文化的企业家联合，在共同研究企业文化、发展文化产业的同时，为研究会的工作筹措必要的经费，才能推动研究会的不断发展。

三、关于今后工作的建议

新的一届理事会即将诞生，大家寄予厚望。对于今后工作，提出以下建议。

总的指导思想是：以邓小平理论和"三个代表"重要思想为指导，全面落实科学发展观，遵循我会宗旨，高扬改革开放的伟大旗帜，高扬爱国主义大团结的伟大旗帜，团结一切热爱中华文化的爱国人士、学者、专家和企业家、实业家，共同为弘扬中华优秀文化，推进社会主义先进文化建设而努力奋斗。一是要提高文化自觉，把握我会特点，发挥我会优势，制定好五年发展规划；二是要在开展各项活动中，仍要坚持"少而精"的原则，量力而行，择善而从，多办实事，突出重点；三是要加强法制观念，一切工作和活动都要严格地规范在法律法规允许的范围内。总之，我们要在各级党委、政府和相关部门、兄弟社团的支持下，努力把我会办成一个特色更加鲜明、在国内外有更大影响的文化团体。具体来说，要着重抓好如下几项工作：

（一）继续办好"二十一世纪中华文化世界论坛"，深化中华文化

走向的研究

八年来的实践证明，这个论坛创建适时，特色鲜明，名称响亮，发展健康，前景广阔。论坛名称包含三个关键词："二十一世纪"、"中华文化"、"世界"，表明它的三大特色：一、论坛是研究中华文化的；二、论坛要面向二十一世纪；三、论坛要紧密结合世界形势的发展。迄今的几届论坛，正因为体现了这些特色，因而展现了生命力、吸引力。要按照这些思路，拟出论坛今后一段时间的发展方向和研讨重点，更广泛地吸收海内外知名学者，争取到 2010 年，把论坛办成有关中华文化学术交流的高端平台。

为了把中华文化研究更加有效地引向深入，要着手策划、及早启动"中华文化走向工程"。工程要遵照我会宗旨，以全球化时代中华文化发展趋向为总主题，制订方案，拟出课题，组织专家学者开展研究，分期分批出版专著和论文。工程与论坛要紧密结合，互相推动，共同提高。

要与台湾辅仁大学等密切合作，如期办好于 2006 年 11 月在台北举办的第四届论坛，为中华文化研究和两岸学术交流作出贡献。要与广东炎黄文化研究会和暨南大学共同研究，制定 2008 年在广东举办的第五届论坛方案，以期更上一层楼。

中华文化优秀著作奖要在首届评奖的基础上，抓紧落实经费，制订计划，并与论坛和工程紧密结合起来，使三者互相推动，共同前进。

（二）积极做好中华优秀文化的普及工作，进一步推进弘扬中华优秀文化和炎黄二帝及其时代历史文化研究

为了把弘扬民族优秀文化和探讨炎黄二帝及其时代历史文化研究推向深入，要与有关团体会员单位合作，组织专家学者，对近年来中华文化研究和炎黄二帝及其时代研究的进展，以及尚存的不同学术见解，作出实事求是的整理分析；在此基础上，拟订若干课题，有计划有步骤地开展研究与探讨，分期分批编辑出版有较高水平的专著，作为五年规划的重点之一。为了满足海内外炎黄子孙、中华儿女学习有关中华民族历史文化知识的需要，要在深入研究的基础上，大力做好普及工作。今后五年内，要组织倡导鼓励专家学者参与撰写面向不同文化层次的读者

群需要的丛书专著和普及读物，积极支持相关出版社编辑出版通俗书籍、电子音像读物以及影视制品。

积极支持各地举办的有关弘扬民族优秀文化的研讨活动和有关炎帝、黄帝和蚩尤、嫘祖以及伏羲、颛顼、帝喾等祭祀典礼、文物整修、文化旅游等活动，努力提高这些活动的文化内涵，以达到弘扬与培育中华民族精神，增进海内外中华儿女凝聚与团结的目的。

（三）牢固树立和大力弘扬社会主义荣辱观

今年3月4日，胡锦涛同志关于社会主义荣辱观的重要讲话，是加强社会主义精神文明建设的指针，具有很强的思想性、指导性和现实针对性。坚持"八荣八耻"为主要内容的社会主义荣辱观，使之成为引领社会风尚的一面光辉旗帜，不仅是各级党委、政府部门的事，也是民间团体，更是我会的一项重要任务。在中华文化传统道德观念上，荣辱观曾长期积淀在人们心灵深处，融入人们道德规范之中。孔子、孟子最早提出荣辱概念："仁则荣，不仁则辱。"① 管子从国家兴亡的高度，提出国有四维，"一曰礼，二曰义，三曰廉，四曰耻"②。顾炎武更认为"四者之中，耻为尤要"③。所以说，"八荣八耻"是中华民族传统美德与时代精神的统一，体现了依法治国和以德治国的有机结合。树立和弘扬社会主义荣辱观，绝不是一蹴而就的，而是一个需要人人自觉参与、长期坚持不懈、努力实践的过程。我会要实践"文化自觉"，积极主动地参与各项有关荣辱观教育活动，组织相关专家到学校去，到社区去，到农村去广泛宣传。

（四）继续办好《炎黄春秋》和《炎黄文化研究》

要更好地尽到主管单位的责任，支持《炎黄春秋》杂志按照既定的办刊方针和"求实存真"的原则，在保持原有风格与特色的基础上，吸收中青年作者，开辟新的稿源，更加精心地做好编辑工作，进一步提高刊物水平和质量，扩大读者面，增加发行量。

《炎黄文化研究》丛刊，要与黄帝陵基金会、炎帝陵基金会紧密合

---

① 《孟子·公孙丑上》。
② 《管子·牧民》。
③ 《日知录·廉耻》。

作，互相尊重，彼此沟通，在三家联合主办后以新的面貌出现，进一步提高刊物质量，力争在几年内，成为在全国更具特色和更有影响的学术丛刊。

（五）继续办好中国传统书画活动

为把我会的书画活动进一步推向前进，要在文化部关于非经营性单位有关管理规章出台后，及时办理炎黄书画院和炎黄女子诗书画家联谊中心的合法手续，大力支持其作为独立法人单位，更好地开展高层次高水平的专业书画活动。

同时，面向海内外广大书法艺术爱好者，继续加强与他们的联系，结合重大纪念活动，组织形式多样、不同规模的书画笔会和书画展览，组织出版书画集等，并不断提高水平和质量，使专业与业余、普及与提高互相结合，更好地弘扬中华传统文化这一奇葩。

（六）加强组织联络工作

要进一步与团体会员单位加强联系，互通信息，进行合作；促进各会员单位之间的横向交流；使全国各地名称不同的会员单位，成为一个各自独立、紧密联系、友好合作的网络，共同为弘扬中华民族优秀文化而努力。

要更好地与黄帝陵基金会、炎帝陵基金会发展友好合作。在继续支持举办炎黄祭祀活动、联合进行学术研讨的同时，筹划新的合作项目。此外，还要与更多的友好团体和单位，建立新的联系与合作。

要进一步加强与香港、澳门特别行政区、台湾地区的文化团体、各界人士的联系。通过学术研讨、书画展览、寻根祭祖等多种方式，增进中华民族的文化认同，促进祖国的和平统一。对于世界各地的华侨、华人团体和各界人士，以及各国文化团体和友好人士，已经建立联系合作的，要保持与加强；尚未建立联系的，要有步骤地建立不同内容、不同形式的联系与合作，以促进文化交流，扩大中华文化在海外的影响。

（七）加强和改进宣传工作，创建中华炎黄文化网站

要围绕我会各项工作，特别是二十一世纪中华文化世界论坛和炎黄二帝及其时代历史文化的研究与普及这两项重点，进一步加大宣传力

度。要加强与新闻媒体的联系，通过更多的平面和电子音像媒体，采取群众喜闻乐见的形式，扩大宣传效果。

要与中金基业有限公司合作，办好中华炎黄文化网站，扩大我会信息量，为弘扬中华优秀文化，发挥应有作用。

（八）办好中华炎黄文化基金会，多渠道开辟经费来源

要协助筹办中的中华炎黄文化基金会，尽快完成注册登记。并依照有关法律法规，与作为独立法人的基金会密切合作，互相支持，切实做到互利双赢，共同发展。

在适应社会主义市场经济环境、办好中华炎黄文化基金会的同时，要采取切实有效措施，注意发展其他相关文化产业，广开财源，多方筹措经费。争取五年内为研究会进一步发展取得稳定的经济支持，添置必要的设备，改善工作条件。

我国是一个发展中国家，我会是勤俭办会起家的，我们要继续发扬勤俭节约廉洁办会的优良传统。

同志们、朋友们！八年来，我们做了一些工作，取得了一些成绩。也存在不少缺点和不足，与客观形势的要求，与大家的期望，还有距离。我们的思路还不够开阔，缺乏长远的规划，特别是未能摆脱经济困境，从而影响了工作的更好开展。这些都是需要认真改进的。

回顾以往，我们感到欣慰；展望未来，更知任重道远。中华文化要传承创新，走向世界，中华民族要实现伟大复兴。这是极其光荣而艰巨的事业，需要一代又一代人持续不懈的努力。让我们紧密团结在以胡锦涛同志为总书记的中共中央周围，在各级党委、政府领导下，进一步发扬"团结、奉献、勤勉、进取"的优良会风，为实现文化自觉，全面建设小康社会、和谐社会的战略目标，更好地弘扬中华优秀文化、推进现代新文化建设而努力奋斗。

2007 年 5 月 24 日

城市文化建设与城市博物馆[*]

　　从 20 世纪初开始，城市化逐渐成为社会发展的一个重要趋势，近年来这一进程不但在继续，而且步伐不断加快，所以在世界范围内，大型甚至特大型都市群数量有增无减。在中国，二三十年来正在经历着由农业社会向现代化工业社会的转型，城市化较之其他国家更为明显、速度更快。城市，在很大程度上是知识、文化、政治和经济活力的源泉，其资源之集中、辐射力之广，对该城市的方方面面都产生了极其深刻的影响。

　　文化，是城市的灵魂所在，也是城市综合竞争力的体现，更是推动城市实现可持续发展的力量。特色鲜明、个性突出的城市文化品格，健康高尚、活力创新的城市文化形象，无疑是一座美好城市的标志。然而，城市化又是一把"双刃剑"，它在给人们带来种种便利、使人们分享现代文明成果的同时，也给生活在城市里的人们造成了某些文化上的缺失、错位，甚至迷茫，人们经常在问着自己："我是谁？我从哪里来？我向何处去？"

　　在这样的背景之下，对于大部分城市居民而言，一座理想的、现代意义的博物馆不仅是奇珍异宝的集中地和收藏所，不仅是脱胎于纯粹学术机构的书斋，也不仅是一般意义上大众文化设施，更应当是一座城市传统文化的记忆者、新文化创造的发生器和多元文化群体的精神家园。博物馆的这种特性和功能显然与 19 世纪欧洲古典博物馆有着巨大的差

----

　　* 2007 年 6 月 9～11 日，文化部、建设部和国家文物局联合主办的"城市与文化建设"国际研讨会在京召开。此文系张文彬同志在研讨会上的讲话。

异，它意味着在城市文化的建设中，博物馆将充当更加积极、更加直接的角色。

基于以上认识，我希望与在座各位同事讨论三个方面的问题：第一，城市文化建设的定位；第二，城市化对博物馆发展的影响；第三，博物馆在城市文化建设中的角色。

一、城市文化建设的定位

城市文化是近年来政府和知识界普遍关注的热点问题之一，各种讨论和观点可谓异彩纷呈。"文化"是一个特殊的词汇，变化多端，含义复杂，民族性和历史性很强，感情色彩较重。对于"文化"一词的确切含义至今仍然莫衷一是。但是知识界认为，文化在今天通常有两个意思：其一指的是智识的与艺术的活动；其二则是更为广义的，泛指所有生活中的一切，不管是物质的，或是精神的向度。[①] 值得注意的是，谈到城市文化，文化界似乎更关心有关文化艺术及其自身的发展问题，而从宏观的角度，从社会整体利益出发的考察则明显不足，也就是说，城市文化往往被局限在文化的狭义部分。这种思维模式，很难挖掘城市文化的要旨及其对社会的长远意义。

城市文化的内涵和外延非常广泛的，既有纵向联系的，如时间上过去、现在与将来，又有横向联系的，如城市文化遗产、文化产业、城市环境等；既有物质文化基础设施、城市休闲空间、配套设施，又有非物质精神的，如社会心理、城市精神、公众素质等。这里我不想为城市文化给出一个语义上的概念，但希望在纷繁的文化现象中找到城市文化发展的三个极其重要的定位参数。

首先，是城市文化的认同。在市场经济推动下的全球和全国范围内的高速"物流"和人员频繁流动，以及中国目前随处可见的大规模城市化建设，使城市文化身份认同成为一个重要课题。虽然"认同危机"可以分别表现在不同的层面上，然而对于具体的城市生活而言，"认

---

① 科林·默瑟《何为文化——大问哉?》，露丝·温斯勒编，罗秀芝译《文化新形象——艺术与娱乐管理》，第35页，〔台北〕五观艺术管理有限公司，2003年版。

同"问题指的是，市场经济向纵深发展引发了许多人的自我身份感、价值感和意义感的缺乏。城市认同不是一个城市的精英认同，也不是一个城市的大众认同，而是努力涵盖所有人意愿的绝大多数市民的认同。[①]因为在一定地理地域内形成和发展起来的共同文化传统，塑造了该民族成员的共同个性、行为模式、心理倾向和精神结构，所以城市文化身份的认同对于一座城市具有特殊的功能，它标志着这个城市的特性，塑造这个城市居民的认同心理。这对一座城市的特色、和谐和创造力至关重要直观。

第二，是良好社会素质的养成。一座城市的社会风气，会影响人们的文化素质，反过来，这座城市大多数人的文化素质，又能塑造这个城市的社会风气。在中国的不少城市，原有一些优秀的民风、素养正在由于对市场化的过分强调而受到侵蚀，文化中的商品化、通俗化偏向明显，高雅文化和流行文化之间出现隔阂。同时，由于高雅文化正在成为只有少数人参与的活动，致使一座城市中的文化艺术发展空间受到局限。提升整体社会的文化素质和加强社会凝聚力是城市文化建设的核心内容之一，其宗旨是鼓励本市民众尤其是年轻一代对文化艺术的认识和积极参与，丰富全社会的文化内涵，增强社会的凝聚力和共同价值观，建立本地人对国家、民族和社会的自信心和自豪感。

第三，传统文化的传承与创新。正确处理和妥善协调城市传统文化的传承和新文化的发展之间的关系，是城市文化建设的重要组成部分。怎样对待城市传统文化呢？一方面，我们不能离开传统，空谈文化创新。任何时代的文化，都离不开对传统文化的继承，任何城市的文化，都不可能摒弃传统而从头开始。对于一座城市而言，如果漠视对其传统文化的批判性继承，其文化创新就会失去根基。另一方面，发展城市文化发展的关键之一是实现文化创新，这是社会实践的必然要求，是一个城市文化兴旺发达的内在动力。要在文化交流、借鉴与融合的过程中，吸收其他文化的营养和有益成果，以我为主、为我所用，正确处理当代

---

① 张翼飞：《创建杭州的城市文化认同》，《杭州日报》2007年2月22日第3版。

与传统、本土与外来文化的关系，反对任何形式的"守旧主义"、"封闭主义"、"民族虚无主义"和"历史虚无主义"。

二、城市化背景下的"城市博物馆运动"

城市在经济、社会、政治和文化中的重要地位，近代城市人口的膨胀，都使了解以及评鉴城市的过去、现在及可能的未来势在必行。对这个必要性的认识，引发了世界范围内城市博物馆的产生与扩展，有人将其称之为"城市博物馆运动"。这场运动几乎席卷了世界的各大洲。在欧洲，伦敦博物馆已着手进行斥资 1800 万英镑的"首都计划"，使展陈面积增加 25%；在拉丁美洲，世界上最大的城市之一，1.79 万人口的圣保罗正在历史遗址迪桑托斯（De Santos）扩建城市博物馆；在美洲，芝加哥历史学会为庆祝建会一百五十周年而更名为"芝加哥历史博物馆"，斥资 2.75 亿美元整修和扩建美术品陈列室，旧金山和亚特兰大最近也相继宣布修建和扩建城市博物馆计划，尤其引人注目的是"波士顿博物馆计划"，预计将耗资 1 亿美元，在波士顿修建博物馆。[①]

中国城市中博物馆的发展，更在国际"城市博物馆运动"中具有代表性。

在"优化增量、重点投入"的思想指导下，北京市加大了对重点博物馆建设的投资力度，近年来，由北京市政府直接投资建成开放的北京天文馆新馆、首都博物馆新馆、中国电影博物馆，以及正在筹建的北京美术馆，投资总额达到了 30 多亿元。《北京市"十一五"时期文物博物馆事业发展规划》更提出："从现在起到 2008 年北京奥运会期间，实施'双两百'展示计划，推出有特色的固定展览 200 项，临时展览 200 项。"

上海市制定了《上海市博物馆事业"十一五"时期发展规划》，以上海经济社会发展为基础，努力满足人民群众的文化需求，计划每年建设具有一定规模、较高水平的博物馆 10 座，"十一五"末全市达到 150 座。届时，上海将基本形成"一个中心"、"三圈环璧"、"十一个文博

---

① 联合国教科文组织：《国际博物馆》，第 231 期，第 5 页，译林出版社 2006 版。

特色区块"的博物馆规模化效应。国际博协大会召开之时，上海将建设成布局合理、种类齐全、各具特色和丰富多彩的博物馆体系，已具有国际水准的博物馆。

南通市为了凸现"江海文化"、"近代文化"和"博物馆文化"的城市文化魅力，正在建设环濠河文博群。这是指环绕濠河周边的博物馆、准博物馆性质的文化场所和历史建筑的总称，共计二十多个，欲把南通市建成一个名副其实的"博物馆城"。①

香港特区在1998年行政长官施政报告中，提出兴建"西九龙文娱艺术区"的构思，希望借此将香港发展成亚洲的文化艺术中心。2004年11月发出了《发展意见邀请函》，在"政府意向"中，倡议建立四座不同主题的博物馆，即现代艺术博物馆、水墨画博物馆、电影博物馆和设计博物馆，净面积不少于75000平方米，建议的规模相当于香港目前四座主要博物馆（香港科学馆、香港历史博物馆、香港艺术馆和香港文化博物馆）的总和。②

城市博物馆的发展，使与之相关的学术研究和国际行业组织建立成为必要和可能。1993年，世界上一些以城市为主要对象的博物馆聚会在伦敦博物馆，酝酿成立城市博物馆的国际性组织，此后又在巴塞罗那和卢森堡举办过不同形式的论坛，研讨城市博物馆与城市发展之间的诸多问题。2005年4月，国际博物馆协会所属的第30个国际委员会，即"城市博物馆征集与活动国际委员会"（CAMOC）在莫斯科正式成立。2006年4月，该委员会在波士顿举行了大会，主题是"城市博物馆：了解城市生活的门户"。内容涉及从日趋多元化的观众服务，到用以呈现城市历史的最新科技。来自世界各地的城市博物馆专业人员、城市历史学家、展览设计师参加集会。与会代表在以城市为主体、城市居住者为观众的挑战和机遇问题上达成共识，一致认为：城市博物馆不仅代表过去，而且与当代城市生活息息相关，为憧憬和规划城市的未来提供了重要背景。③

---

① 黄振平主编：《南通环濠河文博馆群》，第1～2页，陕西人民出版社，2005年版。
② 香港博物馆馆长协会会刊2006年第一期，第11页。
③ 联合国教科文组织《国际博物馆》，第231期，第5～6页，译林出版社，2006年版。

城市化推动了城市博物馆前所未有的大发展，而随着城市博物馆实践经验的积累和业务水平的提高，又促进了其所在城市的文化建设。可以说，博物馆在当代城市文化建设中日益已经开始发挥着更加积极、直接和有效的作用。

三、博物馆在城市文化建设中的角色

关于城市文化建设的特点，曾有研究者指出，首先它必须承载历史，反映城市的历史发展过程及其特有的文化积淀；其次要展现现实，多层次、多侧面、多角度地反映现实的文化内涵；其三，昭示未来，顺应城市的文脉，发展、革新、创造属于一个城市独特的新文化。而目前我国城市文化建设中，也确实面临着诸多问题，国家文物局局长单霁翔先生把这些问题归纳为包括城市记忆消失、城市面貌趋同、城市建设失调、城市形象低俗、城市环境恶化、城市精神衰落等八个方面。

无论是从城市文化建设的特点出发研究其发展思路，还是立足于城市文化建设所面临的挑战和问题，探索解决这些问题的新途径，博物馆都是一支重要的力量，也应当扮演应有的角色。

（一）博物馆是城市文化的记忆库

应当说，城市文化记忆功能是博物馆最原始、最核心功能之一。早在 20 世纪初，当城市化过程明显加快之初，文化界就关注城市文化记忆与城市发展之间的关系，而耐人寻味的是，这一问题最早得到了一批有智慧的城市规划专家的重视。正当许多大型现代化都市开始建立的时候，学者对城市的急速扩展提出了规划的概念。持这种观念的代表性人物是帕特里克·戈德斯，他认为："我们必须挖掘我们所居住城市的历史面貌，回溯到远古以前，……从那里开始往后推演，并进行想象重建"。对地区的历史和人文脉络进行调查研究，"追踪描绘人们的记忆、视野与价值观"，应成为城市规划的先导工作。[①] 这种方法在后来被引用到城市的文化工作中来，只是由于一系列世界性巨大事件发生的缘

---

① 科林·默瑟《何为文化——大问哉?》，露丝·温斯勒编，罗秀芝译《文化新形象——艺术与娱乐管理》，第 85 页，[台北] 五观艺术管理有限公司 2003 年版。

故，这种理念被人们暂时忽略了。城市化发展到今天，这种理念得到了回归。在博物馆实践中，例如城市历史博物馆，有两大类型，即：信息性的历史博物馆和纪念性的历史博物馆。^① 前者定位于为博物馆的使用者提供各种有关信息和资料，为公众对历史作出判断提供便利，后者则是以"记忆"的名义提出某种观点，为了让人们"确信"某一特定的过去。它们的对象虽然不是正在发生的事物，但却是从现实中剥离出来的、已经发生的事物，其目的是为正在发生或已经发生的事物提供一种参照，通过"编辑"，使历史能够为人们所理解，从而在公众与最直接、最真实的历史资源之间架起一座桥梁，帮助人们认识过去，把握今天，探索未来。毫无疑问，博物馆的这种文化记忆功能，无疑是城市文化建设中的文化认同身份认同的重要环节。

（二）博物馆是现实城市文化的融合剂

现代城市生活，特别大都市的生活，正在经历着全球化和商品化的巨大影响。互联网的运用，不仅为经济贸易、商品交易提供了通常快捷的渠道，而且也为文化的传播提供了"无障碍空间"，直接影响着大都市对文化多样性的保持。然而，尽管城市文化经常是有地域限制的，但它却从来不是静止的，也不可能有一种单一的、纯粹的城市文化。应当承认，不同文化之间有时会出现隔阂、分歧，甚至是冲突，但是没有哪个城市的文化不是吸收了其他文化的长处而逐步走向融合的。所以，发展城市自身的文化并不意味着排斥其他文化。促进文化和谐是城市文化建设的重要使命。

在中国，新一代移民或已定居的非本土居民，其文化心态是复杂的，一方面他们有保存其文化传统的强烈欲望，另一方面又热切期待融合到新的城市文化中。他们的这些诉求需要在文化机构的帮助下自我表达。

随时代发展而发展的城市，也直接对城市博物馆的活动发生影响。

---

① ［法］劳伦特·杰瓦里奥：《博物馆的功能：记忆抑或传达》，载《国际历史博物馆协会 1992 年学术讨论会论文集》，第 12 页，巴黎 1992 年版。

博物馆应当反映城市本身及其社区过去、现在和将来。在传统意义上，博物馆无一例外地反映历史上的发展，对现在和未来则较少有兴趣。在城市环境中和城市生活中，时间并非切分为过去、现在和将来的，它们是浑然一体的。就在此处与此时，过去的遗风、当代的生活和未来的迹象同时呈现在都市的生活之中。① 在博物馆所表现的城市文化，不应仅仅代表某种单一的方向，而应当是地方与全球、特殊与普通、外来与本土之间的文化流动，促进文化之间的尊重和理解。在这方面，博物馆与不同城市社区之间建立密切的关系，举办相关展览、开发教育文化活动等方式来实现。

博物馆的城市文化融合功能，对城市文化建设中社会素质的提高具有重要价值。

（三）博物馆是城市新文化的催化器

在当今的城市文化建设中，博物馆需要在一种新的、最广泛联系的框架内重新思考它的作用和目标，即博物馆不仅应当作为文化多元性的保护者而为社会服务，而且应当作为增强文化理解和交流与融合的工具，同时还应当在城市新文化构建中起到催化作用。

博物馆要坚持各种文化都有平等的存在合理性的原则，成为促进文化理解，鼓励文化对话的重要力量。博物馆通过陈列展览和其他活动能够在这方面发挥巨大作用。博物馆应继续起到作为传统的、甚至是已经灭绝的文化的记忆库的作用，文物作为过去历史的记录和证明应当得到保护。

同时，博物馆必须避免成为古董收藏所和怀旧的地方，必须结合文物最初的所有者或者后人，从而理解体现在今天博物馆收藏中的当时的文化背景。经验表明，在博物馆和其收藏之间形成的关系能够产生新知识、新文化。所以博物馆应当记录和收藏城市文化的混合形式，这样，对过去和现在的收藏将会成为"文化发展的储备"。从这种意义上说，

---

① 联合国教科文组织《国际博物馆》，第 231 期，第 52～53 页，译林出版社，2006 年版。

博物馆必须在诠释旧的文化的同时诠释新的文化，以宽容的观点使人们获得信息，尊重自身文化所取得的成就，同时对其他的文化保持好奇的心态和尊重的态度，这就是博物馆在城市文化建设中，推动文化传承和文化创新的积极作用。

2007 年 6 月 20 日

古都研究的新成果[*]

——评《中国八大古都》

　　我国自古就是一个统一的多民族的国家，幅员辽阔、历史悠久、文化灿烂，是世界四大文明古国之一。在中华文明连绵不断发展的历史长河中，都城的建设与发展一直占有十分重要的地位。人民出版社最近出版的由著名历史地理学家朱士光先生主编的《中国八大古都》一书，就是中国古都学研究的最新成果，为广大读者深入了解中国古都的变迁和发展提供了一本翔实有据、简明扼要的优秀作品。

　　关于我国"八大古都"说法的确立，曾经历过一个漫长的过程。早在20世纪20年代，学术界才有些论著将西安、洛阳、北京、南京、开封并列称为"五大古都"。到30年代，又将杭州列入古都行列，合称"六大古都"。此后，"中国六大古都"一说逐渐流行，得到学术界认可。中国古都学会成立后，著名历史地理学家、复旦大学谭其骧教授，力倡安阳也应列为古都之一。他强调指出，今河南安阳地区，曾是殷都与六朝邺都所在，就像西安地区拥有西周丰镐、秦咸阳、汉唐长安一样，应视为一个大古都，其在历史上的重要性，至少不下于杭州，所以论述中国古都应追加安阳为"七大古都"。此后在中国古都学会第六届学术讨论会上被一致确认。在对中国古都历史不断探索研究过程中，又有不少专家学者提出，郑州商城遗址是我国现已发掘的早期城址中规模最大、布局严整的都城，很可能是成汤至大戊共十王所居的亳都（一

---

　　* 本文原载《人民日报》2007年6月24日第8版。《中国八大古都》，朱士光编，人民出版社，2007年版。

说认为是仲丁、外壬二王所居之敖都），加上郑州辖区的郑韩故城、登封王城岗"禹居阳城"遗址、小双桥（敖都）遗址、新密古城寨与新砦遗址等，理应把郑州与北京、西安、洛阳、安阳、开封、南京、杭州并列，合称为"中国八大古都"。后在 2004 年 11 月间在郑州举行的"郑州商都 3600 年学术研讨会暨中国古都学会 2004 年年会"上，经与会的考古学家、先秦史学家和古都学家共同研讨，反复比较论证，一致赞同把郑州列为"中国八大古都"之一。这是历经半个世纪，经由考古学家、先秦史学家、历史地理学家共同努力所获得的一项重大学术成果，丰富和深化了对中国历史进程和古都发展的认识，进一步推进了对中国文明起源与国家形成发展历史的研究。

《中国八大古都》，在内容体例上以论述古都所在城市赖以兴起、形成、发展至今的自然地理环境、形胜交通、物质经济、文化历史条件，以古都所在城市演变过程为经，以城市规划布局、宫殿苑囿、礼制建筑的营建和手工作坊、里坊市场为纬，比较全面、深入地分析了历代都城建筑特色，兴衰演变及近代至改革开放以来城市变化情况、城市发展远景。虽是对"中国八大古都"的撰述，实际上也是中国重要历史王朝及其时代社会生活的缩影。

在我国浩如烟海的历史典籍文献中，对历史古都的研究历来为学界所关注。自《春秋左传》和《史记》、《汉书》等二十四史，《水经注》、《三辅黄图》、《洛阳伽蓝记》等著作以及大量地方志都有过许多丰富的记述，为都城研究奠定了良好的基础。自 20 世纪 20 年代近代考古学传入中国后，中国考古学者就十分重视古代城市考古的发掘、研究，其学术成果在中国考古研究中占有十分重要的地位。新中国成立之后，随着经济建设的发展，大规模城市考古兴起，先是中国科学院考古研究所对西安丰、镐二京，汉唐长安城，周王城、汉魏洛阳城、隋唐洛阳城的考古发掘，此后各省、市文物工作队对所辖区域内的列国都城及历代都城进行调查发掘，都取得了丰硕成果，为历史地理学家提供了实物资料，把历史文献与考古发掘成果密切结合起来，探讨中国古代城市发展变迁的规律，极大地丰富了我们对中国古代城市历史发展的认知。从西安、洛阳、郑州等历史都城的论述来看，就利用了大量的考古成

古都研究的新成果

果，其他都城亦都引用了新的考古成果，给人以耳目一新之感。以郑州商城为例，考古发掘成果尤为突出。三千多年来，人们只能从文献的零星记载中去猜想远眺，郑州商城是否存在长期处在迷雾之中。直到20世纪50年代，经过河南省文物考古工作者半个世纪的大量考古发掘工作才拨开了岁月沧桑的迷雾，又经过多位专家的反复论证，终于揭开了尘封3600余年的商汤建都的历史原貌，而且其规模之宏大、布局之严整，也是当时世界上最大的都城之一。

坚持贴近实际、贴近生活、贴近群众的方向，图文并茂、雅俗共赏，也是这本著作的一个突出特点。本书的各位撰稿人都是当地的历史学、考古学、历史地理学等方面的专家学者，他们对其所处都市的历史和现在最熟悉、最了解、最有感情，他们在掌握大量资料的基础上，又做了深入的调查和研究，因此如数家珍，娓娓道来，言之有物，叙述生动。该书虽是一部学术著作，但却充分考虑到中等以上文化程度的广大读者，在正文中不仅配以每座城市不同历史时期的历史地图、重要文物与名胜照片，而且还插入了"古都诗选"、"古都典故"等内容。这些同正文相互辉映，引人入胜，少长咸宜，丰富多彩，可读性强。

目前，我国正处在全面建设小康社会和改革发展的关键时期，在迅起的中国城市化和社会主义新农村建设中，文化遗产的保护，是一个不容忽视的方面。保护好祖国的文化遗产，留住城市的记忆，已逐渐成为各级领导干部和广大人民群众的共识。《中国八大古都》一书的问世，对我们保护、利用、宣传、承继这份珍贵遗产必将起到积极的作用。

《井冈山革命博物馆志》序[*]

经过井冈山博物馆同志们三年的辛勤努力，《井冈山革命博物馆志》终于编纂完成了。这井冈山革命博物馆发展当中的一件大事，也是弘扬井冈山精神进程中的重要标志，可喜可贺。

井冈山是中国革命的摇篮。1927 年，以毛泽东同志为代表的中国共产党人在这里创建了第一个农村革命根据地，点燃了中国革命的星星之火，开辟了一条农村包围城市、武装夺取政权的具有中国特色的革命道路，用鲜血和生命培育和锻造了伟大的井冈山精神。正如中共中央总书记胡锦涛同志视察江西时所指出的："井冈山精神是我们党在革命艰苦的岁月中形成的伟大精神，其巨大的精神力量鼓舞着一代又一代中国共产党人为党和人民事业而英勇奋斗！"八十年来，神州大地发生了巨大变化，但井冈山精神永远是鼓舞和激励我们前进的伟大力量。

新中国建立以后，井冈山成为全国人民向往的革命圣地，井冈山革命根据地的创始人之一、毛泽东同志的亲密战友、当年的红四军军长朱德同志亲自为井冈山题字，称井冈山是"天下第一山"，生动形象地阐明了井冈山是中国革命精神的源头，是党和人民宝贵的精神财富，是我们党和人民的传家宝。如何保护和管理好革命先辈留下的珍贵历史遗产，征集整理井冈山斗争的珍贵文物和历史资料，宣传井冈山革命根据地建设的战斗历程，弘扬井冈山精神，让学习井冈山精神在新的时代发挥更大的作用，不仅是党和政府的重要职责，也是文物工作者的神圣使命和光荣责任。为了承担这一历史使命，1958 年 11 月，中央文化部文

---

[*] 《井冈山革命博物馆志》，本书编辑委员会编，江苏人民出版社，2007 年 10 月版。

物局局长王冶秋同志在江西南昌主持召开的全国省级地志博物馆、革命纪念馆馆长会议上，郑重宣布，由国家投资 20 万元人民币兴建井冈山革命博物馆，于是在 20 世纪 50 年代末，井冈山革命博物馆在巍巍罗霄山脉的腹地茨坪应运而生。

井冈山革命博物馆自 1959 年建成开馆至今，已历 48 年，几近半个世纪，所取得的成就，有目共睹。半个世纪以来，井冈山革命博物馆共接待了 3000 多万国内观众、数十万侨胞和港澳台同胞，以及 58 个国家和地区的国际友人。他们还光荣地接待了毛泽东、朱德、邓小平、江泽民、胡锦涛等党和国家领导人的视察。作为一个地方性的革命博物馆，承担着如此繁重的宣传接待任务，而且接待的观众之多、规格之高，在文博界是不多见的。

同样可喜的是，在江西省委、省政府和井冈山市委、市政府的正确领导下，经过井博人自身的努力，目前井冈山革命博物馆已培育出一支具有相当水平的老中青结合的宣传、科研、陈列队伍，半个世纪以来，井博人走遍了罗霄山脉的山山水水，对井冈山斗争时期的革命遗址进行了认真细致的普查和修复，并征集整理了大量的革命文物、史料、图片等。在此基础上，出版发表了大量的学术专著和论文，形成了一个系统展示井冈山革命斗争历史的基本陈列。井冈山革命博物馆由此成为国家文物管理部门重点联系的博物馆之一。1997 年 8 月，国家文物局在江西召开了全国革命文物工作会议，学习、观摩、研讨、介绍了井冈山革命博物馆开展文物征集、宣传展示井冈山精神的工作经验，对与会同志以极大的鼓舞和教育，有力地推动了全国革命文物征集工作和纪念馆、博物馆工作。

当然，这些成绩的取得，不是偶然的，回首以往，壮志满怀，我们看到：在过去的 48 年，是几代井博人坚定革命理想、信念，坚持发扬以井冈山精神，办井冈山博物馆的正确方向，团结一致，精心耕耘，大力弘扬井冈山精神的 48 年；也是井博人经历风云变幻、走向成熟的 48 年；更是井冈山革命博物馆为社会主义三大文明建设提供精神动力和智力支持的 48 年。改革开放以来，井冈山博物馆人不断探索和研究革命博物馆发展的新形势、新途径、新方式，努力通过更加丰富、新颖的展示，使井冈山精神同时代的发展变革、同党在新时期的历史任务的变化紧密结合起来，并不断给予其新的内涵，从而使井冈山革命博物馆成为人们陶冶情操、振奋精神的生动课堂，成为井冈山对外宣传和对广大青少年进行爱国与革命传统教育的重要阵地，为社会主义精神文明建设作出了重要贡献。

中国历来有盛世修志的传统，在庆祝井冈山革命根据地创建八十周年之际，在井冈山革命博物馆建立五十周年的前夕，《井冈山革命博物馆志》的面世是一件具有十分重要意义的事情，本书从革命遗址、纪念建筑、馆藏文物、陈列展览、宣传教育、编纂研究、参观瞻仰、墨宝真迹等诸多方面，从不同的角度，忠实地记载了井冈山革命博物馆发展的历程、资料翔实，图文并茂。修志的目的是为了存史教化，从这个意义上说，本书足堪此任。《井冈山革命博物馆志》的出版，必将极大地推动和加深对井冈山精神和井冈山斗争历史的研究，对继承革命传统、弘扬和传承井冈山精神具有深远的历史意义和现实意义。同时，我也相信，这本书的出版发行，对文博事业的发展、特别是革命博物馆、纪念馆的建设也必将起到积极的促进作用。通览全书，掩卷有思，是为序。

2007 年 10 月

弘扬炎黄精神　建设和谐文化[*]

——在"炎黄精神与和谐文化学术研讨会"
开幕式上的致辞

张文彬文博文集

尊敬的各位领导，各位专家、学者，同志们、朋友们：

　　我们这次学术研讨会的主题是"炎黄精神与和谐文化"，众所周知，炎黄二帝是中华文明基石的伟大奠基者和开拓者，是中华文明的杰出代表和象征，称之为中华文明的"人文始祖"，伟大的史学家司马迁之不朽名作《史记》就以《五帝本纪》为首卷，作为中华文明的开篇。自有文字记述以来，历代都把歌颂和研究炎黄二帝的丰功伟绩和研讨炎黄文化作为中国历史文化研究的重要课题。这次研讨会主题的确定，虽是炎黄文化研究的题中应有之义，是历次研讨炎黄文化的继续和深入，但更是热烈响应中共中央关于构建社会主义和谐社会，弘扬中华文明优秀传统，振奋中华民族精神，实现中华民族伟大复兴的号召，力图从历史、文化的视角，对和谐社会、和谐文化给予一定程度的诠释和开发，以加深对建设社会和谐文化的认识。建设中国特色社会主义和谐社会，离不开社会和谐文化建设；社会主义和谐文化建设，则离不开对中国传统文化中和谐理念、和谐文化的弘扬，这是建设中国特色社会主义宏伟目标中的重要组成部分。当代中国是历史中国的发展，当代社会主义先进文化也应当是中国传统文化的继承和发展，因此，经过三家研商：一致同意联合举办这次富有时代精神和深远意义的学术研讨会，这即是此

---

　　* 2007 年 10 月 16～18 日，由中华炎黄文化研究会、黄帝陵基金会、炎帝陵基金会、株洲市人民政府联合主办，炎帝陵基金会承办的"炎黄精神与和谐文化"炎黄文化研讨会，在湖南省长沙隆重举行。本文系张文彬同志在研讨会开幕式上的致辞。

次"炎黄精神与和谐文化"研讨会的初衷和由来。

湖南是一个文化大省、文物大省,具有悠久的历史和文化。在中国古史传说中占有非常重要的地位。古史传说中的神农氏炎帝,据晋代皇甫谧《帝王世纪》和宋罗泌《路史》载,"崩葬长沙茶乡之尾,是曰茶陵",即今炎陵县(炎陵县前身酃县为南宋时由茶陵分置)。以澧县彭头山为代表的新石器时代文化遗址,马王堆汉墓和长沙三国吴简遗址、里耶秦简、古城遗址等,均闻名遐迩,影响深远。湖南亦是一个人文荟萃,人杰地灵的地方,具有千年历史的岳麓书院,曾是南宋理学家张轼、朱熹讲学之地,从学者千余人,时有"潇湘洙泗"之称,现已列为全国重点文物保护单位。湖湘文化,在中国近现代历史上有着特殊地位,这和岳麓书院、船山学社的文化传统有密切关系,"唯楚有才,于斯为盛"。湖南更是革命源头之一,从谭嗣同、黄兴、蔡锷、陈天华等到毛泽东、刘少奇、任弼时、彭德怀、罗荣桓、贺龙、林伯渠、蔡和森、向警予、李立三等大多出生于湖南,平江起义、秋收暴动、创建湘赣革命根据地,坚持井冈山革命斗争,湖南为中国革命的胜利和人民共和国的创建作出巨大的牺牲和贡献。历史竟这样巧合,从井冈山到了延安,从炎帝陵到了黄帝陵,中国传统文化和革命文化,通过中国共产党人艰苦卓绝的奋斗和中国工农红军的长征,把两者紧紧地联系在一起。

为了开好这次学术研讨会,三家都作了精心的准备,而且结集编印了《炎黄精神与和谐文化》论文集,这是与会各位学者、专家精心研究的成果,内容丰富,涉及面广,见解深刻,富有创见。这些论说,不仅为这次研讨会增添了光彩,而且必将推动炎黄文化研究的进一步深入发展。我在此再次代表组委会对专家、学者给予的支持和辛劳表示衷心的感谢!

我想讲以下四个问题,向各位学者、专家请教。

一、建设和谐社会,是自炎黄时代以来,中华民族孜孜以求的社会理想

炎黄时代,是中国上占历史传说的伟大英雄时代。当时原始氏族制度日渐衰落,新时代即将来临的曙光在望,为适应社会生产力发展的要求,必然要冲破血缘纽带和地域局限的束缚,以推进生产力的发展和文化交流，乃至出现部落之间的联合或融合，这是历史发展的规律，也就在这种大背景下团结、协和的理念应运而生。正是这一新的意识理念，以各种可能的方式，促进了炎黄部落联盟乃至同蚩尤部落的大联合、大团结，为此后中华民族的形成和发展奠定了早期的基石。此后，在先秦典籍中，如《尚书》、《周易》、《诗经》及诸子学说中都有对"和"的理念开发和运用。如《尚书·尧典》："克明俊德，以亲九族；九族既睦，平章百姓，百姓昭明，协和万邦；黎民于变时雍。"就是讲的和睦团结，如果天下庶民都亲善和乐，社会风气也就淳美了。又如《周易·乾卦》："保全太和，乃利贞。"《论语·学而编》："礼之用，和为贵。"又《论语·子路篇》："子曰：君子和而不同，小人同而不和。"即君子和谐却不同一，小人同一却不和谐，提倡宽和处世，协调人际关系之间和谐相处。《国语·郑语》说："夫和实生物，同则不继，以他平他谓之和。故能丰长而物归之，若以同裨同，则乃弃矣。"提出了不同关系不同事物应当在不同环境中以最适合的方式共同生存，协调发展的文化理念。在《老子》一书中，有"人法地、地法天、天法道，道法自然"的论述，强调了人要尊重自然规律的最高法则，以崇尚自然、效法天地作为人生行为的基本依归，并指出"万物负阴而抱阳，冲气以为和"，也就是说，万物内涵阴阳对立的势力，阴阳在看不见的气中，得到统一①。孟子也认为"天时不如地利，地利不如人和"②，他还指出："老吾老，以及人之老，幼吾幼，以及人之幼。天下可运于掌。"③ 以孔、孟代表的儒家，倡导仁、义、礼、智、信、宽容、忠恕、敏惠、孝悌等一系列道德原则，以实现"人和"，达到"大同"的理想世界："大道之行也，天下为公，选贤与能，讲信修睦。故人不独亲其亲，不独子其子。使老有所终，壮有所用，幼有所长，鳏寡孤独废疾者，皆有所养。男有分，女有归，货恶其弃于地也，不必藏于己，力恶其不出于身也，不必为已，是故谋闭而不兴，盗窃乱贼而不作。故外户而不闭，

---

① 参见任继愈著《老子绎读》，北京图书馆出版社，2006 年版。
② 《孟子·公孙丑章句下》。
③ 《孟子·梁惠王章句上》。

是谓大同。"① 这种"大同"理想世界在那个时代是不可能实现的，只是一种"乌托邦"而已。但这种和谐大同的理念，在人们的思想深处留下了深刻的印象，反映了人们对未来社会的美好憧憬，在中国思想史上仍具有很大的价值。

二、建立和谐社会，必须以解决民生问题为前提，因此发展经济就成为自炎黄时代以来摆在历代统治者面前的首要任务

炎黄时代，正处在历史大转折的前夜，社会物质需求空前剧增，诸如吃、穿、住、行这些基本生活条件，都迫切需要适当解决，正因为以炎黄二帝为代表的领导集团十分关注民生问题并为此作出了开创性贡献，所以几千年来在炎黄子孙的心目中被尊为圣祖或"人文始祖"。炎黄二帝的伟大功绩表现在以下几个方面，首先是以披肝沥胆、披荆斩棘的开创精神，发明了农业。据传说，炎帝"教民耕农，刀耕火种"，故又尊炎帝为"神农氏"、"烈山氏"。《白虎通》记载："古人之皆食兽也，至于神农人民众多。禽兽不足，于是神农因天之时，分地之利，制米粟，教民农作，神而化之，使民宜之，故谓之神农也。"就是说，炎帝教民耕作，制作农具，栽种谷物，生产粮食，从茹毛饮血食兽肉的原始社会向农牧社会过渡，这的确是一个伟大的创造。黄帝在炎帝"刀耕火种"的基础上取得了更大的进步，"顺天地之纪……时播百谷草木，淳化鸟兽虫蛾"②，按时节种苣黍、稷、粟、麦、稻五种谷物，因地制宜，选种谷物，解决了黎民百姓的基本温饱问题。从考古发掘的材料来看，长江流域的湖北宣都城背溪，湖南澧县彭头山和浙江河姆渡，上山，四川巫山大溪等文化遗址都发现了有稻种遗痕。华东师大陈中原教授等通过对杭州湾附近的新石器时代早期遗址彭湖桥的考古研究认为，7700 年前，我国太湖流域的史前人类已经知道利用烧荒筑堤方式来营造适合种植水稻的土地环境。遗址沉积物中的大量木炭颗粒表明，彭湖桥居民经常焚烧灌木丛，有证据显示当时可能使用猪的粪肥灌溉稻田。这一研究成果同上古史籍传说记载是相一致的。约在同一时期，黄河流

---

① 《礼记·礼运篇》。
② 《史记·五帝本纪》。

域的磁山、裴李岗、老官台，仰韶文化遗址都发现有黍、粟颗痕，在陕县庙底沟遗址红烧土块里还发现有麦痕，距今约 7000 年左右，上述研究成果表明，中国南方以水稻农作为主，北方以小麦、黍、粟农作物为主，我国是黍、粟、稻、菽的原产地，为农业崛起和主要农作物的起源发生提供了重要的科学依据，为中华文明的起源与发展奠定了雄厚的基础。第二，发明医药防病治病，创造了中国医药学。据古史传说，"（神农）尝百草之滋味，水泉之甘苦，令民知所辟就。当此之时，一日而遇七十毒"①。神农尝百草，发明医药，造福庶民，泽及后世，冒着生命安危，甘于牺牲的精神永远值得后世敬奉纪念。黄帝同炎帝一样，尝味草木，辨别药性，研制医方，有内外经问世。他们的发明为中华医药学奠定了基础，为中华民族的人口繁衍和人类生命的延续作出了重大贡献。第三，发明制陶、制玉、纺织、漆器等手工业，开辟市集贸易。炎黄时代"耕而作陶"，使制陶业成为具有很高成就的手工业，其发明对人类生活有很重大意义。陶器中的鼎、釜、甑、陶灶等炊器和钵、碗、盆、盘、杯、和瓮、缸、小口尖底瓶等，品种繁多，说明陶器制作和使用已相当普遍，这是人类同自然界斗争中一项划时代的成就，是炎黄时代一项重要的手工业。在新石器时代的文化遗址里或古墓葬中，还出现大量玉器，如玉琮、玉圭、玉璋和玉璧等，说明为上层人物或为部落领袖制作的高级工艺品（宗教祭祀、天地相通）也得到了空前的繁荣与发展。陶、石纺轮、骨针在新石器时代文化遗址中，也屡见不鲜，说明用毛皮或植物纤维的编织物的手工业也已出现。这些手工业分工不同，有可能促使手工业同农业分离，从而导致社会进步。炎黄时代，又"日中为市，致天下之民，聚天下之货，交易而退，各得其所，盖取诸噬嗑"②，以物易物，孕育着早期物资流通。第四，解决衣、食、住、行，免去"存亡之难"。炎黄时代，造屋宇，制衣服，营殡葬，使庶民生有所养，死有所葬，因而避免了生死存亡之难。在全国已发掘的早中期新石器时代文化遗址部落由小变大，有的部落遗址有几十座甚而

---

① 《淮南子·修务》。
② 《周易·系辞下》。

上百座房室，说明已经逐渐形成定居状态，"安居乐业"。传说轩辕黄帝之妻、西陵氏之女嫘祖是养蚕取丝的始祖，《路史》称其劝养蚕，育蚕种，采桑织丝，开创了我国丝织业，这也是我国对世界文明的主要贡献之一。在浙江余姚河姆渡遗址，有纺轮和蚕丝作装饰的象牙盏，在山西夏县西阴村和河南浚县大麦店遗址都有纺轮、骨针、骨锥，说明纺织与缝纫衣物已很普遍。夏县西阴村灰土岭发现了距今六千年左右的经人工切制过的半个蚕茧。而在浙江吴兴钱山漾出土的距今五千年左右的家蚕丝绢，经纬密度达每厘米 52 根和 48 根，与现代生产的电纺密度相近。当然丝织衣物，尚属于上层专用品，但可知当时纺织水平已很高。在出行交通方面，"昔在黄帝，作舟车，以济不通，旁行天下"①。传说黄帝，"刳木为舟，剡木为楫。舟楫之利，以济不通，致远以利天下，盖取诸涣。服牛乘马，引重致远，以利天下，盖取诸随"②，舟车，驯马、服牛的出现，扩大了黄帝时代氏族部落之间的流动区域，促进了各部落间、部族间的往来交流与社会的进步发展。第五，建章立制，加强社会管理，创建早期部落联盟性质的古国，使解决民生问题有了组织保障。黄帝时期，不失时机地设都邑，建武装，立机构，加强行政管理，孕育了早期古国雏形。黄帝时，"以师兵为营卫，官名皆以云命，为云师。置左右大监，监于万国。万国和，而鬼神山川封禅与为多焉。获宝鼎，近日推策。举风后，力牧，常先，大鸿以治民"③。确立政治制度，组织制度和祭祀制度，使民生得到保障，从而完成了氏族联盟最高阶段的政治组织建设，为原始氏族社会进入新阶段，步入文明社会门槛作了积极准备。此后历代统治者，无不以炎黄二帝为典范，特别是在他们取得政权的初期莫不以休养生息，发展生产作为第一要务，以解决民生问题。中国古代历史上出现过"文景之治"、"贞观之治"、"开元盛世"、"康熙盛世"既是时代发展的成果，也是炎黄精神及炎黄文化的深度影响所致。由此可见，民生问题不仅是炎黄时代的突出的首要任务，也是历代王朝面临的重要课题。民生问题解决与否，直接关系到一个王朝的

---

① 《汉书·志理志》。
② 《周易·系辞下》。
③ 《史记·五帝本纪》。

兴衰更迭。关注民生、重视民生、改善民生、保障民生、使百姓庶民生活滋润而又尊严，国家才能繁荣富强，这是一条十分重要的历史经验。

三、建设和谐社会，在关注民生的同时，亦要关注庶民文化生活，加强礼乐文化建设

传说，"（黄帝）其史仓颉，又取像鸟迹，始作文字。史官之作，盖自此始。记其言行，策而藏之，名曰书契"①。即是说黄帝史官仓颉观察鸟兽留在泥沙上的蹄迹爪纹，受到启发而创制文字，以文字"正名百物"，积累知识，传播文化，这是具有划时代意义的里程碑。今天很难判定黄帝时期发明了哪些文字，但是从中国文字演变的历史轨迹来看，显然在甲骨文之前曾经有过漫长的演变、积累、升华、定型的辩证发展过程。在河南平顶山贾湖、陕西半坡姜寨、山东莒县陵杨河等文化遗址都出现过陶器上的刻划符号，有的学者推测它有可能就是远古文字或是中国上古文字的雏形。中国古代文字独特的构成极其丰富性和秦统一文字的功绩，维护了中华民族几千年的繁衍发展和民族文化的生生不息，绵延长存。除创制文字外，礼乐建设可能更早。据传说，炎帝时代就曾"削桐为琴"，桐琴是乐器中的一种，至今桐木仍是制作乐器的重要原材料，可以想见，炎帝时以乐器奏乐伴舞，活跃精神文化生活。同样，"黄帝遣伶伦氏取竹于嶰谷，听凤阿阁之下，始造十二律焉。乃致天地气应，是则数之始也。阳管为律，阴管为吕，其气以传四时，其数以纪方物"②。又命岐伯作军乐，"以建武扬德，讽敌励兵"③，鼓舞士气，瓦解对方，凯歌以还。炎黄时期的乐器遗物很少，但仍有陶响球、陶哨、陶埙遗物，出土后仍可吹响简单乐曲。河南平顶山贾湖文化遗址出土之鸟肢骨笛，长 20 厘米，有 7 孔，音程准确，距今已 6000 年，浙江余姚河姆渡也出土过骨哨。这些出土遗物证明炎黄时代确有过乐舞活动，半坡仰韶文化陶器的舞蹈场面也给人们留下了深刻印象。制礼作乐，创文启民，是告别野蛮、走向文明的重要内容。礼乐的出现对沟通

①《帝王世纪·自皇古至五帝》。
②《隋书·律历志》。
③《隋书·音乐志》。

不同人群，不同层次之间的情感交流、和谐相处起着十分重要的作用。历代统治者对礼乐作用是十分重视的，这是自炎黄时代以来又一值得总结发扬的传统和历史经验。

四、炎黄文化研究，要服务于构建社会主义和谐社会的理论与实践建设

作为从事炎黄文化研究的学者和理论工作者，更要充分认识中共中央关于构建社会主义和谐社会的理论与实践意义，发挥认识世界、传承文明、咨政育人、服务社会的作用，从理论与实践的结合上，推出为社会主义和谐社会建设和研究传统文化与时代精神相结合的新成果，营造创建社会主义和谐社会的舆论氛围。当然，和谐社会并非是没有差别的社会，不是没有矛盾的社会。但是这种差别（地区之间、城乡之间、贫富之间、人群之间）要控制在法律、政策允许的范围之内，要坚持以大多数群众是否满意、赞成为依据。这样才能算得上"和谐"。为此，一要坚持"立党为公、执政为民"。发展为了人民，发展依靠人民，发展成果由人民共享。"关注人的价值、权益和自由，关注人的生活质量、发展潜能和幸福指数，最终为了实现人的全面发展"[①]。只有真正按照胡锦涛同志倡导的以人为本，"情为民所系，权为民所用，利为民所谋"，才能达到这一目标。二是要加强文化、社会建设。中华文明源远流长，博大精深。在当代建设中国特色社会主义伟大事业中，文化的发展和繁荣，不仅能推动人民文化生活的进步，更能凝聚民族精神，提升民族素质，铸就时代风尚，这是民族复兴的重要标志。和谐文化的建设具有传承性、创造性、时代性、长期性，因此，在加强文化建设与社会建设过程中，要善于汲取传统文化的精髓，"汲取精华，弃其糟粕"；同时也要汲取人类文明进步的优秀成果，为我所用。三要发扬中华民族精神，坚定不移地走建设中国特色的社会主义道路。中华民族精神的源头是炎黄精神，其本质核心就是自强不息，厚德载物；变革创新，艰苦奋斗；团结和谐，实现"大同"。这种民族精神是延续凝聚中华民族的强大的精神力量，是维系各民族团结和国家统一的牢固纽带，是建设社

---

① 胡锦涛《在美国耶鲁大学演讲》，2006年4月21日。

会主义和谐社会，实现"大同"世界的动力和源泉。只要我们坚持解放思想，实事求是，认真贯彻"双百"方针，坚持科学发展，就一定会在炎黄文化和炎黄精神的研究方面，也就是在中华文化和继承弘扬中华民族精神的研究方面不断取得更大成果。

　　党的十七大是全党、全国各族人民政治生活中的一件大事，举世瞩目，举国同庆，这是我国改革开放发展关键阶段召开的具有历史意义的大会。胡锦涛同志的报告，从全面把握我国发展所需历史方位的高度，科学描绘了我国改革开放和社会主义现代化建设的发展前景，是中国共产党面向世界、面向未来的政治宣言，是引领我国各族人民继续为实现全面建设小康社会目标面团结奋斗的纲领。报告旗帜鲜明，内涵丰富，坚定不移地走中国特色社会主义道路，这是实现小康社会目标、推进社会主义现代化建设、实现中华民族伟大复兴的必由之路。这是历史的选择、人民的选择、时代的选择。让我们紧密团结在以胡锦涛同志为总书记的党中央周围，高举建设中国特色社会主义伟大旗帜，继续解放思想，坚持改革开放，全面落实科学发展观，促进社会和谐，弘扬中华民族文化，推动文化大发展大繁荣，兴起社会主义文化建设新高潮，全面建设小康社会的宏伟目标就一定能实现，我们所从事的学术文化事业也就必然越走越宽广！

2007 年 10 月 16 日

民主立法与科学立法的成功实践

——在《中华人民共和国文物保护法》修订实施五周年座谈会上的发言

尊敬的全国人大常委会路甬祥副委员长:

各位领导、各位同志:

大家上午好!

经全国人大常委会修订通过并经国家主席于 2002 年 10 月 28 日明令公布的《中华人民共和国文物保护法》,已经实施了五年。五年来的实践充分说明,这是一部适应社会主义市场经济和改革开放的文物保护法,是新中国文物法制建设实践的总结和创新,凝聚了广大文物工作者和各界人士的经验和智慧,是按照文物工作自身规律、指导新时期文物工作开拓创新、锐意进取的重要政策依据和法律武器,是我国文化工作和文物工作法制建设的重要里程碑。

今天,我们隆重纪念文物法修订实施五周年,作为自始至终的亲历者之一,回顾这部法律的修订过程,我不禁感慨良多,这里着重谈三点。

一、文物法的修订是社会主义市场经济体制下文物事业发展的必然而又紧迫的要求

国家文物局是从 1996 年的下半年开始文物法修订调研工作的。当时,经过将近二十年改革开放,虽然文物工作正逐步走向规范化、科学化、法制化的轨道,但在我国社会主义市场经济体制日臻完善以及我国加入 WTO 之后更加复杂的形势下,文物工作正面临着许多新情况、新问题。同时,在文物保护、利用如何适应人民群众日益增长的物质和精神文化需求方面,我们也面临着严峻的挑战。这些问题和挑战主要可以

概括为如下两点：

第一，1982 年公布实施的《文物保护法》由于处在改革开放刚刚开始的特定历史时期，不可能预见到后来在建设社会主义市场经济过程中出现的问题，也不可能在法律中作出明确、有效、科学的界定；其间虽有 1991 年对第 30 条、31 条的修订，仍不能全面应对新的变化和新的问题。尤其是法律本身在法体、法理、法语不够十分严谨以及认识、理解和阐释方面存在某些歧异。这其中既有执法不严、有法不依的问题，也有各级文物行政部门的执法机构建设非常薄弱、执法能力比较低下、执法责任不甚明确的问题，严重影响了法律的执行效果。

第二，我国在 1989 年 9 月签署和加入了联合国教科文组织《关于采取措施禁止并防止文化财产非法进出口和所有权非法转让的公约》（《巴黎公约》）；1997 年 5 月，我国政府又签署同意加入联合国教科文组织《关于盗窃或非法出口文物的公约》（《罗马公约》）。这是我国文物工作与国际接轨的重要步骤，但是公约中的许多重要原则和规定还未能在国内立法中得到反映和具体实施。事关我们的国际承诺和国家对外形象，也是不容拖延的。

因此，修订 1982 年的文物法就成为摆在我们面前的一个紧迫任务。从 1996 年下半年起，经国家文物局研究，报请文化部并征求国务院法制办和全国人大常委会教科文卫委员会意见，一致同意着手起草修订的准备工作。国家文物局确定的修订基本原则是："坚持文物工作基本方针，适应社会主义市场经济体制要求，遵循文物工作自身规律，为文物保护事业提供更加充分完备的法律保障，促进文物事业健康有序发展，推进社会主义精神文明建设。"实践证明，这个基本原则是正确的。

二、文物法的修订，是解放思想、实事求是、深入学习、勇于创新的过程，是博采众长、集思广益、提高认识、凝聚共识的民主立法的过程，也是各个方面通力合作、上下协调的科学立法的过程

回顾一下这个过程的一些重要环节，我想是有益的。

在征得八届全国人大常委会原则同意并在国务院统一部署下，国家文物局于 1997 年启动了文物法修订工作，成立了专门的工作组，并约请了毛昭晰、谢辰生、沈竹、李晓东等四位同志作为修订顾问。经过一年多的努力，文物局完成了关于修订文物法的具体建议和修订草案，并于1998年6月经文化部审议后上报国务院。

接着，在杨景宇主任主持下，国务院法制办公室召开了近20次不同类型的座谈会和多次调研考察，又和文物局一道或分别再次征求了全国政协教科文卫委员会和国家计委（发改委）、建设部、环保局（环保总局）、旅游局、工商局（工商总局）、公安部、海关总署、最高人民法院、最高检察院、中国科学院、中国社会科学院、北京大学等单位的意见。2001年9月21日，国务院常务会议原则通过并于9月27日上报全国人大常委会审议。

此后，国家文物局积极配合国务院法制办和全国人大常委会教科文卫委员会、法制工作委员会对《文物保护法（修订案）》有关条款内容作了更为广泛深入细致的调查研究。毋庸讳言，由于思想认识、角度不同，社会各界、各方面对一些问题的认识存在一定差异，对文物市场如何开放、博物馆藏品可否流通、公民收藏文物是否合法等问题的争议较大。其间，修订稿自2001年9月起，经九届全国人大常委会24次、25次、26次、30次全会四次审议，历时六年，其跨越时间之长，涉及部门之多，征求意见之广，调查研究之深，立法决策之慎，领导重视之程度，都堪称空前启后，极大地提高了广大文物干部政策水平和执法能力，增强了广大群众文物保护意识自觉性、积极性。

三、文物法的修订，凝聚着党和国家领导人的睿智和心血

我至今记得，在1996的3月，时任中共中央政治局委员、国务委员的李铁映同志在对我的任职谈话中，就把修订文物法的重要性、必要性和紧迫性作了精辟的阐述，要求我把文物法的修订作为一项重要的任期目标。

我不会忘记，全国人大常委会副委员长彭珮云同志曾经亲率教科文卫委员会、法制工作委员会主任、副主任和部分人大常委赴南京召开座谈会，听取江苏、安徽、河南、甘肃、四川、重庆、辽宁、山东、广东、福建、浙江、山西、陕西、北京等省市对《文物保护法（修订草案）》的意见。会后，她又和部分人大常委赴安徽、江苏徐州等地进行了调研。

我至今记得，2002年1月5日，时任中共中央政治局常委、国务院副总理的李岚清同志在听取国家文物局工作汇报时，充分肯定了《文物保护法》修订的基本内容和重要原则，同意对"保护为主、抢救第一"的文物工作方针和"有效保护、合理利用、加强管理"的原则进行文字调整、合并写进新法，并同意国家文物行政部门作为文物工作主管部门写进文物法修订草案。这次汇报会还同意我们提出的在《文物保护法（修订案）》通过后召开全国文物工作会议的建议。

我不会忘记，在九届人大常委会二十六次会议期间，时任中共中央政治局常委、全国人大常委会委员长的李鹏同志亲自参加讨论，并对文物行政执法问题发表了重要的指导意见。各位副委员长和人大常委每次都是认真审议、字酌句斟地对修订稿提出了重要的意见和建议。人大常委会教科文委员会朱开轩主任委员和范敬宜、聂大江、宋木文、常莎娜、高运甲等常委和委员每次正式审议前更是逐条逐款、字斟句酌，反复推敲，一丝不苟，那种废寝忘食、极端负责、认真细致、严谨求实的精神，至今历历在目，难以忘怀。

事实清楚地说明，没有党和国家领导人的直接关心，没有全国人大常委会各位常委的支持，就不会有文物法的成功修订。他们的指导和贡献，值得我们永远铭记。借此机会，我以一位老文物工作者的名义，谨向所有关心、指导文物法修订的各位领导，向全国人大教科文卫委员会、法制工作委员会、法律委员会，国务院法制办公室、文化部和所有参与这部法律修订工作的诸位专家和同志们，表示由衷的感谢和敬意！

修订后的《文物保护法》，是目前我国文化建设的最重要的经典法律，对维护社会主义经济、文化基本制度，完善社会主义市场经济体制，保护国家珍贵文化遗产，传承中华文明，弘扬以爱国主义为核心的民族精神和以改革创新为核心的时代精神，促进社会主义先进文化建设都具有现实意义和深远意义。新《文物保护法》既把党中央、国务院提出的文物工作方针和文物工作五纳入等都列入法律条款，又非常明确了"国务院文物行政部门主管文物工作"和各级人民政府及其文物部门的文物保护之责，这是具有重大意义的。除此之外，修订后的文物法的核心内容还集中在以下几个方面：一是明确了加强文物依法管理的重大措施；二是规范文物流通秩序；三是强化文物行政执法权和依法打击文物盗窃、走私和犯罪活动；四是保护文物收藏者依法获得文物的权利；五是第一次规定了文物行政部门、文物收藏单位、经营文物拍卖的企业工作人员之法律责任。总之，《文物保护法》的制定和颁布为执法部门、执法队伍以及文物行政部门反腐倡廉，建设公平正义、清正廉洁、社会和谐提供了法律保障，为文物工作健康有序可持续发展奠定了重要的法律基础和可靠的前提。

当然，我们也清楚地知道，修订后的《文物保护法》也还存在着这样或是那样的历史局限性，在一些方面也已经不能很好地适应日新月异的形势。此外，一些政府部门的责任意识不强和一些文物部门执法意识淡薄等，也在一定程度上削弱了文物法的效用。因此，我们在坚决反对"有法不依，执法不严，违法不纠"和"以权代法，以言代法，以情代法"的同时，也应该从实际出发，不断解放思想，勇于创新，与时俱进，正视并检查文物法的不足，适时、及时对文物法进行新的、周期性的修订。

各位领导，各位同志，胡锦涛总书记在党的十七大报告中指出："当今时代，文化越来越成为民族凝聚力和创造力的重要源泉，越来越成为综合国力竞争的重要因素，丰富精神文化生活越来越成为我国人民的热切愿望。"并要求我们全面认识祖国传统文化，努力做好文物工作。锦涛同志的报告使我们备受鼓舞，充满信心。我深深体会到，文物事业的发展，归根结底有赖于国家政治、经济的进步与发展，有赖于法治国家建设的进步与发展。十六大以来，正是由于我们党在建设中国特色社会主义的伟大实践成果，为文物工作的持续发展提供了有力的支持。今天，我们有《文物保护法》的坚强保障，有人民群众对物质和精神文化生活需求的更高期待，有各级政府的重视和支持，文物工作机遇很好、任重道远。我们一定要高举中国特色社会主义伟大旗帜，全面贯彻落实科学发展观，使文物工作成为推动社会主义文化大发展、大繁荣和促进和谐社会建设的重要力量，为弘扬中华文化，建设好中华民族共有的精神家园，实现中华民族的伟大复兴，作出积极的贡献！

2007 年 11 月 9 日

对隋唐大运河的再认识和
有关"申遗"的若干建议

一、对隋唐大运河的再认识

公元 604 年 7 月，隋炀帝杨广登位，翌年 3 月，即实施了两项重大工程：一是动土兴建洛阳城；二是决定开凿大运河。用工都在百万以上。历史认为，这是隋朝很快灭亡的原因。尤其是开凿运河，不少人认为是隋炀帝骄奢淫逸、游山玩水，隋朝政治腐败的罪证。现在实事求是地看，两项工程的实施，是同隋结束了分裂局面，实现国土统一（政治、军事、经济），以及解决当时关中连年饥荒，经济中心东移（江南鱼米之乡，天下富庶）有很大的关系。而隋炀帝只不过加快了国土统一步伐，适应了经济发展东移的历史趋势和当时实际形势发展的需要，采取了具有远见的重大科学布局。事实也证明，大运河的开通，对以洛阳为中心，沟通东西南北中，促进经济文化交流，加快实现国家政治、文化统一起到了重大作用，为此也为中国历史的发展作出了重大贡献，产生了深远的影响。

大运河的开凿其主要工程，一是 605 年（大业元年）"发河南诸郡男女百余万，开通济渠，自西苑引谷、洛之水达于河，自板诸引河通于淮"，沟通黄淮两大水系。二是 608 年（大业四年）"正月诏发河北诸郡男女百余万，开永济渠，引沁水南达于河，北通涿郡"。三是重整了邗沟。邗沟是吴王夫差所开，是吴王夫差为北上中原争霸而开凿的，沟通了长江与淮河水系，为隋炀帝开通至扬州运河奠定了基础，节省了劳力。四是 610 年（大业四年）开江南河，直达杭州。

大运河的开凿，如果从 605 年算起，到 610 年完成，前后用了六年的时间，但实际仅用了两年半。从此，大运河由北向南沟通了海河、黄河、淮河、长江、钱塘江五大水系，贯穿了华北平原、淮海平原、杭嘉湖平原，从而为东部地区的开发奠定了新的格局。在构建以长安、洛阳为政治经济军事中心和维系隋王朝统一（包括唐王朝），保证粮食供应，促进两岸经济社会（工商业、农田水利）发展和文化交流起了巨大积极的作用，是巩固隋唐帝国的生命线，对唐宋王朝的巩固与繁荣也发挥了重要积极作用。

由于大运河的开凿，沿运河两岸修筑了码头、船闸、桥梁、堤坝、乃至衙府、官仓、会馆、庙宇、驿站等相关设施，沿岸村镇成为商旅之地，新型城市"因河而生"，商贾云集，都是不争事实。沿河两岸人民称运河为母亲河，充分说明运河在经济社会生活中的地位。所以说，运河也是沿岸人民的生命之河，养育了运河儿女，孕育和形成了运河文化。所有这一切都体现了运河的开凿是古代劳动人民勤劳智慧的结晶，同万里长城一样是中华文明的象征，也是隋炀帝的雄才大略、泽被后世的伟大工程。这应当是历史的真实。

二、对申遗工作的几点建议

河南、安徽两省对大运河的申遗工作高度重视，做了大量的卓有成效的工作，令人鼓舞，令人振奋。国家文物局决定把隋唐大运河同京杭大运河一并以"中国大运河"申报世界文物遗产名录，是正确的，我表示赞成。但现在看来，还有许多工作要做，提出以下几点建议：

（一）坚持以科学发展观为指导，统领"申遗全过程"。大运河河床沿岸经历一千四百余年的变迁，已经发生了很大变化。自然与人文地理、环境的沧桑变化和近代工业化的兴起，特别是改革开放以来，农村城镇化步伐的加快，高速公路的兴建，运河沿岸重要遗址遗迹和与运河相关的古代水工建筑（船闸、桥梁、码头、堤岸）都遭到不同程度破坏，而且部分河道已为乡镇企业所占用排污，造成了严重的环境污染。这些问题不解决，不仅文化遗存得不到保护，自然生态也会进一步恶化，这将是中华民族不可挽回的重大损失。因此在运河沿岸"申遗"过程中，要以科学发展观为指导，把保护文化遗产同以人为本、关注民生，改善现状结合起来，统筹考虑，全面安排。需要在党委统一领导和政府部门下，由文物、环保、水利、交通、文化等相关部门通力协作，以起到弘扬中华民族文化，共建中华民族精神家园的作用，为实现小康目标和构建和谐社会做出贡献。

（二）坚持文物工作"保护为主、抢救第一、合理利用、加强管理"的方针，切实做好大运河沿岸文物保护工作。"申遗"可以是目标，但不是最终目的。我们反对"为申遗而申遗"，更不要以"申遗"成功与否作为文化遗产价值高低的标准。我们总体指导思想是通过文化遗产的保护，弘扬以爱国主义精神为核心的民族文化和改革开放为核心的时代精神，共建中华民族精神家园。因此对"申遗"应有一个正确的态度和全面的认识。不能"大呼经济"，不能搞"忽悠"，而要踏踏实实，不图虚名。目前，各地已经做了很多工作，如洛阳、商丘、淮北、宿州，以及扬州、淮安、阜宁……都取得了令人欣喜的成绩，为"申遗"工作创造了很好的条件，这是应当肯定的，但仍有许多工作要做。第一位的工作，仍然是把现有遗迹遗物保护和整合，如河南开封应对始建于北宋时期的汴京州桥遗址，宿州埇桥遗址，淮北柳孜码头、宿州宋代码头，商丘、亳州、淮北、宿州出土唐宋遗物（瓷器、桥墩、船锚……）以及船舶等，尽快给予妥善、科学保护，建档立卷，在相关地点应立标志，有的可以公开展示。在保护的前提下，可以适度开发，造福百姓，展示运河文化。但不能以牺牲文化遗迹的完整性、真实性为代价去换取旅游或商业性的开放。这种种教训应当记取。

（三）组织交叉学科联合攻关，推动大运河的科学研究。大运河的研究内涵丰富，涉及面广，是一个系统工程。需要文物考古、水利、交通、环保、地质、文化等学科领域，因此只有相关部门通力合作才能完成。建议由科技部申报国家重点科研项目，组建综合科考队，运用科技手段（包括航测、遥感等）协作攻关。把运用典籍文献科学考察同田野实际考虑结合起来，把专题性研究同综合性研究结合起来，把理论研究同实际研究结合起来，为建立"运河学"作出开创性贡献。

文物考古工作如前所述，已经先行一步，但还有大量工作要做。如运河走向、河床状况、码头、船闸、桥梁、堤坝等水工设施，衙府、钞关、官仓、会馆、驿站、庙宇等，以及因河而生、因运而兴的村、镇、城市等，目前仍底数不清，所知了了，考古发掘尚有待进一步展开。含嘉仓是 20 世纪 20 年代发现的，限于当时条件，只发掘了零星几个仓窖，保护的只一个，显然少了一点，仓城面积 400 平方米，应当再发掘一部分。其他兴洛仓、天津桥、虹桥、埔桥等都应当继续做工作。对重要遗址应制定规划，分步实施，确定工作方案，有计划、有步骤、有要求的分步实施。虽不能达到运河全线完整性、真实性的要求，但重点遗址的完整性、真实性是可以达到的。

建议组织力量（社科院考古所、高等院校、相关院所）对重点地点进行科学发掘，并要写出科学发掘报告。这既是科学工作的要求，也是对文化遗产的另一形式的保护，也为他人研究提供可信的资料，以供学科研究的深入和保护方案制定的依据。

（四）加强立法建设，依法保护运河沿岸重要文化遗产。按照《中华人民共和国文物保护法》及《实施细则》，制定《大运河文化遗产保护条例》。依法保护运河文化遗产是形势的需要，也是在当前加快城乡建设发展步伐的形势下必须采取的一项重要措施。

目前先鼓励地方先行立法，做出若干具体的规定。同时建议国家文物局报国务院法制办备案，或请国务院先行公布暂行管理办法，或由发改委、文化、建设、水利、环保、文物等委办局联合行文，由国务院办公厅批转公布指引管理办法。其核心主要是明确各级政府职责，建立科学档案，树立保护标志，建立保护机构，划定保护范围，给予经费支持，切实做好保护工作。

（五）选择适当地点，精心筹备，建立"中国运河博物馆"。博物馆是一个国家、民族、地区城市文明的标志。洛阳、商丘、扬州和淮北已经出土了一批重要文物，弥足珍贵。为了全面展示运河文化遗产和风土人情、经济社会发展，重现运河神韵，传承中华文明，认识运河历史地位及时代价值，建一座中国运河博物馆，各地也可在自己区域内建立若干遗址展示馆，或在北京、阜宁、扬州、淮北设立分馆。

（六）积极发挥政协优势，大力推动运河文化研究开发利用。政协具有人才荟萃、智力密集、联系广泛、参政议政的优势，在文化遗产（物质或非物质）保护利用方面发挥了重要作用。我很同意淮北提出的"市委重视、政府支持、政协积极推动、人民群众热情参与"的提法。

2007 年 12 月 18 日

吊唁杨仁恺先生

辽宁省文化厅并转

杨仁恺先生治丧委员会：

惊悉当代著名书画鉴定家、书法家、博物馆学家、全国文物鉴定委员会委员、辽宁省博物馆名誉馆长杨仁恺先生不幸病逝，这是中国文物博物馆事业不可弥补的重大损失，我谨代表中国博物馆学会并以我个人名义向省文化厅、辽宁省博物馆表示深切哀悼，并请向杨仁恺先生亲属转达最深切的慰问，望节哀顺变、多加保重！

杨仁恺先生热爱中国共产党，热爱社会主义的新中国，热爱祖国文化、文物博物馆事业。先生自青年时代起，就对中国古代书画、古文字、碑帖学产生了浓厚的兴趣，对历史悠久、光辉灿烂的中华文化怀有深厚的崇敬感情，并投入大量的精力潜心研究，勤于实践，广交名家，切磋琢磨，并成为海内外享有盛名的学者和书画鉴定大家。先生早年为清查鉴定伪皇宫流散历代书画和典籍尽心竭力，作出了重大贡献，厥功至伟。杨仁恺先生的专著《中国书画鉴定学稿》、《国宝沉浮录》及大量论著，以感性认识与理性认识、理论与实践相结合的方法，进行了科学总结，为中国书画学奠定了深厚的基础。《国宝沉浮录》穷四十余年之心力，是对发现的大批古代法书和名画作品进行了反复推敲、科学论证、精心鉴定的真实记录，对广大读者，尤其是文物工作者和书画爱好者以深刻的启迪，其初稿曾受到原文化部部长、著名作家沈雁冰同志的赞赏和肯定。先生在 20 世纪 80 年代，又应邀参加全国书画巡回鉴定组，同启功、谢稚柳、徐邦达诸先生一道，为抢救、保护、鉴定祖国珍贵书画竭尽辛劳，再次作出重大贡献，国家和人民将永远铭记先生的不朽功绩。

　　杨仁恺先生德高望重，学养深厚，著作等身，平易近人。我同先生相识甚晚，但每次同先生晤面，都能从先生侃侃交谈中获得许多教益。先生博大胸襟、光明磊落的长者风范和无私奉献的精神，将永世长存！

　　人民文物鉴定家杨仁恺先生不朽！

2008 年 2 月 9 日

在张伯驹先生一百一十周年诞辰座谈会上的发言

　　十年前，在故宫博物院曾举行过纪念收藏大家、文物鉴赏大家张伯驹先生百年诞辰座谈会。那次纪念会上，我代表国家文物局作了一个发言，充分肯定了张伯驹先生是一位杰出的爱国民主人士，并对他把珍贵文物无偿捐献给国家的爱国义举给予高度评价。十年来，我国社会主义经济、文化建设取得巨大成就，文物工作也相应取得极大进步和发展，文物收藏界也获得不小的成绩，令人欣喜。岁月的流逝，使我们更感到张伯驹先生为国家、为民族、为人民作出的巨大贡献值得永远纪念，更感到张伯驹先生和潘素女士的无私奉献精神之可贵可贺！

　　张伯驹先生的一生是坎坷曲折的一生，是富有传奇的一生。先生前半生正逢中国沦为半封建半殖民地社会，国家积贫积弱、军阀混战、社会动荡的年代和中国由旧民主主义革命转向新民主主义革命的年代，他经历了清末、民初、北洋政府、国民党政府和新中国多个历史时期。张伯驹先生出身名宦世家，被称为民国的四公子之一，其父宦海沉浮和中国社会的动荡，不能不对他的思想有所触动。但他自幼酷爱读书，热爱中国文化，"九岁能诗、人称神童"，琴棋书画，无不精通，对中华传统文化有极深厚的造诣和修养。在社会大变革的时代，他抛弃了政治仕途的道路，选择了研习中国文化的道路，这绝不是偶然的。在这种特殊环境中，铸就了他热爱中国传统文化，视中华传统文化为安身立命理想的人生追求，从而也培养了他的中国文人的气质，这应当是张伯驹先生的精神动力和毕生奋斗的源泉。

　　中国传统文化的深厚修养，铸就了张伯驹先生始终不落的爱国赤诚。为了文化瑰宝，不惜倾家荡产，举债借贷，甚至不惜以生命为代价去抢救保护，以实现他的人生价值。抗日战争时期，为保护珍贵字画不致落入日伪之手，亲赴沦陷区的上海，在被绑架、威逼利诱之下，坚贞不屈，绝食抗议，严正表示"宁死魔窟，绝不能变卖所藏古画赎身！"表现了一种临危不惧的大无畏的气概，令人钦敬！1936 年溥心畲所藏唐韩干《照夜白图》为上海画商叶叔重所得，先生心急为焚，急电执政大员："惊悉国之瑰宝唐韩干《照夜白图》有流传海外不归之虞，烦兄鼎力察访，并严惩盗画之人。"表示了他维护国宝的坚定态度。果不出先生的担忧，此画先为日人所得，后又转为美国人所藏，使我国从此失去了这件文化瑰宝。陆机（261～303）《平复帖》，原也为溥心畲所藏，其重要价值当不在《三希堂法帖》之下，几经周折，事隔多年之后，通过傅增湘先生周旋，终为先生所藏，启功先生等都为《平复帖》作过考证研究，确认是一件文物珍品。隋展子虔《游春图》也经历过一番曲折，是张伯驹先生卖去一座院落，以 220 两黄金才购得的。"倾囊举债，就是怕流落国外。"处处彰显出先生为着保护国宝不致流失海外而不惜倾家荡产的无私无畏的自我牺牲精神。对于新中国、新社会、新生活，他寄予极大的厚望，曾应邀担任文化部顾问，自觉投入到新中国文化事业建设中来，有着一种"新中国主人翁"的自觉意识。所以，他能把自己毕生珍藏毅然决然献给国家，"藏宝于国，惠施于民"，实现了他毕生的愿望。正是这些诸如《平复帖》、《游春图》、《张好好诗》、《百花图》等瑰宝，不仅成为悠久历史文化的见证，而且其背后更演绎了一件件悲壮的历程。张伯驹先生不愧为中华文化瑰宝的第一功臣，是文化战线的民族英雄！

中国传统文化的深厚修养，铸就了张伯驹先生在中国近代文化史和当代收藏大家无与伦比的地位。张伯驹先生说："不识旧物，则决不能言新。"他对中国古典绘画和中国法书的研究和他对中国古典诗词、戏曲研究相互贯通，相得益彰，这成为"文化高原上的峻峰"，可谓"前无古人，后无来者"，至少难有企及之人。没有一定中国传统文化修养，只是有了钱，恐怕难以称之为收藏家，更不会成为"收藏大家"。只有具备了中国传统文化深厚的人文修养和坚实的文化积淀，加上"有缘、有心、有情"，才能懂得文物真正的文化价值，也才能成为名实相副的收藏家。张伯驹先生在《陆士衡平复帖》题记中说："帖书法奇古，文不尽识，是由隶变草之体，与汉简相类。"此后经当代著名学习启功先生反复研究，得以释出大部文字，确认张伯驹先生慧眼所识和对《平复帖》价值之高见。先生之所以不惜巨资购《平复帖》，不仅在于其价值，更在于防止其流失海外。"在苦欲阻《照夜白图》出国而未能，此则终了心愿，亦吾生之大事。"耿耿此心，天日可表。

中国传统的深厚文化修养，铸就了张伯驹先生伟大的胸怀，宽容的气度，高尚的人文情怀。张伯驹先生是一位戏曲大家，而且也是位戏剧家和实践家，登台表演，授徒传艺，传为佳话。人称"京剧老名士，艺苑真学人"。在"百花齐放"中，由于酷爱传统艺术又过于"率真"，一出《马思远》（《海慧寺》），被错划成右派，受到错误处理。在这种情况下，他仍能以平常之心、宽容态度处之，他说："国家大，人多，个人受点委屈不仅难免，也算不了什么，自己看古画也有过差错，为什么不许别人错送我一顶帽子呢？……我只希望祖国真正富强起来。"此后，他在吉林省博物馆担任第一副馆长期间，尽心竭力为吉林博物馆整理、收购、鉴定字画，结果又难逃"文革"的无情迫害。对这种不公正待遇，张伯驹先生仍泰然处之，始终以博大胸襟面对，这正是张伯驹先生所代表的中国文人的高贵气度和高尚品德。这是一种什么精神？这应当就是中华民族和中华传统文化自强不息、厚德载物的民族精神，或者这也就是鲁迅先生所说的民族脊梁精神。在目前伟大改革开放进入新的历史时期，弘扬民族传统文化，推进社会主义文化大发展大繁荣，实现民族伟大复兴中，我们更应弘扬张伯驹所体现的热爱中华文化，无私奉献的民族精神和民族脊梁精神，这正是我们对张伯驹先生一百一十周年诞辰最好的纪念。

2008 年 2 月 28 日

在拉美地区博物馆学研讨会上的发言

尊敬的国际博协执委、里约热内卢大学教授特里萨·希尔纳女士，

尊敬的巴西天文博物馆馆长阿尔弗雷德·托马斯奎恩博士，

尊敬的国际博协巴西国家委员会主席卡洛斯·布兰道尔教授，

尊敬的国际博物馆学委员会拉美分会主席格雷斯·巴里奥尔博士，

尊敬的国际博物馆学委员会主席奈莉·德卡洛丽丝教授，

各位来自巴西及其他拉丁美洲和加勒比地区的朋友、同事，女士们、先生们：

我和我的同事张建新先生感到十分荣幸，受本次研讨会主办者的邀请来到美丽的里约热内卢，并代表国际博协 2010 年上海大会组委会向大家通报大会有关筹备情况，诚挚地邀请各位 2010 年 11 月访问上海，出席这三年一次的世界博物馆界的盛会。同时，热情邀请拉美及加勒比地区的博物馆学研究者今年 9 月 14 ～ 21 日前往中国的长沙，出席在那里召开的国际博物馆学委员会（ICOFOM）2008 年年会。

首先，我们希望播放一个八分钟的短片作为本发言的背景信息。中国博物馆和博物馆工作者十分感谢包括拉美和加勒比地区在内的各国同仁的支持，使我们有机会承办下一届国际博协大会（General Conference）暨全体会议（Assembly）。

众所周知，三年举行一次的国际博协大会，是国际博物馆和文化遗产界共享专业利益、促进博物馆实现为社会服务使命的最重要的平台，也是汇聚世界不同地区博物馆和遗产工作者，阐述多样化、多学科专业关注的最重要的国际盛事。

中国各级博物馆及其专业人员，将努力把国际博协 2010 年大会和

全体大会举办成为最具代表性并反映各国所代表的多方关切和利益的会议。

一、上海和她的博物馆

国际博协 2010 大会的举办地点上海，是中国历史文化名城上海，有着多方面的优势。

第一，上海是一座地理位置优越、气候宜人、交通便利、接待能力充足的城市。

上海地理位置优越，气候宜人，交通便利。作为中国的一个交通枢纽，上海可以提供先进的航空、铁路、公路和水运交通网络。上海拥有超过 200 家星级酒店，每年可同时接待 200 万客人。同时，还有一些经济型酒店和住宿可以为其他要求提供可能帮助。

第二，上海是一座既古老又现代的城市。

上海市有"东方明珠"的美誉，是一个古老而又现代的城市，她融合了东西方的文化。人们被她的文化、历史、人文以及所表现出的冲劲和活力所吸引。

第三，上海有着优秀的博物馆。

这座城市是中国近现代博物馆的诞生地。20 世纪 90 年代以来，上海的博物馆得到了长足的发展。至 2005 年年底，上海已有艺术类、科技类、综合类、纪念类、人物类、行业类、高校类博物馆 100 座。正在拟定中的上海有关文博事业的发展规划设想：到 2010 年，上海区域的博物馆建设能够初步形成具有鲜明特色的崭新格局。

二、为迎接国际博协 2010 年大会我们的准备工作

国际博协中国国家委员会和上海市已经为迎接国际博协 2010 年大会作了大量的准备工作。

第一，大会会期，将为大会代表提供了解 2010 世界博览会的机会大会会期初步确定为 2010 年 11 月上旬，适逢上海世界博览会刚刚结束，将向国际博协 2010 大会的代表提供一个充满魅力的文化背景，并使代表有机会了解世博会。

第二，大会主题："博物馆与和谐社会"。

"和谐"，是 21 世纪的一个关键词。政治和谐、社会和谐、文化和谐、自然和谐、环境和谐等概念，正在越来越多地影响甚至改变着当今社会的方方面面，当然也包括博物馆和文化遗产事业。这一主题的建议，既考虑到了博物馆作为一个重要文化机构所承担的社会职责，也考虑到博物馆自身专业建设的迫切要求。

在今后的三年里，该主题的诠释和深度挖掘，将围绕"博物馆与文化理解及文化尊重"、"博物馆与和谐社会"、"博物馆与自然及环境和谐"以及"博物馆专业的和谐发展"进一步展开。

第三，中国中央政府和上海市政府对承办 2010 年大会强有力的支持。

中国中央政府和上海市政府承诺，为 2010 年大会提供各种形式的支持，这一点在我们看来是确保大会取得高质量成果和具有最广泛代表性的最重要的保障。

中方组织者愿意为 70 名来自发展中国家的国际博协会员提供帮助，使他们得以出席大会和确保国际博协具有广泛的代表性。

第四，四种工作语言：英语、法语、西班牙语和汉语。

为了使会议的交流更加有效，英语、法语、西班牙语和汉语已经被确定为大会的工作语言，以上四种语言的同声翻译或现场翻译服务将为所有会议提供。

第五，多样化选择的文化与社交活动。

具有多种选择的在上海及周边城市的参观考察、随同人员活动正在计划之中。这些活动将具有历史与现代、文化与自然等不同方面的代表性。一些大会之前和之后的旅游路线也在与旅行社谈判之中。

第六，与国际博协国际委员会、地区委员会和所属国际组织的协调机制。

在今后的三年中，中国国家委员会将利用中国博物馆学会和中国自然科学博物馆协会的有效资源，建立相应的工作小组，以便与国际博协国际委员会、地区委员会、所属国家组织建立联系并一道工作。中国国家委员会将鼓励博物馆专业人员和机构积极参加 2007～2010 年期间的国际会议，以建立最为直接、有效的协调机制。

第七，大会各项筹备工作已全面正式启动。

目前已由有关方面共同组建大会筹备委员会、执行委员会、专门工作部三级组织机构，并在北京和上海建立了两个常设的办公室处理日常事务。

为了使广大国际博协会员及时了解有关信息，大会筹委会正在建立大会专门网站，网址是 http://www.icom2010.org.cn。该站计划于 2008 年 5 月正式投入使用。

2008 年 3 月 5 日，巴西里约热内卢

世俗视阈下的中古佛教世界

——以洛阳、敦煌寺院遗事为中心[*]

张文彬文博文集

当代学人陈序经说过："宗教是一种信仰的形式，它的功用，日见增加，人类的一切的博爱的行为，都从此发轫。……宗教是超理性的，它的最大的作用，是引起博爱的情绪，与牺牲的精神。愿意去牺牲自己，而博爱人类，决非自私的理智所能为。"

一

佛教自两汉之际传入中国后，其自身经历过一个漫长的中国化过程。在此期间，这一外来宗教出于自身生存、发展的需要，不仅曾与中国传统的道教观念和儒家意识有过兼容并蓄的浸合过程，更与中国朝野士庶的人文生活发生了水乳交融的关节流变，从而使自身呈现出故国原生态文明下绝无仅有的东方世俗化色彩。

本文采撷洛阳、敦煌两地中古时代相关的文化遗产，对此间佛教日常行为的斑斓事象作一简略的回顾与梳理。笔者毫颖之曲委，庶几为中古佛教世俗化逸闻故事平添以墨彩。

---

* 编者按：本文是张文彬同志于 2008 年 3 月 28 日参加"2008 年澳门宗教与社会发展国际学术论坛"所提交的文章。

二

《洛阳伽蓝记》载，自北魏迁都中原以来，京城洛阳"自葱岭已西，至于大秦，百国千城，莫不欢附，商胡贩客，日奔塞下，所谓尽天地之区已。乐中国土风因而宅者，不可胜数。是以附化之民，万有余家。门巷修整，阊阖填列，青槐荫柏，绿树垂庭，天下难得之货，咸悉在焉"①。当时的洛阳，显然已经成为一座辐辏四方的国际化都市。毫无疑问，如此开放的一方热土，自然招徕域外佛教的趋附。

在佛教东渐中原的过程中，北魏一代弘法洛阳的西域名僧内典纪略者若如：

沙门菩提流支者，"北天竺人也。遍通三藏，妙入总持，志在宏法，广流视听。遂挟道宵征，远莅葱左。以魏永平之初，来游东夏。宣武皇帝下敕引劳，供拟殷华，处之永宁大寺。四事将给，七百梵僧，敕以流支为译经之元匠也。其寺本孝明皇帝熙平元年（516）灵太后胡氏所立，在宫前阊阖门南御道之东②。……先时流支奉敕创翻《十地》，宣武皇帝命章，一日亲对笔受，然后方付沙门僧辩等，讫尽论文，佛法隆盛，英俊蔚然，相从传授，孜孜如也。帝又敕清信士李廓撰众经录。廓学通玄素，条贯经论，雅有标拟。故其录云，三藏流支自洛及邺，爰至天平（534～537）二十余年，凡所出经三十九部，一百二十七卷。即佛名《楞伽法集》、《深密》等经，《胜思惟大宝积》、《法华》、《涅槃》等论是也。并沙门僧朗、道湛及侍中崔光等笔受，具列唐贞观《内典录》。……于时又有中天竺僧勒那摩提，魏云宝意，博赡之富，理事兼通。诵一亿偈，偈有三十二字。尤明禅法，意存游化。以正始五年（508），初届洛邑。译《十地》、《宝积论》等大部二十四卷。又有北天竺僧佛陀扇多，魏言觉定，从正光年（520～524）至元象二年（539），于洛阳白马寺及邺都金华寺译出《金刚》、《上昧》等经十部。当翻经

---

① 杨衒之：《洛阳伽蓝记》卷三，第 159～161 页，上海古籍出版社，1978 年版。
② 20 世纪 70～90 年代及 2006～2007 年考古发掘证实，永宁寺在御道之西。

日，于洛阳内殿，流支传本，余僧参助。其后三德乃徇流言，各传师习，不相询访。帝以宏法之盛，略叙曲烦，敕三处各翻讫乃参校。其间隐没，互有不同，致有文旨，时兼异缀。后人合之，共成通部，见宝唱等录。初，宝意沙门神理标异，领牒魏词，偏尽隅奥。帝每令讲《华严经》，披释开晤，精义每发"①。

次有南天竺沙门菩提达摩，"香至王第三子，姓刹帝利，本名菩提多罗。……（以梁普通二年/521）十一月二十三日届洛阳，当魏孝明帝正光二年也。寓止嵩山少林寺，面壁而坐。魏明帝三诏之，祖终不起。就赐摩衲袈裟，祖亦不受。使三返，帝强授之。……乃与徒众往禹门千圣寺止三日。有期城太守杨衒之问祖曰：'西天五印，师承为祖，其道如何？'祖曰：'明佛心宗，行解相应，名之曰祖。'……衒之闻偈，悲喜交并曰：'愿师久住世间，化导群有。'祖曰：'吾即逝矣，不可久留。'衒之礼辞而去。祖于是奄然长逝。魏幼主钊与孝庄帝废立之际，当梁大通之二年（528）十月五日也。其年十二月二十八日，葬洛阳嵩州之熊耳山，起塔于定林寺。魏遂以其丧告梁，梁武皇帝即赐宝帛，悉诏宗子诸王以祭礼而供养之"②。菩提达摩以泛海自南梁抵达于洛阳，其于嵩山推弘禅法、衣钵传绪，从而开创中国禅宗的法系。这在东方佛教史上享有显著的一页。

菩提流支等辈的译经、弘法事业，自始至终无不得到北魏皇室的扶助，可见西域佛教移足中原之际已与东方政治社会葆有密切的因缘。中原佛教乘时弘法依附于朝廷，实际继承了孔雀朝阿育王、贵霜朝丘就却时代傍依国家王权的传统，也与十六国以来"不依国主则法事难立"的自身观念有着密切的联系。其迤逦演进之全程，自然充斥着浓郁的东方乡土文化的色彩。

① 道宣：《续高僧传》卷一《魏南台永宁寺北天竺沙门菩提流支传》，《大正藏》，第五十册，第428～429页，［台北］新文丰出版公司，1983年版。
② 觉岸：《释氏稽古略》卷二，《大正藏》，第四十九册，第796～798页，［台北］新文丰出版公司，1983年版。

三

不仅如此，当年这些西方梵僧交接京都朝廷之同时，亦曾通过驻锡寺院的日常活动与北魏僧俗各界保持着生活情调的融洽。

古籍记载洛阳城南法云寺，"西域乌场国胡沙门昙摩罗所立也。……摩罗聪慧利根，学穷释氏。至中国，即晓魏言隶书。凡闻见，无不通解。是以道俗贵贱，同归仰之。作祇洹寺一所，工制甚精。佛殿僧房，皆为胡饰，丹素炫彩，金玉垂辉。摹写真容，似丈六之见鹿苑；神光壮丽，若金刚之在双林。伽蓝之内，花果蔚茂，芳草蔓合，嘉木被庭。京师沙门好胡法者，皆就摩罗受持之，戒行真苦，难可揄扬。秘咒神验，阎浮所无。咒枯树能生枝叶，咒人变为驴马，见之莫不忻怖。西域所赍舍利骨及佛牙、经像，皆在此寺"①。

又熙平元年（516）灵太后胡氏所立的永宁寺，则"外国所献经像，皆在此寺。……时有西域沙门菩提达摩者，波斯国胡人也。起自荒裔，来游中土，见金盘炫日，光照云表，宝铎含风，响出天外。歌咏赞叹，实是神功。自云：'年一百五十岁，历涉诸国，靡不周遍。而此寺精丽，阎浮所无也。极佛境界，亦未有此。'口唱南无，合掌连日"②。这座高耸云表的楼阁式方塔，以汉地传统建筑风貌形成北魏京都一带一道亮丽的景观，成为京城达宦、仕女竞相登临眺望的去处。

至于宣武皇帝所立的景明寺，更是"伽蓝之妙，最得称首。时世好崇福，四月七日，京师诸像皆来此寺。尚书祠曹录像凡有一千余躯。至八日节，以次入宣阳门，向阊阖宫前受皇帝散花。于时金花映日，宝盖浮云，幡幢若林，香烟似雾。梵乐法音，聒动天地。百戏腾骧，所在骈比。名僧德众，负锡为群；信徒法侣，持花成薮。车骑填咽，繁衍相倾。时有西域胡沙门见此，唱言佛国"③。京都佛法社会如此缁素杂陈、

---

① 杨衒之：《洛阳伽蓝记》卷四《城西》条，第201页，上海古籍出版社，1978年。

② 杨衒之：《洛阳伽蓝记》卷一《城内》条，第115页，上海古籍出版社，1978年。

③ 杨衒之：《洛阳伽蓝记》卷三《城南》条，第132～133页，上海古籍出版社，1978年版。

载歌载舞、欢声雷动、热闹非凡的场面，自然极具民间文艺震撼视听、摇荡性情的生活传感的效用——政教伦理下世俗化风气之张扬，实乃北魏佛教濡染东方人文教化的表现。

北魏佛教弘化洛阳之期间，更有别样事态抖擞新奇于禅林：

僧传记载："佛陀禅师，此云觉者，本天竺人。学务静摄，志在观方。结友六人，相随业道，五僧证果，唯佛陀无获。遂勤苦励节，如救身衣，进退惟咎，莫知投厝。时得道友曰：'修道借机，时来便克，非可斯须，徒为虚死。卿于震旦，特是别缘，度二弟子，深有大益也。'因从之游历诸国，遂至魏北台之恒安焉。时值孝文敬隆诚至，别设禅林，凿石为龛，结徒定念，国家资供，倍加余部。而征应潜著，皆异之非常人也。……后随帝南迁，定都伊洛，复设静院，敕以赴之。而性爱幽栖，林谷是托。屡往嵩岳，高谢人世。有敕就少室山为之造寺，今之少林是也。帝用居处，四海息心之俦，闻风向会者众恒数百。笃课出要，成济极焉。时或告众曰：'此少林精舍，别有灵祇卫护。一立已后，终无事乏。'由是造者弥山而僧廪丰溢。沿彼至今将二百载，虽荒荐频繁，而寺业充实，远用比之佛陀，无谬传矣。时又入洛，将度有缘。沙门惠光，年立十二，在天街井栏上反踢碟镍，一连五百。众人喧竞，异而视之。佛陀因见怪曰：'此小儿世戏有功，道业亦应无昧。'意欲引度，权以杖打头，声响清澈，既善声论，知堪法器。乃问：'能出家否?'光曰：'固其本怀耳。'遂度之。"①。

由僧传佛陀之记事，可以窥见洛中少林寺千年以降传誉天下者，缘于创建之初"造者弥山而僧廪丰溢"的规模及其寺僧有惠光一辈自来习于武术者——印度佛教瑜伽健身之旧风，至此始为"世戏"武功所改观！

仅此一例，人们不难发现，以习禅、诵经为本祇的佛教寺院，正在向着文化内涵多容量化方向发展。这种具有中国特色的寺院生活内容，从北魏以降佛教教门的各色行事中，表现得尤其的突出。

---

① 道宣：《续高僧传》卷一九《魏嵩岳少林寺天竺僧佛陀传》，《大正藏》，第五十册，第551页，[台北] 新文丰出版公司，1983年版。

四

由于佛教教义固有慈悲悯怀、普度众生之宏旨，于是广大善男信女遂以种种缘由在寺院场所发起了各种方式的布施。敦煌遗书中有关施舍的写卷，则从多重层面透露出寺院与檀越之间的生活情结。

英藏 S.4528 号《般若经》藏卷，题记中有："大代建明二年（531）四月十五日，佛弟子元集，既居末朝，生死是累，离乡已久，归慕常心。是以身及妻子、奴婢六畜，悉用为彼（毗）沙门天王布施三宝。以银钱千文，赎钱一千文，赎身及妻子；一千文赎奴婢；一千文赎六畜。入法之钱，即用造口，愿天口成。"这是北魏贵族以银钱布施寺院的例子。

又件 S.4470-2 号《布施疏》则有："细氎一匹，面两盘，粆二盘，纻林子二盘，口气子一盘，以上施入大众。苏一盘子，缫一匹，充法事。右所施，意者伏为长史司马夫人已躬及两宅合家长幼，无诸灾瘴，保严平安，请申回向。乾宁二年（895）三月十日弟子归义军节度使张承奉、副使李弘愿口牒。"这是沙州归义军首脑以所蓄物产布施寺院者。

次如 S.3565 号《曹元忠布施疏》："弟子归义军节度使检校太保曹元忠，于衙龙楼上开龙兴、灵图二寺大藏经一变，请大德九人，启扬鸿愿，设斋功德疏：龙红锦一匹，新造经帙二十一个，充龙兴寺经龛。楼绫机一匹，经帙拾个，充灵图寺经龛。生绢一匹，经帙拾五个，充三界寺经龛。马一匹，充见前僧口。"同卷2号《浔阳郡夫人布施疏》："弟子……曹元忠妻浔阳郡夫人及姑姨姊妹娘子等，造供养具疏：造五色锦绣经巾一条，杂彩幡一条，银泥幡，施入法门寺，永充供养。右件功德，今并圆就，请谶念。赐紫沙门（押）。"此为归义军首脑夫妇及家属以绫绢织品供养诸寺经藏、陈设者。而且，本件物疏中的沙门画押，反映着寺院对所施物品尚得实施签收的手续。

又件 S.5663 号《中论》，经题有云："己未年正月十五日，三界寺修大般若经兼内道场课念沙门道真，兼修诸经十一部，兼写《报恩经》

一部，兼写《大佛名经》一部。道真发心造大般若经帙六十个，并是锦绯锦绫，具金造银番五十口，并施入三界寺。铜令香炉一，香兼一，施入三界寺。道真造刘萨诃和尚施入，铜令香炉一，香兼花毡一，已上施入和尚，永为供养。道真修《大般若（经）》一部，修诸经十三部，番二七口，铜令香炉一，香兼一，经案一，经藏一口，经布一条，花毡一。已上施入经藏供养。"这是敦煌沙门以所写诸经、所拥法具布施所在寺院者。

P. 2567 号癸酉年（793）二月《沙州莲台寺诸家散施历状》，其所布施物品中见有"琉璃瓶子一，鍮石瓶子一只"，"真珠廿一线，玛瑙珠子八十四枚，琥珀二，瑟瑟五"诸等品类①。

又 P. 3111 号遗卷，乃《庚申年七月十五日于阗公主官造施舍纸、布、花树及台子簿》，而 P. 3184 号经卷背页，并有"甲子年八月七日于阗太子三人来到佛堂，将《法华经》第四卷"之题记。凡此皆为西域播迁人士布施敦煌寺院之遗证。

敦煌寺院中接纳如此之多的各色物品，必然极大地充实了河西僧侣团体的资产储备。由此看来，中国寺院地主庄园的形成，与社会各界的广泛散施有着密不可分的因果关系②。

中古寺院既然储纳了如此众多的各色物品，那么对这些物品的支配行为必然就构成了寺院物质生活的重要内容，这是以往经济史学界长期关注的一个理论问题。兹将敦煌遗书按类条列，以为学界今后从事相关研究提供一组系统的资料素材。

P. 2613 号卷子为咸通十四年（873）敦煌某寺器物簿，P. 2821 号为丁丑年至庚辰年报恩寺粟米账，P. 2846 号为甲寅年某寺所收施舍簿，P. 2916 号为癸巳年某寺纳绢历，P. 2917 号为某寺器物簿，P. 2932 号为某寺甲子、乙丑两年所收便豆账，P. 4004 号为某寺家具簿。所有这些，俱为敦煌寺院对所属库物的登记手实，它们自然反映着中古时期河西寺院在资产管理方面的档案制度。

---

① P. 2567 号卷子录文，据唐耕耦、陆宏基：《敦煌社会经济文献真迹释录》（第三辑），书目文献出版社，1990 年版。

② 参见何兹全主编：《五十年来汉唐寺院经济研究》，北京师范大学出版社，1986 年版。

P. 3997 号遗卷为庚子年某寺寺主法净领布籍，P. 4763 号为丁未年三月十三日某寺分付邓阇梨物色名目簿，S. 5804 号为僧人智弁求美奈牒，S. 5810 号为僧智弁索春衣状，S. 5901 号为某寺向大德乞药状，等等。这些又为僧人向所在寺院领取物品的记录。

S. 4332 – 2 号《龙兴寺僧愿学便麦粟文书》："壬午年三月卅日，龙兴寺僧愿学于王法师仓便麦粟八石，到壬午年三月（误记?）言道：愿学汉地身亡。其王法师于他兄边微索此物，其兄与立居（据）缣一匹，黄僧衣一对，此物后有人来，其愿学不死，滴（的?）[①] 实取物者年年借利，一任自取者。"

这一写卷反映了敦煌寺僧因外游"汉地"向仓主借贷麦粟的事实。此件文书而且显示，当获得债务人"身亡"的传言时，债主便按约定向债务人负有担保责任的兄弟索取贷值的兑现。相似的情况在 P. 3472 号戊申年《徐留通因出使西州旧欠绢三匹，如不能返，由其二弟代还契》中得到了证实。因出使外地向敦煌寺院借贷库物的情况别有多例，如 P. 3453 号辛丑年"贾彦昌赴西州充使，向龙兴寺借绢帛契约"即其一也。

以上三例因交通原因产生的寺院借贷文书，使人们对河西寺院资产储备独特的社会功能引发了新的认识。看来，在河西走廊悠远漫长的风沙古道上，敦煌地区的寺院储备实际上充当了物资供需领域市场调配的角色。丝绸之路上的交通保障，河西寺院系统的物资储备无疑发挥了重大的作用。

在敦煌寺院资产储备的运作系列中，有一种特殊形式的支配方式应该引起我们充分的注意。S. 2575 – 3 号写卷，即《天成三年（928）都僧统海晏征求庄严道场什物帖》。又 S. 2575 – 11 号写卷，是为"普光寺道场征用什物单"。这两件文书反映出敦煌寺院的所属物产，曾有被地方政权通过河西僧统机构行使征用的事实。据笔者对敦煌遗书同类写卷的考察，这类征用寺产的行为包含有两个重要的项目：其一为马的征调，其二为酒的支使。前者如 P. 3264 号《庚戌年某寺出麸历》，其中

---

① 本段中括号内文字为张文彬同志原注。

已言明所出麦麸用于饲马的情况。又《敦煌遗书总目索引·遗书散录》收"李氏鉴藏敦煌写本目录"0224 号丙戌年《知马驼官日行簿》，也透露出河西政权对寺院马驼一再征调的情形。而 S. 4659 号《唐京西明寺沙门道宣谨口化制二教护僧物制》残卷，其卷首并有"诸方客僧所持骑从，并是彼常住人畜，不知此合得常住供给不"的论议。这件文书指代的维护行为虽然未必发生于河西，但此件卷子之在莫高窟藏经洞中出土，至少说明这类客僧支使常住人畜的行为在河西寺院系统中并非没有雷同的意义。

后者如 S. 6452 号《常住库酒破历》、P. 5032 号《酒破历》及敦煌文物研究所藏 0001 号铃有"归义军节度使新铸印"的《酒账》诸卷，都包含有归义军政权支使寺院常住库酒的信息。

而 P. 2629 号《归义军出支酒账》遗卷，其中亦多次记录了归义军当局因招待于阗、甘州使者而支用当地寺院库酒的事实①。

此外，仅 S. 6452 号《辛巳年付酒本历》写卷，即记载了与净土寺常住库有关的酒肆已达九家之多的事实。敦煌遗书中如此频繁的支酒纪实，生动地反映了中古一代丝绸之路交通中以酒钱觞的盛行和寺院在这种人际关系中充当着十分活跃的角色。这一有趣的历史现象，我们从藏经洞征马文书中亦可得到相应的启发。

在寺院资产的支配运作中，包含着一种特殊的粮粟转换形式——施食和便租。如 S. 2575 – 8 号《支给斋食文》和 P. 4693 号《分配食物人名单》及 P. 4909 号《辛巳、壬午两年东窟支出食物账》三卷，都从不同角度反映出寺院库粮膳养了相当数量的各色受食者。而 S. 6829 – 4 号《悉董萨部落百姓张和子便麦契》写卷"卯年四月一日悉董萨部落百姓张和子，为无种子，今于永康寺常住处取楸栌价，便麦一番馱，便造楸栌贰拾扇，长九尺，阔六尺。其楸栌限四月廿五日以前造了。如违其限，楸栌请赔，麦一馱赔两馱。恐人无信，故勒此契。卯年四月一日张和手帖，中间或身（往）东西，一仰保人等代还。麦主取麦人张和和

---

① 有关敦煌寺院库酒支出的情况，敦煌研究院施萍婷先生曾有精辟的论述。参见施萍婷：《本所藏〈酒账〉研究》，《敦煌研究》1983 年。

年卅一，保人弟张贾子年廿五，见人氾老、见人康赞、见人齐生"之纪事，则传达了吐蕃时代敦煌乡人部落对寺院库粮的支供需求与实施行为。

五

魏晋以降，中国佛教的信仰阶层，每每自发组织成为一种被称为"邑社"的结义群体，这从云冈石窟、龙门石窟的造像题记和敦煌遗书中的大量邑社资料中可以得到相应的反映。

如云冈石窟第 11 窟东壁有邑社题记文曰："太和七年（483）岁在癸亥八月卅日，邑义信士女等五十四人，自惟往因不积，生在末代，甘寝昏境，靡由自觉。微善所钟，遭值圣主，道教天下，绍隆三宝，慈彼十方，泽流无外。乃使长夜改昏，久寝斯悟。弟子等得蒙法润，信心开敷。意欲仰酬洪泽，莫能从遂。是以共相劝和，为国兴福，敬造石厝形像九十五区及诸菩萨。愿以此福，上为皇帝陛下、太皇太后、皇子，德合乾坤，威逾转轮，神被四天，国祚永□，十方归伏，光扬三宝，亿劫不坠。又愿义诸人，命过诸师，七世父母、内外亲族，神栖高境，安养光接。"①

龙门石窟古阳洞南壁邑子惠感、赵阿欢等造像记有云："夫冲宗凝湛，非妙像无以启其原；至道玄微，非口诠莫能寻奇本。是以阙口赵阿欢诸邑卅五人，体生灭之际，识去流（留）之分。知身浮云，余如霜露。故各竭家财，造弥勒像一躯。借因此福缘，邑义兄弟，道根扶疏，普外增口……"题记下文有"邑主赵阿欢、光明主张普惠、都维那王吕宜、维那贾婆罗门、邑正许惠但、邑子刘梵达"等合邑神龟三年（520）六月九日的题名，从中提示了一条中古佛教社团组织内部结构的文化信息②。

<hr />

① 山西云冈石窟文物研究所、李治国编：《云冈石窟》，第 101 页，文物出版社，1995年版。

② 引自李玉昆：《龙门石窟碑刻题记汇录》，第516～517 页，中国大百科全书出版社，1998 年版。

次如敦煌遗书 S. 6537 –6 号《十五人结社文》几同卷 10 号"正月廿二日净土寺口僧惠信"所书之《社约》、P. 3489 号《戊辰年旌坊巷女人结社文约》、P. 2708 号《社子簿》、P. 3707 号戊午年四月《亲情社转帖》等等，即是这一宗教群落活跃于敦煌社会的生动例证。这类以"邑社"名义建立起来的信教组织，其成员除了共同参加一些"香火"事务外，最重要的一项团体活动便是在"社子"之间发起各种名目的互助行为。如 S. 6300 号《结义契约》中写道："丙子年二月十一日，乾元寺僧随愿，共乡司判官李福（绍）结为兄弟，不得三心二意，便须一心肚作个。或有人所作别心，对大佛刑罚其弟兄。所有病患之日，便看来一人看口正，二乃兄弟名违，有甚些些，口得倍逆，便仰口口同心，便欢悦之。彼此师兄口弟，不凭文字，愿山河为誓，日月证盟，地转天回，势凭为验耳。弟兄乾元寺口僧统大法师兼上座随愿（押），弟子口平李福绍（押）。"书契中特别载明了"病患之日"相互问望的义务。又 S. 2894 –7 号《亲情社转帖》，则对社友之间因丧亡白事而致力赞助作了明确的公告："右缘裴单奴为女亡，合有赠送人，各面一升，油一合，粟一斗，柴一束，辨净绫绢色物三丈。幸请诸公等，帖至限今月廿二日卯时，在官楼门前取齐。捉二人后到，罚酒一角；全不来，罚酒半瓮。其帖速第相分付，并不得停滞。如口者，准条科罚，帖周，却付本司，用凭告罚。壬申年（972）十二月九日，录事帖。"

同卷 8 号《亲情社转帖》，亦昭示了社人氾再昌女亡，合社向其赠送物品的公告。

从中国石窟寺遗存的结社文书中我们可以看出，中古时代以佛教信仰意识为纽带建立起来的香火邑社，是寺院与世俗社会接缘人际时产生的一种带有强烈互助性质的群体组织。虽然邑社内部成员之间因职务区分仍存在着实际地位的差别，但这种地位区别在社内互助事务的情感弥补下便不致过于地削弱大家的感情。在这里，邑社已是信教阶层情感联络的一种必备场合，它从联谊角度满足了社人之间叩问温存的情感需要。文化遗产中结社文书的众多，恰是我国封建社会人际情感结构一种真实的缩影。

六

敦煌遗书 P. 2132 号《金刚经宣演》写卷,尾题中有"建中四年(783 年)正月廿日僧义琳写勘记"及"贞元十九年(803)听第一遍,又至癸未年(803)十二月一日听第二遍记,庚寅年(810)十一月廿八日听第三遍了,义琳听常大德法师讫"的记实。

S. 3927 号《瑜伽师地论》写卷,题记中有"大中十一年(857)四月廿一日芯蒭明照写,大唐大中十一年岁次丁酉六月廿三日国大德三藏法师沙门法成于沙州修多寺说毕"的内容。此外,《敦煌遗书总目索引·敦煌遗书散录》收日本中村不折氏藏敦煌卷子目录 0880 号《瑜伽论》,其中亦有"大中十一年十月六日比丘明照就龙兴寺随听写此论本记,大唐大中十一年十月十日三藏和尚于开元寺说毕"之题识。同目 0881 号同论写卷,又有"大唐大中十三年(859)己卯岁正月廿六日沙州龙兴寺僧明照随听写"的经题。同目 0882 号同论写卷,又有"大中十三年(859)龙兴寺僧明照随听写,八月五日于开元寺三藏和尚法成说毕"之重记。有关法成在敦煌讲经的事实,北京大学图书馆藏一一二号写卷亦有类似的听讲手记。

另在 S. 3702 号六种《讲经和尚颂》写卷本文中,见有"仰惟索僧政、邓僧政和尚……故得宣扬讲场,奖口群迷,久同师教而永音,累处傅风而授写"的记叙,这无疑为我们透露出了中古河西寺院专门设有"讲场"的细节。

北京大学图书馆藏一一五号、北京图书馆藏云字 18 号及 P. 2344 号写本,则系《稻芊经》、《维摩经》的听讲手记。

当时寺院讲场之功课,并非限于内容刻板的佛典。由 P. 3485 号《目连变文》、P. 3496 号《太子成道变文》、P. 2187 号"天福九年(944 年)甲辰祀净土寺沙门愿荣写"《破魔变》及 S. 5441 号"太平兴国三年(978)戊寅岁四月十日氾孔目学仕郎阴奴儿",写《季布传》等等之写卷,从而可以考见中古河西寺院内往往有着形态活泼、音声动听的俗讲活动在进行。这种通俗明的宣传形式,作为佛门讲经的辅助手段,为广大善男信女提供了精神消费的空间，从而用文艺教化的方式推动了中古佛教的世俗化进程①。

七

汉晋以来，河西四郡业已纳入封建国家西陲的版图，因此儒家文教遂在当地演为意识形态洋洋之大宗。敦煌遗书所见儒家种种之典籍，恰为中华文明流布河西、濡染佛门之余绪。

藏经洞 S. 2074、S. 5626、S. 6017、P. 2643 等号遗卷，即儒家典籍《尚书》不同之篇章。S. 0010、S. 3951、S. 5705、P. 2570 等卷，均为《毛诗》之断章。S. 2590、P. 2500、P. 3380 等卷，均为《礼记》之各章。S. 5625、S. 5743、S. 6120、P. 2569 等卷，均为《春秋》之各章。S. 5992、S. 6162、P. 2617 等卷，俱为《周易》之遗篇。S. 1586、S. 3011、P. 2496、《敦煌遗书总目索引·遗书散录》0665 等卷，俱为《论语》之遗篇。S. 6165、S. 1386、P. 3369、P. 3582 等卷，均是《孝经》之遗篇。P. 2661、P. 3710、P. 3775 号残本，又为《尔雅》之遗卷。

敦煌遗书中这类儒家经典的出土，不仅印证了史乘中有关两汉以降河西一带历有经学名宿传习儒学这类记事的真实，同时也揭示出河西寺院在意识形态领域中与中国传统伦理体系相与濡沫的思想史动态。

如 P. 3582 号《孝经》残卷，题记中有"维大晋天福七年（942）壬寅岁七月廿二日三界寺学士郎张富盈记"。《孝经》S. 1386 号写卷中又有"唯天福七年（942 年）壬寅岁十二月十二日永安寺学仕郎高清子书写"的尾题。P. 2570 号《毛诗》残卷题识中又有"寅年净土寺学生赵令全读"之附记。P. 2569 号《春秋后语略出本》，背页题识有云："沙州大云（寺）律师道英春秋后语十卷"。S. 3011 号《论语集解》抄本，题识则有"戊寅年十一月六日，僧马永隆手写论语一卷之耳"的内容。而《论语集解》S. 1586 号写卷，亦有"沙门宝印手札也"之尾

---

① 有关中古寺院俗讲的情况，参见向达：《唐代俗讲考》，载《唐代长安与西域文明》，生活·读书·新知三联书店，1979 年版。

注。至于 P. 2643 号《尚书》写本，则有"乾元二年（759）正月二十六日义学生王老子写了"之备录。藏经洞诸如此类的写卷题记，着实反映了沙州不同寺院或业内沙门、或义学士郎对儒家经典潜心修习的往史。

藏经洞出土的中国传统文化典籍中，除了儒家经典外尚有一定数量的历史著作和诸子文献。如《史记》P. 2627 号残卷，《汉书》P. 5009 号《项羽传》、S. 2053 号《萧望之传》、P. 3557 号《刑罚志》写卷，《三国志》敦煌文物研究所藏 0287 号《步骘传》写卷，《晋书》P. 3481－2 号《何曾传》、P. 3813 号《苻氏载记》写卷以及与《隋书》本传文辞接近的 S. 2671 号《卢楚、张季珣别传》等等，均是河西寺院系统典藏中国历史文献的实例。

而 S. 1891 号《孔子家语》写本，S. 3395－3、P. 2495、P. 2531、P. 2563 等号《庄子》写本，S. 2506、P. 2380、P. 2810、P. 3678 号《文子》写本及 P. 2546、P. 3562、P. 3704 号《刘子》写本等，则是诸子文献庋藏敦煌寺院的例证。

八

作为一种文化场所的人事主体，寺院僧尼们除了履行日常的教门职事外，对与文化修养相关的业余功课，自然也给予了足够的重视。

藏经洞 P. 2841 号《小乘三科》写卷，是一种以问答形式介绍佛教知识的入门教科书。这一写卷在敦煌寺院遗存中的出现，反映了佛教知识的通俗性普及教育，已经列入了河西寺院的弘法日程。

另在卷帙浩繁的敦煌藏卷中，见有如 S. 4081、4191、4275、4992、4995、5453、6172－3 等等数量众多的《释门应用文范》类抄本。这种具有书仪性质的写卷，其示范内容含有唱道、和戒、钩藏、转经、庆贺、恭颂、礼赞、报愿、送亡、吊念、逆修、叹圹等各种类型的应用文。这些示范教材的广泛流通，势必促进在寺僧尼阅读、写作能力的提高，进而也就必然有助于河西文牍市场的繁荣。

又敦煌藏卷 P. 2847 号《李陵、苏武往还书》抄本，题识中有"丁亥年二月三日莲台寺比丘僧辩惠未时写了"的纪事，可见河西寺院中僧尼阶层于日常法门事务之外，尚且主动地从事着世俗文学的讽诵与传承。同样的古典名篇还在 P. 3692 号等写卷中得到了重演，这一写卷的题识中说："壬午年二月二十五日金光明寺学郎索富通书记之耳。"由此人们不难想见，正是敦煌寺院中这种属于义学性质的教育单元，在宗教场合与世俗文学之间行使了文化融合、发祥的职能。

类似的寺院义学文学教养行为还从 P. 3833、P. 3910 两号写卷中得到了再次印证——P. 3833-1 号《王梵志诗抄》题记中有"丙申年二月十九日莲台寺学郎王和通写记"，P. 3910-4 号《秦妇吟》题记则有"癸未年二月六日净土寺（沙）弥赵员住右手书"的内容。这此抄本足以说明，具有普遍抒情色彩的传统诗歌，在敦煌诸多寺院中曾被包括比丘、沙弥、学郎在内的缁白二众视为颇有营养价值的文化资源。至于这类抄卷中所见有的《孔子项托相问书》、《新合孝经皇帝感辞》等儒家篇什，则洋溢着河西寺院中那种佛儒兼容的文化气氛。通过敦煌遗书中这些色泽陆离的历史遗墨，我们不难理解中古寺院在古代文化传承历程中发挥着多么巨大的融会作用。

九

大家知道，李唐朝廷向以老子余绪相标高，故历代皇帝屡有推重道家之举。这种张扬道门的策略，以玄宗王朝表演得最称淋沥。这一点，敦煌遗书中的道教典藏恰有真切的显现。

藏经洞 P. 3592 号残卷，是唐玄宗皇帝御颁的《老子道德经》写本，该卷背页且有佛典"丑女缘起"的抄品，这是敦煌地区流播开元御颁道门的重要例证。

又 S. 2999 号《太上道本通微妙经》、S. 3563 号、P. 2475 号《太玄真一本际经》三卷，其末尾均有"开元二年（714）十一月二十五日道士索洞玄敬写"的题记，此为开元时代敦煌道人用功转写道经的实例。

P. 3725 号《老子道德经》残卷题识文云："国子监学生杨献子初校，国子监大成王仙舟再校。开元二十三年（735）五月□日令史陈琛、宣德郎行主客主事专检校写书杨光乔、朝议郎行礼部员外郎上柱国高阳郡开国公杨昌仲、正议大夫行礼部侍郎上柱国夏县开国男姚弈、金紫光禄大夫礼部尚书同中书门下三品上柱国成纪县开国男（李）林甫。"又 P. 2457 号《阅紫绿仪》写本题记则云："开元廿三年（735）太岁乙亥九月丙辰朔十七日丁巳于河南府大弘道观敕随驾修祈禳保护功德院，奉为开元神武皇帝写一切经，用斯福力，保国宁民。经生许子颙写，修功德院法师蔡茂宗初校，京景龙观上座李崇一再校，使京景龙观大德丁政观三校。"而 P. 2257 号《太上大道玉清经》写卷，则有"天宝十二载（753 年）五月 日白鹤观奉为皇帝敬写"的尾题。以上三卷之题记，显然亦体现了开元天宝年间道教自两京轩阙西渐瓜、沙的风尘。

S. 6454 号《十戒经》题识中有"大唐天宝十载（751）岁次辛卯正月乙酉朔廿六日庚戌，敦煌郡敦煌县玉关乡丰义里开元观男生清信弟子张玄辩……谨诣三洞法师中岳先生奉受十戒十四持身之品修行供养……"的记录，这又如实印证了开元"二十九年（741）春正月丁丑制两京、诸州各置玄元皇帝庙并崇玄学、置生徒，令习《老子》、《庄子》、《列子》、《文子》，每年准明经例考试"，这一国家颁敕在河西地区得到了贯彻。

通过对藏经洞以上道教文书相关内容的分析，我们认为道家典籍之所以杂陈于敦煌佛教寺院文献中，其根本原因乃是中古一代河西佛、道两教在封建国家尤其是李唐王朝宗崇二教政策推动下相互孳乳的结果。

十

考古资料显示，中古时期的世俗生活中，绽放着一种今人难以思议的文化现象——一些世家妇女晚年大渐之际每有移寝寺院的行迹，若尔则折射出中古佛教一抔情怀的靓丽。

龙门石窟赵客师洞北壁，有题记文云："大唐显庆五年（660）岁次庚申七月二十日，洛州偃师县凤口乡御侮副尉杨君植为妻萧五月十一日亡于龙门敬善寺，敬造阿弥陀像一龛。"此中所见萧氏大寝之际卧床于佛教之寺院，已从人生终极意识层面上反映出唐代妇女对佛教法门的信从①。

同类的例子如天授二年（691 年）柳俨故夫人杜氏墓志铭有云："夫人……以永昌元年（689 年）秋九月遘疾于常州之廨宇，寻又移寓于天兴寺之别院，二十一日终于其所，春秋七十有二"②。

次如开元四年（716 年）裴公故妻贺兰氏墓志铭又云："女也不慭，天胡降灾。绵联沉痾，三浃其岁。洎大渐，移寝于法济寺之方丈，盖禳灾也"③。

2005 年龙门西山出土崔蕙墓志，全文又云："唐右监门卒府兵曹李璿着之妻清河崔夫人墓志

夫人自（字）蕙，清河东武城人也。弈叶冠冕，备诸牒焉。太子少保之孙，谏议大夫之女。世称晖晖，莫之与京。而特授其贤，不与之寿。呜呼哀哉，痛而惜口。粤开元廿八年（740 年）十月廿八日遘疾于乐和私第，殁于龙兴寺舍。翌月八日，殡于园门之西南龙门原之礼也。虑阡谷之移，故略为之记"④。

另如天宝七年（748 年）柳氏墓志铭则云："（韦璬）夫人河东柳氏……韦公丧亡，年未二十……撤去鲜华，归依释氏，长诵《金刚》、《般若》，兼持《维摩》、《法华》。与善无徵，降年不永，春秋卅七，以开元十八载（730）十一月二十日婴疾终于陆浑县勤戒寺之西院"⑤。

直至中唐时代，这种移寝寺院的女性史料亦有不断地再现——洛阳出土韦公夫人孙氏墓志有谓："夫人姓孙氏，字娩，……以明年（元和

---

① 题记图版见关百益：《伊阙石刻图表》（上卷），镌文六八，民国二十四年（1935）河南博物馆出版。说见张乃翥：《龙门碑刻题识所见中古寺院史料辑绎》，《敦煌学辑刊》1993 年第 1 期。

② 图见《北京图书馆藏中国历代石刻拓本汇编》·唐·017 册，第 126 页，中州古籍出版社，1989 年版。

③ 《金石萃编》卷七一《大唐太常协律郎裴公故妻贺兰氏墓志铭并序》，陕西人民美术出版社，1990 年版，第二册。

④ 图版参见张乃翥：《龙门区系石刻文萃》，图版 163，北京图书馆出版社，2007 年版。

⑤ 拓本见《洛阳出土历代墓志辑绳》，图版五五一，中国社会科学出版社，1991 年版。说详张乃翥：《龙门石窟唐代瘗窟的新发现及其文化意义的探讨》，《考古》1991 年第 2 期。

四年/809 年）六月十二日遭疾终于台州龙兴佛寺，享龄五十七"。①

出于"禳灾"原因移寝寺院的事例，不为居家信女所独有，若干出土文献尚且报道了善男一族从化此风的案例：

近代洛阳出土朱崇庆墓志，载朱氏"开元十三年（725）八月三日薨于汴州龙兴寺之净闼，享年六十有六。其年九月十七日殡于河南县河阴乡邙山之原"②。

近年龙门出土王公亮墓志，载王氏"以会昌二年（842）七月二十日不幸遭疾，殁于东都弘圣寺之军营"，"以其年八月二十三日归窆于河南府河南县龙门乡南原"③。

1990 年洛阳出土的张文宝墓志，载其"长兴四年（933）九月十四日启手足于青州开元佛舍，享年五十七……今以其年十一月三十日权厝于河南县平乐乡朱阳里"④。

唐代信教群体的善男信女迭迭大渐于佛寺的事例，反映了当时信教阶层对佛教寺院抱有人生归宿的思想感情。事实上，民众晚年大限弥留之际对寺院的依寄，从生存资源分配律领域内意味着寺院对信徒赋有药物施舍和心理医疗的职能——医疗条件极其匮乏的封建时代，寺院之以慈悲情怀延揽病患信众的皈依，突显了佛教对社会关爱责任缺失所具有的及时修复、适当补偿的功能价值——中古佛教潜入中国世俗社会之腠理，以上石刻史料可以彰显其遗逝千祀的动态情节。

十一

佛教中国化是一个值得人们认真研究的学术课题。在佛教融入华夏文化圈系的历史过程中，尽管其社会行为充满了五彩斑斓世俗事象，但佛陀"慈悲向善"这一根本教义的理想追求和价值观念，自始至终都恢恢昭亮于中国佛教意识形态的制高点。这一具有普世价值意义的人性

① 《千唐志斋》，第 997 页，文物出版社，1989 年版。
② 《千唐志斋》，第 653 页，文物出版社，1989 年版。
③ 图版参见张乃翥：《龙门区系石刻文萃》，图版 293，北京图书馆出版社，2007 年版。
④ 图版参见张乃翥：《龙门区系石刻文萃》，图版 320，北京图书馆出版社，2007 年版。

理念，不但与自古及今人类生存的终极准的保持有取向的一致性，更对人类生存伦理的崇高、完善有着积极提升的价值。佛教绵延古今而不衰，其在人类生活进程中的精神价值是其绵延传续、生生不息的永恒活力。

既然宗教在人类生活中享有如此重要的角色价位，我们自有必要站在人类生存常规的学理视阈对包括佛教在内的一切宗教存在给予细心地疏理与分析。由此看来，回溯一段中国历史上佛教世俗化进程中的个案示例，无疑有助于人们从社会机理上理解宗教实践与人类进步可以和谐的韵致节点，从而为现实世界运用宗教杠杆推动文明发展寻找有益的历史借鉴。

《山西文物精品典藏》序言

　　山西地处黄河中游，物华天宝，人杰地灵，是中华民族发祥地之一。这是一片古老、神奇和令人眷恋的土地。黄河母亲的滋养哺育，漫长岁月的滋润陶冶，孕育了多彩多姿的古代文明和三晋文化，也为我们留下了众多独特的自然景观，留下了至丰至厚的历史文化遗产与珍贵的革命文物史迹。据不完全统计，全省现存地面不可移动文物37000余处，馆藏文物50余万件，国家重点文物保护单位119处，省级重点文物保护单位351处，平遥古城和大同云冈石窟被联合国教科文组织列入《世界遗产名录》，除历史文化名城太原以外，还有大同、代县、祁县、新绛等国家历史文化名城和2500公里的古代长城。在这里，自然、人文、社会文化浑然一体，原始神话、上古传说、宗教信仰、伦理道德、风尚习俗和谐交融，交相辉映，构造了华夏民族特有的历史背景和文化传统。

　　新中国成立后，由于党和政府的高度重视以及文物考古工作者的努力，山西文物考古工作和全国一样，取得了巨大成就，为我们揭开了山西辉煌灿烂的历史典册。在旧石器时代遗址方面，陆续发现了芮城西侯度文化、匼河文化、襄汾丁村文化、阳高许家窑文化、朔州峙峪文化，进一步扩展了对我国旧石器时代文化全貌的认识，对研究人类起源和发展具有重要意义。新石器时代的仰韶文化和龙山文化遗址几乎遍及全省，经过多年的考古发掘和研究基本确定，山西是唐尧、虞舜和夏禹的重要活动区域之一，在晋南地区有许多重大的考古发现值得关注。在襄汾陶寺遗址，发现了蟠龙图形的陶盘和"鼓"、石磬，以及红铜质地制作的铃铛；在夏县东下冯遗址，发现了约当夏纪年的城址，为夏文化的研究和中国文明起源研究提供了重要线索。在晋西吕梁山区的石楼、保德、灵石都出土了一批重要的商代青铜器，说明这一地区曾为商代活动区域。两周时期晋文化的研究，是我国历史学家和考古学家长期以来重要的研究课题之一。经过几代人艰苦探索和坚持不懈的努力，已经取得了丰硕成果。1956 年侯马东周晋国后期都城新田的发掘，除发现不同时期六座城郭外，还发现有铜器作坊、居住遗址、墓葬和陶器、石器、骨器等，其中铜器作坊出土了制作各类器物的大批陶范，生动反映了晋国当时铸造工艺的卓越成就。在晋都遗址东南（秦村）发现的盟誓和祭祀遗址，出土有"侯马盟书"达 5000 余件，反映了晋国后期赵氏集团与范氏、中行氏集团之间斗争的历史和尖锐复杂的关系，是研究晋国历史和中国古代盟誓制度的重要资料。随着侯马晋国晚期都城新田发掘研究的深入，学术界又将目光集中于晋国早期都邑探寻之上。20 世纪 90 年代，北京大学考古学系和山西省考古研究所联合组成考古队，经过调查研究和大规模考古发掘，终于确定晋国早期都城就是今翼城与曲沃交界处的"天马—曲村遗址"。这是 20 世纪的一项重大考古发现。在发掘的 9 组 19 座晋侯和夫人墓葬中，出土了大量精美的青铜器（如鸟尊、猪尊、兔尊等肖形器和立鸟人足筒形器等）、琢工精美的玉器和陶器等，铜器铭文镌刻了 6 位晋侯的名字，弥足珍贵，为"夏商周断代工程"中西周列王年代的确定提供了佐证，使学术界对晋文化发展的历史和晋国历史的研究有了全新的认识。山西的汉文化遗存也十分丰富。平陆枣园汉墓、吕梁画像石墓、平朔汉墓群等构成了山西汉文化时期一些特点，朔州出土的铜鱼雁灯与满城汉墓窦绾墓出土的"长信宫灯"有近似之处，都有调整照明和控制油烟污染的功能。秦汉以后，后赵石勒、北魏拓跋氏、北齐高欢父子都曾依托山西夺取天下，李渊、李世民父子兴兵太原灭隋兴唐，更以山西为根据地。五代后唐、后晋、后汉也都曾以山西为基地，建立割据政权，这种地方历史的复杂性，山西文物遗存的多元性和多样性更加突出。大同北魏平城的调查发掘和大同司马金龙墓出土的精美文物、太原北齐东安王娄睿墓出土的文物及其壁画等，都对研究北朝时期社会政治、经济文化和民族关系十分重要。山西晋北是农耕文明与草原文明，中原华夏族与北方匈奴、鲜卑、突厥、羯胡、契丹等族沟通、交流的前沿地带和民族融和的重要地区，其出土文物的多姿多彩，成为我国民族交融的历史见证。1999 年发掘的太原隋"检校萨保（宝）府"虞弘墓的发掘，则是 20 世纪末重大考古发现成果之一。该墓出土的汉白玉仿木结构房形建筑石椁，单檐歇山顶，四壁和底座采用浮雕、彩绘、描金手法，刻绘了深目、高鼻、卷发的人物形象、狮、骆驼、马等动物形象和建筑物、花草，还有宴饮、歌舞、人狮相搏等图形，表现了浓厚的中亚生活习俗风貌，揭示了中国祆教（拜火教）与波斯粟特文化的密切联系和中西文化交流、中国与中亚文化交流史实，是研究中国中古中原文化与中亚、西亚文化交流的重要资料，有极高的历史价值和艺术史价值，弥足珍贵。

山西是全国古建筑保存最多最完好的省份，这是山西、也是中华民族最宝贵的财富。在全省近 2 万处古建筑遗存中，有城池古塔、亭台楼阁、民舍街道、庙宇殿堂、桥梁栈道等，品类齐全、风格迥异，其规模之大、结构之巧、造型之殊、时代延续之长，皆为全国之最，堪称"中国建筑宝库"，或"中国古代建筑博物馆"。宋、辽、金木构古建筑，全国现存 146 座，山西就有 106 座，占全国同期现存古建筑 72% 以上。五台山的南禅寺、佛光寺、平遥镇国寺、大同华严寺、应县佛宫寺释迦塔（应县木塔）、太原晋祠、朔州崇福寺、浑源悬空寺、永济永乐宫、洪赵广胜寺、解州关帝庙、太原永祚寺双塔等建筑，无不以造型结构庄严凝重、气魄宏伟，或鬼斧神工、惊世骇俗而名满天下，皆属凤毛麟角、稀世之宝，为国人之傲。与此同时，山西的彩塑（含悬塑）现存 15000 余尊，寺观壁画现存 25000 多平方米，内容丰富，五彩纷呈，形象生动，栩栩如生，是我国古代雕塑、绘画艺术中的稀世珍品，使山西当之无愧地享有"东方艺术宝库"的盛誉。此外，中国古代戏曲源远流长，山西保存下来的有关戏曲碑刻和历代戏曲演出舞台、戏曲文物在全国首屈一指，说明山西也是中国戏剧的重要发源地之一。新绛侯马、稷山金墓出土的社火砖雕、伎乐舞伎砖雕和杂剧表演砖雕，十分生动地再现了社火、乐舞表演和戏曲演出场面，是研究我国戏曲历史珍贵的实物资料。

近现代以来，山西仁人志士层出不穷，演出了一幕幕惊天动地的正剧，特别是抗日战争时期，中国共产党领导的八路军以太行山、吕梁山为依托，相继建立了晋察冀、晋绥、晋冀豫抗日根据地，留存下来许多重要的革命史迹和丰富的革命文物，如武乡八路军总部旧址、太岳军区司令部旧址、晋绥边区政府旧址、五台县白求恩"模范病室"旧址等，已成为我们继承和发扬革命传统的最好教材。

总之，山西这块古老神奇的热土，完整演绎了中华民族自强不息、生生不已、披荆斩棘、艰苦卓绝的奋斗历程。山西丰富的文化遗产，是中华民族宝贵的精神财富和物质财富。我们一定要格外倍加珍惜，依法加强保护。

今天是昨天的延续，明天是今天的发展。把握时代机遇，迎接新的挑战，就要从了解历史、认识历史做起。作为群众性学术团体的山西关公文化研究会吸纳和聚集了许多方面的人才和有识之士，他们始终将保护与利用、继承与创新优秀文化遗产和发展山西文化产业作为自己义不容辞的光荣使命。在潜心研究、弘扬中华优秀文化传统的同时，也十分关注着运用山西独特的文物优势，建设社会主义先进文化，由文物大省建成文化强省这一命题。他们经过周密调查、反复论证、精心策划，推出《山西文物精品典藏》大型画册，全面、系统、直观形象地将一批具有代表性的山西文物精品展示给世人，是十分适时、必要的，对认识山西、了解山西、宣传山西、建设山西，再创山西辉煌具有重要的深远意义。

这套《典藏》画册，大 12 开，分类分卷编印，多集合成，容量宏大，拟出 50 卷，总计文字 300 万字，图片 20000 幅。每卷聘请我国相关著名专家担任顾问，并撰写序言。《典藏》选取各时代、各门类具有代表性的文物精品，力求涵盖山西历史文明发展的重要内容，是专业性、知识性、艺术性、趣味性相结合的读物，颇具阅读欣赏和研究收藏的价值。

《典藏》出版是一项宏大的文化事业。为了对历史负责，对读者负责，山西省关公文化研究会参与编纂的各位专家和工作人员，冒着严寒酷暑，不顾风餐露宿，走遍全省各地，付出了常人难以想象的艰辛，勘测古建上万座，摄影、制图数万张。高山峡谷遍布他们的身影，荒野小庙留下了他们的足迹，为《典藏》的编纂出版做出了不可磨灭的贡献。作为山西恒山人氏，我为三晋大地的历史瑰宝而自豪；作为国家文物局的前局长，我为他们爱护、宣传山西历史文化遗产的热忱而感动。虽然因为时间紧迫和水平高低不同，而使这套画册仍有许多不尽如人意之处，但我还是相信，拥有它，广大爱好者可以"尝一脔而知全味"、"窥一斑而见全豹"，概略了解传统文化而不至于"数典忘祖"，从而增强历史使命感和社会责任感。专门从事研究和深造者，可以从中获得带有导向性的有价值的参考资料，并从此登堂入室，到传统历史文化的大海中搏击遨游。

是为序。

2008 年 4 月

在"盛世收藏·鉴定与市场"高层论坛会上的发言

尊敬的各位学者、专家,各位收藏家,各位先生,朋友们:

由中国殷商学会和广东省文博学会发起,广东省文物鉴定站和侨鑫集团承办的"盛世收藏·鉴定与市场"高层论坛,着力于艺术品收藏、鉴定、市场的分析、研究,以正确引领艺术品市场,提高艺术品收藏品位,推动艺术品收藏健康有序发展,这是非常有意义的活动。我应殷商学会会长王宇信教授之邀,出席这次高峰论坛,感到很高兴。但需要说明的是,同各位学者、专家和藏家相比,我没有对艺术品市场作过调查研究,只能谈点自己的肤浅认识,就教于各位专家、学者和藏家。

一、民间收藏的兴起是改革开放的重要成果和标志之一

民间收藏的兴起、繁荣和发展是改革开放三十年来,在社会文化事业上绽放出的一朵鲜艳夺目的奇葩。它已成为中国改革开放、经济发展、社会稳定、国泰民安的重要标志之一。艺术品市场风光无限,独领风骚,欣欣向荣,令人惊叹!其主要表现是:1. 藏品名目繁多,包罗万象。陶瓷青铜、玉器、赏石、印章、砖石瓦当、石刻碑拓、古典家具、文房四宝、琴棋书画、珍贵典籍、紫砂壶艺,以及近代票据、烟标火花、像章徽志、邮票磁卡、书信签封、报纸期刊等等,古今中外,应有尽有,林林总总,色彩斑斓,举不胜举,都成为藏家收藏范围。2. 艺术品市场(古玩、旧货),空前壮大,不仅北京、上海、天津、广州、南京、杭州、西安、郑州设有专门市场,几乎现在各中等城市也都开辟了艺术品市场或称古玩市场,尤其是节假日,熙熙攘攘,一派兴旺。3. 拍卖行业得到提升,拍卖活动影响市场收藏品位和价格导向。

全国的拍卖行已达千家。收藏拍卖热潮引来文物回流，既是件好事，但也抬升了国内外中国艺术品市场价格。4. 藏品鉴定学理论逐步形成日趋成熟。藏品鉴定作为一种专业应运而生，突破了学界和古玩小圈子范围。学界与藏家正携手共进。收藏类杂志广受青睐，《收藏》、《收藏界》、《中国收藏》、《收藏家》、《收藏快报》发行量都相当大。5. 藏家民间团体相继建立，仅中国收藏家协会成员就达 5000 人，而各省、市收藏家协会会员更多，估计有十万之众，民间博物馆方兴未艾，填补了中国博物馆的空白。6. 以收藏家藏品为主导的民间收藏与国家博物馆收藏相得益彰，民间收藏成为国有博物馆收藏的重要补充，如国有博物馆的藏瓷比较重视官窑产品，而民窑产品多为民间收藏所重，全面考察才能正确把握中国陶瓷工艺总体状况。民间博物馆生气勃勃，机制灵活，成为收藏家同社会相联系的重要渠道和交流方式，为大收藏家对外展示指出了方向，相信民间博物馆会有一个更大的发展。总之，民间收藏已成为弘扬民族文化，提高民族文化科学素质、政治思想情操，丰富人民群众文化生活，推进社区文化与和谐社会建设，共建中华民族共有精神家园的一支重要力量。在"5·12"四川汶川特大地震的抗震救灾斗争中，民间收藏家慷慨解囊，积极参与的义举，充分显示了民间收藏的巨大潜力和爱国主义热情。以上这些方面，是当前收藏界的主流。

但是，我们也应看到，在收藏家队伍和艺术品市场形成发展中，也存在着一些值得注意关注的现象。其主要表现是，1. 重收藏品经济效益，轻收藏品文化内涵。某些藏家，远离收藏的高雅情趣及其收藏的文化意义，藏品的历史、文化、艺术价值为金钱的高低所掩盖。2. 假货横行，赝品充斥，损害藏者权益。某些投机者、诈骗者借机炒作，造成假货横行、赝品充斥，坑蒙拐骗，严重损害藏者利益，引发藏者不满，司法调解诉讼不断。这种现象，不仅为法纪所不容，也与民主法制、公平正义、诚实有信、安定有序、人与人之间相互友爱的和谐社会的理念格格不入。这种现象的存在，是因为我们实施的社会主义市场经济艺术品市场目前不尽完善，法制建设尚不健全，以及收藏队伍还比较年轻等多种因素出现的，也是难免的。我相信，随着时间的推移，这些问题都会得到比较圆满的解决。

二、收藏是一种精神文化，更是一种文化修养

收藏是一种文化，是一种追求，是一种精神财富，是一种具有知识性、怡情性、趣味性的文化活动。通过对藏品的收集、整理、研究、展示，以及切磋交流研讨，不仅可以增长历史文化科学知识，激励追求新知的更大兴趣，提高美学欣赏水平；而且在收藏不断发现的过程中，会给人们带来更大的乐趣和启迪，对政治情操、怡情养性，激发爱国情怀，追求更高精神生活品位也会起到潜移默化的作用。这些方面，已为一些政府文化部门所重视，有些省、市、区在开展社区文化建设中，已经把推动民间收藏活动作为社区文化建设的重要内容，列为重要议事日程，给予积极支持。通过社区举办的文化活动，促进了社区社会主义精神文明建设。

收藏在更高层次上也是一种专业性、学术性、实践性很强的科学鉴赏活动。收藏是一门学问，不仅需要具有一般的藏品专业知识，熟知藏品的来龙去脉，而且能深入研究藏品的文化、艺术、历史科学价值。要达到这样的水准，自然要下一番刻苦学习的工夫，而且还要靠实践经验的积累。大收藏家张伯驹，出身名宦世家，自幼酷爱读书，热爱中国文化，"九岁能诗，人称神童"，诗词歌赋、京昆戏曲、琴棋书画、无所不通，对中华文化有极深的造诣和深厚的文化修养，这是他成为大收藏家的深厚文化底蕴。所以他的藏品皆为国宝，旷古未有。曾任毛泽东的秘书、中共中央办公厅副主任的田家英，以收藏清人墨迹著称于当代收藏家行列。他身居高位，始终保持艺术本色，公务之余，泡琉璃厂旧书屋，以有限的工资和节省，广为搜求清人书札、条幅，以研究那个时代人物、思想、学问、趣味，他们之间交往、友情、应酬，乃至政治态度。田家英以《清代学者著述年表》等为索引，精心搜求的清人墨迹现已被国家博物馆收藏，并出版了《小莽苍苍斋藏清人墨迹选》，赵朴初看了藏品之后，题词："观其所藏知其所养。前事之师，百年怀想"。所以说，田家英的收藏是学者的收藏，是具有深厚学术功底修养的收藏。高录朴先生的收藏更是一位学者的收藏，其所藏书信对研究甲午海战和太平天国史有十分重要价值。每件艺术品都蕴含着多方面、多层次的丰富信息，需要我们充分认识，深入挖掘它的文化价值、审美价值，

所以，文化修养的高低，对一位收藏家的成长至为重要。

艺术品的收藏（包括青铜陶瓷，古今书屋……）既是鉴赏的过程，也是提高文化修养，增进美学修养的过程。以往对文物收藏或艺术品收藏，讲究流传有序，来源可靠，名人题跋，鉴赏印章。就是这样仍然存在真伪难辨，赝品充真。所以，藏品鉴别是第一要务和关键。著名鉴赏家史树青先生曾说过，鉴别真伪，只有做到"文物与文献相印证，传世文物与科学发掘出土文物相对照，眼学（目视）与科学（先进测年、仪器鉴定）相结合"，才能做到"言之有物，遇物能表，见物见人"。我是完全赞同史先生的看法的。这当然需要自己的艺术品（文物）知识、文化修养和经验积累，不是一蹴而就的。2002 年 8 月下旬，我去南京参加"六朝书法艺术国际学术研讨会暨第五届中国书法史研讨会"时，著名收藏家、书法艺术家杨鲁安先生同我谈到收藏家品格时说，做一个收藏家一定要具备"眼（眼力）、钱（一定资金）、缘（机遇）"三个要素，同时要"戒贪、戒急、戒狂"。这"三要"、"三戒"可谓实践经验的总结。这些宝贵的经验，很值得收藏家鉴戒和参考。我们一些初试收藏的藏家，往往一听"故事"是某某官宦人家或宫女、太监家的藏品，便信以为真，上当受骗，或者以为自己有的是钱，交点学费，只要能从所藏千百件藏品中有几件真品，也就心满意足，这恐怕都不是真正藏家所为。当然，大收藏家也会有"走眼"之时，偶尔付出一些学费也是难免的。现在造假者的手段也是十分高明的，如一批假造的北魏陶俑就曾为某大馆收藏。《神秘的唐宋彩瓷艺术》其中真假如何，尚待鉴定，"天宝造"、"贞观岁造"以及墓志都与目前考古发现不符，需要审慎对待。

毋庸讳言，收藏艺术品也会像其他事物一样具有两重性：一方面它可以成为人们精神生活的追求，精神财富的积累；另一方面也可以成为积聚财富，增长财富的途径和手段。在社会主义市场经济体制建立与发展过程中，拍卖、交易物品活动势所必然。传世文物和艺术品的拍卖、交易也概莫能外，理所当然。问题在于我们建立的是社会主义市场经济体制，我们收藏经营的不是一般物品，而是有特殊属性的艺术品或传世文物，因此，我觉得我们应当把握这么几个原则：1. 保护收藏者合法权益。按照中国宪法和《文物保护法》等相关法律法规，任何侵吞合法收藏者和经营者权益的行为都是不允许的，收藏者和经营者受法律保护；2. 收藏者和经营者自觉遵纪守法，依法收藏合法交易，维护藏品市场有序健康发展，对于盗窃、走私和文物犯罪活动必须依法打击；3. 无论是经营者或收藏者都要提倡诚信第一。孔子："人而无信，不知其可也。"① "得黄金百斤，不如得季布一诺。"② 由此可见，信义对于一个人来说，十分重要。4. 摒弃单纯营利观点，对大多数收藏者来说，收藏主要目的在于欣赏和雅趣，但也有一些收藏者也存在积累财富的愿望，希望通过收藏赚取更大利益或积聚一定财富，虽无可厚非，但作为一个藏家应当有更大的胸怀和宽广的眼光，树立以收藏历史，收藏文化，收藏科学，传承文明，咨政育人为自己收藏目标，才能成为真正品德高尚的收藏家。

三、藏宝于国，惠施于民，是收藏家人生最大追求

"藏宝于国，惠施于民"，这是许多藏家的终生愿望。党和国家领导人和许多爱国民主人士已经为我们做出了光辉榜样。1952 年，毛泽东主席即将友人送给他的明代学者王夫之的手迹《观鹤瑞舞赋》交文化部文物局转送故宫博物院，同年 12 月又将另一友人赠给他的钱东壁临写的《兰亭十三跋》转送故宫博物院，此后 1958 年又将张伯驹赠送给他的李白《上阳台帖》转交故宫博物院珍藏。正是毛泽东主席等党和国家领导人对艺术品和文物的郑重严肃态度和率先垂范的表率作用，在社会上产生了良好的影响。应当说，许许多多的收藏家，当年节衣缩食，不惜重金购买文物或艺术品的目的，并不是想"据为己有"，而是为保护文物不致流向海外。当国家安定、人民政府建立后，他们纷纷将自己精心收藏的文物艺术品无偿捐献给国家，如陈叔同、邓以蛰、周叔弢、周绍良、周一良、马叙伦、杨宪益、侯保障、叶公绰、张伯驹、朱家溍、王世襄、马衡、吴仲超、潘达于、叶肇夫等和一些海外华人、华侨和国际友人都向国家文物收藏机构捐献了自己和自己家族珍藏的文物

---

① 《论语·为政》。
② 《史记·季布栾布列传》。

重宝。他们感人事迹必将流芳百世，永载史册。著名收藏家、书画家家张伯驹为使国宝级文物不致流失海外，不惜变卖家产，以重金 4 万大洋从溥心畬处买了陆机《平复帖》，而买展子虔《游春图》，是用一所宅院折成 220 两黄金，又变卖首饰凑成 240 两黄金，从玉池山房那里买来的，范仲淹手书《道服赞》是用 110 两黄金买来的。张伯驹自己曾说过："不知情者，谓我搜罗唐宋精品，不惜一掷千金，魄力过人。其实，我是历尽辛苦，也不能尽如人意。因为黄金易得，国宝无二。我买他们不是为了钱，是怕它们流入外国。唐代韩干的《照夜白图》，就是溥心畬在 1936 年卖给了外国人，当时我在上海，想办法阻止都来不及。七七事变以后，日本人搜刮中国文物就更厉害了。所以我从 30 岁到 60 岁，一直收藏字画名迹。目的一直明确，那就是我在自己书画录里写下的一句话——予所收藏，不必终于身，为予有，但使永存吾土，世传有绪。"张伯驹的夫人，著名画家潘素女士也说过："抗战爆发后，为了这些文物珍品，把所有的字画一一缝入衣被，全部携往西安，一路担惊受怕，受够了颠簸和惊吓。"在艰难岁月里，这些国宝随他们颠沛流离，避难日寇，历经风险，终得保全，新中国成立后毅然决然献给国家。这种高风亮节、无私奉献的爱国情怀令人永远钦佩。著名古文字学家、历史学家、书法家、教育家商承祚先生，自幼酷爱祖国文物，为使祖国文物不流失海外，全家节衣缩食，甚而不惜典当借贷，竭力收藏，他们收藏虽难面广丰硕，但绝不是为个人牟利或赏玩或家产留给子孙。他始终抱定"藏宝于国，施惠于民"的宗旨，将自己所收精品，尽数献给国家。他晚年常说："文物藏之国家。藏之子孙，难免散失；藏之国家，万无一失。"从 1936 年起，先生将家藏铜器、楚漆竹器、古代书画，工艺佳作近千件珍贵文物分别捐献给故宫博物院、中国历史博物馆、广东省博物馆、广东民间工艺博物馆、深圳博物馆、湖南博物馆等。知名书画收藏家陈英、金岚伉俪，都是早年投身革命，南征北战的老同志。曾参加抗日战争、解放战争、抗美援朝战争，为创建新中国和保卫世界和平立下了不朽功勋。从 20 世纪 60 年代，他酷爱国画，精心搜求，而大批收藏当代名家字画是在"文革"十年动乱时期。在那个年代，当著名书画家被诬为"反动权威"，人们避之犹恐不及之时，却被陈英夫妇迎为上宾，结为挚交，煮酒品茗，促膝谈心。"是时也，园外艺苑荒芜，百花凋零，园内却春意盎然，极时之盛，成为艺术沙漠中一方小小绿洲。备受压抑的画家，在这个舒心的小园里，言志抒情，挥毫泼墨，一吐心中块垒，施展丹青魅力，于是佳作连篇，气象万千。为研究这一时期书画艺术提供了弥足珍贵资料，填补了当代美术史的空白，这是积翠园主作出的独特贡献。"其中有关山月、吴作人、刘海粟、张伯驹、林敬之、高二适、李可染、关良、萧淑芳、谢稚柳、黄永玉等等著名书画家作品，"一时之盛，已进入永恒"。这些极为宝贵的大作和陈英夫妇精心收藏的唐、宋、明、清作品 600 余件作品，连同国家文物局及福建省政府奖金 174 万尽数捐献给国家，并在福建博物馆建立"积翠园艺术馆"，永久珍藏，实现了陈英夫妇"来自人民，应与还给人民"的誓言。这一铮铮作响、掷地有声的语言，也是许多收藏家晶莹澄澈的心声，是中华民族传统文化精神的体现，是民族魂的再现，是收藏家毕生追求的最高思想境界和理想。我不是动员，也不可能要求大家都按上述人物那样做，我只是说，一个收藏家应当具有的崇高思想情怀。而且，建博物馆或办展览也是一种回报社会、国家的很好方式，因为这种伟大精神力量正是实现中华民族复兴的动力和源泉。

我们相信，随着中国政治、经济的全面发展和社会进步，中国文化大发展大繁荣的到来，中国收藏文化也必然会得到更大发展。我们的收藏只要始终坚持与时俱进、开拓创新，收藏文化这朵文化奇葩将会开得更加鲜艳，结出更加丰硕的果实来。

2008 年 5 月 29 日，广州

博物馆是新文化的催化器^{*}

——为"古老的中国，崭新的博物馆"
中文版专号而作

本期文章大多由当前从事中国文物博物馆事业的领导者或博物馆专家撰写。他们从不同角度，以充分有力的事实，向中外读者和博物馆界描绘了目前中国不同类型博物馆和中国博物馆事业在中国这块古老的沃土上蓬勃发展的崭新面貌，也实事求是地指出了中国博物馆事业发展中遇到的新情况和新问题。这是中国博物馆界与各国博物馆之间的一次学术交流，也是世界不同文明、不同文化的一次有益对话，它不仅有利于增进各国博物馆同仁对中国博物馆事业的了解，也将有利于推动中国博物馆事业取得更大的进步和发展。

一

中国是世界四大文明古国之一，连绵不断的中华文明源远流长、博大精深。中国文物的收藏和研究以及博物馆的萌芽可以上溯到公元前16世纪前后，至两宋（976～1279）时期收藏文物之风与金石学研究已有重大成就，但真正意义上的公共博物馆的出现则是在近代一些中国人向西方文化学习的产物。1840年中英鸦片战争后，中国逐渐沦为半殖

　＊ 2008年"5·18国际博物馆日"前夕，联合国教科文组织旗舰期刊《国际博物馆》杂志第237期和238期合刊，首次以五种语言同时出版"中国专号"，主题是"古老的中国，崭新的博物馆"。后此专号中文版由译林出版社2008年5月出版。张文彬同志此文，即是该专号《前言》。

民地半封建社会，一些教会和传教士来华在中国沿海城市开始创办博物馆，如法国耶稣会士 P·厄德（汉名汉德）在上海创办徐家汇博物馆（后改名震旦博物馆），英国皇家亚洲文会也在上海创办文会博物馆（上海自然历史博物院），此后英、法、美、日的不同教会机构相继在天津、台北、成都、济南等地建立博物馆，其藏品大都是自然历史、动植物标本和少量文物。中国人创办博物馆，首推 1876 年在北京京师同文馆设立的博物馆和 1877 年上海格致书院建立的"铁嵌琉璃房"博物馆，它主要是为配合学习西方科学技术而设立的，这或许还处在中国博物馆滥觞孕育的阶段。

　　20 世纪初清朝政府推行新政，学习西方改良措施，实施"维新"政策，部分官吏上书奏请建立博物馆，遂成为学习西方文化推行"改良"的一项举措。1905 年，清末状元、著名实业家和教育家张謇（1853～1926）在江苏南通师范学校公共植物园的基础上首建南通博物苑，成为中国人创办的具有近代完整意义的博物馆的开端。南通博物苑的建立既是融会西方文化的成果，也是立足中国文化自创体系的尝试，其管理制度和集历史、自然、艺术（美术）为一体的模式对以后各地创立博物馆有很大影响。

二

　　在百年来的风雨历史进程中，中国博物馆事业几经兴衰。民国时期筹建了北京历史博物馆，同时对北京故宫皇家珍藏开始着手整理，并向社会开放。从紫禁城皇宫到故宫博物院，这是翻天覆地的大事。本期发表郭长虹《故宫：从紫禁城到公共遗产》一文，对此作了深入的分析，有兴趣的读者尚可进一步研究。20 世纪 30 年代，现代考古学在中国诞生后，相继对山西西阴村、山东城子崖、河南安阳殷墟等进行的田野考古发掘，取得了重大学术成果，推动了旧中国博物馆的发展并达到高潮。1936 年，全国博物馆的数量已达 77 座，北京、南京、上海、山东、河南等省市博物馆已初具规模。正当中国博物馆兴起之时，日本军国主义发动全面侵华战争，使中国博物馆的发展受到了严重破坏，中断了它充满希望的发展进程。到 1949 年新中国建立时，旧中国博物馆的总数仅余 24 座。新中国成立后，特别是实行改革开放以来，全国博物馆、纪念馆以前所未有的速度在数量和质量方面取得突破性发展，到 2007 年全国博物馆总数已达到 2400 多座，许多省、市、自治区改扩建或新建了具有先进水平设施的博物馆。中国博物馆事业的新局面主要表现在以下几个方面：

首先，博物馆的数量、类别显著增长，初步形成了具有中国特色的博物馆体系。中国改革开放以来，除以中央和各省、市、自治区文化、文物部门主办的社会历史类博物馆外，办馆主体已呈多元化趋势，行业和民间主办的社会历史类博物馆迅速发展。自然历史、科学技术、天文、地质、航空、航天、邮政、通信、煤炭、水利、铁道、交通、丝绸、纺织、印染、布艺、烟草、茶叶等专题博物馆，都是行业主管部门新建立的。现任天津自然博物馆馆长的董玉琴女士撰写的《在传播科学中传承文明——构建可持续发展的自然历史博物馆》一文，让人们了解中国自然历史博物馆的现状和未来远景；唐际根《殷墟博物馆：精美文物诠释殷商文明》和王川平《永不淹没的三峡记忆》分别立足河南安阳殷墟文化遗址和三峡水电大坝工程出土的大量文物，以新颖的观点诠释了中国商王朝和长江三峡地区巴、蜀、楚古代文明相互交会的历史文化。此外，近三十年中，古代建筑、名人故居、重大历史事件纪念馆等数量也有很大增加。其他如银行、证券、税务和公安等行业、系统，也都分别建立了博物馆。值得称道的还有自 1997 年 10 月中、挪两国合作在贵州省六枝特区梭嘎建成第一座生态博物馆之后，目前贵州又分别在花溪、黎平、锦屏、三都、西江等地建立了布依族、侗族、水族、苗族的生态博物馆，广西、云南和内蒙古自治区也建立了侗族、蒙古族生态博物馆或"民族生态文化村"。著名博物馆学家苏东海教授撰写的《生态博物馆的思想及中国的行动》，对生态博物馆思想的兴起和中国生态博物馆的诞生与发展作了全面阐述。此外，民间博物馆的兴起如雨后春笋，从无到有，从小到大，在民间收藏和研究中发挥了独特作用。北京大学考古文博学院宋向光教授《中国当代私立博物馆的发展》对此作出了客观的分析。总之，中国博物馆事业已初步形成了以国家级博物馆为龙头，以各省、市、自治区和各行业博物馆为两翼，人文社科类博物馆与自然科技类博物馆并举，以市、县和民间博物馆为补充的中国博物馆体系或网络，这是非常巨大的一项成就。

其次，创造陈列展览精品，全面发挥博物馆文化的社会功能，提升了博物馆整体形象。博物馆承担着弘扬和传承历史文明的重任，是传播科学历史文化知识，提高民族文化素质，满足公众审美情趣，促进人们身心健康的重要场所。因此，博物馆必须把握时代脉搏，强化精品意识，把不断提高陈列展览水平放在突出位置。从 1997 年开始至 2007 年，中国国家文物局已经先后举办了七届全国陈列展览精品评选活动，评出一百余项不同主题的陈列精品。这些获奖陈列展览精品，主题突出，观点鲜明，知识内涵丰富，方法先进新颖，引领了中国当代博物馆展览教育的新方向。上海是中国改革开放的前沿，也是著名的国际化大都会，上海博物馆馆长陈燮君教授的《上海多元文化遗产的保护》一文证明，上海博物馆在实践中更好地实现了博物馆的三大功能：借助于高新技术的收藏保管功能，形成学科发展优势的研究功能和面向现代社会的教育功能。

第三，抢救非物质文化遗产，既扩展了博物馆的功能，又丰富了博物馆收藏、陈列展示、科学研究的内涵。联合国教科文组织和国际博协一直对非物质文化遗产给予高度关注。2001 年 7 月在巴塞罗那召开的国际博协大会上就特别强调采取各种方法确定和管理有形和无形文化遗产，既包括物质形态的有形文化遗产，又包括以非物质形态存在的非物质文化遗产，如语言、声音、价值观念、口头传说、传统艺术、口述历史、民俗活动、节庆礼仪、民间生活、民族特性等等。这些非物质文化遗产可能产生于一个特定的文化遗产环境，集中体现在某个地区、某个收藏或某个群体身上，记录着中华民族在长期历史进程中形成的价值观念和审美观念，是文化延续和传承的重要载体。以中国戏剧类博物馆来说，目前已建立了中国昆曲博物馆、天津戏剧博物馆、北京戏曲博物馆、安庆戏曲博物馆、嵊县越剧博物馆、广东粤剧博物馆、苏州评弹博物馆等和李渔纪念馆、梅兰芳纪念馆等，不仅展示了各剧种的演变发展史，而且专设舞台展示演出，既保护传承了这份文化遗产，又丰富了社会公众的文化生活，很受当地群众欢迎。戏剧家顾聆森和王廷信撰写的《中国昆剧的战略传承》以江苏省昆剧院的个案对此作了深入的探索和研究。

第四，重视博物馆专业人才的培养教育，提高博物馆专业队伍整体素质，推进了中国博物馆学实践与理论的发展。一方面教育部门把培养博物馆专业人才纳入教育计划，在有条件的高等院校增设博物馆专业，如北京大学、南开大学、复旦大学、南京大学、吉林大学、山东大学、西北大学、四川大学、厦门大学等都先后建立了文博学院或设立了博物馆专业。北京大学在国家文物局支持下建立了中国文物博物馆学院（北京大学考古文博学院），南开大学设置了中国首个博物馆专业博士点。另一方面，各级文物行政部门同有关高等院校合作，开设培训班，加快人才培养步伐，基本满足了当前专业发展的急需。同时，相关机构还组织力量，加强博物馆学教材建设。中国国家文物局、中国博物馆学会和各省市文物局、博物馆学会每年都进行不同主题的研讨会，开展学术交流并及时出版学术论文集。所有这一切都有力地提高了博物馆专业队伍的素质，并推进了中国博物馆实践与理论研究的不断深入。

第五，博物馆对外交流，进一步增进了中国博物馆与各国外的博物馆之间、中国人民与其他各国人民之间的相互了解和友谊。1978 年，中国实行改革开放政策，极大地加快了中国博物馆事业融入国际化的进程。一是"走出去"，在国外举办各类文物展览，展示悠久璀璨的中华文明，让世界了解中国。30 年来，中国在世界 20 余个国家举办的不同类别、不同规模、不同主题的展览文物对外展览多达 500 余个。如赴美举办的《中国考古黄金时代展》、《走向盛唐》，赴日举办的《中国古代文明展》、《中国山东青州出土佛教造像石刻艺术展》等，都受到热烈欢迎。与此同时，北京、上海等地也多次举办了国际博物馆馆长高峰论坛。二是"请进来"，举办国际著名博物馆藏品展，为国人了解世界、开阔视野开通了一条便捷渠道。近十年来，中国主要城市的博物馆相继举办了来自英国、意大利、希腊、法国、日本、墨西哥、巴西等国家的文物或绘画作品展，如在北京、上海举办的《意大利前罗马时期文物展：伊鲁特里丝人的世界》、《古罗马文明展：罗马帝国的人与神》、

《凡尔赛宫：太阳王路易十四层》、《大英博物馆藏：古埃及文明展》、《卢浮宫珍藏：古典希腊艺术展》等，令国人大饱眼福，大开视野。我的同事和朋友王立梅女士，在卸去公职后，积极策划、创办了中华世纪坛世界艺术馆，以"传播世界文明、促进文化交流、服务大众要求"为宗旨，自 2006 年起，先后举办了《意大利文艺复兴展》、《从莫奈到毕加索——美国克利夫兰艺术博物馆精品展》、《庞贝末日——源自火山喷发的故事》等，该馆的创建和营运展出的独特方式给博物馆界以"耳目一新"之感，备受瞩目。王立梅女士撰写的《世界艺术展示与创造文化资本》一文，将会使人们产生浓厚的兴趣，对目前许多博物馆也无疑是一种启发与挑战。

三

中国博物馆事业之所以能出现上述令人瞩目的崭新局面，和中国近三十年来实施解放思想、实事求是、改革开放、与时俱进的方针政策，国民经济得到又快又好发展密不可分，同时也和中国社会主义民主法制建设不断得到健全分不开。《中华人民共和国文物保护法》经 2002 年全国人大常委会重新修订颁布后，为中国博物馆事业的发展提供了强有力的保障。正在制定中的《博物馆条例》经中华人民共和国国务院批准颁布后，对中国博物馆未来发展的科学化、规范化、制度化将会发挥更大作用，这完全是可以预期的。

最近，中国政府决定从 2008 年起，全国博物馆、纪念馆陆续向社会免费开放，这是实现和保障民众基本文化权益的重要举措，也是中国文化事业大繁荣、大发展的前兆。毋庸讳言，实施免费开放对博物馆的陈列展示提出了更高的要求，同时对博物馆的管理运行和公共设施安全也会造成一定压力。但这正是一种良好的发展机遇，博物馆作为公益性文化机构的特性会更加突出，也必将推动博物馆社会化的进程。浙江博物馆蔡琴女士撰写的《博物馆开放方式研究》，立意、成文适逢该项决定颁布前后，值得一读。

博物馆是一个国家、一个地域、一个民族历史和文化积累的总和，是继承人类文化遗产的重要载体，也是展示社会文明进步发展的重要窗口。因此，传承文明，弘扬文化优秀传统就成为博物馆的神圣使命。我们深知，中国博物馆虽然在近几十年得到蓬勃发展，但与许多先进发达国家相比，无论从人均占有量，还是从藏品保护研究、社会服务、博物馆管理等方面都存在相当大的差距。国际博协倡导的"博物馆能否成功成为新文化的催化器而不仅仅是古老遗产的反射仪"（1989年第15届国际博协大会主题），对我们来说，仍要经过长期不懈的努力，才有希望达到。相信《国际博物馆·中国专号》的出刊将是一个良好的开端。

2008年7月2日

人生有涯知无涯 *

—— 在郑州大学历史系考古专业七七级、七八级同学
入学三十周年纪念座谈会上的谈话

张文彬文博文集

716

各位老师，同学们：

今天是个令人高兴、难忘的日子。我们师生聚在一起，纪念同学们入学二十年、毕业二十六年，这是很有意义的。

今年我国改革开放三十周年，是特别值得纪念的。因为我们在座每位师生的命运，都是与国家的命运、与改革开放三十年的历程紧紧联系在一起的。同学们入学和毕业的时候，还都是热情奔放、激情满怀、奋发有为、血气方刚的青年，经过二十余年的磨砺，现在也多是五十而知天命之年的中年，都有了丰富的人生体验和工作成就。"人生有涯，而知也无涯"，岂能相违！所以，我想就从这个不能不让我感到几分沉重或者说是激动的话题谈起。

我们对改革开放可以有很多的解读。其中最本质的方面，是恢复了知识的尊严，重新肯定了对知识的尊重，对人才的尊重，开启了尊重人才、尊重知识的新时代。这是中国改革开放的总设计师邓小平同志反复强调并大力倡导的。正是有了对知识、对人才的尊重，才有了恢复高考的决定，才有了我们大家从四面八方汇聚到高等学校的可能。

1977 年 8 月，邓小平同志主持教育科学座谈会，提出来要恢复高

---

　　* 根据谈话记录整理。收入《红叶集》，孙英民、孙新民、秦文生主编，中州古籍出版社，2010 年 1 月版。

考，这是全面拨乱反正的开端，吹响了中国改革开放的号角，拉开了解放思想的帷幕。这一决定立即在全社会引起巨大反响。当时的办法是以在校的中学生为主恢复高考，可以招一部分社会上往届毕业的学生。但实际招生的情况却是社会生源大于在校生生源，而且社会生源的基础好于应届生，所以到 78 级时就扩大了在社会上招生的范围，使各条战线的莘莘学子从四面八方汇聚到校园里面来。这样一个非常英明的决策改变了我们在座的每一个人的人生轨迹，同时也彻底改变了我们每一个家庭的命运，进而改变了我们整个国家和社会的命运。另一方面，我们大家也都以不同的方式参与了改革开放这三十年的实践活动。无论在学校里教育改革的实践，还是在工作岗位上的实践，我们所经历的一切，都是同改革开放紧密联系在一起的。无论是我们个人，还是我们的事业，莫不如此。我们改变着自己，同时也改变着我们国家。所以，没有改革开放，就没有今天；没有改革开放，也就没有我们每一个的自己。抚今追昔，怎不叫人感慨万千！

郑州大学历史系考古专业的创建，就是改革开放的一个成果，也是我们在座者个人命运中的一个重要转折。"文化大革命"的前期，我还在洛阳，属于被批判、被斗争的对象。1974 年我调入郑州大学任教，第二年也就是 1975 年，小平同志主持中央工作搞恢复整顿。郑州大学决定新办考古专业，我受命主持其事。经过一番工作，李友谋老师、陈旭老师、王兵翔老师先后调入郑州大学，但是由于受到所谓"反回潮"的影响，郑大历史系被撤销，与政治系合并改为政史系，考古专业的筹建颇多阻障，被迫中止。1977 年粉碎"四人帮"之后，中央决定恢复高考，建设郑州大学考古专业再次提上议程，我被调回历史系任系副主任（主任暂缺）负责教学、科研工作。我们又从南阳请来了吴曾德老师，加上李友谋、陈旭、王兵翔老师，以及荆三林、刘铭恕先生等，正式组成了郑州大学历史系考古教研室，由李友谋老师任主任。当时，学校里有的领导和老师对新设考古专业，对建设考古专业的技术室、资料室等细节还不甚理解。我们就反复宣传新设考古专业对于郑州大学历史系的意义，对河南这样一个有着辉煌灿烂古代文明和众多文物古迹的文物大省的意义，最后不仅赢得了学校领导和老师们的理解，也赢得了省

人生有涯知无涯

教育主管部门和国家有关部门的理解和支持。

在郑州大学创办考古专业，也并非是白手起家。相反，这个专业植根于河南这片古老富饶的土地，植根于新中国成立以来中国科学院、北京大学等单位和河南文物考古工作者丰富多样的实践和学术成果，应该说是正逢其时，具有得天独厚的天时、地利、人和的优势。专业创办初期的教师队伍，充满活力、年富力强，是很有特点和一定水平的。李友谋老师、陈旭老师、王兵翔老师、吴曾德老师，以及后来的贾洲杰、匡喻老师，都是新中国培养出来的具有考古发掘和研究实践经验的考古学者；而刘铭恕先生、荆三林先生则是早在民国时期就已成名的前辈学者。在筹建教研室的过程当中，特别是在课程的设置、安排和图书资料的收集上，李友谋、陈旭老师付出了巨大的心血，同时我们有幸得到了社科院考古所、北京大学以及省内外众多专业机构和学术大家们的理解和支持，裴文中先生、贾兰坡先生、夏鼐先生、苏秉琦先生、宿白先生、安志敏先生、邹衡先生、俞伟超先生等等，都曾经给予我们有力的支持和悉心的指导。后来，裴老、宿白先生、邹衡先生以及许多前辈学者又应邀来校给我们作了学术讲座，给大家留下终生难忘的印象；郑大历史系历史专业的老师们更是给予了许多直接的帮助和支持。在四年的大学生活中，我们师生一起参加新郑裴李岗、登封王城岗、禹县瓦店等遗址的发掘，一起到北京、山西和陕西进行教学参观，培养了深厚的师生感情，而且教学相长，都有很大的进步和提高。所以我认为，郑大的考古专业，基础是扎实的，起点是比较高的。同学们毕业后取得的丰硕成果，也充分表明郑州大学考古专业始终是我国高等院校考古专业队伍中一支重要力量。大家当初成为这个新办专业最初的两批学生，是很幸运的，你们以此为自豪，我们以此为光荣。

当然，历史已经证明，作为"文革"结束之后恢复高考的头两批的七七级、七八级两届，是我国高等教育发展史上非常重要、非常有特点的学生，在这两届学生当中，聚集了相当一批具有特殊精神面貌和气质，具有基础深厚、思维敏锐、功底扎实、学风良好特点的优秀人才。在座的各位同学也不例外。回想当年，你们立志要把被"文革"耽误的时间夺回来的那种紧迫感，你们如饥似渴学习的刻苦精神，你们报效祖国、报效社会、报效人民的使命感和责任感，也无时无刻地激励着我们这些老师的。直到今天，我还经常为我们师生之间教学相长、情深意长的种种情形而感动，这是我们大家共同的宝贵财富，值得永久怀念。

"青取之于蓝而胜于蓝"，这是历史发展的规律。每位老师都衷心期待学生超过自己。我非常高兴地看到，大家在各自的工作岗位上发挥了积极的作用，大多已经成为河南乃至外省市文物考古事业的骨干，今天在座的80%以上的同学已成为研究员、副研究员或教授、副教授了，说明你们在学术上取得了相当大的成就。当然有的同学在党政机关或者其他部门工作，也都发挥了骨干的作用，担负着重要的职责。作为老师来讲，我感到非常的欣慰。社会上何止三百六十行，但唯独做教师的拥有为自己学生的成长和成就感到无上光荣、骄傲和自豪的幸福感，这就是人间最大的快乐！

目前，我们正处在一个伟大变革的时代，站在新的历史起点上。"雄关漫道真如铁，而今漫步从头越"，过去的三十年，我们取得了辉煌的成就，未来的三十年，我们的国家还将创造新的辉煌。我们每一个人都应该感恩于伟大的祖国，感恩于伟大的时代，感恩于改革开放，更要以饱满的政治热情，积极投身和参与中华民族伟大复兴的历史进程。我相信，各位同学都不会辜负时代和人民的期望，在未来有限的岁月中继续奋力拼搏、再创佳绩。愿我们大家共勉！

2008 年 9 月 21 日

《北岳恒山志》序[*]

欣闻《北岳恒山志》即将付梓出版问世，深感编著不易，谨表热诚祝贺！恒山新志，搜罗宏富，资料翔实，考证精当，记述全面，是迄今为止恒山志书中第一部最完整的山志大全，为研究恒山历史地理、民俗风情、文物景观、诗词楹联提供了十分重要的丰富资料，尤从山岳的角度展示出中国文化独特面貌和精神世界、审美情趣，为地方山岳史志增添了新的成果。这是编著者张剑扬先生三十年来从事文物工作和地方史志研究取得的又一学术成就，令人钦佩，可喜可贺。

巍巍恒山，中华五岳之一，是我国著名的自然和文化遗产。中国古籍《尚书·尧典》和《史记·五帝本纪》、《史记·封禅书》以及《汉书》等都依据上古神话传说记述了尧以治水与禅让征询四岳之官和舜行"天子之政"后巡狩东岳泰山、西岳华山、南岳衡山、北岳恒山和中岳嵩山的事例。虽然它含有某种神话的成分，但它却反映了我国秦汉以来人们的大一统理念和地理区划的观念，是秦汉以来祖国多民族统一国家形成发展过程中的必然反映，充分说明五岳同长江、黄河、松花江、珠江一样作为中华锦绣山河的标志，其历史文化古老久远，源远流长。我国著名的历史地理学家顾颉刚先生和刘起釪先生对《尚书·尧典》和五岳的形成过程作过精审的考证，很值得我们继续深入研究。

北岳恒山山脉，位于晋、冀、内蒙古交汇之处，西起阴山，东连太行，蜿蜒起伏奔腾在塞上高原。它南屏三晋，北临幽燕，山势险峻，奇峰耸立。主峰雄踞浑源城南，叠嶂拔峙，气势雄浑，向有"人天北

* 《北岳恒山志》，张剑扬编著，山西人民出版社，2008年版。

柱"、"绝塞名山"之誉，其雄、险、奇、秀可同泰山、华山、衡山、嵩山相媲美。诚为唐诗人贾岛诗云："天地有五岳，恒岳居其北，岩峦叠万重，诡怪浩难测。"可谓真切感受也。明地理学家徐霞客在其游记《游恒山日记》里说："伊阙双峰、武彝九曲，俱不足以拟之也。"对恒山风光景色给予了极高的评价。正是恒山这种特殊的地理形貌，使其成为捍卫京都安全的天然屏障，从而也成为历代兵家必争之地。这也就是为什么从古至今在这里上演了许许多多波澜壮阔、可歌可泣、威武雄壮历史活剧的原因。

恒山之美，不仅是形胜险要，风光秀丽，更在于它悠久的历史文化。其一是祭祀文化、源远流长。祭祀礼制、敬宗祭祖、缅怀先贤、激励后人是中华文化的优秀传统。"国之大事，在祀与戎"①。上古时期，祭祀与军事是国家政治文化生活中的大事。除敬宗祭祖、慎终追远之外，也十分重视对山河的崇拜。人们认为一切物质财富都是自然界的恩赐，所以建立了"以血祭社援，五祀、五岳，以狸沈祭山林、川泽，以疈辜祭四方百物"②的礼仪制度，即以牺牲祭祀土地谷神，祭祀五岳山川，这种山岳崇拜观念早在原始社会时就已经产生，它是中国先民自然生态观念的一种积极态度的体现。所以自古统治者，为报天地山川之功，都有封禅活动，也就成为情理中的事。远在两千多年前，为适应汉武帝封禅，同东岳泰山一样，也在北岳山麓建有祠庙，祭祀恒山山神。公元 5 世纪上半叶，魏太武帝也建有北岳庙，金元以后直至明清王朝都把祭祀北岳列为重要礼仪活动之一。每次祭祀礼仪都要立碑刻石，以资纪念。这种祭祀山岳礼仪活动，对保护山林有非常重要的作用，至今仍有一定积极意义。其二是建筑文化、丰富多彩。中国建筑文化是中国传统文化的重要组成部分。其建筑特征，一是以木质为主要构材；二是以梁柱式架构和斗拱为建筑结构原则；三是以翼展之屋顶轮廓为特征，展示建筑的整体美。公元 5 世纪前后，建于恒山翠屏峰万仞峭壁上的悬空寺，以其木质结构，悬臂木梁半插岩石之中，使其梁柱与岩石浑然一

---

① 《春秋左传·成公十三年》。
② 《周礼·春宫·大宗伯》。

体，回廊与勾栏左右相连，从低到高，曲折幽回，错落相依，呈现出一派既危又险、既奇又妙的景观，构思之大胆，设计之精巧，令人称绝，叹为观止，堪称中国乃至世界建筑史上的奇葩，具有很高的建筑文化审美价值。此外，在恒山脚下的浑源城东北的元明时期永安寺佛教密宗十大明王壁画和始建于金代正隆三年（1158）的圆觉寺砖塔，都有很高的建筑文化和历史价值。圆觉寺砖塔四周满嵌砖刻浮雕，歌舞伎乐人物婀娜多姿，勇士孔猛有力，狮兽形象逼真，是现存的唯一金代砖塔。现在这些古代建筑均已成为全国重点文物保护单位，得到各级政府的高度重视和人民群众的精心保护，深觉欣慰。其三，儒、释、道三教文化，和平共处。恒山长期以来是佛教弘法基地，又是道教圣地，金代在这里建有翠屏书院，传播儒家文化。悬空寺，更建有"三教殿"，供奉孔子、释迦牟尼和老子，信徒不以为非，而以为是，三教和谐相处，兼容并蓄，究其源，盖都是教人扬善，"相忍为安"，求同存异，值得体味。其四，是胡汉文化、融合交融。从上古时期起活跃在我国北方的少数民族匈奴、鲜卑、契丹、女真、蒙古等族就从大漠深处陆续来到塞上高原，留下了他们奇功伟业的足迹。他们中的百姓平民同生活在这里的汉民族和平相处，共创和谐的精神家园，实现了农耕文明与游牧文明的交流与融合、汉胡文化的交融会通，为中华文明创新增添了新的动力。其五，考古文化、尚待发掘。恒山及恒山山麓周边是中华民族最早开发、繁衍生息的地区之一。在恒山山麓浑源神溪村，即发现过红褐色燧石和变质岩石片等为工具的旧石器至新石器时代遗址，已引起考古工作者的注意和兴趣，可望作进一步探索和研究。新石器时代遗址主要是龙山文化时期的荆庄、王庄堡、西留、神溪、东湾、关沟、蚂蚁河、黄家坡村遗址，几乎遍布恒山周边浑源全境。两周时代遗址则以西庄、毕村、李峪村为代表，发现有青铜鼎、盖豆、鬲、壶、盘、剑、削、带钩等。1933 年 2 月，在李峪村南庙坡曾出土过西周至春秋时期百余件青铜器，其中有夔纹鼎、虺纹鼎、镈鼎、簋、匜、牺尊、盘、瓿、车器等重要青铜器。据著名古器物、古文字学家商承祚教授编著的《浑源彝器图》考释，这些器物"朱壁斑斓，制多器诡……虽无文字考其华纹，殆晋物也"，是没有问题的。从现藏上海博物馆的浑源李峪出土的牺尊、鸟兽龙纹图壶及镶嵌狩猎画像豆来看，这批青铜器可谓精湛无伦、至宝奇珍，其器物纹饰、年代可从侯马出土的春秋青铜器陶范得到印证。用鸟兽形象作为器物造型，是商周青铜礼器的特点之一。像李峪这件牺尊就是以一头小牛的整体形象制作的温酒器，雄伟敦厚，造型生动，形象美与实用性得到了完美的结合。鸟兽龙纹图壶和狩猎画像豆等，则成为春秋时期青铜器制作逐渐摆脱神秘风格走向贴近现实生活的见证，从礼器艺术图像描绘中折射出当时正处在历史转折变化的阶段。可惜，我们至今对这批青铜器仍缺乏全面了解，不能窥其全豹，是窖藏还是墓葬随葬物都难以确知，这都有待于日后对李峪墓群进行考古发掘，才能够解开它的谜团。此外，恒山也是盛产瓷器之地，古窑乡古瓷窑村、界庄、文家庄村等窑室遗址出土的明、清"浑源瓷"片，白釉、黑釉或似茶叶末釉瓷片比比皆是，虽平淡无奇，但自然天成、地方特色明显。其他如麻庄的汉墓群和毕村墓群，金明昌五年（1194）恒山灵鹫岩摩崖造像及明内长城、烽火台遗址都有待列入研究课题。我相信，在各级政府的重视与支持下，恒山历史文化全貌一定会被全面揭示出来。

中共中央总书记胡锦涛同志在党的十七大报告中强调，要弘扬中华文化，建设中华民族共有精神家园。这充分体现了当代中国共产党人对繁荣发展民族文化的强烈责任感。我虽然少小离家，但对故乡山山水水，一草一木的浓浓深情，随着岁月推移，愈发魂牵梦绕。我以自己是恒山之子而倍感自豪，同时也为未曾服务家乡愧对父老乡亲而感遗憾。《北岳恒山志》的出版，必将对重新认识恒山历史文化地位及其自然与文化价值，开发恒山文化资源，发展恒山区域经济有着十分重要的现实意义，产生深远影响。

以上几点粗浅之见，敬请张剑扬先生和各位专家、读者批评指正。是为序。

2008 年 10 月于京华

在国际博协第22届大会第一次
新闻发布会上的讲话

各位记者朋友们，早上好！

今天，国际博协第22届大会框架协议的签约仪式在上海博物馆举行。国际博协主席库敏斯女士和总干事安弗伦斯先生作为国际博协的代表，我与上海市人民政府副秘书长蒋卓庆先生作为第22届大会筹委会的代表，共同在框架协议文本上签字，标志着中国正式承办国际博协第22届大会。

一、背景

（一）国际博协与中国

成立于1946年的国际博物馆协会（The International Council of Museums，简称ICOM），是国际上规模最大的非政府性博物馆专业组织。它致力于在世界范围内支持和帮助各类博物馆机构，组织博物馆各领域的专业合作。目前，该组织拥有来自世界五大洲的团体和个人会员19000多名，在116个国家建立国家委员会，下设的29个国际专门委员会、14个附属国际组织以及7个地区委员会，成为名副其实的国际博物馆行业的权威性代表。ICOM的最高权力机构是每三年召开一次的会员代表大会。

中国是ICOM成立时最早发表声明表示支持的27个国家之一，后因历史原因未能正式加入该组织。1983年我国改革开放之初就恢复了与ICOM的联系，经文化部和外交部批准，中国博物馆学会代表团出席了在伦敦举行的ICOM第13届大会，正式宣布中国加入ICOM，并于同年建立了ICOM中国国家委员会。加入ICOM以来，中国博物馆界与其关系日益加强，1989 年成功举办了 ICOM 第四届亚洲太平洋地区委员会（ICOM – ASPAC）大会，推动了各地区博物馆之间的交流和合作；1994 年在北京举办了 ICOM 博物馆学国际委员会年会；1994 年 ICOM 中国国家委员会与 ICOM 人员培训国际委员会合作在山东举办国际博物馆管理人员研讨班；2002 年在北京举办了 ICOM 科技馆国际委员会会议；2002 年在北京举办了 ICOM 钱币与银行国际委员会年会；特别是 2002 年 10 月，ICOM 亚太地区委员会在上海举行了第七届大会，通过了关于博物馆与无形文化遗产的《上海宪章》，积极响应了国际遗产界对无形遗产的关注。

（二）中国申办国际博协第 22 届大会的主要经过

三年一届的 ICOM 大会历来受到博物馆业界、主办国家和社会公众的高度重视。首先，大会主题的选择和研讨，既反映了业界的共同关注和最新研究成果，同时也与主办国博物馆的特色和关切；第二，大会在业界具有最广泛的代表性，为不同经济、文化背景下的博物馆专业人员提供了良好的业务交流平台，同时促进了主办国博物馆事业的发展；第三，大会期间组织的博览会、文化活动等项目，为主办国的普通公众更为直接地了解博物馆这种独特的文化资源及其在社会、文化、科技发展中的作用提供了重要的契机。

近年来，中国的国际地位不断提升，经济发展与文化繁荣受到世人瞩目。ICOM 在六十年中，曾先后在世界上许多重要国家举办过大会，也希望这样的大会能首度落户中国，而日益发展的中国博物馆界也一直希望能够承办一届 ICOM 大会。

2004 年，ICOM 总秘书处向 ICOM 中国国家委员会提出建议，希望中国参与申办 2010 年的第 22 届大会暨第 23 次全体会议。ICOM 中国国家委员会、中国博物馆学会在认真研究后，向有关部门提交了请示。经文化部和外交部会签，并报请唐家璇、陈至立国务委员批准，ICOM 中国国家委员会在 2005 年 9 月法国巴黎举行的国际博协执委会上，正式提出了在中国举办 ICOM2010 年大会的申请并取得申办资格。

在国家文物局、上海市人民政府的直接领导下，在有关各方的精心准备和艰苦努力下，经 2006 年五六月间于巴黎召开的 ICOM 咨询委员会会议投票表决，中国赢得了 ICOM2010 年大会的主办权。2008 年 8 月 19 日，在奥地利维也纳召开的国际博协第 22 届全体会议通过，ICOM2010 年大会将于 2010 年 11 月 7 ~ 13 日在中国上海举行。今天上午国际博协与 ICOM2010 年大会组委会共同签署了框架协议，标志着大会的筹备工作进入了一个崭新阶段。

二、建立和健全组织机构

为确保 ICONI2010 年大会的高业务水准、高工作效率和高质量成果，2007 年 5 月正式成立了大会的筹备委员会和执行委员会。筹备委员会由文化部、国家文物局和上海市政府的相关部门领导组成，文化部部长蔡武担任筹委会主任委员，国家文物局局长单霁翔，上海市人民政府副市长屠光绍，中国科学技术协会书记处书记程东红，国家文物局副局长张柏，中国博物馆学会理事长、ICOM 中国国家委员会主席张文彬任副主任委员。执行委员会由国家文物局、中国博物馆学会、上海市政府的外事、财政、公安、交通、旅游、文物等相关管理部门的负责人组成。

执行委员会根据筹备委员会的授权，组建"ICOM2010 大会筹委会北京办公室"（地点设在国际友谊博物馆）和"ICOM 年 2010 大会筹委会上海办公室"（地点设在上海博物馆）。作为筹委会的常设办事机构，办公室负责为筹委会和执委会提供会务服务，协调各专门工作部的活动。

国际博协也建立了相应的专门工作组，由国际博协主席、总干事、司库、咨询委员会主席和部分执委以及来自中国的两名协调人参加，以保证 ICOM2010 年大会的筹委会与 ICOM 总秘书处、司库、国际委员会、地区委员会、所属国际组织的及时沟通与联络。

三、大会的重要意义

（一）展现我国博物馆事业的崭新面貌和对世界文化遗产事业的独特贡献

中国是世界上博物馆事业发展最快的国家之一，这些发展得益于国家的改革开放政策和日益增强的综合国力，同时深深地植根于中国深厚的文化传统。中国博物馆在向西方学习的同时，又形成了许多具有民族特色、符合中国国情的博物馆理论和实践经验。举办 ICOM2010 年大会，要为展现我国博物馆的崭新面貌及其对世界遗产事业的独特贡献世界遗产提供一个良好平台。

（二）在实现国际博协宗旨和核心价值的过程中发挥中国的作用

成功举办 ICOM2010 年大会，可使来自世界不同地域、文化和专业背景下的同行研究共同的挑战和问题，分享专业成果，共创博物馆专业美好的未来，使 ICOM 这一世界上具有重大影响的博物馆专业组织能够更加接近其"为社会和社会发展服务"的根本宗旨，更有效地实现其"推动博物馆和博物馆专业在世界范围内发展与进步"的核心价值，并在此过程发挥中国的重要作用。

（三）进一步提高中国博物馆和博物馆学研究的国际化水平

中国博物馆的发展，需要放在世界博物馆的宏观背景中去思考、去规划；博物馆是历史的、民族的，博物馆也是现代的、世界的、善于交流与沟通的。目前，中国有 2500 多座不同类型、不同学科和不同规模的博物馆和数量可观的博物馆研究队伍，他们在中国近三十年的国际化进程中受益匪浅。通过 ICOM2010 年大会及相关学术活动，可以更好地学习、吸收和借鉴其他国家的先进经验，以进一步提高中国博物馆和博物馆学研究的国际化水平。

2008 年 12 月 3 日

《香港考古学叙研》序[*]

　　商志醰教授继 20 世纪末《香港考古论集》（文物出版社）出版之后，现在又以新著《香港考古学叙研》付梓问世，两部力作相辅相成，相得益彰，不仅是对香港田野考古工作成就的回顾和深入研究的思考，而且对香港历史文化渊源也作了研究和探讨，既填补了中国考古学华南考古的空白，也为香港社会经济文化史的研究提供了翔实的资料，为进一步深入研究奠定了科学基础。两部著作的先后出版，也将会对进一步研究香港与内地的历史渊源和促进内地与香港两地学者的交流与合作起到积极推动作用。

　　中国考古学诞生于 20 世纪 20 年代。香港考古学研究迄今也有了八十年的历史，几乎同祖国大陆田野考古同时，但在当时还只限于中外考古学者的零星调查、采集、试掘。在 1967 年成立的香港考古学会和 1976 年成立的负责香港考古管理和行政工作的政府部门"古物古迹办事处"的组织和推动下，香港文物考古工作者主动发掘和抢救了一批文化遗产，并开展了考古普查。特别是在 20 世纪 80 年代以后，香港的考古工作者与大陆的考古研究部门、高等院校合作，有计划地开展了全港文物普查，田野考古工作随之也取得了较大进展。自 1997 年始，香港特区政府古迹古物管理部门正式邀请中山大学人类学系、中国社会科学院考古研究所及部分省市考古研究机构到香港参与田野考古调查和田野考古发掘工作，使香港考古工作进入到新的阶段。两地学者先后在香港西贡蚝涌遗址和沙下遗址，发现了迄今 4000 年前的炭化稻米，并发现

---

　　* 《香港考古学叙研》，商志醰、吴鸿伟著，文物出版社，2010 年 1 月版。

了大量稻亚科硅酸体，从而证明在新石器时代晚期香港东部已经开始种植水稻，以强有力的事实证明，在香港居住的华夏儿女从那时起就以自己的发明创造和辛勤耕耘繁衍生息在这块沃土上。同时，它也说明在香港产生的农耕文化要比人们预计的要早得多。这一发现立即引起海内外学者的关注，并引起香港市民的极大兴趣。

1990 年，广州中山大学人类学系商志𩑒教授同香港中文大学文化研究所中国考古艺术研究中心邓聪教授率领的团队合作，发掘了南丫岛大湾遗址，在遗址的第四层 M6 出土了一组 18 件串饰和一件刻有弦纹、菱格纹的高岭岩质牙璋，这一遗址包含彩陶和牙璋文化层的重大发现非同寻常。为此，在 1994 年 2 月香港中文大学召开了"南中国与邻近地区古文化研讨会"。牙璋之名，最早见于《周礼》，是中国龙山文化至西周时期流行的一种礼器，最初是由农业生产工具演变而来的，后来成为社会文明的象征。在河南、山东、山西、湖南、福建、四川、陕西等地和越南都有出土。与会学者经过比较研究之后，大多认为香港大湾牙璋的年代约商代晚期至西周初期，说明自商代晚期以来，以中原为中心的商代文化已波及影响到粤南香港地区。大量事实证明香港自古以来就与祖国内地保持着紧密的联系，这是毋庸置疑的。这些重大考古发现，不仅是香港考古的重大考古发现，而且也是中国南方或全国的重大发现，具有很高的文化价值和重要的学术意义。

商志𩑒、吴伟鸿先生在《香港考古学叙研》中，实事求是地对香港考古的成就和考古学史作了全面系统的回顾和总结，并给予了全面、客观、公允的评价，这种历史唯物主义的态度，是值得赞赏的。除此之外，两位作者对香港回归十年来考古工作取得的成绩也作了全面评估，对香港文化渊源、原住民的族属、语言及文化传播等方面，以及考古遗址的保护都作出了有价值的探研，提出了有益的建议，处处体现了作者严谨治学、实事求是的学风和以人为本、服务社会的宗旨。

值此《香港考古学叙研》出版之际，我除了祝贺之外，也深深为商志𩑒教授在开拓香港考古工作中筚路蓝缕、披荆斩棘、付出的艰辛感到由衷的敬佩，同时也为他在促进香港与内地考古机构和学者合作与友谊所做的卓有成效的工作表示崇高的敬意，为他奔走于香港与内地之间，穿针引线，多方筹措"郑振铎—王冶秋文物保护基金"作出的特殊贡献表示真诚的感谢。商志醰教授遵循其父著名古文字学家、历史考古学家商承祚教授"藏宝于国，惠施于民"的意愿，近年又把其家藏的历代碑志拓本和历史文物，分别捐献给香港中文大学文物馆和中山大学、上海嘉定科举文化博物馆，表现了商氏家族盛世义举、为人师表、高风亮节的风范。总之，商志醰教授淡泊名利、奖掖后进、热心公益、服务社会的精神，既是他的家风的传承，也是时代风尚的弘扬。

是为序。

2008 年 12 月

加强国家历史文化名城保护
推动经济文化建设协调发展

——在国家历史文化名城华东区第五次年会上的发言

　　我国历史悠久，文化灿烂，源远流长。在人类文化历史上，中国是最早出现城市的国家之一。中国考古学调查发掘证实，早在4000年前，我国龙山文化时期的山东历城城子崖，河南淮阳平粮台文化遗址已经出现了早期城址，此后出现的洛阳、郑州夏商都城、陕西丰镐西周都城、春秋各国都城以及齐、楚、燕、韩、赵、魏、秦列国都城、汉魏洛阳城、隋唐长安与洛阳城、北宋汴梁（开封）、南宋临安（杭州）、元大都北京、明、清北京，在当时都是大都市。其规模之大、布局之严整、设计之恢弘都是空前的，在世界都城建设史上都是首屈一指的。与此同时，全国各地的城市建设，尤其在隋唐宋元以降，随着南方经济文化得到空前发展，城市规模日益扩大，留下众多遗迹和建筑遗存。近代自洋务运动后，沿海城市更吸收了西方建筑形式，形成了中西汇通的风格。在以往历史发展过程中，各地城镇随着经济兴衰和不同地域文化积累，也都形成不同风格，成为各地区宝贵的文化遗产。中国城市的发展及建筑风格，对朝、韩、日本建筑和亚洲各国都有不同程度的深远影响，这是我国对人类文明的重要贡献。至今留有的历史遗迹和建筑遗存是不可再生的文化资源，任重而道远，我们要倍加珍惜，加强保护力度，使这些仅存的遗迹遗存益寿延年，传承给子孙后代。

　　城市的出现是一个地区、一个民族、一个国家经济文化发展和文明成果的标志，历史文化名城则是城市发展的明珠，自然亦是我们可持续发展的不竭动力和凝聚民族力量、振奋民族精神、实现民族伟大复兴的源泉。随着我国改革开放和各地经济文化建设发展，各省市、县城镇都面临着城市建设改造与民生的改善等诸多问题。"发展是硬道理"，发展是第一位的，没有发展很难谈得上城市的建设与改造，而一座城市的建设与变迁都有一个继承、改造、更新和适应、发展的问题。近十余年来，各地在建设部、国家文物局的指导和各级党委、政府正确领导下，以深入贯彻《中华人民共和国文物保护法》和国务院颁布的《历史文化名镇村保护条例》实施为契机，进一步增强了名城保护意识，制定了名城保护法规，修订了名城保护规划，加大了资金投入，措施有力，工作扎实，取得了显著成效，积累了宝贵经验。各地的经验和做法，主要是正确处理了新城与旧城、城市建设与改造同民生与环境改善、城市建设共性与个性的关系。

第一，比较好地处理了旧城改造与新城建设的关系。新与旧是矛盾对立的统一，历史文化旧城保护区，主要是指城垣、历史街区、山川形胜、名人故居，新区建设主要是新型公共设施和商业建筑，面对新老建筑，只有尽力做到协调适度，严格控制高度空间，才能达到有机统一。扬州、徐州等名城保护经验都说明，只有点（重点文物保护单位）、线（城市中轴线及其两边）、面（历史文化街区）相结合，才能做到有机联系，协调发展。

第二，比较好地处理了旧城历史文化街区保护与民生改善的关系。旧城区历史文化街区保护是历史文化名城保护的核心关键。没有历史街区的保护，只有城垣，那只是一个躯壳。"保旧城，建新区"，只是措施之一，旧城区不可能完全排斥新建筑，城市的变迁发展是不可避免的，变是永恒的，问题在于要留下原有的历史记忆。保护历史文化街区不能什么都不能动，安居项目改善民生、改善环境相结合，要改善基础设施，提高生活质量。以人为本，共建社会主义文明，共享文明成果，这是我们的出发点和落脚点。事实说明，旧城区居民得不得生活改善，很难达到名城保护的目标，把旧城区居民大多数搬迁的做法是不可取的。其实城市原居民是城市文化和延续城市文脉的传承者，没有原居民，就会丧失活力。各地的经验也充分证明这一点。

第三，比较好地处理了城市建设中的共性与个性的关系。现代城市建设的钢铁水泥为基本材质，形成"钢铁林立、鳞次栉比"，这是我们在城市建设中的误区。当然，如何建设不同风格、具有民族化、地域化特色的建筑，是摆在城市规划师、建筑师、工程师面前和所有人们面前的一个难题。没有特色，就失去了自己。千城一面，建筑雷同，就会失去中华文化的传承与生命的延续。这不仅关系到一座城市的记忆和延续，更关系到民族文化的兴衰和经济文化发展的方向。在这方面，金华市委、市政府坚持"规划统领、政府主导、社会参与"，提出"辟新区，保旧城，复风貌，保子城，继文脉，保重点"的十八字方针，并对古建筑保护采取了"国有民办，民投公助"的"认真保护、共建双赢"的方式，解决了资金不足的困难，如"满堂书苑"（满堂书画博物馆）就是一家投入资金 200 万迁建完成的，而其所有权则属国家所有，这应当是文物保护体制的创新尝试之一，是值得总结的宝贵经验。南京、扬州、徐州、杭州、福州、泉州等地也都创造了许多有价值的经验，应当引起足够重视。

当今时代，文化元素已越来越成为一座城市的灵魂，成为一座城市经济文化发展的资源，成为一座城市可持续发展的软实力——综合竞争力强弱的体现，甚至成为一座城市能否走向未来繁荣发展的制约因素。我们欣喜地看到，各级党政领导对名城文化因素的开发与研究，已引起高度重视，也欣喜地看到人民群众对文化遗产的保护和名城保护意识空前高涨，这都是不争的事实。但我们的保护措施、保护资金、保护成果距世界先进水平还有相当差距，距党中央、国务院要求还有很大差距。我们真诚地期望，处在改革开放前沿和经济文化发展前列的华东区历史文化名城的各级领导和同志们，将坚持以科学发展观为指导，自觉深入贯彻《中华人民共和国文物保护法》和国务院《历史文化名城镇村保护条例》，进一步加强法制建设，提高城市规划的法制观念和文化遗产保护观念，加大工作力度，为实现历史文化名城社区和谐社会建设，再接再厉，再创辉煌！

2009 年 4 月 9 日

弘扬中华孝道文化
树立文明道德风尚[*]

——"孝文化与构建和谐社会高峰论坛"开幕词

中华文化博大精神,源远流长,蕴含着丰富的正确处理人与人、人与社会、人与自然之间相互关系的智慧光芒,其中孝道文化就是一朵鲜艳的奇葩,在中国传统文化中占有十分重要的地位,其广泛的文化综合意义和社会价值,不仅在中国社会发展中起过长久的作用,而且至今仍具现实意义。孝是人们世代传承并崇尚的传统美德,是中华民族优秀的文化根基,是衡量一个社会文明程度的标志和判断一个人道德品质的重要标尺,是爱祖国、爱家乡、爱他人的起点。因而,孝道文化是中华伦理道德文化的核心观念,包含着哲学的、法律的、教育的、民俗的、艺术的诸多文化意蕴,凝聚着中华民族厚重的历史文化积淀和思想智慧成果,在中华民族形成发展过程中代代相因,熠熠生辉,成为中华民族生生不息、稳定和谐、持续发展的动力和源泉。对孝道文化的研究,历来为许多学者所重视,自改革开放以来,我国学者解放思想,打破禁区,在孝文化研究发掘方面取得多方面的新突破、新成果。今天,我们有幸邀请各位学者,专家和社会教育工作者出席这次论坛,一是要在已有研究成果的基础上,整合力量总结经验,在理论与实践结合上继续深入研讨孝文化的内涵及其当代价值,以进一步贯彻落实中共十七大提出的"建设和谐文化,培育文明风尚,弘扬中华文化,建设中华民族精神家

---

* 2009 年 4 月 18～19 日,由中华炎黄文化研究会、华夏文化纽带工程组委会、中国伦理学会、中华母亲节促进会、北京东方道德研究所联合发起,中华孝道文化系列活动之一的"孝文化与构建和谐社会高峰论坛"在首都师范大学召开。此文即张文彬同志所致的开幕词。

园"的要求，推动社会主义孝道文化，为构建社会主义和谐社会作出新的贡献。诚挚期望与会各位学者、专家和伦理教育工作者畅所欲言，热烈研讨，建言献策，通过营造社会主义道德风尚的舆论氛围，提高全民道德水准。更希望在各位学者专家研讨基础上，达成共识，提出倡议，促进中华孝文化建设。

中华孝文化在形成和发展的历史长河中，不断得到充实和发展并形成自己特点，成为中华文化区别于其他文明古国的显著特色之一。从中国考古学发现与研究来看，孝可能源于农业发生、起源过程中的原始社会新石器时代，为着生命延续、生儿育女、传宗接代、繁衍生息，发展生产力，很自然地出现了生殖崇拜和祖先崇拜，进而产生尊亲敬宗，这种情愫就是"孝"的起源和"孝"的初始意义。华夏子女自远古以来对炎帝神农、皇帝轩辕人文始祖的祭拜，从某种意义上也是对祖先的崇拜。先秦诸子百家对"孝"道都有过自己的阐述，如孔子就说过"夫孝，天之经也，地之义也，民之行也"①，又说"孝，道之本也"。孟子说："孝之至，莫大于尊亲。"汉代整理成书的《孝经》更成为阐述中华孝道文化的理论基础和道德规范，从此确定了"百善孝为先"的观念。此后，历代统治者和思想家都把孝道作为治理天下的至道要道和基本道德准则，对中华文化的绵延和封建统治起到了重要作用。五四爱国主义新文化运动，高举科学、民主为旗帜，批判旧文化、旧礼教、旧道德，解放了人们的思想束缚，推动了社会的脚步，开创了中国新民主主义革命的新纪元，这是毋庸置疑的。但在批评旧文化、旧道德中也难免有片面性和过激的地方，这是受到当时历史背景和条件的制约造成的。但孝亲文化作为中华民族团结的纽带和国家统一的血缘亲情宗亲观念、同根同脉的基础是始终没有改变的，这一点同西方以"上帝"为至高无上的崇拜有很大的不同。在中国历史上，凡是维护国家统一，为民族、为人民、为社会作出过贡献的忠臣良将、仁人志士，都是敬宗尊亲的人。中国共产党人是当代民族文化的传承者和代表者，同样也是敬宗孝亲的人。例如朱德在《我的母亲》回忆中，周恩来对双亲的回忆中，

---

① 《孝经·三才章》。

都真切深情地叙述了自己母亲含辛茹苦的一生；邓小平长期供养自己的继母，而且一起度过了艰难的岁月。他们是中国孝文化实践的杰出代表，是尊老孝亲的光辉榜样。

孝道文化是一个理论性、学术性、时代性和实践性都很强的一个课题，研究与弘扬孝文化是摆在理论工作者和社会伦理教育工作者面前的一个重要任务。在"文革"十年浩劫中，连同孝文化都被作为"四旧"扫进了垃圾堆，严重扭曲了人性和人际伦理关系，是非混淆，美丑不分，极大地危害了真情至爱，摧残了中华优秀文化。改革开放以来，党中央高度重视社会主义精神文明建设，着力于重建文明道德规范，弘扬中华传统文化与时代精神，先后在党的十二届六中全会上作出了《中共中央关于加强社会主义精神文明建设指导方针的决议》，又在党的十六届六中全会上通过了《中共中央关于构建社会主义和谐社会若干重大问题的决定》，深刻阐明了社会主义精神文明建设的科学地位，根本任务和社会主义核心价值观，把树立和发扬以"八荣八耻"为主要内容的社会主义荣辱观，建设和谐文化，作为构建社会主义和谐社会的主要任务，为我们开展敬老尊亲、养老爱幼、扶危济困、礼让宽容，社会诚信、家庭和睦的孝道文化理论研究指明了正确方向。随后公布的《公民道德建设实施纲要》，对公民道德的基本规范和具体要求，使我们有一个明确的实施目标。国务院亦把清明等重大节庆活动列为规定节假日，为敬宗祭祖、慎终追远的孝亲实践提供了保障，这一系列的重大举措和各地的具体实施，已经和必将产生更为深远影响。事实说明，在当今社会主义市场条件下，倡导孝道文化不仅是完全重要的，而且也是适时的，具有现实性和迫切性。虽然社会上的大多数家庭都一般能做到"养老尊老"，但"弃老虐老"也时有发生，"薄养厚葬"之风屡见不鲜。面临我国人口老龄化趋势，奉养老人安度晚年，已成为社会存在的一个突出问题。所以用最朴实的"尽孝报恩"教育青少年、干部、职工、农民，自觉追求"真、善、美"，摒弃"假、恶、丑"，认清"生前不尽孝，死后重祭奠"等讲排场的做法是孝义虚伪的表现。树立新型的孝道观，是一个实实在在的工作。我们看到在一些城乡相继开展的"文明家庭"、"文明职工"、"文明农户"评比中都把"孝敬公婆、妯娌和睦"等列为评比的重要条件，已经取得很大成效。河南平顶山市一位儿媳在公公重病卧床、婆婆脑瘫情况下，十几年如一日精心照料，坚持不懈，被评为"孝敬公婆的好儿媳"，在新闻媒体介绍后，树为标兵，传为美谈。这样的事例和新道德、新风尚的形成必将为社会稳定和谐，推动改革开放和经济文化发展产生深刻影响。

开展孝道文化教育是全社会的责任。我想，这样的神圣责任，不仅是各级工会、青年团、妇联和民政部门的重要工作任务，而且也是我们各类社会群众团体非政府组织分内的事。愿我们这次高峰论坛成为新的起点，在各级党委、政府领导和文明办规划下，发挥各社会团体作用，各尽所能，各展其长，为树立和弘扬中华孝文化、提高全民道德水准进而为建设和谐社会作出新的贡献！

2009 年 4 月 18 日

弘扬中华孝道文化 树立文明道德风尚

《中国文化遗产词典》序

一部展示中国文化遗产概貌的工具书《中国文化遗产词典》即将由文物出版社出版，这是一件可喜可贺的事情。

在古代中国，经纬天地曰"文"，改易造就曰"化"，合成"文化"一词，其涵义为"文治教化"，赋有"人文"之意。在现代，"文化"一般是指"人类社会实践所创造的物质财富和精神财富的总和"①。考古学界依据出土文物所揭示的人类生产生活方式和社会发展程度划分文化类型和文化期，赋予"文化"以更为具体的含义。我们似乎可以这样来定义"文化遗产"：它是史前以及文明时期人类的社会实践所创造的物质财富和精神财富中有重要历史价值的遗存，概言之，它是一个国家、民族的宝贵的物质财富与精神财富，也是全人类的珍贵遗产。

我国是世界著名的文明古国之一，历史悠久，文化灿烂，源远流长，连绵不断，堪称世界之最。自古以来，勤劳、勇敢、智慧的中华各族人民创造传承的文化遗产丰富多彩，文化内涵博大精深，具有数量巨大，类型齐全，历史传承连续性强，地域特色鲜明等特点。其中，国务院自1961年3月公布第一批全国重点文物保护单位以来，迄今为止共公布了六批全国重点文物保护单位，作为不可移动文物和物质文化遗产的代表，这部词典均已全部收录，包括古遗址、古墓葬、古建筑、近现代重要史迹及代表性建筑、石窟寺石刻及其他重要文物单位，共计2351处，它们是本词典内容的主要部分。

1985年，经全国人大常委会批准，我国正式签署加入联合国教科

---

① 《辞海》，上海辞书出版社，1989年版。

文组织《保护世界文化和自然遗产公约》以来，已有北京故宫、长城、颐和园、天坛等37处遗产先后被联合国教科文组织列入世界文化与自然遗产名录。这些世界文化遗产在本词典中作为有关省区的首选词条入选。

已被联合国教科文组织列入《世界遗产名录》的全国重点文物保护单位中，有许多是属于"中国之最"甚至"世界之最"的顶尖文物景观。如万里长城，各时代长城累计总长5万公里以上，仅现存较好的明长城即达7000多公里，是世界最长的军事防御城墙；天坛占地273万平方米，是世界最大的祭天建筑群；北京故宫占地72.4万平方米，拥有殿宇9900余间，是世界最大的宫殿建筑群；颐和园占地290万平方米，有殿阁3000余间，珍藏文物近4万件，是世界上园林造景最丰富、保存最完整的皇家宫苑；十三陵共葬有明代13代帝王及23位皇后，是世界上保存完整、埋葬皇帝最多的皇陵；周口店遗址发现北京猿人、山顶洞人的大量化石、石器和用火遗迹，是世界上发现古人类遗存最丰富的文化遗址；承德避暑山庄占地564万平方米，宫墙长达10公里，是世界上占地最广的皇家宫苑；四川都江堰始建于公元前256～前251年，是我国最古老的水利工程建筑；拉萨布达拉宫佛教圣地海拔3700多米，为历代达赖喇嘛的冬宫，是世界上海拔最高的宫殿建筑；甘肃敦煌莫高窟现存始建于十六国前秦建元二年（366），北魏、北周、隋、唐、五代、宋、西夏、元代续建的石窟492窟，壁画4.5万平方米，彩塑2415尊，是中国也是世界上文化遗存最丰富的佛教石窟艺术宝库……

世界各国学界普遍认为，城市是人类进入文明时代的标志，是人类历史发展的必然产物，它对人类文明进步起着极为重要的作用，城市的发展贯穿于全部文明进化史。作为重要聚落的城镇，历来是社会物质财富和精神文化的聚集地，许多历史文化名城名镇曾是全国或地方性文化都会、商贸交通要邑，对社会文明的进步起过重要作用，至今还遗存不少文物古迹及传统艺术、风物特产。自1982年以来，我国政府先后公布了中国历史文化名城共三批99个，加上2001年以后增补的8个，共107个；2003年以来又公布了中国历史文化名镇（村）共两批80个，中国历史文化名城名镇（村）合计187个。这些名城镇（村）昔日风貌犹存，文化积淀深厚，同全国重点文物保护单位和列入世界文化与自然遗产名录的单位一样，再现了中华千古文明和灿烂文化，是镶嵌在祖国大地之上的一颗颗明珠，是我国历史文化遗产的重要组成部分，本词典亦已全部收录。

1982～2006年，我国政府先后公布了国家重点风景名胜区共六批187处。这些风景名胜区通常地处优美的自然环境中，依山傍水，保存有许多文物古迹。有许多国家风景名胜区，如北京八达岭—十三陵、河北承德避暑山庄外八庙、江苏（镇江）三山等，原本就是历史文物古迹荟萃之地。这些风景名胜资源同样是中华民族珍贵的自然与文化历史遗产。

非物质文化遗产与物质文化遗产都是中华各民族文化的重要载体，是我国统一的多民族国家悠久历史文化的见证。物质与非物质文化遗产之间有着内在的相互依存、密不可分的关系，它们蕴含着中华民族特有的民族精神与气质、价值观、文化意识、思维和表达方式，体现了中华民族优秀的文化传统。依法保护文化遗产，传承并弘扬以爱国主义精神为核心的民族精神和以改革开放为核心的时代精神，对增强民族自信心和凝聚力，促进社会主义文化的大繁荣大发展，有着重要的现实意义。2003年我国实施民族民间文化保护工程以后，特别是2004年我国签署联合国教科文组织《保护非物质文化遗产公约》以后，我国国家级非物质文化遗产名录评选工作全面启动。2006年，国务院公布了首批国家级非物质文化遗产名录，包括民间文学、民间音乐、民间舞蹈、传统戏剧、曲艺、杂技与竞技、民间美术、传统手工技艺、传统医药、民俗十大类共计518项，本词典已全部收录。

展现于读者面前的这部《中国文化遗产词典》，是目前为止国内出版的第一部内容丰富、简明扼要的中国文化遗产工具书。两年多来，文物出版社的编辑和编著者一起，从选题策划、论证，到编著、付梓，付出了辛勤的劳动。这是为保护与传承中国优秀的文化遗产，振奋民族精神，促进社会主义文化繁荣所做的一份有益的工作。期望本书出版后，得到各位专家学者和广大读者的批评指正，使这部词典经过修订得以日臻完善。

2009年6月3日

功高德昭　风范长存

——纪念苏秉琦先生百年诞辰暨牛河梁遗址发现三十周年并《苏秉琦文集》出版

苏秉琦先生是一位享誉海内外的著名考古学家、历史学家和教育家、杰出的爱国主义者，也是一位杰出的考古学理论思想家。他学识渊博、著作宏富、思想深邃、胸怀远大，堪称中国考古学界的一棵参天大树，其考古学文化区系类型学说的理论和研究方法，是屹立在中国考古学史上的一座丰碑。值先生百年诞辰暨牛河梁遗址发现三十周年并《苏秉琦文集》出版发行之际，缅怀先生为中国考古学作出的巨大贡献，学习和领会先生倡导的中国考古学理论方法，对进一步推动中国考古学理论研究和中国田野考古实践取得更丰硕的成果，具有深远意义。

一

苏秉琦先生，1909 年 10 月 4 日出生于河北高阳县北沙窝村（今属县城兴阳路中段）一个殷实小康人家。高阳是纺织之乡，有约四百年的纺织历史，在民国年间，高阳有三大织染厂家，其中最著名的就是苏家开设的"全和纺织印染工厂"，由苏秉琦大哥苏秉璋负责经营。抗日战争爆发后，工厂被迫停办，苏秉琦的二哥苏秉杰参加了吕正操将军领导的冀东抗日游击队。这些对苏秉琦的思想倾向都有一定程度的影响。1930 ~ 1934 年，先生就读于北平（北京）师范大学历史系，当时正值日本侵略者发动"九一八"事变前后。民族危机，救亡热潮风起云涌，先生参加了中共领导的北平学联举办的暑期社会科学讲习班，聆听了许德珩、侯外庐等进步教授的讲演，受到马克思主义哲学，尤其是唯物史观思潮的影响。1934 年由北平师大史学系毕业后，随即到北平研究院史学研究会（后改为史学研究所）考古组工作。1934 年 9 月同史学研究所所长徐炳昶（旭生）先生一道至陕西宝鸡斗鸡台从事田野考古，1935 年在发掘工作告一段落后，曾沿渭河作田野调查。1937 年 7 月 7 日北平"卢沟桥事变"，中华民族全面抗战爆发，宝鸡斗鸡台考古资料转运至昆明。在编写发掘报告过程中，面对发掘的大量资料，他以巨大的毅力和刻苦精神认真钻研，"如痴似呆地摸呀摸，不知花费了多少日日夜夜"，终于通过瓦鬲标本，找到了解读这部"天书"的信息密码——中国古代文化特殊载体瓦鬲的基本演变规律，并撰写了《瓦鬲的研究》、《斗鸡台沟东区墓葬》（发掘报告），是中国考古学初创时期的重要学术成果之一。

1949 年新中国成立后，苏秉琦先生参与筹划中国科学院考古研究所并一直在考古研究所任研究员、学术委员，兼任汉唐考古研究室主任。20 世纪 50 年代前期，中华人民共和国文化部（文物局）、中国科学院（考古研究所）、北京大学（历史系）联合举办了四期考古工作人员培训班，以解决考古工作人员匮乏之需，苏秉琦先生为此耗费了极大的心血。1952 年经教育部决定，在北京大学历史系开办考古专业，苏秉琦先生出任考古专业教研室主任，从此同北京大学历史系考古专业（后发展为北京大学考古系、北京大学考古文博学院）师生结下了不解之缘。中国社会科学院研究生院成立之后，兼任研究生院考古系博士生导师。1979 年中国考古学会成立之后，被选为副理事长，1986 年当选为理事长。与此同时，他还担任全国哲学社会科学规划领导小组考古学科规划小组成员、国家文物委员会委员，兼任《中国大百科全书·考古学卷》编委会顾问，是新中国成立后，中国考古学的指导者和奠基者之一。

伟大出自平凡，时代成就智者。1994 年 10 月，85 岁高龄的苏秉琦先生，应山西《人文科学》杂志之邀，在口述自传之前，曾在北京昌运宫寓所客厅中满怀深情地说："我出生在一个普通家庭，没有显赫的家世，也从未追求光宗耀祖。这一生中除了求学，只做了一件事，就是考古。从 1934 年一直干到现在，整整六十年，终于看到一个有自己学科理论的、有特色的中国考古学派的出现。可谓六十年圆了一个梦。"①六十年一甲子，弹指一挥间。苏秉琦先生为中国考古事业和中国考古学理论的创新与实践，贡献出毕生的精力，"孜孜矻矻，死而后已"，达到了古人所云"立功、立德、立言"之"三不朽"的境界，后人当永怀之。

今年是苏秉琦先生百年诞辰，出版文集是对先生最好的怀念。在著名考古学家宿白教授的指导下，由现任中国考古学会理事长张忠培教授主持和在各相关单位积极支持下，对先生自 1936 年至 1997 年所撰论著共 136 种，按体例年代编订《苏秉琦文集》共三卷，由文物出版社出版，这是学术界的一件盛事。《文集》的出版，必将对中国考古事业的发展，中国考古学理论研究和进一步探索中国文明起源、弘扬中华文化优秀传统、共建中华民族和谐精神家园，产生深远影响。

二

苏秉琦先生的学术思想和理论贡献，主要集中在他的几部主要著作和《苏秉琦文集》里。先生早年著作《斗鸡台沟东区墓葬》（附录：《瓦鬲的研究》)② 及《洛阳中州路（西工段）》③，均在 20 世纪 60 年代被列为中国考古学基本文献，成为考古工作者的必读经典。1984 年汇集历年重要论著《苏秉琦考古学论述选集》（文物出版社），于 1994 年荣获首届国家图书奖，也是中国考古学著作获得的空前殊荣。随后，又汇集了先生 1984~1994 年间论著以《华人·龙的传人·中国人——考古寻根记》为名，由辽宁大学出版社出版。接着，1997 年 6 月香港商务印书馆出版了先生新著《中国文明起源新探》④。这几部重要论著的

① 郭大顺、高炜：《苏秉琦年谱》。

② 《瓦鬲的研究》，北京大学出版社，1948 年版。

③ 《洛阳中州路（西工段）》，苏秉琦、安志敏、林寿晋编写，结语为苏秉琦撰文，科学出版社，1959 年版。

④ 苏秉琦：《中国文明起源新探》，生活·读书·新知三联书店，1999 年版。

相继问世，集中反映了先生自改革开放以来对中国古史探索与研究的心路历程和对中国文明起源研究的丰硕成果，寄托着先生对中华文明的深厚感情和对中国考古学界的殷切期望。现在出版的《苏秉琦文集》不仅涵盖了前已出版论著发表的多篇文章，而且收入了1994年以后发表的和之前未曾公开发表的文章，是迄今为止收录最全的文集总汇。著名考古学家张忠培、俞伟超、郭大顺教授分别为《苏秉琦考古学论述选集》、《华人·龙的传人·中国人——考古寻根记》、《中国文明起源新探》撰写的《编后记》和《前记》，也都作为《文集》的《附录》收入最后一卷。由于《编后记》、《前记》的作者同苏秉琦先生亲密的师生关系和他们自身的学术修养，其深入的阐释和对《文集》中重要论著的背景说明，对我们学习和认识《苏秉琦文集》体现的学术思想和学科理论建设所作的巨大贡献，具有很大的帮助和启迪，这是毋庸置疑的。苏秉琦先生在中国考古学科理论与文物保护事业的巨大贡献，在许多考古学家和文物保护专家撰写的文章中多有涉及。简略概括主要有以下几个方面：

（一）密切结合中国田野考古实际，创造性地运用器物形态学理论并使其中国化，把探索器物形态演变上升到研究社会关系变化的高度，是苏秉琦先生对学科建设的重要贡献之一。地层学与类型学是考古学的基本方法论之一。首先是在20世纪初由瑞典考古学家蒙德留斯在其著作《先史考古学方法论》中提出的，中文译本出版后，即引起苏秉琦先生关注。他结合自己在宝鸡斗鸡台田野考古实践，以斗鸡台出土的瓦鬲的形态演变为典型案例，深入排比，划分型式，结合墓葬形制、葬式变化，从中获得瓦鬲的发生、发展、消亡的进程及其演变的轨迹，是运用地层学与器物形态学理论基本方法，用于中国田野考古的成功实践。先生从此也把"瓦鬲"生动地喻为中国文化"具代表性的化石"，由瓦鬲演变规律谱系，进而为探索周文化源头创造条件。这项创造性研究成果，随即得到了著名考古学家徐炳昶、李济、梁思永先生的肯定。新中国成立后，苏秉琦先生在指导河南洛阳中州路（西工段）考古发掘和整理东周墓葬中，按随葬陶器的组合，分为鬲、盆、罐，鼎、豆、罐，鼎、豆、壶，鼎、盒、壶四大组，结合器物不同式别和共出器物之间存在的犬牙交错现象，做出相应期别、年代判断，对器物形态学方法论的应用上更趋成熟，至今洛阳东周墓葬陶器组合分期，仍是判定东周墓葬年代分期的标尺。从器物形态的演变，探究其承载的社会生活、社会等级状况的变化，是考古学沟通历史学的桥梁，因此，器物形态学及其型式的划分，愈是准确，愈有利于提高考古资料的可信度。这是苏秉琦先生结合中国田野工作实际，从具体研究入手，为正确运用器物形态学所作的创新发展，成为田野考古工作研究的典范。

（二）全面正确分析仰韶文化发展过程中的阶段性、差异性，把握不同类型的主要特征，基本廓清仰韶文化面貌，是苏秉琦先生探索和研究中华文化和中华文明起源作出的奠基性贡献之一。仰韶文化是中国考古学研究的重要课题之一，从它发现开始就是同探索中华文明起源联系在一起的。自20世纪20年代初，北洋政府农商部矿政顾问、瑞典人安特生与地质调查所袁复礼先生在河南渑池仰韶村发现彩陶和著名考古学家李济在山西夏县发掘西阴村遗址以来，学术界就十分关注。尤其是新中国成立之后，对陕西西安半坡、陕西华县泉护村及元君庙、华阴横阵村、河南陕县庙底沟与三里桥等新石器时代遗址发掘以后，关于仰韶文化主要文化特征、年代分期、社会性质、分布区域，以及中原仰韶文化同其他地区原始文化（新石器时代遗址）的关系，同中国上古历史传说之关系等等，曾在一个相当长时期展开过热烈讨论，呈现出一派"百花齐放，百家争鸣"的局面。讨论尤集中在对半坡文化遗址和对庙底沟文化遗址面貌的认识上，众说纷纭，莫衷一是。苏秉琦先生经过长期观察，反复比较研究，从纷繁变化中理出头绪，找出仰韶文化发展过程中存在的主要矛盾和矛盾主要方面的变化规律，指出："仰韶文化在其长期发展过程中必然会形成的阶段性与差异性，是两类不同性质的问题。我们对仰韶文化类型和年代分歧两问题的研究应该加以区分，而不应把它们混为一谈。"[①] 这也就是说，对于各地出现的大范围的仰韶文化，应该分出不同类型，再按类型进行年代分期。苏秉琦先生身体力行，首

---

① 《关于仰韶文化的若干问题》，载《苏秉琦考古学论述选集》，第158页，文物出版社，1981年版。

先对半坡类型和庙底沟类型的概念、主要文化特征：器物的演变（两种小口尖底瓶）、两种花卉图案（玫瑰、菊科）、两种动物图案（鱼、鸟）的不同，对半坡和庙底沟这两种类型作了重要界定，指出："半坡类型和庙底沟类型是仰韶文化在其长期发展过程中形成的诸变体中的两种主要的变体，而不是'仰韶文化先后发展的两个阶段'。"① 换句话说，半坡和庙底沟类型是在同一时期各自发展又相互紧密依存的两种主要变体，为我们认识仰韶文化的基本特征和它的社会发展阶段、区系分布及源流指引了正确途径。所以，苏秉琦先生对仰韶文化的科学分析，是一个重大突破，远远超过了它的自身，他是把类型学方法推进到进一步分析文化序列和研究社会变革的高度，因而对各地考古学文化类型学研究具有普遍指导意义，为研究文明起源与发展奠定了良好的基础。

（三）科学概括中国考古学文化区系类型理论体系，是具有特色的中国学派形成的重要标志，是中国考古学理论建设的一座里程碑，是苏秉琦先生对中国考古学事业发展的重大贡献。新中国成立以来，各省、区、市考古工作取得巨大收获。以中国新石器时代考古而言，除中原地区有重要考古发现外，边远省区和沿海地区的新石器时代文化遗址也屡有重大发现。如何看待和认识这些重大考古发现，以及它们同中原文化的关系，是受以中原文化为中心的影响，或各有文化发展的路径，是摆在众多考古学家面前的重要课题。著名考古学家、原中国科学院考古研究所所长夏鼐先生在 1962 年撰写的《新中国考古学》一文中曾指出："在长江流域和东南沿海一带，也发现了经济生活和它（指黄河流域的新石器文化）相同的农业部落遗址，但是文化类型不同。"② 1977 年，夏鼐先生在《碳十四测定年代和中国史前考古学》一文中又明确指出："文化类型不同，表明它们有不同的来源和发展过程，是与当地的地理环境适应而产生和发展的一种或者一些文化，当然这并不排除与黄河流域的新石器文化可能有互相影响、交光互影。这种看法似乎比那种将一

---

① 《关于仰韶文化的若干问题》，载《苏秉琦考古学论述选集》，第 173 页，文物出版社，1981 年版。

② 原载《红旗》1962 年第 17 期，又见《考古》1962 年第 9 期；后收入《夏鼐文集》，第 72 页，社会科学文献出版社，2000 年版。

切都归之于黄河流域新石器文化的影响的片面性的传播论，更切合于当时的真实情况，更能说明问题。"① 1983 年 3 月，应日本广播协会（NHK）的邀请，夏鼐先生在讲演中，以"各地所发现的新石器文化"为题对黄河流域中原地区的磁山·裴李岗文化、仰韶文化和甘肃仰韶文化（包括马家窑文化和半山马厂文化），长江流域的浙江河姆渡文化、良渚文化，以及山东地区的新石器文化作了全面阐述，他说："当时各种文化在中国大地上争妍竞秀，并且常常互相影响，互相渗透，交织成一幅瑰丽的图案，而且为后来独特的灿烂的中国文明打下了基础。"② 遗憾的是，夏鼐先生没能对这些重要观点进一步发挥就在 1985 年 6 月与世长辞了。而这样一个关乎中国考古学发展趋势的重大理论建设问题，历史地落在苏秉琦先生的肩上。和夏鼐先生一样，苏秉琦先生在 60 年代以自己的观察和思考也在深入研究区系类型问题，并取得了重大成果。发表在《考古学报》1965 年第一期上的《关于仰韶文化的若干问题》论文中就指出："在此期间内（指仰韶文化后期——引者注）我国民族文化关系上发生的一个重大变化是，其前期是以关中、晋南、豫西地带为其核心的仰韶文化向周围扩大其影响为主，其后期则是以东南方诸原始文化集中其影响于中原地区的仰韶文化为主。"这应是区系类型理论经多年思考的最初表达。此后 70 年代，苏秉琦先生同夏鼐先生一起在信阳息县唐陂"五七"干校的休息日"业余考古"调查中，感受到淮河流域在连接中原与长江中下游地区古文化的重要地位，形成了文化区系内和区系间具有普遍联系的观点，思想的火花迸发而出。随后，在 1975 年应邀给吉林大学考古专业讲课时提出了：1. "条条"和"块块"（核心和五湖四海）（社会历史）；2. 中原和边疆（地理）；3. 以汉族为主的地区和以其他兄弟民族为主的地区（民族文化、人们共同体）等三个有关联、有区别的不同范畴的科学概念。在这一基础上，又从诸文化遗址比较分析和它们发展的特性、共性和不平衡性，提出了六个区域的文化格局。此后，更从文化渊源、特征、发展道路的异同等因

---

① 原载《考古》，1977 年第 4 期；《夏鼐文集》，第 381 页，社会科学文献出版社，2000 年版。

② 夏鼐：《中国文明的起源》，第 8 页，文物出版社，1985 年版。

素提出六大块（六大区）的概念：1. 以长城地带为中心的北方（包括东北、北、西北）地区；2. 以晋、陕、豫三省接邻地区为中心的中原地区；3. 以山东及其邻境地区为中心的黄河下游地区；4. 以湖北及其邻境地区为中心的长江中游地区；5. 以江（苏）、浙（江）邻境地区为中心的长江下游地区；6. 以鄱阳湖—珠江三角洲一线为主轴的南方（包括东南沿海、岭南、西南几省）地区。① 苏秉琦先生特别指出："六大区并不是简单的地理划分，主要着眼于其间各有自己的文化渊源、特征和发展道路。"② 事实证明，苏秉琦先生是善于从错综复杂矛盾变化中捉住主要矛盾和矛盾的主要方面，理出发展脉络的高手，其区系理论观点古今衔接、时空相连，是从中国实际出发提出的精辟论断，可以比作理解中国文化的纲，"纲举目张"。六大文化区系理论与实践，对全国各地考古工作者起到了拨雾导航的作用，极大地提高了各地区考古工作者的主动性、积极性与创造性，有力地推动了对中国文明探源的研究进程和对中华文化的研究步伐。

（四）重建中国上古历史，廓清中国文明发展道路，解开中国文明"星火燎原"之谜，是当代中国考古学者的重大使命，也是苏秉琦先生对中华文化作出的独特的重大贡献。我国著名学者、历史学家郭沫若先生在 1929 年的著作《中国古代社会研究》曾自诩为"可以说就是恩格斯的《家庭、私有制和国家的起源》的续篇"。他说："对于未来社会的期望逼迫着我们不能不生出清算过往社会的要求。目前虽然是'风雨如晦'之时，然而也正是我们'鸡鸣不已'的时候。"③ 1954 年新版引言中，指出："研究历史和研究任何学问一样，是不允许轻率从事的。掌握正确的科学的历史观点非常必要，这是先决问题。但有了正确的历史观点，假使没有丰富的正确的材料，材料的时代性不明确，那也得不出正确的结论。"又说："地下发掘的材料每每是决定问题的关键。在目前进行着大规模经济建设的伟大时期中，被封锁在地下图书馆与博物

---

① 《中国文明起源新探》，第 35～37 页，生活·读书·新知三联书店，1999 年版。

② 《中国文明起源新探》，第 38 页，生活·读书·新知三联书店，1999 年版。

③ 《中国古代社会研究·自序》，郭沫若《中国古代社会研究》，人民出版社，1954 年版。

馆不断地开放，古代资料正源源不绝地出土。研究成果趋于一致的可能性逐渐增长了。"①像郭沫若先生一样，许多前辈学者为探究中国文明起源而上下求索，作出了有益的贡献。但许多学者的研究限于各种原因，还只能以殷商为开端。有外国学者还认为中国文明与巴比伦文明有亲缘关系，是近东两河流域成熟的文明再现与发展，或认为中国文明是受埃及文明的影响。这种推断，只能是一种臆测，与历史事实是完全相悖的。自近代中国考古学诞生以来，中国几代考古学者不畏艰难、历尽曲折，探研中国文明发展道路。尤其在新中国成立以后的大量考古发掘，以无可辩驳的大量事实证明，中国文明的产生是由自身的发展而来，是在中国土地上土生土长的文明，而且是世界上唯一具有连续性、兼容性、独具特色、流光溢彩的文明，她不仅是世界上的文明古国，而且是世界文明中心之一。但要全面、系统、准确回答中国文明起源和给予全世界学者都信服认可的诠释则是一件相当艰难的事情。

苏秉琦先生对中国上古史和中国文明起源的梳理和研究，始终坚持四条原则：（一）坚持结合中国国情现状实际，苏秉琦先生认为："中国是以汉族为主体的统一多民族国家。讲中国历史，是讲960万平方公里幅员内，由56个民族构成的统一的国家的历史。"中国史前史是中国通史的史前部分，是指商代有文字记载以前的历史，但是它"不限于中原、不限于黄河中、下游，凡960万平方公里以内的古人类遗址和原始文化遗存，都属于中国史前史的范畴"。（二）坚持民族特性和文化传统。史前史所处的时代，大部分处在原始社会阶段，"但史前史不等于原始社会史"。苏秉琦先生认为："当代中国是历史上中国的继承和发展，通过大量具体事实，揭示中华民族的形成及其深厚的文化传统背景，应属于史前史的内容。"（三）坚持以考古学为基础复原历史，但史前史不等于考古学。苏秉琦先生指出，虽然史前考古学遗址、遗迹、遗物都具有珍贵的史料价值，"但史前史不等于史前考古学"。他说："史前史不是田野发掘报告的堆砌，也不是田野考古资料的总合。从史前考古学到中国史前史要有个升华过程，即概括和抽象的过程，科学思

---

① 《中国古代社会研究》，郭沫若著，人民出版社，1954年版。

维的过程。"（四）坚持辩证唯物主义与历史唯物主义的立场、观点、方法。苏秉琦先生指出："史前史本身充分说明：只有依靠正确的观点、方法，才能驾驭浩如烟海、纷繁复杂的史料，对中国史前史做出科学的总结。"正是在坚持上述四条基本原则的前提下，苏秉琦先生充分运用中国考古学成就，科学论证了中国文化是有近二百万年传统的土著文化，近十万年来逐步形成了现今世界上、中国的人类分布的大致格局。转入新石器时代之后，由于技术、经济、社会的发展进步，在中国文化多源性的融合、碰撞、重组过程中，逐渐形成了中华民族的特性。其农业的起源、农作物粟、黍和水稻的种植、农牧业的分工、以陶器、石器、玉器为代表的手工业和以猪、狗、鸡、牛、羊为代表的家畜饲养业，以及半地穴或地面建筑的兴起和发展，都是自成一系、独立发展起来的。在辽宁牛河梁红山文化"坛、庙、冢"遗址发现后，苏秉琦先生继考古学区系类型理论学说，于 1985 年提出从氏族公社向国家转变的典型道路是"古文化、古城、古国"的著名论断。他解释说："古文化是指原始文化。古城指城乡最初分化意义上的城和镇，而不必专指特定含义的城市。古国指高于部落之上的、稳定的、独立的政治实体。三者应从逻辑的、历史的、发展的关系理解。"[①] 在 20 世纪 90 年代，又明确指出中国文明起源发展的"三部曲"——"古国"、"方国"、"帝国"[②] 和国家形成的"三模式"——"北方原生型"、"中原次生型"、"北方草原续生型"[③] 的系统概念，并结合考古学和历史文献作了精辟阐释。正如他在 1992 年为纪念中国历史博物馆成立八十周年题词概括的："超百万年的文化根系，上万年的文明起步，五千年的古国，两千年的中华一统实体。"这就是中国的国情，也是我们研究中国文明起源、文明特色、文化传统的主要脉络。这一题词简洁、深刻阐明了中国历史的发端和发展过程，思想的逻辑与历史逻辑的一致，以中国历史和考古

---

① 《辽西古文化古城古国》，《文物》1986 年第 8 期。

② 邵望平、汪遵平：《迎接中国考古学的新世纪——中国考古学会理事长苏秉琦教授访谈录》，《东南文化》1993 年第 1 期。

③ 《走向 21 世纪的中国考古学——〈中国考古文物之美〉序》，载《中国考古文物之美》，文物出版社、光复书局，1994 年版。

的丰富资料，为丰富马克思主义历史科学和唯物史观作出了贡献。

苏秉琦先生"三历程"、"三部曲"、"三模式"理论体系是中国考古实践经验的科学总结和高度概括，是改革开放、思想解放的重要成果。这一理论体系的深刻性、系统性、完整性，为中国上古史的研究和中国国家起源的研究指明了正确途径。在《重建中国古史的远古时代》、《关于重建中国史前史的思考》、《重建中的中国史前史》和《中国文明起源新探》等论著中，都清晰地展示了苏秉琦先生的卓越观点。《重建中国古史的远古时代》是应著名史学家、北京师范大学历史研究所所长白寿彝教授邀请，为《中国通史·远古时代》①写的序言。这部著作由苏秉琦先生亲任主编，由著名考古学家、故宫博物院原院长张忠培教授和著名考古学家、北京大学教授严文明先生撰写，全篇以大量考古发掘资料与历史文献为基础，结合古史中的有关传说、人类学的理论，对有文字记载前的中国远古时代作了全面、系统、准确的阐述，从远古祖先旧石器时代到新石器时代，从农业的发生与发展、社会的分工与分化、区系的组合与重组，以及历史的传说与真实，具体、生动地展现了中国远古时代的面貌，基本理清了中国史前民族、文化及社会发展的脉络，是目前最具权威的中国远古时代的历史著作。而《中国文明起源新探》则是苏秉琦先生自述毕生考古经历和研究成果的系统总结，对了解和研究其学术思想和理论观点是一部非常重要的著作。这些论著，除《中国通史·远古时代》外，现都已收入《苏秉琦文集》，为我们深入研究苏秉琦先生学术思想乃至中国考古学发展史提供了极大的方便。

（五）竭力推进中国考古学的科学化、大众化，建设有中国特色的中国考古学派，是苏秉琦先生毕生奋斗的目标和梦想，也是苏秉琦先生作出的"前无古人，后启来者"的巨大贡献之一。早在1950年年初，中国科学院考古研究所还在筹设时期，苏秉琦先生便应约在天津的《进步日报》（原《大公报》）发表了《如何使考古工作成为人民的事业》一文，已明确提出了中国考古工作的奋斗目标和科学化、大众化的方向。1987年8月，苏秉琦先生在《中国考古学从初创到开拓——一个

---

① 《中国通史·远古时代》，上海人民出版社，1994年版。

考古老兵的自我回顾》一文中满怀深情地指出："考古专业是人民的事业，只有面向人民大众，才会有无穷的生命力。同时，考古事业的大众化，更需要我们在马克思主义理论指导下向更高的层次开拓前进。考古事业大众化的一个重要标志，就是考古学者应当面向今天，为振兴中华做出贡献。"真是语重心长、殷殷深情啊！1994 年，苏秉琦先生 85 岁高龄，为《华人·龙的传人·中国人——考古寻根记》写的《序言》里，以《六十年圆一梦》为题，回顾了他自 1934 年投身考古工作以来的感慨，但仍念念不忘考古工作的科学化、大众化问题。他再次呼吁："考古是人民的事业，不是少数专业工作者的事业。人少成不了大气候。我们的任务正是要做好这项把少数变为多数的转化工作。"又说："考古是科学，真正的科学需要的是'其大无外、其小无内。'是大学问，不是小常识。没有广大人民群众的参加也不成，科学化与大众化是这门学科发展的需要。"这是何等的胸怀和气度！着实使我们深深受到感动。苏秉琦先生不仅这样讲，而且身体力行，率先垂范。1987 年在《中国建设》杂志发表的《华人·龙的传人·中国人——考古寻根记》，全文 2000 字左右，图文并茂，通俗易懂，很受读者欢迎，同年《新华文摘》全文转载。1988 年的高考语文曾作为"阅读"试题，同一时间内，在全国高考考场中，有 270 万青年学子阅读了这篇短文，而场外的人也同样以浓厚的兴趣关注着中华五千年文明这个牵动亿万中华儿女心灵的大事。街谈巷议，空前热烈，说明这篇短文已成为中国考古学大众化、科学化的经典作品。随后，以此篇名作为 1984～1994 年学术文集书名，由辽宁大学出版社出版。从某种意义上说，1997 年香港商务印书馆出版、1999 年北京三联书店重版的《中国文明起源新探》，也是考古学科学化、大众化的成功实践。苏秉琦先生说，"科学化、大众化是这门学科的发展方向和必然归宿"，又说："我的梦想就是考古学的科学化和大众化。"我们可以告慰先生的是，他为中国考古学科学化、大众化所作的努力，越来越成为业内文物考古工作者所认同，而先生的论著和学术理论越来越成为业内外广大读者关注中华文化的必读书籍和了解中华文明历程的重要途径。苏秉琦先生致力于有中国特色的考古学派，也必同祖国文化事业同步迈向光辉的未来。

此外，苏秉琦先生对中国特色、民族风格、民族气派的学科建设问题和对中国古文化、大遗址保护观念、对高等院校考古专业教学体系建设、地方考古院、所建设，以及考古学学术交流诸问题，都有许多重要意见和建议。限于篇幅，这里不再赘言。

三

中国考古学自 20 世纪 20 年代诞生以来，已经度过了近九十年的风雨历程，李济、梁思永、吴金鼎、石璋如、尹达、夏鼐、苏秉琦、宿白、安志敏、邹衡等为代表的几代考古学家为中国考古学的创立和发展都分别作出了不可磨灭的贡献。新中国成立，标志着中国进入了一个崭新开拓发展的新时期，中国考古学家和文物考古工作者以自己的艰辛奋斗和卓越成就，彰显出中国文明在世界文明史中所占的重要地位，展现了中华悠久文明的辉煌，增强了中华儿女的自豪感和凝聚力。层出不穷的中国考古重大发现，既为中国人文社会科学扩展充实了研究领域，亦为研究世界古代文明史的各国学者提供了重新认识中国文明全新的视角。所以，中国考古学无疑是具有世界意义的大学问，中国文明起源研究必然成为世界性的大课题。苏秉琦先生正是在这一历史背景下，完整地、系统地、深刻地提出了中国考古学文化区系理论，科学地论证了中国文明（国家）起源与发展的"三历程"（古文化—古城—古国）、"三部曲"（古国—方国—帝国）、"三模式"（原生型—次生型—续生型）的新理论。这是中国考古学理论的创新，高屋建瓴，立意高远，思想深邃，使人们振聋发聩，茅塞顿开，耳目一新，增强了各地考古工作者的积极性、主动性、自觉性。思想是学术的灵魂。苏秉琦先生的著述是考古学著作，但又不是一般考古学著述，而是一位杰出思想家的光辉著述，他是一位独立思考的思想家，不断进行思考的思想家。其学术价值、文化价值、思想价值，已经远远超越了考古学界，而具有世界性的理论创新意义。其主要根据和理由是：

首先，苏秉琦先生的思想理论是中国田野考古实践的总结和概括，是中国考古学丰硕成果的结晶。实践证明，中国考古学自诞生以来，就没有现成的模式可以遵循，只有开创自己的路，别无他途。自李济先生主持山西夏县西阴村考古发掘，继之安阳小屯发掘，梁思永先生主持昂昂溪遗址、城子崖遗址及安阳后岗遗址，刘耀（尹达）、吴金鼎等在浚县大赉店，石璋如、王湘在浚县刘庄遗址，以及裴文中、贾兰坡等先生对周口店中国猿人遗址等发掘和研究，诸位考古学先辈在不同方面都对中国考古学走上科学轨道作出了重要贡献。新中国成立后，由中国科学院、中国社会科学院、北京大学等高等院校和各地文物考古工作者参与进行发掘的山西芮城西侯度、云南元谋古人类、河北阳原泥河湾、陕西蓝田猿人、北京周口店猿人等旧石器时代遗址和西安半坡、陕西华县泉护村、元君庙，临潼姜寨，河南陕县庙底沟与三里桥，洛阳王湾，山东大汶口，河北武安磁山，郑州大河村、新郑裴李岗、淅川下王岗，舞阳贾湖，山东后李、北辛、兖州王因，陕西老官台，甘肃秦安大地湾，内蒙古兴隆洼，陕西宝鸡北首岭，浙江余姚河姆渡、良渚，辽宁敖汉旗、沈阳新乐、朝阳牛河梁，四川巫山大溪，湖北京山屈家岭，以及甘肃马家窑等新石器时代文化遗址约达百余处，被调查的新石器时代遗址约达七千余处。面对涉及地域如此广阔、内容如此丰富的考古发掘成果和史无前例的类型、年代、分期问题及其在中国文明史上的地位，迫切需要作出回答。中国史前考古学面临的形势，是按西方考古学的模式、套路解决和诠释中国新石器时代考古成果，还是从中国国情实际出发，找出一条中国史前发展的路径，这对中国考古学家学识水平和能力都是一个严峻的考验。仰韶文化"西来说"已经破产，而新的理论尚待建立。"发展中国考古学并没有现成模式，只有开辟自己的路"。这就是苏秉琦先生经过1958年"教学革命"获得的结论。此后，苏秉琦先生在中国考古学实践中，一是解剖"典型"，具体分析，从中发现事物的自身发展规律。他在指导陕西华县泉护村、元君庙仰韶文化遗址发掘实习资料过程中，"从大量文化因素中提取了在八百里秦川各仰韶遗址中普遍存在的三类六种陶器（见《关于仰韶文化的若干问题》）作为仰韶文化的'分子'，并由此重新界定仰韶文化的'类型'，认识到仰韶文化的半坡和庙底沟是各自发展而又相互依存的两个主要类型，这是认识仰韶文化基本特征、社会发展程度、分布和源流等方面的基础"。通过解剖仰韶文化这只"麻雀",苏秉琦先生感到考古学研究"必须对仰韶文化遗存作分子分析（即了解一件器物发展谱系——引者注），并在不同遗存间进行文化分子的比较研究，确定哪些遗存属于同一文化体，每一文化共同体各自经历怎样的发展过程，又是何种动力驱使"，从而使研究一步步深入。二是总揽全局，由点到面，孕育考古学区系类型学说。仰韶文化的典型研究，使苏秉琦先生意识到："在九百六十万平方公里的中华大地上，不知存在过多少这样的文化区系。"他说："我就是这样绕出了把考古材料硬套社会发展规律教条的怪圈。绕出这两个怪圈（即大一统观念和把社会发展史作为全部历史的观念——引者注），也就找到了新的起点：中国古代是多源的。必须按其实际存在的不同系统寻其渊源、特征及各自的发展道路。"① 由此孕育了考古学区系类型学说。随之，苏秉琦先生进而想到"就全国范围而言，从历史民族文化角度讲，是可以而且必须划分为类似我国解放以来几经变化的那样几个大区的"。虽然现在这些行政区划已不复存在，不再发挥行政职能，"但在现实生活中却是存在的，起作用的，这种情况不是偶然的，而是有其历史渊源的"。因此，苏秉琦先生认为："在研究我国古文化史问题时，就不能不考虑到我国现实存在的在历史上是这样相似的地区差异及其相互关系问题。"这一文化区系理论是经过长期酝酿、积淀、反复比较思考才形成的，最早见于《文物》杂志 1981 年第 5 期《关于考古学文化的区系类型问题》和北京市历史学会、中国历史博物馆举办的"纪念中国共产党成立六十周年报告会"上的讲话，后以《新中国成立以来中国考古学的发展》为题，发表在 1981 年第 4 期《史学史研究》。这是一个探索古文化源流的新理论、新概念、新范畴，是考古学理论创新。苏秉琦先生说："我国古文化的起源与发展是错综复杂、连绵不断、丰富多彩的，追本溯源时要考虑文化的分解与组合，以及与之有关的社会发展程度对文化发展所起的作用，特别是其中阶段性的突变，还有不同文化间的相互作用。"这是一个艰难复杂的研究过程，是以中国国情

---

① 以上几段引文均出自邵望平：《百万年连绵不断的中华文化——苏秉琦谈考古学的中国梦》，《内蒙古文物考古》1997 年第 2 期。

和历史为依托，是古与今、宏观把握与微观分析的结合，是由实践到认识，由认识到实践多次的反复的过程才完成的。这一考古文化区系思想理论产生的物质的、精神的力量，已为今天的考古工作成果所证实。

其次，苏秉琦先生的文化区系类型理论是中国改革开放新时期考古学理论创新的成果。考古学文化区系类型理论的提出是同改革开放路线紧密相连的。中国"文革"十年浩劫给处在困境中的人们，特别是像苏秉琦先生这样有独立思考的学者以深沉的思索。"中国向何处去"、"中国考古学向何处发展"，是摆在中国考古学人面前的一个艰难而又必须回答的问题。"文革"结束，"两个凡是"被推倒，天安门"四·五"事件性质平反，邓小平第三次传奇式的复出，全国"高考"的恢复，"实践是检验真理的唯一标准"的讨论，中国共产党十一届三中全会的召开，"解放思想、实事求是、团结一致向前看"的提出，历史冤假错案的平反，干部政策与知识分子政策的落实，中国科学大会的举行，"尊重知识、尊重人才"的重新肯定，都深深触及到社会各个方面，也深深触动了苏秉琦先生。这是中国当代历史伟大转折的时期。历史的发展，时代的变化，都需要一批思想解放、开动脑筋、敢于思考问题的人，苏秉琦先生以自己敏锐的政治眼光和学术造诣，适应改革开放时代需要，适时提出并不断完善考古学区系文化学说，成为引领中国考古学发展方向的著名学者和思想家，这绝不是偶然的。

第三，苏秉琦先生创建的中国考古学文化区系理论学说，是他坚持实践、深入研究、学识渊博、厚积薄发的结果。如前所述，早从1934年起，苏秉琦先生就在陕西宝鸡进行考古发掘，并在1948年完成了宝鸡《斗鸡台沟东区墓葬》发掘报告和《瓦鬲的研究》等著名论文，通过斗鸡台沟东区墓葬及其瓦鬲的研究，阐释了类型学在考古学研究中的运用。新中国成立后，在撰写《洛阳中州路（西工段）》的《结语》时更以严密逻辑思维对东周墓葬陶器类型作了细密划分，把陶器分期年代同社会等级制度、社会变动有机地结合起来，进一步丰富和发展了中国考古学类型学理论。就是在"文革"下放劳动、身处逆境的日子里，他也没有停止过思考，所以当"文革"结束之后，他很快就发表了著名的《关于考古学文化的区系类型问题》一文，应该说这是他长期思考、研究积淀的成果。在苏秉琦先生六十余年的学术生涯里，他一直坚守岗位"没动窝"。他不仅在青年时代徒步调查了渭河流域文物遗迹，中年遍访了关中、豫西、中原腹地，更在20世纪70年代以后走访了从长城内外到长江中游，从长江三角洲到山东半岛，从都阳、洞庭到岭南，几乎遍及中国大陆每一重要考古工地，同各地的文物考古工作者一道深入探讨中华文明起源与发展的道路。"华山玫瑰燕山龙，大青山下鄠与瓮。汾河湾旁磬与鼓，夏商周及晋文公。"（《晋文化颂》）"诗言志"，这些诗句既是先生对重大考古发现的纪实，也是苏秉琦先生研究中国文明起源与发展之心路历程的真实写照。1983年辽宁朝阳牛河梁发现祭坛、女神庙、积石冢遗址后，苏秉琦先生极为兴奋，更坚定了他关于中华文明起源多源论的观点和恢复历史本来面貌的信心。他说："中国之大，并不只有中原和北方两个文明中心。中国古文化起源很难说什么地方有，什么地方没有，恰似满天星斗一样分布在我国九百六十万平方公里的土地上。绝不像过去以为的，只是由一个地方向外批发。"[1] 事实充分说明，中国古代文明多源一统的格局，铸就了中华民族历久不衰、生生不已的生命力，是任何外来力量都征服不了的。正如苏秉琦先生所指出的："几千年来，中华民族之所以始终屹立在东方，窝里反反不了，外来打打不进，即使在最落后的时代，侵略者也无法将其灭亡；国内南北战争，军阀割据，战乱如何频仍，最终总要归于统一，这是与满天星斗一样的文明起源有密切关系的。如果文明起源像一根蜡烛那样，一吹就灭，我们的国家和民族就不会是这个样子。同时，这也是海外华裔的民族感情，比其他外国人都来的强烈和深沉的原因之一。"[2] 铿锵有力、掷地有声，充满了爱国的情怀和民族自豪感。

第四，苏秉琦先生"双接轨"的思想理论，是指导新时期中国文物考古工作者持续努力奋进的方向。在中国文明起源研究取得世人瞩目的成就和对中国文明形成有了系统认识的基础上，苏秉琦先生又以世界的眼光思考着中国考古学的未来。在"重新审视世界、区系的世界、区

---

① 《人民日报》海外版，1986年8月4日。
② 《人民日报》海外版，1986年8月4日。

系的世界之中的中国"中，就要完成"双接轨"的目标："一个是'古与今'的接轨，也就是如何循古代中国发展脉络来看未来的中国，如何使中国文化传统的积极要素变为建设有中国特色的现代化的一种动力。另一个就是中国考古学与世界考古学的接轨，要求在认识上把'区系的中国'上升为'世界区系的中国'。"① 这是具有战略意义的目标。在面对当今世界正处在变革、调整、发展的新时期，我们应像苏秉琦先生那样，站在历史的高度，不仅应从世界的角度重新认识中国，认识中国文明在世界历史上的地位，而且要从世界和区系变化的视角认识中国文化在世界变革中的重要作用，以正确把握历史机遇，迎接挑战。苏秉琦先生高瞻远瞩、慧眼卓识，已远远超越了考古学领域，日益凸显出苏秉琦先生考古学区系理论的巨大生命力。

第五，苏秉琦先生坚信马列主义唯物史观是指导中国考古学学科建设和研究中国文明起源的指南。在学科建设和文明起源研究与探索过程中，苏秉琦先生始终坚持马列主义唯物史观的指导地位，坚持"实事求是"、"具体问题具体分析"。其实，他早在 20 世纪 30 年代就开始接受马克思主义唯物史观，他也曾同其他学者一道到泰山为爱国将领冯玉祥讲解《唯物史观世界史》，所以说他接受唯物史观影响是比较早的。新中国成立后，他通过自己的学习和实践，进一步意识到："对辩证唯物论与历史唯物论的方法需要深层的理解。马克思主义哲学并不能直接回答研究中国考古学的方法论问题。辩证唯物论和历史唯物论虽然都是认识论，但作用却又很大的不同：历史唯物论和历史科学的各专门学科理论也不属于同一层次。还是列宁说得好，具体问题要具体分析。"② 无论是对仰韶文化本身谱系研究，还是对文明起源研究，都坚持实事求是，从实际出发，具体分析，从而取得丰硕成果。例如对"文明起源问题"，苏秉琦先生就告诫大家不要在"文明"或"文明因素"的概念上"转圈子"，花费更多的精力，"而应在理论联系实际的基础上取得一些共识"。他说，"文明起源"的确切含义，指的就是家庭、私有制和国家的起源，"恩格

① 邵望平：《百万年连绵不断的中华文化——苏秉琦谈考古学的中国梦》，《内蒙古文物考古》1997 年第 2 期。

② 苏秉琦：《中国考古学从初创到开拓》，《中国文物报》1988 年 4 月 15 日第 3 版。

斯讲得非常明确，我们不应对其含义有任何怀疑，也无需在概念上花时间推敲"①。这些谆谆提醒和告诫，使文明起源的探索和研究避免了不必要的争论，保证了研究的正确方向。又如：以往在同学中流传着苏先生好闭着眼睛摸陶片的故事，于是有的同学也真的闭着眼睛摸陶片，说是从苏先生那里学来的。其实这是只知其所以，不知其所以然。苏秉琦先生说，对于陶器，如果以为仅凭视觉观察到的印象，可以代替手感的体验，那就错了。"科学是以逻辑思维反映客观世界，艺术是以形象思维反映客观世界。根据我的实践体验，形象思维对于考古学研究的重要性绝不下于逻辑思维，而手感对于形象思维的作用，绝不是凭视觉得到的印象所能代替的。"② 诚哉斯言，这是只有经过实践才会有的体验。

　　苏秉琦先生离开我们已经十二年了，先生是以 88 岁高龄驾鹤西去的。先生一生光明磊落，胸怀坦荡，厥功至伟，其德永馨。先生在改革开放后，青春焕发，老当益壮，以七十古稀和耄耋之年，奔波于祖国大江南北、长城内外，很多地方都流下了先生指导考古实践、探索文明起源的身影。先生对学生总是充满着无比的热爱和关怀，我作为学生，每次拜访和向先生请教问题，都得到先生的亲切教诲，终生难以忘怀。先生曾引用《庄子·养生主》篇"庖丁解牛"的寓言故事和《庄子·天下》篇所言"其大无外，其小无内"（"至大无外，谓之大一；至小无内，谓之小一"）启示我们既要注意宏观把握，又要从微观入手，才能从"皆牛也"，达到"全无牛"、"游刃有余"的境界；工作既要面向世界，又要把工作做细，达到"分子"水平。这是很高的标准和期望。而先生的高风亮节、大师风范、道德情操和思想家的品格，以至为"建设一支无愧于我们这个伟大时代的、马克思主义指导下的、具有中国特色的、现代化的中国考古学"坚持不懈的奋斗精神，将激励我们后辈努力，再努力！前进，再前进！

2009 年 10 月 24 日

---

① 《在"中国文明起源研讨会"上的讲话》，《考古》1992 年第 6 期。
② 《给青年人的话》，《文物天地》1987 年第 4 期。

《圆明园丛书》序 *

中国是世界文明古国之一，具有悠久的历史和光辉灿烂的文化，其中园林文化和园林艺术占有十分独特的重要地位，而作为"万园之园"的圆明园则又是中国古典园林的杰出代表。为了弘扬中华优秀传统文化，进一步加强圆明园的保护和利用，推动圆明园学研究，经中国圆明园学会、北京圆明园管理处和相关部门专家商定，拟礼请卓有成就的圆明园研究专家、学者共同参与编著《圆明园丛书》。这套《丛书》，涵盖圆明园的营造历史、文化、文物、建筑、园林、美学诸多方面，既有历史档案文献，更有当代研究成果，以充分展示圆明园在弘扬中华文化、传承中华文明、启迪教育后人、服务社会主义和谐社会建设方面的作用，进而为建设中华民族共有精神家园作出积极的贡献。这是一件很有现实意义和深远影响的事。《丛书》编委会的宏大规划和组织者的魄力，使我倍感欣慰和由衷的敬佩！值此《丛书》出版之际，主编何重义教授命我作序，我深感自己对圆明园所知有限，因职责所系，只得勉为其难，遵命为序，就教于诸位方家和读者，以表支持和祝贺之忱。

众所周知，圆明园是我国清王朝鼎盛时期兴建的历史上最宏伟、最优美的皇家园林之一，是中国园林艺术的璀璨明珠和巅峰之作。其园林布局规模宏大、景色秀丽、丘壑幽深、草木清佳、设计精巧，堪称中外园林建筑史上的奇迹，其中西洋欧式建筑更开创了中西建筑文化交融的先河。圆明园之美景，在外国传教士眼里被称作"人间天堂"，法国大

---

* 《圆明园丛书》，中国大百科全书出版社，2010 年版。

文豪维克多·雨果高度评价圆明园是"东方梦幻艺术的崇高典范",充分展示了中华优秀文化的巨大魅力和劳动人民无穷的智慧和伟大创造力。圆明园同希腊帕特农神庙、埃及金字塔、罗马竞技场、巴黎圣母院一样,都是享有盛名的人类不朽的文化遗产。

圆明园原是明代一处私家园圃,康熙四十八年(1709)玄烨赐给皇四子胤禛扩建而成,是继清承德避暑山庄之后,兴建的最重要的离宫别苑。建成之初,便得到康熙的赐额"圆明",胤禛认为这一嘉名"意旨深远,殊未易窥。尝稽古籍之言,体认圆明之德。夫园而入神,君子之时中也。明而普照,达人之睿智也"①,意思是品德圆满,做事光明磊落,至善至美,表达了康熙对雍正人品修养的一种期望。康熙六十一年(1722),雍正曾携弘历进谒康熙于圆明园的牡丹台,清代颂为盛世佳话。此后,经过乾隆朝的精心营造,至乾隆九年(1744)已基本形成著名的"四十景"区,次年,又开始在圆明园东兴建长春园,乾隆廿五年(1760)在长春园之北独建西洋楼等欧式风格建筑,乾隆廿七年(1762)又在长春园之南组建绮春园(道光时改名为万春园)。圆明、长春、绮春三园统属圆明园总管大臣管辖,故称圆明三园,简称圆明园。三园占地面积达350公顷,约5200亩。继雍正朝(1723～1735年在位)、乾隆朝(1736～1795年在位)之后,嘉庆朝(1796～1820年在位)、道光朝(1821～1850年在位)、咸丰朝(1851～1861年在位)长达百余年间一直把圆明园作为北京紫禁城外最重要的处理朝政的中枢和皇权统治的中心。一些重大的贺寿庆典、筵宴宗藩、科举考试(殿试、会试、复试)以及会见外国使节也都在这里举行。英国使团玛噶尔尼觐见乾隆皇帝和缅甸、朝鲜、荷兰使臣拜见都是在这里举行的。

圆明园具有很高的历史、文化、艺术、建筑价值,这是毋庸置疑的。在园林建筑史上,它被称作是中国古典园林平地造园筑山理水之集大成的典范。师法自然,超越自然,别有一番情景韵味。在师法自然的总体布局中,使天造地设的优美水态环境得到艺术的再创造,其景区之

---

① 《日下旧闻考·御制圆明园记》。

间既有江南山水园林风景的模拟，又有人为写意的创新，再现唐宋诗人词家的诗画意境，浪漫与现实之间虚实结合，这是不同于西方几何图示园林艺术的重要特点之处。而且，在建筑理念上也充分运用象征和写意方式来弘扬封建帝王统治意识形态和儒家伦理道德观念，处处彰显儒家修身、齐家、治国、平天下的思想意识。如四十景区之一的"九州清宴"，寓意即为"普天之下，莫非王土"，而"鸿慈永祜"景点，则是标榜"以孝为先"等。值得注意的是，在这些金碧辉煌的殿宇、楼阁、亭台、馆榭中，还陈设着难以数计的青铜、陶瓷、玉器等艺术珍品和大量的珍贵图书典籍，以及陈设这些文物图书的珍贵精美家具。如圆明园之"文源阁"，即珍藏着由乾隆皇帝钦定，纪晓岚主持纂修的中国历史上规模最宏大、集中国古籍之大成的丛书《四库全书》一部（全书收录图书3503种，79337卷，36304册，约10亿多字）和康熙、雍正两朝编纂的大型类书《古今图书集成》（共1万卷，1.6亿多字）。因此，完全可以说，圆明园是中国传统文化艺术的宝库或艺术博物馆，是名副其实的人类文化艺术瑰宝。

令人愤慨的是，这样一座中外驰名的世界园林建筑史上的杰作和人类艺术宝库，于1860年惨遭英、法联军侵略者的劫掠焚毁，此后又在1900年再遭八国联军（英、法、美、日、俄、德、奥、意）及随后国内军阀、官僚、奸商的盗掘破坏，终使圆明园成为废墟。这既是中国人民，也是世界人类文化遗产的巨大损失，在19世纪60年代即遭到中国人民和世界进步人士的强烈谴责。

"怒目看废址，不齿联军寇仇。整修整修，还我河山锦绣。"[1] 圆明园皇家园林的兴衰，是清王朝或中华帝国史的缩影，它的兴起是同康乾盛世相连并行的象征，它的衰败自然亦是大清王朝从兴盛走向衰败的征兆，是近代中国逐步沦为半殖民地半封建社会的又一苦果。同时，在一定意义上，也是唤醒沉睡中的中国人民和爱国志士的一副清醒剂。历史的伤痛与屈辱，清政府的腐败与无能，激励着国人奋起反侵略、反压迫的正义斗争。从目睹圆明园被焚的陈宝箴（曾任湖北按察使、直隶布政

---

① 张爱萍：《如梦令》，《圆明园》第1期。

使、湖南巡抚）到维新派人物王闿运、康有为，从诗人学者林纾、顾随、向达、梁思成、侯仁之等先生到中国共产党创始人之一李大钊等无数爱国志士莫不痛心疾首，留下了许多宝贵诗文篇章，表达了民族的浩然正气。"中国向何处去"，维新人士变法图强，革故鼎新；革命志士高举反帝反封建大旗，前仆后继，流血牺牲，为实现中华民族伟大复兴和国家独立富强奋斗不息。中国人民经过近百年艰苦卓绝的斗争，直至1949 年才取得伟大胜利，从此圆明园获得了重生的希望。

新中国成立之后，中共中央、国务院和各级人民政府对圆明园遗址的保护和利用，一直给予高度重视。20 世纪 50 年代初，周恩来总理就明确指示，"圆明园遗址要保护好，地不要拨出去，以后有条件可以修复"。北京市人民政府也作出了"圆明园一草一木不要动"的指示。随后，北京市园林部门在遗址范围内种植树木，绿化荒园，经过多年努力，使荒丘野岭有所改观。但在"文革"动乱年月，无政府主义泛滥，面貌刚刚有所恢复的圆明园即遭到严重破坏。"文革"结束后，海淀区政府成立圆明园管理处，对圆明园行使管理职能，开始对圆明园实施全面保护措施，清理遗址，绿化荒丘。1979 年 10 月，被列为北京市文物保护单位。1980 年国家名誉主席宋庆龄、全国人大常委会副委员长许德珩、国务院副总理习仲勋、全国政协副主席沈雁冰、荣毅仁、班禅额尔德尼·确吉坚赞和王昆仑、周培源、史良、包尔汉等著名人士、中国人民解放军副总参谋长张爱萍上将等 1583 人签名提出保护整修圆明园的倡议，在社会上引起巨大反响。1983 年，北京市城市规划明确把圆明园建成遗址公园。1988 年，国务院公布圆明园为第三批全国重点文物保护单位。1993 年，时任中共中央政治局委员、国务委员李铁映视察圆明园遗址，发出"要抢救圆明园"的号召。同年 10 月海淀区政府依法收回圆明园全部土地使用权。在北京市政府领导下，圆明园的保护与利用，经过持续努力，景区得到逐步恢复。2000 年，时任中共中央政治局委员、北京市委书记、首都规划委员会主任贾庆林出席《圆明园遗址规划（草案）》论证会并发表了加强圆明园文物保护和环境整治的讲话，随后经北京市政府和国家文物局批复同意按修改后的规划逐步实施。圆明园管理处按照《规划》的要求，于 2001 年初到 2003 年 9 月对含经堂遗址进行考古发掘，对园内唯一残存的古建筑正觉寺进行修缮，同时期开始全面修复围墙，至 2006 年修复工程竣工。2006 年 4 月，中共中央政治局常委李长春和中共中央政治局委员、北京市委书记刘淇、市长王岐山视察圆明园。李长春同志指出："要从对国家、历史和后人负责的高度，按照科学发展观的要求，加强文物发掘的保护、发掘、管理和利用，满足人民群众日益增长的精神文化需求，繁荣发展社会主义先进文化。"（新华社电讯），为圆明园的恢复重建指明方向，圆明园遗址公园的保护与利用进入一个新阶段。

如何恢复与重建圆明园，一直以来存在着不同争议，这完全是正常的，可以理解的，也说明社会各界对圆明园的关切。但我想摆在第一位的是要切实保护好、管理好现存遗址，只有以保护为基础，才有可能充分发挥遗址的作用，没有保护为前提，一切无从谈起。虽然圆明园变成了废墟遗址，但历史伤痛的记忆将永远存在，这是抹杀不了的。正如周恩来总理生前说过的话："历史对一个国家、一个民族，就像记忆对于个人一样，一个人丧失了记忆，就会成为白痴，一个民族忘记了历史，就会成为一个愚昧的民族，而一个愚昧的民族是不可能建设社会主义的"①。我想，这就是我们对圆明园遗址应持的历史唯物主义态度；第二，认真贯彻《中华人民共和国文物保护法》，推动《圆明园遗址公园总体规划》的落实；第三，进一步从多学科、多角度、全面、深入地开展对圆明园的研究工作，如圆明园与中国古典园林、建筑研究，圆明园历史文献档案整理研究，圆明园文物保护与利用研究，以及圆明园文物的流失与回归相关政策措施研究等方面，都应列入研究课题，制定相应措施予以保证。第四，加强圆明园中外学术交流，推动研究的深入发展，提升保护与管理水平。

胡锦涛同志在中共十七大报告中指出："当今时代，文化越来越成为民族凝聚力和创造力的重要源泉，越来越成为综合国力竞争的重要因素，丰富精神文化生活越来越成为我国人民的热切愿望。"我们在圆明园的保护与利用中，一定要按照胡锦涛同志指出的正确方向，把"弘扬

---

① 阎长贵、王广宇著《问史求信集》，第 381 页，红旗出版社，2009 年版。

中华文化，建设中华民族共有精神家园"作为自己神圣的职责和光荣使命。我们也完全相信，《丛书》的出版，必将推动"圆明园学"的建立、研究的深入和普及，以史为鉴，面向未来，把圆明园遗址公园建设成爱国主义教育基地和人类文明和谐的纪念地，为推动世界"和睦、和谐、和平"发挥其特殊作用，为圆明园的保护与利用作出新的贡献。

是为序。

2009 年 12 月

后 记

　　《张文彬文博文集》由国家文物局在 2011 年 10 月筹备立项。编辑出版工作得到中共国家文物局党组的高度重视。两任党组书记、局长单霁翔、励小捷同志都对该书的编辑出版工作非常关心，多次作出指示，提出要求，并委托分管这项工作的局党组副书记、副局长董保华同志负责抓好这项工作。局党组成员、副局长童明康、顾玉才、宋新潮同志，也非常关心本书的编辑进展。

　　本书主要选编了张文彬同志自 1996 年 5 月至 2002 年 8 月担任国家文物局党组书记、局长期间，以及此后担任全国政协委员、中国博物馆学会理事长、中国圆明园学会会长、中华炎黄文化研究会副会长期间所发表的部分讲话、文章等，除了一些必要的编辑整理，未作文字的更动。这些讲话和文章，翔实地记录了我国文化遗产事业在改革开放时期走过的一段不平凡的发展历程，凝聚着一位专家学者型的党员领导干部对事业执著热爱、不懈追求、无私奉献的闪光足迹，以及在文物保护、考古、博物馆和历史研究领域的博学多识和真知灼见。

　　本书编辑过程中，刘曙光、朱晓东、王大民、刘华彬和曹明成等同志参与了择稿、核对、校读等工作；张文彬同志夫人崔柏苓、儿子张楠等给予了热情帮助；局直属机关党委和文物出版社给予了积极协助。收笔之际，谨向张文彬同志表达良好的祝福。

　　恳望读者阅读本书能够启迪睿智、感受激励，为文化遗产事业薪火相传，为中华文化世代传承作出更多的奉献。

本书编辑组

2012 年 7 月